C. Bamberg

Französisch für Mediziner

C. Bamberg

Französisch für Mediziner

Medizinisches Wörterbuch mit Beispielsätzen für die Anamnese und zweisprachigem Medikamentenregister

Jungjohann Verlagsgesellschaft
Neckarsulm · Stuttgart

Zuschriften und Kritiken an:
Dr. med. H. Jungjohann, Postfach 1252, 7107 Neckarsulm

Wie allgemein üblich, wurden Warenzeichen bzw. geschützte Namen (z.B. bei Pharmapräparaten) nicht besonders gekennzeichnet.

CIP-Titelaufnahme der Deutschen Bibliothek

Bamberg, Christian

Französisch für Mediziner: Medizinisches Wörterbuch mit Beispielsätzen für die Anamnese und zweisprachigem Medikamentenregister/Christian Bamberg - 1. Aufl. - Neckarsulm; Stuttgart; Jungjohann, 1992
ISBN 3-8243-1181-X

1. Auflage Dezember 1992

Satz: Satzbüro S & R, Ulm/Lübeck
Umschlag: Arne Schäffler, Ulm, Susanne Adler, Lübeck
Druck: Druckhaus Schwaben, Heilbronn

Printed in Germany

...für Florence

Vorwort

Die Idee zu diesem Buch entstand während meines Studiums in Frankreich im Rahmen eines Austauschprogrammes. Mein Ziel war es, ein Wörterbuch zu konzipieren, das durch eine Orientierung an der klinischen Praxis den Charakter eines gewöhnlichen Wörterbuches überschreiten sollte. Dem Studenten oder Arzt soll es damit ermöglicht werden, sich in der französischen Klinik zurecht zu finden, sei es im Gespräch mit dem Patienten oder anderen Ärzten, beim Studium an einer Fakultät oder aber beim Lesen medizinischer Literatur.

Dazu sollte ein handliches, aber dennoch umfassendes Nachschlagewerk geschaffen werden, dessen inhaltlicher Aufbau und äußerliches Format in Form eines flexiblen Taschenbuches - passend für die Kitteltasche - einen sofortigen Gebrauch erlaubt. Das nun vorliegende Wörterbuch gliedert sich in folgende Teile:

Anamneseteil:
Dieses Kapitel soll es dem Leser durch eine zweisprachige Zusammenstellung nützlicher Fragen gestatten, mit dem Patienten ein Gespräch zu führen und eine französische Anamnese zu erheben. Neben dem allgemeinen Anamneseteil befaßt sich ein spezieller Teil mit den einzelnen Problemstellungen der verschiedenen Fachrichtungen der Medizin.

Wörterverzeichnis:
Es enthält die wichtigsten klinischen Wörter unter Berücksichtigung der Komplexe Symptomatik, Diagnostik , Diagnose und Therapie. Die anatomischen Bezeichnungen beschränken sich auf die wesentlichen Termini, um den Umfang dieses Kapitels ausgewogen zu halten. Um einen weiteren Bezug zur Klinik zu schaffen, wurde das Wörterverzeichnis noch um die wichtigsten klinischen Abkürzungen erweitert.

Anhang:
Dieses Kapitel enthält eine alphabetische Zusammenstellung der am häufigsten verwendeten französischen Medikamente, sowie eine weitere Zusammenstellung pharmakologischer Substanzen und deren dazugehörigen französischen Präparatenamen. In einem zukünftigen Europa ohne Grenzen soll dieses Wörterbuch mit einen Beitrag dazu leisten, auch die sprachlichen Barrieren abzubauen und Interessierten den Weg ins Ausland zu erleichtern.

Besonders danke ich Frau Florence Chenaud und Herrn Dr. Bulté für ihre freundliche Unterstützung bei der Durchsicht und Korrektur des Manuskriptes. Dank auch dem Jungjohann-Verlag für die Realisierung des Konzeptes für dieses Wörterbuch.
Ich wünsche allen Lesern viel Vergnügen an diesem Buch.

Frankfurt/M., im September 1992

Christian Bamberg

Inhaltsverzeichnis

Abschnitt 1: Das Gespräch mit dem Patienten - L'entretien avec le patient

Abschnitt 2: Wörterbuch - Dictionnaire

Abschnitt 3: Anhang - Annexes

L´entretien avec le patient

I. Allgemeine Anamnese – Antécédents Généraux

I.1 Allgemeines - Généralités

Guten Morgen	*bonjour*
Guten Tag	*bonjour*
Guten Abend	*bonsoir*
Gute Nacht	*bonne nuit*
Schönen Abend	*bonne soirée*
Schönen Tag	*bonne journée*
Auf Wiedersehen	*Au revoir*
Setzen Sie sich, bitte!	*Asseyez-vous, s'il vous plait !*
Herr	*monsieur*
Frau	*madame*
Fräulein	*mademoiselle*
Wir benötigen dringend einen Arzt.	*Il nous faut un médecin.*
Können Sie mir die Telefonnummer des nächsten Arztes oder eines Krankenhauses geben?	*Pourriez-vous me donner le numéro de téléphone du médecin le plus proche ou celui d'un hôpital ?*
Wo ist die nächste Arztpraxis?	*Où est le cabinet médical le plus proche ?*
Rufen Sie einen Arzt, bitte!	*Appelez un médecin, s.v.p. !*
Ist ein Arzt anwesend?	*Il y a-t-il un médecin ?*
Rufen Sie sofort den Rettungswagen, bitte!	*Appelez immédiatement l'ambulance, s.v.p. !*
Bleiben Sie bitte ruhig, wir haben bereits den Krankenwagen gerufen.	*Restez tranquille, s.v.p., nous avons déjà appelé l'ambulance.*
Wir werden Sie auf dem schnellsten Wege ins Krankenhaus bringen.	*Nous vous emmenons le plus vite possible à l'hôpital .*
Können Sie aufstehen?	*Pouvez-vous vous lever ?*
Stützen Sie sich auf mich!	*Appuyez-vous sur moi !*

Heute können Sie noch nicht zur Sprechstunde kommen.	*Aujourd'hui vous ne pouvez pas encore venir pour la consultation.*
Ich werde Ihnen einen Termin geben.	*Je vais vous proposer un rendez-vous.*
Kommen Sie pünktlich am Dienstag, den 6. September um 9.30 Uhr.	*Soyez à l'heure, mardi, 6 Septembre à 9 h 30.*
Gehen Sie ins Wartezimmer, bitte!	*Allez dans la salle d'attente, s.v.p. !*
Sie werden aufgerufen.	*On vous appelera.*
Kommen Sie mit mir, bitte!	*Venez avec moi, s.v.p. !*
Kommen Sie mit mir in	*Suivez-moi*
das Sprechzimmer	*à la salle de consultation*
den Untersuchungsraum	*à la salle d'examens*
das Labor	*au laboratoire*
die Röntgenabteilung	*au service radiologique*
die EKG-Abteilung	*au service d'électrocardiographie*
den Ultraschall!	*à l'échographie !*
Erzählen Sie bitte langsam, was geschehen ist.	*S'il vous plait, dites-moi lentement ce qui s'est passé.*
Könnten Sie langsam sprechen, bitte?	*Pourriez-vous parler lentement, s'il vous plait?*
Wiederholen Sie, bitte!	*Répétez, s'il vous plait !*
Verstehen Sie mich?	*Est-ce que vous me comprenez ?*
Entschuldigen Sie!	*Pardon! Excusez-moi !*

I.2 Fragen zur Person des Patienten – Questionnaire sur l'identité du patient

Wie ist Ihr Name, bitte?	*Quel est votre nom, s.v.p. ?*
Wie ist Ihr Vorname, bitte?	*Quel est votre prénom, s.v.p. ?*
Wie lautet Ihr Geburtsdatum?	*Quelle est votre date de naissance ?*
Wie heißt Ihr Geburtsort?	*Quel est votre lieu de naissance ?*
Wie alt sind Sie?	*Quel âge avez-vous ?*
Welche Staatsbürgerschaft haben Sie?	*Quelle est votre nationalité ?*
Sind Sie Tourist?	*Etes-vous touriste ?*
Wo wohnen Sie?	*Où habitez-vous ?*
Wie ist Ihre Adresse, bitte?	*Quelle est votre adresse, s.v.p. ?*
Seit wann wohnen Sie in dieser Stadt?	*Depuis combien de temps est-ce que vous habitez dans cette ville ?*
Wie lautet Ihre Telefonnummer?	*Quel est votre numéro de téléphone ?*
Sind Sie ledig	*Etes-vous célibataire*
verheiratet	*marié(e)*
geschieden	*divorcé(e)*
verwitwet	*veuf, veuve ?*
Haben Sie Kinder?	*Avez-vous des enfants ?*

Wieviele Kinder haben Sie?	*Combien d'enfants avez-vous ?*
Arbeiten Sie? Wo?	*Travaillez-vous? Où ?*
Was ist Ihr Beruf?	*Quelle est votre profession ?*
Wie heißt Ihr Arbeitgeber?	*Quel est votre employeur ?*
Wie heißt Ihre Krankenkasse?	*Quelle est votre caisse-maladie ?*
Wie heißt Ihre Unfallversicherung?	*Quelle est votre assurance-accidents ?*
Wie ist Ihre Sozialversicherungsnummer?	*Quel est votre numéro de securité sociale ?*
Wie heißt Ihr Hausarzt?	*Comment s'appele votre médecin de famille ?*
Wer schickt Sie zu mir?	*Qui est-ce qui vous envoie chez moi ?*
Haben Sie einen Krankenschein?	*Avez-vous un certificat médical ?*

I.3 Familienanamnese – Antécédents familiaux

Leben Ihre Eltern noch?	*Est-ce que vos parents sont encore vivants ?*
An was sind sie gestorben?	*De quoi sont-ils morts ?*
Wie alt ist Ihre Mutter/Ihr Vater?	*Quel âge a votre mère/votre père ?*
Sind sie gesund?	*Sont-ils en bonne santé ?*
Haben Sie Brüder und Schwestern?	*Avez-vous des frères et soeurs ?*
Wieviel Geschwister haben Sie?	*Combien de frères et soeurs avez-vous ?*
Gibt es irgendwelche häufigen Krankheiten in Ihrer Familie?	*Est-ce qu'il y a des maladies fréquentes dans votre famille ?*
Kennen Sie irgendwelche Fälle von	*Est-ce que vous connaissez des cas*
chronischen Infektionen	*d'infections chroniques*
Diabetes	*de diabète*
Krebs	*de cancer*
Durchblutungsstörungen	*de troubles circulatoires*
Bluthochdruck	*d'hypertension artérielle*
Schlaganfall	*d'apoplexie*
Depressionen	*de dépression*
Epilepsie	*d'épilepsie*
in Ihrer Familie?	*dans votre famille ?*
Haben Sie Kinder?	*Est-ce que vous avez des enfants ?*
Söhne, Töchter?	*Des fils, des filles ?*
Wieviele Kinder haben Sie?	*Combien d'enfants avez-vous ?*
Welches Alter haben Ihre Kinder?	*Quel âge ont vos enfants ?*
Sind sie alle gesund?	*Sont-ils tous en bonne santé ?*

I.4 Persönliche Anamnese – Antécédents personnels

Waren Sie schon einmal krank gewesen?	*Est-ce que vous avez déjà été malade ?*
Haben Sie schon schwerwiegende Krankheiten gehabt?	*Est-ce que vous avez déjà eu des maladies graves ?*
Welche Krankheiten haben Sie gehabt?	*Quelles maladies avez-vous eu ?*
Waren Sie schon einmal im Krankenhaus gewesen?	*Est-ce que vous avez déjà été hospitalisé(e) ?*
Wo? Wann? Weswegen?	*Où? Quand? Pourquoi ?*
Sind Sie früher schon einmal wegen der gleichen Beschwerden behandelt worden?	*Avez-vous déjà reçu des soins médicaux pour les mêmes troubles ?*
Wann? Wo? Von wem?	*Quand? Où? Par qui ?*
Sind Sie schon einmal operiert worden?	*Avez-vous déjà été opéré(e) ?*
Welche Kinderkrankheiten hatten Sie? Diphtherie Keuchhusten Masern Mumps Röteln Scharlach Windpocken	*Quelle maladie infantile avez-vous eu ?* *la diphtérie* *la coqueluche* *la rougeole* *les oreillons* *la rubéole* *la scarlatine* *la varicelle*
Sind Sie kürzlich geimpft worden?	*Avez-vous été vacciné(e) dernièrement ?*
Gegen was wurden Sie geimpft?	*Contre quoi avez-vous été vacciné(e) ?*
Sind Sie geimpft gegen Tetanus Diphtherie Keuchhusten Kinderlähmung Masern Mumps Röteln Grippe?	*Etes-vous vacciné(e) contre* *le tétanos* *la diphtérie* *la coqueluche* *la poliomyélite* *la rougeole* *les oreillons* *la rubéole* *la grippe?*
Wann war die letzte Auffrischimpfung gewesen?	*Quand avez-vous eu le dernier rappel ?*
Nehmen Sie gerade Medikamente?	*Est-ce que vous prenez des médicaments actuellement ?*
Nehmen Sie regelmäßig Medikamente ein?	*Est-ce que vous prenez régulièrement des médicaments ?*
Welche? Weswegen?	*Lesquels? Pourquoi ?*
Sind Sie zur Zeit in Behandlung?	*Est-ce que vous êtes sous traitement médical actuellement ?*
Haben Sie eine Allergie?	*Avez-vous une allergie ?*
Worauf sind Sie allergisch?	*A quoi êtes-vous allergique ?*
Haben Sie Haustiere?	*Avez-vous des animaux domestiques ?*

Haben Sie Bluttransfusionen erhalten?	*Vous a-t-on fait des transfusions sanguines ?*
Was ist Ihre Blutgruppe?	*Quel est votre groupe sanguin ?*
Sind Sie behindert?	*Etes-vous handicapé(e) ?*
Risikofaktoren:	*facteurs de risque:*
Tabak	*tabac*
Alkohol	*alcool*
Bluthochdruck	*hypertension artérielle*
Cholesterin	*cholestérol*
Diabetes	*diabète*
Gicht	*goutte*
Rauchen Sie?	*Fumez-vous ?*
Wieviele Zigaretten	*Combien de cigarettes*
Zigarren	*de cigares*
Pfeifen pro Tag?	*de pipes par jour ?*
Seit wann rauchen Sie?	*Depuis quand est-ce que vous fumez ?*
Trinken Sie Alkohol?	*Est-ce que vous buvez de l'alcool ?*
Was trinken Sie an Alkohol?	*Qu'est-ce que vous buvez comme alcool ?*
Aperitif, Wein, Bier, Schnaps	*apéritif, du vin, de la bière, de l'eau de vie*
Wieviel trinken Sie pro Tag?	*Quelle quantité buvez-vous par jour ?*
Wie hoch ist Ihr Blutdruck?	*Combien de tension artérielle avez-vous d'habitude ?*
Leiden Sie an Bluthochdruck?	*Est-ce que vous souffrez d'une hypertension artérielle ?*
Messen Sie regelmäßig Ihren Blutdruck?	*Est-ce que vous prenez regulièrement votre tension artérielle ?*
Haben Sie Probleme mit dem Cholesterin?	*Avez-vous des problèmes avec le cholestérol ?*
Leiden Sie an Blutzucker?	*Avez-vous du diabète ?*
Was ist Ihre Größe?	*Quelle est votre taille ?*
Was ist Ihr Gewicht?	*Quel est votre poids ?*
Wieviel wiegen Sie?	*Combien pesez-vous ?*
Haben Sie in der letzten Zeit abgenommen/zugenommen?	*Est-ce que vous avez maigri/ grossi dernièrement ?*
Wieviel Kilo haben Sie verloren/ zugenommen?	*Combien de kilos avez-vous perdu/pris ?*
In welcher Zeit?	*En combien de temps ?*
Haben Sie eine Diät gemacht?	*Avez-vous fait un régime ?*

I.5 Jetzige Beschwerden – Histoire actuelle

Weswegen kommen Sie?	*Pourquoi venez-vous me consulter ?*
Welche Beschwerden haben Sie?	*De quoi vous plaignez-vous? De quoi souffrez-vous ?*

Haben Sie Schmerzen?	*Avez-vous mal ?*
Wo haben Sie Schmerzen?	*Où avez-vous mal ?*
Von welchem Charakter sind diese Schmerzen?	*Que ressentez-vous ?*
Seit wann haben Sie diese Beschwerden?	*Depuis quand avez-vous ces troubles ?*
Seit wann haben Sie Schmerzen?	*Depuis quand avez-vous des douleurs ?*
Hatten Sie diese Schmerzen schon früher? Wann?	*Avez-vous déjà eu ces douleurs dans le passé? Quand ?*
Sind Sie früher schon einmal wegen der gleichen Beschwerden behandelt worden?	*Avez-vous déjà reçu des soins médicaux pour les mêmes troubles ?*
Wann treten die Schmerzen auf?	*Quand avez-vous mal ?*
Wie sind die Schmerzen?	*Comment sont les douleurs ?*
stark	*fortes*
mittelmäßig	*moyennes*
leicht, schwach	*légères, faibles*
lokalisiert	*localisées*
diffus	*diffuses*
ausstrahlend	*irradiantes*
krampfartig	*spasmodiques*
rhythmisch	*rythmiques*
stechend	*piquantes, aiguës*
andauernd	*constantes*
dumpf	*oppressives*
blitzartig	*fulgurantes*
Zeigen Sie mir, wo Sie Schmerzen haben!	*Montrez-moi, où vous avez mal !*
Haben Sie ständig Schmerzen?	*Avez-vous continuellement mal ?*
Sind die Schmerzen seit ihrem ersten Auftreten schwächer oder stärker geworden?	*Souffrez-vous plus ou moins depuis la première manifestation des douleurs ?*
Treten Ihre Beschwerden in Zusammenhang mit etwas auf?	*Vos troubles apparaissent-ils en relation avec quelque chose ?*
Haben Sie Brechreiz?	*Avez-vous envie de vomir ?*
Haben Sie erbrochen?	*Avez-vous vomi ?*
Haben Sie zu einer bestimmten Zeit Brechreiz?	*Avez-vous envie de vomir à un moment déterminé ?*
Haben Sie erhöhte Temperatur?	*Avez-vous de la température ?*
Haben Sie Fieber?	*Avez-vous de la fièvre ?*
Seit wann haben Sie Fieber? Wie hoch?	*Depuis quand avez-vous de la fièvre? Combien ?*
Haben Sie Schüttelfrost?	*Avez-vous des frissons ?*
Können Sie gut schlafen?	*Est-ce que vous dormez bien ?*
Fühlen Sie sich müder als früher?	*Est-ce que vous êtes plus fatigué(e) qu'avant ?*
Haben Sie Gewicht verloren?	*Avez-vous maigri ?*

I.6 Klinische Untersuchung – Examen clinique

Nehmen Sie hier Platz, bitte!	*Prenez-place ici, s'il vous plait !*
Legen Sie sich dahin!	*Allongez-vous là !*
Bleiben Sie ruhig!	*Restez tranquille !*
Entspannen Sie sich!	*Détendez-vous !*
Tut es Ihnen weh, wenn ich hier drükke?	*Est-ce que je vous fais mal, quand je touche ici ?*
Zeigen Sie mir bitte, wo es Ihnen weh tut?	*Montrez-moi où vous avez mal ?*
Wo sind die größeren Schmerzen, hier oder da?	*Où avez-vous le plus mal, ici ou là ?*
Sagen Sie mir, wenn ich Ihnen weh tue!	*Dites-moi si je vous fais mal !*
Legen Sie sich auf die Seite, bitte!	*Tournez-vous sur le côté, s.v.p. !*
Kleinen Moment noch, ich bin gleich fertig mit der Untersuchung.	*Encore quelques instants, j'ai presque terminé l'examen.*
Bitte messen Sie Fieber!	*Prenez votre température, s.v.p. !*
rektal	*par voie rectale*
unter dem Arm	*sous l'aisselle*
im Mund	*par voie buccale*

I.7 Diagnose und Therapie – Diagnostic et thérapeutique

Sie haben nichts Schlimmes.	*Vous n'avez rien de grave.*
Machen Sie sich keine Sorgen!	*Ne vous faites pas de soucis !*
Ihre Krankheit ist gutartig .	*Votre maladie est bénigne.*
Sie haben eine ernsthafte Erkrankung.	*Vous avez une maladie sérieuse.*
Sie haben eine ansteckende Erkrankung.	*Vous avez une maladie contagieuse.*
Wir müssen weitere Untersuchungen durchführen.	*Il nous faut effectuer d'autres examens.*
Sie müssen ins Krankenhaus!	*Il faut vous hospitaliser !*
Ich werde Sie zu einem Spezialisten überweisen.	*Je vais vous envoyer chez un spécialiste.*
Um Schlimmeres zu vermeiden, rate ich Ihnen zu einer Operation.	*Afin d'éviter le pire je vous conseille une intervention chirurgicale.*
Sie müssen operiert werden!	*Vous devez subir une intervention chirurgicale !*
Die Operation muß sofort durchgeführt werden.	*Cette intervention doit être faite toute de suite.*

Sind Sie mit einer Operation einverstanden?	*Est-ce que vous êtes d'accord pour subir une intervention chirurgicale ?*
Wenn Sie die Operation ablehnen, müssen Sie die Folgen selbst tragen.	*Si vous refusez cette opération, vous devez encourir les risques en résultant.*
Der Untersuchungsbefund ist in Ordnung.	*Le résultat est satisfaisant.*
Sie müssen geröngt werden.	*Il faut faire des radiographies.*
Ich muß Sie zu einem Chirurgen einem Gynäkologen einem Neurologen einem Augenarzt einem Orthopäden einem HNO-Arzt einem Internisten überweisen.	*Il faut que je vous envoie chez un chirurgien un gynécologue un neurologue un ophtalmologue un orthopédiste un spécialiste de l'ORL un interniste.*
Ich werde Ihnen ein Rezept geben.	*Je vais vous faire une ordonnance.*
Nehmen Sie bitte diese Medikamente genau nach Vorschrift ein!	*Prenez ces médicaments selon les instructions !*
Jeden dritten Tag!	*Tous les trois jours !*
Diese Medikamente nehmen Sie nüchtern ein!	*Prenez ces médicaments à jeûn !*
Sie müssen reichlich trinken.	*Il faut boire beaucoup.*
Diese Tablette nehmen Sie vor dem Essen während des Essens nach dem Essen morgens mittags abends vor dem Schlafen gehen!	*Prenez ce comprimé avant le repas pendant le repas après le repas le matin le midi le soir avant le coucher !*
Davon nehmen Sie einen Kaffee-/ Esslöffel ein/zwei/drei/ mal täglich.	*Prenez-en une cuillère à café/à soupe une/deux/trois fois par jour.*
Schlucken Sie diese Tablette!	*Avalez ce comprimé !*
Lassen Sie diese Kapsel in Ihrem Mund zergehen!	*Laissez fondre cette gélule dans votre bouche !*
Lösen Sie die Tabletten in etwas Wasser/Saft auf!	*Délayez les comprimés dans un peu d'eau/jus de fruit !*
Davon nehmen Sie zehn Tropfen!	*Prenez-en dix gouttes !*
Gurgeln Sie mit dieser Flüssigkeit!	*Gargarisez avec ce liquide !*
Inhalieren Sie damit!	*Inhalez ça !*
Reiben Sie die Haut mit dieser Salbe ein!	*Appliquer cette pommade sur la peau !*
Bleiben Sie im Bett!	*Restez au lit !*
Messen Sie Ihre Temperatur!	*Prenez votre température !*
Stehen Sie nicht auf!	*Ne vous levez pas !*
Sie dürfen nicht arbeiten. Ich werde Sie krankschreiben.	*Vous ne pouvez pas travailler. Je vais vous mettre en congé-maladie.*

Kommen Sie wieder zur Kontrolle!	*Passez pour un nouveau contrôle !*
Stellen Sie sich bitte am ... erneut in meiner Sprechstunde vor.	*Revenez me consulter le... .*
Kommen Sie morgen/nächste Woche wieder!	*Revenez demain/la semaine prochaine !*
Wenn Sie noch Fragen/Probleme haben, rufen Sie mich an!	*Appelez-moi, si vous avez encore des questions/problèmes !*
Gute Besserung!	*Bon rétablissement !*

II. Erhebung der speziellen Anamnese

(geordnet nach den einzelnen Fachrichtungen)

II.1 Angiologie – Angiologie

▲ **Risikofaktoren:**	▲ **Facteurs de risque:**
Rauchen Sie?	*Fumez-vous ?*
Leiden Sie an Diabetes?	*Avez-vous du diabète ?*
Haben Sie Probleme mit dem Cholesterin?	*Avez-vous du cholestérol ?*
Leiden Sie an Bluthochdruck?	*Souffrez-vous d'hypertension artérielle ?*
Leiden Sie an Gicht?	*Souffrez-vous de la goutte ?*

▲ **Jetzige Beschwerden:**	▲ **Histoire actuelle:**
Haben Sie Schmerzen in den Beinen?	*Avez-vous des douleurs dans les jambes ?*
Sind die Schmerzen mit einem Mal gekommen?	*Les douleurs sont-elles apparues brusquement ?*
Wann treten diese Schmerzen auf?	*A quel moment ces douleurs apparaissent-elles ?*
Treten diese Schmerzen auf, wenn Sie gehen?	*Ces douleurs apparaissent-elles quand vous marchez ?*
Nach wieviel Metern?	*Après combien de mètres ?*
Müssen Sie dann stehenbleiben?	*Devez-vous vous arrêter de marcher ?*
Nehmen die Schmerzen dann ab?	*Est-ce qu'ainsi les douleurs se calment ?*
Haben Sie auch in Ruhe Schmerzen in den Beinen?	*Avez-vous aussi mal aux jambes au repos ?*
Werden die Schmerzen stärker, wenn Sie sich hinlegen?	*Est-ce que ces douleurs s'intensifient lorsque vous êtes allongé(e) ?*

Bessern sich Ihre Beschwerden nach einigen Bewegungen?	*Est-ce que vos troubles s'améliorent après quelques mouvements ?*
Werden Ihre Schmerzen erträglicher, wenn Sie Ihre Beine herunterhängen lassen?	*Est-ce que vos douleurs deviennent plus supportables quand vous laissez pendre vos jambes ?*
Haben Sie Schmerzen in den Waden?	*Avez-vous des douleurs dans les mollets ?*
Haben Sie manchmal kalte Füße?	*Avez-vous parfois les pieds froids ?*
Ist Ihr Bein/Fuß weiß geworden?	*Est-ce que votre jambe/pied est devenu (e) blanche/ blanc ?*
Werden Ihre Zehen/Finger manchmal weiß/blau?	*Est-ce que vos orteils/ doigts deviennent parfois blancs/bleus ?*
Werden Ihre Finger zuerst weiß und dann blau?	*Vos doigts deviennent-ils d'abord blancs puis bleus ?*
Beobachten Sie diese Beschwerden besonders bei Kälte?	*Remarquez-vous ces troubles surtout lorsqu'il fait froid ?*
Seit wann haben Sie diese kleinen Hautläsionen?	*Depuis combien de temps avez-vous ces lésions de la peau au niveau*
der Finger	*des doigts*
des Schienbeins	*du tibia*
der Zehen	*des doigts*
der Ferse	*du talon*
Seit wann haben Sie dieses Beingeschwür?	*Depuis quand avez-vous cet ulcère à la jambe ?*
Heilt das schlecht ab?	*Est-ce que ça guérit mal ?*
Tut das Ihnen weh?	*Est-ce que ça vous fait mal?*
Haben Sie Sehstörungen?	*Avez-vous des troubles visuels ?*
Beide Augen, oder nur links oder rechts?	*Aux deux yeux, ou seulement à gauche ou à droite ?*
Haben Sie Flimmern vor den Augen?	*Avez-vous des éblouissements ?*
Haben Sie manchmal Kopfschmerzen?	*Avez-vous parfois mal à la tête ?*
Haben Sie Schlafstörungen?	*Avez-vous des troubles du sommeil ?*
Haben Sie manchmal Empfindungsstörungen? Wo?	*Avez-vous de temps en temps des troubles de la sensibilité? Où ?*
In den Armen?	*Dans les bras ?*
In den Fingern/Zehen?	*Dans les doigts ?*
In den Beinen?	*Dans les jambes ?*
Ist Ihnen manchmal schwindelig?	*Avez-vous parfois des vertiges ?*
Sehen Sie doppelt?	*Voyez-vous double ?*
Haben Sie schon einmal Lähmungserscheinungen festgestellt?	*Avez-vous déjà constaté des paralysies ?*
Sind Sie schon einmal ohnmächtig geworden?	*Est-ce que vous vous êtes déjà évanoui ?*
Haben Sie Bauchschmerzen?	*Avez-vous mal au ventre ?*
Treten diese Schmerzen nach dem Essen auf?	*Ces douleurs surviennentelles après les repas ?*
Haben Sie Schmerzen im Bereich der Venen?	*Avez-vous des douleurs au niveau des veines ?*

Ist das Bein auch geschwollen?	*Est-ce que votre jambe est aussi enflée ?*
Ist die Haut gerötet?	*Est-ce que la peau est rouge ?*
Ist das Bein sehr warm?	*Est-ce que la jambe est très chaude ?*
Haben Sie Schmerzen in den Waden?	*Avez-vous des douleurs dans les mollets ?*
Haben Sie auch Schmerzen in der Leiste?	*Avez-vous aussi des douleurs à l'aine ?*
Haben Sie ein Schweregefühl in den Beinen?	*Avez-vous les jambes lourdes ?*
Haben Sie besonders Schmerzen beim Stehen?	*Avez-vous surtout mal quand vous êtes debout ?*
Nehmen diese Schmerzen ab, wenn Sie gehen?	*Est-ce que ces douleurs se calment quand vous marchez ?*
Haben Sie nachts Krämpfe in den Waden?	*Avez-vous des crampes dans les mollets pendant la nuit ?*
Seit wann ist Ihr Bein blau und geschwollen?	*Depuis combien de temps votre jambe est-elle bleue et enflée ?*
Haben Sie Atemstörungen?	*Avez-vous des troubles respiratoires ?*
Hatten Sie schon öfters Thrombosen?	*Avez-vous déjà eu des phlébites ?*
Seit wann haben Sie angeschwollene Knöchel?	*Depuis quand avez-vous les chevilles enflées ?*
Seit wann haben Sie Krampfadern?	*Depuis combien de temps avez-vous des varices ?*
Seit wann ist Ihre Haut pigmentierter als früher?	*Depuis combien de temps est-ce que la peau est plus pigmentée qu'avant ?*
Haben Sie Hämorrhoiden?	*Avez-vous des hémorroïdes ?*

II.2 Kardiologie – Cardiologie

Haben Sie Atemnot?	*Avez-vous des troubles respiratoires ?*
Sind Sie schnell außer Puste?	*Est-ce que vous êtes souvent essoufflé(e) ?*
Nach einer Anstrengung oder schon in Ruhe?	*Après un effort ou déjà au repos ?*
Trat die Atemnot plötzlich auf oder begannen die Beschwerden ganz allmählich?	*Vos troubles respiratoires sont-ils survenus brusquement ou se sont-ils installés peu à peu ?*
Haben Sie Schwierigkeiten, Treppen zu steigen?	*Avez-vous des difficultés pour monter les escaliers ?*
Müssen Sie oft husten?	*Toussez-vous souvent ?*
Wird der Husten stärker, wenn Sie sich hinlegen?	*Est-ce que cette toux devient plus grave quand vous êtes allongé(e) ?*
Wieviele Kissen brauchen Sie zum Schlafen?	*Combien de coussins vous faut-il pour dormir ?*
Spucken Sie häufig?	*Crachez-vous souvent ?*
Haben Sie Herzklopfen?	*Avez-vous des palpitations ?*

Müssen Sie nachts oft aufstehen, um Wasser zu lassen?	*Est-ce que vous devez vous lever la nuit pour uriner ?*
Seit wann haben Sie Ödeme	*Depuis quand avez-vous des oedèmes au niveau*
an den Füßen	*des pieds*
an den Beinen	*des jambes*
an den Knöcheln?	*des chevilles ?*
Sind Ihre Beine besonders abends geschwollen?	*Est-ce que vos jambes sont surtout enflées le soir ?*
Haben Sie auch Verdauungsstörungen?	*Avez-vous aussi des troubles digestifs ?*
Hatten Sie früher oder in letzter Zeit eine Infektion oder Fieber?	*Avez-vous eu dans le passé ou récemment une infection ou de la fièvre ?*
Hatten Sie auch Gelenkschmerzen?	*Avez-vous aussi eu des douleurs dans les articulations ?*
Hatten Sie einen Ausschlag?	*Avez-vous eu une éruption ?*
Haben Sie oft einen unregelmäßigen Puls?	*Avez-vous parfois un pouls irrégulier ?*
Hatten Sie schon früher Probleme mit dem Herzen?	*Avez-vous déjà eu des problèmes cardiaques ?*
Sind Sie schon einmal ohnmächtig geworden?	*Est-ce que vous vous êtes déjà évanoui(e) ?*
Trat das auf nachdem Sie den Kopf gedreht hatten?	*Est-ce que cela est arrivé après avoir tourné la tête ?*
Haben Sie Herzschmerzen?	*Avez-vous des douleurs au coeur ?*
Haben Sie Schmerzen in der Brust?	*Avez-vous des douleurs à la poitrine ?*
Wie lange dauern diese Schmerzen?	*Combien de temps durent ces douleurs ?*
Treten diese Beschwerden auf	*Ces troubles apparaissentils*
nach einer Belastung	*après un effort*
schon in Ruhe	*au repos*
bei Kälte	*lors qu'il fait froid*
bei psychischem Streß	*lors d'un stress psychique*
nach dem Essen?	*après les repas ?*
Lassen die Schmerzen nach, wenn Sie sich ausruhen?	*Est-ce que les douleurs se calment quand vous vous reposez ?*
Sind diese Schmerzen lokalisiert?	*Est-ce que ces douleurs sont localisées ?*
Strahlen die Schmerzen in andere Gebiete aus?	*Est-ce que les douleurs s'irradient dans d'autres régions ?*
In den linken Arm?	*Dans le bras gauche ?*
In den Kiefer?	*Dans la mâchoire ?*
In die Schulter?	*Dans l'épaule ?*
Nehmen die Schmerzen ab, wenn Sie eine Kapsel nehmen?	*Est-ce que les douleurs se calment quand vous prenez une gélule ?*
Haben Sie ein Druckgefühl?	*Avez-vous un sentiment d'oppression ?*
Hatten Sie schon einmal	*Avez-vous déjà eu*
einen Herzinfarkt	*un infarctus*
eine Endokarditis	*une endocardite*
eine Myokarditis	*une myocardite*
eine Perikarditis?	*une péricardite ?*

Haben Sie Probleme mit der Schilddrüse?	*Avez-vous des problèmes avec la thyroïde ?*
Wie hoch ist Ihr Blutdruck gewöhnlich?	*Combien de tension artérielle avez-vous d'habitude ?*
Wann haben Sie den Bluthochdruck festgestellt?	*Quand avez-vous constaté cette hypertension artérielle ?*
Kennen Sie in Ihrer Familie Fälle von Bluthochdruck Apoplexie (Schlaganfall) Herzinfarkten?	*Connaissez-vous dans votre famille des cas* *d'hypertension artérielle* *d'apoplexie* *d'infarctus ?*
Haben Sie Probleme mit den Nieren?	*Avez-vous des problèmes avec les reins ?*
Haben Sie Bluddruckkrisen?	*Est-ce que vous avez des crises d'hypertension artérielle ?*
Haben Sie Kopfschmerzen?	*Avez-vous mal à la tête ?*
Ist Ihnen schwindelig?	*Avez-vous des vertiges ?*
Haben Sie manchmal Nasenbluten?	*Avez-vous des saignements de nez ?*

II.3 Hämatologie – Hématologie

Fühlen Sie sich müde?	*Est-ce que vous vous sentez fatigué(e) ?*
Sind Sie schnell außer Puste?	*Etes-vous rapidement essoufflé(e) ?*
Haben Sie Herzjagen?	*Avez-vous des palpitations ?*
Haben Sie Atembeschwerden bei Belastungen?	*Avez-vous des troubles respiratoire lors d'efforts ?*
Haben Sie öfters Kopfschmerzen?	*Avez-vous parfois mal à la tête ?*
Haben Sie Konzentrationsstörungen?	*Avez-vous des troubles de concentration ?*
Haben Sie Fieber?	*Avez-vous de la fièvre ?*
Haben Sie Schüttelfrost?	*Avez-vous des frissons ?*
Haben Sie Nachtschweiße?	*Transpirez-vous la nuit ?*
Ist das Fieber konstant oder tritt es ab und zu auf?	*Est-ce que la fièvre est constante ou apparait-elle de temps en temps ?*
Haben Sie Gewicht verloren?	*Avez-vous maigri ?*
Wieviele Kilos?	*Combien de kilos ?*
Haben Sie brüchige Nägel?	*Avez-vous des ongles qui se cassent ?*
Haben Sie eine spröde Haut?	*Avez-vous une peau sèche ?*
Seit wann haben Sie die Einrisse der Mundwinkel?	*Depuis combien de temps avez-vous des fissures au niveau des commissures des lèvres ?*
Haben Sie Schluckstörungen?	*Avez-vous des troubles de la déglutition ?*
Haben Sie Zungenbrennen?	*Avez-vous des brûlures sur la langue ?*
Haben Sie Sensibilitätsstörungen?	*Avez-vous des troubles de la sensibilité ?*
Haben Sie Verdauungsstörungen?	*Avez-vous des troubles de la digestion ?*

Wie lange sind Sie schon so blaß?	*Depuis combien de temps êtes-vous si pâle ?*
Haben Sie öfters Infektionen?	*Avez-vous souvent des infections ?*
Im Mundbereich?	*Au niveau de la bouche ?*
Sind Sie oft erkältet?	*Etes-vous souvent enrhumé ?*
Bluten Sie leicht?	*Saignez-vous facilement ?*
Haben Sie öfters blaue Flecken?	*Est-ce que vous avez souvent des bleus ?*
Haben Sie manchmal Nasenbluten/ Zahnfleischbluten?	*Saignez-vous parfois du nez/ de la gencive ?*
Bluten Sie länger, wenn Sie sich verletzt haben?	*Est-ce que ça saigne plus longtemps quand vous vous êtes blessé(e) ?*
Blutet es stark, auch bei kleinen Verletzungen?	*Est-ce que ça saigne beaucoup même lors de petites blessures ?*
Seit wann ist Ihre Haut gelb?	*Depuis combien de temps avez-vous une peau jaune ?*
Hat Ihr Urin eine braune Farbe?	*Est-ce que votre urine a une couleur brune ?*
Haben Sie Bauchschmerzen?	*Avez-vous mal au ventre ?*
Seit wann haben Sie Geschwüre an den Beinen?	*Depuis combien de temps avez-vous des ulcères aux jambes ?*
Seit wann haben Sie diese Röte der Haut?	*Depuis quand votre peau a-t-elle cette couleur rouge ?*
Haben Sie öfters Thrombosen?	*Est-ce que vous faites souvent des phlébites ?*
Haben Sie auch Gelenkschmerzen?	*Avez-vous aussi mal dans les articulations ?*
Haben Sie Knochenschmerzen?	*Avez-vous des douleurs aux os ?*
Im Bereich des Beckens	*Au niveau du bassin*
des Kopfes	*de la tête*
der Rippen	*des côtes*
der Wirbelsäule	*de la colonne vertébrale*
des Oberschenkels?	*du fémur ?*
Wann haben Sie diese Lymphknotenschwellung zum ersten Mal bemerkt?	*Quand avez-vous remarqué ce ganglion pour la première fois ?*
Haben Sie noch andere Lymphknoten getastet? Wo?	*Avez-vous palpé d'autres ganglions? Où ?*
In der Achsel	*A l'aisselle*
Am Hals	*Au cou*
In der Leiste	*A l'aine*
Im Nacken	*A la nuque*
Ist dieser Lymphknoten schmerzhaft?	*Est-ce que ce ganglion est douloureux ?*
Hat er sich in der letzten Zeit vergrößert?	*Est-ce qu'il a grossi récemment ?*
Hatten Sie gelegentlich einen Juckreiz?	*Avez-vous eu de temps en temps des démangaisons ?*
Haben Sie Schmerzen in den Lymphknoten nach Alkoholgenuß?	*Vos ganglions vous font-ils mal après avoir bu de l'alcool ?*
Haben Sie Sehstörungen?	*Avez-vous des troubles de la vision ?*

Tut es Ihnen weh, wenn ich Ihnen auf den Kopf klopfe?	*Est-ce que ça vous fait mal lorsque je tape sur votre crâne ?*

II.4 Pneumologie – Pneumologie

Rauchen Sie?	*Fumez-vous ?*
Haben Sie eine Allergie?	*Avez-vous une allergie ?*
Gegen was?	*A quoi ?*
Haben Sie Haustiere?	*Avez-vous des animaux domestiques ?*
Haben Sie schon andere Atemprobleme oder Lungenkrankheiten gehabt?	*Avez-vous déjà eu dans le passé des problèmes de respiration ou d'autres affections pulmonaires ?*
eine Bronchitis	*une bronchite*
ein Asthma	*de l'asthme*
eine Lungenentzündung	*une pneumonie*
eine Rippenfellentzündung	*une pleurésie*
eine Tuberkulose	*une tuberculose*
eine Sarkoidose	*une sarcoïdose*
eine Silikose?	*une silicose ?*
Arbeiten Sie mit gefährlichen chemischen Stoffen oder mit Staub?	*Travaillez-vous avec des produits chimiques dangereux ou de la poussière ?*
Sind Sie oft erkältet?	*Est-ce que vous êtes souvent enrhumé ?*
Sind Sie schnell kurzatmig?	*Etes-vous rapidement essoufflé(e) ?*
Seit wann leiden Sie an Atemnot?	*Depuis quand souffrez-vous de troubles respiratoires ?*
Haben Sie Atemnot nach Anstrengungen oder schon in Ruhe?	*Avez-vous des troubles respiratoires après avoir fait un effort ou déjà au repos ?*
Ist Ihre Atemnot plötzlich aufgetreten oder nach und nach?	*Est-ce que vos troubles respiratoires sont survenus brusquement ou se sont installés peu à peu ?*
Treten Ihre Atembeschwerden jahreszeitigabhängig auf?	*Est-ce que vos troubles respiratoires dépendent de facteurs saisoniers ?*
Haben Sie einen Hustenreiz?	*Avez-vous envie de tousser ?*
Husten Sie manchmal?	*Toussez-vous parfois ?*
Haben Sie Schmerzen, wenn Sie husten?	*Avez-vous mal quand vous toussez ?*
Seit wann haben Sie diesen Reizhusten/Husten?	*Depuis quand avez-vous cette toux irritante/toux ?*
Husten Sie hauptsächlich am Tage, nachts oder morgens beim Aufstehen?	*Est-ce que vous toussez surtout le jour, la nuit ou le matin au lever ?*
Ist Ihr Husten trocken oder mit Auswurf?	*Est-ce que votre toux est sèche ou avec des crachats ?*
Haben Sie Auswurf?	*Crachez-vous? Avez-vous des expectorations ?*
Wie sieht der Auswurf aus?	*Quel aspect a votre crachat ?*

grünlich	*verdâtre*
gelblich	*jaunâtre*
weißlich	*blanchâtre*
bräunlich	*brunâtre*
blutig	*avec du sang*
flüssig	*liquide*
schleimig	*épais*
gelatinös	*gélatineux*
Haben Sie schon einmal Blut gespuckt?	*Avez-vous déjà craché du sang ?*
Haben Sie Schwierigkeiten abzuhusten?	*Avez-vous du mal à cracher ?*
Ist der Husten konstant oder in Form von Anfällen?	*Toussez-vous constamment ou en attaques ?*
Haben Sie Schmerzen in der Brust?	*Avez-vous mal à la poitrine ?*
Hatten Sie eine Thrombose?	*Avez-vous fait une phlébite?*
Hatten Sie gleichzeitig Herzjagen?	*Avez-vous en même temps des palpitations ?*
Leiden Sie an Asthma?	*Avez-vous de l'asthme ?*
Seit wann?	*Depuis quand ?*
Haben Sie Halsschmerzen?	*Avez-vous mal à la gorge ?*
Haben Sie auch Schnupfen?	*Avez-vous aussi le rhume ?*
Tun Ihnen auch die Gelenke weh?	*Avez-vous aussi mal dans les articulations ?*
Sind Sie heiser?	*Etes-vous enroué(e) ?*
Seit wann haben Sie diese heisere Stimme?	*Depuis combien de temps avez-vous cette voix rauque ?*
Haben Sie Schmerzen beim	*Avez-vous mal lorsque vous*
Atmen	*respirez*
Einatmen	*inspirez*
Ausatmen?	*expirez ?*
Haben Sie Nachtschweiße?	*Transpirez-vous la nuit ?*
Sagen Sie mit lauter Stimme 44!	*Dites à haute voix 44 !*
Flüstern Sie bitte 66!	*Chuchotez soixante-six, s.v.p. !*

II.5 Gastro-Hepato-Enterologie – Gastro-Hépato-Entérologie

Wie ist Ihr Appetit?	*Avez-vous de l'appétit ?*
Können Sie alles essen?	*Pouvez-vous manger de tout ?*
Was vertragen Sie nicht?	*Qu'est-ce que vous ne supportez pas ?*
Ist Ihnen übel?	*Est-ce que vous avez des nausées ?*
Haben Sie einen Brechreiz?	*Avez-vous envie de vomir ?*
Nehmen Sie Ihre Mahlzeiten regelmäßig zu sich?	*Est-ce que vous prenez regulièrement vos repas ?*

Haben Sie zugenommen/abgenommen?	*Avez-vous grossi/maigri ?*
Wieviele Kilos?	*Combien de kilos ?*
Haben Sie Schluckbeschwerden?	*Avez-vous des troubles de la déglutition ?*
Tut es Ihnen weh, wenn Sie schlucken?	*Avez-vous mal quand vous avalez ?*
Haben Sie ein aufsteigendes Brennen hinter dem Brustbein?	*Avez-vous des brûlures montant derrière le sternum ?*
Haben Sie Magenschmerzen direkt nach dem Essen? Wieviele Stunden später?	*Avez-vous mal au ventre juste après les repas? Combien d'heures après ?*
Haben Sie stärkere Magenschmerzen, wenn Sie hungrig sind?	*Les maux d'estomac sont-ils plus forts quand vous avez faim ?*
Nehmen die Schmerzen während des Essens ab?	*Est-ce que les douleurs se calment quand vous mangez ?*
Haben Sie Bauchschmerzen?	*Avez-vous mal au ventre ?*
Wo tut Ihnen der Bauch weh?	*Où avez-vous mal au ventre ?*
Unterhalb der Rippen	*Au dessous des côtes*
Oben	*En haut*
Unten	*En bas*
Rechts	*A droite*
Links	*A Gauche*
Wie sind die Schmerzen?	*Comment sont les douleurs ?*
Sind die Schmerzen gürtelförmig?	*Est-ce que les douleurs forment une ceinture ?*
Strahlen sie in den Rücken aus?	*Est-ce qu'elles s'irradient dans le dos ?*
Haben Sie Schmerzen nach Alkoholgenuß?	*Avez-vous mal après avoir bu de l'alcool ?*
Haben Sie Bauchkrämpfe?	*Avez-vous des crampes abdominales ?*
Haben Sie erbrochen?	*Avez-vous vomi ?*
Wie sieht das Erbrochene aus?	*Quel est l'aspect de ce que vous avez rendu ?*
Weißlich	*Blanchâtre*
Grünlich	*Verdâtre*
Blutig	*Avec du sang*
Mit Nahrungsresten	*Avec des résidus de nourriture*
Mit Galle?	*Avec de la bile ?*
Müssen Sie direkt nach dem Essen erbrechen?	*Est-ce que vous vomissez tout de suite après le repas ?*
Wieviele Stunden später?	*Combien d'heures après ?*
Hat man bei Ihnen schon einmal Magengeschwüre /Darmgeschwüre festgestellt?	*A-t-on déjà diagnostiqué des ulcères gastriques ou intestinaux chez vous ?*
Haben Sie Aufstoßen/Blähungen?	*Avez-vous des éructations/ flatulences ?*
Haben Sie Probleme mit dem Stuhlgang?	*Avez-vous des problèmes pour aller à la selle ?*
Haben Sie jeden Tag Stuhlgang?	*Allez-vous chaque jour à la selle ?*
Wie oft in der Woche?	*Combien de fois par semaine ?*
Haben Sie oft Verstopfung?	*Etes-vous souvent constipé(e) ?*

Seit wann haben Sie Verstopfung?	*Depuis quand êtes-vous constipé(e) ?*
Haben Sie Blut im Stuhlgang festgestellt?	*Avez-vous constaté du sang dans vos selles ?*
Wie sieht das Blut aus?	*Quel aspect a le sang ?*
Auf dem Stuhl	*Sur les selles*
Rot	*Rouge*
Schwarz	*Noir*
Mit dem Stuhl vermischt?	*Mélangé avec les selles ?*
Wie sieht Ihr Stuhlgang aus?	*Quel aspect ont vos selles ?*
dünn	*liquides*
breiartig	*pâteuses*
dick	*fermes*
Kügelchen	*sous forme de crottes*
Ist Ihr Stuhlgang gelb?	*Est-ce que les selles sont jaunes ?*
Haben Sie abwechselnd Durchfall und Verstopfung?	*Avez-vous la diarrhée et la constipation en alternance ?*
Haben Sie Schmerzen, wenn der Stuhlgang kommt?	*Avez-vous mal quand vous allez à la selle ?*
Haben Sie schon einmal Probleme mit Fissuren oder Hämorrhoiden gehabt?	*Avez-vous déjà eu des problèmes avec des fissures anales ou des hémorroïdes ?*
Riecht der Stuhl stark?	*Vos selles sentent-elles fort ?*
Haben Sie Probleme mit der Gallenblase?	*Avez-vous des problèmes avec la vésicule biliaire ?*
Hatten Sie schon einmal eine Gallenkolik?	*Avez-vous déjà eu des coliques biliaires ?*
Hatten Sie schon einmal Probleme mit Gallensteinen?	*Avez-vous déjà eu des problèmes avec des calculs biliaires ?*
Haben Sie Probleme, wenn Sie fette Speisen essen?	*Avez-vous des problèmes quand vous mangez gras ?*
Sind die Schmerzen in der Nähe des Nabels lokalisiert?	*Est-ce que les douleurs sont localisées près du nombril ?*
Haben Sie Zungenbrennen?	*Avez-vous des brûlures sur la langue ?*
Waren Sie in letzter Zeit in den Tropen?	*Est-ce que vous avez été dernièrement dans les zones tropicales ?*
Haben Sie in der Vergangenheit Bluttransfusionen bekommen?	*Avez-vous reçu dans le passé des transfusions sanguines ?*
Hatten Sie schon einmal eine Hepatitis?	*Avez-vous déjà eu une hépatite ?*
Haben Sie Juckreiz?	*Avez-vous des démangeaisons ?*
Haben Sie Fieber?	*Avez-vous de la fièvre ?*
Seit wann sind Ihre Augen gelb?	*Depuis combien de temps avez-vous les yeux jaunes ?*
Seit wann ist Ihre Haut gelb?	*Depuis quand avez-vous une peau jaune ?*
Hat Ihr Urin eine braune Farbe?	*Est-ce que votre urine a une couleur brune ?*
Seit wann haben Sie gerötete Handinnenflächen?	*Depuis avez-vous les paumes de la main rouges ?*

Hatten Sie schon einmal eine Gelbsucht?	*Avez-vous déjà eu la jaunisse ?*
Seit wann haben Sie Wasser im Bauch?	*Depuis quand avez-vous du liquide dans le ventre ?*
Hatten Sie schon einmal eine	*Avez-vous déjà subi une*
Ösophagoskopie	*oesophagoscopie*
Gastroskopie	*gastroscopie*
Röntgenaufnahme des Magens und des Darms	*radiographie de l'estomac et de l'intestin*
Proktoskopie	*proctoscopie*
Rektoskopie?	*rectoscopie ?*

II.6 Nephrologie/Urologie – Néphrologie/Urologie

Kennen Sie in Ihrer Familie Fälle von	*Connaissez-vous dans votre famille des cas de*
Nierenzysten	*kystes rénaux*
Nierensteinen	*calculs rénaux*
Gicht	*goutte*
Diabetes	*diabète*
Mißbildungen	*malformations*
Tuberkulose	*tuberculose*
oder anderer Nierenkrankheiten?	*ou d'autres maladies des reins ?*
Welche Krankheiten hatten Sie seit Ihrer Kindheit?	*Quelles maladies avez-vous eu depuis votre enfance ?*
Haben Sie eine Mißbildung der Harnwege?	*Avez-vous une malformation des voies urinaires ?*
Hatten Sie schon in Ihrer Kindheit Harnwegsinfekte?	*Avez-vous déjà eu dans votre enfance des infections urinaires ?*
Hatten Sie früher schon	*Avez-vous déjà eu dans le passé*
Nierenentzündungen	*des néphrites*
Blasenentzündungen	*des cystites*
Harnröhrenentzündungen?	*des uréthrites ?*
Hatten Sie kürzlich eine urologische Untersuchung?	*Avez-vous subi un examen urologique récemment ?*
Hatten Sie während Ihrer Schwangerschaft Ödeme, Hochdruck oder Eiweiß im Urin?	*Avez-vous eu pendant votre grossesse des oedèmes, une hypertension artérielle ou des protéines dans l'urine ?*
Seit wann leiden Sie an Bluthochdruck?	*Depuis combien de temps souffrez-vous d'hypertension artérielle ?*
Leiden Sie an	*Avez-vous*
Gicht	*la goutte*
Diabetes	*du diabète*
Rheumatismus	*des rhumatismes*
chronischen Infekten?	*des infections chroniques ?*
Hatten Sie einen Unfall?	*Avez-vous eu un accident ?*

Welche Medikamente nehmen Sie, haben Sie genommen?	*Quels médicaments prenez-vous, avez-vous pris ?*
Haben Sie oft Thrombosen?	*Est-ce que vous avez souvent des phlébites ?*
Haben Sie Kopfschmerzen?	*Avez-vous mal à la tête ?*
Haben Sie erbrochen?	*Avez-vous vomi ?*
Haben Sie Gewicht verloren?	*Avez-vous maigri ?*
Haben Sie Nachtschweiße?	*Transpirez-vous la nuit ?*
Seit wann haben Sie Ödeme	*Depuis quand avez-vous*
der Beine	*les jambes*
der Knöchel	*les chevilles*
der Lider?	*les paupières enflées ?*
Wie oft müssen Sie am Tag Wasser lassen?	*Combien de fois devez-vous uriner par jour ?*
Stehen Sie auch nachts auf, um Wasser zu lassen?	*Est-ce que vous vous levez aussi la nuit pour uriner ?*
Wie oft?	*Combien de fois ?*
Trinken Sie viel?	*Est-ce que vous buvez beaucoup ?*
Wieviele Liter trinken Sie pro Tag?	*Combien de litres buvez-vous par jour ?*
Haben Sie starken Durst?	*Avez-vous souvent soif ?*
Ist das schon immer so oder erst in letzter Zeit?	*Est-ce que ce fut toujours comme ça ou seulement depuis récemment ?*
Haben Sie Schmerzen beim Wasser lassen?	*Avez-vous mal quand vous urinez ?*
Spüren Sie ein Brennen?	*Est-ce que vous sentez des brûlures ?*
Haben Sie Schwierigkeiten beim Wasser lassen?	*Avez-vous des difficultés pour uriner ?*
Kommt der Urin Tropfen für Tropfen?	*Est-ce que l'urine vient goutte par goutte ?*
Ist der Harnstrahl schwach oder kräftig?	*Est-ce que votre jet urinaire est faible ou fort ?*
Ist der Harnstrahl unterbrochen?	*Est-ce que le jet urinaire est interrompu ?*
Haben Sie eine anormale Farbe Ihres Urins bemerkt?	*Avez-vous remarqué une couleur anormale de l'urine ?*
Blutig?	*Avec du sang ?*
Dunkelbraun?	*Brun foncé ?*
Haben Sie manchmal schaumigen Urin?	*Avez-vous parfois des urines mousseuses ?*
Haben Sie Ausfluß aus der Harnröhre?	*Avez-vous des écoulements de l'urètre ?*
Hat Ihr Urin einen anormalen Geruch?	*Votre urine a-t-elle une odeur anormale ?*
Verlieren Sie manchmal Urin?	*Est-ce que vous avez parfois une perte d'urines ?*
Wann?	*Quand ?*
Nach Anstrengungen?	*Après des efforts ?*
Wenn Sie lachen?	*Lorsque vous riez ?*
Wenn Sie laufen/rennen?	*Lorsque vous marchez/courrez ?*
Wenn Sie husten?	*Lorsque vous toussez ?*
Wenn Sie Geschlechtsverkehr haben?	*Quand vous avez des rapports sexuels ?*

Fühlen Sie wenn Sie einen Urinabgang haben?	*Sentez-vous quand vous avez une perte d'urine ?*
Haben Sie Schmerzen in der Nierengegend?	*Avez-vous des douleurs au niveau des reins ?*
Haben Sie Schmerzen im Liegen oder im Stehen?	*Avez-vous mal lorsque vous êtes couché(e) ou debout ?*
Werden die Schmerzen stärker oder schwächer, wenn Sie etwas trinken?	*Est-ce que les douleurs s'aggravent ou s'améliorent quand vous buvez quelque chose ?*
Hatten Sie schon einmal eine Kolik?	*Avez-vous déjà eu une colique néphritique ?*
Hatten Sie schon früher einmal einen Stein?	*Avez-vous déjà eu dans le passé un calcul urinaire ?*
Hatten Sie einen Steinabgang bemerkt?	*Avez-vous constaté la perte d'un calcul ?*
Hat man damals eine Steinanalyse gemacht?	*Est-ce qu'on a fait en ce temps là une ana-lyse du calcul ?*
Seit wann haben Sie Probleme mit der Prostata?	*Depuis combien de temps avez-vous des problèmes avec la prostate ?*
Hatten Sie früher einmal eine Entzündung der Prostata?	*Avez-vous eu une inflammation de la prostate dans le passé?*
Seit wann haben Sie Hodenschmerzen?	*Depuis combien de temps avez-vous des douleurs au testicule ?*
Sind diese Schmerzen plötzlich aufgetreten oder nach und nach?	*Est-ce que ces douleurs sont apparues brutalement ou peu à peu ?*
Strahlen die Schmerzen in die Leiste aus?	*Est-ce que les douleurs s'irradient dans l'aine ?*
Stört es Sie beim Gehen?	*Est-ce que ça vous gène quand vous marchez ?*
War Ihr Hodensack auch rot, warm und geschwollen?	*Est-ce que votre bourse était aussi rouge, chaude et enflée ?*
Haben Sie stärkere Schmerzen, wenn ich den Hoden anhebe?	*Avez-vous plus mal quand je soulève le testicule ?*
Haben Sie ein Ziehen im Hoden?	*Avez-vous un tiraillement dans votre testicule ?*
Seit wann hat Ihr Hoden an Größe zugenommen?	*Depuis quand votre testicule a-t-il grossi?*
Wann haben Sie diesen Knoten festgestellt?	*Quand avez-vous constaté cette nodosité ?*
Wie ist seine Konsistenz?	*Quelle est sa consistance ?*
Haben Sie Blut im Ejakulat bemerkt?	*Avez-vous remarqué du sang lors d'éjaculation ?*
Hatten Sie Beschwerden in der Pubertät?	*Avez-vous eu des troubles lors de la puberté ?*
Haben Sie Störungen der Erektion?	*Avez-vous des problèmes d'érection ?*
Sind Ihre Erektionsstörungen plötzlich oder nach und nach aufgetreten?	*Est-ce que vos problèmes d'érection sont apparus brutalement ou peu à peu ?*

Haben Sie gleichzeitig auch weniger Lust, mit Ihrer Partnerin zu schlafen?	*Avez-vous aussi moins envie d'avoir des rapports sexuels avec votre partenaire ?*
Wie oft haben Sie Geschlechtsverkehr?	*Combien de fois avez-vous des rapports sexuels ?*
Wann hatten Sie zum letzten Mal normalen Geschlechtsverkehr?	*Quand avez-vous eu pour la dernière fois un rapport sexuel normal ?*
Haben Sie überhaupt keine Erektion mehr oder ist diese zu kurz?	*N'avez-vous plus du tout d'érection ou est-ce qu'elle est trop courte ?*

II.7 Rheumatologie Orthopädie – Rhumatologie Orthopédie

Sind erbliche Knochenerkrankungen in Ihrer Familie bekannt?	*Est-ce que des cas de maladies osseuses héréditaires sont connues dans votre famille ?*
Waren Sie als Kind an Rachitis erkrankt?	*Est-ce que vous avez souffert du rachitisme dans votre enfance ?*
Waren Sie mal von einer neurologischen Erkrankung betroffen gewesen?	*Est-ce que vous avez été atteint(e) d'une maladie neurologique ?*
Hatten Sie schon Knochenbrüche?	*Avez-vous déjà eu des fractures ?*
In welchen Gelenken haben Sie Schmerzen?	*A quelles articulations avez-vous mal ?*
im Knie	*au genou*
in der Schulter	*à l'épaule*
im Handgelenk	*au poignet*
in den Fingergelenken	*aux articulations des doigts*
im Daumengelenk	*à l'articulation du pouce*
im Großzehengelenk	*à l'articulation du gros orteil*
im Ellenbogen	*au coude*
in der Hüfte	*à la hanche*
im Nacken	*à la nuque*
Treten diese Gelenkschmerzen eher morgens nach dem Aufstehen oder abends auf?	*Est-ce que ces douleurs articulaires apparaissent surtout le matin en vous levant ou surtout le soir ?*
Haben Sie Gelenkschmerzen eher in Ruhe oder nach Belastung?	*Avez-vous vos douleurs articulaires plûtot en repos ou après avoir fait des efforts ?*
Werden die Beschwerden besser, wenn Sie das Gelenk bewegen?	*Est-ce que ces douleurs deviennent plus supportables quand vous bougez l'articulation ?*
Treten die Schmerzen auch nachts auf?	*Est-ce que ces douleurs apparaissent aussi la nuit ?*
Werden Ihre Gelenkschmerzen durch Kälte/Wärme gebessert?	*Vos douleurs articulaires sont-elles calmées par le froid/le chaud ?*
Treten die Schmerzen in Form von Anfällen auf?	*Est-ce que ces douleurs apparaissent en forme des attaques ?*

Haben Sie Schwierigkeiten, Bewegungen im Gelenk auszuführen?	*Avez-vous des difficultés à faire des mouvements à l'articulation ?*
Ist Ihr Gelenk manchmal blockiert?	*Est-ce que l'articulation est parfois bloquée ?*
Treten Ihre Gelenkbeschwerden in Schüben auf?	*Est-ce que vos troubles articulaires apparaissent en poussées ?*
Seit wann ist das Gelenk geschwollen und gerötet?	*Depuis quand l'articulation est-elle enflée et rouge ?*
Schwillt das Gelenk besonders nach Belastungen an?	*Est-ce que l'articulation enfle surtout après des efforts ?*
Hatten Sie ein Trauma des Gelenkes?	*Avez-vous eu un traumatisme à l'articulation ?*
Seit wann ist das Gelenk deformiert?	*Depuis quand avez-vous cette articulation déformée ?*
War diese Deformierung schon angeboren?	*Est-ce que cette déformation était déjà congénitale ?*
Seit wann besteht diese Kontraktur?	*Depuis quand avez-vous cette contracture ?*
Seit wann ist Ihr Gelenk steif?	*Depuis quand votre articulation est-elle raide ?*
War das Gelenk über längere Zeit ruhiggestellt?	*Est-ce que l'articulation a été mise en repos pendant longtemps ?*
Verspüren Sie eine Steifigkeit der Gelenke besonders morgens?	*Est-ce que vous sentez une raideur dans les articulations surtout le matin ?*
Haben Sie das Gefühl, daß das Gelenk weniger stabil ist?	*Avez-vous l'impression que l'articulation est moins stable ?*
Haben Sie Schmerzen im Schultergelenk?	*Avez-vous des douleurs dans l'articulation de l'épaule ?*
Welche Bewegungen tuen Ihnen weh?	*Quels mouvements vous font mal ?*
Haben Sie öfters eine Schultergelenksauskugelung?	*Avez-vous souvent une luxation de l'épaule ?*
Haben Sie besonders Schmerzen beim Heben des Arms?	*Avez-vous surtout des douleurs en levant le bras ?*
Hatten Sie plötzlich Schmerzen im Bereich des Bizeps?	*Avez-vous eu subitement des douleurs au niveau du biceps ?*
Hatten Sie das Gefühl, daß etwas gerissen ist?	*Avez-vous l'impression que quelque chose s'est déchiré ?*
Haben Sie eine Schwellung im Bereich des Bizeps festgestellt?	*Avez-vous constaté une tuméfaction au niveau du biceps ?*
Sind die Fingergelenke entzündet?	*Est-ce que les articulations des doigts sont inflammées ?*
Haben Sie Schmerzen in den Fingergelenken? Welche?	*Avez-vous des douleurs dans les articulations des doigts? Lesquelles ?*
Haben Sie besonders im Daumengelenk Schmerzen?	*Avez-vous surtout mal au niveau de l'articulation du pouce ?*
Seit wann haben Sie zur Außenseite geneigte Finger?	*Depuis quand avez-vous les doigts déviés vers l'extérieur ?*

Haben Sie Schmerzen, wenn Sie Ihren Daumen bewegen?	*Avez-vous des douleurs quand vous bougez le pouce ?*
Seit wann bleibt Ihr Finger gebeugt?	*Depuis quand votre droigt reste-il plié ?*
Ist die Sehne schon lange verhärtet?	*Est-ce que le tendon est dur depuis longtemps ?*
Seit wann haben Sie diese Verhärtung im Bereich des Handgelenkes?	*Depuis quand avez-vous cette induration au niveau du poignet ?*
Haben Sie weniger Kraft im Handgelenk?	*Avez-vous moins de force dans le poignet qu'avant ?*
Haben Sie das Gefühl, daß Ihre Hand einschläft?	*Avez-vous le sentiment que votre main s'endort ?*
Spüren Sie nachts ein Kribbeln im Bereich der Finger?	*Avez-vous des fourmillements dans les doigts pendants la nuit ?*
Seit wann haben Sie diese verbogene Wirbelsäule?	*Depuis quand avez-vous la colonne vertébrale tordue ?*
Seit wann sind Sie so nach vorne gebeugt?	*Depuis quand êtes-vous si penché(e) en avant ?*
Seit wann ist bei Ihnen eine Osteoporose bekannt?	*Depuis quand une ostéoporose est-elle connue chez vous ?*
Sind die Rückenschmerzen diffus oder an einem bestimmten Punkt der Wirbelsäule lokalisiert?	*Les maux de dos sont-ils diffus ou localisés à un point précis de la colonne vertébrale ?*
Sind Ihre Rückenschmerzen chronisch oder akut aufgetreten?	*Vos maux de dos sont-ils chroniques ou sont-ils apparus d'une façon aiguë ?*
Sind Ihre Rückenschmerzen oberflächlich oder eher in der Tiefe lokalisiert?	*Vos maux de dos sont-ils superficiels ou plûtot en profondeur ?*
Haben Sie Ihre Rückenschmerzen hauptsächlich nachts?	*Avez-vous surtout mal au dos pendant la nuit ?*
Strahlen Ihre Rückenschmerzen in das Bein?	*Est-ce que vos douleurs de dos s'irradient dans la jambe?*
An die Außenseite des Beines?	*A la face externe de la jambe ?*
Bis zum Knie?	*Jusqu'au genou ?*
Bis zum Fuß?	*Jusqu'au pied ?*
Haben Sie auch gleichzeitig Sensibilitätsstörungen?	*Avez-vous en même temps des troubles de la sensibilité ?*
Werden die Rückenschmerzen schlimmer, wenn Sie husten oder niesen?	*Est-ce que vos douleurs s'aggravent quand vous toussez ou éternuez ?*
Sind auch Lähmungen aufgetreten?	*Est-ce que des paralysies sont apparues ?*
Können Sie den Fuß heben/senken?	*Est-ce que vous pouvez lever/baisser le pied ?*
Werden Ihre Rückenschmerzen besser, wenn Sie sich nach vorne beugen?	*Est-ce que vos douleurs de dos deviennent plus supportables quand vous êtes penché(e) en avant ?*
Hatten Sie als Kind auch Probleme mit der Wirbelsäule? Welche?	*Avez-vous eu des problèmes avec la colonne vertébrale dans votre enfance? Lesquels ?*
Hat Ihre Körpergröße abgenommen?	*Votre taille a-t-elle diminué ?*
Seit wann haben Sie einen Buckel?	*Depuis quand êtes-vous bossu(e) ?*

Haben Sie Knochenschmerzen?	*Avez-vous des douleurs dans les os ?*
Treten Ihre Knochenschmerzen hauptsächlich nachts auf?	*Est-ce que vos douleurs osseuses apparaissent surtout la nuit ?*
Haben Sie Knochenschmerzen hauptsächlich nach Belastung?	*Avez-vous des douleurs osseuses surtout après avoir fait des efforts ?*
Hatten Sie früher mal eine Knochenoperation?	*Avez-vous déjà eu dans le passé une opération des os ?*
Haben Sie Beckenschmerzen?	*Avez-vous mal au bassin ?*
Haben Sie Schwierigkeiten zu sitzen?	*Avez-vous des difficultés à rester assis(e) ?*
Seit wann hinken Sie?	*Depuis quand boitez-vous ?*
Haben Sie Schmerzen, wenn Sie Bewegungen im Hüftgelenk ausführen?	*Avez-vous des douleurs lorsque vous faites des mouvements avec l'articulation de la hanche ?*
Haben Sie Ihre Hüftschmerzen hauptsächlich bei Belastung oder schon in Ruhe?	*Avez-vous vos douleurs à la hanche surtout après des efforts ou déjà au repos ?*
Haben Sie Schmerzen in der Leiste?	*Avez-vous des douleurs à l'aine ?*
Haben Sie diese Leistenschmerzen in Ruhe oder bei Bewegung?	*Avez-vous ces douleurs à l'aine en repos ou lors de mouvements ?*
Können Sie Ihre Hüfte noch bewegen?	*Est-ce que vous pouvez toujours bouger votre hanche ?*
Werden Ihre Schmerzen erträglicher, wenn Sie gehen?	*Est-ce que vos douleurs deviennent plus supportables quand vous marchez ?*
Haben Sie eine Verkürzung des Beines bemerkt?	*Avez-vous remarqué un raccourcissement de la jambe ?*
Hatten Sie als Kind eine Hüftgelenksluxation?	*Avez-vous eu dans votre enfance une luxation de la hanche ?*
Haben Sie Schmerzen im Kniegelenk?	*Avez-vous mal au genou ?*
Seit wann haben Sie ein geschwollenes Knie?	*Depuis quand avez-vous le genou enflé ?*
Haben Sie Schwierigkeiten Ihr Knie zu strecken/zu beugen?	*Avez-vous des difficultés à étendre/à plier votre genou ?*
Seit wann haben Sie diese Schwellung im Bereich der Kniescheibe?	*Depuis quand avez-vous cette tuméfaction en niveau de la rotule ?*
Haben Sie Schmerzen im Bereich der Kniescheibe?	*Avez-vous mal au niveau de la rotule ?*
Treten diese Schmerzen besonders beim Treppensteigen, beim Treppen hinuntergehen auf?	*Avez-vous ces douleurs surtout en montant, en descendant les escaliers ?*
Wann haben Sie diese Schwellung in der Kniekehle zum ersten Mal festgestellt?	*Quand avez-vous constaté pour la première fois cette tuméfaction derrière le genou ?*
Fühlen Sie sich unsicher, wenn Sie gehen?	*Est-ce que vous ne vous sentez pas sûr(e) quand vous marchez ?*
Wann ist Ihr Knöchel angeschwollen?	*Quand est-ce que votre cheville a gonflé ?*
Haben Sie auch Schmerzen im Knöchel?	*Avez-vous aussi mal à la cheville ?*

Haben Sie Schwierigkeiten zu gehen?	*Avez-vous des difficultés pour marcher ?*
Können Sie sich auf die Ferse, auf die Zehen stellen?	*Pouvez-vous vous mettre sur le talon, sur la pointe des pieds ?*
Seit wann haben Sie Schmerzen in der großen Zehe?	*Depuis quand avez-vous mal au gros orteil ?*
Treten diese Schmerzen besonders auf, wenn Sie viel Fleisch gegessen haben?	*Est-ce que ces douleurs apparaissent surtout après avoir mangé beaucoup de viande ?*
Haben Sie Schmerzen in der Achillessehne?	*Avez-vous des douleurs dans le tendon de l'Achille ?*
Haben Sie Schmerzen im Bereich der Ferse?	*Avez-vous mal au niveau du talon ?*
Seit wann haben Sie Plattfüße?	*Depuis quand avez-vous les pieds plats ?*
Seit wann ist Ihre große Zehe so verbogen?	*Depuis combien de temps votre gros orteil est-il si tordu ?*
Stört Sie das beim Laufen?	*Est-ce que ça vous gène en marchant ?*
Seit wann haben Sie Muskelschmerzen?	*Depuis quand avez-vous mal aux muscles ?*
Haben Sie Muskelschmerzen in Ruhe oder bei Bewegungen?	*Avez-vous des douleurs musculaires en repos ou lors de mouvements ?*
Haben Sie diffuse Muskelschmerzen oder sind diese auf bestimmte Muskeln begrenzt?	*Vos douleurs musculaires sont-elles diffuses ou localisées à certains muscles ?*
Haben Sie auch Schmerzen im Bereich der Sehnen?	*Avez-vous aussi des douleurs au niveau des tendons ?*
Spüren Sie ein Knarren, wenn Sie die Sehne bewegen?	*Ressentez-vous des craquements quand vous bougez le tendon?*
Seit wann haben Sie einen schiefen Hals?	*Depuis quand avez-vous un torticolis ?*
Ist Ihr Schiefhals angeboren?	*Est-ce que votre torticolis est congénital ?*

II.8 Augenheilkunde – Ophtalmologie

Leiden Sie an Bluthochdruck Migräne Heuschnupfen?	*Souffrez-vous d'hypertension artérielle* *de migraines* *du rhume des foins ?*
Leiden Sie an Diabetes?	*Avez-vous du diabète ?*
Haben Sie eine Allergie?	*Avez-vous une allergie ?*
Haben Sie andere Krankheiten?	*Avez-vous d'autres maladies ?*
Welche Medikamente nehmen Sie/ haben Sie genommen?	*Quels médicaments prenez-vous/avez-vous pris ?*
Haben Sie andere Infektionen?	*Avez-vous d'autres infections ?*
Hatten Sie eine Gürtelrose ein Herpes eine Grippe?	*Avez-vous eu un zona* *un herpès* *une grippe ?*

Ist Ihnen übel?	*Avez-vous des nausées ?*
Haben Sie erbrochen?	*Avez-vous vomi ?*
Hatten Sie eine Radiotherapie des Kopfes?	*Avez-vous subi une radiothérapie de la tête ?*
Haben Sie einen Schlag auf das Auge bekommen?	*Avez-vous reçu un coup sur l'oeil ?*
Hatten Sie einen Unfall?	*Avez-vous eu un accident ?*
Haben Sie das Bewußtsein verloren?	*Avez-vous perdu connaissance ?*
Haben Sie eine Säure oder eine Lauge in das Auge bekommen?	*Avez-vous reçu de l'acide ou de la base dans l'oeil ?*
Haben Sie den Eindruck, einen Fremdkörper im Auge zu haben?	*Avez-vous l'impression d'avoir un corps étranger dans l'oeil ?*
Tränen Ihre Augen?	*Avez-vous les yeux qui coulent ?*
Brennen Ihre Augen?	*Avez-vous les yeux qui brûlent ?*
Seit wann sind Ihre Augen rot?	*Depuis combien de temps avez-vous les yeux rouges ?*
Wird Ihr Auge nach einer Aufregung rot?	*Est-ce votre oeil devient rouge à la suite d'une émotion ?*
Waren beide Augen von Anfang an rot?	*Les deux yeux étaient-ils rouges dès le début ?*
Haben Sie immer rote Augen im Frühling und im Herbst?	*Avez-vous toujours les yeux rouges en printemps et en automne ?*
Waren Sie im Schwimmbad?	*Avez-vous été à la piscine ?*
Seit wann tragen Sie eine Brille?	*Depuis quand portez-vous des lunettes ?*
Sind Sie kuzsichtig weitsichtig?	*Etes-vous myope* *hypermétrope ?*
Sehen Sie schlechter als früher?	*Est-ce que vous voyez moins bien qu'avant ?*
Mit einem Auge oder mit beiden?	*Avec un seul oeil ou avec les deux ?*
Seit wie lange?	*Depuis combien de temps ?*
Hat Ihre Sehschärfe plötzlich oder stetig abgenommen?	*Est-ce que votre vision a diminué brusquement ou peu à peu ?*
Sehen Sie weit/nah schlecht?	*Voyez-vous mal de loin/de près ?*
Seit wie lange?	*Depuis quand ?*
Sehen Sie schlecht oder überhaupt nicht mehr?	*Est-ce que vous voyez mal ou pas du tout ?*
Seit wann sind Sie blind?	*Depuis quand êtes-vous aveugle ?*
Sind Sie plötzlich blind geworden oder nach und nach?	*Est-ce que vous êtes devenu aveugle brutalement ou peu à peu ?*
Haben Sie Schwierigkeiten nach oben nach unten nach rechts nach links zu schauen?	*Avez-vous des difficultés pour regarder* *en haut* *en bas* *à droite* *à gauche ?*
Hat Ihr Gesichtsfeld abgenommen?	*Est-ce que votre champ visuel a diminué ?*

Wenn Sie geradeaus schauen, gibt es da Dinge, die Sie nicht sehen?	*Lorsque vous regardez devant vous, est-ce qu'il y a des choses que vous ne voyez pas ?*
Haben Sie den Eindruck, fliegende Mücken vor Ihren Augen zu sehen?	*Avez-vous l'impression de voir des mouches volantes ?*
Sehen Sie schwarze Punkte?	*Voyez-vous des points noirs ?*
Haben Sie den Eindruck, daß ein Nebel vor Ihren Augen ist?	*Avez-vous l'impression d'avoir du brouillard devant les yeux ?*
Sehen Sie Lichtblitze?	*Voyez-vous des éclairs lumineux ?*
Sehen Sie Zick-Zack-Linien?	*Est-ce que vous voyez des lignes en zigzag ?*
Sehen Sie einen Fleck vor Ihren Augen?	*Est-ce que vous voyez une tache devant vos yeux ?*
Wird der Fleck immer größer?	*Est-ce que cette tache devient de plus en plus grande ?*
Haben Sie Augenschmerzen?	*Avez-vous mal aux yeux ?*
Seit wann?	*Depuis quand ?*
Treten Ihre Augenschmerzen in Form von Anfällen auf?	*Est-ce que vos douleurs dans les yeux apparaissent par crises ?*
Werden diese Anfälle durch irgendwelche Faktoren ausgelöst?	*Est-ce que ces attaques sont déclenchées par certains facteurs ?*
Durch Stress?	*Par le stress ?*
Durch Antidepressiva?	*Par des antidépresseurs ?*
Vertragen Sie das Licht?	*Supportez-vous la lumière ?*
Fühlen Sie sich geblendet?	*Est-ce que vous vous sentez ébloui(e) ?*
Sehen Sie Linien und Bilder verzehrt?	*Est-ce que vous voyez des images et des lignes déformées ?*
Sehen Sie flau?	*Voyez-vous flou ?*
Schielen Sie? Seit wann?	*Louchez-vous? Depuis quand ?*
Sehen Sie doppelt?	*Voyez-vous double ?*
Sind die Doppelbilder neben oder übereinander?	*Vos images doublées, sont-elles l'une sur l'autre ou l'une à côté de l'autre ?*
Müssen Sie ein Auge schließen, um nicht doppelt zu sehen?	*Est-ce qu'il vous faut fermer un oeil pour pas voir double ?*
Sehen Sie immer doppelt?	*Voyez-vous toujours double?*
Oder nur, wenn Sie	*Ou seulement si vous regarder*
nach oben	*en haut*
nach unten	*en bas*
nach rechts	*à droite*
nach links schauen	*à gauche*
lesen	*lisez*
die Treppe hinuntergehen?	*descendez les escaliers ?*
Sehen Sie die Umrisse der Gegenstände gut?	*Voyez-vous bien les objets en relief ?*
Können Sie schlecht Abstände abschätzen?	*Avez-vous des difficultés à apprécier les distances ?*
Haben Sie Schwierigkeiten Auto zu fahren?	*Avez-vous des difficutés pour conduire ?*

Unterscheiden Sie gut die Farben?	*Distinguez-vous bien les couleurs ?*
Welche Farben erkennen Sie nicht?	*Quelles couleurs ne reconnaissez-vous pas ?*
Haben Sie Halluzinationen?	*Avez-vous des hallucinations ?*
Haben Sie morgens verklebte Augen?	*Avez-vous les yeux collés le matin au reveil ?*
Haben Sie Kopfschmerzen? Wenn Sie lesen? Wenn Sie fernsehen?	*Avez-vous des maux de tête ?* *Lorsque vous lisez ?* *Lorsque vous regardez la télévision ?*
Seit wann haben Sie den Ausschlag um die Augen herum?	*Depuis combien de temps avez-vous des éruptions autour des yeux ?*
Seit wann steht das eine Auge weiter vor als das andere?	*Depuis quand avez-vous un oeil plus en avant que l'autre ?*

II.9 Hals-Nasen-Ohren-Heilkunde – Oto-Rhino-Laryngologie

▲ Allgemeines	▲ *Généralités*
Haben Sie Bluthochdruck?	*Avez-vous de l'hypertension artérielle ?*
Rauchen Sie?	*Fumez-vous ?*
Hatten Sie einen Unfall?	*Avez-vous eu un accident ?*
Leiden Sie an einer Allergie?	*Souffrez-vous d'une allergie ?*
Welche Medikamente nehmen Sie/ haben Sie genommen?	*Quels médicaments prenez-vous/avez-vous pris ?*
Waren Sie an einer Tuberkulose erkrankt?	*Avez-vous été atteint(e) d'une tuberculose ?*
Haben Sie Fieber?	*Avez-vous de la fièvre ?*
Haben Sie ganz starke Kopfschmerzen?	*Avez-vous de forts maux de tête ?*
Tut es Ihnen weh, wenn ich Ihnen hier auf die Stirn auf den Oberkiefer auf das Kinn drücke?	*Est-ce que ça vous fait mal si j'appuie ici* *sur le front* *sur la mâchoire supérieure* *sur le menton ?*

▲ Hals	▲ *Le cou*
Seit wann haben Sie diese Schwellung am Hals?	*Depuis combien de temps avez-vous une tuméfaction au cou ?*
Ist sie schmerzhaft?	*Est-elle douloureuse ?*
Hat Sie an Größe zugenommen?	*A-t-elle augmenté de volume ?*
Wo haben Sie einen Knoten getastet?	*Où avez-vous palpé un ganglion ?*
Wie ist die Konsistenz des Knotens? hart weich fest holzartig	*Quelle consistance a votre ganglion ?* *dure* *molle* *ferme* *comme du bois*

Ist der Knoten verschieblich?	*Est-ce que le ganglion est mobile ?*
Haben Sie noch andere Knoten getastet?	*Avez-vous palpé d'autres ganglions ?*
Haben Sie Knoten auf beiden Seiten des Halses bemerkt?	*Avez-vous remarqué des ganglions sur chaque côté ?*
Tut es Ihnen weh, wenn ich den Knoten berühre?	*Est-ce que ça vous fait mal si je touche le ganglion ?*
Hatten Sie in letzter Zeit eine Infektion?	*Avez-vous eu dernièrement une infection ?*

▲ Mund und Rachen / ▲ *La bouche et la gorge*

Seit wann haben Sie ein Kratzen im Hals?	*Depuis quand votre gorge vous gratte-elle ?*
Haben Sie Halsschmerzen?	*Avez-vous mal à la gorge ?*
Seit wann ist der Hals gerötet?	*Depuis quand avez-vous la gorge rouge ?*
Haben Sie Schluckbeschwerden?	*Avez-vous des problèmes de déglutition ?*
Hat Sie das gehindert soviel wie früher zu essen?	*Cela vous a-t-il empêché de manger autant qu'avant ?*
Haben Sie Ohrenschmerzen beim Schlucken?	*Avez-vous mal aux oreilles en avalant ?*
Haben Sie auch geschwollene Halslymphknoten getastet?	*Avez-vous aussi palpé des ganglions au niveau du cou ?*
Haben Sie oft Halsentzündungen?	*Avez-vous souvent des angines ?*
Hatten Sie kürzlich eine Angina?	*Avez-vous eu une angine dernièrement ?*
Haben Sie das Gefühl einen Fremdkörper im Hals zu haben?	*Avez-vous l'impression d'avoir un corps étranger dans la gorge ?*
Seit wann haben Sie Backenschmerzen?	*Depuis quand avez-vous mal aux joues ?*
Seit wann sind Ihre Backen so geschwollen?	*Depuis combien de temps avez-vous les joues enflées ?*
Haben Sie besonders Backenschmerzen nach den Mahlzeiten?	*Avez-vous surtout mal aux joues après les repas ?*
Haben Sie kein Speichel mehr mit Beginn der Mahlzeiten?	*N'avez-vous plus de salive au début des repas ?*
Bekommen Sie dann starke Schmerzen?	*Avez-vous alors des douleurs intenses ?*
Schwillt Ihre Speicheldrüse dann an?	*Est-ce que votre glande salivaire enfle ?*
Haben Sie immer einen trockenen Mund?	*Avez-vous toujours la bouche sèche ?*
Seit wann haben Sie einen Belag auf der Zunge?	*Depuis combien de temps avez-vous un enduit sur la langue ?*
Welche Farbe hat der Belag?	*Cet enduit, de quelle couleur est-il ?*
weißlich	*blanchâtre*
bräunlich	*brunâtre*
gräulich	*grisâtre*
grünlich	*verdâtre*
gelblich	*jaunâtre*

Löst sich der Belag ab, wenn man ihn berührt?	*Est-ce que l'enduit part si on le touche ?*
Seit wann ist Ihre Zunge himbeerrot?	*Depuis quand avez-vous la langue couleur framboise ?*
Wo haben Sie Schmerzen an der Zunge	*Où avez-vous mal à la langue ?*
Haben Sie Zungenbrennen?	*Avez-vous des brûlures sur la langue ?*
Können Sie die Zunge gut bewegen?	*Pouvez-vous bien bouger la langue ?*
Seit wann haben Sie diese Entzündung des Zahnfleisches?	*Depuis quand avez-vous cette inflammation de la gencive ?*
Wann haben Sie zum ersten Mal diese Schwellung an der Backe unter der Zunge am Zäpfchen bemerkt?	*Quand avez-vous remarqué pour la première fois cette tuméfaction de la joue sous la langue de la luette ?*
Haben Sie auch kleine Bläschen auf der Zunge am Zahnfleich an der Wangenschleimhaut am Gaumen?	*Avez-vous aussi des boutons au niveau de la langue de la gencive de la muqueuse des joues du palais ?*
Schmerzen diese Bläschen?	*Est-ce que ces boutons sont douloureux ?*
Seit wann haben Sie dieses Geschwür an der Zungenspitze am Zungenrand auf der Zunge?	*Depuis quand avez-vous cette ulcération sur le bout de la langue sur le bord de la langue sur la langue ?*
Haben Sie oft Zahnfleischbluten?	*Avez-vous souvent les gencives qui saignent ?*
Haben Sie Schwierigkeiten den Mund zu öffnen/zu schließen?	*Avez-vous des difficultés pour ouvrir/fermer la bouche ?*
Haben Sie Kieferschmerzen?	*Avez-vous des douleurs à la mâchoire ?*
Seit wann haben Sie eine Gesichtslähmung?	*Depuis quand avez-vous une paralysie faciale ?*
Seit wann ist Ihr Mund schief?	*Depuis quand votre bouche est-elle déformée ?*
Können Sie das Auge öffnen/ schließen?	*Pouvez-vous ouvrir/fermer l'oeil ?*
Seit wann haben Sie Probleme mit der Stimme?	*Depuis quand avez-vous des troubles de la voix ?*
Sind diese plötzlich aufgetreten oder nach und nach?	*Est-ce qu'ils se sont installés brusquement ou peu à peu ?*
Seit wann haben Sie eine veränderte Stimme?	*Depuis quand votre voix a-t-elle changé ?*
Seit wann sind Sie heißer?	*Depuis combien de temps êtes-vous enroué(e) ?*
Seit wann haben Sie eine rauhe Stimme?	*Depuis combien de temps avez-vous une voix rauque ?*
Müssen Sie bei der Arbeit schreien?	*Est-ce que vous êtes obligé(e) de crier au travail ?*

Waren Sie plötzlich heiser oder nach und nach?	*Avez-vous été subitement enroué(e) ou peu à peu ?*
Müssen Sie oft husten? Seit wann?	*Toussez-vous souvent? Depuis quand ?*
Haben Sie schon einmal Blut gespuckt?	*Avez-vous déjà craché du sang ?*
Hatten Sie in der letzten Zeit eine Infektion der Atemwege?	*Avez-vous eu dernièrement une infection des voies respiratoires ?*
Ermüdet Sie das Sprechen?	*Est-ce que ça vous fatigue quand vous parlez ?*
Haben Sie Atembeschwerden?	*Avez-vous des troubles respiratoires ?*
Haben Sie starke Atemnot?	*Avez-vous de grands troubles respiratoires ?*
Haben Sie Schwierigkeiten einzuatmen/auszuatmen?	*Avez-vous des difficultés pour inspirer/expirer ?*
Müssen Sie sich aufsetzen um Luft holen zu können?	*Est-ce que vous devez vous assoir pour respirer ?*
Pfeift es wenn Sie einatmen/ ausatmen?	*Est-ce que ça siffle quand vous inspirez/expirer ?*

▲ Nase	**▲ Le nez**
Seit wann können Sie nicht mehr durch die Nase atmen?	*Depuis quand ne pouvez-vous plus respirer par le nez ?*
Seit wann ist Ihre Nase verstopft?	*Depuis combien de temps avez-vous le nez bouché ?*
Sind beide Nasenlöcher verstopft oder nur eine Seite?	*Avez-vous les deux narines bouchées ou seulement une ?*
Riechen Sie gut alle Gerüche?	*Sentez-vous bien les ordeurs ?*
Sprechen Sie durch die Nase?	*Parlez-vous du nez ?*
Seit wann näseln Sie?	*Depuis quand parlez-vous du nez ?*
Schnarchen Sie?	*Ronflez-vous ?*
Wurden Sie wegen der Mandeln operiert?	*Avez-vous été opéré(e) des amygdales ?*
Haben Sie Schwierigkeiten zu atmen?	*Avez-vous du mal à respirer ?*
Haben Sie ständig eine verstopfte Nase oder nur ab und zu?	*Avez-vous toujours le nez bouché ou seulement de temps en temps ?*
In Ruhe oder bei Anstrengungen?	*Au repos ou pendant un effort ?*
Hängen Ihre Beschwerden ab von der Saison von bestimmten Orten von bestimmten Positionen?	*Vos troubles dependent-ils de la saison de certains lieux de certaines positions ?*
Müssen Sie auch niesen?	*Est-ce qu'il vous faut éternuer ?*
Tut Ihnen die Nase weh?	*Avez-vous mal au nez ?*
Läuft Ihnen die Nase?	*Avez-vous le nez qui coule ?*
Seit wann läuft Ihnen die Nase?	*Depuis quand avez-vous le nez qui coule ?*
Juckt Ihre Nase?	*Avez-vous des démangeaisons au nez ?*
Ist Eiter aus Ihrer Nase gelaufen?	*Avez-vous eu des écoulements de pus par le nez ?*

Sind Sie auf Pollen allergisch?	*Etes-vous allergique aux pollens ?*
Haben Sie gleichzeitig auch gerötete Augen?	*Avez-vous en même temps les yeux rouges ?*
Läuft Ihnen die Nase	*Avez-vous le nez qui coule*
nach Anstrengungen	*lors des efforts physiques*
wenn Sie ins Kalte gehen	*lorsque vous passez au froid*
wenn Sie ins Warme gehen	*lorsque vous passez au chaud*
wenn Sie sich nach vorne beugen?	*lorsque vous vous penchez en avant ?*
Wie sieht die Flüssigkeit aus, die Ihnen aus der Nase läuft?	*Quel aspect a ce liquide qui coule du nez ?*
blutig	*avec du sang*
gelblich	*jaunâtre*
klar	*clair*
eitrig	*comme du pus*
Hatten Sie in letzter Zeit eine Operation des Kopfes?	*Avez-vous subi dernièrement une intervention chirurgicale de la tête ?*
Haben Sie Nasenblutungen?	*Avez-vous une hémorragie nasale ?*
Wenn Sie sich die Nase putzen	*Lorsque vous vous mouchez ?*
Bei körperlicher Anstrengung?	*Lorsque vous faites un effort physique ?*
Seit wann haben Sie Nasenbluten?	*Depuis quand avez-vous ces hémorragies nasales ?*
Haben Sie eine Blutkrankheit?	*Avez-vous une maladie du sang ?*
Nehmen Sie Medikamente gegen die Blutgerinnung ein?	*Avez-vous un traitement anticoagulant ?*
Hatten Sie kürzlich eine Kieferhöhlenentzündung?	*Avez-vous eu dernièrement une sinusite maxillaire ?*
Hatten Sie schon einmal eine Nasenoperation?	*Avez-vous déjà subi une intervention chirurgicale du nez ?*

▲ Ohren — ▲ *Les oreilles*

Kennen Sie in Ihrer Familie Fälle von Ohrenerkrankungen?	*Connaissez-vous dans votre famille des cas des maladies de l'oreille ?*
Waren Sie mal an Syphilis erkrankt?	*Avez-vous eu la syphilis ?*
Hören Sie schlecht?	*Entendez-vous mal ?*
Seit wann?	*Depuis quand ?*
Hören Sie mit beiden Ohren schlecht oder nur mit einem?	*Entendez-vous mal avec les deux oreilles ou avec une ?*
Hat Ihr Gehör plötzlich oder nach und nach abgenommen?	*Votre audition a-t-elle diminué brusquement ou peu à peu ?*
Hören Sie besser die hohen oder die tiefen Töne?	*Entendez-vous mieux les sons aigus ou les sons graves ?*
Hatten Sie kürzlich eine Ohrenentzündung?	*Avez-vous eu dernièrment une otite ?*
Hören Sie den Lärm auf der Straße?	*Entendez-vous le bruit dans la rue ?*
Hören Sie wenn ich flüstere?	*Entendez-vous bien lorsque je chuchote ?*
Können Sie gut den Gesprächen Ihrer Umgebung folgen?	*Pouvez-vous bien suivre les discussion de votre entourage ?*

Gibt es in Ihrer Familie Fälle von Taubheit?	*Est-ce qu'il existe des cas de surdité dans votre famille ?*
Haben Sie den Eindruck, daß Ihr Ohr verstopft ist?	*Avez-vous l'impression d'avoir l'oreille bouchée ?*
Haben Sie den Eindruck, einen Fremdkörper im Ohr zu haben?	*Avez-vous l'impression d'avoir un corps étranger dans l'oreille ?*
Hören Sie die Töne stärker als früher?	*Entendez-vous les sons plus forts qu'avant ?*
Sind Sie sehr auf Lärm empfindlich?	*Etes-vous très sensible au bruit ?*
Auf welcher Seite lokalisieren Sie den Ton, wenn ich Ihnen die Stimmgabel auf den Kopf setze?	*Sur quel côté localisez-vous le son quand je pose le diapason sur votre tête ?*
Haben Sie Ohrschmerzen?	*Avez-vous mal à l'oreille ?*
Auf einem Ohr oder auf beiden?	*A une seule ou aux deux ?*
Seit wann haben Sie Schmerzen?	*Depuis quand avez-vous des douleurs ?*
Wie sind Ihre Ohrenschmerzen? sehr schmerzhaft konstant ab und zu auftretend von kurzer Dauer	*Comment sont vos douleurs à l'oreille ?* *très violentes* *constantes* *intermittentes* *de brève durée*
Waren die Schmerzen von Anfang an stark oder sind sie langsam immmer stärker geworden?	*Vos douleurs étaient-elles très fortes dès le début ou se sont-elles aggravées ?*
Haben Sie die ganze Zeit Schmerzen oder nur wenn Sie essen wenn Sie sprechen wenn Sie auf dem Ohr liegen wenn Sie schlucken?	*Avez-vous toujours mal aux oreilles ou seulement* *lorsque vous mangez* *lorsque vous parlez* *lorsque vous êtes couché sur l'oreille* *lorsque vous avalez ?*
Seit wann steht Ihr Ohr etwas ab?	*Depuis combien de temps votre oreille est-elle un peu décollée ?*
Seit wann ist Ihre Haut um vor hinter über unter dem Ohr gerötet und geschwollen?	*Depuis quand votre peau* *autour de* *devant* *derrière* *au dessus de* *au dessous de l'oreille* *est-elle rouge et enflée ?*
Seit wann haben Sie diese Schwellung am Ohr?	*Depuis combien de temps avez-vous cette tuméfaction à l'oreille ?*
Seit wann haben Sie diesen Ausschlag in Ihrem Ohr?	*Depuis quand avez-vous cette éruption dans votre oreille ?*
Ist dieser Ausschlag schmerzhaft?	*Est-ce que votre éruption est douloureuse ?*
Seit wann juckt es Sie im Ohr?	*Depuis quand avez-vous des démangeaisons à l'oreille ?*
Haben Sie Ausfluß aus dem Ohr?	*Avez-vous des écoulements à l'oreille ?*
Seit wann haben Sie Ausfluß aus dem Ohr?	*Depuis quand avez-vous l'oreille qui coule ?*

Kommt Eiter aus Ihrem Ohr?	*Est-ce qu'il y a du pus qui sort de l'oreille ?*
Seit wann haben Sie Ohrensausen?	*Depuis quand avez-vous des bourdonnements d'oreille ?*
Auf einer Seite oder auf beiden?	*D'un seul ou des deux côtés ?*
Sind die Töne, die Sie hören, hoch oder tief?	*Les sons que vous entendez, sont-ils aigus ou graves ?*
Wie stark ist die Lautstärke?	*Comment est l'intensité ?*
Leiden Sie an einer Arthrose der Halswirbelsäule?	*Souffrez-vous d'une arthrose cervicale ?*
Hatten Sie plötzlich Geräusche im Ohr oder sind diese mit der Zeit immer lauter geworden?	*Ces bruits dans l'oreille, sont-ils apparus subitement ou sont-ils devenus de plus en plus forts ?*
Sind Ihre Geräusche rhythmisch mit dem Puls/mit der Atmung?	*Vos bruits dans l'oreille, sont-ils rythmés par le pouls/la respiration ?*
Haben Sie immer Ohrensausen oder nur in bestimmten Momenten?	*Avez-vous toujours des bourdonnements ou seulement à certains moments ?*
Welche Faktoren lösen Sie aus?	*Est-ce qu'il existe des facteurs déclenchants ?*
Kaffee	*le café*
Alkohol	*l'alcool*
Medikamente	*les médicaments*
Aufregungen	*les émotions*
Haben Sie auch Schwindel?	*Avez-vous aussi des vertiges ?*
Haben Sie den Eindruck, daß sich alle Dinge um Sie herum drehen?	*Avez-vous l'impression que tout tourne autour de vous ?*
Oder daß Sie sich drehen?	*Ou que vous tournez ?*
Ist der Schwindel plötzlich aufgetreten oder nach und nach?	*Vos vertiges sont-ils apparus brusquement ou progressivement ?*
Haben Sie Schwindelanfälle?	*Avez-vous des attaques de vertiges ?*
Haben Sie etwas vor dem Auftreten des Schwindels gespürt?	*Avez-vous des signes prédisants vos vertiges ?*
Schmerzen	*des douleurs*
Pfeifen	*des sifflements*
Brechreiz	*des nausées*
Blässe	*le pâleur*
Haben Sie Schweißausbrüche?	*Etes-vous en sueur ?*
Haben Sie gleichzeitig auch Gehörprobleme?	*Avez-vous en même temps des troubles d'audition ?*
Bessert sich Ihr Schwindel, wenn Sie die Augen schließen?	*Est-ce que vos vertiges s'améliorent si vous fermez les yeux ?*
Haben Sie Schwindel, wenn Sie den Kopf nach vorne beugen/zur Seite drehen?	*Avez-vous des vertiges quand vous penchez la tête en avant/ tournez la tête sur le côté ?*
Fallen Sie auch hin?	*Tombez-vous ?*
Fallen Sie auf eine bestimmte Seite?	*Tombez-vous sur un côté précis ?*

II.10 Gynäkologie – Gynécologie

Mit welchem Alter hatten Sie Ihre erste Regelblutung?	*A quel âge avez-vous eu vos premières règles ?*
Mit welchem Alter hatten Sie Ihre Pubertät?	*A quel âge avez-vous eu votre puberté ?*
Wann hatten Sie Ihre Wechseljahre?	*Quand avez-vous eu votre ménopause ?*
Waren Sie schon einmal schwanger?	*Avez-vous déjà été enceinte ?*
War die letzte Schwangerschaft komplikationslos?	*La dernière grossesse étaitelle sans complications ?*
Wieviele Geburten hatten Sie?	*Combien d'accouchements avez-vous eu ?*
Hatten Sie auch Fehlgeburten?	*Avez-vous aussi fait des fausses couches ?*
Hatten Sie schon einmal eine Frühgeburt?	*Avez-vous déjà eu un accouchement prématuré ?*
Hatten Sie früher mal einen Kaiserschnitt?	*Avez-vous eu une césarienne ?*
Hatten Sie schon einmal eine Geschlechtskrankheit?	*Avez-vous déjà eu une maladie vénérienne ?*
Gonnorrhoe	*la gonnorrhée*
Syphilis	*la syphilis*
Herpes	*l'herpès*
Hatten Sie schon einmal eine Entzündung der Gebärmutter?	*Avez-vous déjà eu une inflammation de l'utérus*
der Eierstöcke	*des ovaires*
der Eileiter?	*des trompes ?*
Hatten Sie schon einmal gynäkologische Operationen?	*Avez-vous déjà subi des opérations gynécologiques ?*
Welches Kontrazeptionsmittel benutzen Sie?	*Quel moyen de contraception utilisez-vous ?*
die Pille	*la pilule*
Präservative/Kondome	*des préservatifs*
ein Intrauterinpessar/die Spirale	*un dispositif intra-utérin/un stérilet*
ein Scheidendiaphragma	*un diaphragme*
eine antispermizide Crème	*une pommade antispermicide*
Nehmen Sie die Pille?	*Prenez-vous la pilule ?*
Haben Sie ein Intrauterinpessar/eine Spirale?	*Avez-vous un dispositif intra-utérin/stérilet ?*
Haben Sie normale Regelblutungen?	*Avez-vous des règles normales ?*
Alle wieviele Tage haben Sie Ihre Regelblutungen?	*Quelle est la longueur de vos cycles ?*
Haben Sie Schmerzen vor Beginn Ihrer Regelblutungen?	*Avez-vous des douleurs avant le début de vos règles ?*
Sind Sie vor Beginn Ihrer Regelblutungen depressiv/nervös?	*Etes-vous dépressive/nerveuse avant le début des règles ?*
Haben Sie auch Schmerzen in den Brüsten?	*Avez-vous aussi mal aux seins ?*

Haben Sie krampfartige Schmerzen im Unterbauch vor/während Ihrer Regelblutungen?	*Avez-vous des douleurs sous forme de crampes dans le bas ventre avant/pendant vos règles?*
Seit wann haben Sie unregelmäßige Zyklusblutungen?	*Depuis quand avez-vous des règles irrégulières ?*
Seit wann haben Sie keine Regelblutungen mehr gehabt?	*Depuis quand n'avez-vous plus vos règles ?*
Hatten Sie früher regelmäßige Zyklen?	*Avez-vous eu des cycles réguliers auparavant ?*
Sind Ihre Regelblutungen verlängert schwächer vertärkt?	*Vos règles sont-elles plus longues plus faibles plus abondantes ?*
Haben Sie Zwischenblutungen?	*Avez-vous des pertes de sang entre vos règles ?*
Haben Sie übelriechenden Ausfluß?	*Avez-vous des pertes fétides ?*
Hatten Sie bräunlichen Ausfluß?	*Avez-vous eu des pertes marrons ?*
Haben Sie Blutungen beim Geschlechtsverkehr bemerkt?	*Avez-vous remarqué des hémorragies lors de vos rapports sexuels ?*
Hatten Sie nach Ihren Wechseljahren Blutungen?	*Avez-vous eu des hémorragies après la ménopause ?*
Seit wann verlieren Sie Blut?	*Depuis quand avez-vous des pertes de sang ?*
Ist diese Blutung schmerzhaft?	*Est-ce que cette hémorragie est douloureuse ?*
Haben Sie Schmerzen im Unterleib?	*Avez-vous mal dans le bas ventre ?*
Treten diese Schmerzen schubweise auf?	*Est-ce que ces douleurs apparaissent en poussées ?*
Seit wann sind Sie schwanger?	*Depuis quand êtes-vous enceinte ?*
Haben Sie schon ein Schwangerschaftstest gemacht?	*Avez-vous déjà fait un test de grossesse ?*
Haben Sie ein Spannungsgefühl in den Brüsten?	*Avez-vous une sensation de tension dans les seins ?*
Ist Ihnen übel?	*Avez-vous des nausées ?*
Haben Sie auch erbrochen?	*Avez-vous eu des vomissements ?*
Leiden Sie an Diabetes oder Bluthochdruck?	*Avez-vous du diabète ou de l'hypertension artérielle ?*
Rauchen Sie oder trinken Sie Alkohol?	*Fumez-vous ou buvez-vous de l'alcool ?*
Haben Sie eine Erkrankung des Herzens/der Leber/der Nieren/der Lunge?	*Etes-vous atteinte d'une maladie du coeur/du foie/des reins/des poumons ?*
Hatten Sie schon einmal eine Schwangerschaft mit Komplikationen? Welche?	*Avez-vous déjà eu une grossesse avec des complications? Lesquelles ?*
Sind Sie gegen Röteln geimpft?	*Etes-vous vaccinée contre la rubéole ?*
Ist der Rhesus-Faktor von Ihnen und dem Vater des Kindes bekannt?	*Est-ce que votre facteur Rhésus et celui du père de l'enfant est connu ?*

Bestand bei den bisherigen Schwangerschaften eine Blutgruppenunverträglichkeit?	*Est-ce qu'il y avait lors des grossesses précédentes une incompatibilite'des groupes sanguins ?*
Seit wann haben Sie Ödeme an den Beinen?	*Depuis quand avez-vous des oedèmes aux jambes ?*
Haben Sie Kopfschmerzen Schwindel Ohrensausen Sehstörungen?	*Avez-vous mal à la tête des vertiges des bourdonnements d'oreille des troubles de vision ?*
Wieviele Kilos haben Sie seit Beginn der Schwangerschaft zugenommen?	*Combien de kilos avez-vous pris depuis le début de la grossesse ?*
Wann haben Sie die ersten Kindsbewegungen bemerkt?	*Quand avez-vous senti l'enfant bouger pour la première fois?*
Seit wann verspüren Sie keine Kindsbewegungen mehr?	*Depuis quand ne ressentez-vous plus de mouvements de l'enfant ?*
Seit wann verspüren Sie Gebärmutterkontraktionen?	*Depuis quand ressentez-vous des contractions utérines ?*
Werden diese Wehen immer stärker?	*Est-ce que ces contractions deviennent de plus en plus fortes ?*
Sind diese Wehen schmerzhaft?	*Ces contractions sont-elles douloureuses ?*
Haben Sie ein Juckreiz/Brennen im Bereich der Scheide?	*Avez-vous des démangeaisons/ des brûlures au niveau du vagin ?*
Seit wann ist Ihre Scheide entzündet?	*Depuis quand votre vagin est-il inflammé ?*
Haben Sie auch weißlichen Ausfluß?	*Avez-vous aussi des pertes blanches ?*
Haben Sie Schmerzen beim Geschlechtsverkehr?	*Avez-vous mal pendant les rapports sexuels ?*
Haben Sie auch Beschwerden beim Wasser lassen?	*Avez-vous aussi mal en urinant ?*
Wann haben Sie zum ersten Mal den Knoten in der Brust getastet?	*Quand avez-vous remarqué pour la première fois ce ganglion au sein ?*
Wann haben Sie einen Unterschied zwischen beiden Brüsten?	*Quand avez-vous remarqué une différence entre les deux seins ?*
Seit wann ist Ihre Brustwarze eingezogen?	*Depuis quand un de vos mamelons est-il rétracté ?*
Seit wann haben Sie dieses Geschwür der Brust?	*Depuis combien de temps avez-vous cette ulcération du sein ?*
Seit wann haben Sie Schmerzen in der Brust?	*Depuis quand avez-vous mal au sein ?*
Haben Sie eine blutige/schleimige/eitrige Absonderung aus der Brustwarze bemerkt?	*Avez-vous remarqué des écoulements sanglants/ glaireux/purulents par le mamelon ?*
Ist die Brust auch gerötet und geschwollen?	*Est-ce que le sein est aussi rouge et enflé ?*
Haben Sie auch einen Knoten in der Achsel getastet?	*Avez-vous aussi palpé un ganglion à l'aisselle ?*
Seit wann haben Sie diese Schwellung des Arms?	*Depuis quand avez-vous cette tuméfaction du bras ?*

Haben Sie Urinabgang wenn Sie husten niesen laufen lachen Geschlechtsverkehr haben oder schon in Ruhe?	*Avez-vous des pertes d'urine lorsque vous* *toussez* *éternuez* *courrez* *riez* *avez des rapports sexuels* *ou déjà au repos ?*
Spüren Sie wenn Urin abgeht?	*Est-ce que vous sentez quand vous avez des pertes ?*
Haben Sie gleichzeitig auch Harndrang?	*Avez-vous en même temps des besoins mictionnels ?*
Hatten Sie kürzlich einen Harnwegsinfekt?	*Avez-vous eu dernièrement une infection urinaire ?*
Haben Sie Schwierigkeiten Wasser zu lassen?	*Avez-vous des difficultés pour uriner ?*
Haben Sie Schmerzen beim Stuhlgang?	*Avez-vous mal en allant à la selle ?*
Seit wann wachsen Ihnen Haare im Bereich der Oberlippe des Kinns der Brüste der Oberschenkel?	*Depuis quand avez-vous des poils qui poussent au niveau* *de la lèvre supérieure* *du menton* *des seins* *des cuisses?*
Haben Sie auch eine Vergrößerung der Klitoris oder eine Vertiefung der Stimme bemerkt?	*Avez-vous aussi constaté un agrandissement du clitoris ou un abaissement de votre voix ?*
Sind Sie gereizt, nervös oder depressiv?	*Etes-vous énervée, nerveuse ou dépressive ?*
Haben Sie Hitzewallungen, Schweißausbrüche, Herzjagen oder Schwindel?	*Avez-vous des bouffées de chaleur, des sueurs, des palpitations du coeur ou des vertiges ?*
Seit wann möchten Sie Kinder bekommen?	*Depuis quand voulez-vous des enfants ?*
Haben Sie früher Kontrazeptionsmittel benutzt? Welche? Wie lange?	*Avez-vous utilisé auparavant des moyens de contraception? Lesquels? Combien de temps ?*
Wie oft haben Sie Geschlechtsverkehr mit Ihrem Partner?	*A quelle fréquence avez-vous des rapports sexuels avec votre partenaire ?*
Zum welchem Zeitpunkt Ihres Zyklus haben Sie Geschlechtsverkehr?	*A quel moment de votre cycle avez-vous des rapports sexuels?*
Hatten Sie früher einmal Erkrankungen oder Operationen der Genitalorgane?	*Avez-vous eu dans le passé des maladies ou des interventions chirurgicales des organes génitaux ?*
Haben Sie weniger Lust zum Geschlechtsverkehr als früher?	*Avez-vous moins envie d' avoir des rapports sexuels qu'avant ?*
Fühlen Sie sich gehemmt, wenn Sie Geschlechtsverkehr haben?	*Est-ce que vous vous sentez bloquée lors de rapports sexuels ?*
Haben Sie Orgasmusstörungen?	*Avez-vous des troubles orgasmiques ?*

Hatten Sie schon in Ihrer ersten Beziehung Probleme oder sind diese erst kürzlich aufgetreten?	*Avez-vous déjà eu des problèmes sexuels à la première relation ou est-ce qu'ils se sont installés récemment ?*

II.11 Neurologie – Neurologie

Kennen Sie Fälle von	*Connaissez-vous des cas*
Epilepsie	*d'épilepsie*
Depression	*de dépression*
Schlaganfall	*d'apoplexie*
Parkinsonscher Krankheit	*de maladie de Parkinson*
Muskelerkrankung	*de myopathie*
Multipler Sklerose	*de sclérose en plaques*
oder andere neurologische Erkrankungen in Ihrer Familie?	*ou d'autres maladies neurogiques dans votre famille ?*
Seit wann haben Sie Kopfschmerzen?	*Depuis quand avez-vous mal à la tête ?*
Wo haben Sie Schmerzen?	*Où avez-vous mal ?*
Wie sind diese Schmerzen?	*Comment sont les douleurs ?*
Haben Sie immer Kopfschmerzen oder nur ab und zu?	*Avez-vous toujours mal à la tête ou seulement de temps en temps ?*
Sind diese Kopfschmerzen plötzlich aufgetreten?	*Est-ce que ces maux de tête sont apparus subitement ?*
Werden diese Kopfschmerzen durch irgendetwas verschlechtert?	*Est-ce que ces maux de tête sont aggravés par quelque chose ?*
Durch Lärm?	*Par le bruit ?*
Durch Licht?	*Par la lumière ?*
Durch Bewegungen des Kopfes?	*Par des mouvements de la tête ?*
Treten die Kopfschmerzen auf wenn Sie	*Est-ce que vos maux de tête apparaissent lorsque vous avez*
Schokolade oder Käse gegessen haben?	*mangé du chocolat ou du frommage ?*
Kaffee getrunken haben?	*bu du café?*
körperliche Anstrengungen geleistet haben?	*fait des efforts physiques?*
Treten Ihre Kopfschmerzen besonders vor der Regelblutung auf?	*Avez-vous surtout des maux de tête avant les règles ?*
Haben Sie hauptsächlich Kopfschmerzen am Wochenende?	*Avez-vous des maux de tête surtout le week-end ?*
Sind die Kopfschmerzen morgens am stärksten?	*Vos maux de tête sont-ils plus fort le matin ?*
Treten diese Schmerzen in Form von Anfällen?	*Avez-vous ces douleurs sous forme de crises ?*
Wie lange dauern diese Anfälle?	*Combien de temps durent ces crises?*
Sind die Kopfschmerzen nur auf einer Seite lokalisiert?	*Est-ce que ces douleurs sont localisées seulement sur un côté ?*
Ist Ihnen übel?	*Avez-vous des nausées?*

Müssen Sie auch gleichzeitig erbrechen?	*Est-ce qu'il vous faut vomir en même temps ?*
Haben Sie erbrochen?	*Avez-vous vomi ?*
Haben Sie auch Sehstörungen?	*Avez-vous aussi des troubles de la vision ?*
Tränen Ihnen auch die Augen?	*Avez-vous aussi les yeux qui pleurent ?*
Haben Sie auch Nackenschmerzen oder eine Nackensteifigkeit?	*Avez-vous aussi mal à la nuque ou une raideur de la nuque ?*
Sind Sie lichtempfindlich?	*Etes-vous sensible à la lumière ?*
Wird es Ihnen besser, wenn Sie im Dunkeln sind?	*Est-ce que ça vous fait du bien quand vous êtes dans le noir ?*
Haben Sie Fieber?	*Avez-vous de la fièvre ?*
Sind Sie von einer Zecke gebissen worden?	*Avez-vous été piqué par une tique ?*
Hatten Sie kürzlich eine Impfung?	*Avez-vous été vacciné dernièrement ?*
Seit wann leiden Sie an Epilepsie?	*Depuis combien de temps êtes-vous épileptique ?*
Wann hatten Sie Ihren ersten/ letzten Anfall?	*Quand avez-vous fait votre première/dernière crise épileptique ?*
Wieviele Anfälle haben Sie pro Jahr/Monat/Woche/Tag?	*Combien de crises faites-vous par an/mois/semaine/ jour ?*
Nehmen Sie Medikamente ein? Welche?	*Prenez-vous des médicaments? Lesquels ?*
Verlieren Sie das Bewußtsein?	*Perdez-vous connaissance ?*
Für wie lange?	*Pendant combien de temps ?*
Sind Sie hingefallen?	*Etes-vous tombé(e) ?*
Haben Sie sich auf die Zunge gebissen?	*Est-ce que vous vous êtes mordu(e) la langue ?*
Haben Sie auch Urinabgang gehabt?	*Avez-vous eu des pertes d'urine ?*
Fühlen Sie ein Kribbeln oder Schmerzen?	*Sentez-vous des fourmillements ou des douleurs ?*
Haben Sie Muskelzuckungen oder Muskelkrämpfe bemerkt?	*Avez-vous remarqué des fasciculations ou des crampes musculaires ?*
Hat Ihr Krampfanfall an der Hand angefangen und sich dann auf den Arm ausgebreitet?	*Est-ce que votre crise épileptique a commencé au niveau de la main et s'est étendue au bras ?*
Spüren Sie, wenn Ihr epileptischer Anfall beginnt?	*Sentez-vous quand votre crise épileptique commence ?*
Hat Ihr Kind Schwierigkeiten, den Kopf anzuheben?	*Est-ce que votre enfant a des difficultés à lever la tête ?*
Sind die Waden dick und hart?	*Ses mollets sont-ils très gros et durs ?*
Fällt Ihr Kind oft hin?	*Est-ce que votre enfant tombe souvent ?*
Ist der Gang schwankend?	*Est-ce que sa démarche est dandinante ?*
Kann es rennen?	*Peut-il courrir ?*
Haben Sie Schwierigkeiten, die Augen zu schließen/öffnen?	*Avez-vous des difficultés à fermer/ouvrir les yeux ?*
Können Sie die Augenbrauen heben?	*Pouvez-vous relever les sourcils ?*

Seit wann haben Sie so dicke Muskeln?	*Depuis quand avez-vous des muscles si gros ?*
Seit wann hat Ihre Muskelmasse abgenommen?	*Depuis combien de temps votre masse musculaire a-t-elle diminué ?*
Seit wann hat Ihre Muskelkraft abgenommen?	*Depuis quand a diminué votre force musculaire ?*
Auf einmal oder nach und nach?	*Subitement ou peu à peu ?*
Nimmt Ihre Muskelkraft langsam ab bei körperlicher Belastung?	*Est-ce que votre force musculaire diminue progressivement lors d'efforts physiques ?*
Verschwinden diese Symptome wieder in Ruhe?	*Est-ce que ces symptômes disparaissent au repos ?*
Haben Sie Muskelschmerzen?	*Avez-vous mal aux muscles ?*
In Ruhe oder nach Bewegungen?	*Au repos ou après des mouvements ?*
Welche Muskeln sind am meisten betroffen?	*Quels muscles sont les plus atteints ?*
Sind Ihre Muskeln hart?	*Est-ce que vos muscles sont durs ?*
Sind Ihre Muskeln geschwollen?	*Est-ce que vos muscles sont enflés ?*
Haben Sie einen Muskelschwund bemerkt?	*Avez-vous remarqué une atrophie musculaire ?*
Seit wann?	*Depuis quand ?*
Haben Sie manchmal Muskelkrämpfe?	*Avez-vous parfois des crampes musculaires ?*
Haben Sie Schwierigkeiten, Bewegungen auszuführen?	*Avez-vous des difficultés à réaliser certains mouvements ?*
Sind Sie weniger elastisch als früher?	*Etes-vous moins élastique qu'avant ?*
Sind Sie schnell müde?	*Etes-vous très vite fatigué(e) ?*
Nimmt Ihre Müdigkeit zu im Laufe des Tages bei Mahlzeiten durch Aufregungen?	*Est-ce que votre fatigue s'accentue au cours de la journée lors des repas avec des émotions ?*
Seit wie lange sind Sie so nach vorne gebeugt?	*Depuis combien de temps êtes-vous si penché(e) en avant ?*
Hat Ihre Beweglichkeit abgenommen?	*Est-ce que votre motricité a diminué ?*
Seit wann laufen Sie mit kleinen Schritten?	*Depuis quand marchez-vous à petits pas ?*
Haben Sie manchmal Schwierigkeiten eine Türschwelle zu überschreiten?	*Avez-vous parfois des difficultés à franchir le seuil d'une porte ?*
Seit wann haben Sie Muskelzuckungen?	*Depuis quand avez-vous des fasciculations des muscles ?*
Werden diese stärker wenn es kalt ist?	*Est-ce qu'elles s'accentuent quand il fait froid ?*
Machen Sie manchmal anormale Bewegungen?	*Est-ce que vous faites parfois des mouvements anormaux ?*
Sind diese anormalen Bewegungen langsam oder schnell?	*Ces mouvements anormaux sont-ils rapides ou lents ?*
Werden diese Bewegungen durch etwas verschlimmert?	*Est-ce que ces mouvements sont aggravés par quelque chose ?*

In Ruhe?	*Au repos ?*
Bei Bewegungen?	*Quand vous bougez ?*
Wenn Sie aufgeregt sind?	*Quand vous êtes énervé(e) ?*
Wenn Sie sich geistig anstrengen?	*Quand vous faites des efforts intellectuels ?*
Verschwinden diese Bewegungen während des Schlafes?	*Est-ce que ces mouvements disparaissent pendant le sommeil ?*
Wechseln diese Bewegungen den Ort?	*Est-ce que ces mouvements changent d'endroit ?*
Haben Sie unfreiwillige Muskelkontraktionen festgestellt?	*Avez-vous constaté des contractions musculaires involontaires ?*
Sind Sie unfähig, Ihre Bewegungen zu koordinieren?	*Etes-vous incapable de coordonner vos mouvements ?*
Haben Sie eine Ungeschicklichkeit Ihrer Hand festgestellt?	*Avez-vous constaté une maladresse de la main ?*
Haben Sie Schwierigkeiten, Gegenstände loszulassen, die Sie in der Hand haben?	*Avez-vous des difficultés à lacher les objets que vous avez dans la main?*
Seit wann haben Sie diese Lähmung?	*Depuis combien de temps avez-vous cette paralysie ?*
Ist die Lähmung plötzlich oder nach und nach aufgetreten?	*Est-ce que cette paralysie est apparue subitement ou progressivement ?*
Seit wann sind Sie gelähmt?	*Depuis quand êtes-vous paralysé(e) ?*
Hat Ihre Muskelschwäche an den Fingern angefangen und sich dann auf Hände und Arme ausgebreitet?	*Votre faiblesse musculaire a-t-elle commencé au niveau des doigts et s'est étendue plus tard aux mains et aux bras ?*
Sinkt manchmal ein Lid herunter?	*Avez-vous une paupière qui tombe parfois ?*
Seit wann hängt das Augenlid herunter?	*Depuis quand avez-vous une paupière qui tombe ?*
Verschlimmert sich das durch Wärme/Anstrengungen?	*Est-ce que ça s'aggrave avec le chaud/les efforts ?*
Seit wann haben Sie eine Gesichtslähmung?	*Depuis quand avez-vous une paralysie faciale ?*
Haben Sie Schwierigkeiten zu gehen?	*Avez-vous des difficultés à marcher ?*
Fallen Sie beim Gehen hin?	*Tombez-vous en marchant ?*
Auf welche Seite?	*Sur quel côté ?*
Seit wann hinken Sie?	*Depuis quand boitez-vous ?*
Seit wann haben Sie Empfindungsstörungen? Wo?	*Depuis quand avez-vous des troubles de la sensibilité? Où ?*
Wo fühlen Sie nichts mehr?	*Où ne ressentez-vous plus rien ?*
Spüren Sie, wenn Sie sich sich stoßen?	*Est-ce que vous sentez quand vous vous cognez ?*
Ist es unangenehm/schmerzhaft, wenn ich Ihre Haut berühre?	*Est-ce que c'est désagréable/douloureux quand je touche votre peau ?*
Haben Sie den Eindruck, einen weichen Boden unter den Füßen zu haben?	*Avez-vous l'impression d' avoir un sol mou sous les pieds ?*

Haben Sie den Eindruck auf Watte zu laufen?	*Avez-vous l'impression de marcher sur du coton ?*
Müssen Sie die Beine spreizen um zu gehen?	*Est-ce que vous devez écarter les jambes pour marcher ?*
Spüren Sie manchmal Kälte, dann wieder eine Wärme?	*Avez-vous parfois une sensation de froid, suivie d'une sensation de chaleur ?*
Können Sie zwischen kalt und warm unterscheiden?	*Est-ce que vous pouvez distinguer le froid du chaud ?*
Haben Sie das Gefühl, daß Ihnen ein Teil des Körpers fehlt?	*Avez-vous l'impression qu' une partie de votre corps manque ?*
Haben Sie ein Stechen in den Händen oder Beinen?	*Avez-vous des picotements dans les mains ou dans les jambes ?*
Fühlen Sie wie eine elektrische Entladung in Ihren Beinen, wenn Sie den Kopf nach vorne beugen?	*Est-ce que vous sentez une décharge électrique dans vos jambes quand vous penchez la tête en avant ?*
Schwitzen Sie stärker als früher?	*Est-ce que vous transpirez plus qu'avant ?*
Haben Sie Schmerzen im Gesicht?	*Avez-vous des douleurs au visage ?*
Kommen diese Schmerzen blitzartig in Form von Attacken?	*Est-ce que ces douleurs surviennent subitement sous forme d'attaque ?*
Werden Sie durch etwas ausgelöst?	*Sont-elles déclenchées par quelque chose ?*
Wenn Sie sich die Zähne putzen?	*Quand vous vous lavez les dents ?*
Wenn Sie sprechen?	*Quand vous parlez ?*
Wenn Sie kauen?	*Quand vous mâchez ?*
Gibt es Zeiten, wo Sie keine Schmerzen haben und Zeiten, wo diese Attacken häufiger auftreten?	*Est-ce qu'il y a des périodes où vous n'avez pas de douleurs et d'autres où les attaques surviennent plus souvent ?*
Seit wann haben Sie Rückenschmerzen?	*Depuis quand avez-vous mal au dos ?*
Haben Sie etwas Schweres getragen/gehoben?	*Avez-vous porté/levé quelque chose de lourd ?*
Werden Ihre Schmerzen stärker, wenn Sie sich bewegen?	*Est-ce que vos douleurs s'aggravent quand vous bougez ?*
Werden Ihre Schmerzen erträglicher in Ruhe?	*Est-ce que les douleurs deviennent plus supportables en repos ?*
Strahlen Ihre Rückenschmerzen in die Beine aus?	*Est-ce que vos douleurs de dos s'irradient dans les jambes ?*
Wohin strahlen die Schmerzen aus?	*Où est-ce que les douleurs s'irradient ?*
In die große Zehe?	*Dans le gros orteil ?*
Haben Sie auch Empfindungsstörungen in den Beinen?	*Avez-vous aussi des troubles de la sensibilité dans les jambes ?*
Können Sie das Bein, den Knöchel, die Zehen bewegen?	*Pouvez-vous bouger la jambe, la cheville, les orteils ?*
Können Sie sich auf die Ferse, die Zehen stellen?	*Pouvez-vous vous mettre sur le talon, les orteils ?*
Seit wann zittern Sie?	*Depuis combien de temps tremblez-vous ?*
Zittern Sie nur in Ruhe oder auch wenn Sie Bewegungen mit den Händen machen?	*Tremblez-vous seulement au repos ou aussi quand vous faites des mouvements avec les mains ?*

Wird Ihr Zitter durch Müdigkeit oder Aufregungen verstärkt?	*Est-ce que votre tremblement est aggravé par la fatigue ou par des émotions ?*
Seit wann zittern Sie mit den Lippen?	*Depuis combien de temps tremblez-vous des levrès?*
Seit wann haben Sie Schwindel?	*Depuis quand avez-vous des vertiges ?*
Wie lange dauert Ihr Schwindel?	*Combien de temps dure votre crise de vertige ?*
Haben Sie Drehschwindel?	*Avez-vous des vertiges rotatoires ?*
Hängt es ab, ob Sie liegen oder stehen?	*Est-ce que ça dépend si vous êtes allongé(e) ou debout ?*
Ist Ihnen schwindelig, wenn Sie aufstehen?	*Avez-vous des vertiges quand vous vous levez ?*
Haben Sie Schwindel bei Anstrengungen?	*Avez-vous des vertiges lorsque vous faites des efforts?*
Tritt der Schwindel bei bestimmten Kopfdrehungen auf?	*Est-ce que les vertiges surviennent avec certains mouvements de la tête ?*
Haben Sie gleichzeitig auch Ohrensausen?	*Avez-vous en même temps des bourdonnements d'oreille ?*
Haben Sie Ohrenschmerzen?	*Avez-vous mal aux oreilles ?*
Verschwindet der Schwindel bei geschlossenen Augen?	*Est-ce que les vertiges disparaissent lorsque vous fermez les yeux ?*
Haben Sie den Eindruck, auf eine Seite zu fallen?	*Avez-vous l'impression de tomber d'un côté ?*
Haben Sie Schwierigkeiten das Gleichgewicht zu halten?	*Avez-vous des difficultés à vous tenir en équilibre ?*
Haben Sie Schwierigkeiten sich aufzustellen?	*Avez-vous des difficultés à vous mettre debout ?*
Hören Sie schlecht?	*Entendez-vous mal ?*
Beide Ohren oder nur auf einer Seite?	*Des deux oreilles ou seulement d'un côté ?*
Ist Ihre Schwerhörigkeit plötzlich aufgetreten oder langsam?	*Est-ce que votre surdité est survenue brusquement ou peu à peu ?*
Verstehen Sie mich, wenn ich flüstere?	*Est-ce que vous me comprenez quand je chuchote ?*
Haben Sie Augenschmerzen?	*Avez-vous mal aux yeux ?*
Sehen Sie schlechter als früher?	*Voyez-vous moins bien qu' avant ?*
Sehen Sie doppelt?	*Voyez-vous double ?*
Sehen Sie unscharf?	*Voyez-vous flou ?*
Sehen Sie schwarze oder weiße Flecken vor den Augen?	*Voyez-vous des taches noires ou blanches devant les yeux ?*
Seit wann haben Sie Sehstörungen?	*Depuis quand avez-vous des troubles de la vision ?*
Sehen Sie alles in Ihrem Gesichtsfeld oder gibt es rechts oder links Dinge, die Sie nicht sehen?	*Est-ce que vous voyez tout dans votre champ visuel ou est-ce qu'il y a des choses à droite ou à gauche que vous ne voyez pas ?*

Haben Sie Schwierigkeiten, einen Gegenstand zu fixieren?	*Avez-vous des difficultés à fixer un objet ?*
Erkennen Sie gut die verschiedenen Farben Bilder Gesichter?	*Reconnaissez-vous bien les couleurs différentes des images des visages ?*
Sehen Sie manchmal Gegenstände, die nicht existieren?	*Voyez-vous parfois des objets qui n'existent pas ?*
Sind Sie blind?	*Etes-vous aveugle ?*
Ist Ihre Blindheit plötzlich aufgetreten oder nach und nach?	*Est-ce que votre cécité est apparue brusquement ou peu à peu ?*
Riechen Sie schlecht?	*Sentez-vous mal les odeurs ?*
Riechen Sie manchmal Düfte von Dingen, die nicht da sind?	*Sentez-vous parfois des odeurs de choses qui ne sont pas là ?*
Schmecken Sie gut den Geschmack der Lebensmittel?	*Sentez-vous bien le goût des aliments ?*
Können Sie gut schlucken?	*Pouvez-vous bien avaler ?*
Haben Sie Schluckstörungen?	*Avez-vous des troubles de la déglutition ?*
Haben Sie Schwierigkeiten zu sprechen?	*Avez-vous des difficultés à parler ?*
Sind Ihre Sprachstörungen plötzlich aufgetreten?	*Est-ce que vos troubles de langage sont apparus subitement ?*
Finden Sie die richtigen Wörter nicht oder können Sie die Wörter nicht aussprechen?	*Est-ce que vous ne trouvez pas les bons mots ou est-ce vous ne pouvez pas prononcer les mots ?*
Verstehen Sie, was ich sage?	*Est-ce que vous comprenez ce que je vous dis ?*
Wiederholen Sie das, was ich Ihnen sage!	*Répétez ce que je vous dis !*
Hat Ihre Stimmkraft abgenommen?	*Est-ce que l'intensité de votre voix a diminuée ?*
Haben Sie Sprachstörungen im Laufe einer Rede?	*Avez-vous des problèmes de prononciation au cours d'un discours ?*
Haben Sie Schwierigkeiten zu lesen?	*Avez-vous des difficultés pour lire ?*
Strecken Sie die Zunge raus, bitte!	*Tirez la langue, s'il vous plait !*
Haben Sie Schierigkeiten zu kauen?	*Avez-vous des difficutés à mâcher ?*
Hat sich Ihre Schrift verändert?	*Est-ce que votre écriture a changé ?*
Ist sie unregelmäßig?	*Est-elle irrégulière ?*
Leiden Sie an einer Stuhlinkontinenz?	*Souffrez-vous d'une incontinence ?*
Verlieren Sie Urin?	*Avez-vous des pertes d' urines ?*
Haben Sie Probleme Urin zu lassen?	*Avez-vous des problèmes pour uriner ?*
Leiden Sie an Impotenz?	*Souffrez-vous d'une impuissance ?*
Haben Sie Gedächtnisprobleme?	*Avez-vous des troubles de mémoire ?*
Vergessen Sie schnell?	*Est-ce que vous oubliez très vite ?*
Vergessen Sie eher die alten oder neuen Sachen?	*Oubliez-vous plutôt les faits anciens ou nouveaux ?*

Passiert es Ihnen manchmal, daß Sie aus dem Haus gehen und wissen später nicht mehr warum?	*Est-ce qu'il vous arrive de sortir de la maison et de ne plus savoir plus tard pourquoi ?*
Haben Sie eine Gedächtnislücke?	*Avez-vous des trous de mémoire ?*
Haben Sie Schwierigkeiten, aufmerksam einer Diskussion zu folgen?	*Avez-vous des difficultés pour suivre attentivement une discussion ?*
Haben Sie manchmal Halluzinationen?	*Avez-vous parfois des hallucinations ?*
Haben Sie Schlafstörungen?	*Avez-vous des troubles du sommeil ?*
Haben Sie Schwierigkeiten einzuschlafen oder durchzuschlafen?	*Avez-vous des difficultés à vous endormir ou à dormir jusqu'au matin ?*
Sind Sie sehr nervös?	*Etes-vous très nerveux/nerveuse ?*
Sind Sie traurig? Warum?	*Etes-vous triste? Pourquoi ?*
Gibt es etwas, was Sie so traurig stimmt?	*Y-a-t-il quelque chose qui vous rend si triste ?*
Haben Sie Probleme in Ihrer Familie mit Ihrem Partner mit Ihrer Arbeit?	*Avez-vous des problèmes dans votre famille avec votre partenaire dans votre travail ?*
Seit wann sind Sie so depressiv?	*Depuis combien de temps êtes-vous si dépressif,ive ?*
Haben Sie keine Lust mehr etwas zu tun?	*N'avez-vous plus envie de rien faire ?*
Haben Sie manchmal Lust sich umzubringen?	*Avez-vous parfois envie de vous suicider ?*
Gibt es Fälle von Depressionen in Ihrer Familie?	*Est-ce qu'il y a des cas de dépression dans votre famille ?*
Zeigen Sie mir die Zähne!	*Montrez-moi vos dents !*
Zeigen Sie mir Ihre Zunge!	*Tirez la langue !*
Schlucken Sie!	*Avalez votre salive !*
Schließen Sie die Augen!	*Fermez-les yeux !*
Heben Sie die Schultern!	*Haussez les épaules !*
Drehen Sie den Kopf zur Seite!	*Tournez la tête sur le côté !*
Beschreiben Sie mit geschlossenen Augen die Form des Gegenstandes, den ich Ihnen in die Hand gebe!	*Décrivez avec les yeux fermés la forme de l'objet que je vous donne dans la main !*
Spüren Sie die Schwingungen der Stimmgabel?	*Sentez-vous les oscillations du diapason?*
Fühlen Sie, wenn ich Sie berühre?	*Sentez-vous quand je vous touche ?*
Fühlen Sie, wenn ich Sie mit der Nadel steche?	*Sentez-vous quand je vous pique avec l'aiguille ?*
Können Sie zwischen der stumpfen und der spitzen Nadel unterscheiden?	*Pouvez-vous bien faire la distinction entre l'aiguille aiguë et l'aiguille émoussée ?*
Folgen Sie meinem Finger mit den Augen, bitte!	*Suivez mon doigt avec les yeux, s'il vous plait !*
Zählen Sie folgende Zahlen zusammen!	*Additionez les chiffres suivants !*
Welches Jahr haben wir?	*En quelle année sommes-nous ?*

Welchen Wochentag haben wir heute?	*Quel jour sommes-nous ?*
Wie heißt der Bundeskanzler?	*Comment s'appelle le chancelier ?*
Wie heißt der Präsident der Republik?	*Comment s'appele le président de la république ?*

II.12 Dermatologie – Dermatologie

Hatten Sie schon früher eine Hautkrankheit? Welche?	*Avev-vous déjà eu dans le passé une maladie dermatologique? Laquelle ?*
Haben Sie eine Allergie? Auf was?	*Avez-vous une allergie? A quoi ?*
Gegen was sind Sie allergisch?	*A quoi êtes-vous allergique ?*
Sind Sie allergisch	*Etes-vous allergique*
auf Pollen	*aux pollens*
auf Medikamente	*aux médicaments*
auf Lebensmittel	*aux aliments*
auf Kontrastmittel	*aux produits de contraste*
auf Tierhaare	*aux poils d'animaux*
auf Staub?	*à la poussière ?*
Haben Sie oft eine Hautreizung?	*Avez-vous souvent des irritations de la peau ?*
Leiden Sie schon lange an Akne?	*Avez-vous de l'acné depuis longtemps ?*
Welche Medikamente haben Sie in in der letzten Zeit eingenommen?	*Quels médicaments avez-vous pris dernièrement ?*
Wann haben Sie diese Veränderung der Haut zum ersten Mal bemerkt?	*Quand avez-vous remarqué pour la première fois ce changement de la peau ?*
Haben Sie Ihre Hautprobleme besonders während des Sommers/ während des Winters/bei Streß?	*Avez-vous vos problèmes de peau surtout en été/en hiver/lorsque vous avez du stress ?*
Ist Ihre Haut leicht verletzlich?	*Est-ce que votre peau est très vulnérable ?*
Ist Ihre Haut sehr lichtempfindlich?	*Est-ce que votre peau est très sensible à la lumière ?*
Treten nach Sonnenbestrahlung Blasen auf?	*Est-ce qu'il a des cloques qui apparaissent après une exposition au soleil ?*
Tut Ihnen diese Läsion weh?	*Est-ce que cette lésion vous fait mal ?*
Seit wann haben Sie diese Läsion im Gesicht?	*Depuis quand avez-vous cette lésion sur le visage ?*
Haben Sie den Eindruck, daß sich dort die Haut nicht verschließt?	*Avez-vous l'impression que la peau ne guérit pas à cet endroit ?*
Seit wann haben Sie diese Art Grind	*Depuis quand avez-vous cette espèce de croûte*
auf der Stirn	*sur le front*
auf der Nase	*sur le nez*
auf der Wange	*sur la joue*
am Ohr?	*à l'oreille ?*

Haben Sie kleine Knötchen in der Haut am Rande der Läsion bemerkt?	*Avez-vous remarqué des petits boutons sur la peau au bord de la lésion ?*
Seit wann haben Sie diesen Ausschlag?	*Depuis quand avez-vous cette éruption ?*
An welcher Stelle hat der Ausschlag begonnen?	*A quel endroit l'éruption at-elle commencé ?*
Hat er sich dann ausgebreitet?	*Est-ce qu'elle s'est étendue après ?*
Hatten Sie vor Auftreten des Ausschlages Fieber?	*Avez-vous eu de la fièvre avant l'apparition de l' éruption?*
Haben Sie auch geschwollenen Lymphknoten?	*Avez-vous aussi des ganglions lymphatiques enflés ?*
Tritt dieser Ausschlag an bestimmten Körperstellen auf?	*Cette éruption apparait-elle à des endroits précis du corps ?*
Haben Sie den Ausschlag besonders im Bereich	*Avez-vous cette éruption surtout au niveau*
der Ellenbogen	*des coudes*
der Gelenke	*des articulations*
der Knie	*des genoux*
der Kniekehlen?	*derrière le genou ?*
Hat der Ausschlag im Mund begonnen?	*Est-ce que l'éruption a commencé dans la bouche ?*
Haben Sie auch	*Avez-vous aussi*
eine verstopfte Nase	*le nez bouché*
tränende Augen	*les yeux qui pleurent*
Halsschmerzen?	*mal à la gorge ?*
Haben Sie auch einen Ausschlag im Mund festgestellt?	*Avez-vous aussi constaté une éruption dans la bouche ?*
Befindet sich der Ausschlag vorwiegend im Gesicht?	*Est-ce que l'éruption se trouve surtout au niveau du visage ?*
Schuppt der Ausschlag?	*Est-ce que l'éruption pele ?*
Juckt der Ausschlag?	*Est-ce que l'éruption vous démange ?*
Haben Sie rote Streifen auf der Haut bemerkt?	*Avez-vous remarqué des stries rouges sur la peau ?*
Seit wann haben Sie diese Schuppung?	*Depuis quand votre peau pele ?*
Lösen sich die Schuppen leicht?	*Est-ce que votre peau se décolle facilement ?*
Seit wann haben Sie diese Blasen?	*Depuis quand avez-vous ces cloques/ces ampoules/ces bulles ?*
Seit wann haben Sie diese kleinen Bläschen?	*Depuis quand avez-vous ces vésicules/petits boutons ?*
Sind diese Bläschen schmerzhaft?	*Ces vésicules sont-elles douloureuses ?*
Hatten Sie vor Auftreten der Bläschen an dieser Hautstelle schon eine Rötung oder Schmerzen festgestellt?	*Avez-vous constaté avant l'apparition des vésicules une rougeur ou des douleurs à cet endroit de la peau ?*
Sind diese Bläschen gürtelförmig auf einer Seite des Körpers angeordnet?	*Ces vésicules sont-elles groupées en forme de ceinture sur un côté du corps ?*
Beobachten Sie öfters Blasen auf Ihrer Haut?	*Est-ce que vous avez souvent des ampoules sur la peau ?*

Haben Sie hauptsächlich an den Stellen Blasen, wo Ihre Haut unter Druck ist?	*Avez-vous surtout des ampoules aux endroits où votre peau est sous pression ?*
Platzen die Blasen schnell?	*Est-ce que ces ampoules éclatent vite ?*
Haben Sie auch Blasen an der Mundschleimhaut?	*Avez-vous aussi des ampoules au niveau de la muqueuse de la bouche ?*
Sind die Blasen mit Blut heller Flüssigkeit Eiter gefüllt?	*Ces ampoules sont-elles remplies de sang d'un liquide clair de pus ?*
Werden die Blasen durch bestimmte Faktoren ausgelöst?	*Ces ampoules sont-elles provoquées par certains facteurs ?*
Treten die Blasen vor allem an Händen und Füßen auf?	*Est-ce que ces cloques apparaissent surtout au niveau des mains et des pieds ?*
Hat sich Ihre Haut auch abgegelöst?	*Est-ce que votre peau s'est décollée ?*
Spüren Sie ein Jucken?	*Avez-vous des démangeaisons?*
Tritt das Jucken in Schüben auf?	*Est-ce que ces démangeaisons apparaissent en poussées ?*
Ist der rote Fleck plötzlich aufgetreten?	*Est-ce que cette tache rouge est apparue subitement ?*
Treten diese roten Flecken häufig auf?	*Est-ce que ces taches rouges apparaissent souvent ?*
Treten diese Flecken am Körper auf, wenn Sie ein bestimmtes Nahrungsmittel gegessen haben/ wenn Sie ein bestimmtes Medikament eingenommen haben?	*Ces taches apparaissent-elles sur le corps lorsque vous avez mangé un certain aliment/lorsque vous avez pris un certain médicament ?*
Werden die Flecken größer und jucken sie, wenn man sie reibt?	*Est-ce que les taches deviennent plus grandes et démangent si on les frotte ?*
Haben Sie gleichzeitig auch Asthmaanfälle?	*Avez-vous en même temps des crises asthmatiques ?*
Haben Sie auch einen Brennen oder Hitzegefühl auf der Zunge, im Rachen, an den Händen?	*Avez-vous senti aussi des brûlures ou une chaleur sur la langue, dans la gorge, au niveau des mains ?*
Hat diese Hautrötung auf dem Nasenrücken begonnen und sich dann ausgebreitet?	*Est-ce que cette rougeur de la peau a commencé au niveau de l'arête du nez et s'est étendue plus tard?*
Haben Sie oft Furunkel?	*Avez-vous souvent des furoncles ?*
Haben Sie den Eindruck, daß die Haut an dieser Stelle verdickt ist?	*Avez-vous l'impression que la peau est plus épaisse à cet endroit ?*
War die Haut an dieser Stelle vorher gerötet?	*Est-ce que la peau était tout d'abord rouge à cet endroit ?*
Wann Sind diese harten Plaques zum ersten Mal aufgetreten?	*Quand sont apparues ces plaques dures pour la première fois ?*
Seit wann haben Sie diese rötliche gräuliche grünliche gelbliche bräunliche	*Depuis quand avez-vous cette coloration rougeâtre grisâtre verdâtre jaunâtre brunâtre*

Verfärbung der Haut?	*de la peau ?*
Seit wann ist die Haut so geschwollen?	*Depuis quand la peau est-elle si enflée ?*
Seit wann haben Sie diese Pusteln?	*Depuis quand avez-vous ces pustules ?*
Haben Sie Muttermale?	*Avez-vous des grains de beauté ?*
Seit wann haben Sie diesen Fleck?	*Depuis quand avez-vous cette tache ?*
Haben Sie diesen Fleck schon seit Ihrer Geburt?	*Avez-vous cette tache depuis votre naissance ?*
Hat der Fleck seine Farbe verändert?	*Est-ce que la tache a changé de couleur ?*
Hat der Fleck eine einheitliche oder unterschiedliche Farben?	*Est-ce que la tache a une couleur unie ou des couleurs différentes ?*
Ist der Fleck in letzter Zeit größer geworden?	*Est-ce que la tache est devenue plus grande ?*
Hat der Fleck schon geblutet?	*Cette tache a-t-elle déjà saigné ?*
Wann haben Sie diese Geschwulst in der Haut zum ersten Mal bemerkt?	*Quand avez-vous remarqué pour la première fois cette boule sous la peau ?*
Ist dieser Knoten eher weich oder hart?	*Est-ce que cette boule est plûtot molle ou dure ?*
Ist diese Geschwulst schmerzhaft?	*Est-ce que cette boule est douloureuse ?*
Seit wann haben Sie diese kleine Knötchen an den Beine?	*Depuis quand avez-vous ces petites boules sur les jambes ?*
Seit wann haben Sie diesen weißen Fleck auf der Schleimhaut im Bereich	*Depuis quand avez-vous cette tache blanche sur la muqueuse au niveau*
der Lippe	*de la lèvre*
der Zunge	*de la langue*
der Scheide	*du vagin*
der Eichel?	*de la glande ?*
Blutet diese Läsion leicht?	*Est-ce que cette lésion saigne facilement ?*
Seit wann haben Sie dieses Geschwür?	*Depuis quand avez-vous cet ulcère ?*
Ist das Geschwür schmerzhaft?	*Est-ce que l'ulcère est douloureux ?*
Haben Sie Stellen der Haut, die mehr oder weniger pigmentiert sind?	*Avez-vous des endroits de la peau qui sont plus ou moins pigmentés ?*
Werden Ihre Finger manchmal plötzlich blau/weiß/rot?	*Est-ce que parfois vos doigts deviennent subitement bleus/blancs/rouges ?*
Tritt das besonders auf, wenn Sie in der Kälte sind oder sich die Hände waschen?	*Est-ce que ça vous arrive surtout quand vous êtes dans le froid ou quand vous vous lavez les mains ?*
Schwellen Ihre Finger manchmal an?	*Est-ce que vos doigts gonflent parfois ?*
Tun Ihnen Ihre Finger auch weh?	*Avez-vous aussi mal aux doigts ?*
Haben Sie oft Blutergüsse?	*Avez-vous souvent des bleus ?*
Haben Sie blaue Flecken besonders an den Beinen?	*Avez-vous des bleus surtout au niveau des jambes ?*
Legt sich Ihre Haut in große Falten?	*Est-ce que votre peau se ride ?*
Haben Sie Zungenbrennen?	*Avez-vous des brûlures sur la langue ?*
Haben Sie oft einen trockenen Mund?	*Avez-vous souvent la bouche sèche ?*
Wann sind die Aphten im Mund aufgetreten?	*Quand est-ce que les aphtes dans la bouche sont apparues ?*

Seit man haben Sie diesen Belag im Mund?	*Depuis quand avez-vous cet enduit dans la bouche ?*
Hatten Sie früher mal eine Thrombose?	*Avez-vous déjà eu une phlébite ?*
Seit wann haben Sie Krampfadern?	*Depuis quand avez-vous des varices ?*
Hatten Sie schon einmal ein offenes Bein?	*Avez-vous déjà eu une jambe ouverte ?*
Seit wann haben Ihre Beine eine bräunliche Farbe?	*Depuis quand vos jambes ontelles une coloration brune ?*
Haben Sie auch oft geschwollene Beine?	*Avez-vous souvent des jambes enflées ?*
Seit wann haben Sie Fußpilz?	*Depuis quand avez-vous une mycose aux pieds ?*
Habe Sie schon lange Warzen?	*Avez-vous des verrues depuis longtemps ?*
Sind Sie von einer Zecke gebissen worden?	*Avez-vous été piqué par une tique ?*
Haben Sie Flöhe?	*Avez-vous des puces ?*
Juckt es besonders	*Est-ce que ça vous gratte surtout*
zwischen den Fingern	*entre les doigts*
am Handgelenk	*au niveau du poignet*
in der Achsel	*à l'aisselle*
in der Leiste	*à l'aine*
am Kopf?	*sur la tête ?*
Verspüren Sie Juckreiz am After?	*Avez-vous des démangeaisons au niveau de l'anus ?*
Ist plötzlich eine schmerzhafte Schwellung am After aufgetreten?	*Est-ce qu'une tuméfaction douloureuse est apparue subitement à l'anus ?*
Haben Sie Schmerzen beim Stuhlgang?	*Avez-vous mal en allant à la selle ?*
Seit wann ist Ihre Scheide entzündet?	*Depuis quand votre vagin est-il inflammé ?*
Haben Sie weißlichen Ausfluß?	*Avez-vous constaté des pertes blanches ?*
Seit wann haben Sie gelben/ grünen Ausfluß aus dem Penis/ aus der Scheide?	*Depuis quand avez-vous des écoulements jaunes/verts par le pénis/par le vagin ?*
Wann haben Sie diese Geschwulst an der Scheide/an dem Penis zum ersten Mal bemerkt?	*Quand avez-vous remarqué pour la première fois cette tumeur du vagin/du pénis ?*
Seit wann ist der Nagel entzündet?	*Depuis quand l'ongle est-il inflammé ?*
Hatten Sie schon einmal eine Nagelbettentzündung?	*Avez-vous déjà eu une tourniole ?*
Seit wann verlieren Sie Ihre Haare?	*Depuis quand perdez-vous vos cheveux ?*
Fallen die Haare auf dem ganzen Kopf oder nur an einzelnen Stellen aus?	*Est-ce que vos cheveux tombent de partout ou à certains endroits ?*
Seit wann haben Sie Schuppen?	*Depuis quand avez-vous des péllicules ?*
Seit wann ist Ihre Behaarung verstärkt?	*Depuis quand avez-vous plus de poils ?*
Seit wann wachsen Ihnen Haare	*Depuis quand avez-vous des poils qui poussent*
auf der Oberlippe	*sur la lèvre supérieure*
an den Schultern	*sur les épaules*

zwischen den Brüsten	*entre les seins*
an den Oberschenkeln?	*sur les cuisses ?*

II.13 Pädiatrie – Pédiatrie

Gibt es Erbkrankheiten in Ihrer Familie?	*Est-ce qu'il y a des maladies héréditaires dans votre famille ?*
Gab es Komplikationen während der Schwangerschaft oder der Geburt?	*Est-ce qu'il y a eu des complications pendant la grossesse ou pendant l'accouchement?*
Hatten Sie während der Schwangerschaft eine Infektionskrankheit?	*Avez-vous eu une infection pendant la grossesse ?*
Hat Ihr Kind angeborene Mißbildungen?	*Votre enfant a-t-il des malformations congénitales ?*
Hatte Ihr Kind eine vorzeitige/ verspätete Pubertät?	*Est-ce que votre enfant a eu une puberté précoce/ retardée ?*
Wann haben Sie eine Klitorisvergrößerung bemerkt?	*Quand avez-vous remarqué un agrandissement du clitoris ?*
Gegen was ist Ihr Kind geimpft?	*Contre quoi votre enfant est-il vacciné ?*
der Tetanus	*le tétanos*
die Diphtherie	*la diphtérie*
die Kinderlähmung	*la poliomyélite*
die Masern	*la rougeole*
die Röteln	*la rubéole*
der Keuchhusten	*la coqueluche*
die Mumps	*les oreillons*
Welche Kinderkrankheiten hatte Ihr Kind?	*Quelles maladies infantiles a eu votre enfant ?*
Wie groß ist das Kind?	*Quelle taille a votre enfant ?*
Wie ist das Gewicht Ihres Kindes?	*Quel est le poids de votre enfant ?*
Seit wann nimmt es nicht mehr zu?	*Depuis quand ne grossit-il plus ?*
Hat es Gewicht verloren?	*A-t-il perdu du poids ?*
Wieviel hat es bei der Geburt gewogen?	*Combien pesait-il à la naissance ?*
Wann sind die ersten Zähne gekommen?	*Quand est-ce que les premières dents sont apparues ?*
Mit welchem Alter hat es	*A quel âge a-t-il appris*
krabbeln	*à marcher à quatre pattes*
sitzen	*à s'asseoir*
gehen	*à marcher*
laufen	*à courir*
sprechen gelernt?	*à parler ?*
Seit wann wächst es nicht mehr?	*Depuis quand ne grandit-il plus ?*
Hatte es schon immer Wachstumsstörungen oder sind diese neu aufgetreten?	*A-t-il toujours eu des troubles de croissance ou est-ce qu'ils se sont installés récemment ?*

Was geben Sie ihm zu essen?	*Que lui donnez-vous à manger ?*
Stillen Sie Ihr Kind?	*Allaitez-vous votre enfant ?*
Wie oft geben Sie ihm die Flasche?	*Combien de fois lui donnez-vous le biberon ?*
Schreit Ihr Kind nach den Mahlzeiten?	*Est-ce que votre enfant crie après les repas ?*
Ißt Ihr Kind schlecht?	*Est-ce que votre enfant mange mal ?*
Seit wann ißt Ihr Kind nicht mehr?	*Depuis combien de temps votre enfant ne mange-t-il plus ?*
Hat es keine Lust mehr zu spielen?	*N'a-t-il plus envie de jouer ?*
Ist es schnell müde?	*Est-il vite fatigué ?*
Trinkt es wenig?	*Est-ce qu'il boit peu ?*
Spuckt Ihr Kind?	*Est-ce que votre enfant crache ?*
Seit wann erbricht Ihr Kind?	*Depuis combien de temps votre enfant a-t-il des vomissements ?*
Wann erbricht Ihr Kind?	*Quand est-ce que votre enfant vomit ?*
morgens/abends	*le matin/le soir*
nüchtern	*à jeûn*
nach dem Essen	*après le repas*
den ganzen Tag	*toute la journée*
Erbricht es im Strahl?	*Est-ce qu'il vomit en jet ?*
Wie sieht das Erbrochene aus?	*Quel aspect ont les vomissements ?*
Ist der Bauch aufgetrieben?	*Est-ce que le ventre est balloné ?*
Seit wann hat Ihr Kind Bauchschmerzen?	*Depuis quand votre enfant at-il mal au ventre ?*
Sind die Bauchschmerzen akut aufgetreten?	*Est-ce que ces maux de ventre sont apparus subitement ?*
Hat es Schmerzen im Bereich des Nabels?	*A-t-il des douleurs au niveau du nombril ?*
Werden die Bauchschmerzen besser, wenn Sie den Bauch ein wenig massieren?	*Est-ce que ces maux de ventre se calment si vous massez un peu le ventre ?*
Hat Ihr Kind Bauchkrämpfe?	*Est-ce que votre enfant a des crampes au ventre ?*
Hat Ihr Kind Durchfall oder Verstopfung?	*Est-ce que votre enfant a la diarrhée ou est constipé ?*
Ist der Durchfall wie Wasser?	*La diarrhée est-elle comme de l'eau ?*
Wie sieht der Stuhl aus?	*Quel aspect ont les selles ?*
Hat das Kind massige Stühle?	*Est-ce que l'enfant a des selles volumineuses ?*
Seit wann hat Ihr Kind keinen Stuhlgang mehr?	*Depuis quand est-ce que votre enfant n'est pas aller à la selle ?*
Hat es Schweißausbrüche?	*A-t-il des sueurs ?*
Hat es mehr Durst als früher?	*Est-ce qu'il a plus soif qu'avant ?*
Muß es oft Urin lassen?	*Est-ce qu'il fait souvent pipi ?*
Haben Sie Blut im Urin bemerkt?	*Avez-vous remarqué du sang dans l'urine ?*

Hat Ihr Kind oft Harnwegsinfektionen?	*Est-ce que votre enfant est sujet des infections urinaires ?*
Hat Ihr Kind eine Harninkontinenz?	*Est-ce que votre enfant a une incontinence d'urine ?*
Seit wann hat Ihr Kind Ödeme?	*Depuis quand votre enfant a-t-il des oedèmes ?*
Klagt Ihr Sohn über Schmerzen im Hoden?	*Est-ce que votre fils se plaint de douleurs dans un testicule ?*
Atmet das Kind immer durch den geöffneten Mund?	*Est-ce que l'enfant respire toujours avec la bouche ouverte ?*
Seit wann hustet Ihr Kind?	*Depuis quand est-ce que votre enfant tousse ?*
Ist der Husten trocken?	*La toux est-elle sèche ?*
Hustet das Kind oft?	*Est-ce que l'enfant tousse souvent?*
Hat es Hustenanfälle?	*A-t-il des quintes de toux ?*
Hat das Kind Auswurf?	*L'enfant a-t-il des expectorations ?*
Hören Sie ein Pfeifen, wenn Ihr Kind einatmet/ausatmet?	*Entendez-vous un sifflement quand votre enfant inspire/ expire ?*
Seit wann leidet Ihr Kind an Asthma?	*Depuis quand votre enfant a-t-il de l'asthme ?*
Hat es oft Asthmanfälle?	*A-t-il souvent des crises asthmatiques ?*
Läuft ihm oft die Nase?	*Est-ce qu'il a souvent le nez qui coule ?*
Hat es häufig eine Bronchitis?	*A-t-il souvent des bronchites ?*
Schnarcht es nachts?	*Est-e qu'il ronfle la nuit ?*
Seit wann hat Ihr Kind Atembeschwerden?	*Depuis quand votre enfant a-t-il des troubles respiratoires ?*
Hat Ihr Kind blaue Lippen?	*Votre enfant a-t-il les lèvres bleues ?*
Hat das Kind häufig Infektionen?	*Est-ce que l'enfant a souvent des infections ?*
Seit wann ist Ihr Kind blaß?	*Depuis quand est-ce que votre enfant est pâle ?*
Seit wann hat Ihr Kind Ringe unter den Augen?	*Depuis quand votre enfant a-t-il les yeux cernés ?*
Hat es oft Nasenbluten?	*A-t-il souvent des saignements de nez?*
Hat Ihr Kind Zahnfleischbluten?	*Est-ce que votre enfant a les gencives qui saignent?*
Hat es oft blaue Flecken?	*A-t-il souvent des bleus ?*
Hat es hauptsächlich Hämatome an den Beinen?	*A-t-il surtout des hématomes aux jambes ?*
Haben Sie Blutungen im Bereich der Schleimhäute bemerkt?	*Avez-vous remarqué des hémorragie au niveau des muqueuses ?*
Seit wann hat Ihr Kind geschwollene Lymphknoten?	*Depuis quand votre enfant a-t-il les ganglions lymphatiques enflés ?*
Hat Ihr Kind eine trockene Haut?	*Est-ce que votre enfant a une peau sèche ?*
Hat Ihr Kind eine empfindliche Haut?	*Votre enfant a-t-il une peau sensible ?*
Ist eine Allergie bekannt? Gegen was?	*Une allergie est-elle connue? A quoi ?*

Seit wann hat Ihr Kind diesen Ausschlag?	*Depuis quand votre enfant a-t-il cette éruption ?*
Wo ist der Ausschlag lokalisiert?	*Où est-ce que l'éruption est localisée ?*
Wie ist der Ausschlag? In Form von Flecken Bläschen Pickeln Blasen Pusteln Krusten?	*Comment est l'éruption ? En forme de taches petites ampoules boutons ampoules pustules croûtes ?*
Besteht der Ausschlag aus kleinen oder großen Flecken?	*L'éruption est-elle formée par de petites ou de grandes taches ?*
Wo hat der Ausschlag begonnen?	*Où a commencé l'éruption ?*
Hat der Ausschlag im Mund/im Gesicht/am Körper begonnen?	*Est-ce que l'éruption a commencé dans la bouche/dans la figure/sur le corps ?*
Hatte Ihr Kind vor Auftreten des Ausschlages Fieber?	*Est-ce que l'enfant a eu de la fièvre avant l'apparition de l'éruption ?*
Kratzt sich Ihr Kind?	*Est-ce que votre enfant se gratte ?*
Sind die Lymphknoten geschwollen?	*Est-ce que les ganglions lymphatiques sont enflés ?*
Sind die Backen geschwollen?	*Est-ce que les joues sont enflées ?*
Hat es eine himbeerfarbene Zunge?	*Sa langue est-elle couleur framboise ?*
Seit wann hat Ihr Kind eine gelbliche weißliche grünliche bräunliche Hautfarbe?	*Depuis quand est-ce que votre enfant a une coloration jaunâtre blanchâtre verdâtre brunâtre de la peau ?*
Seit wann hat es diese Rötung des Gesäßes?	*Depuis quand a-t-il cette rougeur aux fesses ?*
Wie oft wechseln Sie die Windeln?	*Combien de fois changez-vous les couches ?*
Kratzt sich das Kind am After?	*Est-ce que l'enfant se gratte à l'anus ?*
Seit wann hat das Kind diesen Hauttumor?	*Depuis quand l'enfant a-t-il cette tumeur sur la peau ?*
Seit wann hat das Kind diesen Hautfleck?	*Depuis quand est-ce que l'enfant a cette tache sur la peau ?*
Hat es diesen Fleck schon seit seiner Geburt?	*A-t-il cette tache de naissance ?*
Ist der Fleck größer geworden?	*Est-ce que la tache a grandi ?*
Hat der Fleck seine Farbe verändert?	*Est-ce que la tache a changé de couleur ?*
Seit wann hat das Kind eine Verformung des Brustkorbs?	*Depuis quand votre enfant a-t-il une deformation du thorax ?*
Klagt das Kind über Brustschmerzen?	*Est-ce que l'enfant se plaint de douleurs dans la poitrine ?*
Hat Ihr Kind Rückenschmerzen?	*Votre enfant a-t-il mal au dos ?*
Hat es Knieschmerzen?	*A-t-il mal aux genoux ?*

Hatte es eine angeborene Hüftgelenks-dysplasie?	*A-t-il eu une luxation congénitale de la hanche ?*
Klagt das Kind über Gelenkschmerzen oder Knochenschmerzen?	*Est-ce que l'enfant se plaint de douleurs dans les articulations ou dans les os ?*
Seit wann sind die Gelenke geschwollen?	*Depuis quand les articulations sont-elles enflées ?*
Seit wann hinkt Ihr Kind?	*Depuis quand est-ce que votre enfant boite ?*
Hat es Schmerzen im Knie, in der Hüfte, in der Leiste?	*A-t-il mal au genou, à la hanche, à l'aine ?*
Läuft Ihr Kind schlecht?	*Est-ce que votre enfant court mal ?*
Fällts es oft hin?	*Est-ce qu'il chute souvent ?*
Hat es Schwierigkeiten zu sitzen, sich hinzustellen?	*A-t-il des difficultés à rester assis, à se mettre debout ?*
Seit wann hat es so dicke Waden?	*Depuis quand a-t-il les mollets enflés ?*
Hat es Schmerzen in der Wade?	*A-t-il mal aux mollets ?*
Klagt Ihr Kind über Muskelschmerzen oder Muskelkrämpfe?	*Est-ce que votre enfant se plaint de douleurs ou de crampes musculaires ?*
Ist es erregbarer als früher?	*Est-ce qu'il est plus exitable qu'avant ?*
Ist Ihr Kind sehr nervös?	*Votre enfant est-il très nerveux ?*
Kann es nicht sitzen bleiben?	*Ne peut-il pas rester assis ?*
Hat es Schwierigkeiten sich zu konzentrieren?	*A-t-il des difficultés à se concentrer ?*
Hat es Probleme in der Schule?	*A-t-il des problèmes à l'école ?*
Stottert Ihr Kind?	*Est-ce que votre enfant begaie ?*
Hat es Schlafstörungen?	*A-t-il des troubles de sommeil ?*
Wird Ihr Kind öfters ohnmächtig?	*Est-ce que votre enfant s'évanouit souvent ?*
Klagt es über Schwindel?	*Est-ce qu'il se plaint de vertiges ?*
Sind Fälle von Epilepsie in Familie bekannt?	*Est-ce qu'il y a des cas d'épilepsie dans votre famille ?*
Hatte Ihr Kind eine Meningitis/ Enzephalitis?	*Est-ce que votre enfant a eu une méningite/encéphalite ?*
Seit wann hat es Sprachstörungen?	*Depuis quand a-t-il des troubles de langage ?*
Hat es Schwierigkeiten zu sprechen, zu schreiben, zu lesen?	*A-t-il des difficultés à parler, à écrire, à lire ?*
Wann haben Sie einen großen Kopf des Kindes festgestellt?	*Quand avez-vous constaté que votre enfant a une grosse tête ?*
Seit wann klagt Ihr Kind über Kopfschmerzen?	*Depuis quand est-ce que votre enfant se plaint de maux de tête ?*
Hat Ihr Kind schon einen Krampfanfall gehabt?	*Est-ce que votre enfant a déjà fait une crise convulsive ?*
Fällt Ihr Kind plötzlich hin?	*Est-ce que votre enfant tombe subitement ?*
Hat es Krämpfe von Händen und Füßen?	*A-t-il des crampes aux pieds et aux mains ?*

Hat das Kind das Bewußtsein verloren?	*L'enfant a-t-il perdu connaissance ?*
Für wie lange?	*Pendant combien de temps ?*
Hat Ihr Kind Absencen?	*Est-que votre enfant a des absences ?*
Kreuzt Ihr Kind die Arme vor der Brust?	*Est-ce que votre enfant croise les bras devant la poitrine ?*
Hat Ihr Kind Urinabgang gehabt?	*Est-ce que votre enfant a eu des pertes d'urines ?*
Seit wann ist Ihr Kind gelähmt?	*Depuis quand votre enfant est-il paralysé ?*
Hatte es schon bei der Geburt Lähmungen?	*A-t-il déjà eu des paralysies à la naissance ?*
Macht es anormale Bewegungen?	*Est-ce qu'il fait des mouvements anormaux ?*
Hält Ihr Kind sich das Ohr?	*Est-ce que votre enfant se tient l'oreille ?*
Klagt es über Ohrschmerzen?	*Est-ce qu'il se plaint de douleurs à l'oreille ?*
Seit wann haben Sie den Eindruck, daß Ihr Kind schlecht hört?	*Depuis quand avez-vous l'impression que votre enfant entend mal ?*
Hatte es eine Ohrenentzündung?	*A-t-il eu une otite ?*

Deutsch – Französisch

A

A. Arterie (artère)
A.A.F. Anti-Atelektase-Faktor
A.A.R. Antigen-Antikörper-Reaktion (réaction antigène-anticorps)
AB0 Blutgruppen AB0 (groupes sanguins AB0)
Abasie [f.] abasie [f.]
Abbau [m.] (z.B. eines Metaboliten) dégradation [f.] (ex.: d'un métabolite)
abbauen dégrader
abblättern (z.B. Haut) exfolier (ex.: peau)
Abdomen [n.] abdomen [m.]
-leeraufnahme [f.] abdomen [m.] sans préparation
abdominal abdominal, ale
Abducens [m.] (Nervus ...) nerf [m.] moteur oculaire externe
Abduktion [f.] abduction [f.]
Abduktor [m.] abducteur [m.]
Aberration [f.] aberration [f.]
Chromosomen- [f.] aberration [f.] chromosomique
Abfangreflex [m.] réflexe [m.] de redressement
abfaulen (z.B. Extremität) pourrir (ex.: extremité)
abführen purger
Abführmittel [n.] purgatif [m.], purge [f.], laxatif [m.]
abgehackte (Sprache) saccadé (langage)
abhängig (von) dépendant, ante (de)
Abhängigkeit [f.] dépendance [f.]
Alkohol- [f.] dépendance [f.] alcoolique
physische [f.] dépendance [f.] physique
psychische [f.] dépendance [f.] psychique
abhorchen (Lunge, Herz) ausculter (poumon, coeur)
abkapseln (z.B. Abszeß) encapsuler (abcès)
Abkapselung [f.] encapsulation [f.]
abklemmen (z.B. ein Gefäß) clamper (ex.: un vaisseau)
abklopfen (z.B. die Lunge, das Herz etc.) percuter (ex.: le poumon, le coeur etc.)
Abknickung [f.] plicature [f.]
Ablaktation [f.] ablactation [f.]
Ablatio [f.] ablation [f.]
ableiten (z.B. Liquor, EKG etc.) dériver (ex.: liquide céphalorachidien, ECG etc.)
Ableitung [f.] (EKG, EEG etc.) dérivation [f.] (ECG, EEG etc.)
präkordiale [f.] dérivation [f.] précordiale
ablösbar (Haut) décollable (peau)
Ablösung [f.] (z.B. der Haut) décollement [m.] (de la peau)
abmagern maigrir
Abmagerung [f.] amaigrissement [m.]
abnehmen (z.B. einen Verband) enlever (ex.: un pansement)
eine Gliedmaße amputer un membre
Abneigung [f.] aversion [f.]
Abort [m.] avortement [m.], fausse couche [f.]
Spontan- [m.] avortement [m.] spontané
abortiv abortif, ive
Abrasio [f.] abrasion [f.]
abreiben frictionner
abreißen (z.B. Nerv, Gefäß etc.) arracher (ex.: nerf, vaisseau etc.)
absaugen aspirer
Absaugpumpe [f.] pompe [f.] aspirante
abschälen (Haut) peler (peau)
abschilfern exfolier
Abschilferung [f.] (der Haut) exfoliation [f.] (de la peau)
abschneiden couper
abschnüren 1. ligaturer (ex.: vaisseau), 2. étrangler (ex.: hernie)
Abschnürung [f.] (eines Organs) étranglement [m.] (d'un organe)
abschürfen 1. érafler, 2. écorcher
Abschürfung [f.] (Haut-) 1. éraflure [f.], 2. écorchure [f.]
abschuppen désquamer
Abschuppung [f.] (der Haut) désquamation [f.] (de la peau)
abschwellen désenfler
Absence [f.] absence [f.]
Absetzen [n.] (eines Medikamentes) sevrage [m.] (d'un médicament)
absondern sécréter
Absonderung [f.] sécrétion [f.]
absorbieren absorber
Absorption [f.] absorption [f.]
abstoßen (z.B. ein Transplantat) rejeter (ex.: une greffe)
Abstoßreaktion [f.] réaction [f.] de rejet
Abstoßung [f.] 1. répulsion [f.], 2. rejet [m.]
Abstrich [m.] frottis [m.]
Vaginal- [m.] frottis [m.] vaginal
Zervix- [m.] frottis [m.] cervical
Abszeß [m.] abcès [m.]
peribrochialer [m.] abcès [m.] péribronchique
perinephritischer [m.] abcès [m.] périnéphrétique
abtreiben se faire avorter
Abtreibung [f.] avortement [m.]
abtrennen détacher
Abulie [f.] aboulie [f.]
Abusus [m.] abus [m.]
Abwehr [f.] défense [f.]
-neurose [f.] névrose [f.] de défense
-spannung [f.] défense [f.] musculaire
-zelle [f.] cellule [f.] de défense
Achalasie [f.] achalasie [f.]

Achillessehne [f.] tendon [m.] d'Achille
-nreflex [m.] réflexe [m.] achillien
Acholie [f.] acholie [f.]
Achlorhydrie [f.] achlorhydrie [f.]
Achondroplasie [f.] achondroplasie [f.]
Achromie [f.] achromie [f.]
Achse [f.] axe [m.]
optische axe [m.] optique
Achsel axillaire
Achsel [f.] aisselle [f.]
-höhle [f.] creux [m.] de l'aisselle
Ächzen [n.] (bei der Lungenauskultation) geignement [m.] (auscultation pulmonaire)
A.C.T.H. AdrenoCortico-Tropes Hormon (hormone adréno-corticotrope HACT)
A.C.V.B. Aorto-Coronarer-Venen-Bypass
Adaktylie [f.] adactylie [f.]
Adam-Stokes-Anfall [m.] syndrome [m.] de Adam-Stokes
Adaptation [f.] adaptation [f.]
Adamsapfel [m.] pomme [f.] d'Adam
Addis-Count [m.] compte [m.] d'Addis
Addisonsche Krankheit [f.] maladie [f.] d'Addison
Adduktion [f.] adduction [f.]
Adduktor [m.] adducteur [m.]
Adenektomie [f.] adénectomie [f.]
Adenin [n.] adénine [f.]
Adenitis [f.] adénite [f.]
Adenofibrom [n.] adénofibrome [m.]
Adenohypophyse [f.] adénohypophyse [f.]
Adenoidektomie [f.] adénoïdectomie [f.]
Adenokarzinom [n.] adénocarcinome [m.]
Adenom [n.] adénome [m.]
adenomatös adénomateux, euse
Adenomatose [f.] adénomatose [f.]
Adenomyom [n.] adénomyome [m.]
Adenopathie [f.] adénopathie [f.]
Adenophlegmone [f.] adénophlégmon [m.]
Adenosarkom [n.] adénosarcome [m.]
Adenosis [f.] adénopathie [f.]
Adenovirus [n.] adénovirus [m.]
Aderlaß [m.] saignée [f.]
A.D.H. AntiDiuretisches Hormon (hormone antidiurétique HAD)
Adhäsion [f.] adhésion [f.], adhérence [f.]
Adiadochokinese [f.] adiadococinésie [f.]
adipös adipeux, euse
Adipositas [f.] adiposité [f.]
adjuvant adjuvant, ante
Adnektomie [f.] annexectomie [f.]
Adnexe [pl./n.] annexes [pl./f.]
Adnexitis [f.] annexite [f.]
A.D.P. AdenosinDi-Phosphat
Adrenalektomie [f.] surrénalectomie [f.]
Adrenalin [n.] adrénaline [f.]
adrenerg adrénergique
adrenokortikotrop adrénocorticotrope
Adrenokortikotrophin [n.] adrénocorticotrophine [f.]
adrenolytisch adrénolytique
Adsorption [f.] adsorption [f.]
Adventitia [f.] adventice [f.]
Adynamie [f.] adynamie [f.]
A.E.R. Abnorme Erlebnis-Reaktion
aerob aérobe
Aerogastrie [f.] aérogastrie [f.]
Aerokolie [f.] aérocolie [f.]
Aerophagie [f.] aérophagie [f.]
Aerosol [n.] aérosol [m.]
ängstlich anxieux, ieuse
Ängstlichkeit [f.] anxiété [f.]
Ärztekammer [f.] chambre [f.] des médecins
Äther [m.] éther [m.]
-narkose [f.] éthérisation [f.]
Ätiologie [f.] étiologie [f.]
ätzen cautériser
Ätzung [f.] cautérisation [f.]
afebril fébrile
Affektivität [f.] affectivité [f.]
Affektpsychose [f.] psychose [f.] affective
Affenhand [f.] main [f.] de singe
afferent afférent, ente
Affinität [f.] affinité [f.]
Afibrinogenämie [f.] afibrinogénémie [f.]
A.F.P. Alpha-Feto-Protein (alpha-foeto-protéine AFP)
After [m.] anus [m.]
-schmerz [m.] douleur [f.] anale
Ag Argentum (argent Ag)
AG Antigen (antigène AG)
Agammaglobulinämie [f.] agammaglobulinémie [f.]
Agenesie [f.] agénésie [f.]
Ageusie [f.] agueusie [f.]
Agglutination [f.] agglutination [f.]
-stest [m.] essai [m.] d'agglutination
agglutinieren agglutiner
Agglutinin [n.] agglutinine [f.]
Agglutinogen [n.] agglutinogène [m.]
Aggregation [f.] agrégation [f.]
Aggression [f.] agression [f.]
aggressiv agressif, ive
Aggressivität [f.] agressivité [f.]
Agitation [f.] agitation [f.]
Agnosie [f.] agnosie [f.]
taktile [f.] agnosie [f.] tactile
Agonie [f.] agonie [f.]
Agoraphobie [f.] agoraphobie [f.]
Agrammatismus [m.] agrammatisme [m.]

Agranulozytose [f.] agranulocytose [f.]
Agraphie [f.] agraphie [f.]
A.G.S. AdrenoGenitales Syndrom
A.H.C. AntiHämophiler Faktor C (facteur antihémophilique C FAHC)
A.H.F. AntiHämophiler Faktor (facteur antihémophilique FAH)
A.H.L.G. AntiHuman-Lymphozyten-Globulin
A.H.L.S. AntiHuman-Lymphozyten-Serum (sérum antilymphocytaire SAL)
A.H.O.P. Adipositas-Hyperthermie-Oligomenorrhoe-Parotis
A.H.T. AntiHyaluronidase-Test
AIDS [n.] SIDA [m.]
AK AntiKörper (anticorps AC)
Akalkulie [f.] acalculie [f.]
Akanthose [f.] acanthose [f.]
Akanthozytose [f.] acanthocytose [f.]
Akinese [f.] akinésie [f.]
Akkomodation [f.] accomodation [f.]
-sreflex [m.] réflexe [m.] d'accomodation
Akne [f.] acné [f.]
Akrinie [f.] acrinie [f.]
Akrodermatitis [f.] acrodermatose [f.]
Akrogerie [f.] acrogerie [f.]
Akromegalie [f.] acromégalie [f.]
Akromion [n.] acromion [m.]
Akroparästhesie [f.] acroparesthésie [f.]
Akrozephalie [f.] acrocéphalie [f.]
Akrozyanose [f.] acrocyanose [f.]
Aktinomykose [f.] actinomycose [f.]
Aktionspotential [n.] potentiel [m.] d'action
aktiv actif, ive
aktivieren activer
Aktivierung [f.] activation [f.], stimulation [f.]
Aktivität [f.] activité [f.]
Akupunktur [f.] acupuncture [f.], acuponcture [f.]
Akustikusneurinom [n.] neurinome [m.] de l'acoustique
Akustisch evoziertes Potential [n.] potentiel [m.] évoqué auditif
akut aigu, aiguë
Akzeleration [f.] accélération [f.]
Akzelerin [n.] accélérine [f.]
Al. Aluminium (aluminium Al)
Alalie [f.] alalie [f.]
Alanin-Amino-Transferase [f.] alanine-aminotransférase [f.]
Albinismus [m.] albinisme [m.]
Albino [m.] albinos [m.]
Albumin [n.] albumine [f.]
-Globulin-Verhältnis [n.] rapport [m.] albumine/globuline
-urie [f.] albuminurie [f.]
ALD Aldolase (aldolase)
Aldolase [f.] aldolase [f.]
Aldosteron [n.] aldostérone [f.]
aleukämisch aleucémique
Alexie [f.] alexie [f.]
musikalische [f.] alexie [f.] musicale
Algodystrophie [f.] algodystrophie [f.]
Alkalireserve [f.] réserve [f.] alcaline
Alkalische Phosphatase [f.] phosphatase [f.] alcaline
Alkaloid [n.] alcaloïde [m.]
Alkalose [f.] alcalose [f.]
metabolische [f.] alcalose [f.] métabolique
respiratorische [f.] alcalose [f.] respiratoire
Alkaptonurie [f.] alcaptonurie [f.]
Alkohol [m.] alcool [m.]
-abhängigkeit [f.] dépendance [f.] alcoolique
-embryopathie [f.] embryopathie [f.] alcoolique
-ismus [m.] alcoolisme [m.], éthylisme [m.]
-psychose [f.] psychose [f.] alcoolique
-spiegel [m.] alcoolémie [f.]
-test [m.] alcootest [m.]
-vergiftung [f.] intoxication [f.] par l'alccol
A.L.L. Akute Lymphoblastische Leukämie (leucémie aiguë lymphoblastique LAL)
Allel [n.] allèle [m.]
Allergen [n.] allergène [m.]
Allergie [f.] allergie [f.]
allergisch allergique
Allergologe [m.] allergologue [m.]
Allergologie [f.] allergologie [f.]
Alles oder Nichts-Gesetz [n.] loi [f.] du tout ou rien
Allgemeinmedizin [f.] médecine [f.] générale
Allgemeinnarkose [f.] anésthesie [f.] générale
Allgemeinzustand [m.] état [m.] général
Allo-Immunisierung [f.] allo-immunisation [f.]
Allopathie [f.] allopathie [f.]
Allotransplantat [n.] allogreffe [f.]
Alopezie [f.] alopécie [f.]
Alpha-Fetoprotein [n.] alpha-foetoprotéine [f.]
Alpha-Globulin [n.] alphaglobuline [f.]
Alptraum [m.] cauchemar [m.]
A.L.S. 1. Amino-Lävulinsäure, 2. Amyotrophische Lateral-Sklerose (sclérose latérale amyotrophique SLA)
A.L.T. Alanin-AminoTransferase (alanine-aminotransférase ALT)
Alter [n.] âge [m.]
chronologisches [n.] âge [m.] chronologique
Gestations- [n.] âge [m.] gestationnel
Knochen- [n.] âge [m.] osseux
alternieren alterner
Altersdelirium [n.] délire [m.] sénile

Altersinvolution [f.] involution [f.] sénile
Altersjucken [n.] prurit [m.] sénile
Alterskeratose [f.] kératose [f.] sénile
Altersmelanose [f.] mélanose [f.] sénile
Alterspsychose [f.] psychose [f.] sénile
Altersschwäche [f.] sénilité [f.]
Altersschwerhörigkeit [f.] presbyacousie [f.]
Altersstar [m.] cataracte [f.] sénile
Alterswarze [f.] verrue [f.] sénile
Altersweitsichtigkeit [f.] presbytie [f.]
alveolär alvéolaire
Alveole [f.] alvéole [f.]
Alveolitis [f.] alvéolite [f.]
Alzheimersche Krankheit [f.] maladie [f.] d'Alzheimer
Amaurose [f.] amaurose [f.]
Amaurosis [f.] fugax amaurose [f.] fugace
Amaurotische Idiotie [f.] idiotie [f.] amaurotique
Ambivalenz [f.] ambivalence [f.]
Amblyopie [f.] amblyopie [f.]
Amboß [m.] enclume [f.]
ambulant ambulatoire
Ambulanz [f.] service [m.] d'aceuil, ambulance [f.]
A.M.E. Atomare Massen-Einheit
Ameisenlaufen [n.] (Empfindung) fourmillement [m.] (sensation)
Ameisensäure [f.] acide [m.] formique
Amelie [f.] amélie [f.]
Ameloblastom [n.] améloblastome [m.]
Amenorrhoe [f.] aménorrhée [f.]
Ametropie [f.] amétropie [f.]
Amimie [f.] amimie [f.]
Aminoazidurie [f.] aminoacidurie [f.]
Aminosäure [f.] acide [m.] aminé
Ammoniämie [f.] ammoniémie [f.]
Ammoniak [m.] ammoniaque [f.]
Amnesie [f.] amnésie [f.]
anterograde [f.] amnésie [f.] antérograde
retrograde [f.] amnésie [f.] rétrograde
Amnioskopie [f.] amnioscopie [f.]
Amnionspunktion [f.] ponction [f.] de l'amnios
Amniozentese [f.] amniocentèse [f.]
Amöbenruhr [f.] dysenterie [f.] amibienne
Amöbiasis [f.] amibiase [f.]
A.M.P. Adenosin-Mono-Phosphat
Amphetamin [n.] amphétamine [f.]
Amphiarthrose [f.] amphiarthrose [f.]
amphorischer Klang [m.] (Auskultation) souffle [m.] amphorique (auscultation)
Amplitude [f.] amplitude [f.]
Ampulle [f.] ampoule [f.]
Rektal- [f.] ampoule [f.] rectale
-Vateri ampoule [f.] de Vateri
Amputation [f.] amputation [f.]
-sneurom [n.] névrome [m.] d'amputation
amputieren amputer
A.M.S. AntikörperMangel-Syndrom
Amusie [f.] amusie [f.]
A.M.V. AtemMinutenVolumen (volume respiratoire par minute)
Amylase [f.] amylase [f.]
Amyloidniere [f.] amyloïdisme [m.] rénal
Amyloidose [f.] amylose [f.]
Amyotonie [f.] amyotonie [f.]
Amyotrophie [f.] amyotrophie [f.]
Amyotrophische Lateralsklerose [f.] sclérose [f.] latérale amyotrophique
A.N.A. AntiNukleäre Antikörper (anticorps antinucléaires AAN)
Anabolikum [n.] anabolique [m.]
Anabolismus [m.] anabolisme [m.]
Anämie [f.] anémie [f.]
akute hämolytische [f.] anémie [f.] hémolytique aiguë
aplastische [f.] anémie [f.] aplastique
autoimmunhämolytische [f.] anémie [f.] hémolytique autoimmune
chronische [f.] anémie [f.] chronique
Eisenmangel- [f.] anémie [f.] ferriprive
hämolytische [f.] anémie [f.] hémolytique
hyperchrome [f.] anémie [f.] hyperchrome
hypochrome [f.] anémie [f.] hypochrome
makrozytäre [f.] anémie [f.] macrocytaire
mikrozytäre [f.] anémie [f.] microcytaire
normochrome [f.] anémie [f.] normochrome
normozytäre [f.] anémie [f.] normocytaire
perniziöse [f.] anémie [f.] pernicieuse
phagozytäre [f.] anémie [f.] phagocytaire
anaerob anaérobe
Anästhesie [f.] anesthésie [f.]
Allgemein- [f.] anesthésie [f.] générale
Epidural- [f.] anesthésie [f.] épidurale
Lokal- [f.] anesthésie [f.] locale
Peridural- [f.] anesthésie [f.] péridurale
Anästhesiologie [f.] anesthésiologie [f.]
Anästhesist [m.] anesthesiste [m.]
Anästhetikum [n.] anesthésique [m.], anesthésiant [m.]
anästhetisch anesthétique

Analatresie [f.] atrésie [f.] anale, impérforation [f.] de l'anus
Analeptikum [n.] analeptique [m.]
Analfistel [f.] fistule [f.] anale
Analgesie [f.] analgésie [f.]
analgetisch analgésique
Analgetikum [n.] analgésique [m.]
Analphase [f.] stade [m.] anal
Analprolaps [m.] prolapsus [m.] anal
Analstriktur [f.] rétrécissement [m.] rectal
Anamnese [f.] antécédents [pl./m.], anamnèse [f.]
Anaphase [f.] anaphase [f.]
anaphylaktisch anaphylactique
Anaphylaxie [f.] anaphylaxie [f.]
Anaplasie [f.] anaplasie [f.]
anaplastisch anaplasique
Anasarka [n.] anasarque [m.]
Anastomose [f.] anastomose [f.]
End zu End- [f.] anastomose [f.] termino-terminale
End zu Seit- [f.] anastomose [f.] termino-latérale
portokavale [f.] anastomose [f.] porto-cave
Seit zu Seit- [f.] anastomose [f.] latéro-latérale
Anatom [m.] anatomiste [m.]
-ie [f.] anatomie [f.]
anatomisch anatomique
Anatoxin [n.] anatoxine [f.]
andauernd (z.B. Schmerzen) constant, ante (ex.: douleurs)
androgen androgène
Androgen [n.] androgène [m.]
Androgynie [f.] androgynie [f.]
Andrologie [f.] andrologie [f.]
Androsteron [n.] androstérone [f.]
android androïde
Anenzephalie [f.] anencéphalie [f.]
Anergie [f.] anergie [f.]
Aneurysma [n.] anévrisme [m.]
-dissecans anévrisme [m.] disséquant
intrakranielles [n.] anévrisme [m.] intracrânienne
Aneurysmenschwirren [n.] frémissement [m.] vibratoire
A.N.F. AntiNukleärer Faktor (facteur antinucléaire FAN)
Anfall [m.] accès [m.], attaque [f.], crise [f.]
epileptischer [m.] crise [f.] convulsive
Husten- [m.] quinte [f.]
Anfangsstadium [n.] phase [f.] initiale
anfassen toucher
anfeuchten mouiller
angeboren congénital, ale;héréditaire
Angiektasie [f.] angiectasie [f.]
Angiitis [f.] angéite [f.]
Angina [f.] angine [f.]
Belastungs- [f.] angor [m.] d'effort
instabile [f.] angor [m.] instable
-pectoris angine [f.] de poitrine
anginös angineux, euse
Angioblastom [n.] angioblastome [m.]
Angiodysplasie [f.] angiodysplasie [f.]
Angiofibrom [n.] angiofibrome [m.]
Angiographie [f.] angiographie [f.]
Angiokardiographie [f.] angiocardiographie [f.]
Angiokardiopathie [f.] angiocardiopathie [f.]
Angiokeratom [n.] angiokératome [m.]
Angiolipom [n.] angiolipome [m.]
Angiologie [f.] angéiologie [f.], angiologie [f.]
Angiom [n.] angiome [m.]
-atose [f.] angiomatose [f.]
Angiopathie [f.] angiopathie [f.]
Angioplastik [f.] angioplastie [f.]
Angiosarkom [n.] angiosarcome [m.]
Angiospasmus [m.] angiospasme [m.]
Angiotensin [n.] angiotensine [f.]
-ogen [n.] angiotensinogene [m.]
Angst [f.] angoisse [f.], peur [f.] crainte [f.]
-neurose [f.] névrose [f.] d'angoisse
-schweiß [m.] sueur [f.] froide
anhäufen (z.B. Metabolit) amasser (ex.: un métabolite)
anheben (z.B. den Arm, das Bein) soulever (ex.: le bras, la jambe)
Anhidrosis [f.] anhidrose [f.]
Anilinvergiftung [f.] anilisme [m.]
Anisochromie [f.] anisochromie [f.]
Anisokorie [f.] anisocorie [f.]
Anisozytose [f.] anisocytose [f.]
Ankylose [f.] ankylose [f.]
Ankylostomiasis [f.] ankylostomiase [f.]
anlegen appliquer
A.N.L.L. Akute NichtLymphoblastische Leukämie
Annulozyt [m.] annulocyte [m.]
Anomalie [f.] anomalie [f.]
Anopsie [f.] anopsie [f.]
Anorchie [f.] anorchidie [f.]
Anorexie [f.] anorexie [f.]
anorganisch anorganique
anormal anormal, ale
Anosmie [f.] anosmie [f.]
Anovulation [f.] anovulation [f.]
anovulatorisch anovulatoire
Anoxämie [f.] anoxémie [f.]
Anoxie [f.] anoxie [f.]
ansaugen aspirer

anschwellen enfler, se tuméfier
Anschwellung [f.] renflement [m.], tuméfaction [f.]
ansprechbar réactif, ive
Anstarren [n.] (Blick) fixeté [f.] du regard
anstecken contaminer, infecter
ansteckend contagieux, ieuse
Ansteckung [f.] contagion [f.], contamination [f.], infection [f.]
-sstoff [m.] contage [m.]
Anstrengung [f.] effort [m.]
-sdyspnoe [f.] dyspnée [f.] d'effort
Antagonismus [m.] antagonisme [m.]
Antagonist [m.] antagoniste [m.]
Antazidum [n.] antiacide [m.]
Anteflexio [f.] uteri antéflexion [f.] de l'utérus
Antepositio [f.] uteri antéposition [f.] de l'utérus
Antepulsion [f.] antépulsion [f.]
anterior antérieur, eure
anterograd antérograde
Anteroseptaler Infarkt [m.] infarctus [m.] antéro-septal
Anteversio [f.] uteri antéversion [f.] utérine
Anthelix [f.] anthélix [m.]
Anthelmintikum [n.] antihelmintique [m.]
Anthrakose [f.] anthracose [f.]
Anthropologe [m.] anthropologue [m.]
Antropologie [f.] anthropologie [f.]
Anthropometrie [f.] anthropométrie [f.]
Antiasthmatikum [n.] antiasthmatique [m.]
Antibabypille [f.] pilule [f.] contraceptive
Antibiogramm [n.] antibiogramme [m.]
Antibiose [f.] antibiose [f.]
Antibiotherapie [f.] antibiothérapie [f.]
Antibiotikum [n.] antibiotique [m.]
Antidepressivum [n.] antidépresseur [m.]
Antidiabetikum [n.] antidiabétique [m.]
Antidiuretikum [n.] antidiurétique [m.]
Antidot [n.] antidote [m.]
Antiemetikum [n.] antiémétique [m.]
Antifibrillatorium [n.] antifibrillant [m.]
Antigen [n.] antigène [m.]
Carcino-Embryonales- [n.] antigène [m.] carcino-embryonaire
antihämophiler Faktor [m.] facteur [m.] antihémophilique
Antihistaminikum [n.] antihistaminique [m.]
antikanzerös anticancéreux, euse
Antikoagulantium [n.] anticoagulant [m.]
Antikörper [m.] anticorps [m.]
antimitochondialer [m.] anticorps [m.] antimitochondrie
antinukleärer [m.] anticorps [m.] antinucléaire
Antilymphozytenserum [n.] sérum [m.] antilymphocytaire
Antimetabolit [m.] antimétabolite [m.]
Antimitotikum [n.] antimitotique [m.]
Antimykotikum [n.] antimycosique [m.]
antimykotisch antimycosique
Antiphlogistikum [n.] antiplogistique [m.]
Antiöstrogen [n.] antioestrogène [m.], antiestrogène [m.]
Antipyretikum [n.] antipyrétique [m.]
Antirheumatikum [n.] antirhumatismal [m.]
Antisepsis [f.] antisepsie [f.]
Antiseptikum [n.] antiseptique [m.]
antiseptisch antiseptique
Antiserum [n.] antisérum [m.]
Antispasmodikum [n.] antispasmodique [m.]
Antistreptokinase [f.] antistreptokinase [f.]
Antistreptolysin [n.] antistreptolysine [f.]
Antithenar [m.] éminence [f.] hypothénar
Antithrombin [n.] antithrombine [f.]
Antitoxin [n.] antitoxine [f.]
antitoxisch antitoxique
Antitrypsin [n.] antitrypsine [f.]
Antitussivum [n.] antitussif [m.]
antiviral antiviral, ale
Antivitamin [n.] antivitamine [f.]
Antrektomie [f.] antrectomie [f.]
Antrieb [m.] initiation [f.]
Antrostomie [f.] antrostomie [f.]
Antrotomie [f.] antrotomie [f.]
Antrum [n.] antre [m.]
Anurie [f.] anurie [f.]
Anus [m.] anus [m.]
-praeter anus [m.] artificiel
Anxiolytikum [n.] anxiolytique [m.]
anxiolytisch anxiolytique
Aorta [f.] aorte [f.]
-abdominalis aorte [f.] abdominale
reitende [f.] aorte [f.] à cheval
Aortenaneurysma [n.] anévrisme [m.] de l'aorte
Bauch- [n.] anévrisme [m.] aortique abdominal
Aortenbogen [m.] crosse [f.] aortique
Aorteninsuffizienz [f.] insuffisance [f.] aortique
Aortenisthmus [m.] isthme [m.] aortique
-stenose [f.] coarctation [f.] de l'aorte
Aortenklappe [f.] valvule [f.] aortique
Aortenknopf [m.] bouton [m.] aortique
Aortenruptur [f.] rupture [f.] de l'aorte

Aortensklerose [f.] sclérose [f.] aortique
Aortenstenose [f.] rétrécissement [m.] aortique
Aortitis [f.] aortite [f.]
Aortographie [f.] aortographie [f.]
Apathie [f.] apathie [f.]
apathisch apathique
APGAR-Index [m.] test [m.] APGAR
A.Ph Alkalische Phosphatase (phosphatase alcaline)
Aphakie [f.] aphakie [f.]
Aphasie [f.] aphasie [f.]
Aphonie [f.] aphonie [f.]
Aphte [f.] aphte [m.]
apikal apical, ale
Aplasie [f.] aplasie [f.]
aplastisch aplasique
A.P.N.P. Alternating Positive-Negative Pressure Breathing
Apnoe [f.] apnée [f.]
Aponeurose [f.] aponévrose [f.]
Aponeurotitis [f.] aponévrotite [f.]
Apophyse [f.] apophyse [f.]
Apophysitis [f.] apophysite [f.]
apoplektisch apoplectique
Apoplex [m.] apoplexie [f.]
Apotheke [f.] pharmacie [f.]
Apotheker [m.] pharmacien [m.]
Apparat [m.] appareil [m.]
Appendektomie [f.] appendicectomie [f.]
Appendix [f.] appendice [m.]
Appendizitis [f.] appendicite [f.]
Appetit [m.] appétit [m.]
-losigkeit [f.] inappétence [f.]
-verlust [m.] manque [m.] d'appétit
Applikation [f.] application [f.]
Apragmatismus [m.] apragmatisme [m.]
Apraxie [f.] apraxie [f.]
Aquired Immune Deficency Syndrome[n.] Syndrome immunodéficitaire acquis[m.]
Arachnodaktylie [f.] arachnodactylie [f.]
Arachnoidea [f.] arachnoïde [f.]
Arachnoiditis [f.] arachnoïdite [f.]
Arbeitsmedizin [f.] médecine [f.] du travail
Arbeitsmediziner [m.] médecin [m.] du travail
Arbeitsunfall [m.] accident [m.] du travail
Arbovirose [f.] arbovirose [f.]
Arbovirus [n.] arbovirus [m.]
Arcus [m.] senilis arc [m.] sénile
A.R.E. Akute Respiratorische Erkrankung (affection respiratoire aiguë ARA)
areflektorisch aréflexique
Areflexie [f.] aréflexie [f.]
Arenavirus [n.] arénavirus [m.]
Areola [f.] aréole [f.]
Arginase [f.] arginase [f.]
Arginin [n.] arginine [f.]
Argyrie [f.] argyrie [f.]
Arithmomanie [f.] arithmomanie [f.]
Arm [m.] bras [m.]
-beuge [f.] pli [m.] du bras
-binde [f.] écharpe [f.]
-schiene [f.] éclisse [f.] du bras
-vene [f.] veine [f.] brachiale
Arrhythmie [f.] arythmie [f.]
Arsen [n.] arsenic [m.]
Artefakt [m.] artéfact [m.]
Arteria [f.], Arterie [f.] artère [f.]
-carotis communis artère [f.] carotide primitive
-carotis externa artère [f.] carotide externe
-carotis interna artère [f.] carotide interne
-vertebralis artère [f.] vertébrale
arteriell artériel, elle
Arterienektasie [f.] artériectasie [f.]
Arterienspasmus [m.] artériospasme [m.]
Arterienverkalkung [f.] artériosclérose [f.]
Arteriogramm [n.] artériogramme [m.]
Arteriographie [f.] artériographie [f.]
selektive [f.] artériographie [f.] sélective
Arteriole [f.] artériole [f.]
Arteriopathie [f.] artériopathie [f.]
Arteriosklerose [f.] artériosclérose [f.]
arteriosklerotisch artériosclérotique
Arteriotomie [f.] artériotomie [f.]
arteriovenös artérioveineux, euse
Arteritis [f.] nodosa périartérite [f.] noueuse
Arteritis [f.] obliterans artérite [f.] oblitérante
Arthralgie [f.] arthralgie [f.]
Arthritis [f.] arthrite [f.]
rheumatoide [f.] arthrite [f.] rhumatoïde
arthritisch arthritique
Arthrodese [f.] arthrodèse [f.]
Arthrographie [f.] arthrographie [f.]
Arthropathie [f.] arthropathie [f.]
Arthroplastik [f.] arthroplasie [f.]
Arthrose [f.] arthrose [f.]
Cox- [f.] coxarthrose [f.]
Gon- [f.] gonarthrose [f.]
Rhiz- [f.] rhizarthrose [f.]
Arthroskop [n.] arthroscope [m.]
-ie [f.] arthroscopie [f.]
arthrotisch arthrosique
Arthrotomie [f.] arthrotomie [f.]
Artikulation [f.] articulation [f.]
Arzneiexanthem [n.] éruption [f.] médicamenteuse
Arzneimittel [n.] remède [m.], médicament [m.]
-abhängigkeit [f.] pharmacodépendance [f.]
-allergie [f.] allergie [f.] médicamenteuse

-toleranz [f.] tolérance [f.] à un remède
Arzt [m.] médecin [m.]
Assistenz- [m.] médecin [m.] assistant
behandelnder [m.] médecin [m.] traitant
Chef- [m.] médecin [m.] chef
Haus- [m.] médecin [m.] de famille
Ober- [m.] médecin [m.] chef-assistant
Asbestose [f.] asbestose [f.]
Aschoff-Tawara-Knoten [m.] noeud [m.] d'Aschoff-Tawara
A.S.D. VorhofSeptum-Defekt (communication interauriculaire CIA)
Asepsis [f.] asepsie [f.]
aseptisch aseptique
Askariasis [f.] ascaridiase [f.]
Askorbinsäure [f.] acide [m.] ascorbique
Aspergillose [f.] aspergillose [f.]
Aspermie [f.] aspermie [f.]
Asphyxie [f.] asphyxie [f.]
Aspiration [f.] aspiration [f.]
-sdrainage [f.] drainage [m.] par aspiration
-spneumonie [f.] pneumonie [f.] par aspiration
aspirieren aspirer
Aspirin [n.] aspirine [f.]
A.S.R. AchillesSehnenReflex (réflexe achilléen)
A.S.S. AzetylSalizylSäure (acide acétylsalcylique AAS)
A.S.T. AntiStreptoLysin-Test
Ast [m.] (eines Gefäßes) branche [f.] (d'un vaisseau)
Astasie [f.] astasie [f.]
Astasie-Abasie [f.] astasie-abasie [f.]
Astereognosie [f.] astéréognosie [f.]
Asthenie [f.] asthénie [f.]
asthenisch asthénique
Asthma [n.] asthme [m.]
-cardiale asthme [m.] cardiaque
Asthmatiker [m.] asthmatique [m.]
asthmatisch asthmatique
Astigmatismus [m.] astigmatisme [m.]
Astroglia [f.] astroglie [f.]
Astrozytom [n.] astrocytome [m.]
Astrup [m.] astrup [m.]
Asymmetrie [f.] asymétrie [f.]
asymptomatisch asymptomatique
Asynergie [f.] asynergie [f.]
Asystolie [f.] asystolie [f.]
Aszites [m.] ascite [m.]
-flüssigkeit [f.] liquide [m.] d'ascite
-punktion [f.] ponction [f.] d'un ascite
A.T. 1. AortenTon, 2. AntiThrombin (antithrombine), 3. Adenotomie, 4. Austauschtransfusion (exsanguinotransfusion)
ataktisch ataxique
Atavismus [m.] atavisme [m.]
Ataxie [f.] ataxie [f.]
Atelektase [f.] atélectasie [f.]
Atem [m.] haleine [f.]
-anhalten retenir la respiration
-holen respirer
atemabhängig dépendant de la respiration
Atembeschwerden [pl./f.] troubles [pl./m.] respiratoires
Atembewegung [f.] mouvement [m.] respiratoire
Atemfrequenz [f.] fréquence [f.] respiratoire
Atemgeräusch [n.] bruit [m.] respiratoire
vesikuläres [m.] murmure [m.] vésiculaire
Atemgymnastik [f.] gymnastique [f.] respiratoire
Ateminsuffizienz [f.] insuffisance [f.] respiratoire
Atemlähmung [f.] paralysie [f.] respiratoire
Atemluft [f.] air [m.] respirable
Atemnot [f.] détresse [f.] respiratoire
-syndrom [n.] détresse [f.] respiratoire idiopathique
Atemstillstand [m.] arrêt [m.] de la respiration
Atemstoß-Sekunde [f.] volume [m.] expiratoire maximum par minute
Atemtotraum [m.] espace [m.] mort respiratoire
Atemübung [f.] exercise [f.] de respiration
Atemvolumen [n.] volume [m.] courant de respiration
Atemweg [m.] voie [f.] respiratoire
-serkrankung [f.], akute affection [f.] respiratoire aiguë
-serkrankung [f.], chronische affection [f.] respiratoire chronique
-swiderstand [m.] résistance [f.] des voies aériennes
Atemwiderstand [m.] résistance [f.] respiratoire
Atemzentrum [n.] centre [m.] respiratoire
Atemzug [m.] souffle [m.]
Atherom [n.] athérome [m.]
-atose [f.] athéromatose [f.]
Atherosklerose [f.] athérosclérose [f.]
Athetose [f.] athétose [f.]
Athrepsie [f.] athrepsie [f.]
Athyreose [f.] athyroïdie [f.]
Atlas [m.] atlas [m.]
atmen respirer
Atmung [f.] respiration [f.]
künstliche [f.] respiration [f.] artificielle
paradoxale [f.] respiration [f.] paradoxale
Zell- [f.] respiration [f.] cellulaire
-squotient [m.] quotient [m.] respiratoire
Atokie [f.] atocie [f.]
Atom [n.] atome [m.]
Atonie [f.] atonie [f.]
atonisch atonique
Atopie [f.] atopie [f.]

A.T.P. AdenosinTri Phosphat
Atresie [f.] atrésie [f.], imperforation [f.]
Atrichie [f.] atrichie [f.]
atrioventrikulär auriculo-ventriculaire
Atrioventrikularblock [m.] bloc [m.] auriculo-ventriculaire
Atrioventrikularklappe [f.] valvule [f.] auriculo-ventriculaire
Atrioventrikularknoten [m.] noeud [m.] auriculo-ventriculaire
Atrium [n.] (Vorhof) oreillette [f.], auricule [f.]
Atrophie [f.] atrophie [f.]
atrophisch atrophique
Atropin [n.] atropine [f.]
Attest [n.] certificat [m.] médical
Attikantrotomie [f.] attico-antrotomie [f.]
Attikotomie [f.] atticotomie [f.]
atypisch atypique
Audiogramm [n.] audiogramme [m.]
Audiologie [f.] audiologie [f.]
Audiometrie [f.] audiométrie [f.]
Auditus [m.] audition [f.]
aufblähen gonfler
aufblähen (z.B. ein Organ) insufler (un organe)
Auffrischimpfung [f.] dose [f.] de rappel, revaccination [f.]
aufgedunsen (Gesicht) bouffé (visage)
Aufgedunsenheit [f.] bouffissure [f.]
aufgehen (Geschwür) percer (ulcère)
aufgehoben (Reflex) aboli (réflexe)
Aufgeregtheit [f.] agitation [f.]
Aufhebung [f.] (Reflex-) abolition [f.] d'un réflexe
Aufhellung [f.] (Röntgen) hyperclarté [f.]
Aufklappbarkeit [f.] laxité [f.]
aufkratzen égratigner
Auflockerung [f.] ramollissement [m.]
auflösbar (z.B. Tablette) soluble (ex.: comprimé)
Auflösbarkeit [f.] solubilité [f.]
auflösen (eine Tablette) délayer (un comprimé)
Auflösung [f.] dissolution [f.]
Auflösung [f.] (Sehen) résolution [f.] (vision)
-svermögen [n.] capacité [f.] de résolution
Aufmerksamkeit [f.] attention [f.]
Aufnahme [f.] apport [m.]
Aufnahmefähigkeit [f.] capacité [f.] d'absorption, réceptivité [f.]
aufplatzen (z.B. Blase etc.) éclater (ex.: ampoule etc.)
aufquellen gonfler
aufschneiden (z.B. einen Abszeß) inciser (ex.: un abcès)
aufstauuen (sich ...) accumuler (s'...)
aufstechen (z.B. eine Hautblase) percer (ex.: une ampoule)
aufstehen lever (se ...)
aufstoßen avoir des renvois
Aufstoßen [n.] éructation [f.]
auftragen (z.B. eine Salbe etc.) appliquer (ex.: une pommade etc.)
auftreten (Symptom) apparaître (symptome)
aufwachen réveiller
aufweichen ramollir
A.U.G. AusscheidungsUroGraphie (urographie d'élimination)
Augapfel [m.] globe [m.] oculaire
Auge [n.], Augen [pl./n.] oeil [m.], yeux [pl./m.]
Augenarzt [m.] ophtalmologue [m.]
Augenbraue [f.] sourcil [m.]
Augenentzündung [f.] inflammation [f.] des yeux, ophtalmie [f.]
Augenfehler [m.] défaut [m.] de vision
Augenfistel [f.] fistule [f.] d'oeil
Augenfolgebewegung [f.] mouvement [m.] des poursuites oculaires
Augengeschwür [n.] ulcération [f.] oculaire
Augenheilkunde [f.] ophtalmologie [f.]
Augenhintergrund [m.] fond [m.] d'oeil
Augenhöhle [f.] orbite [f.]
Augen(innen)druck [m.], erhöhter hypertension [f.] intra-oculaire
Augenkammer [f.], hintere chambre [f.] postérieure de l'oeil
Augenkammer [f.], vordere chambre [f.] antérieure de l'oeil
Augenlid [n.] paupière [f.]
-entzündung [f.] blépharite [f.]
Augenlinse [f.] cristallin [m.]
Augenmigräne [f.] migraine [f.] ophtalmique
Augenmuskelparese [f.] paralysie [f.] oculo-motrice
Augenmykose [f.] mycose [f.] ophtalmique
Augenonchozerkose [f.] onchocercose [f.] oculaire
Augenoperation [f.] opération [f.] de l'oeil
Augensalbe [f.] pommade [f.] ophtalmique
Augenschmerzen [pl./m.] mal [m.] aux yeux
Augenspiegel [m.] ophtalmoscope [m.]
Augentropfen [pl./m.] collyres [pl./m.]
A.U.L. Akute Undifferenzierte Leukämie (leucémie à cellules souches)
Aura [f.] aura [f.]
ausatmen expirer
Ausatmung [f.] expiration [f.]
-dyspnoe [f.] dyspnée [f.] expiratoire
-volumen [n.], maximales débit [m.] expiratoire maximum

ausbrechen (Krankheit) déclarer (se...) (une maladie)
ausbreiten (z.B. Geschwür, Tumor) étendre (ex.: ulcère, tumeur)
Ausbreitung [f.] étendue [f.], propagation [f.]
-(eines Tumors) extension [f.] (d'une tumeur)
Ausbruchsstadium [n.] stade [m.] d'éruption
ausdehnbar extensible
Ausfallserscheinung [f.] déficience [f.]
Ausflockung [f.] floculation [f.]
Ausfluß [m.] écoulement [m.], flux [m.], perte [f.]
ausheilen guérir complètement
aushusten expectorer
auskugeln (ein Gelenk) démettre (se ...) (une articulation)
Auskultation [f.] auscultation [f.]
auskultieren ausculter
auslösen déclencher
Auslösung [f.] (z.B. eines déclenchement [m.] (ex.: d'un réflexe)
Reflexes)
Ausräumung [f.] évacuation [f.], évidement [m.]
ausrenken (Gelenk) disloquer, démettre, déboîter, luxer
Ausrenkung [f.] déboîtement [m.], luxation [f.], dislocation [f.]
ausruhen (sich ...) reposer (se ...)
ausschaben cureter
Ausschabung [f.] curetage [m.]
ausscheiden sécréter, éliminer
Ausscheidung [f.] sécrétion [f.], élimination [f.], excrétion [f.]
-sgeschwindigkeit [f.] vitesse [f.] d'élimination
-surographie [f.] urographie [f.] d'élimination
Ausschlag [m.] éruption [f.], exanthème [m.]
Ausstoßung [f.] expulsion [f.]
ausstrahlen irradier
Ausstrahlung [f.] irradiation [f.]
ausstreuen disséminer
Austauschtransfusion [f.] exsanguinotransfusion [f.]
Austreibungszeit [f.] période [f.] d'expulsion
Auswärtsschielen [n.] strabisme [m.] divergent
Auswurf [m.] expectoration [f.], crachat [m.]
-menge [f.] débit [m.]
-volumen [n.], systolisches volume [m.] d'éjection systolique
Auszehrung [f.] consomption [f.]
Außenrotation [f.] rotation [f.] externe
Autismus [m.] autisme [m.]
frühkindlicher [m.] autisme [m.] infantile
Autist [m.] autiste [m.]
Autoagglutinin [n.] autoagglutinine [f.]
Autoakkusation [f.] autoaccusation [f.]
Autoantigen [n.] autoantigène [m.]
Autoantikörper [m.] autoanticorps [m.]
autochthon autochthone
Auto-Hämagglutination [f.] autohémagglutination [f.]
Autoimmunisierung [f.] auto-immunisation [f.]
Autoimmunität [f.] autoimmunité [f.]
Autoinfektion [f.] autoinfection [f.]
Autointoxikation [f.] autointoxication [f.]
Autoklav [m.] autoclave [m.]
autolog autologue
Autolyse [f.] autolyse [f.]
Automatisierung [f.] automatisation [f.]
Automatismus [m.] automatisme [m.]
Automutilation [f.] automutilation [f.]
autonom autonome
Autonomie [f.] autonomie [f.]
Autoplastik [f.] autoplastie [f.], autogreffe [f.]
Autopsie [f.] autopsie [f.]
Autosom [n.] autosome [m.]
autosomal autosomique
Autosomatognosie [f.] autosomatognosie [f.]
Autosuggestion [f.] autosuggestion [f.]
Autotoxin [n.] autotoxine [f.]
Autotransplantat [n.] autotransplant [m.]
Autotransplantation [f.] autotransplantation [f.]
Autovakzination [f.] autovaccination [f.]
AV-Block [m.] bloc [m.] auriculo-ventriculaire
inkompletter [m.] bloc [m.] auriculo-ventriculaire incomplet
kompletter [m.] bloc [m.] auriculo-ventriculaire complet
[m.] 1., 2., 3. Grades bloc [m.] auriculo-ventriculaire 1er, 2ème, 3ème degré
Aversion [f.] aversion [f.]
avirulent avirulent, ente
Avitaminose [f.] avitaminose [f.]
A.V.K. Arterielle VerschlußKrankheit
AV-Knoten [m.] noeud [m.] auriculo-ventriculaire
AV-Knotenrhythmus [m.] rythme [m.] auriculo-ventriculaire
Avulsio [f.] avulsion [f.]
Axe [f.] axe [m.]
Körper- [f.] axe [m.] corporel
axial axial, ale
axillär axillaire
Axillarlinie [f.] ligne [f.] axillaire
hintere ...[f.] ligne [f.] axillaire postérieure
mittlere ... [f.] ligne [f.] axillaire moyenne
vordere ... [f.] ligne [f.] axillaire antérieure
Axis [m.] axis [m.]
Axon [n.] axone [m.]

AZ AllgemeinZustand (état général)
Azeton [n.] acétone [f.]
-ämie [f.] acétonémie [f.]
-urie [f.] acétonurie [f.]
Azetylcholin [n.] acétylcholine [f.]
-transferase [f.] choline-acétyl-transférase [f.]
Azetylsalizylsäure [f.] acide [m.] acétylsalicylique
Azidität [f.] acidité [f.]
Azidose [f.] acidose [f.]
diabetische [f.] acidose [f.] diabétique
metabolische [f.] acidose [f.] métabolique
respiratorische [f.] acidose [f.] respiratoire
azinös acineux, euse
Azinus [m.] acinus [m.]
Azoospermie [f.] azoospermie [f.]
Azotämie [f.] azotémie [f.]
Azoturie [f.] azoturie [f.]

B

B I Billroth I
B II Billroth II
Babinskireflex [m.] signe [m.] de Babinski, signe [m.] de l'éventail
Baby [n.] bébé [m.]
Bacillus [m.] bacille [m.]
Backe [f.] joue [f.]
-nknochen [m.] pommette [f.]
-nmuskel [m.] buccinateur [m.]
-ntasche [f.] abajoue [f.]
-nzahn [m.] molaire [f.]
Bad [n.] bain [m.]
-arzt [m.] médecin [m.] des bains
-kur [f.] cure [f.] thermale
Bäderbehandlung [f.] balnéothérapie [f.]
Bagassose [f.] bagassose [f.]
B.A.K. BlutAlkoholKonzentration (concentration de l'alcool dans le sang)
Bakerzyste [f.] kyste [m.] de Baker
Bakterie [f.] oder Bakterium [n.] bactérie [f.]
Bakteriämie [f.] bactériémie [f.]
bakteriell bactérien, ienne
Bakterienflora [f.] flore [f.] bactérienne
Bakterienkultur [f.] culture [f.] bactérienne
Bakterienstamm [m.] souche [f.] bactérienne
Bakteriologe [m.] bactériologue [m.], bactériologiste [m.]
Bakteriologie [f.] bactériologie [f.]
bakteriologisch bactériologique
Bakteriolyse [f.] bactériolyse [f.]
Bakteriolysin [n.] bactériolysine [f.]
bakteriolytisch bactériolytique
Bakteriophage [m.] bactériophage [m.]
Bakteriostase [f.] bactériostase [f.]
bakteriostatisch bactériostatique
Bakteriurie [f.] bactériurie [f.]
bakterizid bactéricide
Balanitis [f.] balanite [f.]
Balbuties [f.] balbutiement [m.]
Balkenblase [f.] vessie [f.] en colonne, vessie [f.] de lutte
Ballismus [m.] ballisme [m.]
Ballistokardiographie [f.] balistocardiographie [f.]
Ballotement [n.] ballotement [m.]
Balneotherapie [f.] balnéothérapie [f.]
Band [n.] ligament [m.]
Kreuz- [n.] ligament [m.] croisé
Seitenband- [n.] ligament [m.] latérale
-age [f.] bandage [m.]
-durchtrennung [f.] syndesmotomie [f.]
-plastik [f.] plastie [f.] ligamentaire
-scheibe [f.] disque [m.] intervertébral
-scheibenschaden [m.] dégénérescence [f.] intervertébrale
-scheibenvorfall [m.] hernie [f.] discale
-striktur [f.] rétrécissement [m.] par bride
-verletzung [f.] lésion [f.] ligamentaire
-wurm [m.] ver [m.] solitaire
B.A.O. Basal Acid Output
Barbiturat [n.] barbiturique [m.]
-abhängigkeit [f.] barbiturisme [m.]
Barium [n.] baryte [f.]
-breischluck [m.] transit [m.] baryté
-kontrasteinlauf [m.] lavement [m.] baryté
Barorezeptor [m.] barocepteur [m.]
Barotrauma [n.] barotraumatisme [m.]
Barr-Körperchen [n.] corpuscule [m.] de Barr
Bartfinne [f.], parasitäre syncosis [f.] trichophytique
Bartflechte [f.] impétigo [m.] syncosiforme
Barthonilitis [f.] barthonilite [f.]
Bartonellose [f.] bartonellose [f.]
basal basal, ale
Basaliom [n.] épithélioma [m.] baso-cellulaire
Basaltemperatur [f.] température [f.] basale
Base [f.] base [f.]
Basedowsche Krankheit [f.] maladie [f.] de Basedow
Basilarmembran [f.] membrane [f.] basilaire
Basis [f.] base [f.]
basophil basophile
Basophilie [f.] basophilie [f.]
Bauch [m.] ventre [m.], abdomen [m.]
bretthharter ... [m.] ventre [m.] en bois
Hänge- [m.] ventre [m.] en besace
-atmung [f.] respiration [f.] abdominale

-blutung [f.] hémorragie [f.] abdominale
-decke [f.] paroi [f.] abdominale
-deckenreflex [m.] réflexe [m.] abdominal
-fell [n.] péritoine [m.]
-felleiterung [f.] pyopéritoine [m.]
-fellentzündung [f.] péritonite [f.]
-hautreflex [m.] réflexe [m.] cutané abdominal
-hoden [m.] testicule [m.] ectopique
-höhle [f.] cavité [f.] abdominale
-höhlenschwangerschaft [f.] grossesse [f.] abdominale
-lage [f.] position [f.] ventrale
-punktion [f.] paracentèse [f.] abdominale
-schmerzen [pl./m.] mal [m.] au ventre
-speicheldrüse [f.] pancréas [m.]
-speicheldrüsenentzündung [f.] pancréatite [f.]
-tumor [m.] tumeur [f.] abdominale
-wandabszeß [m.] abcès [m.] de la paroi abdominale
Bäuerchen [n.] rot [m.]
Bazille [f.] bacille [f.]
B.C.G. Bacillus-Calmette-Guérin
B.D. BlutDruck (tension artérielle TA)
Be Beryllium
B.E. 1. BrotEinheit, 2. BekkenEndlage (presentation par le siège), 3. Base Excess
Beatmung [f.] respiration [f.]
künstliche [f.] respiration [f.] artificielle
-sgerät [n.] respirateur [m.] artificiel
Becken [n.] bassin [m.]
enges ... [n.] bassin [m.] étroit
erweitertes ... [n.] bassin [m.] agrandi
juveniles ... [n.] bassin [m.] juvénile
rundes ... [n.] bassin [m.] arrondi
Trichter- [n.] bassin [m.] en entonnoir
verengtes ... [n.] bassin [m.] rétréci
-ausgang [m.] détroit [m.] inférieur du bassin
-bruch [m.] fracture [f.] du bassin
-eingang [m.] détroit [m.] supérieur du bassin
-endlage [f.] presentation [f.] par le siège
-enge [f.] détroit [m.] pelvien
-gürtel [m.] ceinture [f.] pelvienne
-neigung [f.] inclinaison [f.] du bassin
-raum [m.] cavité [f.] pelvienne
Befragung [f.] (des Patienten) interrogatoire [m.]
Befriedigung [f.] satisfaction [f.]
befruchten féconder
Befruchtung [f.] fécondation [f.], insémination [f.]
künstliche [f.] insémination [f.] artificielle
Befund [m.] résultat [m.] d'un examen médical
ärztlicher [m.] rapport [m.] médical
Begehrungsneurose [f.] névrose [f.] de revendication
Begleit concomitant, ante
Begleitkrankheit [f.] maladie [f.] concomitante
Begleitsymptom [n.] signe [m.] d'accompagnement
behaart (Kopf) chevelu, e
behaart (Körper) poilu, e
Behaarung [f.] pilosité [f.]
-styp [m.], männlicher pilosité [f.] de type masculin
-styp [m.], weiblicher pilosité [f.] de type féminin
behandeln traiter, soigner
Behandlung [f.] traitement [m.], soins [pl./m.] médicaux
konservative [f.] traitement [m.] conservateur
-sart [f.] mode [f.] de traitement
Beigeschmack [m.] arrière-goût [m.]
Bein [n.] jambe [f.]
-prothese [f.] jambe [f.] artificielle
-vene [f.] veine [f.] de la jambe
Beischlaf [m.] coït [m.]
beklagen (sich ...) plaindre (se ...)
beklopfen (Perkussion) percuter
Belag [m.] (Zunge) enduit [m.] (langue)
Belastbarkeit [f.] capacité [f.] de charge
Belastung [f.] charge [f.]
-sdosis [f.] dose [f.] de charge
-sgrenze [f.] limite [f.] de charge
beleben animer
Belebung [f.] animation [f.]
belegt (Zunge) saburral, ale
belüften ventiler
Belüftung [f.] (Lunge) aération [f.]
Bences-Jones-Proteinurie [f.] protéinurie [f.] de Bences-Jones
benigne bénin, bénigne
benommen (... sein) obnubilé, é (étre ...)
Benommenheit [f.] obnubilation [f.]
Benzol [n.] benzène [m.]
-vergiftung [f.] benzolisme [m.]
beobachten observer
Beobachtung [f.] observation [f.]
Beri-Beri [m.] béribéri [m.]
bersten (Knochen) éclater
Berufskrankheit [f.] maladie [f.] professionnelle
beruhigen calmer, tranquilliser
Beruhigungsmittel [n.] calmant [m.]
berühren (leicht) effleurer
Berührung [f.] contact [m.]
Berylliose [f.] bérylliose [f.]
Beschaffenheit [f.] (Organ) constitution [f.]

bescheinigen certifier
Bescheinigung [f.] certificat [m.]
Beschneidung [f.] circoncision [f.]
Besserung [f.] amélioration [f.], rétablissement [m.]
Bestimmung [f.] dosage [m.]
bestrahlen traiter par les rayons
Bestrahlung [f.] radiation [f.], radiothérapie [f.]
Beta-Blocker [m.] bêta-bloquant [m.]
betäuben anesthésier
Betäubung [f.] anesthésie [f.], narcose [f.]
örtliche [f.] anesthésie [f.] locale
-smittel [n.] narcotique [m.], anesthésiant [m.]
Beta-Globulin [n.] bêta-globuline [f.]
Beta-Lipoprotein [n.] bêta-lipoprotéine [f.]
Beta-Rezeptor [m.] bêta-récepteur [m.]
-enblocker [m.] bêta-bloquant [m.]
Betatron [n.] bêtatron [m.]
Betragen [n.] (Verhalten) conduite [f.]
Bettlägerigkeit [f.] alitement [m.]
Bettnässen [n.] incontinence [f.] d'urine
betupfen (Wunde) tamponner (plaie)
beugen fléchir, plier
Beuger [m.] (Muskel) fléchisseur [m.] (muscle)
Beugung [f.] fléxion [f.]
Beule [f.] bosse [f.], enflure [f.]
beunruhigen inquiéter
bewegen mouvoir, bouger
beweglich mobile
Beweglichkeit [f.] mobilité [f.]
Bewegung [f.] mouvement [m.]
aktive ... [f.] mouvement [m.] actif
passive ... [f.] mouvement [m.] passif
-sablauf [m.] déroulement [m.] des mouvements
-saktivität [f.] activité [f.] motrice
-sarmut [f.] sédentarité [f.]
-sbehandlung [f.] kinésithérapie [f.]
bewegungslos immobile, inerte
Bewegungsvermögen [f.] motilité [f.]
bewußt conscient, iente
bewußtlos sein être sans connaissance
Bewußtlosigkeit [f.] perte [f.] de connaissance, syncope [f.]
Bewußtsein [n.] conscience [f.], connaissance [f.]
-verlieren perdre connaissance
-sschwelle [f.] seuil [m.] de la conscience
-sspaltung [f.] schizophrènie [f.]
-strübung [f.] obnubilation [f.] mentale, engourdissement [m.] mental
-sverlust [m.] perte [f.] de connaissance
Beziehungsproblem [n.] difficulté [f.] relationnelle
biegen infléchir
biegsam flexible
bifokal bifocal, ale
Bifurkation [f.] bifurcation [f.]
Bigeminus bigéminé, ée
Bikarbonat [n.] bicarbonate [m.]
bikonkav biconcave
bikonvex biconvexe
Bikuspidalklappe [f.] valvule [f.] bicuspide
Bilanz [f.] bilan [m.]
bilateral bilatéral, ale
Bild [n.] image [f.]
Bilharziose [f.] bilharziose [f.]
biliär biliaire
biliäre Zirrhose [f.] cirrhose [f.] biliaire
Bilirubin [n.] bilirubine [f.]
direktes/indirektes [n.] bilirubine [f.] directe/indirecte
konjugiertes [n.] bilirubine [f.] conjuguée
totales [n.] bilirubine [f.] totale
-ämie [f.] bilirubinémie [f.]
-urie [f.] bilirubinurie [f.]
Biliverdin [n.] biliverdine [f.]
bimanuell bimanuel, elle
Binde [f.] bandage [m.]
-gewebe [n.] tissu [m.] conjonctif
-haut [f.] conjonctive [f.]
-hautentzündung [f.] conjonctivite [f.]
binokulär binoculaire
Biochemie [f.] biochimie [f.]
Biologie [f.] biologie [f.]
Biopsie [f.] biopsie [f.]
Biotin [n.] biotine [f.]
Bioverfügbarkeit [f.] biodisponibilité [f.]
biphasisch diphasique
Bisexualität [f.] bisexualité [f.]
bisexuell bisexuel, elle
Bißwunde [f.] morsure [f.]
bitter amer
Bizeps [m.] biceps [m.]
-reflex [m.] réflexe [m.] bicipital
B.K. Bazillus Koch (bacille de Koch BK)
B.K.G. BallistoKardioGraphie (balistocardiographie)
B.K.S. BlutKörperSenkungsgeschwindigkeit (vitesse de sédimentation VS)
Bkt. Bakterien (bactéries)
blähen ballonner
Blähung [f.] flatulence [f.]
-sgefühl [n.] ballonement [m.]
Bläschen [n.] vésicule [f.], petit bouton [m.]
bläschenartig vésiculaire
Blässe [f.] pâleur [f.]
Blättchenaktivierungsfaktor [m.] facteur [m.] d'activation plaquettaire
Blase [f.] (Haut) bulle [f.], cloque [f.], ampoule [f.]
Blase (Harn-) [f.] vessie [f.]

Balken- [f.] vessie [f.] de lutte
-n-Harnleiter-Rückfluß [m.] reflux [m.] vésico-urétéral
blasennartig bulleux, euse
-natresie [f.] atrésie [f.] vésicale
-nbilharziose [f.] bilharziose [f.] vésicale
-ndivertikel [n.] diverticule [m.] vésical
-ndünndarmfistel [f.] fistule [f.] entéro-vésicale
-nentzündung [f.] cystite [f.]
-nfistel [f.] fistule [f.] vésicale
-ngalle [f.] bile [f.] de la vessie
-ngang [m.] conduit [m.] vésical
-ngries [m.] gravelle [f.] vésicale
-ngrund [m.] fond [m.] de la vessie
-nhals [m.] col [m.] de la vessie
-nhypertrophie [f.] hypertrophie [f.] de la vessie
-nkatarrh [m.] catarrhe [m.] vésical
-nkatheter [m.] cathéter [m.] vésical
-nkrampf [m.] spasme [m.] vésical
-nlähmung [f.] paralysie [f.] vésicale
-nmastdarmfistel [f.] fistule [f.] recto-vésicale
-npunktion [f.] ponction [f.] de la vessie
-nscheidenfistel [f.] fistule [f.] vésico-vaginale
-nscheidenuterusfistel [f.] fistule [f.] vésico-utéro-vaginal
-nschnitt [m.] cystotomie [f.]
-nsenkung [f.] prolapsus [m.] de la vessie
-nruptur [f.] rupture [f.] de la poche des eaux
-nstein [m.] lithiase [f.] vésiculaire, calcul [m.] vésical
-ntumor [m.] tumeur [f.] vésicale
-nuterusfistel [f.] fistule [f.] vésico-utérine
blastematös blastémateux, euse
Blastom [n.] blastome [m.]
-atose [f.] blastomatose [f.]
Blastomykose [f.] blastomycose [f.]
blaß pâle
Blei [n.] plomb [m.], saturne [m.]
-enzephalopathie [f.] encéphalopathie [f.] saturnine
-vergiftung [f.] saturnisme [m.]
Blennorrhoe [f.] blennorrhée [f.]
Blennorragie [f.] blennorragie [f.]
Blepharitis [f.] blépharite [f.]
Blepharochalasis [f.] blépharochalasis [f.]
Blepharokonjunktivitis [f.] blépharoconjonctivite [f.]
Blepharophimose [f.] blépharophimose [f.]
Blepharoplastik [f.] blépharoplastie [f.]
Blepharoptose [f.] blépharoptôse [f.]
Blepharospasmus [m.] blépharospasme [m.]
Blick [m.] regard [m.]
-feld [n.] champs [m.] visuel
-linie [f.] axe [m.] visuel
blind aveugle
Blindarm [m.] appendice [m.]
-entzündung [f.] appendicite [f.]
Blindfistel [f.] fistule [f.] borgne
Blindheit [f.] cécité [f.], amaurose [f.]
Blinkreflex [m.] réflexe [m.] de clignotement
blinzeln cligner
blitzartig (Schmerztyp) foudroyant
Blitznickkrampf [m.] tic [m.] de Salaam
Block [m.] bloc [m.]
alveolokapillärer [m.] bloc [m.] alvéolo-capillaire
Atrioventrikulärer [m.] bloc [m.] auriculo-ventriculaire
Schenkel- [m.] bloc [m.] de branche
Linksschenkel- [m.] bloc [m.] de branche gauche
Rechtsschenkel- [m.] bloc [m.] de branche droite
ventrikulärer [m.] blocage [m.] ventriculaire
Blockierung [f.] blocage [m.]
Blockwirbel [m.] bloc [m.] vertébral
B.L.S. BlutkörperchenSenkung (vitesse de sédimentation VS)
Blut sanguin, uine
Blut [n.] sang [m.]
arterielles [n.] sang [m.] artériel
venöses [n.] sang [m.] veineux
-agar [m.] gélose [f.] du sang
-armut [f.] anémie [f.]
-ausstrich [m.] étalement [m.] de sang
-auswurf [m.] expectoration [f.] sanguinolente
-bahn [f.] voie [f.] sanguine
-bank [f.] banque [f.] du sang
Blutbild [n.] numération [f.] formule, formule [f.] sanguine, formule [f.] numération
Differential- [n.] formule [f.] leucocytaire
blutbildend hémoplastique
Blutdruck [m.] tension [f.] artérielle, pression [f.] artérielle
diastolischer [m.] pression [f.] diastolique
systolischer [m.] pression [f.] systolique
-senkung [f.] diminution [f.] de la tension artérielle

-steigerung [f.] augmentation [f.] de la tension artérielle
Blutempfänger [m.] receveur [m.] de sang
bluten saigner
blutend saignant, ante
Blutentnahme [f.] prise [f.] de sang
Bluter [m.] hémophile [m.]
Bluterguß [m.] épanchement [m.] de sang, hématome [m.]
Blutgase [pl./n.] gaz [pl./m.] du sang
Blutgasanalyse [f.] analyse [f.] des gaz du sang
Blutgefäß [n.] vaisseau [m.] sanguin
Blutgerinnsel [n.] caillot [m.] sanguin
Blutgerinnung [f.] crase [f.] sanguine, coagulation [f.]
-sfaktor [m.] facteur [m.] de coagulation
-szeit [f.] temps [m.] de coagulation
Blutgruppe [f.] groupe [m.] sanguin
-nbestimmung [f.] groupage [m.]
-nunverträglichkeit [f.] incompatibilité [f.] sanguine
Bluthirnschranke [f.] barrière [f.] hématocérébrale
Bluthochdruck [m.] hypertension [f.] artérielle
Bluthusten [m.] hémophtisie [f.]
blutig sanglant, ante
Blutkonserve [f.] flacon [m.] de sang conservé
Blutkonzentration [f.] concentration [f.] sanguine
Blutkörperchen [n.] globule [m.]
rotes ... [n.] globule [m.] rouge
weißes ... [n.] globule [m.] blanc
Blutkrankheit [f.] maladie [f.] de sang, hémopathie [f.]
Blutkreislauf [m.] circulation [f.] du sang
Blutkultur [f.] hémoculture [f.], séroculture [f.]
blutleer exsangue
Blutliquorschranke [f.] barrière [f.] hémato-encéphalique
Blutplasma [n.] plasma [m.] sanguin
Blutplättchen [n.] plaquette [f.]
Blutprobe [f.] analyse [f.] du sang
Blutsenkung [f.] sédimentation [f.] du sang
-sgeschwindigkeit [f.] vitesse [f.] de sédimentation
Blutserum [n.] sérum [m.] du sang
Blutspender [m.] donneur [m.] de sang
blutstillend hémostatique
Blutstillung [f.] hémostase [f.]
Blutstrom [m.] courant [m.] sanguin
Blutstuhl [m.] selles [pl./f.] sanglantes
Blutsverwandschaft [f.] consanguinité [f.]
Bluttransfusion [f.] transfusion [f.] de sang
Blutung [f.] hémorragie [f.], saignement [m.]
extradurale [f.] hémorragie [f.] extradurale
intradurale [f.] hémorragie [f.] intradurale
zerebrale [f.] hémorragie [f.] cérébrale
-szeit [f.] temps [m.] de saignement
Blutvergiftung [f.] empoisonnement [m.] du sang, septicémie [f.]
Blutverlust [m.] spoliation [f.] sanguine
Blutvolumen [n.] volume [m.] sanguin
Blutwäsche [f.] dialyse [f.]
Blutzucker [m.] glycémie [f.]
B.N.S. Blitz-Nick-Salam
bösartig malin, maligne
Bösartigkeit [f.] malignité [f.]
Bogengang [m.] canal [m.] semicirculaire
bohrend (Schmerz) térébrant, ante
Bohrer [m.] perceuse [f.], foret [m.]
Borrelia [f.] borrélia [f.]
Borrelliose [f.] borrélliose [f.]
Borsäure [f.] acide [m.] borique
Botulismus [m.] botulisme [m.]
Bougie [f.] bougie [f.]
Bougierung [f.] bougirage [m.]
Bowmann'sche Kapsel [f.] capsule [f.] de Bowman
B.P.O. Basal Pepsin Output
Bq Becquerel
Br Brom (brome Br)
brachial brachial, ale
Brachialgie [f.] brachialgie [f.]
Brachialislähmung [f.] paralysie [f.] brachiale
Brachydaktylie [f.] brachydactylie [f.]
Brachyösophagus [m.] brachyoesophage [m.]
Brachyzephalie [f.] brachycéphalie [f.]
Bradykardie [f.] bradycardie [f.]
Bradykinesie [f.] bradykinésie [f.]
Bradyphrenie [f.] bradyphrénie [f.]
Bradypnoe [f.] bradypnée [f.]
Brand [m.] (Gangrän) gangrène [f.]
Brandblase [f.] ampoule [f.]
Brandwunde [f.] brûlure [f.]
brechen vomir
brechen (Knochen) casser (os)
Brechmittel [n.] émétique [m.]
Brechreiz [m.] envie [m.] de vomir, nausée [f.]
breiig (Geschwür) pultacé, ée
Breitbandantibiotikum [n.] antibiotique [m.] à large spectre
Brennen [n.] (Sensibilität) brûlures [pl./f.]

Bride [f.] bride [f.]
-nresektion [f.] débridement [m.]
Brille [f.] lunette [f.]
-nhämatom [n.] ecchymose [f.] en lunette
Brom [n.] brome [m.]
Bronchialbaum [m.] arbre [m.] bronchique
Bronchialkarzinom [n.] cancer [m.] bronchique
Bronchiektasie [f.] bronchiectasie [f.]
Bronchiole [f.] bronchiole [f.]
Bronchiolitis [f.] bronchiolite [f.]
Bronchitis [f.] bronchite [f.]
akute [f.] bronchite [f.] aiguë
asthmatische [f.] bronchite [f.] asthmatiforme
chronische [f.] bronchite [f.] chronique
bronchitisch bronchitique
Bronchodilation [f.] bronchodilation [f.]
Bronchodilatator [m.] bronchodilatateur [m.]
Bronchographie [f.] bronchographie [f.]
Bronchokonstriktion [f.] bronchoconstriction [f.]
Bronchokonstriktor [m.] bronchocontsricteur [m.]
Bronchopathie [f.] bronchopathie [f.]
Bronchopneumonie [f.] bronchopneumonie [f.]
Bronchopneumopathie [f.] bronchopneumopathie [f.]
bronchopulmonär bronchopulmonaire
Bronchoskop [n.] bronchoscope [m.]
-ie [f.] bronchoscopie [f.]
Bronchospasmus [m.] bronchospasme [m.]
Bronchospirometrie [f.] bronchospirométrie [f.]
Bronchotomie [f.] bronchotomie [f.]
Bronchus [m.] bronche [f.]
Stamm- [m.] bronche [f.] souche
-stenose [f.] bronchosténose [f.]
Bronzediabetes [m.] diabète [m.] bronzé
Brucellose [f.] brucellose [f.]
Bruch [m.] 1. fracture [f.] (os), 2. hernie [f.]
einfacher [m.] fracture [f.] fermée
komplizierter [m.] fracture [f.] ouverte
kongenitaler [m.] frac- ture [f.] congénitale
-band [n.] bandage [m.] herniaire
-einklemmung [f.] hernie [f.] étranglée
Brudzinski-Zeichen [n.] signe [m.] de Brudzinski, signe [m.] de la cuisse
Brücke [f.] (Zähne) pont [m.] (dents)
Brummen [n.] (Auskultation) ronchus [m.], ronflants [pl./m.]
Brust [f.] poitrine [f.]
weibliche [f.] sein [m.]
-abszeß [m.] abcès [m.] du sein
-bein [n.] sternum [m.]
-drüse [f.] glande [f.] mammaire
-fell [n.] plèvre [f.]
-fellentzündung [f.] pleurésie [f.]
-höhle [f.] cavité [f.] thoracique
-korb [m.] cage [f.] thoracique, thorax [m.]
-krebs [m.] cancer [m.] du sein
-plastik [f.] plastie [f.] du sein
-raum [m.] cavité [f.] thoracique
-stillung [f.] allaitement [m.] maternel
-wandableitung [f.] (EKG) dérivation [f.] précordiale, dérivation [f.] thoracique
-warze [f.] mamelon [m.], tétin [m.]
-wirbel [m.] vertèbre [f.] dorsale
Bruxomanie [f.] bruxomanie [f.]
Bubo [m.] bubon [m.]
B.S.G. Blutkörperchen-SenkungsGeschwindigkeit (vitesse de sédimentation VS)
B.S.P. Bromsulphalein (bromsulfaléine sodique BSP)
B.S.R. 1. BlutSenkungsReaktion (vitesse de sédimentation VS), 2. BizepsSehnenReflex (réflexe bicipital)
B.S.T. BaSalTemperatur (température basale)
BtM BetäubungsMittel
BtMG BetäubungsMittel-Gesetz
BtMVV BetäubungsMittel-Verschreibungs- Verordnung
B.U. BerufsUnfähigkeit
Bubonenpest [f.] peste [f.] bubonique
bücken baisser
bukkal buccal, ale
bulbär bulbaire
Bulbärparalyse [f.] paralysie [f.] bulbaire
Bulbourethraldrüse [f.] glande [f.] bulbo-urétrale
Bulbus [m.] bulbe [m.]
-duodeni bulbe [m.] duodénal
Bulimie [f.] boulimie [f.]
Bulla [f.] bulle [f.]
bullös bulleux, euse
Buphthalmus [m.] buphtalmie [f.]
Bursa [f.] bourse [f.]
Bursektomie [f.] bursectomie [f.]
Bursitis [f.] bursite [f.]
Bursotomie [f.] bursotomie [f.]
B.V. BlutVolumen (volume sanguin)
B.W. BrustWirbel (vertèbre dorsale D)
B.W.K. 1 – 12 BrustWirbelKörper (vertèbre dorsale D 1 – 12)
B.W.S. BrustWirbelSäule
Byssinose [f.] byssinose [f.]

C

dC 1. Coulomb, 2. Celsius, 3. Kohlenstoff (carbone C)**Ca** Kalzium (calcium Ca)
Caecum [n.] cæcum [m.]
Café-au-lait-Fleck [m.] tache [f.] café au lait
Caissonkrankheit [f.] maladie [f.] des caissons
Calcaneus [m.] calcanéum [m.]
Calciferol [n.] calciférol [m.]
Canalis [m.] inguinalis canal [m.] inguinal
Candidiasis [f.] candidiase [f.]
Candidose [f.] candidiase [f.]
Cannabis-Intoxikation [f.] cannabisme [m.]
Carotis [f.] carotide [f.]
Carzino-Embryonales Antigen [n.] antigène [m.] carcino-embryonnaire
C.A.T. Computerized Axial Tomography (tomographie axiale computérisée TAC)
Cauda [f.] equina queue [f.] de cheval
C.B.G. Corticosteroid Binding Globulin
C.C.K.-P.Z. Chole-Cysto-Kinin-PankreoZymin
C.C.T. Craniale Computer-Tomographie (scanner crânien)
C.E.A. Carzino-Embryonales Antigen (antigène carcino-embryonnaire ACE)
C.E.E. Central-European-Encephalitis
Cerclage [f.] cerclage [m.]
Cervix [m.] uteri col [m.] utérin
Chalazion [n.] chalazion [m.]
Charakter [m.] caractère [m.]
-störung [f.] trouble [m.] du caractère
C.H.E. Cholinesterase (cholinestérase)
Cheilitis [f.] chéilite [f.]
Cheiloplastik [f.] chéiloplastie [f.]
Cheiloschisis [f.] chéiloschisis [m.]
Cheirospasmus [m.] chéirospasme [m.]
Chelatbildner [m.] chélateur [m.]
Chemorezeptor [m.] chimiorécepteur [m.]
chemosensibel chimiosensible
Chemosis [f.] chémosis [m.]
Chemotaxie [f.] chimiotaxie [f.]
Chemotherapie [f.] chimiothérapie [f.]
Cheyne-Stokes-Atmung [f.] dyspnée [f.] de Cheyne-Stokes
Chiasma [n.] opticum chiasma [m.] optique
Chinin [n.] quinine [f.]
Chiromegalie [f.] chiromégalie [f.]
Chiropraktik [f.] chiropractie [f.]
-er [m.] chiropracteur [m.]
Chirurg [m.] chirurgien [m.]
Chirurgie [f.] chirurgie [f.]
Abdominal- [f.] chirurgie [f.] digestive
Allgemein- [f.] chirurgie [f.] générale
Gefäß- [f.] chirurgie [f.] vasculaire
Neuro- [f.] neurochirurgie [f.]
plastische [f.] chirurgie [f.] plastique
Thorax- [f.] chirurgie [f.] thoracique
chirurgisch chirurgical, ale
Chloasma [n.] chloasme [m.]
-lueticum chloasme [m.] syphilitique
Chlor [n.] chlore [m.]
Choanalatresie [f.] imperforation [f.] choanale
Choane [f.] choane [f.]
Cholämie [f.] cholémie [f.]
Cholagogum [n.] cholagogue [m.]
Cholangie [f.] cholopathie [f.]
Cholangiographie [f.] cholangiographie [f.]
endoskopische retrograde ... [f.] cholangiographie [f.] rétrograde endoscopique
perkutane transpehatische ... [f.] cholangiographie [f.] percutanée transhépatique
Cholangiom [n.] cholangiome [m.]
Cholangiopathie [f.] cholangiopathie [f.]
Cholangitis [f.] angiocholite [f.], cholangite [f.]
Cholecalciferol [n.] cholécalciférol [m.]
Choledochoduodenostomie [f.] cholédocho-duodénostomie [f.]
Choledochographie [f.] cholédochographie [f.]
Choledocholithiasis [f.] cholédocholithiase [f.]
Choledochotomie [f.] cholédochotomie [f.]
Choledochus [m.] cholédoque [m.]
-zyste [f.] cholédochocèle [f.]
Cholegraphie [f.] cholégraphie [f.]
Cholelithiasis [f.] cholélithiase [f.]
Cholelithotomie [f.] cholélithotomie [f.]
Choleperitoneum [n.] cholépéritoine [m.]
Cholera [f.] choléra [m.]
-kranke(r) [f., m.] cholérique [f., m.]
Cholerese [f.] cholérèse [f.]
Choleretikum [n.] cholérétique [m.]
Cholestase [f.] choléstase [f.]
Cholesteatom [n.] cholestéatome [m.]
Cholesterin [n.] cholestérol [m.]
-esterase [f.] cholestérase [f.]
Cholesterose [f.] cholestérose [f.]

Cholezystektomie [f.] cholécystectomie [f.]
Cholezystitis [f.] cholécystite [f.]
Cholezystoduodenostomie [f.] cholécysto-duodénostomie [f.]
Cholezystographie [f.] cholécystographie [f.]
Cholezystolithiasis [f.] cholécystolithiase [f.]
Cholezystopathie [f.] cholécystopathie [f.]
Cholezystotomie [f.] cholécystotomie [f.]
cholinerg cholinergique
Cholinesterase [f.] cholinestérase [f.]
Cholsäure [f.] acide [m.] cholique
chondral chondral, ale
Chondrektomie [f.] chondrectomie [f.]
Chondritis [f.] chondrite [f.]
Chondroblastom [n.] chondroblastome [m.]
Chondrodystrophie [f.] chondrodystrophie [f.]
Chondrofibrom [n.] chondrofibrome [m.]
Chondrokalzinose [f.] chondrocalcinose [f.]
Chondrokarzinom [n.] chondrocarcinome [m.]
Chondrom [n.] chondrome [m.]
Chondromalazie [f.] chondromalacie [f.]
Chondrosarkom [n.] chondrosarcome [m.]
Chondrotomie [f.] chondrotomie [f.]
Chondrozyt [m.] chondrocyte [m.]
Chordom [n.] chordome [m.]
Chorea [f.] chorée [f.]
Choriokarzinom [n.] choriocarcinome [m.]
Chorion [n.] chorion [m.]
Chorionzottenbiopsie [f.] choriocentèse [f.], prélèvement [m.] des villosités choriales
Chorioretinitis [f.] choriorétinite [f.]
Choroidea [f.] choroïde [f.]
Choroiditis [f.] choroïdite [f.]
Chrom [n.] chrome [m.]
chromaffin chromaffine
Chromatin [n.] chromatine [f.]
Chromatographie [f.] chromatographie [f.]
Chromatolyse [f.] chromatolyse [f.]
Chromatophobie [f.] chromatophobie [f.]
Chromatopsie [f.] chromatopsie [f.]
Chromosom [n.] chromosome [m.]
Chromosomen chromosomique
Chromosomenaberration [f.] abérration [f.] chromosomique
chronisch chronique
Chronizität [f.] chronicité [f.]
Chronometer [n.] chronomètre [m.]
Chronopharmakologie [f.] chronopharmacologie [f.]
Chronotoxikologie [f.] chronotoxicologie [f.]
Chylothorax [m.] chylothorax [m.]
Chylurie [f.] chylurie [f.]
Chylus [m.] chyle [m.]
Chymotrypsin [n.] chymotrypsine [f.]
C.K. Kreatin-Kinase (créatine-kinase)
Cl Chlor (chlore Cl)
Claudicatio [f.] intermittens claudication [f.] intermittente
Clavicula [f.] clavicule [f.]
Clearance [f.] clairance [f.]
Clip [m.] clip [m.]
C.L.L. Chronisch-Lymphatische Leukämie (leucémie lymphoïde chronique LLC)
C.M.L. Chronisch-Myeloische Leukämie (leucémie myéloïde chronique LMC)
C.M.V. CytoMegalie-Virus
Co Kobalt (cobalt Co)
Cochlea [f.] cochlée [f.]
Code [m.], genetischer code [m.] génétique
Coenzym [n.] coenzyme [m.]
Colitis [f.] colite [f.]
-ulcerosa colite [f.] ulcéreuse
Colon [n.] côlon [m.]
Coma [n.] diabeticum coma [m.] diabétique
Commotio [f.] cerebri commotion [f.] cérébrale
Compliance [f.] compliance [f.]
Computertomographie [f.] scanographie [f.], tomodensitométrie [f.]
Computertommogramm [n.] scanner [m.], tomographie [f.] informatisée ou computérisée
Coombs-Test [m.] épreuve [f.] de Coombs
Cor [n.] pulmonale coeur [m.] pulmonaire
akutes [n.] coeur [m.] pulmonaire aigu
chronisches [n.] coeur [m.] pulmonaire chronique
Corpus [n.] corps [m.]
-callosum corps [m.] calleux
-cavernosum corps [m.] caverneux
-geniculatum ganglion [m.] genouillé
-striatum corps [m.] strié
-utericorps [m.] de l'utérus
Cortex [m.] cortex [m.]
Coxa [f.] valga coxa [f.] valga
Coxa [f.] vara coxa [f.] vara
Coxarthrose [f.] coxarthrose [f.]
Coxitis [f.] coxite [f.]
Coxsackie-Virus [n.] virus [m.] Coxsackie
cP chronische Polyarthritis (polyarthrite chronique évolutive PCE)
C.P.A.P. Continuous Positive Airway Pressure
C.P.K. Kreatin-Phospho-Kinase (créatinephosphokinase CPK)
C.P.P.B. Continuous Positive Pressure Breathing

C.P.P.V. Continuous Positive Pressure Ventilation
Cr Chrom (chrome Cr)
C-reaktives Protein [n.] protéine [f.] c-réactive
Creatin-Phospho-Kinase [f.] créatine-phosphokinase [f.]
C.R.F. Corticotropine Releasing Factor
C.R.P. C-Reaktives Protein (protéine C-réactive PCR)
Crushsyndrom [n.] crush syndrome [m.], syndrome [m.] d'écrasement
C.S.A. Colony Stimulating Activity
C.T. Computer Tomographie (scanner, tomographie informatisée TI, tomographie computérisée TC, tomodensitométrie TDM)
C.T.G. CardioTokoGramm (cardiotocogramme)
Curietherapie [f.] curiethérapie [f.]
Cushing-Syndrom [n.] syndrome [m.] de Cushing

D

D.A.B. Ductus Arteriosus Botalli (canal de Botal)
Dämmerschlaf [m.] sommeil [m.] crépusculaire
Dämmerzustand [m.] état [m.] crépusculaire
Dämpfung [f.] matité [f.]
Erguß- [f.] matité [f.] d'un épanchement
Herz- [f.] matité [f.] cardiaque
Leber- [f.] matité [f.] hépatique
dahinsiechen dépérir
Dakryoadenitis [f.] dacryoadénite [f.]
Dakryolith [m.] dacryolithe [m.]
Dakrozystitis [f.] dacryocystite [f.]
Dakryozystographie [f.] dacryocystographie [f.]
Dakryozystotomie [f.] dacryocystotomie [f.]
Daktylogramm [n.] dactylographie [f.]
Damm [m.] perinée [m.]
-fraktur [f.] rupture [f.] du perinée
Dampfbad [n.] bain [m.] de vapeur
Darm intestinal, ale
Darm [m.] intestin [m.]
-atonie [f.] atonie [f.] intestinale
-bilharziose [f.] bilharziose [f.] intestinale
-blutung [f.] entérorragie [f.] hémorragie [f.] intestinale
-bruch [m.] entérocèle [f.]
-drüse [f.] glande [f.] intestinale
-einklemmung [f.] étranglement [m.] intestinal
-entleerung [f.] évacuation [f.]
-entzündung [f.] entérite [f.]
-fistel [f.] fistule [f.] intestinale
-flora [f.] flore [f.] intestinale
-funktion [f.] fonction [f.] intestinale
-höhle [f.] cavité [f.] intestinale
-invagination [f.] invagination [f.] intestinale
-kanal [m.] canal [m.] intestinal, tube [m.] digestif
-kolik [f.] colique [f.] intestinale
-krampf [m.] colique [f.] nerveuse
-krankheit [f.] affection [f.] intestinale
-krebs [m.] cancer [m.] intestinal
-lähmung [f.] paralysie [f.] de l'intestin
-motilität [f.] motilité [f.] intestinale
-naht [f.] entérorhaphie [f.]
-polyp [m.] polype [m.] intestinal
-rohr [n.] tube [m.] intestinal
-schleim [m.] mucosité [f.] intestinale
-schlinge [f.] anse [f.] intestinale
-schnitt [m.] entérotomie [f.]
-stein [m.] entérolithe [m.]
-tuberkulose [f.] tuberculose [f.] intestinale
-typhus [m.] typhus [m.] abdominal
-verschluß [m.] occlusion [f.] intestinale
-zotte [f.] villosité [f.] intestinale
Darstellung [f.] opacification [f.], visualisation [f.]
Darwinismus [m.] darwinisme [m.]
D.A.T. Differential-Agglutinations-Test
Dauerbehandlung [f.] traite- ment [m.] à long terme
Dauerdränage [f.] drainage [m.] continu
Dauertremor [m.] tremblement [m.] continu
Daumen [m.] pouce [m.]
dB Dezibel (décibel dB)
D.D. DifferentialDiagnose (diagnostic différentiel)
debil débile
Debilität [f.] débilité [f.]
Defäkation [f.] défécation [f.]
Deferentitis [f.] déférentite [f.]
Defibrillation [f.] défibrillation [f.]
Defibrillator [m.] défibrillateur [m.]
defibrillieren défibriller
Defibrinierung [f.] défibrination [f.]
Deflexion [f.] déflexion [f.]
Defloration [f.] défloration [f.]
Deformierung [f.] déformation [f.]
Degeneration [f.] dégénérescence [f.]
hepatolentikuläre [f.] dégénérescence [f.] lenticulaire progressive
dehnbar extensible, élastique
Dehnbarkeit [f.] extensibilité [f.], élasticité [f.]
dehnen (dilatieren) dilater

Dehnsonde [f.] bougie [f.]
Dehnung [f.] extension [f.], allongement [m.], dilatation [f.]
Dehydratation [f.] déshydratation [f.]
Dehydroepiandrosteron [n.] déhydroepiandrostérone [f.]
Dehydrotestosteron [n.] déhydrotestostérone [f.]
Dekalzifizierung [f.] décalcification [f.]
Dekapitation [f.] décapitation [f.]
Dekapsulation [f.] décapsulation [f.]
dekompensieren décompenser
Dekompensation [f.] décompensation [f.]
Dekompression [f.] décompression [f.]
Dekonditionierung [f.] déconditionnement [m.]
Dekontamination [f.] décontamination [f.]
Dekortikation [f.] décortication [f.]
Dekubitus [m.] escarre [f.]
Deletion [f.] délétion [f.]
Delirium [n.] délire [m.]
akutes [n.] délire [m.] aigu
-tremens delirium [m.] tremens
Delle [f.] godet [m.]
dement dément, ente
Demenz [f.] démence [f.]
präsenile [f.] démence [f.] présénile
senile [f.] démence [f.] sénile
Demineralisation [f.] déminéralisation [f.]
Demyelinisation [f.] démyélinisation [f.]
Denaturierung [f.] dénaturation [f.]
Dendrit [m.] dendrite [m.]
Denervierung [f.] dénervation [f.]
Dengue-Fieber [n.] fièvre [f.] rouge
Denken [n.] pensée [f.]
Denkinhalt [m.] contenu [m.] de la pensée
Denkvermögen [n.] faculté [f.] de penser
Denkzentrum [n.] centre [m.] d'idéation
Denkzwang [m.] pensée [f.] obsessionnelle
Densiometrie [f.] densiométrie [f.]
dental dental, ale
Dentition [f.] dentition [f.]
Denudierung [f.] dénudation [f.]
Depersonalisation [f.] dépersonnalisation [f.]
Depigmentierung [f.] dépigmentation [f.]
Depletion [f.] déplétion [f.]
Depolarisation [f.] dépolarisation [f.]
Depression [f.] dépression [f.]
maskierte [f.] dépression [f.] masquée
neurotische [f.] dépression [f.] névrotique
reaktive [f.] dépression [f.] réactionnelle
depressiv dépressif, ive
deprimiert déprimé, ée
Deprivation [f.], sensorielle isolement [m.] sensoriel
Derivat [n.] dérivé [m.]
Dermabrasion [f.] abrasion [f.] cutanée
Dermatitis [f.] dermatite [f.], dermite [f.]
-exfoliativa dermatite [f.] exfoliatrice
Dermatofibrom [n.] dermatofibrome [m.]
Dermatologe [m.] dermatologue [m.]
Dermatologie [f.] dermatologie [f.]
Dermatom [n.] dermatome [m.]
Dermatomycosis [f.] favosa teigne [f.] faveuse
Dermatomykose [f.] dermatomycose [f.]
Dermatomyositis [f.] dermatomyosite [f.]
Dermatophytie [f.] dermatophytie [f.]
Dermatose [f.] dermatose [f.]
Dermatosklerose [f.] dermatosclérose [f.]
Dermis [f.] derme [m.]
Dermoidzyste [f.] kyste [m.] dermoïde
desensibilisieren désensibiliser
Desensibilisierung [f.] désensibilisation [f.]
Desinfektion [f.] désinfection [f.]
-smittel [n.] désinfectant [m.]
desinfizieren désinfecter
Desintoxikation [f.] désintoxication [f.]
desorientiert désorienté, ée
Desorientierung [f.] désorientation [f.]
örtlich-zeitliche [f.] désorientation temporo-spatiale
Desoxyribonukleinsäure [f.] acide [m.] désoxyribonucléique
Desquamation [f.] désquamation [f.]
Deuteranopie [f.] deutéranopsie [f.]
Deutungswahn [m.] délire [m.] interprétatoire
Devitalisierung [f.] dévitalisation [f.]
Dextrokardie [f.] dextrocardie [f.]
Dextrose [f.] dextrose [f.]
Dezibel [n.] décibel [m.]
Dezidua [f.] caduque [f.]
D.H.E.A.S. De- HydroEpi-AndroSteron-Sulfat (déhydroépiandrostérone DHEA)
Diabetes [m.] diabète [m.]
-insipidus diabète [m.] insipide
Bronze- [m.] diabète [m.] bronzé
insulinpflichtiger [m.] diabète [m.] insulinodépendant
juveniler [m.] diabète [m.] juvénile
latenter [m.] diabète [m.] latent
renaler [m.] diabète [m.] rénal
Steroid- [m.] diabète [m.] stéroïde
subklinischer [m.] diabète [m.] infraclinique

diabetisch diabétique
Diadochokinese [f.] diadococinésie [f.]
Diät [f.] diète [f.], régime [m.]
Diagnose [f.] diagnostic [m.]
Diagnostik [f.] diagnose [f.]
Differential- [f.] diagnostic [m.] différentiel
Serum- [f.] diagnostic [m.] sérologique
diagnostizieren diagnostiquer
Dialysat [n.] dialysat [m.]
Dialyse [f.] dialyse [f.]
Peritoneal- [f.] dialyse [f.] péritonéale
Diapedese [f.] diapédèse [f.]
Diaphanoskopie [f.] diaphanoscopie [f.]
Diaphragma [n.] diaphragme [m.]
Diaphyse [f.] diaphyse [f.]
Diarrhoe [f.] diarrhée [f.]
Diarthrose [f.] diarthrose [f.]
Diastase [f.] diastasis [m.]
Diastole [f.] diastole [f.]
Diathermie [f.] diathermie [f.]
Diathese [f.] diathèse [f.]
allergische [f.] diathèse [f.] allergique
hämorrhagische [f.] diathèse [f.] hémorragique
Dichromasie [f.] dichromasie [f.]
Dichromatopsie [f.] dichromatopsie [f.]
Dichte [f.] densité [f.]
dick épais, e
Dickdarm colique
Dickdarm [m.] gros intestin [m.]
Dicke [f.] épaisseur [m.]
Dienzephalon [n.] diencéphale [m.]
Differenzierung [f.] différenciation [f.]
diffus diffus, e
Diffusion [f.] diffusion [f.]
digastrisch digastrique
digital digital, ale
Digitalis [n.] digitale [f.]
-ierung [f.] digitalisation [f.]
-intoxikation [f.] intoxication [f.] digitalique
Digitoxin [n.] digitoxine [f.]
Digoxin [n.] digoxine [f.]
Dilatation [f.] dilatation [f.]
Dilatator [m.] dilatateur [m.]
dilatieren dilater
Dilution [f.] dilution [f.]
Dioptrie [f.] dioptrie [f.]
Diphtherie [f.] diphtérie [f.]
Diplegie [f.] diplégie [f.]
Diploe [f.] diploé [f.]
Diploidie [f.] diploïdie [f.]
Diplopie [f.] diplopie [f.]
Dipsomanie [f.] dipsomanie [f.]
Discus [m.] disque [m.]
Diskarthrose [f.] discarthrose [f.]
Diskographie [f.] discographie [f.]
Diskopathie [f.] discopathie [f.]
Diskushernie [f.] hernie [f.] discale
Dislokation [f.] dislocation [f.]
Disposition [f.] disposition [f.]
Dissektion [f.] dissection [f.]
Dissemination [f.] dissémination [f.]
disseminiert disséminé, ée
Disseminierte intravasale Gerinnung [f.] coagulation [f.] intravasculaire disséminée
Dissociation [f.] albuminocytologique dissociation [f.] albuminocytologique
distal distal, ale
Distomatose [f.] distomatose [f.]
Distorsion [f.] distorsion [f.]
Diurese [f.] diurèse [f.]
Diuretikum [n.] diurétique [m.]
divergent divergent, ente
Divergenz [f.] divergence [f.]
Divertikel [n.] diverticule [m.]
divertikulär diverticulaire
Divertikulitis [f.] diverticulite [f.]
Divertikulose [f.] diverticulose [f.]
dizephal dicéphale
dizygot dizygote
D.N.A. DesoxyriboNucleid Acid
D.N.S. DesoxyriboNuklein-Säure (acide désoxyribonucléique ADN)
D.O.C. DesOxyKortikosteron
Doktor [m.], Doktorin [f.] docteur [m.], femme [f.] docteur
-and [m.] candidat [m.] au doctorat
-arbeit [f.] thèse [f.] de doctorat
Dolichokolie [f.] dolichocôlon [m.]
Dolichozephalie [f.] dolichocéphalie [f.]
dominant dominant, ante
Dopa Dihydroxyphenylalanin (dihydroxyphénylalanine Dopa)
Dopamin [n.] dopamine [f.]
Dopen [n.] dopage [m.]
Doppelbild [n.] diplopie [f.]
Doppelkinn [n.] double menton [m.]
Doppelkontrast [m.] double contraste [m.]
-verfahren [n.] technique [f.] du double contraste
Dopplereffekt [m.] effet [m.] Doppler
Dopplersonographie [f.] ultrasonographie [f.] Doppler
Dopplung [f.] (Herzton) dédoublement [m.] (bruit de coeur)
Dorn [m.] épine [f.]
-fortsatz [m.] apophyse [f.] épineuse
dorsal dorsal, ale
Dorsalgie [f.] dorsalgie [f.]
Dosierung [f.] posologie [f.]
Dosimeter [n.] dosimètre [m.]
Dosimetrie [f.] dosimétrie [f.]
Dosis [f.] dose [f.]
-letalis dose [f.] létale

Maximal- [f.] dose [f.] maximale
maximal zulässige ... [f.] dose [f.] maximale admissible
-bestimmung [f.] dosage [m.]
Dottergang [m.] conduit [m.] vitellin
Dotterhaut [f.] membrane [f.] vitelline
Douglasraum [m.] cul-de-sac [m.] de Douglas
Down-Syndrom [n.] syndrome [m.] de Down
D.P.T. Diphtherie-Pertussis-Tetanus (diphtérie-tétanos-coqueluche DTCoq)
Dragee [n.] dragée [f.]
Drahtumschnürung [f.] cerclage [f.]
Drain [m.] drain [m.]
Drainage [f.] drainage [m.]
Dreh giratoire
drehen tourner
Drehschwindel [m.] vertige [m.] giratoire/rotatoire
Drehung [f.] rotation [f.]
Drepanozyt [m.] drépanocyte [m.]
-ose [f.] drépanocytose [f.]
Drilling [m.] triplet [m.]
Droge [f.] drogue [f.]
Druck- tensionnel, elle
Druck [m.] pression [f.], tension [f.]
arterieller [m.] pression [f.] artérielle
Augeninnen- [m.] pression [f.] intraoculaire
mittlerer arterieller pression [f.] artérielle moyenne
Blut- [m.] tension [f.] artérielle
intraabdomineller [m.] pression [f.] intraabdominale
intraokulärer [m.] pression [f.] intraoculaire
Kapillar- [m.] pression [f.] capillaire
Liquor- [m.] pression [f.] intrarachidienne
onkotischer [m.] pression [f.] oncotique
osmotischer [m.] pression [f.] osmotique
ventrikulärer [m.] pression [f.] ventriculaire
zentral-venöser [m.] pression [f.] veineuse centrale
-ausgleich [m.] pressuration [f.]
-gefühl [n.] sensation [f.] d'oppression
-geschwür [f.] escarre [f.]
-messung [f.] tonométrie
-schmerz [m.] douleur [f.] à la pression
-verband [m.] bandage [m.] compressif
-welle [f.] onde [f.] de pression
Drüse [f.] glande [f.]
apokrine [f.] glande [f.] apocrine
Bauchspeichel- [f.] pancréas [m.]
drüsenartig glandulaire
ekkrine [f.] glande [f.] eccrine
endokrine [f.] glande [f.] endocrine
exokrine [f.] glande [f.] exocrine
holokrine [f.] glande [f.] holocrine
Nebenschild- [f.] glande [f.] parathyroïde
Pinealis- [f.] glande [f.] pinéale
-entzündung [f.] adénite [f.]
-erkrankung [f.] adénopathie [f.]
-schwellung [f.] gonflement [m.] d'une glande
D.S.A. Digitale SubtraktionsAngiographie
D.T. Diphtherie-Tetanus (diphtérietétanos DT)
Ductus [m.] canal [m.]
-arteriosus Botalli canal [m.] de Botal
-choledochus canal [m.] cholédoque
-cysticus canal [m.] cystique
-deferens déférent [m.]
-hepaticus canal [m.] hépatique
-pancreaticus canal [m.] pancréatique
-submandibularis canal [m.] de Wharton
Dünndarm [m.] intestin [m.] grêle
-biopsie [f.] biopsie [f.] duodénale
dumpf (Schmerz) oppressif, ive (douleurs)
Dumping-Syndrom [n.] dumping syndrome [m.], syndrome [m.] de chasse
duodenal duodénal, ale
Duodenalgeschwür [n.] ulcère [m.] duodénal
Duodenektomie [f.] duodénectomie [f.]
Duodenitis [f.] duodénite [f.]
Duodeno-Pankreatektomie [f.] duodéno-pancréatectomie [f.]
Duodenostomie [f.] duodénostomie [f.]
Duodenotomie [f.] duodénotomie [f.]
Duodenum [n.] duodénum [m.]
Duplikation [f.] duplication [f.]
Dupuytren-Kontraktur [f.] maladie [f.] de Dupuytren
Dura [f.] mater dure-mère [f.]
dural dural, ale
Durchblutung [f.] vascularisation [f.]
-sstörung [f.] trouble [m.] circulatoire
durchbohren embrocher
durchbohrend (Schmerz) térébrant, ante (douleur)
Durchbruch [m.] (Zahn-) éruption [f.] des dents
Durchfall [m.] diarrhée [f.]
Durchgangssyndrom [n.] syndrome [m.] transitionnel
durchleuchtbar transilluminable
durchleuchten radiographier
Durchleuchtung [f.] transillumination [f.], radioscopie [f.]
Durchmesser [m.] diamètre [m.]
abdomineller ... [m.] diamètre [m.] abdominal

Durchuntersuchung [f.] bilan [m.] de la santé
durchsichtig transparent, ente
Durchsichtigkeit [f.] transparence [f.]
Durst [m.] soif [m.]
-mangel [m.] adipsie [f.]
D.V.O. Derotations-Varisierungs-Operation
Dynamik [f.] dynamique [f.]
dynamisch dynamique
Dynamometrie [f.] dynamométrie [f.]
Dysästhesie [f.] dysesthésie [f.]
Dysakusis [f.] dysacousie [f.]
Dysarthrie [f.] dysarthrie [f.]
Dysarthrosis [f.] dysarthrose [f.]
Dyschromatopsie [f.] dyschromatopsie [f.]
Dyschromie [f.] dyschromie [f.]
Dysenterie [f.] dysentérie [f.]
Dysfibrinogenämie [f.] dysfibrinogenémie [f.]
Dysfunktion [f.] dysfonctionnement [m.]
Dysgenese [f.] dysgénésie [f.]
Dyshidrosis [f.] dyshidrose [f.]
Dyskeratose [f.] dyskératose [f.]
-follicularis dyskératose [f.] folliculaire
Dyskinesie [f.] dyskinésie [f.]
Dyskrasie [f.] dyscrasie [f.]
Dyslalie [f.] dyslalie [f.]
Dyslexie [f.] dyslexie [f.]
Dysmelie [f.] dysmélie [f.]
Dysmenorrhoe [f.] dysménorrhée [f.]
Dysmetrie [f.] dysmétrie [f.]
Dysmorphie [f.] dysmorphie [f.]
Dysostose [f.] dysostose [f.]
Dyspareunie [f.] dyspareunie [f.]
Dyspepsie [f.] dyspepsie [f.]
Dysphagie [f.] dysphagie [f.]
Dysphasie [f.] dysphasie [f.]
Dysphonie [f.] dysphonie [f.]
Dysphorie [f.] dysphorie [f.]
Dysplasie [f.] dysplasie [f.]
fibröse [f.] dysplasie [f.] fibreuse
fibromuskuläre [f.] dysplasie [f.] fibro-musculaire
Dyspnoe [f.] dyspnée [f.]
dyspnoeisch dyspnéique
Dyspraxie [f.] dyspraxie [f.]
Dysproteinämie [f.] dysprotéinémie [f.]
Dysraphie [f.] dysraphie [f.]
Dysthymie [f.] dysthymie [f.]
Dystokie [f.] dystocie [f.]
Dystonie [f.] dystonie [f.]
vegetative [f.] dystonie [f.] neurovégétative
Dystopie [f.] dystopie [f.]
Dystrophie [f.] dystrophie [f.]
myotonische [f.] myopathie [f.] myotonique
dystrophisch dystrophique
Dysurie [f.] dysurie [f.]

E

E.A. EnteroAnastomose (entéroanastomose)
E.A.G. ElektroAtrioGramm
E.B.K. EisenBindungsKapazität (capacité totale de fixation CTF)
E.B.V. Epstein-Barr-Virus (virus Epstein Barr VEB)
Echinococcus [m.] échinocoque [m.]
Echinokokkenzyste [f.] kyste [m.] hydatique
Echinokokkose [f.] échinococcose [f.], maladie [f.] hydatique
echoarm hypoéchogène
Echoenzephalographie [f.] échoencéphalographie [f.]
echogen echogène
Echographie [f.] échographie [f.]
Echokardiographie [f.] échocardiographie [f.]
Echolalie [f.] écholalie [f.]
Echomimie [f.] échomimie [f.]
Echo-Ophthalmographie [f.] écho-ophtalmographie [f.]
Echophrasie [f.] échophrasie [f.]
Echopraxie [f.] échopraxie [f.]
echoreich échogène
ECHO-Virus [n.] échovirus [m.]
Eckzahn [m.] canine [f.]
E.C.R. ExtraZellulärRaum (compartiment extracellulaire)
Ecthyma [n.] ecthyma [m.]
E.D. EffektivDosis (dose effective DE)
E.D.T.A. Ethylene Diamine TetraAcetate
E.E.E. Eastern-Equine-Encephalitis
E.E.G. ElektroEnzephaloGramm (électroencéphalogramme EEG)
Effektivdosis [f.] dose [f.] effective
Effektor [m.] effecteur [m.]
efferent efférent, ente
Effloreszenz [f.] efflorescence [f.]
Egomanie [f.] manie [f.] égocentrique
egozentrisch égocentrique
Egozentrismus [m.] égocentrisme [m.]
E.H.A.A. Epidemic Hepatitis Associated Antigen
E.I.A. Enzym-Immuno-Assay
Eichel [f.] gland [m.]
-entzündung [f.] balanite [f.]
eichelförmig glandiforme
Eierstock [m.] ovaire [m.]
-entzündung [f.] ovarite [f.]
-krebs [m.] cancer [m.] ovarien
-zyste [f.] kyste [m.] ovarien
Eigenreflex [m.] réflexe [m.] proprioceptif
Eileiter [m.] trompe [f.]

einatmen inspirer
Einatmung [f.] inspiration [f.]
-svolumen [n.], maximales débit [m.] inspiratoire maximum
einbrechen (Tumor) envahir (tumeur)
Einbrechen [n.] (eines Tumors) envahissement [m.]
eindringen (z.B. Fremdkörper) pénétrer
einfetten (z.B. Haut) graisser, lubrifier
Eingangspforte [f.] (Infekt) porte [f.] d'entrée (infection)
eingeschränkt (Beweglichkeit) restreint, einte
Eingeweide [pl./n.] viscères [m./pl.], intestins [m./pl.]
Eingriff [m.] intervention [f.] chirurgicale
Einheit [f.] (Maß-) unité [f.]
einimpfen inoculer
einkapseln (z.B. Abszeß) enkyster (ex.: abcès)
Einkapselung [f.] enkystement [m.]
einklemmen (z.B. Finger etc.) coincer (ex.: doigt etc.)
Einklemmung [f.] (z.B. Hernie) étranglement [m.] (ex.: hernie)
Einlage [f.] (Schuh) semelle [f.] orthopédique
Einlauf [m.] lavement [m.]
Bariumkontrast- [m.] lavement [m.] baryté
Einnässen [n.] énurésie [f.]
Einnistung [f.] (Eizelle) nidation [f.]
einreiben (mit) frictionner (avec), frotter (de)
(Salbe) appliquer (une pommade)
einrenkbar (z.B. Gelenk) réductible (ex.: articulation)
Einriß [m]. (z.B. Schleimhaut) fissure [f.] (ex.: muqueuse)
einschlafen endormir (s'...)
Einschlafen [n.] (von Gliedern) endormissement [m.], engourdissement [m.] (des membres)
Einschluß [m.] inclusion [f.]
-körperchen [n.] inclusion [f.] cellulaire
-körperchenkonjunktivitis [f.] conjonctivite [f.] à inclusion
einschmieren enduire (de), oindre
(mit Fett) graisser
(mit Salbe) appliquer (une pommade)
Einschnürung [f.] (z.B. Gefäß) constriction [f.] (ex.: vaisseau)
einschränken restreindre
einseitig unilatéral, ale
Ein-Sekunden-Kapazität [f.] volume [m.] expiratoire maximum par seconde
einspritzen (Medikament) injecter (médicament)
einträufeln (Augentropfen) instiller (collyres)
Einträufelung [f.] instillation [f.]
Einwärtsschielen [n.] strabisme [m.] convergent
Einziehung [f.] tirage [m.]
respiratorische [f.] tirage [m.] respiratoire
substernale [f.] tirage [m.] sous-sternal
suprasternale [f.] tirage [m.] sus-sternal
Eisen- ferrique
Eisen [n.] fer [m.]
-bindungskapazität [f.] capacité [f.] latente de fixation de fer
-bindungskapazität [f.], totale capacité [f.] totale de fixation
-mangelanämie [f.] anémie [f.] par manque de fer
-therapie [f.] thérapie [f.] martiale
-zufuhr [f.] apport [m.] martial
Eiter [m.] pus [m.]
-bläschen [n.] pustule [f.]
-herd [m.] foyer [m.] purulent
eitern suppurer
Eiterung [f.] suppuration [f.]
eitrig purulent, ente
Eiweiß [n.] protéine [f.]
-bedarf [m.] besoin [m.] en protides
-gehalt [m.] teneur [f.] en protides
-verhältnis [n.] relation [f.] protéique
-verlust [m.] déperdition [f.] protéique
Eizelle [f.] ovocyte [m.]
Ejakulat [n.] éjaculat [m.]
Ejakulation [f.] éjaculation [f.]
retrograde [f.] éjaculation [f.] rétrograde
-sstörung [f.] trouble [m.] de l'éjaculation
-szentrum [n.] centre [m.] de l'éjaculation
ejakulieren éjaculer
Ejektionsfraktion [f.] fraction [f.] d'éjection
Ekchondrom [n.] ecchondrome [m.]
Ekchymose [f.] ecchymose [f.]
E.K.G. ElektroKardioGramm (électrocardiogramme ECG)
Eklampsie [f.] éclampsie [f.]
Ekmnesie [f.] ecmnésie [f.]
Ekphorie [f.] ecphorie [f.]
Ekstase [f.] extase [f.]
E.K.T. ElektroKrampfTherapie (sismothérapie)
Ektasie [f.] ectasie [f.]
Ektoderm [n.] ectoderme [m.]
ektophytisch ectophytique
Ektopie [f.] ectopie [f.]
Ektoplasma [n.] ectoplasme [m.]
Ektrodaktylie [f.] ectrodactylie [f.]
Ektropion [n.] ectropion [m.]
E.K.Y. ElektroKYmographie
Ekzem [n.] eczéma [m.]
akutes ...[n.] eczéma [m.] aigu

endogenes ... [n.] eczéma [m.] endogène
Kontakt- [n.] eczéma [m.] de contact
nummuläres ... [n.] eczéma [m.] nummulaire
seborrhoisches [n.] eczéma [m.] séborrhéique
ekzematös eczémateux, euse
Elastase [f.] élastase [f.]
elastisch élastique
Elastische Faser [f.] fibre [f.] élastique
Elastizität [f.] (z.B. Gewebe) élasticité [f.]
elektrisch électrique
Elektivität [f.] électivité [f.]
Elektrochirurgie [f.] électrochirurgie [f.]
Elektrode [f.] électrode [f.]
Elektrodiagnostik [f.] électrodiagnostic [m.]
Elektroenzephalogramm [n.] (EEG) électroencéphalogramme [m.] (EEG)
Elektroenzephalographie [f.] électroencéphalographie [f.]
Elektrokardiogramm [n.] (EKG) électrocardiogramme [m.] (ECG)
fetales [n.] électrocardiogramme [m.] foetal
Elektokardiographie [f.] électrocardiographie [f.]
Elektrokauterisation [f.] électrocautérisation [f.]
Elektrokochleographie [f.] électrocochléographie [f.]
Elektrokoagulation [f.] électrocoagulation [f.]
Elektrokortikographie [f.] électrocorticographie [f.]
Elektrolyse [f.] électrolyse [f.]
Elektrolyt [n.] électrolyte [m.]
elektrolytisch électrolytique
elektromagnetisch électromagnétique
Elektromyogramm [n.] (EMG) électromyogramme [m.] (EMG)
Eletromyographie [f.] électromyographie [f.]
Elektron [n.] électron [m.]
Elektronystagmographie [f.] électronystagmographie [f.]
Elektrookulographie [f.] (EOG) électrooculographie [f.] (EOG)
Elektrophorese [f.] électrophorèse [f.]
Elektrophysiologie [f.] électrophysiologie [f.]
Elektroradiologie [f.] électroradiologie [f.]
Elektroretinographie [f.] électrorétinographie [f.]
Elektroretinogramm [n.] (ERG) électrorétinogramme [m.] (ERG)
Elektroschock [m.] électrochoc [m.]
-therapie [f.] sismothérapie [f.]
Elektrostimulation [f.] électrostimulation [f.]
Elektrotherapie [f.] électrothérapie [f.]
Element [n.] élement [m.]
Elephantiasis [f.] éléphantiasis [m.]
Elevation [f.] élévation [f.]
Elimination [f.] élimination [f.]
E.L.I.S.A. Enzyme-Linked Immuno Sorbent Assay
Ellbogen [m.] coude [m.]
-gelenk [n.] articulation [f.] du coude
Elliptozyt [m.] elliptocyte [m.]
-ose [f.] elliptocytose [f.]
Elongation [f.] elongation [f.]
Embolektomie [f.] embolectomie [f.]
Embolie [f.] embolie [f.]
Fett- [f.] embolie [f.] graisseuse
Luft- [f.] embolie [f.] gazeuse
Lungen- [f.] embolie [f.] pulmonaire
Embolisierung [f.] embolisation [f.]
Embolus [m.] embolus [m.]
Embryo [m.] embryon [m.]
-genese [f.] embryogenèse [f.]
-logie [f.] embryologie [f.]
embryonal embryologique
embryonär embryonnaire
embryonäres Karzinom [n.] carcinome [m.] embryonnaire
Embryopathie [f.] embryopathie [f.]
Emetikum [n.] émétique [m.]
E.M.F. EndoMyokardFibrose (fibrose endomyocardique)
E.M.G. ElektroMyoGraphie (électromyographie EMG)
Emission [f.] émission [f.]
emmetrop emmétrope
Emmetropie [f.] emmétropie [f.]
Emotion [f.] émotion [f.]
emotionell émotionnel, elle
Empathie [f.] empathie [f.]
Empfänger [m.] receveur [m.]
Universal- [m.] receveur [m.] universel
Empfängnis [f.] conception [f.]
-verhütung [f.] contraception [f.]
-verhütungsmittel [n.] moyen [m.] de contraception
empfinden sentir, ressentir
empfindlich sensible
empfindlich (verletzbar) susceptible
Empfindlichkeit [f.] sensibilité [f.]
Empfindlichkeit [f.] (Verletzbarkeit) susceptibilité [f.]
Empfindung [f.] sensation [f.]
(Gemüt) sentiment [m.]
empfindungslos insensible
Empfindungslosigkeit [f.] insensibilité [f.]
Emphysem [n.] emphysème [m.]
angeborenes ... [n.] emphysème [m.] congénital
kongenitales lobäres ... [n.] emphysème [m.] lobaire congénital
Lungen- [n.] emphysème [m.] pulmonaire
mediastinales ... [n.] emphysème [m.] médiastinal

subkutanes... **[n.]** emphysème [m.] souscutané
emphysematös emphysémateux, euse
Empyem [n.] empyème [m.]
Emulsion [f.] émulsion [f.]
E.N. ENolase
Enanthem [n.] énanthème [m.]
Enarthrosis [f.] enarthrose [f.]
enchondral enchondral, ale
Enchondrom [n.] enchondrome [m.]
-atose [f.] enchondromatose [f.]
Endarterie [f.] artère [f.] terminale
-ktomie [f.] endartériectomie [f.]
Endarteriitis [f.] endartérite [f.]
obliterans endartérite [f.] oblitérante
enddiastolisch télédiastolique
Endemie [f.] endémie [f.]
endemisch endémique
endoblastisch endoblastique
Endoderm [n.] endoderme [m.]
Endogamie [f.] endogamie [f.]
endogen endogène
Endokard [n.] endocarde [m.]
endokardial endocardique
Endokarditis [f.] endocardite [f.]
Endokolpitis [f.] vaginite [f.]
Endokranium [n.] endocrâne [m.]
endokrin endocrine
Endokrinologe [m.] endocrinologue [m.]
Endokrinologie [f.] endocrinologie [f.]
Endokrinopathie [f.] endocrinopathie [f.]
Endolymphe [f.] endolymphe [f.]
Endometriose [f.] endométriose [f.]
Endometritis [f.] endométrite [f.]
Endometrium [n.] endomètre [m.]
-sbiopsie [f.] biopsie [f.] de l'endomètre
Endomorphie [f.] endomorphisme [m.]
Endomyokard [n.] endomyocarde [m.]
-fibrose [f.] fibrose [f.] endomyocardiaque
-itis [f.] endomyocardite [f.]
Endoneurium [n.] endonèvre [m.]
Endoparasit [m.] endoparasite [m.]
endophytisch endophytique
Endoplasma [n.] endoplasme [m.]
Endoprothese [f.] endoprothèse [f.], prothèse [f.] interne
Endorphin [n.] endorphine [f.]
Endoskop [n.] endoscope [m.]
-ie [f.] endoscopie [f.]
endoskopisch endoscopique
Endoskopische retrograde Cholangiographie [f.] cholangiographie [f.] rétrograde endoscopique
Endoskopische retrograde Cholangiopankreatographie [f.] cholangio-pancréatographie [f.] rétrograde endoscopique
Endosmose [f.] endosmose [f.]
Endost [n.] périoste [m.] interne
Endothel endothélial, ale
Endothel [n.] endothélium [m.]
-iom [n.] endothéliome [m.]
Endotoxin [n.] endotoxine [f.]
endotoxisch endotoxique
endozervikal endocervical, ale
Endozervix [f.] endocervix [m.]
endsystolisch télésystolique
Endwirt [m.] hôte [m.] définitif
energetisch énergétique
Energie [f.] énergie [f.]
-haushalt [m.] bilan [m.] énergétique
Enervierung [f.] énervation [f.]
E.N.G. ElektroNystagmoGraphie (électronystagmographie ENG)
Enkephalin [n.] enképhaline [f.]
Enkopresis [f.] encoprésie [f.]
E.N.O. ENOlase
Enophthalmus [m.] énophtalmie [f.]
Enostose [f.] énostose [f.]
entarten (Tumorzelle) dégénérer
Entartung [f.] dégénérescence [f.]
entbinden (Kind) accoucher
Entbindung [f.] accouchement [m.], délivrance [f.]
enteral entéral, ale
Enteritis [f.] entérite [f.]
Entero entéro
Enteroanastomose [f.] entéroanastomose [f.]
Enterococcus [m.] entérocoque [m.]
Enteroenterostomie [f.] entéro-entérostomie [f.]
Enterokinase [f.] entérokinase [f.]
Enterokokkeninfektion [f.] entérococcie [f.]
Enterokolitis [f.] entérocolite [f.]
Enterokolostomie [f.] entéro-colostomie [f.]
Enteropathie [f.] entéropathie [f.]
exsudative [f.] entéropathie [f.] exsudative
Enteropexie [f.] entéropexie [f.]
Enteroptose [f.] entéroptôse [f.]
Enteroskopie [f.] entéroscopie [f.]
Enterospasmus [m.] entérospasme [m.]
Enterotomie [f.] entérotomie [f.]
Enterotoxin [n.] entérotoxine [f.]
Enterovirus [n.] entérovirus [m.]

Enterozele [f.] entérocèle [f.]
entfernen (z.B. einen Tumor) enlever (ex.: une tumeur)
Entfremdung [f.] aliénation [f.]
entgiften désintoxiquer
Entgiftung [f.] désintoxication [f.]
Enthaarung [f.] épilation [f.]
Enthemmung [f.] désinhibition [f.]
entkleiden dévêtir
Entkräftung [f.] affaissement [m.], inanition [f.], prostation [f.]
Entladung [f.] décharge [f.]
Entlassung [f.] (eines Patienten) sortie [f.] (d'un malade)
Entlastung [f.] décompression [f.]
entleeren (z.B. einen Abszeß) vidanger (ex.: un abcès)
Entmarkung [f.] démyélinisation [f.]
Entnahme [f.] prélèvement [m.]
Entoderm [n.] entoderme [m.]
Entpersönlichung [f.] dépersonnalisation [f.]
Entrindung [f.] décorticalisation [f.]
Entropium [n.] entropion [m.]
entspannen (sich ...) détendre (se ...)
Entspannung [f.] détente [f.]
entspringen (Gefäß) naître
entstellen (Narbe) défigurer
Entstellung [f.] défiguration [f.]
entwickeln (sich ...) évoluer (s'...)
Entwicklung [f.] évolution [f.], développement [m.]
entwöhnen sevrer
Entwöhnung [f.] sevrage [m.]
entzündet enflammé, ée
Entziehungskur [f.] cure [f.] de désintoxication
Entzündung inflammatoire
Entzündung [f.] inflammation [f.]
-szeichen [n.] signe [m.] inflammatoire
Enukleation [f.] énucléation [f.]
enukleiren énucléer
Enuresis [f.] énurésie [f.]
Enzephalitis [f.] encéphalite [f.]
Enzephalon [n.] encéphale [m.]
Enzephalographie [f.] encéphalographie [f.]
Enzephalomalazie [f.] encéphalomalacie [f.]
Enzephalomeningozele [f.] encéphalo-ménigocèle [f.]
Enzephalomeningitis [f.] encéphalo-méningite [f.]
Enzephalomyelitis [f.] encéphalo-myélite [f.]
Enzephalomyelopathie [f.] encéphalo-myélopathie [f.]
Enzephalopathie [f.] encéphalopathie [f.]
Enzephaloraphie [f.] encéphaloraphie [f.]
Enzephalozele [f.] encéphalocèle [f.]
Enzym [n.] enzyme [m.]
enzymatisch enzymatique
Enzymdefekt [m.] défaut [m.] enzymatique
Enzymopathie [f.] enzymopathie [f.]
E.O.G. ElektroOkuloGraphie (électrooculographie EOG)
Eosin [n.] éosine [f.]
Eosinopenie [f.] éosinopénie [f.]
eosinophil éosinophile
eosinophiles Infiltrat [n.] éosinophilie [f.] infiltrante
Eosinophilie [f.] éosinophilie [f.]
tropische [f.] éosinophilie [f.] tropicale
E.P. Evoziertes Potential (potentiel évoqué PE)
Ependym [n.] épendyme [m.]
-itis [f.] épendymite [f.]
-kanal [m.] canal [m.] épendymaire
-oblastom [n.] épendymoblastome [m.]
-om [n.] épendymome [m.]
E.P.H. Ödem Proteinurie Hypertonie (oedème protéinurie hypertension)
Ephedrin [n.] éphédrine [f.]
Ephelides [pl./f.] éphélides [pl./f.]
Epidemie [f.] épidémie [f.]
Epidemiologie [f.] épidémiologie [f.]
epidemisch épidémique
Epidermis [f.] épiderme [m.]
Epidermoidzyste [f.] kyste [m.] épidermoïde
Epidermolyse [f.] épidermolyse [f.]
Epidermomykose [f.] épidermomycose [f.]
Epididymektomie [f.] épididymectomie [f.]
Epididymis [f.] épididyme [m.]
Epididymitis [f.] épididymite [f.]
epidural épidural, ale
Epiduralhämatom [n.] hématome [m.] épidural
Epiduralraum [m.] espace [m.] épidural
epigastrisch épigastrique
Epigastrium [n.] épigastre [m.]
Epiglottis [f.] épiglotte [f.]
Epiglottitis [f.] épiglottite [f.]
Epithel [n.] épithélium [m.]
-zelle [f.] cellule [f.] épithéliale
Epihelioma [n.] basocellulare épithéliome [m.] basocellulaire
Epikanthus [m.] épicanthus [m.]
Epikard [n.] épicarde [m.]
Epikondylitis [f.] épicondylite [f.]
Epikondylus [m.] épicondyle [m.]
epikritisch épicritique
epikutan épicutané, ée
Epikutantest [m.] test [m.] épicutané
Epilation [f.] épilation [f.]

Epilepsie [f.] épilepsie [f.]
psychomotorische [f.] épilepsie [f.] psychomotrice
Aufwach- [f.] épilepsie [f.] de réveil
myoklonische [f.] épilepsie [f.] myoclonique
pyknoleptisch [f.] épilepsie [f.] pycnoleptique
epileptiform épileptiforme
Epileptiker [m.] épileptique [m.]
epileptisch épileptique
Epineurium [n.] épinèvre [m.]
epiphysär épiphysaire
Epiphyse [f.] épiphyse [f.]
Epiphyse [f.] (Zirbeldrüse) glande [f.] pinéale
-nnextirpation [f.] pinéalectomie [f.]
-nfraktur [f.] fracture [f.] épiphysaire
-nlösung [f.] décollement [m.] épiphysaire
-odese [f.] épiphysiodèse [f.]
-olyse [f.] épiphysiolyse [f.]
Epiphysitis [f.] épiphysite [f.]
Epiploon [n.] épiploon [m.]
Episiotomie [f.] épisiotomie [f.]
Episom [n.] épisome [m.]
Epispadie [f.] épispadias [m.]
Epistaxis [f.] épistaxis [f.]
Epithalamus [m.] épithalamus [m.]
Epithel [n.] épithélium [m.]
-gewebe [n.] tissu [m.] épithélial
epithelial épithélial, ale
Epithelialisierung [f.] épithélisation [f.]
Epitheliom [n.] épithéliome [m.]
intraepitheliales [n.] épithéliome [m.] intraépithélial
-a basocellulare épithélioma [m.] baso-cellulaire
epitheliomatös épithéliomateux, euse
Epithelkörperchen [n.] glande [f.] parathyroïde
Epizoonose [f.] épizoonose [f.]
Epizootie [f.] épizootie [f.]
E.P.S. ExtraPyramidales System (système extrapyramidal)
E.P.T. Endoskopische PapilloTomie (papillotomie endoscopique)
E.R.A. Electric Response Audiometry
Erbanlage [f.] disposition [f.] héréditaire
Erbkrankheit [f.] maladie [f.] héréditaire
erblich héréditaire
Erblichkeit [f.] hérédité [f.]
erblinden devenir aveugle, perdre la vue
Erblindung [f.] perte [f.] de la vue
erbrechen vomir
Erbrechen [n.] vomissement [m.]
Erbrochene [n.] vomissure [f.]
E.R.C. 1. Endoskopische Retrograde Cholangiographie (cholangiographie rétrograde endoscopique CRE), 2. Expiratorische ReserveKapazität
E.R.C.P. Endoskopische Retrograde Cholangio-Pankreatographie (cholangio-pancréatographie rétrograde endoscopique CPRE)
Erektion [f.] érection [f.]
-sreflex [m.] réflexe [m.] de l'érection
-störung [f.] trouble [m.] de l'érection
-szentrum [n.] centre [m.] de l'érection
Erethismus [m.] éréthisme [m.]
erforschen explorer
Erforschung [f.] exploration [f.], recherche [f.]
Erfrierung [f.] gelure [f.]
E.R.G. ElektroRetinoGraphie (électrorétinographie ERG)
Ergastoplasma [n.] ergastoplasme [m.]
Ergocalciferol [n.] ergocalciférol [m.]
Ergometer [n.] ergomètre [m.]
Ergometrie [f.] ergométrie [f.]
Ergospirometrie [f.] ergospirométrie [f.]
Ergosterin [n.] ergostérol [m.]
Ergotamin [n.] ergotamine [f.]
Ergotherapie [f.] ergothérapie [f.]
Ergotismus [m.] ergotisme [m.]
Erguß [m.] épanchement [m.]
Gelenk- [m.] épanchement [m.] articulaire
Pleura- [m.] épanchement [m.] pleural
Perikard- [m.] épanchement [m.] du péricarde
Erhöhung [f.] (eines Wertes) augmentation [f.]
erholen (sich ...) rétablir (se ...)
erinnern (sich ...) rappeler (se ...), souvenir (se ...)
erkälten (sich ...) prendre froid, enrhumer(s'...)
Erkältung [f.] rhume [m.], refroidissement [m.]
erkranken tomber malade
Erlernen [n.] (Fähigkeiten) apprentissage [m.]
Ermüdbarkeit [f.] fatigabilité [f.]
ermüdend fatiguant, ante
Ermüdung [f.] fatigue [f.]
-sfieber [f.] fièvre [f.] de la fatigue
-sfraktur [f.] fracture [f.] de fatigue
ernähren (sich ...) nourrir (se ...), alimenter (s'...)
Ernährung [f.] alimentation [f.], nutrition [f.]
künstliche [f.] alimentation [f.] artificielle
Ernährungs nutritionnel, elle
-sstörung [f.] trouble [m.] de nutrition
-szustand [m.] état [m.] de nutrition
erogen érogène
Erosion [f.] érosion [f.]
erosiv érosif, ive

Erotomanie [f.] érotomanie [f.]
E.R.P. Endoskopische Retrograde Pankreatographie (pancréatographie rétrograde endoscopique PRE)
erproben (z.B. Medikament) éprouver
erregbar excitable
-(reizbar) irritable
Erregbarkeit [f.] émotivité [f.]
erregen exciter, irriter
Erreger [m.] microbe [m.] pathogène
Erregung [f.] excitation [f.]
(Aufregung) agitation [f.]
(Reizung) irritation [f.]
-sleitungsstörung [f.] trouble [m.] de conduction
errigierbar érectile
erschlaffen relâcher
Erschlaffung [f.] relâchement [m.], décontraction [f.]
erschöpfen (sich ...) épuiser (s'...)
Erschöpfung [f.] épuisement [m.]
völlige [f.] prostation [f.]
Erschütterung [f.] ébranlement [m.]
erstarren (gerinnen) figer
erstarren (Glieder) engourdir
erstarrt (Gesichtsausdruck) figé (visage)
Erstarrung [f.] engourdissement [m.]
Erstarrung [f.] (Körperhaltung) torpeur [f.]
ersticken étouffer, suffoquer
Ersticken [n.] suffocation [f.]
-sanfall [m.] accès [m.] de suffocation
ertrinken noyer (se ...)
Eruktation [f.] éructation [f.]
Eruption [f.] éruption [f.]
-sfieber [f.] fièvre [f.] éruptive
Erwachen [n.] éveil [m.]
Erwachsener [m.] adulte [m.]
erweichen ramollir
Erweichung [f.] ramollissement [m.]
-sherd [m.] foyer [m.] de ramollissement
erweitern (z.B. Gefäß) élargir, dilater (ex.: vaisseau)
Erweiterung [f.] élargissement [m.], amplification [f.], dilatation [f.]
Erwerb [m.] (von Fähigkeiten) acquisition [f.]
Erysipel [n.] érysipèle [m.]
-oid [n.] érysipéloïde [m.]
Erythem [n.], Erythema [n.] érythème [m.]
-anulare érythème [m.] annulaire
-nodosum érythème [m.] nodulaire
-solaris érythème [m.] solaire
Erythrämie [f.] érythrémie [f.]
Erythroblast [m.] érythroblaste [m.]
-ämie [f.] érythroblastémie [f.]
-openie [f.] érythroblastopénie [f.]
-ose [f.] érythroblastose [f.]
Erythrodermie [f.] érythrodermie [f.]
Erythrophobie [f.] érythrophobie [f.]
Erythroplasie [f.] érythroplasie [f.]
Erythropoietin [n.] érythropoïétine [f.]
Erythropoese [f.] érythropoïèse [f.]
Erythrose [f.] érythrose [f.]
Erythrozyt [m.] érythrocyte [m.]
Erythrozyten érythrocytaire
Erythrozytenantigen [n.] antigène [m.] érythrocytaire
Erythrozytenenzymopathie [f.] enzymopathie [f.] érythrocytaire
Erythrozytopenie [f.] érythrocytopénie [f.]
Erythrozytose [f.] érythrocytose [f.]
E.S. ExtraSystole (extrasystole)
Es [n.] (Psychiatrie) Ça [m.]
essentiell essentiel, elle
Esterase [f.] estérase [f.]
E.T. EpikutanTest (test épicutané)
Ethik [f.] éthique [f.]
Ethmoiditis [f.] ethmoïdite [f.]
E.U. ExtraUteringravidität (grossesse extra-utérine GEU)
Eugenik [f.] eugénie [f.]
Eunuch [m.] eunuque [m.]
Eunuchismus [m.] eunuchisme [m.]
Euphorie [f.] euphorie [f.]
euphorisch euphorique
Euthanasie [f.] euthanasie [f.]
Eutokie [f.] eutocie [f.]
Eutropie [f.] eutropie [f.]
eV ElektronenVolt
E.V. ErythrozytenVolumen
Eventration [f.] éventration [f.]
Eversion [f.] éversion [f.]
E.V.G. ElektroVentrikuloGraphie
Exanthem [n.] exanthème [m.]
Arznei- [n.] exanthème [m.] médicamenteux
exanthemisch exanthématique
Exartikulation [f.] désarticulation [f.]
Exazerbation [f.] exacerbation [f.]
Exenteration [f.] exentération [f.]
Exeresis [f.] exérèse [f.]
Exfoliation [f.] exfoliation [f.]
Exhibitionismus [m.] exhibitinonisme [m.]
Exhibitionist [m.] exhibitioniste [m.]
Exitus [m.] exitus [m.] (décès)
Exkavation [f.] excavation [f.]
Exkoriation [f.] excoriation [f.]
Exkrement [n.] excrément [m.]
Exkretion [f.] excrétion [f.]
exkretorisch excrétoire

exogen exogène
exokrin exocrine
Exophthalmometer [n.] exophtalmomètre [m.]
Exophthalmus [m.] exophtalmie [f.]
Exostose [f.] exostose [f.]
Exotoxin [n.] exotoxine [f.]
Expektorans [n.] expectorant [m.]
Expektoration [f.] expectoration [f.]
Experiment [m.] expérience [f.]
Exploration [f.] exploration [f.]
explorativ explorateur, trice
Expulsion [f.] expulsion [f.]
Exsikkose [f.] exsiccose [f.]
Exspiration [f.] expiration [f.]
exspirieren expirer
Exsudat [n.] exsudat [m.]
Exsudation [f.] exsudation [f.]
exsudativ exsudatif, ive
Extension [f.] extension [f.]
Extensor [m.] extenseur [m.]
extern externe
Extirpation [f.] extirpation [f.]
extraartikulär extraarticulaire
extradural extradural, ale
Extraduralraum [m.] espace [m.] épidural
extrakorporal extracorporel, elle
extrakorporaler Kreislauf [m.] circulation [f.] extracorporelle
Extraktion [f.] extraction [f.]
extramedullär extramédullaire
Extrapyramidales Syndrom [n.] syndrome [m.] extrapyramidal
Extrapyramidales System [n.] système [m.] extrapyramidal
Extrasystole [f.] extrasystole [f.]
  junktionelle [f.] extrasystole [f.] jonctionnelle
  ventrikuläre [f.] extrasystole [f.] ventriculaire
  Vorhof- [f.] extrasystole [f.] auriculaire
Extrauterinschwangerschaft [f.] grossesse [f.] extrautérine
Extravasat [n.] extravasation [f.]
extrazellulär extracellulaire
Extrazellularraum [m.] compartiment [m.] extracellulaire
Extremität [f.] extrémité [f.]
  obere/untere [f.] membre [m.] supérieur/inférieur
extrinsisch extrinsèque
Extubation [f.] extubation [f.]
extubieren extuber
exuberans exubérant, ante
Exulzeration [f.] exulcération [f.]
exzidieren exciser
Exzision [f.] excision [f.]
E.Z. ErnährungsZustand (état nutritionnel)
E.Z.R. ExtraZellulärRaum (compartiment extracellulaire)

F

Fabulation [f.] fabulation [f.]
Facharzt [m.] spécialiste [m.]
Facies [f.] faciès [m.]
Faden [m.] fil [m.]
fadenförmig filiforme
Fadenwarze [f.] verrue [f.] filiforme
Fadenwurm [m.] filaire [m.]
Faeces [m.] fèces [pl./f.]
fäkal fécal, ale
Fäkalom [n.] fécalome [m.]
Fäkalurie [f.] fécalurie
Färbung [f.] coloration [f.]
Fäulnis [f.] putréfaction [f.]
Faktor [m.] facteur [m.]
  antihämophiler [m.] facteur [m.] antihémophilique
  antinukleärer [m.] facteur [m.] antinucléaire
  Gerinnungs- [m.] facteur [m.] de coagulation
  Lymphozytenaktivierungs [m.] facteur [m.] d'activation lymphocytaire
falciform falciforme
Fall [m.] cas [m.]
  klinischer [m.] cas [m.] clinique
Fall [m.] (Sturz) chute [f.]
fallen tomber, chuter
Fallhand [f.] main [f.] tombante
Fallotsche Tetralogie [f.] tétrade [f.] de Fallot
Falte [f.] (Haut) pli [m.], ride [f.]
  sich in ... legen se plisser
Falx [f.] cerebri faux [f.] du cerveau
Falx [f.] cerebelli faux [f.] du cervelet
familiär familial, ale
Familienplanung [f.] planification [f.] familiale
Fanconi-Syndrom [n.] syndrome [m.] de Fanconi
Fangotherapie [f.] fangothérapie [f.]
farbenblind daltonien, ienne
Farbensehen [n.] vision [f.] colorée
Farmerlunge [f.] poumon [m.] des fermiers
Faser [f.] fibre [f.]
  elastische [f.] fibre [f.] élastique
  kollagene [f.] fibre [f.] collagène
  -knorpel [m.] fibrocartilage [m.]
fasten jeûner
Faszie [f.] fascia [m.]
  -nentzündung [f.] fascéite [f.]
  -nnaht [f.] suture [f.] aponévrotique
Faszikel [m.] faisceau [m.]
faszikulär fasciculaire
Faszikulation [f.] fasciculation [f.]
faulen putréfier
Favismus [m.] favisme [m.]
Favus [m.] favus [m.]
fazial facial, e
Fazialisparese [f.] paralysie [f.] faciale
F.D.P. Fruktose-1, 6-Diphosphat

F.E.B.K Freie EisenBindungsKapazität
febril fébrile
Fehlanpassung [f.] maladaptation [f.]
Fehlbildung [f.] malformation [f.]
Fehldiagnose [f.] diagnostic [m.] erroné
Fehlernährung [f.] malnutrition [f.]
Fehlgeburt [f.] fausse couche [f.]
Fehlleistung [f.] acte [m.] manqué
Fehlstellung [f.] malposition [f.]
Feigwarze [f.] condylome [m.]
Feinknötchenflechte [f.] lichen [m.] nitidus
Feinnadelpunktion [f.] cytoponction [f.] à l'aiguille fine
Fekundation [f.] fécondation [f.]
Feld (=Areal) (z.B.für Gehirn) aire [f.]
Felsenbein [n.] os [m.] pétreux
Feminisierung [f.] féminisation [f.]
Feminismus [m.] féminisme [m.]
femoral fémoral, ale
Femoralpuls [m.] pouls [m.] fémoral
Femur [m.] fémur [m.]
Fensterung [f.] fenestration [f.]
Ferment [n.] ferment [m.]
Ferritin [n.] ferritine [f.]
Ferrum [n.] fer [m.]
Ferse [f.] talon [m.]
-ngang [m.] marche [f.] sur les talons
-nschlagreflex [m.] réflexe [m.] du talon
fertil fertile
Fertilität [f.] fertilité [f.]
fest ferme
Festigkeit [f.] (Organ) fermeté [f.]
Festination [f.] festination [f.]
Fetichismus [m.] fétichisme [m.]
fetomaternal foeto-maternel, elle
Fetopathie [f.] foetopathie [f.]
fetoplazentar foeto-placentaire
fett gras, se
Fett [n.] graisse [f.]
-ablagerung [f.] accumulation [f.] de graisse
-bildung [f.] adipogenèse [f.]
-embolie [f.] embolie [f.] graisseuse
-gewebe [n.] tissu [m.] adipeux
-leber [f.] dégénérescence [f.] graisseuse, foie [m.] graisseux
fettlöslich liposoluble
-nekrose [f.] stéatonécrose [f.]
-säure [f.] acide [m.] gras
-säure [f.], gesättigte acide [m.] gras saturé
-säure [f.], ungesättigte acide [m.] gras non-saturé
-stuhl [m.] diarrhée [f.] graisseuse
-sucht [f.] obésité [f.]
Fetus [m.] foetus [m.]
F.F.S. Freie FettSäuren (acides gras libres AGL)
F.F.T. Fast-Fourier-Transformation
F.G.F. Fibroblast Growth Factor
F.H.F. Fetale HerzFrequenz (fréquence cardiaque foetale)
fibrillär fibrillaire
Fibrillation [f.] fibrillation [f.]
Fibrille [f.] fibrille [f.]
Fibrin [n.] fibrine [f.]
-ämie [f.] fibrinémie [f.]
fibrinös fibrineux, euse
Fibrinogen [n.] fibrinogène [f.]
-spaltprodukte [pl./n.] produits [pl./m.] de dégradation du fibrinogène
Fibrinolyse [f.] fibrinolyse [f.]
Fibrinolysin [n.] fibrinolysine [f.]
fibrinolytisch fibrinolytique
Fibroadenie [f.] fibroadénie [f.]
Fibroadenom [n.] fibroadénome [m.]
Fibroblast [m.] fibroblaste [m.]
-om [n.] fibroblastome [m.]
Fibrocartilago [f.] fibrocartilage [m.]
Fibrochondrom [n.] fibrochondrome [m.]
Fibrodysplasie [f.] fibrodysplasie [f.]
fibrös fibreux, euse
Fibrogliom [n.] fibrogliome [m.]
Fibrolyse [f.] fibrolyse [f.]
Fibrom [n.] fibrome [m.]
fibromatös fibromateux, euse
Fibromatose [f.] fibromatose [f.]
Fibromextirpation [f.] fibromectomie [f.]
fibromuskulär fibro-musculaire
Fibromyom [n.] fibromyome [m.]
Fibromyositis [f.] fibromyosite [f.]
Fibromyxom [n.] fibromyxome [m.]
Fibropapillom [n.] fibropapillome [m.]
Fibroplasie [f.] fibroplasie
Fibrosarkom [n.] fibrosarcome [m.]
Fibrose [f.] fibrose [f.]
interstitielle [f.] fibrose [f.] interstitielle
zystische Pankreas- [f.] fibrose [f.] kystique du pancréas
Fibrositis [f.] fibrosite [f.]
Fibroskopie [f.] fibroscopie [f.]
Fibrothorax [m.] fibrothorax [m.]
Fibroxanthom [n.] fibroxanthome [m.], fibrome [m.] histiocytaire
Fibrozyste [f.] kyste [m.] fibreux
fibrozystisch fibro-kystique
Fibrozystom [n.] fibrokystome [m.]
Fibrozyt [m.] fibrocyte [m.]

Fibula [f.] péroné [m.]
Fieber [n.] fièvre [f.]
akutes rheumatisches... [n.] rhumatisme [m.] articulaire aigu
Dengue- [n.] fièvre [f.] rouge
essentielles... [n.] fièvre [f.] essentielle
Gelb- [n.] fièvre [f.] jaune
intermittierendes... [n.] fièvre [f.] intermittente
Rekurrens- [n.] fièvre [f.] récurrente
-anfall [m.] accès [m.] de fièvre
-krampf [m.] crise [f.] convulsive fébrile
-kurve [f.] courbe [f.] de température
fieberlos afébrile
-mittel [n.] fébrifuge [m.]
-schub [m.] poussée [f.] fébrile
-thermometer [n.] thermomètre [m.] médical
-wahn [m.] délire [m.] fébrile
Fiebrigkeit [f.] fébrilité [f.]
Filariasis [f.] filariose [f.]
Filarie [f.] filaire [f.]
filiform filiforme
Filter [m.] filtre [m.]
Filtrat [n.] filtrat [m.]
Filtration [f.] filtration [f.]
glomeruläre... [f.] filtration [f.] glomérulaire
-sfraktion [f.] fraction [f.] de filtration
filtrierbar filtrable
Finger [m.] doigt [m.]
kleiner... [m. auriculaire [m.]
schnellender... [m.] doigt [m.] à ressort
-agnosie [f.] agnosie [f.] digitale
fingerbreit travers de doigt
-kuppe [f.] pulpe [f.]
-Nase-Versuch [m.] épreuve [m.] doigt-nez
Fissur [f.] fissure [f.]
Fistel [f.] fistule [f.]
arterio-venöse ...[f.] fistule [f.] artério-veineuse
rektourethrale... [f.] fistule [f.] rectourétrale
urogenitale... [f.] fistule [f.] urogénitale
Fistulographie [f.] fistulographie [f.]
Fixationsneurose [f.] névrose [f.] de fixation
Fixierung [f.] fixation [f.]
F.K. FruktoKinase (fructokinase)
Flachwarze [f.] verrue [f.] plane
Flapping-Tremor [m.] flapping tremor [m.], tremblement [m.] en battements d'ailes
Flaschenherz [n.] coeur [m.] en bouteille
Flattern [n.] flutter [m.]
Kammer- [n.] flutter [m.] ventriculaire
Vorhof- [n.] flutter [m.] auriculaire
Flatulenz [f.] flatulence [f.]
Flechte [f.] teigne [f.], datre [f.]
Fleck [m.] tache [f.], plaque [f.], maille [f.]
blinder... [m.] tache [f.] aveugle
kirschroter [m.] tache [f.] rouge cerise de la rétine
weißer [m.] taie [f.]
fleischig (z.B. Lippen) charnu, ue (ex.: lèvres)
Fleischwarze [f.] verrue [f.] charnue
Flexion [f.] flexion [f.]
Fliegensehen [n.] voir des mouches volantes
Fliegerkrankheit [f.] maladie [f.] des aviateurs
Flimmern [n.] fibrillation [f.]
Kammer- [n.] fibrillation [f.] ventriculaire
Vorhofflimmern- [n.] fibrillation [f.] auriculaire
Flimmerskotom [n.] scotome [m.] scintillant
Flocculus [m.] flocculus [m.]
Flora [f.] flore [f.]
Bakterien- [f.] flore [f.] bactérienne
Intestinal- [f.] flore [f.] intestinale
Flow [m.] flux [m.]
Fluchtreflex [m.] réflexe [m.] de fuite
flüchtig (Symptome) fugitif, ive;fugace (symptôme)
Flüssigkeit [f.] liquide [m.]
-sersatz [m.] compensation [f.] des liquides
-gleichgewicht [n.] équilibre [m.] hydrique
-spiegel [m.] niveau [m.] de liquide
-verlust [m.] déshydratation [f.], perte [f.] de liquide
flüstern chuchoter
Fluktuation [f.] fluctuation [f.]
Fluor [n.] fluor [m.]
-eszenz [f.] fluorescence [f.]
-ierung [f.] fluoration [f.]
-ose [f.] fluorose [f.]
-hydrokortison [n.] fludrocortisone [f.]
Flush [m.] flush [m.]
Fluß [m.] (z.B. Blut) flux [m.]
Fluxion [f.] fluxion [f.]
F.N.V. Finger-Nasen-Versuch (épreuve doigt-nez)
fötid fétide
Foetor [m.] foetor [m.]
-hepaticus foetor [m.] hepaticus
Fötus [m.] foetus [m.]
Fogarthy-Katheter [m.] cathéter [m.] de Fogarthy
fokal focal, ale
Fokus [m.] (=Herd) foyer [m.]
Folgen [pl./f.] séquelles [pl./f.]
Follikel [m.] follicule [m.]
Graaf'scher- [m.] follicule [m.] de Graaf
-sprung [m.] rupture [f.] du follicule
follikulär folliculaire
Follikulitis [f.] folliculite [f.]
Folsäure [f.] acide [m.] folique
Fontanelle [f.] fontanelle [f.]
große [f.] fontanelle [f.] bregmatique
kleine [f.] fontanelle [f.] lamdatique

Foramen [n.] trou [m.], foramen [m.]
-intervertebrale trou [m.] de conjugaison
-jugulare trou [m.] déchiré
-magnum trou [m.] occipital
-opticum trou [m.] optique
-ovale trou [m.] oval
-vertebrale trou [m.] vertébral
Formatio [f.] reticularis formation [f.] réticulaire
Formel [f.] (chem.) formule [f.]
Formenempfindung [f.] sens [m.] stéréognostique
Fornix [m.] fornix [m.]
forschen faire de la recherche
Forschung [f.] recherche [f.]
Forzeps [m.] forceps [m.]
Fossa [f.] fosse [f.]
Fovea [f.] centralis fovéa [f.] centrale
Fraktur [f.] fracture [f.]
eingekeilte... [f.] fracture [f.] avec impaction
Epiphysen- [f.] fracture [f.] épiphysaire
Ermüdungs- [f.] fracture [f.] de fatigue
geschlossene... [f.] fracture [f.] fermée
Grünholz- [f.] fracture [f.] en bois vert
Impressions- [f.] fracture [f.] par impaction
Maisonneuve- [f.] fracture [f.] de Maisonneuve
Malgaigne- [f.] fracture [f.] de Malgaigne
Marsch- [f.] fracture [f.] de marche
offene... [f.] fracture [f.] ouverte
pathologische... [f.] fracture [f.] pathologique
Spiral- [f.] fracture [f.] spiroïde
Splitter- [f.] fracture [f.] communitive
Spontan- [f.] fracture [f.] spontanée
subkapitale... [f.] fracture [f.] sous-capitale
transkondyläre... [f.] fracture [f.] transcondylienne
-spalt [m.] trait [m.] de fracture
Frauenarzt [m.] gynécologue [m.]
Frauenheilkunde [f.] gynécologie [f.]
Frauenklinik [f.] clinique [f.] gynécologique
freimachen (ausziehen) devêtir
Freisetzung [f.] (z.B. Hormon) libération [f.] (ex.: hormone)
Fremdkörper [m.] corps [m.] étranger
-aspiration [f.] aspiration [f.] d'un corps étranger
Fremitus [m.] frémissement [m.], fremitus [m.]
Frenulektomie [f.] frénotomie [f.]
Frenulum [n.] frein [m.]
-präputium frein [m.] du prépuce
Frequenz [f.] fréquence [f.]
-störung [f.] trouble [m.] de fréquence
frieren avoir froid
Frigidität [f.] frigidité [f.]
F.R.K. Funktionelle ResidualKapazität (capacité résiduelle fonctionnelle CRF)
frösteln frissonner
Frösteln [n.] frissonnement [m.]
frontal frontal, ale
frontoparietal fronto-pariétal, ale
frontotemporal fronto-temporal, ale
Frostbeule [f.] engelure [f.]
fruchtbar féconde
Fruchtbarkeit [f.] fécondité [f.]
Fruchtblase [f.] poche [f.] des eaux
Fruchttod [m.] mort [f.] foetale
Fruchtwasser [n.] liquide [m.] amniotique
-punktion [f.] ponction [f.] du liquide amniotique
Früherkennung [f.] dépistage [m.] précoce
Frühgeburt [f.] accouchement [m.] prématuré
Fruktose [f.] fructose [f.]
Fruktosurie [f.] fructosurie [f.]
Frustration [f.] frustration [f.]
frustriert frustré, ée
F.S.F. FibrinStabilisierender Faktor (facteur XIII)
F.S.G.N. Fokal-Sklerosierende GlomeruloNephritis
F.S.H. Follicle Stimulating Hormone
F.S.M.E. FrühSommer-MeningoEnzephalitis
F.S.P. FibrinSpaltProdukte (produits de dégradation du fibrinogène PDF)
F.T. Fallot-Tetralogie (tétralage de Fallot)
F.T.A. Fluorescent Treponemal Antibody
fühlen (empfinden) ressentir
(sich ...) se sentir
Fulguration [f.] fulguration [f.]
fulminant (Schmerz) fulminant, ante (douleur)
Fundoplikation [f.] fundoplication [f.]
Fundus [m.] (Magen-) fundus [m.] gastrique
Fünflinge [pl./m.] quintuplés, ées [pl./m., f.]
fungistatisch fongistatique
fungizid fongicide
Fungizid [n.] fongicide [m.]
fungös fongeux, euse
funikulär funiculaire
Funikulitis [f.] funiculite [f.]
Funktion [f.] fonction [f.]
Über- [f.] hyperfonctionnement [m.]
Unter- [f.] hypofonctionnement [m.]
funktionell fonctionnel, elle
Funktionsprüfung [f.] épreuve [f.] fonctionnelle
Furche [f.] sillon [m.]
Furcht [f.] peur [f.], crainte [f.]
Furunkel [m.] furoncle [m.]

furunkulös furonculeux, euse
Furunkulose [f.] furonculose [f.]
fusiform fusiforme
Fusion [f.] fusion [f.]
Fuß [m.] pied [m.]
Hohl- [m.] pied [m.] creux
Platt- [m.] pied [m.] plat
-gelenk [n.] articulation [f.] du pied
-gewölbe [n.] voûte [f.] plantaire
-knöchel [m.] cheville [f.], malléole [m.]
-längsgewölbe [n.] courbure [f.] longitudinale
-pilz [m.] mycose [f.] du pied
-rücken [m.] dos [m.] du pied
-quergewölbe [n.] courbure [f.] transversale
-schmerz [m.] mal [m.] au pied
-sohle [f.] plante [f.] du pied
-sohlenreflex [m.] réflexe [m.] plantaire
-sohlenwarze [f.] verrue [f.] plantaire

G

g Gramm (gramme g)
Gabelung [f.] (Gefäß) bifurcation [f.] (vaisseau)
gähnen bailler
Gähnen [n.] baillement [m.]
Gährung [f.] fermentation [f.]
-sdyspepsie [f.] dyspepsie [f.] par fermentation
Galaktorrhoe [f.] galactorrhée [f.]
Galaktosämie [f.] galactosémie [f.]
Galaktose [f.] galactose [m.]
Galaktozele [f.] galactocèle [f.]
Galle [f.] bile [f.]
Gallenblase [f.] vésicule [f.] biliaire
Porzelan- [f.] vésicule [f.] porcelaine
-nentzündung [f.] cholécystite [f.]
Gallenfettsäure [f.] acide [m.] cholestérique
Gallenfistel [f.] fistule [f.] biliaire
Gallenfluß [m.] flux [m.] biliaire
Gallengang [m.] canal [m.] biliaire
Gallengänge [pl./m.] voies [pl./f.] biliaires
extrahepatische ...[pl./m.] voies [pl./f.] biliaires extrahépatiques
intrahepatische... [pl./m.] voies [pl./f.] biliaires intrahépatiques
Gallengangserweiterung [f.] cholangiectasie [f.]
Gallenkolik [f.] colique [f.] hépatique
Gallenleiden [n.] affection [f.] biliaire
Gallensäure [f.] acide [m.] biliaire
Gallenstauung [f.] stase [f.] biliaire
Gallenstein [m.] calcul [m.] biliaire
Gallenweg [m.] voie [f.] biliaire
gallig bilieux, euse
Galopprhythmus [m.] bruit [m.] de galop
Gamet [m.] gamète [m.]
-opathie [f.] gamétopathie [f.]
Gammaenzephalographie [f.] gamma-encéphalographie [f.]
Gamma-Glutamyltransferase [f.] gamma-glutamyl-transférase
G.T. GlutamylTransferase (-glutamyl-transférase - GT)
Gammakardiographie [f.] gamma-cardiographie [f.]
Gammopathie [f.], monoklonale gammapathie [f.] monoclonale
Gang [m.] 1. démarche [f.], 2. méat [m.] (anatomie)
hemiplegischer... [m.] démarche [f.] hémiplégique
paralytischer... [m.] démarche [f.] paralytique
spastischer... [m.] démarche [f.] spasmodique
Gangliektomie [f.] gangliectomie [f.]
Ganglienblockade [f.] ganglioplégie [f.]
Ganglienblocker [m.] ganglioplégique [m.]
Gangliogliom [n.] gangliogliome [m.]
Gangliom [n.] gangliome [m.]
gangliomatös gangliomateux, euse
Ganglion [n.] ganglion [m.]
lymphatisches [n.] ganglion... [m.] lymphatique
Ganglioneurom [n.] ganglioneurome [m.]
Gangliozytom [n.] gangliocytome [m.]
Gangrän [f.] gangrène [f.]
arteriosklerotische... [f.] gangrène [f.] artérioscléreuse
feuchte... [f.] gangrène [f.] humide
Gas- [f.] gangrène [f.] gazeuse
trockene... [f.] gangrène [f.] sèche
gangränös gangréneux, euse
Gargarisma [n.] gargarisme [m.]
Gargoylismus [m.] gargoïlisme [m.]
Gasabszeß [m.] abcès [m.] gazeux
Gasometrie [f.] gazométrie [f.]
Gastralgie [f.] gastralgie [f.]
Gastrektomie [f.] gastrectomie [f.]
Gastrin [n.] gastrine [f.]
gastrisch gastrique
Gastritis [f.] gastrite [f.]
gastroduodenal gastro-duodénal, ale
Gastroduodenitis [f.] gastroduodénite [f.]
Gastroenteritis [f.] gastroentérite [f.]
Gastroenterostomie [f.] gastro-entérostomie [f.]
gastrointestinal gastrointestinal, ale

Gastrojejunostomie [f.] gastro-jéjunostomie [f.]
gastroösophagal gastro-oesophagien, ienne
Gastropathie [f.] gastropathie [f.]
Gastropexie [f.] gastropexie [f.]
Gastroplegie [f.] gastroplégie [f.]
Gastroplikation [f.] gastroplication [f.]
Gastroptose [f.] gastroptôse [f.]
Gastroskop [n.] gastroscope [m.]
-ie [f.] gastroscopie [f.]
gastrostomie [f.] gastrostomie [f.]
gastrotomie [f.] gastrotomie [f.]
Gaumen [m.] palais [m.]
-bogen [m.] (vorderer/hinterer ...) pilier [m.] (antérieur/postérieur) du palais
-drüse [f.] glande [f.] palatine
-plastik [f.] palatoplastie [f.]
-segel [n.] voile [m.] du palais
-segellähmung [f.] paralysie [f.] du voile du palais
-spalte [f.] fente [f.] palatine
Gauss-Kurve [f.] courbe [f.] de Gauss
Gaze [f.] gaze [f.]
G.B.M. Glomerulum-Basal-Membran (membrane basale glomérulaire)
G.D. GesamtDosis (dose totale)
G.E. GastroEnterostomie (gastroentérostomie)
gebähren accoucher
Gebärfähigkeit [f.] parité [f.]
Gebärmutter [f.] utérus [m.]
-entzündung [f.] métrite [f.]
-senkung [f.] prolapsus [m.] utérin
gebeugt infléchi, e
Gebißprothese [f.] dentier [m.]
Gebrechen [n.] infirmité [f.]
angeborenes... [n.] tare [f.]
Geburt [f.] naissance [f.]
Früh- [f.] naissance [f.] avant terme
Spät- [f.] naissance [f.] après terme
Steiß- [f.] accouchement [m.] par le siège
-enkontrolle [f.] contrôle [m.] des naissances
-enziffer [f.] natalité [f.]
-sfehler [m.] malformation [f.] congénitale
-shilfe [f.] obstétrique [f.]
-skanal [m.] filière [f.] génitale maternelle
-stermin [n.] date [f.] de l'accouchement
-strauma [n.] traumatisme [m.] obstétrical
-sweg [m.] filière [f.] pelvienne
-swehen [pl./f.) douleurs [pl./f.] d'enfantement
Gedächtnis [n.] mémoire [f.]
kinästhetisches... [n.] mémoire [f.] sensiomotrice
visuelles... [n.] mémoire [f.] visuelle
-prüfung [f.] test [m.] de mémoire
-störung [f.] trouble [m.] de mémoire
Gedanke [m.] pensée [f.]
-narmut [f.] pauvreté [f.] de la pensée
-nblockade [f.] blocage [m.] de la pensée
-necho [n.] écho [m.] de la pensée
-njagen [n.] fuite [f.] des pensées
Gefäß [n.] vaisseau [m.]
-chirurgie [f.] chirurgie [f.] vasculaire
-entzündung [f.] angéite [f.]
-erweiterung [f.] vasodilatation [f.]
-geräusch [n.] souffle [m.] vasculaire
-kontraktion [f.] vasoconstriction [f.]
-krankheit [f.] affection [f.] vasculaire, vasopathie [f.]
-naht [f.] suture [f.] vasculaire
-plastik [f.] angioplastie [f.]
-prothese [f.] prothèse [f.] vasculaire
-spasmus [m.] spasme [m.] vasculaire, vasospasme [m.]
-verschluß [m.] (akuter arterieller ...) oblitération [f.] artérielle aiguë
-widerstand [m.] résistance [f.] vasculaire
Gefrierpunkt [m.] point [m.] de congélation
Gefühl [n.] sentiment [m.], sensation [f.]
-halluzination [f.] hallucination [f.] du tact
-losigkeit [f.] analgésie [f.]
-sstörung [f.] dysesthésie [f.]
Gegengift [n.] antidote [m.], antitoxine [f.]
Gehalt [m.] (an) teneur [f.] (en)
Gehirn [n.] cerveau [m.]
-chirurgie [f.] chirurgie [f.] du cerveau
-erschütterung [f.] commotion [f.] cérébrale
-erweichung [f.] ramollissement [m.] cérébral
-hälfte [f.] hémisphère [f.] du cerveau
-kompression [f.] compression [f.] cérébrale
-prellung [f.] contusion [f.] cérébrale
-ventrikel [m.] ventricule [m.] cérébral
Gehör [n.] audition [f.]
-empfindlichkeit [f.] acouesthésie [f.]
-gang [m.], (äußerer/innerer ...) conduit [m.] auditif
-halluzination [f.] (externe/interne) hallucination [f.] auditive
geifern baver
Geisteskrankheit [f.] maladie [f.] mentale

Gelbfieber [n.] fièvre [f.] jaune
Gelbkörper [m.] corps [m.] jaune
Gelbsucht [f.] ictère [m.], jaunisse [f.]
Gelenk articulaire
Gelenk [n.] articulation [f.]
-erguß [m.] épanchement [m.] articulaire
-fläche [f.] face [f.] articulaire, facette [f.] articulaire
-fortsatz [m.] apophyse [f.] articulaire
-gicht [f.] goutte [f.] articulaire
-höhle [f.] cavité [f.] articulaire
-knorpel [m.] cartilage [m.] articulaire
-plastik [f.] arthroplastie [f.]
-punktion [f.] ponction [f.] articulaire
-rheumatismus [m.] rhumatisme [m.] articulaire
-scheibe [f.] disque [m.] articulaire
-schmerz [m.] douleur [f.] articulaire
-steife [f.] raideur [m.] articulaire
-tuberkulose [f.] tuberculose [f.] articulaire
-verrenkung [f.] luxation [f.] articulaire
Geltungsbedürfnis [n.] besoin [m.] de se faire valoir
Gen [n.] gène [m.]
dominantes... [n.] gène [m.] dominant
rezessives... [n.] gène [m.] récessif
Genese [f.] genèse [f.]
genetisch génétique
Genetik [f.] génetique [f.]
-er, -erin [m., f.] généticien, ienne [m., f.]
Genick [n.] nuque [f.]
Genital génital, ale
Genitaltrakt [m.] système [m.] génital
Genitaltuberkulose [f.] tuberculose [f.] génitale
Genom [n.] génome [m.]
Genotyp [m.] génotype [m.]
Genu [n.] valgum genou [m.] valgus
Genu [n.] varus genou [m.] varus
Geode [f.] géode [f.]
Geraderichten [n.] redressement [m.]
Geräusch [n.] (Auskultation) souffle [m.]
funktionelles [n.] souffle [m.] fontionnel
Herz- [n.] souffle [m.] cardiaque
Geriater [m.] gériatre [m.]
Geriatrie [f.] gériatrie [f.]
Gerichtsmedizin [f.] médecine [f.] légale
Gerinnung [f.] coagulation [f.]
-sfaktor [m.] facteur [m.] de coagulation
-smittel [n.] coagulant [m.]
-szeit [f.] temps [m.] de coagulation
Germinal germinal, ale
Gerontologie [f.] gérontologie [f.]
Gerontoxon [n.] gérontoxon [m.]
Gerstenkorn [n.] orgelet [m.]
Geruchshalluzination [f.] hallucination [f.] olfactive
Geruchssinn [m.] odorat [m.], olfaction [f.]
Gesäß [n.] fesses [pl./f.]
-spalte [f.] pli [m.] interfessier
geschichtet (z.B. Epithel) stratifié, ée
Geschicklichkeit [f.] habilité [f.] manuelle
Geschlecht [n.] sexe [m.]
geschlechtlich génital, ale
Geschlechtsbestimmung [f.] détermination [f.] du sexe
Geschlechtsinstinkt [m.] instinct [m.] sexuel
Geschlechtskrankheit [f.] maladie [f.] vénérienne
Geschlechtsleben [n.] vie [f.] sexuelle
Geschlechtsmerkmal [n.] caractère [m.] sexuel
primäres [n.] caractère [m.] sexuel primaire
sekundäres [n.] caractère [m.] sexuel secondaire
Geschlechtsorgan [n.] organe [m.] génital
äußeres [n.] organe [m.] génital externe
inneres [n.] organe [m.] génital interne
Geschlechtsreife [f.] maturité [f.] sexuelle
Geschlechtstrieb [m.] impulsion [f.] sexuelle
Geschlechtsverhalten [n.] comportement [m.] sexuel
Geschlechtsverkehr [m.] rapport [m.] sexuel, coït [m.]
Geschmack gustatif, ive; gustatoire
Geschmack(ssinn) [m.] goût [m.]
-shalluzination [f.] hallucination [f.] gustative
-snerv [n.] nerf [m.] gustatif
-sverlust [m.] agueusie [f.]
Geschür [n.] ulcère [m.]
Geschwindigkeit [f.] vitesse [f.], vélocité [f.]
-smessung [f.] vélocimétrie [f.]
Geschwulst [f.] tumeur [f.]
Gesicht [n.] face [f.], figure [f.], visage [m.]
-satrophie [f.] hémiatrophie [f.] faciale
-schirurgie [f.] chirurgie [f.] esthétique de la face
-sfeld [n.] champ [m.] visuel
-sfelddefekt [m.] lacune [f.] du champ visuel
-sfeldeinengung [f.] rétrécissement [m.] du champ visuel
-skrampf [f.] spasme [m.] facial
-lähmung [f.] paralysie [f.] faciale
Gestation [f.] gestation [f.]
gestielt (Tumor) pédiculé, ée (tumeur)
Gestose [f.] gestose [f.]
gesund sain, e
-sein être en bonne santé
Gesundheit [f.] santé [f.]
-swesen [n.] hygiène [f.] publique

Gewebe tissulaire
Gewebe [n.] tissu [m.]
Binde- [n.] tissu [m.] conjonctif
Knochen- [n.] tissu [m.] osseux
Nerven- [n.] tissu [m.] nerveux
retikuloendotheliales... [n.] tissu [m.] réticulo-endothélial
Subkutan- [n.] tissu [m.] sous-cutané
-entnahme [f.] prélèvement [m.] de tissu
Gewicht [n.] poids [m.]
...abnehmen perdre du poids
...zunehmen gagner/prendre du poids
Gewichts pondéral, ale
Gewichtskurve [f.] courbe [f.] pondérale
Gewichtsverlust [m.] perte [f.] pondérale
G.F.R. GlomerulusFiltrationsRate (filtration glomérulaire FG)
G.H. Growth Hormone
G.H.-R.H. Growth Hormone Releasing Hormone
G.H.W.T. Gewebe-Halb-Wert-Tiefe
Gibbus [m.] gibbosité [f.]
Gicht goutteux, euse
Gicht [f.] goutte [f.]
-anfall [m.] accès [m.] de goutte
-knoten [m.] nodosité [f.] goutteuse, tophus [m.]
-niere [f.] rein [m.] goutteux
Giemen [n.] sibilance [f.]
Giemsa-Färbung [f.] coloration [f.] de Giemsa
Gift [n.] toxine [f.]
Giftigkeit [f.] toxicité [f.]
Gigantismus [m.] gigantisme [m.]
Gingiva [f.] gencive [f.]
Gingivitis [f.] gingivite [f.]
Gips [m.] plâtre [m.]
gipsen plâtrer
Gipsotomie [f.] gypsotomie [f.]
Gipsschiene [f.] gouttière [f.] plâtrée
Gipsverband [m.] bandage [m.] plâtré
Glandula [f.] glande [f.]
-submandibularis glande [f.] sous-maxillaire
glandulär glandulaire
Glans [f.] gland [m.]
Glaskörper [m.] corps [m.] vitré
Glaukom [n.] glaucome [m.]
phakogenetisches... [n.] glaucome [m.] phakogénétique
phakolytisches... [n.] glaucome [m.] phakolytique
primäres... [n.] glaucome [m.] primaire
sekundäres... [n.] glaucome [m.] secondaire
glaukomatös glaucomateux, euse
G.L.D.H. Glutamat-De-Hydrogenase
Gleichgewicht [n.] équilibre [m.]
-sprüfung [f.] épreuve [m.] vestibulaire
-ssinn [m.] sens [m.] de l'équilibre
-sstörung [f.] trouble [m.] de l'équilibre
Gleichgültigkeit [f.], affektive désinterêt [m.] affectif
Gleichwertigkeit [f.] équivalence [f.]
Gleithernie [f.] hernie [f.] par glissement
Glia glial, ale
Glia [f.] glie [f.]
-proliferation [f.] prolifération [f.] gliale
Glied [n.] membre [m.]
männliches [n.] verge [f.], membre [m.] viril
Gliedmaße [f.] (Extremität) membre [m.]
Glioblastom [n.] glioblastome [m.]
Gliom [n.] gliome [m.]
-atose [f.] gliomatose [f.]
Gliosarkom [n.] gliosarcome [m.]
Gliosis [f.] gliose [f.]
Gliozytom [n.] gliocytome [m.]
Globin [n.] globine [f.]
Globulin [n.] globuline [f.]
-urie [f.] globulinurie [f.]
glomerulär glomérulaire
Glomerulonephritis [f.] glomérulonéphrite [f.]
akute... [f.] glomérulonéphrite [f.] aiguë
chronische... [f.] glomérulonéphrite [f.] chronique
extramembranöse... [f.] glomérulonephrite [f.] extramembraneuse
membranoproliferative... [f.] glomérulonéphrite [f.] membrano-proliférative
Glomerulosklerose [f.] sclérose [f.] glomérulaire
Glomerulus [n.] glomérule [m.]
-filtration [f.] filtration [f.] glomérulaire
Glomus [m.] glomus [m.]
-tumor [m.] tumeur [f.] glomique
Glossektomie [f.] glossectomie [f.]
Glossitis [f.] glossite [f.]
Glossoplegie [f.] glossoplégie [f.]
Glottis [f.] glotte [f.]
-ödem [n.] oedème [m.] de la glotte
Glotzauge [n.] oeil [m.] de boeuf
Glukagon [n.] glucagon [m.]
Glukogenese [f.] glucogenèse [f.]
Glukokortikosteroid [n.] glucocorticostéroïde [m.]
Glukolipid [n.] glycolipide [m.]
Glukoneogenese [f.] glyconéogenèse [f.]
Glukoprotein [n.] glucoprotéine [f.]
Glukose [f.] glucose [m.]
Glukose-Belastungstest [m.] test [m.] ou épreuve [m.] de tolérance au glucose
Glukosid [n.] glucoside [m.]
Glukosurie [f.] glucosurie [f.]

Glutamat-Oxalazetat-Transaminase [f.] glutamate-oxaloacétate-transaminase [f.]
Glutamat-Pyruvat-Transaminase [f.] glutamate-pyruvate-transaminase [f.]
Gluten [n.] gluten [m.]
Glykämie [f.] glycémie [f.]
Glykogen [n.] glycogène [m.]
-ese [f.] glycogenèse [f.]
-olyse [f.] glycogénolyse [f.]
-ose [f.] glycogénose [f.]
Glykoprotein [n.] glycoprotéine [f.]
Glykosphingolipid [n.] glycosphingolipide [m.]
Glykosurie [f.] glycosurie [f.]
Glyzerin [n.] glycérine [f.]
G.N. GlomeruloNephritis (glomérulonéphrite GN)
Gnathoschisis [f.] gnathoschisis [m.]
G.O.D. Glukose-OxyDase
Gold [n.] or [m.]
Gonade [f.] gonade [f.]
gonadotrop gonadotrope
Gonadotropin [n.] gonadotrophine [f.]
Chorion- [n.] gonadotrophine [f.] chorionique
Gonarthritis [f.] gonarthrite [f.]
Gonarthrose [f.] gonarthrose [f.]
Goniometer [n.] goniomètre [m.]
Gonioskopie [f.] gonioscopie [f.]
Gonococcus [m.] gonocoque [m.]
Gonokokkeninfektion [f.] gonococcie [f.]
Gonorrhoe [f.] gonorrhée [f.]
Gonosom [n.] gonosome [m.]
G.O.T. Glutamat-Oxalazetat-Transaminase (glutamate-oxalacétate-transaminase GOT)
G.P.T. Glutamat-Pyruvat-Transaminase (glutamate-pyruvique transaminase GPT)
Grad [m.] degré [m.]
Gradient [m.] gradient [m.]
Druck- [m.] gradient [m.] de pression
Konzentrations- [m.] gradient [m.] de concentration
Graft-versus-host (Reaktion) [f.] greffe contre hôte (reaction) [f.]
Gram-Färbung [f.] coloration [f.] de Gram
Gramm [n.] gramme [m.]
gramnegativ gram-négatif, ive
grampositiv gram-positif, ive
Grand Mal [n.] grand mal [m.]
granulär granulaire
granulieren granuler
Granulation [f.] granulation [f.]
-sgewebe [n.] tissu [m.] de granulation
Granulom [n.] granulome [m.]
Granulomatose [f.] granulomatose [f.]
Lympho- [f.] lymphogranulomatose [f.]
Granulozyt [m.] granulocyte [m.]
-openie [f.] granulocytopénie [f.]
-ose [f.] granulocytose [f.]
Graphospasmus [m.] graphospasme [m.]
gravide gravide
Gravidität [f.] gravidité [f.]
Greifen [n.] préhension [f.]
Greifreflex [m.] réflexe [m.] de préhension
Greis [m.] veillard [m.]
Grenzstrang [m.] (Sympathicus) tronc [m.] du grand sympathique
Grenzwert [m.] valeur [f.] limite
G.R.H. Growth hormone Releasing Hormone
Grind [m.] dermatose [f.] croûteuse
-flechte [f.] teigne [f.] favique
Grinding-Test [m.] grinding test [m.]
Grinsen [n.] rictus [m.]
grippal grippal, ale
Grippe [f.] grippe [f.]
Größe [f.] (Körper-) taille [f.]
-nwahn [m.] folie [f.] de grandeur, mégalomanie [f.]
Großmutter [f.] grand-mère [f.]
Großvater [m.] grand-père [m.]
Grübchen [n.] fossette [f.]
Grübelsucht [f.] rumination [f.] mentale
Grünholzfraktur [f.] fracture [f.] en bois vert
Grundumsatz [m.] métabolisme [m.] de base
gruppenspezifisch spécifique du groupe
G.T.P. Guanosin-Tri-Phosphat
G.T.T. Glukose-Toleranz-Test (épreuve de tolérance au glucose ETG)
G.U. GrundUmsatz (métabolisme de base)
Guanin [n.] guanine [f.]
Gürtelrose [f.] zona [m.], herpès [m.] zoster
Gumma [n.] gomme [f.] syphilitique
gummös gommeux, euse
gurgeln gargariser
Gurgelmittel [n.] gargarisme [m.]
Gutachten [n.] expertise [f.]
gutartig bénin, bénigne
Guthrie-Test [m.] épreuve [f.] de Guthrie
G.V.H. Graft Versus Host (greffe contre hôte)
Gymnastik [f.] gymnastique [f.]
Gynäkologe [m.] gynécologue [m.]
Gynäkologie [f.] gynécologie [f.]
gynäkologisch gynécologique
Gynäkomastie [f.] gynécomastie [f.]
Gynandrie [f.] gynandrie [f.]
Gyrus [m.] circonvolution [f.], gyrus [m.]

...centralis anterior circonvolution [f.] frontale ascendante
...centralis posterior circonvolution [f.] pariétale ascendante
G.Z. GerinnungsZeit (temps de coagulation TC)

H

H Wasserstoff (hydrogène H)
h Stunde (heure h)
H.A. Hämagglutinations-Hemmungstest
H.A.A. Hepatitis Associated Antigen
Haar- pileux, euse
Haar [n.] (Kopf) cheveu [m.] (tête)
Haar [n.] (Körper) poil [m.] (corps)
-ausfall [m.] chute [f.] des cheveux
-bruch [m.] fracture [f.] capillaire
-follikel [m.] follicule [m.] pileux
-wuchs [m.], Behaarung [f.] système [m.] pileux
-wurzel [f.] racine [f.] d'un cheveu/poil
Habitus [m.] habitus [m.]
Häm [n.] hème [m.]
Hämagglutination [f.] hémagglutination [f.]
Hämagglutinin [n.] hémagglutinine [f.]
Hämangiom [n.] hémangiome [m.]
-atose [f.] hémangiomatose [f.]
Hämarthrose [f.] hémarthrose [f.]
Hämatemessis [f.] hématémèse [f.]
Hämatin [n.] hématine [f.]
hämatogen hématogène
Hämatokolpos [n.] hématocolpos [m.]
Hämatokrit [m.] hématocrite [m.]
Hämatologie [f.] hématologie [f.]
hämatologisch hématologique
Hämatom [n.] hématome [m.]
retroperitoneales... [n.] hématome [m.] rétropéritonéal
Hämatometra [f.] hématométrie [f.]
Hämatomyelie [f.] hématomyélie [f.]
Hämatomyelitis [f.] hématomyélite [f.]
Hämatophobie [f.] hématophobie [f.]
Hämatopoese [f.] hématopoïèse [f.]
hämatopoetisch hématopoïétique
Hämatoporphyrie [f.] hématoporphyrie [f.]
Hämatorrhaschis [f.] hématorrachie [f.]
Hämatosalpinx [f.] hématosalpinx [m.]
Hämatosinus [m.] hématosinus [m.]
Hämatospermie [f.] hématospermie [f.]
Hämatozele [f.] hématocèle [f.]
Hämaturie [f.] hématurie [f.]
Hämoblastose [f.] hémoblastose [f.]
Hämochromatose [f.] hémochromatose [f.]
Hämodialysator [m.] hémodialysateur [m.]
Hämodialyse [f.] hémodialyse [f.]
Hämodilution [f.] hémodilution [f.]
hämodynamisch hémodynamique
Hämoglobin [n.] hémoglobine [f.]
-ämie [f.] hémoglobinémie [f.]
-ometrie [f.] hémoglobinométrie [f.]
-opathie [f.] hémoglobinose [f.]
-urie [f.] hémoglobinurie [f.]
-urie [f.], paroxysmale hémoglobinurie [f.] paroxystique
Hämogramm [n.] hémogramme [m.]
Hämokultur [f.] hémoculture [f.]
Hämolymphangiom [n.] hémolymphangiome [m.]
Hämolyse [f.] hémolyse [f.]
Hämolysin [n.] hémolysine [f.]
hämolytisch hémolytique
Hämomediastinum [n.] hémomédiastin [m.]
Hämopathie [f.] hémopathie [f.]
Hämoperikard [n.] hémopéricarde [m.]
Hämoperitoneum [n.] hémopéritoine [m.]
hämophil hémophile
Hämophilie [f.] hémophilie [f.]
Hämoptoe [f.] hémoptysie [f.]
Hämorrhagie [f.] hémorragie [f.]
Hämorrhoidal hémorroïdal, ale
Hämorrhoidalknoten [m.] marisque [f.]
Hämorrhoide [f.] hémorroïde [f.]
-ktomie [f.] hémorroïdectomie [f.]
Hämosiderin [n.] hémosidérine [f.]
Hämosiderose [f.] hémosiderose [f.]
Hämospermie [f.] hémospermie [f.]
Hämostase [f.] hémostase [f.]
hämostatisch hémostatique
Hämothorax [m.] hémothorax [m.]
Hämotympanon [n.] hémotympan [m.]
Hämozytoblast [m.] hémocytoblaste [m.]
Hämozytolyse [f.] hémocytolyse [f.]
Hängebauch [m.] ventre [m.] en besace
Haftdepression [f.] dépression [f.] carcérale
Hagelkorn [n.] chalazion [m.]
Hahnentritt [m.] steppage [m.]

Haken [m.] crochet [m.]
Haut- [m.] crochet [m.] à peau
Halbseitenkrampf [m.] spasme [m.] unilatéral
Halbseitenlähmung [f.] hémiplégie [f.]
Halbwertszeit [f.] période [f.] de demi-vie
Halitose [f.] halitose [f.]
Hallux [m.] rigidus hallux [m.] rigidus
Hallux [m.] valgus hallux [m.] valgus
Hallux [m.] varus hallux [m.] varus
Halluzination [f.] hallucination [f.]
-sstatus [m.] état [m.] hallucinatoire
Halluzinose [f.] hallucinose [f.]
Hals [m.] cou [m.], gorge [f.]
-entzündung [f.] inflammation [f.] de la gorge
-Nasen-Ohrenarzt [m.] oto-rhino-laryngologiste [m.]
-Nasen-Ohrenheilkunde [f.] oto-rhino-laryngologie [f.]
-rippe [f.] côte [f.] cervicale
-schmerzen [pl./m.] mal [m.] à la gorge
-wirbel [m.] vertèbre [f.] cervicale
-zyste [f.] kyste [m.] cervical
Halteapparat [m.] appareil [m.] de contention
Haltung [f.] attitude [f.], posture [f.]
fehlerhafte... [f.] attitude [f.] vicieuse
starre... [f.] attitude [f.] figée
Haltungs postural, ale
Haltungstremor [m.] tremblement [m.] de posture
Hamartom [n.] hamartome [m.]
Hammerzehe [f.] doigt [m.] en marteau, orteil [m.] en marteau
Hand [f.] main [f.]
-gelenk [n.] poignet [m.]
-rücken [m.] dos [m.] de la main
haploid haploïde
Harn [m.] urine [f.]
Harnausscheidung [f.] élimination [f.] urinaire
Harnblase [f.] vessie [f.]
Harnbrennen [n.] brûlure [f.] mictionnelle
Harndrang [m.] besoin [m.] mictionnel, besoin [m.] d'uriner
plötzlicher... [m.] besoin [m.] mictionnel impérieux
schmerzhafter... [m.] besoin [m.] mictionnel douloureux
Harnfistel [f.] fistule [f.] urinaire
Harngries [m.] sable [m.] urinaire, gravelle [f.]
Harninkontinenz [f.] incontinence [f.] urinaire
Harnleiter [m.] uretère [m.]
-eröffnung [f.] urétérotomie
-mündung [f.] méat [m.] de l'uretère
-plastik [f.] urétéroplastie [f.]
-stein [m.] calcul [m.] de l'uretère
-verschluß [m.] obstruction [f.] de l'uretère
Harnröhre [f.] urètre [m.]
-nentzündung [f.] urétrite [f.]
-nplastik [f.] urétroplastie [f.]
-nstriktur [f.] rétrécissement [m.] de l'urètre
Harnsäure [f.] acide [m.] urique
Harnsediment [n.] sédiment [m.] urinaire
Harnstein [m.] lithiase [f.] urinaire
-leiden [n.] urolithiase [f.]
Harnstoff [m.] urée [f.]
Harnverfärbung [f.] coloration [f.] anormale de l'urine
Harnverhaltung [f.] rétention [f.] d'urine
Harnwege [pl./m.) voies [pl./f.) urinaires
Harnzylinder [m.] cylindre [m.] urinaire
Haschischsucht [f.] cannabisme [m.]
Hasenscharte [f.] bec [m.] de lièvre
Hausarzt [m.] médecin [m.] de famille
Haustrenbildung [f.] haustration [f.]
Haut cutané, ée
Haut [f.] peau [f.]
-abschürfung [f.] écorchure [f.], égratignure [f.], excoriation [f.]
-arzt [m.] dermatologue [m.]
-ausschlag [m.] éruption [f.]
-emphysem [n.] emphysème [m.] cutané
-entzündung [f.] inflammation [f.] de la peau
-farbe [f.] couleur [f.] de la peau
-fenster [n.] fenêtre [f.] cutanée
-haken [m.] crochet [m.] à peau
-krankheit [f.] maladie [f.] de la peau, dermatose [f.]
-krebs [m.] cancer [m.] de la peau
-lappen [m.] lambeau [m.] cutané
-ödem [n.] oedème [m.] cutané
-reaktion [f.] cutiréaction [f.], réaction [f.] cutanée
-rötung [f.] érythème [m.]
-schuppe [f.] pellicule [f.]
-test [m.] test [m.] cutané
-transplantation [f.] greffe [f.] cutanée, transplantation [f.] cutanée
-tuberkulose [f.] tuberculose [f.] cutanée
H.A.V. Hepatitis A Virus (virus de l'hépatite A)
H.A.W.I.K. Hamburg Wechsler Intelligenz Test für Kinder
Hb. Hämoglobin (hémoglobine Hb)

HB-Ag. Hepatitis B Antigen (antigène de l'hépatite B HB.Ag.)
HBc-Ag. Hepatitis B core Antigen
HBe-Ag. Hepatitis B Dane Antigen
Hb-F Fetales Hämoglobin (hémoglobine foetale HbF)
HBs-Ag. Hepatitis B surface Antigen
H.B.V. Hepatitis B Virus (virus de l'hépatite B)
H.C.G. Human Chorionic Gonadotropine
HCL Salzsäure (acide chlorhydrique HCL)
H.D.L. High Density Lipoproteins
He Helium (hélium He)
Head'sche Zonen [pl./f.] zones [pl./f.] de Head
Hebamme [f.] sage-femme [f.]
Hebephrenie [f.] hébéphrénie [f.]
H.E.D. HautEinzelDosis
heilen guérir
Heilmethode [f.] méthode [f.] thérapeutique
Heilmittel [n.] remède [m.], médicament [m.]
Heilpflanze [f.] plante [f.] médicinale
Heilpraktiker [m.] guérisseur [m.]
Heilung [f.] guérison [f.]
Heinz'scher Innenkörper [m.] corps [m.] de Heinz
heiser éraillé, ée;rauque
Heiserkeit [f.] enrouement [m.]
Helix [f.] hélix [m.]
Helminthiase [f.] helminthiase [f.]
Hemeralopie [f.] héméralopie [f.]
Hemiamblyopie [f.] hémiamblyopie [f.]
Hemianakusis [f.] hémisurdité [f.]
Hemianästhesie [f.] hémianesthésie [f.]
Hemianopsie [f.] hémianopsie [f.]
binasale... [f.] hémianopsie [f.] binasale
bitemporale... [f.] hémianopsie [f.] bitemporale
einseitige... [f.] hémianopsie [f.] unilatérale
gekreuzte... [f.] hémianopsie [f.] croisée
heteronyme... [f.] hémianopsie [f.] hétéronyme
homonyme... [f.] hémianopsie [f.] homonyme
temporale... [f.] hémianopsie [f.] temporale
Hemiasynergie [f.] hémiasynergie [f.]
Hemiataxie [f.] hémiataxie [f.]
Hemiballismus [m.] hémiballisme [m.]
hemifaszial hémifascial, ale
Hemikolektomie [f.] hémicolectomie [f.]
Hemikranie [f.] hémicrânie [f.]
Hemiparaplegie [f.] hémiparaplégie [f.]
Hemilaminektomie [f.] hémilaminectomie [f.]
hemilateral hémilatéral, ale
Hemiparese [f.] hémiparésie [f.]
Hemiplegie [f.] hémiplégie [f.]
hemiplegisch hémiplégique
Hemiprostatektomie [f.] hémiprostatectomie [f.]
Hemisphäre [f.] hémisphère [m.]
Großhirn- [f.] hémisphère [m.] cérébral
Kleinhirn- [f.] hémisphère [m.] cérébelleux
Hemithorax [m.] hémithorax [m.]
Hemizellulose [f.] hémicellulose [f.]
hemizygot hémizygote
hemmen inhiber
Hemmung [f.] inhibition [f.]
bedingte... [f.] inhibition [f.] conditionée
kompetitive... [f.] inhibition [f.] compétitive
Reflex- [f.] inhibition [f.] réflexe
rückwirkende... [f.] inhibition [f.] rétroactive
selektive... [f.] inhibition [f.] sélective
Heparin [n.] héparine [f.]
-ämie [f.] héparinémie [f.]
heparinisieren hépariniser
Heparinisierung [f.] héparinisation [f.]
Hepatektomie [f.] hépatectomie [f.]
Hepatitis [f.] hépatite [f.]
alkoholische... [f.] hépatite [f.] alcoolique
chronisch-aggressive... [f.] hépatite [f.] chronique agressive
chronisch-aktive... [f.] hépatite [f.] chronique active
chronisch-persistierende... [f.] hépatite [f.] chronique persistante
infektiöse... [f.] hépatite [f.] infectieuse
Serum- [f.] hépatite [f.] sérique
Virus- [f.] hépatite [f.] virale
-antigen [n.] antigène [m.] de l'hépatite
Hepato- hépato
Hepatoblastom [n.] hépatoblastome [m.]
Hepatocholangitis [f.] hépatocholangite [f.]
hepatogen hépatogène
Hepatolienographie [f.] hépatosplénographie [f.]
Hepatom [n.] hépatome [m.]
Hepatomegalie [f.] hépatomégalie [f.]
Hepatopathie [f.] hépatopathie [f.]
hepatorenal hépato-rénal, ale
Hepatosplenomegalie [f.] hépato-splénomégalie [f.]
hepatotoxisch hépatotoxique
hepatozellulär hépatocellulaire
Hepatozyt [m.] hépatocyte [m.]
Herd [m.] (z.B. Infektions-) foyer [m.] (d'une infection)
Herdläsion [f.] lésion [f.] en foyer
hereditär héréditaire

Heredität [f.] hérédité [f.]
Hermaphrodismus [m.] hermaphrodisme [m.]
Hernie [f.] hernie [f.]
Diskus- [f.] hernie [f.] discale
epigastrische... [f.] hernie [f.] épigastrique
Hiatus- [f.] hernie [f.] hiatale
Leisten- [f.] hernie [f.] inguinale
Muskel- [f.] hernie [f.] musculaire
Nabel- [f.] hernie [f.] ombilicale
Schenkel- [f.] hernie [f.] crurale
Skrotal- [f.] hernie [f.] scrotale
Zwerchfell- [f.] hernie [f.] diaphragmatique
Heroin [n.] héroïne [f.]
-sucht [f.] héroïnomanie [f.]
Herpangina [f.] herpangine [f.]
Herpes herpétique
Herpes [m.] herpès [m.]
-fieber [n.] fièvre [f.] herpétique
-gingivitis [f.] gingivite [f.] herpétique
-virus [n.] herpèsvirus [m.]
herpetiform herpétiforme
Herz cardiaque
Herz [n.] coeur [m.]
-achse [f.], elektrische axe [m.] éléctrique du coeur
-anfall [m.] crise [f.] cardiaque
-asthma [n.] asthme [m.] cardiaque
-beutel [m.] péricarde [m.]
-beutelvereiterung [f.] pyopéricarde [m.]
-buckel [m.] voussure [f.]
-chirurgie [f.] chirurgie [f.] cardiaque
-dämpfung [f.] matité [f.] cardiaque
-frequenz [f.] fréquence [f.] cardiaque
-geräusch [n.] souffle [m.] cardiaque
-größe [f.] dimension [f.] du coeur
-infarkt [m.] infarctus [m.] du coeur
Herzinsuffizienz [f.] insuffisance [f.] cardiaque
chronische... [f.] insuffisance [f.] cardiaque chronique
dekompensierte... [f.] insuffisance [f.] cardiaque décompensée
globale... [f.] insuffisance [f.] cardiaque globale
kompensierte [f.] insuffisance [f.] cardiaque compensée
Links- [f.] insuffisance [f.] cardiaque gauche
Rechts- [f.] insuffisance [f.] cardiaque droite
Herzkammer [f.] cavité [f.] du coeur, ventricule [m.]
-automatismus [m.] automatisme [m.] ventriculaire
-punktion [f.] ponction [f.] du coeur
Herzkatheterismus [m.] cathétérisme [m.] cardiaque
Herzklappe [f.] valve [f.] du coeur, valvule [f.] cardiaque
-nfehler [m.] malformation [f.] d'une valvule cardiaque
Herzklopfen [n.] palpitations [pl./f.]
Herzkrankheit [f.] affection [f.] cardiaque
Herzkranzgefäße [pl./n.] vaisseaux [pl./m.] coronaires
Herzleiden [n.] cardiopathie [f.]
Herz-Lungen-Maschine [f.] machine [f.] coeur-poumon
Herzmassage [f.] massage [m.] cardiaque
Herzminutenvolumen [n.] débit [m.] cardiaque, volume [m.] sanguin minute
Herzmuskel [m.] myocarde [m.]
-schwäche [f.] insuffisance [f.] du myocarde
Herzneurose [f.] névrose [f.] cardiaque
Herzruptur [f.] rupture [f.] du coeur
Herzschlag [m.] battement [m.] du coeur
Herzschrittmacher [m.] stimulateur [m.] cardiaque, pacemaker [m.]
Herzschwäche [f.] insuffisance [f.] cardiaque
Herzsenkung [f.] cardioptôse [f.]
Herzspitze [f.] pointe [f.] du coeur, vertex [m.] du coeur
-nstoß [m.] choc [m.] de la pointe du coeur
Herzstillstand [m.] arrêt [m.] du coeur
Herzton [m.] bruit [m.] du coeur
Herzvektor [m.] vecteur [m.] cardiaque
Herzventrikel [m.] ventricule [m.] cardiaque
Herzverfettung [f.] coeur [m.] gras
Herzverpflanzung [f.] greffe [f.] du coeur
Herzvolumen [n.] volume [m.] du coeur
Herzwandaneurysma [n.] anévrisme [m.] cardiaque
Heteroantikörper [m.] hétéroanticorps [m.]
Heterochromie [f.] hétérochromie [f.]
Heterochromosom [n.] hétérochromosome [m.]
heterogen hétérogène
heterolog hétérologue
Heteroplastik [f.] hétéroplastie [f.]
Heteroprotein [n.] hétéroprotéine [f.]
heterosexuell hétérosexuel, elle
heterotop hétérotrope
Heterotopie [f.] hétérotropie [f.]
Heterotransplantat [n.] hétérotransplant [m.]
Heterotransplantation [f.] hétérotransplantation [f.]
Heterotrichose [f.] hétérotrichose [f.]
heterozygot hétérozygote
Heuschnupfen [m.] rhume [m.] des foins

Hexadaktylie [f.] hexadactylie [f.]
Hexenmilch [f.] sécretion [f.] lactée du nouveauné
Hexenschuß [m.] lumbago [m.]
Hexose [f.] hexose [f.]
H.G.H. Human Growth Hormone
H.H.G. Humanes Hypophysäres Gonadotropin
H.H.L. HypophysenHinter-Lappen (lobe postérieur de l'hypophyse)
H.H.T. Hämagglutinations-Hemmtest
Hiatus [m.] hiatus [m.]
leucaemicus hiatus [m.] leucémique
hernie [f.] hernie [f.] hiatale
Hibernation [f.], artifizielle hibernation [f.] artificielle
Hidradenitis [f.] hidrosadénite [f.]
Hidradenom [n.] hidradénome [m.]
Hidrorrhoe [f.] hidrorrhée [f.]
H.I.G. HyperImmunGlobulin (globuline hyperimmune)
Hilus [m.] hile [m.]
Himbeerzunge [f.] langue [f.] framboisée
hinken boiter, trébucher
Hinken [n.] boiterie [f.]
hinlegen (sich ...) s'allonger
hinterer postérieur, eure
Hinterhorn [n.] (Rückenmark) corne [f.] postérieure
Hinterstrang [m.] (Rüchenmark) cordon [m.] postérieur
Hinterwurzel [f.] racine [f.] postérieure
Hippokampus [m.] hippocampe [m.]
Hippursäure [f.] acide [m.] hippurique
Hirn [n.] cerveau [m.]
Hinter- [n.] cerveau [m.] postérieur
Mittel- [n.] cerveau [m.] moyen
Vorder- [n.] cerveau [m.] antérieur
Hirnatrophie [f.] atrophie [f.] cérébrale
Hirnbasis [f.] base [f.] du cerveau
Hirndruck [m.] pression [f.] intracrânienne
gesteigerter [m.] hypertension [f.] intracrânienne
Hirndurchblutung [f.] irrigation [f.] cérébrale
-sstörung [f.] insuffisance [f.] circulatoire cérébrale, accident [m.] vasculaire cérébral
Hirnerweichung [f.] ramollissement [m.] cérébral
Hirnhaut [f.] méninge [f.]
-entzündung [f.] méningite [f.]
Hirnlappen [m.] lobe [m.] du cerveau
Hirnnerv [m.] paire [f.] crânienne
Hirnödem [n.] oedème [m.] cérébral
Hirnschaden [m.] lésion [f.] cérébrale
Hirnschlag [m.] apopléxie [f.]
Hirnsklerose [f.] sclérose [f.] cérébrale
tuberöse [f.] sclérose [f.] tubéreuse
Hirnstamm [m.] tronc [m.] cérébral
Hirnstiel [m.] pédoncule [m.] cérébral
Hirnsubstanz [f.] substance [f.] du cerveau
graue... [f.] substance [f.] grise du cerveau
weiße... [f.] substance [f.] blanche du cerveau
Hirnventrikel [m.] ventricule [m.] cérébral
Hirnwindung [f.] circonvolution [f.] cérébrale
Hirsutismus [m.] hirsutisme [m.]
His'sche Bündel [n.] faisceau [m.] de His
Histamin [n.] histamine [f.]
Histiozyt [m.] hystiocyte [m.]
-om [n.] histiocytome [m.]
-ose [f.] histiocytose [f.]
Histogenese [f.] histogenèse [f.]
Histogramm [n.] histogramme [m.]
Histoinkompatibilität [f.] histo-incompatibilité [f.]
Histokompatibilität [f.] histocompatibilité [f.]
Histologie [f.] histologie [f.]
Histopathologie [f.] histopathologie [f.]
Histoplasmose [f.] histoplasmose [f.]
Histotripsie [f.] histotripsie [f.]
Hitzewallung [f.] bouffée [f.] de chaleur
Hitzschlag [m.] coup [m.] de chaleur
H.K. HexoKinase (hexokinase)
H.L.A. Human Lymphocyte Antigen
H.L.M. Herz-Lungen-Maschine (machine coeur-poumon)
H.M.C. Hypertelorismus Mikrotie facial Clefting
H.M.G. Human Menopausal Gonadotropine
H.M.S.N. Hereditäre Motorisch-Sensible Neuropathie (neuropathie sensorimotrice héréditaire)
H.M.V. HerzMinutenVolumen (volume sanguin par minute)
H.N.O. Hals-Nasen-Ohren (oto-rhinolaryngo ORL)
H.O.C.M. Hypertrophe Obstruktive KardioMyopathie (cardiomyopathie obstructive CMO)
Hoden scrotal, ale;testiculaire
Hoden [m.] testicule [m.]
-bruch [m.] hernie [f.] scrotale
-ektopie [f.] ectopie [f.] testiculaire
-entzündung [f.] orchite [f.]
-extirpation [f.] orchidectomie [f.]
-krebs [m.] cancer [m.] testiculaire

-sack [m.] bourse [f.], scrotum [m.]
-schmerz [m.] douleur [f.] testiculaire
-torsion [f.] torsion [f.] testiculaire
Hodgkin-Erkrankung [f.] maladie [f.] de Hodgkin
Höchstwert [m.] valeur [f.] maximale
Höhenkrankheit [f.] maladie [f.] des montagnes
Höcker [m.] (Knochen-) tubérosité [f.]
hörbar audible
Hörbereich [m.] aire [f.] d'audibilité
hören entendre
Hören [n.] audition [f.]
Hörgerät [n.] appareillage [m.] auditif
Hörkurve [f.] audiogramme [m.]
Hörprüfung [f.] acoumétrie [f.]
Hörschwelle [f.] seuil [m.] auditif
Hörvermögen [n.] capacité [f.] auditive
Hörzentrum [n.] centre [m.] de réception auditive
Hohlorgan [n.] viscère [m.] creux
holodiastolisch holodiastolique
holokrin holocrine
holosystolisch holosystolique
Holzschuh(herz)form [f.] coeur [m.] en sabot
Homöopath [m.] homéopathe [m.]
-ie [f.] homéopathie [f.]
homöopathisch homéopathique
Homöostase [f.] homéostasie [f.]
homogen homogène
homolog homologue
Homoplastik [f.] homoplastie [f.]
Homosexualität [f.] homosexualité [f.]
homosexuell homosexuel, elle
Homotransplantation [f.] homotransplantation [f.]
Homovanillinsäure [f.] acide [m.] homovanilique
homozygot homozygote
Hormon [n.] hormone [f.]
adrenokortikotropes... [n.] hormone [f.] adrénocorticotrope
antidiuretisches [n.] hormone [f.] antidiurétique
Follikelstimulierendes... [n.] hormone [f.] folliculostimulante
Hypophysenvorderlappen- [f.] hormone [f.] antéhypophysaire
Hypophysenhinterlappen- [f.] hormone [f.] posthypophysaire
luteinisierendes... [n.] hormone [f.] lutéinisante
Parat- [n.] parathormone [f.]
Schilddrüsen- [n.] hormone [f.] thyroïdienne
somatotropes... [n.] hormone [f.] somatotrope
thyreotropes... [n.] hor -mone [f.] thyréotrope
Wachstums- [n.] hormone [f.] de croissance
-behandlung [f.] traitement [m.] hormonal, hormono-thérapie [f.]
hormonell hormonal, ale
Hornersches Syndrom [n.] syndrome [m.] de Claude Bernard Horner
Hornhaut [f.] cornée [f.]
-geschwür [n.] ulcère [m.] de la cornée
-staphylom [n.] staphylome [m.] scléral
-trübung [f.] opacité [f.] de la cornée
Hospitalismus [m.] hospitalisme [m.]
H.P.L. Humanes Plazentares Laktogen (hormone placentaire lactogène HPL)
H.S.C. Hand-Schüller-Christian
H.S.G. HysteroSalpingoGraphie (hystérosalpingographie HSG)
H.S.V. Herpes Simplex Virus (herpès simplex virus HSV)
H.T. HerzTöne (bruits du coeur BC)
Hüfte [f.] hanche [f.]
Hüftgelenk [n.] articulation [f.] de la hanche
-sluxation [f.], angeborene luxation [f.] congénitale de la hanche
Hühnerbrust [f.] thorax [m.] en carène
hüsteln toussoter
Hüsteln [n.] toussotement [m.]
Hufeisenniere [f.] rein [m.] en fer à cheval
Humanes plazentares Laktogen [n.] hormone [f.] placentaire lactogène
Humerus [m.] humérus [m.]
humoral humoral, ale
Hunger [m.] faim [f.]
-ödem [n.] oedème [m.] par carence
Hunter'sche Glossitis [f.] langue [f.] de Hunter
Huntingtonsche Chorea [f.] chorée [f.] de Huntington
H.U.S. Hämolytisch-Urämisches Syndrom (syndrome hémolytique urémique SHU)
husten tousser
Husten [m.] toux [f.]
-anfall [m.] quinte [f.]
-reiz [m.] irritation [f.] des bronches, envie [f.] de tousser
H.V.L. HypophysenVorderLappen (lobe antérieur de l'hypophyse)
H.W.S. HalsWirbelSäule (colonne vertébrale cervicale)
H.W.Z. HalbWertsZeit (temps de demie-vie)
Hyalin [n.] hyaline [f.]
-ose [f.] hyalinose [f.]
Hyalitis [f.] hyalite [f.]
Hyaloplasma [n.] hyaloplasme [m.]
Hyaluronidase [f.] hyaluronidase [f.]
Hybridation [f.] hybridation [f.]
Hydarthrose [f.] hydarthrose [f.]
Hydatide [f.] hydatide [f.]

Hydrämie [f.] hydrémie [f.]
Hydramnion [n.] hydramnios [m.]
Hydratation [f.] hydratation [f.]
Hydrokortison [n.] hydrocortisone [f.]
Hydrolyse [f.] hydrolyse [f.]
Hydromeningozele [f.] hydroméningocèle [f.]
Hydromyelie [f.] hydromyélie [f.]
Hydronephrose [f.] hydronéphrose [f.]
Hydroperikard [n.] hydropéricarde [m.]
hydrophil hydrophile
Hydrophobie [f.] hydrophobie [f.]
Hydrorrhoe [f.] hydrorrhée [f.]
Hydrosalpinx [f.] hydrosalpinx [m.]
Hydrosis [f.] hydrose [f.]
Hydrotherapie [f.] hydrothérapie [f.]
Hydrothorax [m.] hydrothorax [m.]
Hydroureter [m.] hydrouretère [m.]
Hydroxycorticosteroid [n.] hydroxycorticostéroïde [m.]
Hydrozele [f.] hydrocèle [f.]
Hydrozephalus [m.] hydrocéphalie [f.]
-internus hydrocéphalie [f.] interne
Hygiene [f.] hygiène [f.]
Zahn- [f.] hygiène [f.] dentaire
Hygrom [n.] hygroma [m.]
Hymen [n.] hymen [m.]
Hypästhesie [f.] hypoesthésie [f.]
Hypakusis [f.] hypoacousie [f.]
Hyperakanthose [f.] hyperacanthose [f.]
Hyperaktivität [f.] hyperactivité [f.]
Hyperakusis [f.] hyperacousie [f.]
Hyperalgesie [f.] hyperalgesie [f.]
Hyperazidität [f.] hyperacidité [f.]
Hyperazotämie [f.] hyperazotémie [f.]
Hyperämie [f.] hyperémie [f.]
Hyperästhesie [f.] hyperesthésie [f.]
hyperbar hyperbare
Hyperbilirubinämie [f.] hyperbilirubinémie [f.]
Hyperchlorämie [f.] hyperchlorémie [f.]
Hyperchlorhydrie [f.] hyperchlorhydrie [f.]
Hypercholesterinämie [f.] hypercholestérolémie [f.]
Hypercholie [f.] hypercholémie [f.]
hyperchrom hyperchrome
Hyperchromie [f.] hyperchromie [f.]
Hyperdensität [f.] hyperdensité [f.]
Hyperemesis [f.] hyperémèse [f.]
Hyperextension [f.] hyperextension [f.]
Hyperfibrinogenämie [f.] hyperfibrinémie [f.]
Hyperflexion [f.] hyperflexion [f.]
Hyperglobulie [f.] hyperglobulie [f.]
Hyperglykämie [f.] hyperglycémie [f.]
hyperglykämisch hyperglycémique
Hypergonadismus [m.] hypergonadisme [m.]
Hyperhidrosis [f.] hyperhidrose [f.]
Hyperimmunglobulin [n.] globuline [f.] hyperimmune
Hyperinsulinismus [m.] hyperinsulinisme [m.]
Hyperkaliämie [f.] hyperkaliémie [f.]
Hyperkalzämie [f.] hypercalcémie [f.]
Hyperkalziurie [f.] hypercalciurie [f.]
Hyperkapnie [f.] hypercapnie [f.]
Hyperkeratose [f.] hyperkératose [f.]
Hyperketonämie [f.] hypercétonémie [f.]
Hyperkinesie [f.] hyperkinésie [f.]
hyperkinetisch hyperkinétique
Hyperkoagulabilität [f.] hypercoagulabilité [f.]
Hyperkortizismus [m.] hypercorticisme [m.]
Hyperlaktazidämie [f.] hyperlactacidémie [f.]
Hyperlipämie [f.] hyperlipémie [f.]
Hyperlipidämie [f.] hyperlipidémie [f.]
Hyperlordose [f.] hyperlordose [f.]
Hypermenorrhoe [f.] hyperménorrhée [f.]
Hypermetrie [f.] hypermétrie [f.]
Hypermetropie [f.] hypermétropie [f.]
Hypernatriämie [f.] hypernatriémie [f.]
Hyperorexie [f.] hyperorexie [f.]
Hyperostose [f.] hyperostose [f.]
Hyperoxalämie [f.] hyperoxalémie [f.]
Hyperoxalurie [f.] hyperoxalurie [f.]
Hyperparathyreoidismus [m.] hyperparathyroïdie [f.], hyperparathyroïdisme [m.]
Hyperphagie [f.] hyperphagie [f.]
Hyperplasie [f.] hyperplasie [f.]
Hyperpnoe [f.] hyperpnée [f.]
Hyperproteinämie [f.] hyperprotidémie [f.]
Hyperreflexie [f.] hyperréflexie [f.]
Hypersekretion [f.] hypersécretion [f.]
Hypersensibilität [f.] hypersensibilité [f.]
Hypersiderinämie [f.] hypersidérémie [f.]
Hypersomnie [f.] hypersomnie [f.]
Hyperspermie [f.] hyperspermie [f.]
Hypertelorismus [m.] hypertélorisme [m.]
hypertensiv hypertensif, ive
hypertensive Krise [f.] crise [f.] hypertensive

Hyperthenar [m.] hyperthénar [m.]
Hyperthermie [f.] hyperthermie [f.]
Hyperthrombozytämie [f.] hyperthrombocytémie [f.]
Hyperthymie [f.] hyperthymie [f.]
Hyperthyreose [f.] hyperthyroïdisme [m.], hyperthyréose [f.]
Hypertonie [f.] hypertension [f.], hypertonie [f.]
portale... [f.] hypertension [f.] portale
pulmonale... [f.] hypertension [f.] pulmonaire
renal bedingte... [f.]hypertension [f.] rénale
renovaskuläre... [f.] hypertension [f.] réno-vascu-
laire
hypertonisch hypertonique
Hypertrichose [f.] hypertrichose [f.]
Hypertriglyzeridämie [f.] hypertriglycéridémie [f.]
Hypertrophie [f.] hypertrophie [f.]
Hyperurikämie [f.] hyperuricémie [f.]
Hyperventilation [f.] hyperventilation [f.]
Hypervitaminose [f.] hypervitaminose [f.]
Hypervolämie [f.] hypervolémie [f.]
Hyphe [f.] hyphe [f.]
Hypnose [f.] hypnose [f.]
hypnotisch hypnotique
Hypoakusis [f.] hypoacousie [f.]
Hypoasthenie [f.] hypoasthénie [f.]
Hypochlorämie [f.] hypochlorémie [f.]
Hypochlorhydrie [f.] hypochlorhydrie [f.]
Hypochondrie [f.] hypocondrie [f.]
hypochrom hypochrome
Hypochromie [f.] hypochromie [f.]
Hypodensität [f.] hypodensité [f.]
Hypogastrium [n.] hypogastre [m.]
Hypoglossus [m.] hypoglosse [m.]
Hypoglykämie [f.] hypoglycémie [f.]
Hypogonadismus [m.] hypogonadisme [m.]
Hypokaliämie [f.] hypokaliémie [f.]
Hypokalzämie [f.] hypocalcémie [f.]
hypokalzämisch hypocalcémique
Hypokapnie [f.] hypocapnie [f.]
Hypokinesie [f.] hypokinésie [f.]
hypokinetique hypokinétique
Hypokoagulabilität [f.] hypocoagulabilité [f.]
Hypomanie [f.] hypomanie [f.]
Hyponatriämie [f.] hyponatriémie [f.]
Hypoparathyreodismus [m.] hypoparathyroïdisme [m.]
Hypophosphatämie [f.] hypophosphatémie [f.]
hypophysär hypophysaire
Hypophyse [f.] hypophyse [f.], glande [f.] pituitaire
-ktomie [f.] hypophysectomie [f.]
-ndach [n.] tente [f.] de l'hypophyse
-nhinterlappen [m.] lobe [m.] postérieur de l'hypophyse
-nhinterlappenhormon [n.] hormone [m.] posthypophysaire
-nvorderlappen [m.] lobe [m.] antérieur de l'hypophyse
-nvorderlappenhormon [n.] hormone [m.] antéhypophysaire
Hypopituitarismus [m.] hypopituitarisme [m.]
Hypoplasie [f.] hypoplasie [f.]
Hypopnoe [f.] hypopnée [f.]
Hypoproteinämie [f.] hypoprotidémie [f.]
Hypopyon [n.] hypopyon [m.]
Hyporeflexie [f.] hyporéflexie [f.]
Hyposmie [f.] hyposmie [f.]
Hypospadie [f.] hypospadias [m.]
Hypospermie [f.] hypospermie [f.]
hypotensiv hypotensif, ve
Hypothalamus [m.] hypothalamus [m.]
Hypothenar [m.] hypothénar [m.]
Hypothermie [f.] hypothermie [f.]
Hypothymie [f.] hypothymie [f.]
Hypothyreose [f.] hypothyréose [f.], hypothyroïdie [f.]
Hypotonie [f.] hypotension [f.], hypotonie [f.]
orthostatische [f.] hypotension [f.] orthostatique
hypotonisch hypotonique
Hypotrichose [f.] hypotrichose [f.]
Hypotrophie [f.] hypotrophie [f.]
Hypoventilation [f.] hypoventilation [f.]
Hypovitaminose [f.] hypovitaminose [f.]
Hypovolämie [f.] hypovolémie [f.], hypovolhémie [f.]
Hypoxie [f.] hypoxie [f.]
Hysterektomie [f.] hystérectomie [f.]
Hysterie [f.] hystérie [f.]
hysterisch hystérique
Hysterogramm [n.] hystérogramme [m.]
Hysterographie hystérographie [f.]
Hysterometrie [f.] hystérométrie [f.]
Hysteropexie [f.] hystéropexie [f.]
Hysteroptose [f.] hystéroptôse [f.]
Hysterosalpingographie [f.] hystéro-salpingographie [f.]
Hysteroskopie [f.] hystéroscopie [f.]
Hysterotomie [f.] hystérotomie [f.]
Hysterozele [f.] hystérocèle [f.]

Hysterozystopexie [f.] hystéo-cystopexie [f.]
Hysterozystozele [f.] hystéro-cystocèle [f.]
H.Z.V. HerzZeitVolumen (volume sanguin par minute)

I

i.a. intraarteriell (intra-artériel i.a.)
iatrogen iatrogène
i.c. intrakutan
I.C.D.H. IsoCitrat-Dehydrogenase
Ichthyosis [f.] ichtyose [f.]
I.C.P. Infantile ZerebralParese (hémiplégie cérébrale infantile HCI)
I.C.R. InterKostalRaum (espace intercostal EIC)
I.C.S.H. Interstitial Cell Stimulating Hormone
Ictus [m.] ictus [m.]
Ideenflucht [f.] fuite [f.] des idées, idéation [f.] incohérente
Identifizierung [f.] identification [f.]
Idiogramm [n.] idiogramme [m.]
idiopathisch idiopathique
Idiosynkrasie [f.] idiosyncrasie [f.]
Idiotie [f.] idiotie [f.]
amaurotische [f.] idiotie [f.] amaurotique
Idiotypie [f.] idiotypie [f.]
I.E. Internationale Einheit (unité internationale UI)
I.F. Inhibiting Factor
Ig (A, D, E, G, M) Immunglobuline (immunglobulines Ig A, D, E, G, M)
I.H.S.S. Idiopathische Hypertrophische Subaorten-Stenose
I.K. 1. Inspiratorische Kapazität (capacité inspiratoire CI), 2. Irritables Kolon (côlon irritable)
ikterisch ictérique
Ikterus [m.] ictère [m.]
hämolytischer... [m.] ictère [m.] hémolytique
Kern- [m.] ictère [m.] nucléaire
I.L.A. Insulin Like Activity
Ileitis [f.] iléite [f.]
regionalis iléite [f.] regionale
Strahlen- [f.] iléite [f.] radique
ileokolisch iléo-colique
Ileokolitis [f.] iléo-colite [f.]
Ileokolostomie [f.] iléo-colostomie [f.]
Ileorektostomie [f.] iléo-rectostomie [f.]
Ileosakralgelenk [n.] articulation [f.] sacro-iliaque
Ileostomie [f.] iléostomie [f.]
ileozökal iléo-caecal, ale
Ileozökalklappe [f.] valvule [f.] iléo-caecale
Ileum [n.] iléon [m.]
Ileus [m.] iléus [m.]
paralytischer... [m.] iléus [m.] paralytique
spastischer... [m.] iléus [m.] spasmodique
Iliitis [f.] iliite [f.]
imbezil imbécile
Imbezillität [f.] imbécillité [f.]
immatur immature, prématture
Immaturität [f.] immaturité [f.], prématurité [f.]
immobilisieren immobiliser
Immobilisierung [f.] immobilisation [f.]
immun immun, e
Immun- immunitaire
Immunantwort [f.] reponse [f.] immunitaire
Immunadhärenz [f.] immunoadhérence [f.]
Immundefekt [m.] défaut [m.] immunitaire
Immundefizienz [f.] immunodéficience [f.]
Immundefizit [m.] déficit [m.] immunitaire
Immundepression [f.] immunodépression [f.]
Immundiffusion [f.] immunodiffusion [f.]
Immunelektrophorese [f.] immunoélectrophorèse [f.]
Immunfluoreszenz [f.] immunofluoréscence [f.]
-reaktion [f.] réaction [f.] d'immunofluoréscence
immungenetisch immungénétique
Immunglobulin [n.] immunoglobuline [f.]
-opathie [f.] immunglobulinopathie [f.]
immunisieren immuniser
Immunisierung [f.] immunisation [f.]
aktive... [f.] immunisation [f.] active
passive... [f.] immunisation [f.] passive
Immunität [f.] immunité [f.]
aktive... [f.] immunité [f.] active
erworbene... [f.] immunité [f.] acquise
gekreuzte... [f.] immunité [f.] croisée
humorale... [f.] immunité [f.] humorale
passive... [f.] immunité [f.] passive
zelluläre... [f.] immunité [f.] cellulaire
Immunkomplex [m.] complexe [m.] immun
zirkulierender... [m.] complexe [m.] immun-circulant
Immunologie [f.] immunologie [f.]
immunologisch immunologique
Immunserum [n.] immunsérum [m.]
Immunsuppressivum [n.] immunosuppresseur [m.], immuno- dépresseur [m.]
Immunsuppression [f.] immunosuppression [f.], immuno- dépression [f.]
Immuntherapie [f.] immunothérapie [f.]
Impedanz [f.] impédance [f.]
Impetigo [f.] impétigo [m.]
Imperforatio [f.] imperforation [f.]
impfen vacciner

Impffieber [f.] fièvre [f.] vaccinale
Impfstoff [m.] vaccin [m.]
attenuierter... [m.] vaccin [m.] atténué
inaktivierter... [m.] vaccin [m.] inactivé
Impfung [f.] inoculation [f.], vaccination [f.]
Implantat [n.] implant [m.]
Implantation [f.] implantation [f.]
Impotenz [f.] impuissance [f.]
Imprägnation [f.] impregnation [f.]
Impressiones [pl./f.] digitatae impressions [pl./f.] digitales
Impressionsfraktur [f.] fracture [f.] impactée
Impuls [m.] impulsion [f.]
Impulsionsneurose [f.] névrose [f.] d'obsession impusive
impulsiv impulsif, ive
Impulsivität [f.] impulsivité [f.]
inaktiv inactif, ive
Inaktivierung [f.] inactivation [f.]
Inaktivitätsatrophie [f.] atrophie [f.] par inactivité
Inanition [f.] inanition [f.]
-sdelirium [n.] délire [m.] d'inanition
Inappetenz [f.] inappetence [f.]
Incisura [f.] échancrure [f.]
Inclusio [f.] inclusion [f.]
Index [m.] index [m.], indice [m.]
Mitose- [m.] index [m.] mitotique
therapeutischer... [m.] indice [m.] thérapeutique
indifferenziert indifférencié, ée
Indigestion [f.] indigestion [f.]
Indikation [f.] indication [f.]
Indikator [m.] indicateur [m.]
indolent indolent
Indolenz [f.] indolence [f.]
Induktion [f.] induction [f.]
inert inert, e
Inertia [f.] inertie [f.]
infantil infantile
Infantilismus [m.] infantilisme [m.]
Infarkt [m.] infarctus [m.]
anteroseptaler... [m.] infarctus [m.] antéros-septal
transmuraler... [m.] infarctus [m.] transmural
Infarzierung [f.] infarcissement [m.]
Infektiologie [f.] infectiologie [f.]
Infektion [f.] infection [f.]
lokale... [f.] infection [f.] locale
Tröpfchen- [f.] infection [f.] par gouttelettes
Tuberkulose- [f.] infection [f.] tuberculeuse
infektiös infectieux, euse
Infertilität [f.] infertilité [f.]
Infestation [f.] infestation [f.]
Infiltrat [n.] infiltrat [m.]
Infiltration [f.] infiltration [f.]
Lungen- [f.] infiltration [f.] pulmonaire
-sanästhesie [f.] anesthésie [f.] par infiltration
infiltrieren infiltrer
Inflammatio [f.] inflammation [f.]
Influenza [f.] influenza [f.]
infra infra
infraklavikulär infraclaviculaire
inframamillär inframamillaire
infrarot infrarouge
Infrarotbestrahlung [f.] rayonnemnet [m.] infrarouge
infundibulär infundibulaire
Infundibulum [n.] infundibulum [m.]
Infusion [f.] infusion [f.]
I.N.G. IsotopenNephroGramm
Ingestion [f.] ingestion [f.]
inguinal inguinal, ale
Inguinalhernie [f.] hernie [f.] inguinale
Inhalation [f.] inhalation [f.]
-sanästhesie [f.] anesthésie [f.] par inhalation
Inhalator [m.] inhalateur [m.]
inhalieren inhaler
Inhibin [n.] inhibine [f.]
Inhibition [f.] inhibition [f.]
Inhibitor [m.] inhibiteur [m.]
inhomogen inhomogène
Injektion [f.] injection [f.]
intraarterielle... [f.] injection [f.] intraartérielle
intramuskuläre... [f.] injection [f.] intramusculaire
intraperitoneale... [f.] injection [f.] intrapéritonéale
intravenöse... [f.] injection [f.] intraveineuse
Kontrastmittel- [f.] injection [f.] opacifante
Lumbal- [f.] injection [f.] intrarachidienne
sklerosierende... [f.] injection [f.] sclérosante
subkutane... [f.] injection [f.] sous-cutanée
injezierbar injectable
injezieren injecter
Inkarzerierung [f.] incarcération [f.]
Inkohärenz [f.] incohérence [f.]
inkompatibel incompatible
Inkompatibilität [f.] incompatibilité [f.]
Blut- [f.] incompatibilité [f.] sanguine
Inkongruenz [f.] incongruence [f.]
inkontinent incontinent, ente
Inkontinenz [f.] incontinence [f.]
Streß- [f.] incontinence [f.] à l'effort
Inkubation [f.] incubation [f.]
-szeit [f.] période [f.] d'incubation

Inkubator [m.] étuve [f.] à incubation
inkurabel incurable
Innenrotation [f.] rotation [f.] interne
Innervation [f.] innervation [f.]
Inokulation [f.] inoculation [f.]
inotrop inotrope
I.N.P.B. Intermittend Negative Pressure Breathing
I.N.P.V. Intermittend Negative Pressure Ventilation
Inselzellen [f./pl.] cellules [pl./f.] des ilôts
Insemination [f.] insémination [f.]
Insertion [f.] insertion [f.]
-stendopathie [f.] insertionite [f.]
in situ in situ
Insolation [f.] insolation [f.]
insolubel insoluble
Insomnie [f.] insomnie [f.]
Inspirator [m.] inspirateur [m.]
Inspiration [f.] inspiration [f.]
Inspirium [n.] inspirium [m.]
instabil instable
Instabilität [f.] instabilité [f.]
psychomotorische [f.] instabilité [f.] psychomotrice
Instillation [f.] instillation [f.]
Instinkt [m.] instinct [m.]
instinktiv instinctif, ive
Insuffizienz [f.] insuffisance [f.]
Aorten- [f.] insuffisance [f.] aortique
chronisch-venöse... [f.] insuffisance [f.] veineuse chronique
Herz- [f.] insuffisance [f.] cardiaque
Koronar- [f.] insuffisance [f.] coronaire
Mitral- [f.] insuffisance [f.] mitrale
Nieren- [f.] insuffisance [f.] rénale
Trikuspidal- [f.] insuffisance [f.] tricuspidienne
vertebro-basiläre... [f.] insuffisance [f.] vertébrobasilaire
zerebrovaskuläre... [f.] insuffisance [f.] vasculaire cérébrale
Insufflation [f.] insufflation [f.]
Insula [f.] insula [f.]
Insula insulaire
Insulin [n.] insuline [f.]
Verzögerungs- [n.] insuline [f.] à préparation retard
Insulinom [n.] insulinome [m.]
insulinresistent insulinoprivé
Insulinresistenz [f.] insulinorésistance [f.]
Insulinspiegel [m.] insulinémie [f.]
Insulintherapie [f.] insulinothérapie [f.]
Intelligenz [f.] intelligence [f.]
-quotient [m.] quotient [m.] d'intelligence
intensiv intensif, ive
Intensivpflege [f.] soins [pl./m.] intensifs
Intention [f.] intention [f.]
-stremor [f.] tremor [m.] intentionnel
Intensität [f.] intensité [f.]
interartikulär interarticulaire
interdigital interdigital, ale
Interdigitalmykose [f.] mycose [f.] interdigitale
Interdigitalraum [m.] espace [m.] interdigital
Interferenz [f.] interférence [f.]
Interiorisation [f.] intériorisation [f.]
interkostal intercostal, ale
Interkostalraum [m.] espace [m.] intercostal
interlabial interlabial, ale
interlobulär interlobulaire
interkurrent intercurrent, ente
intermittierend intermittent, ente
intern interne
Internist [m.] interniste [m.]
interossös interosseux, euse
Interphase [f.] interphase [f.]
interskapulär interscapulaire
interstitiell interstitiel, elle
Interstitium [n.] interstice [m.]
Intertrigo [f.] intertrigo [m.]
intertrochantär intertrochantérien, ienne
Intervall [n.] intervalle [m.]
interventrikulär interventriculaire
intervertebral intervertébral, ale
intestinal intestinal, ale
Intestinum [n.] intestin [m.]
Intoleranz [f.] intolérance [f.]
in toto in toto
Intoxikation [f.] intoxication [f.]
intraarteriell intraartériel, elle
intraartikulär intraarticulaire
intradermal intradermique
Intradermaltest [m.] intradermoréaction [f.]
intradural intradural, ale
intrahepatisch intrahépatique
intrakardial intracardiaque
intrakraniell intracrânien, ienne
intrakutan intracutané, ée
Intrakutannaht [f.] suture [f.] intradermique
intralobulär intralobulaire
intraluminal intraluminal, ale
intramedullär intramédullaire
intramural intramural, ale
intramuskulär intramusculaire
intraokulär intraoculaire
intraparenchymatös intraparenchymateux, euse
intraperitoneal intrapéritonéal, ale
intrasellär intrasellaire

intrathorakal intrathoracique
intratracheal intratrachéal, ale
intrauterin in utéro
Intrauterinpessar [n.] dispositif [m.] intra-utérin, stérilet [m.]
intravaginal intravaginal, ale
intravaskulär intravasculaire
intravenös intraveineux, euse
intraventrikulär intraventriculaire
intrazellulär intracellulaire
Intrazellularraum [m.] compartiment [m.] intracellulaire
intrinsisch intrinsèque
Introspektion [f.] introspection [f.]
introvertiert introverti, e
Intubation [f.] intubation [f.]
intubieren intuber
Intubierung [f.] tubage [m.]
Intumeszenz [f.] intumescence [f.]
Inulin [n.] inuline [f.]
Inulin-Clearance [f.] clairance [f.] à l'inuline
Invagination [f.] invagination [f.]
invalid invalide
Invalide [m.] invalide [m.]
Invalidität [f.] invalidité [f.]
invasiv invasif, ive
Invasion [f.] invasion [f.]
  -speriode [f.] période [f.] d'invasion
Inversion [f.] inversion [f.]
in vitro in vitro
in vivo in vivo
Involution [f.] involution [f.]
Inzidenz [f.] incidence [f.]
inzidieren inciser
Inzision [f.] incision [f.]
Inzisur [f.] incisure [f.]
Ion [n.] ion [m.]
Ionisation [f.] ionisation [f.]
Ionogramm [n.] ionogramme [m.]
i.p. intraperitoneal (intrapéritonéal)
I.P.P.B. Intermittend Positive Pressure Breathing
I.P.P.V. Intermittend Positive Pressure Ventilation
I.Q. Intelligenz-Quotient (quotient intellectuel QI)
Iridektomie [f.] iridectomie [f.]
Iridochoroiditis [f.] iridochoroïdite [f.]
Iridokeratitis [f.] irido-kératite [f.]
Iridoplegie [f.] iridoplégie [f.]
Iridotomie [f.] iridotomie [f.]
Iridozyklitis [f.] iridocyclite [f.]
Iris iridien, ienne
Iris [f.] iris [m.]
  -lähmung [f.] iridoplégie [f.]
Iritis [f.] irite [f.]
irreponibel irréductible
irritabel irritable
Irritabilität [f.] excitabilité [f.]
Irritation [f.] irritation [f.]
Ischämie [f.] ischémie [f.]
ischämisch ischémique
Ischialgie [f.] sciatalgie [f.], sciatique [f.]
Ischiasnerv [m.] nerf [m.] sciatique
Ischurie [f.] ischurie [f.]
I.S.D.N. IsoSorbid-Dinitrat (isosorbide dinitrate)
Isoagglutination [f.] isoagglutination [f.]
isochron isochrone
isoelektrisch isoélectrique
isoelektrische Linie [f.] ligne [f.] isoélectrique
Isoenzym [n.] isoenzyme [m.]
Isokorie [f.] isocorie [f.]
Isoimmunisierung [f.] isoimmunisation [f.]
isomer isomère
isometrisch isométrique
isotherm isotherme
Isothermie [f.] isothermie [f.]
Isotonie [f.] isotonie [f.]
isotonisch isotonique
Isotop [n.] isotope [m.]
Isotransplantation [f.] isotransplantation [f.], isogreffe [f.]
Isthmus [m.] isthme [m.]
  -uteri isthme [m.] de l'utérus
I.T.G.V. IntraThorakales GasVolumen
I.T.P. Idiopathische Thrombozytopenische Purpura (purpura thrombopénique idiopathique PTI)
I.U. International Unit
I.U.D. IntraUterine Device
I.U.P. IntraUterinPessar (dispositif intra-utérin DIU)
i.v. intravenös (intraveineux i.v.)
I.Z.R. InterZellulärRaum (espace intercellulaire)

J

J. Jod (iode I)
Jackson-Anfall [m.] convulsion [f.] jacksonienne
Jargonaphasie [f.] jargonaphasie [f.]
Jejunektomie [f.] jéjunectomie [f.]
Jejunitis [f.] jéjunite [f.]
Jejunoileitis [f.] jéjuno-iléite [f.]
Jejunoileostomie [f.] jéjuno-iléostomie [f.]
Jejunostomie [f.] jéjunostomie [f.]
Jejunotomie [f.] jéjunotomie [f.]
Jejunum [n.] jéjunum [m.]
Jochbogen [m.] arcade [f.] zygomatique
Jod [n.] iode [m.]
  -akne [f.] acné [m.] iodique
  -karenz [f.] carence [f.] en iode
  -gehalt [m.] (im Blut) iodémie [f.]
  -opsin [n.] iodopsine [f.]
  -therapie [f.] iodothérapie [f.]
  -tinktur [f.] teinture [f.] d'iode
jucken démanger
  sich... se gratter

Jucken [n.] oder Juckreiz [m.] démangeaison [f.], prurit [m.]
Jugularis(vene) [f.] veine [f.] jugulaire
Jugularis [f.] externa veine [f.] jugulaire externe
Jugularis [f.] interna veine [f.] jugulaire interne
Juxta juxta
juxtaartikulär juxtaarticulaire
juxtaglomerulär juxtaglomérulaire
juxtapylorisch juxtapylorique

K

K. Kalium (potassium K)
kachektisch cachectique
Kachexie [f.] cachexie [f.]
käsig caséeux, euse
Kaffeesatzerbrechen [n.] vomissement [m.] en mare de café
Kahlköpfigkeit [f.] calvitie [f.]
Kahnbauch [m.] ventre [m.] en carène
Kaiserschnitt [m.] césarienne [f.]
Kakosmie [f.] cacosmie [f.]
Kakostomie [f.] cacostomie [f.]
Kalium [n.] potassium [m.]
Kaliämie [f.] kaliémie [f.]
Kaliurie [f.] kaliurie [f.]
Kalkablagerung [f.] dépôt [m.] calcaire
Kalkaneus [m.] calcanéum [m.]
kallös calleux, euse
Kallus [m.] cal [m.]
-luxurians cal [m.] vicieux
Kalorie [f.] calorie [f.]
-nbedarf [m.] besoins [pl./m.] énergétiques
Kalorimetrie [f.] calorimétrie [f.]
Kalotte [f.] voûte [f.] crânienne, calotte [f.] crânienne
-nklopfschmerz [m.] casque [f.] neurasthénique
Kalzämie [f.] calcémie [f.]
Kalzifizierung [f.] calcification [f.]
Kalzinose [f.] calcinose [f.]
Kalzitonin [n.] calcitonine [f.]
Kalziurie [f.] calciurie [f.]
Kammer ventriculaire
Kammer [f.] ventricule [m.]
-flattern [n.] flutter [m.] ventriculaire
-flimmern [n.] fibrillation [f.] ventriculaire
-rhythmus [m.] rythme [m.] ventriculaire
-stillstand [m.] arrêt [m.] ventriculaire
-wasser [n.] humeur [f.] acqueuse
-winkel [m.] angle [m.] irido-cornéen
Kampimetrie [f.] campimétrie [f.]
Kanner-Syndrom [n.] syndrome [m.] de Kanner
Kanule [f.] canule [f.]
kanzerös cancéreux, euse
Kanzerophobie [f.] cancérophobie [f.]
Kapazität [f.] capacité [f.]
Exkretions- [f.] capacité [f.] d'excrétion
inspiratorische [f.] capacité [f.] inspiratoire
Residual- [f.] capacité [f.] résiduelle
totale Lungen- [f.] capacité [f.] pulmonaire totale
Vital- [f.] capacité [f.] vitale
kapillär capillaire
Kapillardruck [m.] pression [f.] capillaire
Kapillargeschwulst [f.] tumeur [f.] capillaire
Kapillaroskopie [f.] capillaroscopie [f.]
Kapillarerweiterung [f.] ectasie [f.] capillaire
Kaposisarkom [n.] sarcome [m.] de Kaposi
Kapsel [f.] gélule [f.], capsule [f.]
Gelenk- [f.] capsule [f.] articulaire
Kapselstar [m.] cataracte [f.] capsulaire
kapsulär capsulaire
Karbunkel [m.] charbon [m.]
Kardia [f.] cardia [m.]
kardial cardiaque
Kardialgie [f.] cardialgie [f.]
Kardiographie [f.] cardiographie [f.]
Kardiologe [m.] cardiologue [m.]
Kardiologie [f.] cardiologie [f.]
Kardiomegalie [f.] cardiomégalie [f.]
Kardiomyopathie [f.] cardiomyopathie [f.]
Kardiopathie [f.] cardiopathie [f.]
kongenitale [f.] cardiopathie [f.] congénitale
Kardiospasmus [m.] cardiospasme [m.]
Kardiotokographie [f.] cardiotocographie [f.], tococardiographie [f.]
Kardiotomie [f.] cardiotomie [f.]
kardiotoxisch cardiotoxique
kardiovaskulär cardio-vasculaire
Karditis [f.] cardite [f.]
Karenz [f.] carence [f.]
Karies [f.] carie [f.]
kariös carié, ée
Karotis [f.] carotide [f.]
-sinus [m.] sinus [m.] carotidien
-sinussyndrom [n.] syndrome [m.] du sinus carotidien
Karpaltunnel [m.] canal [m.] carpien
-syndrom [n.] syndrome [m.] du canal carpien
Karpus [m.] carpe [m.]
Karyogramm [n.] caryogramme [m.]
Karyokinese [f.] caryocinèse [f.]
Karyolyse [f.] caryolyse [f.]
Karyotyp [m.] caryotype [m.]
karzinogen carcinogène
Karzinom [n.] carcinome [m.]
karzinomatös carcinomateux, euse

Karzinomatose [f.] carcinomatose [f.]
Karzinose [f.] carcinose [f.]
Kastration [f.] castration [f.]
Katabolismus [m.] catabolisme [m.]
Katabolit [m.] catabolite [m.]
Katalepsie [f.] catalepsie [f.]
hysterische [f.] catalepsie-hystérie [f.]
Katamnese [f.] catamnèse [f.]
Kataplexie [f.] cataplexie [f.]
Katarakt [m.] cataracte [f.]
Katarrh [m.] catarrhe [m.]
katarrhalisch catarrhal, ale
Katatonie [f.] catatonie [f.]
katatonisch catatonique
Katecholamin [n.] catécholamine [f.]
Katheter [m.] cathéter [m.]
Katheterisierung [f.] sondage [f.]
Katheterismus [m.] cathétérisme [m.]
Kathode [f.] cathode [f.]
Kaubewegung [f.] mâchonnement [m.]
kaudal caudal, ale
kauen mâcher, mastiquer
Kauen [n.] mastication [f.], mâchonnement [m.]
Kausalgie [f.] causalgie [f.]
Kauter [m.] cautère [m.]
-isation [f.] cautérisation [f.]
Kaverne [f.] caverne [f.]
kavernös caverneux, euse
Kavernom [n.] cavernome [m.]
Kavernoskopie [f.] cavernoscopie [f.]
Kavographie [f.] cavographie [f.]
K.B.R. KomplementBindungsReaktion (fixation du complément FC)
Kehlkopf [m.] larynx [m.]
-entzündung [f.] laryngite [f.]
-krebs [m.] cancer [m.] du larynx
-plastik [f.] laryngoplastie [f.]
-spiegel [m.] laryngoscope [m.]
-spiegelung [f.] laryngoscopie [f.]
Keim [m.] germe [m.]
-drüse [f.] glande [f.] germinale
-zelle [f.] cellule [f.] germinale
Kelch [m.] calice [m.]
Keloid [n.] chéloïde [f.]
Kephalalgie [f.] céphalgie [f.]
Kephalhämatom [n.] céphalhématome [m.]
Kephalin [n.] céphaline [f.]
Keratin [n.] kératine [f.]
Keratitis [f.] kératite [f.]
ulcerosa kératite [f.] ulcéreuse
Kerato kérato
Keratoakanthom [n.] hypoplasie [f.] pseudo-épithéliale
Keratodermatitis [f.] kératodermie [f.]
Keratodermatose [f.] kératodermatose [f.]
Keratoektasie [f.] protusion [f.] de la cornée
Keratoiritis [f.] kératoirite [f.]
Keratokonjunktivitis [f.] kérato-conjonctivite [f.]
Keratolyse [f.] kératolyse [f.]
Keratom [n.] kératome [m.]
senile kératome [m.] sénile
Keratomalazie [f.] kératomalacie [f.]
Keratomykose [f.] kératomycose [f.]
Keratoplastik [f.] kératoplastie [f.]
Keratorrhexis [f.] rupture [f.] de la cornée
Keratose [f.] kératose [f.]
aktinische... [f.] kératose [f.] actinique
Keratosis [f.] palmoplantaris kératodermie [f.] palmo-plantaire
Keratosis [f.] pilaris kératose [f.] pilaire
Keratoskleritis [f.] kératosclérite [f.]
Kernig-Zeichen [n.] signe [m.] de Kernig
Kernikterus [m.] ictère [m.] nucléaire
Kernstar [m.] cataracte [f.] nucléaire
Ketoazidose [f.] acidocétose [f.], cétoacidoe [f.]
Ketogenese [f.] cétogenèse [f.]
Ketonkörper [pl./m.] corps [pl./m.] cétoniques
Ketonurie [f.] cétonurie [f.]
Ketose [f.] cétose [f.]
Ketosteroid [n.] cétostéroïde [m.]
Ketosurie [f.] cétosurie [f.]
keuchen haleter
Keuchen [n.] cornage [m.]
Keuchhusten [m.] coqueluche [f.]
K.E.V. Konstitutionelle Entwicklungs- Verzögerung
K.G. KörperGewicht (poids corporel)
K.H. KohleHydrate (glucides)
K.H.K. Koronare Herz-Krankheit (insuffisance coronaire)
Kiefer [m.] mâchoire [f.], maxillaire [m.]
Ober- [m.] maxillaire [m.] supérieur, mâchoire [f.] supérieure
Unter- [m.] maxillaire [m.] inférieur, mâchoire [f.] inférieure
-bogen [m.] arc [m.] mandibulaire
-gelenk [n.] articulation [f.] temporo-maxillaire
-höhle [f.] sinus [m.] maxillaire
-höhlenentzündung [f.] sinusite [f.] maxillaire
-höhlenpunktion [f.] ponction [f.] du sinus maxillaire
-klemme [f.] blocage [m.] intermaxillaire, trismus [m.]

-orthopädie [f.] orthopédie [f.] dento-faciale
Kielbrust [f.] thorax [m.] en carène
Kiemenbogen [m.] arc [m.] branchial
Kilo(gramm) [n.] kilo(gramme) [m.]
Kilokalorie [f.] kilocalorie [f.]
Kilovolt [n.] kilovolt [m.]
Kilowatt [n.] kilowatt [m.]
Kinästhesie [f.] fonction [f.] kinesthésique
Kinase [f.] kinase [f.]
Kind [n.] enfant [m.]
-bettfieber [n.] fièvre [f.] puerpérale
-bettpsychose [f.] folie [f.] puerpérale
-erarzt [m.] pédiatre [m.]
-erheilkunde [f.] pédiatrie [f.]
-erkrankheit [f.] maladie [f.] d'enfance
-erlähmung [f.] poliomyélite [f.]
-erpsychiatrie [f.] pédopsychiatrie [f.]
-stod [m.], plötzlicher mort [f.] subite du nourrisson
kindlich infantile
Kinesiologie [f.] cinésiologie [f.]
Kinesiotherapie [f.] kinésiothérapie [f.], cinésithérapie [f.]
kinetisch cinétique
Kinesis [f.] cinèse [f.]
Kinetose [f.] cinétose [f.]
Kinn [n.] menton [m.]
Kitzelgefühl [n.] titillation [f.]
kitzeln titiller
Kitzeln [n.] chatouillement [m.], titillement [m.]
kJ KiloJoule
Klammer [f.] clamp [m.], pince [f.]
-reflex [m.] réflexe [m.] d'agrippement
Klappe [f.] valvule [f.], clapet [m.]
Aorten- [f.] valvule [f.] aortique
Atrioventrikular- [f.] valvule [f.] auriculo-ventriculaire
Bikuspidal- [f.] valvule [f.] bicuspide
Ileozökal- [f.] valvule [f.] iléo-caecale
Mitral- [f.] valvule [f.] mitrale
Trikuspidal- [f.] valvule [f.] tricuspide
Uretral- [f.] valvule [f.] urétrale
-ninsuffizienz [f.] insuffisance [f.] valvulaire
-nkrankheit [f.] valvulopathie [f.]
-nplastik [f.] valvuloplastie [f.]
-nton [m.] claquement [m.] valvulaire
Klaustrophobie [f.] claustrophobie [f.]
Klavicula [f.] clavicule [f.]
Klebsiella [f.] klebsiella [m.]
Kleidotomie [f.] cléidotomie [f.]
Kleinhirn cérébelleux, euse
Kleinhirn [n.] cervelet [m.]
-brückenwinkel [m.] angle [m.] ponto-cérébelleux
-sklerose [f.] sclérose [f.] cérébelleux
-stiel [m.] pédoncule [m.] cérébelleux
-zelt [n.] tente [f.] du cervelet
Kleinwuchs [m.] nanisme [m.]
Klemme [f.] agrafe [f.]
Kleptomane [m.] cleptomane [m.], kleptomane [m.]
Kleptomanie [f.] cleptomanie [f.], kleptomanie [f.]
Klimakterium [n.] climatère [m.]
Kliniker [m.] clinicien [m.]
Klinikum [n.] clinique [f.]
klinisch clinique
Klinisches Bild [n.] tableau [m.] clinique
Klistierspritze [f.] poire [f.] de caoutchouc
Klitoris [f.] clitoris [m.]
klonisch clonique
Klonus [m.] clonus [m.]
Knickfuß [m.] pied [m.] valgus
Knie [n.] genou [m.]
-gelenk [n.] articulation [f.] de genou
-gelenksentzündung [f.] gonarthrite [f.]
-Hacke-Versuch [m.] épreuve [f.] talon-genou
-kehle [f.] creux [m.] poplité, pli [m.] poplité
-scheibe [f.] rotule [f.]
-sehnenreflex [m.] réflexe [m.] rotulien
knistern crépiter
Knistern [n.] crépitement [m.]
Knochen [m.] os [m.]
-alter [n.] age [m.] osseux
-bälkchen [pl./n.] travées [pl./f.] osseuses
-bau [m.] structure [f.] osseuse
-biopsie [f.] biopsie [f.] osseuse
-bruch [m.] facture [f.]
-gewebe [n.] tissu [m.] osseux
-haut [f.] périoste [m.]
-hautentzündung [f.] périostite [f.]
-leitung [f.] conduction [f.] osseuse
-mark [n.] moelle [f.] osseuse
-marksaplasie [f.] aplasie [f.] médullaire
-nekrose [f.] nécrose [f.] osseuse
-nekrose [f.], aseptische ostéonécrose [f.] aseptique
-splitter [m.] esquille [f.]
-substanz [f.] substance [f.] osseuse
-szintigraphie [f.] scintigraphie [f.] osseuse
-tuberkulose [f.] tuberculose [f.] osseuse
Knöchel [m.] cheville [f.], malléole [f.]
Außen- [m.] malléole [f.] externe
Innen- [m.] malléole [f.] interne
-chen [n.] osselet [m.]
knöchern osseux, euse

Knöcherung (Ver-) [f.] ossification [f.]
Knötchensyphilid [n.] syphilide [m.] nodulaire
Knopfnaht [f.] suture [f.] à points séparés
Knorpel [m.] cartilage [m.]
Arytenoid- [m.] cartilage [m.] aryténoïde
elastischer... [m.] cartilage [m.] élastique
fibröser... [m.] cartilage [m.] fibreux
Gelenk- [m.] cartilage [m.] articulaire
hyaliner... [m.] cartilage [m.] hyalin
Ohr- [m.] cartilage [m.] auriculaire
Rippen- [m.] cartilage [m.] costal
Tracheal- [m.] cartilage [m.] de la trachée
-bildung [f.] chondrification [f.]
knorpelig cartilagineux, euse
Knoten [m.] nodosité [f.], nodule [f.], noeud [m.]
-rhythmus [m.] rythme [m.] nodal
-struma [f.] goitre [m.] nodulaire
Koagulation [f.] coagulation [f.]
-szeit [f.] temps [m.] de coagulation
koagulieren coaguler
Koagulopathie [f.] caogulopathie [f.]
Verbrauchs- [f.] caogulopathie [f.] de consommation
Koagulum [n.] coagulum [m.]
Kobalt [n.] cobalt [m.]
-therapie [f.] cobalthérapie [f.]
Kochsalzlösung [f.] physiologische solution [f.] physiologique salée
kochleär cochléaire
Kodein [n.] codéine [f.]
Koeffizient [m.] coefficient [m.]
Körper corporel, elle
Körper [m.] corps [m.]
-gewicht [n.] poids [m.] corporel
-haltung [f.] attitude [f.]
körperbehindert infirme;handicapé, ée
körperlich physique
-messung [f.] mensuration [f.]
-oberfläche [f.] surface [f.] corporelle
-temperatur [f.] température [f.] corporelle
-wassergehalt [n.] eau [f.] corporelle
Kohlenhydrate [pl./n.] glucides [pl./m.]
Kohlensäure [f.] acide [m.] carbonique
Koitus [m.] coïte [m.]
Kokzygodynie [f.] coccygodynie [f.]
Kolektomie [f.] colectomie [f.]
Kolik [f.] colique [f.]
Kolitis [f.] colite [f.]
Kollagen [n.] collagène [f.]
-ose [f.] collagenose [f.]
Kollaps [m.] collapsus [m.]
Kollateral collatéral, ale
Kollateralkreislauf [m.] circulation [f.] collatérale
Kolloid [n.] colloïde [m.]
-zyste [f.] kyste [m.] colloïde
Kolobom [n.] colobome [m.]
Kolon [n.] côlon [m.]
irritables... [n.] côlon [m.] irritable
-fistel [f.] fistule [f.] colique
-karzinom [n.] cancer [m.] du côlon
-oskopie [f.] colonoscopie [f.]
-scheidenfistel [f.] fistule [f.] colovaginale
Kolorimetrie [f.] colorimétrie [f.]
Koloskopie [f.] coloscopie [f.]
Kolostomie [f.] colostomie [f.]
Kolostrum [n.] colostrum [m.]
Kolpitis [f.] colpite [f.]
Kolpoperineoplastik [f.] colpo-périnéoplastie [f.]
Kolpoperineo(r)raphie [f.] colpo-périnéorraphie [f.]
Kolpopexie [f.] colpopexie [f.]
Kolpoplastik [f.] colpoplastie [f.]
Kolporraphie [f.] colporraphie [f.]
Kolposkopie [f.] colposcopie [f.]
Kolpozele [f.] colpocèle [f.]
Kolpozystoplastik [f.] colpocystoplastie [f.]
Kolpozystozele [f.] colpocystocèle [f.]
Kolpozytologie [f.] colpocytologie [f.]
Koma [n.] coma [m.]
alkoholisches... [n.] coma [m.] alcoolique
diabetisches... [n.] coma [m.] diabétique
hepatisches... [n.] coma [m.] hépatique
hypo/hyperglykämisches... [n.] coma [m.] hypo/hyperglycémique
urämisches... [n.] coma [m.] urémique
vigile coma [m.] vigile
komatös comateux, euse
Komedo [m.] comédon [m.]
Kommissur [f.] commissure [f.]
Kommisurotomie [f.] commisurotomie [f.]
Kommotion [f.] commotion [f.]
Kompatibilität [f.] compatibilité [f.]
Kompensation [f.] compensation [f.]
kompensieren compenser
Komplement [n.] complément [m.]
-bindungsreaktion [f.] fixation [f.] du complément
Komplex [m.] complexe [m.]
Ödipus- [m.] complexe [m.] d'Oedipe
Primär- [m.] complexe [m.] primaire
QRS- [m.] complexe [m.] QRS
Komplikation [f.] complication [f.]

Kompresse [f.] compresse [f.]
Kompression [f.] compression [f.]
-sverband [m.] bandage [m.] compressif
komprimieren comprimer
Kondensation [f.] condensation [f.]
konditionieren conditionner
Konditionierung [f.] conditionnement [m.]
Kondylom [n.] condylome [m.]
-atose [f.] condylomatose [f.]
Kondylus [m.] condyle [m.]
Konfabulation [f.] confabulation [f.]
kongenital congénital, ale
Kongestion [f.] congestion [f.]
Koniose [f.] coniose [f.]
Konisation [f.] conisation [f.]
Konjunktive [f.] conjonctive [f.]
Konjunctivitis [f.] conjonctivite [f.]
...vernalis conjonctivite [f.] vernale
konjugiert conjugué, ée
konkav concave
Konkavität [f.] concavité [f.]
Konkrement [n.] concrétion [f.]
konsensuelle Reaktion [f.] réflexe [m.] consensuel
Konsistenz [f.] consistance [f.]
Konsolidierung [f.] consolidation [f.]
Konstitution [f.] constitution [f.]
-styp [m.] type [m.] constitutionnel
Konsultation [f.] consultation [f.]
Kontagiosität [f.] contagiosité [f.]
Kontaktdermatitis [f.] dermatite [f.] de contact
Kontaktlinse [f.] lentille [f.]
Kontamination [f.] contamination [f.]
Kontraindikation [f.] contre-indication [f.]
kontraktil contractile
Kontraktilität [f.] contractilité [f.]
Kontraktion [f.] contraction [f.]
Kontraktur [f.] contracture [f.]
kontralateral controlatéral, ale
Kontrastmittel [n.] produit [m.] de contraste, milieu [m.] de contraste
-darstellung [f.] opacification [f.] d'un organe
-einlauf [m.] lavement [m.] opaque
Kontrazeption [f.] contraception [f.]
extrauterine... [f.] contraception [f.] extrautérine
intrauterine... [f.] contraception [f.] intrautérine
Kontrazeptivum [n.] contraceptif [m.]
Kontrollgruppe [f.] expérience [f.] de contrôle
Kontusion [f.] contusion [f.]
Konus [m.] cône [m.]
konvergent convergent, ente
Konvergenz [f.] convergence [f.]
Konversionshysterie [f.] conversion [f.] hystérique
konvex convexe
Konvexität [f.] convexité [f.]
Konvulsion [f.] convulsion [f.]
Konzentration [f.] concentration [f.]
maximal zulässige... [f.] concentration [f.] maximale admise
Hämoglobin- [f.] concentration [f.] en hémoglobine
-sschwäche [f.] défaut [m.] de concentration
konzentrisch concentrique
Konzeption [f.] conception [f.]
Koordination [f.] coordination [f.]
-sstörung [f.] trouble [m.] de la coordination
-szentrum [n.] centre [m.] de coordination
Kopf [m.] tête [f.]
-flechte [f.] teigne [f.] trichophytique du cuir chevelu
-haut [f.] cuir chevelu [m.]
-lage [f.] présentation [f.] céphalique, présentation [f.] de la tête
-schmerzen [pl./m.] mal [m.] à la tête, céphalée [f.]
-schwarte [f.] cuir [m.] chevelu
-umfang [m.] périmètre [m.] crânien
Koplik'sche Flecken [pl./m.] taches [pl./f.] de Koplik
Koprolith [m.] coprolithe [m.]
Koprophilie [f.] coprophilie [f.]
Koprostase [f.] coprostase [f.]
Korektopie [f.] corectopie [f.]
Kornea [f.] cornée [f.]
-lreflex [m.] réflexe [m.] cornéen
Koronar coronaire
Koronarerkrankung [f.] maladie [f.] coronaire
Koronarinsuffizienz [f.] insuffisance [f.] coronaire
Koronarographie [f.] coronarographie [f.]
Koronarsinus [m.] sinus [m.] coronaire
Korpus [n.] corps [m.]
-karzinom [n.] cancer [m.] du corps
korpuskulär corpusculaire
Korpuskuläre Hämoglobinkonzentration [f.] concentration [f.] corpusculaire en hémoglobine
Korsakoffsche Psychose [f.] psychose [f.] de Korsakoff
Kortex [m.] cortex [m.]
kortikal cortical, ale
Kortikoid [n.] corticoïde [m.]

-resistenz [f.] corticorésistance [f.]
Kortikosteroid [n.] corticostéroïde [m.]
Kortisol [n.] cortisol [m.]
Kortison [n.] cortisone [f.]
Kost [f.] régime [m.]
ausgeglichene... [f.] régime [m.] équilibré
fettreich... [f.] régime [m.] cétogène
salzfreie... [f.] régime [m.] sans sel
Kostotomie [f.] costotomie [f.]
Kot [m.] fèces [pl./f.]
Kotabszeß [m.] abcès [m.] stercoral
kotartig fécaloïde
Koterbrechen [n.] vomissement [m.] fécaloïde
Kotstein [m.] coprolithe [m.], fécalome [m.]
Koxitis [f.] coxite [f.]
K.P. Kreatin-Phosphat (créatine- phosphate)
Krätze [f.] gale [f.]
Kraft [f.] force [f.]
-verlust [m.] adynamie [f.]
Krallenhand [f.] main [f.] en griffe
Krampf [m.] crampe [f.], spasme [m.]
epileptischer... [m.] convulsion [f.]
-ader [f.] varice [f.]
-aderresektion [f.] extirpation [f.] des varices
-aderverödung [f .] injection [f.] sclérosante pour varices
-mittel [m.] anticonvulsivant [m.]
-zentrum [n.] centre [m.] spasmogène
krampfartig (Schmerz) spasmodique (douleur)
Kraniometrie [f.] craniométrie [f.]
Kraniopharyngiom [n.] craniopharyngiome [m.]
Kraniostenose [f.] craniosténose [f.]
Kraniosynostose [f.] craniosynostose [f.]
Kraniotomie [f.] craniotomie [f.]
krank malade
-werden tomber malade
Krankenbericht [m.] observation [f.]
Krankenhaus [n.] hôpital [m.]
-aufnahme [f.] hospitalisation [f.]
-einweisung [f.] hospitalisation [f.]
Krankenkasse [f.] caisse-maladie [f.]
Krankenpfleger [m.] infirmier [m.]
Krankenschwester [f.] infirmière [f.]
Krankentransport [m.] transport [m.] de malade
Krankenwagen [m.] ambulance [f.]
Krankheit [f.] affection [f.], maladie [f.]
-sverlauf [m.] déroulement [m.] de la maladie
Krankmeldung [f.] certificat [m.] médical
Kratzen [n.] grattage [m.]
Kraurosis [f.] kraurosis [f.]
Kreatin [n.] créatine [f.]
-ämie [f.] créatinémie [f.]
-phosphokinase [f.] créatine-phosphokinase [f.]
-in [n.] créatinine [f.]
-urie [f.] créatinurie [f.]
Krebs [m.] cancer [m.]
-erreger [m.] cancérogène [m.], carcinogène [m.]
-vorsorge [f.] dépistage [m.] du cancer
-zelle [f.] cellule [f.] cancéreuse
Kreislauf [m.] circulation [f.]
enterohepatischer... [m.] cycle [m.] entéro-hépatique
fetaler [m.] circulation [f.] foetale
-labilität [f.] labilité [f.] circulatoire
-schwäche [f.] insuffisance [f.] circulatoire
-störung [f.] trouble [m.] ciculatoire
Kreissaal [m.] salle [f.] de travail
Kremasterreflex [m.] réflexe [m.] crémastérien
Krepitation [f.] crépitation [f.]
Kretinismus [m.] crétinisme [m.]
Kreuzallergie [f.] allergie [f.] croisée
Kreuzband [n.] ligament [m.] croisé
hinteres... [n.] ligament [m.] croisé postérieur
vorderes... [n.] ligament [m.] croisé antérieur
Kreuzbein [n.] sacrum [m.]
Kreuzungsphänomen [n.] signe [m.] de croisement
Kribbeln [n.] fourmillement [m.]
Kropf [m.] goitre [m.]
Krücke [f.] béquille [f.]
krümmen incurver
Krümmung [f.] courbure [f.], incurvation [f.]
Krunkenberg-Tumor [m.] tumeur [f.] de Krunkenberg
Krupp [m.] croup [m.]
Kruste [f.] croûte [f.]
krustig croûteux, euse
Kryoglobulin [n.] cryoglobuline [f.]
Kryotherapie [f.] cryothérapie [f.]
Kryptokokkose [f.] cryptococcose [f.]
Kryptorchismus [m.] crytporchidie [f.]
künstlich beatmen ventiler artificiellement
Kürette [f.] curette [f.]
Kugelherz [n.] coeur [m.] mitral
Kumarin [n.] coumarine [f.]
Kupffersche Sternzelle [f.] cellule [f.] de Kupffer
Kur [f.] cure [f.]
kurativ curatif, ive
Kurretage [f.] curettage [m.]
Kurvatur [f.] incurvation [f.]
Kurve [f.] (Patienten-) graphique [m.]
kurzsichtig (myop) myope

Kussmaulsche Atmung [f.] respiration [f.] de Kussmaul
Kwashiorkor [m.] Kwashiorkor [m.]
Kyphose [f.] cyphose [f.]
Kyphoskoliose [f.] cyphoscoliose [f.]
kyphotisch cyphotique
K.Z. Körperlicher Zustand (état physique)

L

L. 1. Lues (syphilis), 2. Lumbal- (lombaire)
L 1 – 5 Lendenwirbel (vertèbres lombaires L 1 – 5)
labial labial, ale
Labialismus [m.] labialisation [f.]
Labidontie [f.] labidodontie [f.]
labil labile
Labilität [f.] labilité [f.]
Labor [n.] labaratoire [m.]
-zeichen [n.] signe [m.] de labaratoire
Laboranalyse [f.] analyse [f.] médicale
Labyrinth [n.] labyrinthe [m.]
membranöses... [n.] labyrinthe [m.] membraneux
ossäres... [n.] labyrinthe [m.] osseux
-itis [f.] labyrinthite [f.]
Laceratio [f.] lacération [f.]
Lacuna [f.] lacune [f.]
Lähmung [f.] paralysie [f.]
hysterische... [f.] paralysie [f.] hystérique
Rekurrens- [f.] paralysie [f.] du récurrent
Rinden- [f.] paralysie [f.] corticale
spastische... [f.] paralysie [f.] spasmodique
-shackenhohlfuß [m.] pied [m.] creux paralytique
Längsachse [f.] axe [f.] longitudinale
Längslage [f.] présentation [f.] droite
Läsion [f.] lésion [f.]
Lävogramm [n.] lévogramme [m.]
Lävulose [f.] lévulose [f.]
Lagerung [f.] mise [f.] en position
-sschwindel [m.] vertige [m.] d'élongation
-stest [m.] test [m.] de posture
Lagesinn [m.] sens [m.] de position
Lagophthalmus [m.] lagophtalmie [f.]
Laktat-Dehydrogenase [f.] (LDH) lactico-déshydrogenase [f.] (LDH)
Laktation [f.] lactation [f.]
Laktazidämie [f.] lactacidémie [f.]
Laktazidurie [f.] lactacidurie [f.]
Laktobazillus [m.] lactobacille [f.]
Laktose [f.] lactose [m.]
-unverträglichkeit [f.] intolérance [f.] au lactose
Laktosurie [f.] lactosurie [f.]
lakunär lacunaire
Lallen [n.] lallation [f.]
Laloneurose [f.] lalonévrose [f.]
Lamelle [f.] lamelle [f.]
lamellär lamellaire
Laminektomie [f.] laminectomie [f.]
Langerhanssche Insel [f.] ilôt [m.] de Langerhans
langgliedrig longiligne
Lanugo [f.] lanugo [m.]
Lanzette [f.] lancette [f.]
L.A.P. Leucin-Amino-Peptidase
Laparektomie [f.] laparectomie [f.]
Laparoskop [n.] laparoscope [m.]
Laparoskopie [f.] laparoscopie [f.]
Laparostomie [f.] laparostomie [f.]
Laparotomie [f.] laparotomie [f.]
Lapsus [m.] action [f.] manquée
larviert larvé, ée
Laryngektomie [f.] laryngectomie [f.]
Laryngismus [m.] laryngisme [m.]
Laryngitis [f.] laryngite [f.]
Laryngologie [f.] laryngologie [f.]
Laryngoplegie [f.] laryngoplégie [f.]
Laryngoskop [n.] laryngoscope [m.]
Laryngoskopie [f.] laryngoscopie [f.]
Laryngospasmus [m.] laryngospasme [m.]
Laryngostomie [f.] laryngostomie [f.]
Laryngotomie [f.] laryngotomie [f.]
Laryngozele [f.] laryngocèle [f.]
Larynx laryngien, ienne
Larynx [m.] larynx [m.]
Lasègue'sches Zeichen [n.] signe [m.] de Lasègue
Laser [m.] laser [m.]
latent latent, ente
Latenz [f.] latence [f.]
-zeit [f.] temps [m.] de latence
lateral latéral, ale
Lateralsklerose [f.], amyotrophische sclérose [f.] latérale amyotrophique
laterobasal latérobasal, ale
Lateroflexion [f.] latéroflexion [f.]
Lateroposition [f.] latéroposition [f.]
Lateropulsion [f.] latéropulsion [f.]
Latex-Test [m.] réaction [f.] au latex
L.A.T.S. Long Acting Thyroid Stimulator
Laune [f.] caprice [f.]
Laus [f.] pou [m.]
Lavage [f.] lavage [m.]
bronchoalveoläre... [f.] lavage [m.] bronchoalvéolaire
Laxantium [n.] laxatif [m.]
L.C.M. Lymphozytäre ChorioMeningitis (choriométningite lymphocytaire CML)
L.D.H. Laktat-DeHydrogenase (lactico- déshydrogénase LDH)

L.D.L. Low Density Lipoproteins
L.E. Lupus Erythematodes (lupus érythémateux)
L.E.D. Lupus Erythematodes Disseminatus (lupus érythémateux disséminé L.E.D.)
leben vivre
Leben [n.] vie [f.]
lebendig vivant, ante
Lebensbedrohung [f.] détresse [f.] vitale
lebensfähig viable
Lebensfähigkeit [f.] viabilité [f.]
Lebensfunktion [f.] fonction [f.] vitale
Lebensmittel [n.] aliment [m.]
  -vergiftung [f.] intoxication [f.] alimentaire
Leber [f.] foie [m.]
  -abszeß [m.] abcès [m.] du foie
  -blindpunktion [f.] ponction [f.] biopsie du foie
  -dämpfung [f.] matité [f.] hépatique
  -entzündung [f.] hépatite [f.]
  -fleck [m.] grain [m.] de beauté, tache [f.] hépatique
  -funktion [f.] fonction [f.] hépatique
  -insuffizienz [f.] insuffisance [f.] hépatique
  -koma [n.] coma [m.] hépatique
  -krebs [m.] cancer [m.] du foie
  -lappen [m.] lobe [m.] du foie
  -pforte [f.] hile [m.] du foie
  -ruptur [f.] rupture [f.] du foie
  -zirrhose [f.] cirrhose [f.] du foie
lebhaft vif, vive
lecken lécher
Legionärskrankheit [f.] maladie [f.] des légionnaires
Legionellose [f.] légionellose [f.]
Leichenstarre [f.] rigidité [f.] cadavérique
Leichnam [m.] cadavre [m.]
leiden souffrir
Leiden [n.] souffrance [f.]
Leiden [n.] (Krankheit) affection [f.] (maladie)
Leiomyom [n.] liomyome [m.]
Leiomyosarkom [n.] liomyosarcome [m.]
Leishmania [f.] leishmanie [f.]
Leishmaniose [f.] leishmaniose [f.]
Leiste [f.] aine [f.]
  äußerer -nbruch [m.] hernie [f.] inguinale externe
  innerer -nbruch [m.] hernie [f.] inguinale interne
  -nhernie [f.] hernie [f.] inguinale
  -nhoden [m.] ectopie [f.] inguinale du testicule
  -nkanal [m.] canal [m.] fémoral
  äußerer -nring [m.] anneau [m.] inguinal externe
  innerer -nring [m.] anneau [m.] inguinal interne
  -nschenkelhernie [f.] hernie [f.] inguino-fémorale
Leistungsskala [f.] échelle [f.] de performance
Leistungsvermögen [n.] capacité [f.] fonctionnelle
Leitungsschwerhörigkeit [f.] surdité [f.] de transmission
Lemniscus [m.] lemniscus [m.]
Lenden lombaire
Lendenlordose [f.] courbure [f.] lombaire
Lendenwirbel [m.] vertèbre [f.] lombaire
Lentigo [f.] lentigo [m.]
lentikulär lenticulaire
Lepra [f.] lèpre [f.]
leprös lépreux, euse
Leprom [n.] léprome [m.]
Leprosarium [n.] léproserie [f.]
Leptomeningen [pl./f.] leptoméninges [pl./f.]
Leptomeningitis [f.] leptoméningite [f.]
Leptosomer [m.] leptosome [m.]
leptosom leptosome
Leptospira [f.] leptospire [f.]
Leptospirose [f.] leptospirose [f.]
Leptozyt [m.] leptocyte [m.]
lesbisch lesbien, ienne
Lesetafel [f.] planche [f.] de lecture
letal létal, ale
Letalität [f.] létalité [f.]
Lethargie [f.] léthargie [f.]
Leukämie [f.] leucémie [f.]
  akute... [f.] leucémie [f.] aiguë
  akute lymphoblastische... [f.] leucémie [f.] aiguë lymphoblastique
  akute myeloische... [f.] leucémie [f.] aiguë myéloblastique
  aleukämische... [f.] leucémie [f.] aleucémique
  aplastische... [f.] leucémie [f.] aplastique
  basophile... [f.] leucémie [f.] à basophiles
  chronische... [f.] leucémie [f.] chronique
  chronische lymphatische... [f.] leucémie [f.] lymphoïde chronique
  chronische myeloische... [f.] leucémie [f.] chronique myéloïde
  lymphoide... [f.] leucémie [f.] lymphoïde
  monozytäre... [f.] leucémie [f.] monocytaire
  myeloblastische... [f.] leucémie [f.] myéloblastique
  myeloide... [f.] leucémie [f.] myéloïde
  Plasmazellen- [f.] leucémie [f.] à plasmocytes
  Stammzellen- [f.] leucémie [f.] à cellules souches
leukämisch leucémique
Leukoblast [m.] leucoblaste [m.]
  -ämie [f.] leucoblastémie [f.]
  -ose [f.] leucoblastose [f.]

Leukoderma [f.] leucodermie [f.]
Leukoenzephalitis [f.] leucoencéphalite [f.]
akute hämorrhagische... [f.] leucoencéphalite [f.] aiguë hémorragique
subakute sklerosierende... [f.] leucoencéphalite [f.] sclérosante subaiguë
Leukolyse [f.] leucolyse [f.]
Leukom [n.] leucome [m.]
Leukomyelitis [f.] leucomyélite [f.]
Leukonychie [f.] leuconychie [f.]
Leukopedese [f.] leucopédèse [f.]
Leukopenie [f.] leucopénie [f.]
Leukoplasie [f.] leucoplasie [f.]
Leukopoese [f.] leuco(cyto)poïèse [f.]
leukopoetisch leucopoïétique
Leukorrhoe [f.] leucorrhée [f.]
Leukosarkom [n.] leucosarcome [m.]
Leukose [f.] leucose [f.]
Leukotaxis [f.] leucotaxis [m.]
Leukotomie [f.] leucotomie [f.]
Leukotoxin [n.] leucotoxine [f.]
Leukozyt [m.] leucocyte [m.]
basophiler... [m.] leucocyte [m.] basophile
eosinophiler... [m.] leucocyte [m.] éosinophile
neutrophiler... [m.] leucocyte [m.] neutrophile
leukozytär leucocytaire
Leukozytolyse [f.] leucocytolyse [f.]
Leukozytopenie [f.] leucocytopénie [f.]
Leukozytose [f.] leucocytose [f.]
Leukozyturie [f.] leucocyturie [f.]
Leuzin [n.] leucine [f.]
Lezithin [n.] lécithine [f.]
L.H. Luteinisierendes Hormon (hormone lutéinisante HL)
L.H.-R.H. Luteinizing Hormone Releasing Hormone
Libido [f.] libido [f.]
Lichen [m.] lichen [m.]
acuminatus lichen [m.] acuminé
syphiliticus lichen [m.] syphilitique
-ifikation [f.] lichénification [f.]
licheniform lichéniforme
Lichtadaptation [f.] adaptation [f.] à la lumière
Lichtdermatose [f.] photodermatose [f.]
Lichtempfindlichkeit [f.] sensibilité [f.] à la lumière
Lichterythem [n.] photoérythème [m.]
Lichtkoagulation [f.] photocoagulation [f.]
Lichtquelle [f.] source [f.] de lumière
Lidkrampf [m.], klonischer clignement [m.] spasmodique
Lidödem [n.] oedème [m.] palpébral
Lidspalte [f.] fente [f.] palpébrale
lienalis liénal, ale
Lienographie [f.] splénographie [f.]
Lifting [n.] lissage [m.]
Ligament [n.] ligament [m.]
ligamentös ligamenteux, euse
Ligamentopexie [f.] ligamentopexie [f.]
Ligamentum [n.] ligament [m.]coracoideus ligament [m.] coracoïdien
cruciatum ligament [m.] croisé
falciforme ligament [m.] falciforme
rotundum ligament [m.] rond
Ligatur [f.] ligature [f.]
Limbus [m.] limbe [m.]
-cornea limbe [m.] cornéen
lindern atténuer, pallier
Linea [f.] alba ligne [f.] blanche
lingual lingual, ale
Lingula [f.] lingula [f.]
Linguopapillitis [f.] papillite [f.] linguale
Linie [f.], isoelektrische ligne [f.] isoélectrique
Liniment [n.] liniment [m.]
Linolensäure [f.] acide [m.] linolénique
Linolsäure [f.] acide [m.] linoléique
Linksanteriorer Hemiblock [m.] hémibloc [m.] antérieur gauche
Linkshänder, erin [m., f.] gaucher, gauchère [m., f.]
Linksherzhypertrophie [f.] hypertrophie [f.] ventriculaire gauche
Linksherzinsuffizienz [f.] insuffisance [f.] ventriculaire gauche
Linksposteriorer Hemiblock [m.] hémibloc [m.] postérieur gauche
Linksschenkelblock [m.] bloc [m.] de branche gauche
Linksventrikuläre Hypertrophie [f.] hypertrophie [f.] ventriculaire gauche
Linksverschiebung [f.] déviation [f.] vers la gauche
Linse [f.] (Kontakt-) lentille [f.]
Linsen lenticulaire
Linsenkapselhäutchenglaukom [n.] glaucome [m.] capsulaire
Linsenluxation [f.] luxation [f.] du cristallin
Linsenplakode [f.] plaque [f.] lenticulaire
Linsenstar [m.] cataracte [f.] lenticulaire
Linsentrübung [f.] opacité [f.] du cristalin
Lipämie [f.] lipémie [f.]
Lipase [f.] lipase [f.]
Pankreas- [f.] lipase [f.] pancréatique
Lipid [n.] lipide [m.]
-ämie [f.] lipidémie [f.]
-ose [f.] lipidose [f.]

-senker [m.] hypolipémiant [m.]
Lipoblastom [n.] lipoblastome [m.]
Lipodystrophie [f.] lipodystrophie [f.]
Lipofuszin [n.] lipofuscine [f.]
Lipogranulomatose [f.] lipogranulomatose [f.]
Lipoid [n.] lipoïde [m.]
-ose [f.] lipidose [f.]
-proteinose [f.] lipoïdoprotéinose [f.]
Lipom [n.] lipome [m.]
-atose [f.] lipomatose [f.]
Lipomyom [n.] lipomyome [m.]
Lipomyxom [n.] lipomyxome [m.]
Lipoprotein [n.] lipoprotéine [f.]
Liposarkom [n.] liposarcome [m.]
Lipothymie [f.] lipothymie [f.]
lipotrop lipotrope
Lipotropie [f.] lipotropie [f.]
Lippe [f.] lèvre [f.]
-nherpes [m.] hérpès [m.] labial
-nplastik [f.] chéiloplastie [f.]
-ntumor [m.] tumeur [f.] labiale
Lipurie [f.] lipurie [f.]
Liquor [m.] cerebrospinalis liquide [m.] céphalo-rachidien
Liquordruck [m.] pression [f.] intrarachidienne
lispeln zozoter
Listeriose [f.] listériose [f.]
Liter [m.] litre [m.]
Lithiasis [f.] lithiase [f.]
Lithium [n.] lithium [m.]
Lithogenese [f.] lithogenèse [f.]
Litholyse [f.] litholyse [f.]
Lithotomie [f.] lithotomie [f.]
Lithotripsie [f.] lithotripsie [f.], lithotritie [f.]
Livedo [f.] livédo [m.]
livid livide
Livor [m.] lividité [f.]
Lobärpneumonie [f.] pneumonie [f.] lobaire
Lobektomie [f.] lobectomie [f.]
Lobotomie [f.] lobotomie [f.]
lobulär lobulaire
Lobulus [m.] lobule [m.]
Lobus [m.] lobe [m.]
Locus [m.] locus [m.]
Loch [n.] trou [m.]
Lochien [pl./f.] lochies [pl./f.]
locker lassen relacher
lösen délier
löslich soluble
Löslichkeit [f.] solubilité [f.]
Lösungsmittel [n.] diluant [m.]
Lösung [f.] solution [f.]
isotonische... [f.] solution [f.] isotonique
physiologische Kochsalz- [f.] solution [f.] physiologique salée
Logoasthenie [f.] logasthénie [f.]
Logopädie [f.] logopédie [f.]
Logorrhoe [f.] logorrhée [f.]
Lokal local, ale
Lokalanästhesie [f.] anesthésie [f.] locale
Lokalanästhetikum [n.] anesthésique [m.] local
Lokalisation [f.] localisation [f.]
lokalisieren localiser
Looser-Umbauzone [f.] zone [f.] de Looser
Lordose [f.] lordose [f.]
Loslaßschmerz [m.] douleur [f.] à la décompression
L.P.L. LipoProteinLipase
L.S.D. LysergSäure-Diäthylamid (lyser- gide LSD)
L.S.H. Lymphozyten Stimulierendes Hormon
L.T.H. LuteoTropic Hormone
luetisch luétique
Luftleitung [f.] conduction [f.] aérienne
Luftröhre [f.] trachée [f.]
Luftschlucken [n.] aérophagie [f.]
Luftweg [m.] voie [f.] respiratoire
Lumbago [m.] lumbago [m.]
lumbal lombaire
Lumbalgie [f.] lombalgie [f.]
Lumbalisation [f.] lombalisation [f.]
Lumbalpunktion [f.] ponction [f.] lombaire
Lumen [n.] lumière [f.], calibre [m.]
Lungen pulmonaire
Lunge [f.] poumon [m.]
-nblutung [f.] hémorragie [f.] pulmonaire
-ncompliance [f.] compliance [f.] pulmonaire
-nelastizität [f.] élasticité [f.] pulmonaire
-nembolie [f.] embolie [f.] pulmonaire
-nemphysem [n.] emphysème [m.] pulmonaire
-nentzündung [f.] pneumonie [f.]
-nfeld [n.] champ [m.] pulmonaire
-nfibrose [f.] fibrose [f.] pulmonaire
-flügel [m.] lobe [m.] du poumon
-nfunktionsprüfung [f.] épreuve [f.] pulmonaire fonctionnelle
-ngangrän [f.] gangrène [f.] pulmonaire
-nhilus [m.] hile [m.] pulmonaire
-ninfarkt [m.] infarctus [m.] pulmonaire
-ninfiltrat [n.] infiltrat [m.] pulmonaire
-nkapazität [f.], totale capacité [f.] pulmonaire totale
-nkrebs [m.] cancer [m.] du poumon
-nkreislauf [m.] circulation [f.] pulmonaire
-nmilzbrand [m.] charbon [m.] pulmonire
-nödem [n.] oedème [m.] pulmonaire
-nparenchym [n.] parenchyme [m.] pulmonaire

-npunktion [f.] ponction [f.] pulmonaire
-nverschieblichkeit [f.] amplification [f.] pulmonaire
Lunula [f.] lunule [f.]
Lupom [n.] lupome [m.]
Lupus [m.] lupus [m.]
erythematodes lupus [m.] érythémateux
erythematodes disseminatus lupus [m.] érythémateux disséminé
hypertrophicus lupus [m.] hypertrophique
papillomatosus lupus [m.] papillomateux
pustulosus lupus [m.] pustuleux
vulgaris lupus [m.] vulgaire
Lutein [n.] lutéine [f.]
luteinisierendes Hormon [n.] hormone [f.] lutéinisante
Luteinisierung [f.] lutéinisation [f.]
Luteotropes Hormon [n.] hormone [f.] lutéotrope
Luxation [f.] déboîtement [m.], luxation [f.]
L.V.F.D. LinksVentrikulärer Füllungs- Druck (pression ventriculaire gauche PVG)
L.W.S. Lendenwirbelsäule (colonne vertébrale lombaire)
Lymphabfluß [m.] drainage [m.] lymphatique
Lymphadenektomie [f.] lymphadénectomie [f.]
Lymphadenitis [f.] lymphadénite [f.]
Lymphadenom [n.] lymphadénome [m.]
Lymphadenose [f.] lymphadénose [f.]
Lymphangiektasie [f.] lymphangiectasie [f.]
Lymphangiom [n.] lymphangiome [m.]
-atose [f.] lymphangiomatose [f.]
Lymphangitis [f.] lymphangite [f.]
lymphatisch lymphatique
Lymphe [f.] lymphe [f.]
Lymphembolie [f.] embolie [f.] lymphogène
Lymphfollikel [m.] follicule [m.] lymphatique
Lymphknoten [m.] ganglion [m.] lymphatique
-ausräumung [f.] curage [m.] ganglionnaire
-metastase [f.] métastase [f.] ganglionnaire
Lymphoblast [m.] lymphoblaste [m.]
-om [n.] lymphoblastome [m.]
-ose [f.] lymphoblastose [f.]
-osarkom [n.] lymphoblastosarcome [m.]
Lymphödem [n.] lymphoedème [m.]
Lymphoepitheliom [n.] lymphoépithélioma [m.]
Lymphogranulom [n.] lymphogranulome [m.]
-atose [f.] lymphogranulomatose [f.]
Lymphographie [f.] lymphographie [f.]
lymphoid lymphoïde
Lymphokin [n.] lymphokine [f.]
Lymphom [n.] lymphome [m.]
Hodgkin- [n.] lymphome [m.] hodgkinien
malignes [n.] lymphome [m.] malin
Non Hodgkin- [n.] lymphome [m.] non hodgkinien
-atose [f.] lymphomatose [f.]
Lymphopathie [f.] lymphopathie [f.]
Lymphopenie [f.] lymphopénie [f.]
Lymphopoese [f.] lymphopoïèse [f.]
Lymphosarkom [n.] lymphosarcome [m.]
-atose [f.] lymphosarcomatose [f.]
Lymphozyt [m.] lymphocyte [m.]
-enaktivierungsfaktor [m.] facteur [m.] d'activation lymphocytaire
-entransformationstest [m.] test [m.] de transformation lymphoblastique
-openie [f.] lymphocytopénie [f.]
-opoese [f.] lymphocytopoïèse [f.]
-ose [f.] lymphocytose [f.]
Lymphsystem [n.] système [m.] lymphatique
Lyophilisation [f.] lyophilisation [f.]
Lyse [f.] lyse [f.]
Lysin [n.] lysine [f.]
Lysosom [n.] lysosome [m.]
Lysozym [n.] lysozyme [m.]
lytisch lytique

M

M. Musculus (muscle)
MacBurney-Punkt [m.] point [m.] de MacBurney
Macula [f.] macule [f.]
-lutea tache [f.] jaune
Maculae [f.] caeruleae taches [pl./f.] bleues
männlich masculin, viril
Männlichkeit [f.] virilité [f.]
Magen [m.] estomac [m.]
-absaugung [f.] aspiration [f.] gastrique
-atonie [f.] atonie [f.] gastrique
-atrophie [f.] atrophie [f.] gastrique
-blutung [f.] hémorragie [f.] gastrique
-brennen [n.] brûlures [pl./f.] gastriques
-darmentzündung [f.] gastro-entérite [f.]
-Darm-Passage [f.] transit [m.] gastro-duodénal
-Darm-Trakt [m.] système [m.] digestif
-drücken [n.] pesanteur [f.] gastrique
-füllung [f.] remplissage [m.] gastrique
-fundus [m.] fond [m.] de l'estomac
-geschwür [n.] ulcère [m.] gastrique

-krampf [m.] crampe [f.] d'estomac
-krebs [m.] cancer [m.] de l'estomac
-perforation [f.] perforation [f.] de l'estomac
-resektion [f.] résection [f.] gastrique
-säure [f.] acidité [f.] gastrique
-saft [m.] suc [m.] gastrique, liquide [m.] gastrique
-schleimhaut [f.] muqueuse [f.] de l'estomac
-schleimhautentzündung [f.] gastrite [f.]
-sekretion [f.] sécrétion [f.] gastrique
-senkung [f.] ptôse [f.] gastrique
-sonde [f.] sonde [f.] gastrique
-spülung [f.] lavage [m.] d'estomac
-verengung [f.] sténose [f.] gastrique
-verstimmung [f.] embarras [m.] gastrique
mager maigre
Magersucht [f.] anoréxie [f.]
Magnesium [n.] magnésium [m.]
Maisonneuve-Fraktur [f.] fracture [f.] de Maisonneuve
Makrocheilie [f.] macrochéilie [f.]
Makrodaktylie [f.] macrodactylie [f.]
Makroglobulin [n.] macroglobuline [f.]
-ämie [f.] macroglobulinemie [f.]
Makroglossie [f.] macroglossie [f.]
Makrognathie [f.] macrognathie [f.]
Makrogyrie [f.] macrogyrie [f.]
Makromelie [f.] macromélie [f.]
Makronychie [f.] hypertrophie [f.] des ongles
Makrophage [m.] macrophage [m.]
Makrophagozytose [f.] macrophagocytose [f.]
Makropodie [f.] macropodie [f.]
makroskopisch macroscopique
Makrozephalie [f.] macrocéphalie [f.]
Makrozyt [m.] macrocyte [m.]
-ose [f.] macrocytose [f.]
Makuladegeneration [f.], dégénérescence [f.] maculaire
familiäre familiale
makulär maculaire
makulopapulös maculo-papuleux, euse
Malabsorption [f.] malabsorption [f.]
-ssyndrom [n.] syndrome [m.] de malabsorption
Malaria [f.] paludisme [m.], malaria [f.]
Malazie [f.] malacie [f.]
Malgaigne-Fraktur [f.] fracture [f.] de Malgaigne
maligne malin, maligne
Malignität [f.] malignité [f.]
Malleolus [m.] malléole [f.]
Mallory-Körperchen [n.] corps [m.] hyalin de Mallory
Malnutrition [f.] malnutrition [f.]
Malposition [f.] malposition [f.]
Malrotation [f.] malrotation [f.]
Maltase [f.] maltase [f.]
Maltose [f.] maltose [m.]
Mamille [f.] mamelon [m.]
-nplastik [f.] mamilloplastie [f.]
Mamma mammaire
Mamma [f.] sein [m.]
-karzinom [n.] cancer [m.] du sein
-plastik [f.] mammoplastie [f.]
Mammographie [f.] mammographie [f.]
Mandelentzündung [f.] amygdalite [f.]
Mandeln [pl./f.] amygdales [pl./f.]
Mandrin [m.] mandrin [m.]
Mangel [m.] déficience [f.], privation [f.]
-ernährung [f.] malnutrition [f.]
Manie [f.] manie [f.]
akinetische... [f.] manie [f.] immobile
hysterische... [f.] manie [f.] hystérique
periodische... [f.] manie [f.] intermittente
Räsonnierungs- [f.] manie [f.] raisonnante
manisch maniaque
manisch-depressiv maniaco-dépressif, ive
Mannitol [n.] mannitol [m.]
Manometer [n.] manomètre [m.]
Manometrie [f.] manométrie [f.]
M.A.O. MonoAminoOxydase (monoamine- oxydase MAO)
M.A.O.H. MonoAminoOxydase-Hemmer (inhibiteur de la monoamine-oxydase I.M.A.O.)
Marasmus [m.] marasme [m.]
Marfansyndrom [n.] maladie [f.] de Marfan
Mariske [f.] marisque [f.]
Markhöhle [f.] cavité [f.] médullaire
marklos amyélinique
marmoriert marbré, ée
Marmorierung [f.] marbrure [f.]
Marschfraktur [f.] fracture [f.] de marche
Masern [pl.] rougeole [f.]
Maskengesicht [n.] faciès [m.] parkinsonien
Masochismus [m.] masochisme [m.]
Massage [f.] massage [m.]
Herz- [f.] massage [m.] cardiaque
Masseterreflex [m.] réflexe [m.] massétérien
Mastdarm [m.] rectum [m.]
-erweiterung [f.] dilatation [f.] rectale
-prolaps [m.] prolapsus [m.] rectal

-resektion [f.] amputation [f.] du rectum
-stase [f.] stase [f.] rectale
-stenose [f.] rétrécissement [m.] rectal
-vorfall [m.] prolapsus [m.] rectal
Mastektomie [f.] mastectomie [f.]
Mastitis [f.] mastite [f.]
Mastodynie [f.] mastodynie [f.]
Mastoid [n.] mastoïde [m.]
-itis [f.] mastoïdite [f.]
Mastopathie [f.] mastopathie [f.]
Mastoptose [f.] mastoptôse [f.]
Mastozyt [m.] mastocyte [m.]
-om [n.] mastocytome [m.]
-ose [f.] mastocytose [f.]
Masturbation [f.] masturbation [f.]
Matrix [f.] matrice [f.]
Maul- und Klauenseuche [f.] fièvre [f.] aphteuse
Maximaldosis [f.] dose [f.] maximale
Mazeration [f.] macération [f.]
M.B.C. Minimal Bactericidal Concentration (concentration minimale bactéricide CMB)
M.C.G.N. Minimal Change GlomeruloNephritis
M.C.H. Mittleres Korpuskuläres Hämoglobin (concentration globulaire/ corpusculaire en hémoglobine CCH)
M.C.H.C. Mittlere Korpuskuläre Hämoglobin Konzentration (concentration corpusculaire moyenne en hémoglo- bine CCMH)
M.C.L. Medio-Klavikular-Linie (ligne médioclaviculaire LMC)
M.C.U. Miktions-Zysto-Uretrographie (cysto-urétrographie mictionnelle CUM)
M.C.V. Mittleres Korpuskuläres Volumen (volume globulaire moyen VGM)
M.D.P. Magen-Darm-Passage (transit gastro-duodénal)
Meatotomie [f.] méatotomie [f.]
Meatus [m.] méat [m.]
Meckel-Divertikel [n.] diverticule [m.] de Meckel
M.E.D. Mittlere EinzelDosis
Mediastinaltumor [m.] tumeur [f.] médiastinale
Mediastinitis [f.] médiastinite [f.]
Mediastinographie [f.] médiastinographie [f.]
Mediastinotomie [f.] médiastinotomie [f.]
Mediastinum [n.] médiastin [m.]
Medikament [n.] médicament [m.]
medikamentös médicamenteux, euse
Medikation [f.] médication [f.]
Mediokarpalgelenk [n.] articulation [f.] médiocarpienne
Medioklavikularlinie [f.] ligne [f.] médioclaviculaire
Mediotarsalgelenk [n.] articulation [f.] médiotarsienne
Medizin [f.] médecine [f.]
Allgemein- [f.] médecine [f.] générale
Arbeits- [f.] médecine [f.] du travail
Gerichts- [f.] médecine [f.] légale
Nuklear- [f.] médecine [f.] nucléaire
Präventiv- [f.] médecine [f.] préventive
Strahlen- [f.] médecine [f.] des rayonnements
Zahn- [f.] médecine [f.] dentaire
medullär médullaire
Medulloblastom [n.] médulloblastome [m.]
Megacolon [n.] mégacôlon [m.]
toxisches... [n.] mégacôlon [m.] toxique
congenitum mégacôlon [m.] congénital
Megadolichocolon [n.] mégadolichocôlon [m.]
Megakaryoblast [m.] mégacaryoblaste [m.]
Megakaryozyt [m.] mégacaryocyte [m.]
-ose [f.] mégacaryocytose [f.]
Megaloblast [m.] mégaloblaste [m.]
Megalomanie [f.] mégalomanie [f.]
Megalozephalie [f.] mégalocéphalie [f.]
Megalozyt [m.] mégalocyte [m.]
Megaösophagus [m.] mégaoesophage [m.]
Megasigma [n.] mégasigmoïde [m.]
Megaureter [m.] méga-uretère [m.]
Mehrgebährende [f.] multipare [f.]
Mehrlingsschwangerschaft [f.] grossesse [f.] multiple
Meiose [f.] méiose [f.]
Mekonium [n.] méconium [m.]
-ileus [m.] iléus [m.] méconial
Melaena [f.] mélæna [m.], méléna [m.]
Melancholie [f.] mélancolie [f.]
Melanin [n.] mélanine [f.]
Melanoblastom [n.] mélanoblastome [m.]
Melanodermatitis [f.] melanodermatite [f.]
Melanodermie [f.] mélanodermie [f.]
Melanom [n.] mélanome [m.]
Melanosarkom [n.] mélanosarcome [m.]
Melanosis [f.] mélanose [f.]
Melanotropin [n.] mélanotropine [f.]
Melanozyt [m.] mélanocyte [m.]
Melanurie [f.] mélanurie [f.]
Melioidosis [f.] mélioïdose [f.]
Membran [f.] membrane [f.]

Menarche [f.] ménarche [f.]
Mendel-Gesetze [pl./n.] lois [pl./f.] de Mendel
Ménièresche Krankheit [f.] maladie [f.] de Ménière
Meningiom [n.] méningiome [m.]
Meningismus [m.] méningisme [m.]
Meningitis [f.] méningite [f.]
lymphozytäre... [f.] méningite [f.] lymphocytaire
tuberkulöse... [f.] méningite [f.] tuberculeuse
meningitisches Syndrom [n.] syndrome [m.] méningé
Meningoblastom [n.] méningoblastome [m.]
Meningococcus [m.] méningocoque [m.]
Meningoenzephalitis [f.] méningo-encéphalite [f.]
Meningoenzephalozele [f.] méningo-encéphalocèle [f.]
Meningokokkeninfektion [f.] méningococcie [f.]
Meningomyelitis [f.] méningo-myélite [f.]
Meningoradikulitis [f.] méningo-radiculite [f.]
Meningozele [f.] méningocèle [f.]
Meniskus méniscal, ale
Meniskus [m.] ménisque [m.]
Außen- [m.] ménisque [m.] externe
Innen- [m.] ménisque [m.] interne
-entfernung [f.] méniscectomie [f.]
-verrenkung [f.] luxation [f.] du ménisque
Menopause [f.] ménopause [f.]
Menorrhagie [f.] ménorragie [f.]
Menorrhoe [f.] ménorrhée [f.]
Menstruation [f.] menstruation [f.]
mental mental, ale
Mentalität [f.] mentalité [f.]
Mercurochrom [n.] mercurochrome [m.]
Mescalin [n.] mescaline [f.]
Mesenchym [n.] mésenchyme [m.]
mesenchymatös mésenchymateux, euse
Mesenchymom [n.] mésenchymome [m.]
Mesenterium [n.] mésentère [m.]
Mesenzephalon [n.] mésencéphale [m.]
Mesoderm [n.] mésoderme [m.]
mesodiastolisch mésodiastolique
mesosystolisch mésosystolique
Mesothel [n.] mésothélium [m.]
mesothelial mésothélial, ale
Mesotheliom [n.] mésothéliome [m.]
Messer [n.], elektrisches bistouri [m.] électrique
Messung [f.] mensuration [f.]
Meßsonde [f.] capteur [m.]
metabolisch métabolique
Metabolismus [m.] métabolisme [m.]
Metabolit [m.] métabolite [m.]
Metacarpus [m.] métacarpe [m.]
Metamyelozyt [m.] métamyélocyte [m.]
Metaphase [f.] métaphase [f.]
Metaphyse [f.] métaphyse [f.]
Metaplasie [f.] métaplasie [f.]
Metastase [f.] métastase [f.]
Metastasierung [f.] métastatisation [f.]
metatarsal métatarsien, ienne
Metatarsus [m.] métatarse [m.]
Meteorismus [m.] météorisme [m.]
Methadon [n.] méthadone [f.]
Methämoglobin [n.] méthémoglobine [f.]
-ämie [f.] méthémoglobinémie [f.]
-urie [f.] méthémoglobinurie [f.]
Methode [f.] méthode [f.]
Metritis [f.] métrite [f.]
Metrorrhagie [f.] métrorragie [f.]
MeV MegaelektronenVolt
Mg Magnesium (magnésium Mg)
mg Milligramm (milligramme mg)
M.G.N. Membranöse GlomeruloNephritis (glomérulonéphrite membraneuse)
M.H.K. Minimale Hemm-Konzentration (concentration minimale inhibitrice CmI)
M.H.S. MethoxyHydromandelSäure (acide vanillymandélique AVM)
M.I. MitralInsuffizienz (insuffisance mitrale IM)
M.I.F. Makrophagen-Migrations-Inhibi- tions-Faktor (facteur inhibiteur de la migration leucocytaire)
Migration [f.] migration [f.]
Migräne [f.] migraine [f.]
Mikrobe [f.] microbe [m.]
Mikroangiopathie [f.] micro-angiopathie [f.]
diabetische [f.] micro-angiopathie [f.] diabétique
Mikrobiologie [f.] microbiologie [f.]
Mikrognathie [f.] micrognathie [f.]
Mikrogyrie [f.] microgyrie [f.]
Mikrokalzifizierung [f.] microcalcification [f.]
Mikrokolon [n.] microcôlon [m.]
Mikrokolposkopie [f.] microcolposcopie [f.]
Mikromanie [f.] micromanie [f.]
Mikromelie [f.] micromélie [f.]
Mikrometer [m.] micromètre [m.]

Mikroorganismus [m.] microorganisme [m.]
Mikropsie [f.] micropsie [f.]
Mikroskop [n.] microscope [m.]
Elektronen- [n.] microscope [m.] électronique
mikroskopisch microscopique
Mikrosphärozytose [f.] microsphérocytose [f.]
Mikrozephalie [f.] microcéphalie [f.]
Mikrozyt [m.] microcyte [m.]
-ose [f.] microcytose [f.]
Miktion [f.] miction [f.]
Miktionszystourethrographie [f.] cysto-urétrographie [f.] mictionnelle
milchig lactescent, ente
Milchpulver [n.] poudre [m.] de lait
Milchpumpe [f.] pompe [f.] à lait
Milchschorf [m.] croûte [f.] de lait
Milchsekretion [f.] sécrétion [f.] lactée
Milchstau [m.] rétention [f.] lactée
Milchzahn [m.] dent [f.] de lait, dent [f.] lactéale
Miliar miliaire
Miliartuberkel [m.] tubercule [m.] miliaire
Miliartuberkulose [f.] tuberculose [f.] miliaire
Milligramm [n.] milligramme [m.]
Milliliter [m.] millilitre [m.]
Millimol [n.] millimole [f.]
Millisekunde [f.] milliseconde [f.]
Milz splénique
Milz [f.] rate [f.]
-arterie [f.] artère [f.] splénique
-atrophie [f.] atrophie [f.] splénique
-extirpation [f.] splénectomie [f.]
-follikel [m.] pulpe [f.] blanche de la rate
-index [m.] index [m.] splénique
-pforte [f.] hile [m.] de la rate
-radiogramm [n.] splénogramme [m.]
-ruptur [f.] rupture [f.] de la rate
-senkung [f.] ptôse [f.] splénique
-vene [f.] veine [f.] splénique
Mineralkortikoid [n.] minéralocorticoïde [m.]
Miosis [f.] miosis [m.], myosis [m.]
spastische... [f.] myosis [m.] spasmodique
Miotikum [n.] myotique [m.]
Mischinfektion [f.] infection [f.] mixte
Mißbildung [f.] malformation [f.]
Mißbrauch [m.] abus [m.]
Mitochondrium [n.] mitochondrie [f.]
Mitose [f.] mitose [f.]
-hemmer [m.] antimitotique [m.]
mitotisch mitotique
Mitralgeräusch [n.] souffle [m.] mitral
Mitralinsuffizienz [f.] insuffisance [f.] mitrale
Mitralklappe [f.] valvule [f.] mitrale
Mitralstenose [f.] rétrécissement [m.] mitral
Mittelfinger [m.] droigt [m.] de milieu, médius [m.]
Mittelohr [n.] oreille [f.] moyenne
-entzündung [f.] otite [f.] moyenne
Mittelstrahlurin [m.] urine [f.] du mi-jet, urine [f.] du milieu
Mittlerer korpuskulärer Hämoglobin Gehalt [m.] teneur [f.] globulaire moyenne en hémoglobine
Mittleres korpuskuläres Volumen [n.] volume [m.] corpusculaire moyen,volume [m.] globulaire moyen
Mittlere korpuskuläre Hämoglobin Konzentration [f.] concentration [f.] corpusculaire moyenne en hémoglobine, concentration [f.] globulaire moyenne en hémoglobine
M.K.S. Maul- und Klauenseuche (fièvre aphteuse)
M.M. MutterMund (col utérin)
mMol Millimol (millimole mmol)
mobilisieren mobiliser
Mobilisierung [f.] mobilisation [f.]
M.O.K. Maximale Organ-Konzentration
Molalität [f.] molalité [f.]
molar molaire
Molar [m.] (Zahn) molaire [m.] (dent)
Molarität [f.] molarité [f.]
Mole [f.] môle [f.]
Molekül [n.] molécule [m.]
Molekularbiologie [f.] biologie [f.] moléculaire
Molenschwangerschaft [f.] grossesse [f.] molaire
mondsüchtig lunatique
Mongolenfalte [f.] bride [f.] mongolique
Mongolenfleck [m.] tache [f.] mongolique
Mongolismus [m.] mongolisme [m.]
mongoloid mongoloïde
Monitor [m.] moniteur [m.]
-ing [n.] monitorage [m.]
Monoaminooxydase [f.] monoamine-oxydase [f.]
Monoblast [m.] monoblaste [m.]
-ose [f.] monoblastose [f.]
monochromatisch monochromatique
monoklonal monoclonal, ale
mononukleär mononucléaire
Mononukleosis [f.] infectiosa mononucléose [f.] infectieuse
Monoplegie [f.] monoplégie [f.]
Monosaccharid [n.] monosaccharide [m.]

monosymptomatisch monosymptomatique
monozygot monozygote
Monozyt [m.] monocyte [m.]
-ose [f.] monocytose [f.]
Morbidität [f.] morbidité [f.]
morbilliform morbilliforme
Morbus [m.] maladie [f.]
Crohn maladie [f.] de Crohn
Mororeflex [m.] réflexe [m.] de Moro
Morphea [f.] morphé [f.]
Morphin [n.] morphine [f.]
-sucht [f.] morphinisme [m.]
Morphologie [f.] morphologie [f.]
Mortalität [f.] mortalité [f.]
neonatale [f.] mortalité [f.] néonatale
Morula [f.] morula [f.]
Motilität [f.] motilité [f.]
Augen- [f.] motilité [f.] oculaire
Motivation [f.] motivation [f.]
Motoneuron [n.] motoneurone [m.]
Motorik [f.] motricité [f.]
motorisch moteur, motrice
M.P.G.N. MembranoProliferative Glomerulo-Nephritis (glomérulonéphrite membranoproliférative GNMP)
M.R.I.H. MSH-Release-Inhibiting Hormone
M.S. Multiple Sklerose (sclérose en plaques SEP)
M.S.F. Macrophage Slowing Factor
M.S.H. Melanozyten-Stimulierendes Hormon (mélanostimuline MSH)
müde fatigué, ée
Müdigkeit [f.] fatigue [f.]
Mukolipidose [f.] mucolipidose [f.]
mukolytisch mucolytique
Mukopolysaccharid [n.] mucopolysaccharide [m.]
-ose [f.] mucopolysaccharidose [f.]
mukös muqueux, euse
Mukosa [f.] muqueuse [f.]
Mukoviszidose [f.] mucoviscidose [f.]
Mukozele [f.] mucocèle [f.]
multifokal multifocal, ale
multizellulär multicellulaire
Mumps [m.] oreillons [pl./m.]
Mund [m.] bouche [f.]
-boden [m.] plancher [m.] de la bouche
-höhle [f.] cavité [f.] buccale
-höhlenentzündung [f.] stomatite [f.]
-speicheldrüse [f.] glande [f.] buccale
Muskel musculaire
Muskel [m.] muscle [m.]
gestreifter... [m.] muscle [m.] strié
glatter... [m.] muscle [m.] lisse
-atonie [f.] myatonie [f.]
-atrophie [f.] atrophie [f.] musculaire
-dystrophie [f.] dystrophie [f.] musculaire
-hernie [f.] hernie [f.] musculaire
-hypertonie [f.] hypertrophie [f.] musculaire
-hypotonie [f.] hypotonie [f.] musculaire
-kater [m.] courbature [f.]
-krampf [m.] crampe [f.] musculaire
-ödem [n.] oedème [m.] musculaire
-relaxantium [n.] myorelaxant [m.]
-rheumatismus [m.] rhumatisme [m.] musculaire
-riß [m.] déchirement [m.] musculaire
-schmerz [m.] algie [f.] musculaire
-schwund [m.] fonte [f.] musculaire
-sehnenreflex [m.] réflexe [m.] ostéo-tendineux
-tonus [m.] tonus [m.] musculaire
-verhärtung [f.] durcissement [m.] musculaire
muskulär musculaire
Muskulatur [f.] musculature [f.]
muskulös musculeux, euse
Mutation [f.] mutation [f.]
Mutilation [f.] mutilation [f.]
Mutismus [m.] mutisme [m.]
Mutterentzugssyndrom [n.] syndrome [m.] de séparation maternelle
Mutterinstinkt [m.] instinct [m.] maternel
Muttermund [m.], äußerer orifice [m.] externe de l'utérus
Muttermund [m.], innerer orifice [m.] interne de l'utérus
Mutterschaft [f.] maternité [f.]
Myalgie [f.] myalgie [f.]
Myasthenie [f.] myasthénie [f.]
Myatrophie [f.] myatrophie [f.]
Mydriasis [f.] mydriase [f.]
Mydriatikum [n.] mydriatique [m.]
Myelin [n.] myéline [f.]
-isation [f.] myélinisation [f.]
Myelitis [f.] myélite [f.]
Myeloblast [m.] myéloblaste [m.]
-ose [f.] myéloblastose [f.]
Myelogramm [n.] myélogramme [m.]
Myelographie [f.] myélographie [f.]
Myelom [n.], multiples myélome [m.] multiple
Myelomeningozele [f.] myélomeningocèle [f.]
Myelopoese [f.] myélopoïèse [f.]
Myelose [f.] myélose [f.]
leukämische [f.] myélose [f.] leucémique
Myelotomie [f.] myélotomie [f.]
Myelozele [f.] myélocèle [f.]
Myelozyt [m.] myélocyte [m.]
-ose [f.] myélocytose [f.]
Myiasis [f.] myiase [f.]
Mykobakterium [n.] mycobactérie [f.]

Mykose [f.] mycose [f.]
Mykosis [f.] fungoides mycosis [f.] fungoïde
Mykostatikum [n.] mycostatique [m.]
mykotisch mycosique
Mykotoxin [n.] mycotoxine [f.]
Myoblastom [n.] myoblastome [m.]
Myodynie [f.] myodynie [f.]
Myofibrom [n.] myofibrome [m.]
Myofibrose [f.] fibrose [f.] musculaire
Myoglobin [n.] myoglobine [f.]
-ämie [f.] myoglobinémie [f.]
-urie [f.] myoglobinurie [f.]
Myogramm [n.] myogramme [m.]
Myokard [n.] myocarde [m.]
Myokarditis [f.] myocardite [f.]
Myokardkontraktionskraft [f.] force [f.] de contraction du myocarde
Myoklonie [f.] myoclonie [f.]
Myoklonus [m.] spasme [m.] myoclonique
Myolipom [n.] myolipome [m.]
Myolyse [f.] myolyse [f.]
Myom [n.] myome [m.]
-enukleation [f.] myomectomie [f.]
-etrium [n.] myomètre [m.]
myop myope
Myopathie [f.] myopathie [f.]
Myopie [f.] myopie [f.]
Myoplastik [f.] myoplastie [f.]
Myosarkom [n.] myosarcome [m.]
Myositis [f.] myosite [f.]
Myotikum [n.] myotique [m.]
Myotonie [f.] myotonie [f.]
Myringektomie [f.] myringectomie [f.]
Myringitis [f.] myringite [f.]
Myringoplastik [f.] myringoplastie [f.]
Myxödem [n.] myxoedème [m.]
Myxom [m.] myxome [m.]
-atose [f.] myxomatose [f.]
Myxosarkom [n.] myxosarcome [m.]
Myxovirus [n.] myxovirus [m.]
Myxödem [n.] myxoedème [m.]

N

N 1. Stickstoff (azote N), 2. Nervus (nerf N)
Na Natrium (sodium Na)
Nabel [m.] nombril [m.], ombilic [m.]
-bruch [m.] hernie [f.] ombilicale
-geschwür [n.] ulcération [f.] de l'ombilic
-schnur [f.] cordon [m.] ombilical
-schnurumschlingung [f.] circulaire [f.] du cordon
-schnurvorfall [m.] procidence [f.] de cordon ombilic
Nachbild [n.] image [f.] consécutive
Nachblutung [f.] hémorragie [f.] tardive
Nachgeburt [f.] délivre [m.]
Nachkontrolle [f.] contrôle [m.] ultérieur
Nachstar [m.] cataracte [f.] secondaire
Nachtblindheit [f.] cécité [f.] nocturne
Nachtschweiß [m.] transpiration [f.] nocturne
Nachtsichtigkeit [f.] vision [f.] nocturne
Nachwehen [pl./f.] tranchées [pl./f.] utérines
Nachwirkung [f.] action [f.] tardive
Nacken [m.] nuque [f.]
-kopfschmerz [m.] céphalée [f.] nucale
-steife [f.] raideur [m.] de la nuque
-steifigkeit [f.] raideur [m.] de la nuque
NaCl NatriumChlorid (chlorure de sodium NaCl)
N.A.D. Nicotinamid-Adenin-Dinucleotid (nicotinamide adénine dinucléotide NAD)
N.A.D.H. reduziertes Nicotinamid-Adenin-Dinucleotid (nicotinamide adénine dinucléotide réduit NADH)
N.A.D.P. Nicotinamid-Adenin-Dinucleotid-Phosphat (nicotinamide adénine dinucléotide phosphate NADP)
Nadel [f.] aiguille [f.]
nächtlich nocturne
Nägelkauen [n.] onychophagie [f.]
nähen suturer
Nährstoff [m.] élement [m.] nutritionnel
Näseln [n.] nasonnement [m.], rhinolalie [f.]
Nävus [m.] oder Naevus [m.] naevus [m.]
Pigment- [m.] naevus [m.] pigmentaire
bleu naevus [m.] bleu cellulaire
lipomatosus naevus [m.] lipomateux
sebaceus naevus [m.] sébacé
Nagel [m.] ongle [m.]
-ablösung [f.] décollement [m.] de l'ongle
-bett [n.] lit [m.] de l'ongle
-einwachsung [f.] ongle [m.] incarné
-entzündung [f.] onychite [f.]
-extension [f.] extension [f.] par broche
-umlauf [m.] tourniole [f.] périungéale
-ung [f.] enclouage [m.]
-wall [m.] répli [m.] périunguénal
Nahrung [f.] régime [m.], alimentation [f.], nourriture [f.]
-smittel [n.] aliment [m.]
-smittelallergie [f.] allergie [f.] alimentaire
-smittelvergiftung [f.] intoxication [f.] alimentaire
Naht [f.] suture [f.]
fortlaufende [f.] suture [f.] continue
Nanismus [m.] nanisme [m.]
Nanogramm [n.] nanogramme [m.]
Narbe [f.] cicatrice [f.]
-ngewebe [n.] tissu [m.] cicatriciel
vernarben cicatriser
Narkoanalyse [f.] narcoanalyse [f.]
Narkolepsie [f.] narcolepsie [f.]
Narkomanie [f.] narcomanie [f.]
Narkose [f.] narcose [f.], anesthésie [f.]
Narkotikum [n.] narcotique [m.]
narkotisch narcotique
narkotisieren narcotiser, anesthésier
Narzißmus [m.] narcissisme [m.]
nasal nasal, ale
Nase [f.] nez [m.]
-nbein [n.] os [m.] nasal
-nbluten [n.] épistaxis [m.], saignement [m.] du nez
-nflügel [m.] aile [f.] du nez
-nhöhle [f.] fosse [f.] nasale
-nloch [n.] narine [f.]
-nmuschel [f.] cornet [m.] du nez
-npolyp [m.] polype [m.] nasopharyngien
-nrücken [m.] dos [m.] du nez
-nscheidewand [f.] cloison [f.] nasale
-nscheidewandperforation [f.] perforation [f.] de la cloison nasale
-nschleimhaut [f.] muqueuse [f.] nasale
-nspekulum [n.] rhinoscope [m.]
-nspitze [f.] pointe [f.] du nez
-nwurzel [f.] racine [f.] du nez
Natalität [f.] natalité [f.]
Natriämie [f.] natriémie [f.]
Natrium [n.] sodium [m.]
Natriurese [f.] natriurèse [f.]
Natriurie [f.] natriurie [f.]
Nebelsehen [n.] vision [f.] trouble
Nebenhoden [m.] épididyme [m.]
Nebenniere [f.] surrénale [f.]

-nentfernung [f.] surrénalectomie [f.]
-nunterfunktion [f.] hypocorticalisme [m.]
-mark [n.] médullosurrénale [f.]
-rinde [f.] corticosurrénale [f.]
Nebenschilddrüse [f.] parathyroïde [f.]
Nekrobiose [f.] nécrobiose [f.]
Nekrolyse [f.] nécrolyse [f.]
toxische epidermale... [f.] nécrolyse [f.] épidermique toxique
Nekrophilie [f.] nécrophilie [f.]
Nekrose [f.] nécrose [f.]
käsige [f.] nécrose [f.] caséeuse
nekrotisch nécrotique
nekrotisierend nécrosant, ante
Nelaton-Katheter [m.] cathéter [m.] de Nélaton
Nelson-Test [m.] test [m.] de Nelson
Nematode [f.] nématode [m.]
Neocortex [m.] néocortex [m.]
Neologismus [m.] néologisme [m.]
neonatal néonatal, ale
Neonatalogie [f.] néonatalogie [f.]
Neoplasie [f.] néoplasie [f.]
Neoplasma [n.] néoplasme [m.]
neoplastisch néoplasique
Nephralgie [f.] néphralgie [f.]
Nephrektomie [f.] néphrectomie [f.]
Nephritis [f.] néphrite [f.]
akute... [f.] néphrite [f.] aiguë
chronische... [f.] néphrite [f.] chronique
Glomerulo- [f.] glomérulonéphrite [f.]
interstitielle... [f.] néphrite [f.] interstitielle
Nephroangiosklerose [f.] néphroangiosclérose [f.]
Nephroblastom [n.] néphroblastome [m.]
Nephrographie [f.] néphrographie [f.]
Nephrokalzinose [f.] néphrocalcinose [f.]
Nephrolithiasis [f.] néphrolithiase [f.]
Nephrolithotomie [f.] néphrolithotomie [f.]
Nephrologe [m.] néphrologue [m.]
Nephrologie [f.] néphrologie [f.]
Nephron [n.] néphron [m.]
Nephropathie [f.] néphropathie [f.]
Nephropexie [f.] néphropexie [f.]
Nephroptose [f.] néphroptôse [f.]
Nephrose [f.] néphrose [f.]
Nephrosklerose [f.] néphrosclérose [f.]
nephrotisch néphrotique
nephrotisches Syndrom [n.] syndrome [m.] néphrotique
Nephrostomie [f.] néphrostomie [f.]
Nephrotomie [f.] néphrotomie [f.]
Nephrotoxizität [f.] néphrotoxicité [f.]
Nephroureterektomie [f.] néphro-urétérectomie [f.]
Nerv [m.] nerf [m.]
Hirn- [m.] nerf [m.] crânien
Nerven nerveux, euse
Nervenarzt [m.] neurologue [m.]
Nervenaustrittspunkte [pl./m.] points [pl./m.] de Valleix
Nervenendplatte [f.] plaque [f.] motrice
Nervenentzündung [f.] névrite [f.]
Nervenheilkunde [f.] neurologie [f.]
Nervenkrise [f.] crise [f.] de nerfs
Nervenleitungsgeschwindigkeit [f.] vitesse [f.] de conduction nerveuse
Nervenleitungsstörung [f.] trouble [m.] de la conduction nerveuse
Nervenscheide [f.] gaine [f.] nerveuse
Nervensystem [n.] système [m.] nerveux
autonomes... [n.] système [m.] nerveux autonome
parasympathisches... [n.] système [m.] nerveux parasympathique
periphere...s [n.] système [m.] nerveux périphérique
sympathisches... [n.] système [m.] nerveux sympathique
vegetatives... [n.] système [m.] nerveux végétatif
Zentral- [n.] système [m.] nerveux central
Nervenzelle [f.] cellule [f.] nerveuse
Nervenzentrum [n.] centre [m.] nerveux
Nervenzusammenbruch [m.] effondrement [m.] nerveux
Nervosität [f.] nervosité [f.]
Nervus [m.] nerf [m.]
abducens nerf [m.] moteur oculaire externe
accessorius nerf [m.] spinal
facialis nerf [m.] facial
glossopharyngeus nerf [m.] glossopharyngien
hypoglossus nerf [m.] grand hypoglosse
oculomotorius nerf [m.] moteur occulaire commun
olfactorius nerf [m.] olfactif
opticus nerf [m.] optique
phrenicus nerf [m.] phrénique
radialis nerf [m.] radial
suralis nerf [m.] saphène
tibialis nerf [m.] sciatique externe
trigeminus nerf [m.] trijumeau
trochlearis nerf [m.] pathétique
vagus nerf [m.] pneumogastrique
vestibulocochlearis nerf [m.] cochléovestibulaire
Netzhaut [f.] rétine [f.]
-atrophie [f.] atrophie [f.] de la rétine

-blutung [f.] hémorragie [f.] rétinienne
-entzündung [f.] rétinite [f.]
-exsudat [n.] exsudat [m.] rétinien
-ödem [n.] oedème [m.] de la rétine
Neubildung [f.] néoformation [f.]
Neugeborene [n.] nouveau-né [m.]
neural neural, ale
Neuralgie [f.] névralgie [f.]
Trigeminus- [f.] névralgie [f.] du trijumeau
zervikobrachiale [f.] névralgie [f.] cervicobrachiale
Neuralrinne [f.] gouttière [f.] neurale
Neuralrohr [n.] tube [m.] neural
Neurasthenie [f.] neurasthénie [f.]
Neurektomie [f.] neurectomie [f.], névrectomie [f.]
Neurinom [n.] neurinome [m.]
Neuritis [f.] névrite [f.]
Neuroblastom [n.] neuroblastome [m.]
Neurochirurg [m.] neurochirurgien [m.]
-ie [f.] neurochirurgie [f.]
Neurodermatose [f.] neurodermatose [f.]
Neurodermitis [f.] névrodermite [f.]
Neuroepithel [n.] neuroépithélium [m.]
Neurofibrille [f.] neurofibrille [f.]
Neurofibrom [n.] neurofibrome [m.]
-atose [f.] neurofibromatose [f.]
Neurofibrosarkom [n.] neurofibrosarcome [m.]
neurogen neurogène
Neuroglia [f.] névroglie [f.]
Neurogliom [n.] neurogliome [m.]
-atose [f.] neurogliomatose [f.]
Neurohormon [n.] neurohormone [f.]
Neurohypophyse [f.] neurohypophyse [f.]
Neuroleptikum [n.] neuroleptique [m.]
neuroleptisch neuroleptique
Neurologie [f.] neurologie [f.]
neurologisch neurologique
Neurolyse [f.] neurolyse [f.]
Neurom [n.] névrome [m.]
neuromuskulär neuro-musculaire
Neuron [n.] neurone [m.]
Neuronitis [f.] neuronite [f.]
Neuropathie [f.] neuropathie [f.]
Neoropsychiatrie [f.] neuropsychiatrie [f.]
Neuroretinitis [f.] neurorétinite [f.]
Neurose [f.] névrose [f.]
hysterische... [f.] folie [f.] hystérique
posttraumatische... [f.] névrose [f.] post-traumatique
Neurosekretion [f.] neurosécrétion [f.]
Neurosyphilis [f.] neurosyphilis [f.]
neurotisch névrotique
Neurotomie [f.] neurotomie [f.], névrotomie [f.]
neurotoxisch neurotoxique
Neurotransmitter [m.] neuromédiateur [m.], neurotransmitteur [m.]
neurotrop neurotrope
Neurotropismus [m.] neurotropisme [m.]
neurovaskulär neuro-vasculaire
neurovegetativ neurovégétatif, ive
Neurozytom [n.] neurocytome [m.]
neutral neutre
Neutralisation [f.] neutralisation [f.]
Neutron [n.] neutron [m.]
Neutropenie [f.] neutropénie [f.]
Neutrophile [m.] neutrophile [m.]
Neutrophilie [f.] neutrophilie [f.]
Niedergeschlagenheit [f.] anéantissement [m.], prostation [f.]
Niere [f.] rein [m.]
Hufeisen- [f.] rein [m.] en fer à cheval
künstliche... [f.] rein [m.] artificiel
polyzystische... [f.] rein [m.] polykystique
Schock- [f.] rein [m.] de choc
stumme [f.] rein [m.] muet
-nbecken [n.] bassinet [m.] du rein
-nbeckenentzündung [f.] pyélite [f.]
-nbeckenerweiterung [f.] pyélectasie [f.]
-nbetteiterung [f.] abcès [m.] périnéphritique
-nbiopsie [f.] biopsie [f.] rénale
-nentzündung [f.] néphrite [f.]
-nglomerulus [m.] glomérule [m.] rénal
-ninsuffizienz [f.] insuffisance [f.] rénale
-nkelch [m.] calice [m.] du rein
-nkelcherweiterung [f.] dilatation [f.] des calices du rein
-nkolik [f.] colique [f.] néphrétique
-nlager [n.] capsule [f.] adipeuse du rein
-nmark [n.] pyramides [pl./f.] rénales
-nmarksubstanz [f.] substance [f.] médulaire du rein
-npapille [f.] papille [f.] rénale
-npforte [f.] hile [m.] rénal
-nschale [f.] haricot [m.]
-nschmerzen [pl./m.] mal [m.] aux rein
-nschwelle [f.] seuil [m.] rénal
-nsekretion [f.] sécrétion [f.] rénale
-nsenkung [f.] néphroptôse [f.]

-nstein [m.] calcul [m.] rénal, lithiase [f.] rénale
-ntransplantation [f.] transplantation [f.] rénale
-ntuberkulose [f.] tuberculose [f.] rénale
-nvene [f.] veine [f.] rénale
-nvenenthrombose [f.] thrombose [f.] veineuse rénale
-nvergrößerung [f.] hypertrophie [f.] rénale
-nzyste [f.] kyste [m.] rénal
niesen éternuer
Niesen [n.] éternuement [m.]
Nihilismus [m.] nihilisme [m.]
Nikotin [n.] nicotine [f.]
N.L.A. NeuroLeptAnalgesie
N.L.G. NervenLeitGeschwindigkeit (vitesse de conduction nerveuse VCN)
N.M.R. Nuclear Magnetic Resonance (imagerie par résonance magnétique IRM)
N.N. NebenNiere (surrénale)
N.N.H. NasenNebenHöhlen (sinus)
N.N.M. NebenNierenMark (médullo-surrénale)
N.N.R. NebenNierenRinde (cortico-surrénale)
Nocirezeptor [m.] nocicepteur [m.]
nodal nodal, ale
nodulär nodulaire
Nodulus [m.] nodule [m.]
Nokardiose [f.] nocardiose [f.]
Noradrenalin [n.] noradrénaline [f.]
Norm [f.] norme [f.]
Normoblast [m.] normoblaste [m.]
normochrom normochrome
normoton normotendu, ue
Normozyt [m.] normocyte [m.]
nosokomial nosocomial, ale
Nosologie [f.] nosologie [f.]
Notfall [m.] urgence [f.]
N.P.L. Neoplasma (néoplasie)
N.S.A. NikotinSäureAmid
N.T. NeutralisationsTest
nüchtern jeun (à ...)
Nüchternschmerz [m.] faim [f.] douloureuse
Nucleus [m.] noyau [m.]
caudatus noyau [m.] caudé
lenticularis noyau [m.] lenticulaire
pulposus noyau [m.] gélatineux
ruber noyau [m.] rouge
Nudismus [m.] nudisme [m.]
nuklear nucléaire
Nuklearmedizin [f.] médecine [f.] nucléaire
Nuklease [f.] nucléase [f.]
Nukleole [f.] nucléole [m.]
Nukleoprotein [n.] nucléoprotéine [f.]
Nukleosid [n.] nucléoside [m.]
Nukleotid [n.] nucléotide [m.]
Nullipara [f.] nullipare [f.]
Nulliparität [f.] nulliparité [f.]
nummulär nummulaire
Nyktalopie [f.] nyctalopie [f.]
Nyktophobie [f.] nyctophobie [f.]
Nykturie [f.] nycturie [f.]
Nymphomanie [f.] nymphomanie [f.]
Nystagmus [m.] nystagme [m.]
dissoziierter... [m.] nystagmus [m.] dissocié
Ermüdungs- [m.] nystagmus [m.] de la fatigue
Fixations- [m.] nystagmus [m.] de fixation
Lage- [m.] nystagmus [m.] de posture
optokinetischer... [m.] nystagmus [m.] optocinétique
Rotations- [m.] nystagmus [m.] rotatoire
Ruck- [m.] nystagmus [m.] rythmique
Spontan- [m.] nystagmus [m.] spontané

O

O_2 Sauerstoff (oxygène O_2)
O.B. Ohne Befund (rien à signaler R.A.S.)
Obduktion [f.] autopsie [f.]
obduzieren autopsier, faire l'autopsie de
O-Beine [pl./n.] jambes [pl./f.] arquées
Oberarm [m.] partie [f.] supérieure du bras
Oberhaut [f.] épiderme [m.]
Oberkiefer [m.] mâchoire [f.] supérieure
-fraktur [f.] fracture [f.] de le mâchoire supérieure
Oberlippe [f.] lèvre [f.] supérieure
Oberschenkel [m.] cuisse [f.]
-halsbruch [m.] fracture [f.] du col du fémur
-knochen [m.] fémur [m.]
-kopf [m.] tête [f.] du fémur
Obesitas [f.] obésité [f.]
Obliteration [f.] oblitération [f.]
Obnubilation [f.] obnubilation [f.]
Obsession [f.] obsession [f.]
Obstipation [f.] constipation [f.]
obstipiert sein être constipé, ée
obstruieren obstruer
Obstruktion [f.] obstruction [f.]
-shydrozephalus [m.] hydrocéphalie [f.] par obstruction
obstruktiv obstructif, ive
O.B.T. Oxytozin-Belastungs-Test
Obturation [f.] obturation [f.]
Ochronose [f.] ochronose [f.]
O.D. OberflächenDosis (dose de la surface)
Odditis [f.] oddite [f.]
O.D.G. OphthalmoDynamoGraphie (ophtalmodynamographie)
Odontalgie [f.] odontalgie [f.]

Odontologie [f.] odontologie [f.]
Odontom [n.] odontome [m.]
Odor [m.] odorat [m.]
Odynophagie [f.] odynophagie [f.]
Ödem [n.] oedème [m.]
Lungen- [n.] oedème [m.] pulmonaire aigu
ödematös oedemateux, euse
Ödipuskomplex [m.] complexe [m.] d'Oedipe
Öffnung [f.] orifice [m.]
Ösophagitis [f.] oesophagite [f.]
Ösophagoskopie [f.] oesophagoskopie [f.]
Ösophagospasmus [m.] oesophagisme [m.]
Ösophagotrachealfistel [f.] fistule [f.] trachéo-oesophagienne
Ösophagus [m.] oesophage [m.]
-atresie [f.] atrésie [f.] oesophagien
-divertikel [n.] diverticule [m.] oesophagien
-karzinom [n.] cancer [m.] de l'oesophage
-ruptur [f.] rupture [f.] de l'oesophage
-stenose [f.] rétrécissement [m.] oesophagien
-varize [f.] varice [f.] oesophagienne
Östradiol [n.] estradiol [m.], oestradiol [m.]
Östriol [n.] estriol [m.], oestriol [m.]
Östrogen [n.] oestrogène [m.]
-therapie [f.] oestrogénothérapie [f.]
O.F.A. OnkoFetale Antigene
O.G.T.T. Oraler GlukoseToleranzTest (épreuve de tolérance au glucose E.T.G.)
17-O.H.C.S. 17-Hydroxykortikosteroide (hydroxycorticostéroïdes O.H.C.S 17)
Ohnmacht [f.] évanouissement [m.]
ohnmächtig werden s'évanouir
Ohr- auriculaire
Ohr [n.] oreille [f.]
abstehendes... [n.] oreille [f.] en anse
Außen- [n.] oreille [f.] externe
Innen- [n.] oreille [f.] interne
Mittel- [n.] oreille [f.] moyenne
-ensausen [n.] bourdonnement [m.] d'oreille
-enschmerzen [pl./m.] mal [m.] aux oreilles
-entropfen [pl./m.] gouttes [pl./f.] auriculaires
-knöchelchen [n.] osselet [m.] de l'oreille
-knorpel [m.] cartilage [m.] de l'oreille
-läppchen [n.] lobule [m.]
-muschel [f.] pavillon [m.] d'oreille
-schmalz [m.] cérumen [m.]
-speicheldrüse [f.] glande [f.] parotide
Okklusion [f.] occlusion [f.]
intestinale [f.] occlusion [f.] intestinale
-sileus [m.] iléus [m.] par occlusion
okklusiv occlusif, ive
okulär oculaire
Okulomotorius [m.] oculomoteur [m.]
okzipital occipital, ale
Okzipitalschuppe [f.] écaille [f.] occipitale
okzipito-parietal occipito-pariétal, ale
okzipito-zervikal occipito-cervical, ale
Olekranon [n.] olécrâne [m.]
Oligoamnion [n.] oligoamnios [m.]
Oligodendroglia [f.] oligodendroglie [f.]
Oligodendrogliom [n.] oligodendrogliome [m.]
Oligodypsie [f.] oligodypsie [f.]
Oligohydramnie [f.] oligoamnios [m.]
Oligomenorrhoe [f.] oligoménorrhée [f.], spanioménorrhée [f.]
oligophren oligophrène
Oligophrenie [f.] oligophrénie [f.]
Oligosaccharid [n.] oligosaccharide [m.]
Oligospermie [f.] oligospermie [f.]
Oligotrichie [f.] oligotrichie [f.]
Oligurie [f.] oligurie [f.]
Omarthritis [f.] omarthrite [f.]
Omentektomie [f.] omentectomie [f.]
Omentopexie [f.] omentopexie [f.]
Omentum [n.] majus épiploon [m.]
omnipotent totipotent, ente
Omphalitis [f.] omphalite [f.]
Omphalorrhagie [f.] omphalorragie [f.]
Omphalotomie [f.] omphalotomie [f.]
Omphalozele [f.] procidence [f.] de l'ombilic
Onanie [f.] onanisme [m.]
Onchozerkose [f.] onchocercose [f.]
Oneirismus [m.] onirisme [m.]
onkogen oncogène
Onkogenese [f.] oncogenèse [f.]
Onkologie [f.] cancérologie [f.], oncologie [f.]
onkotisch oncotique
Onkozyt [m.] oncocyte [m.]
Onkozytom [n.] oncocytome [m.]
Ontogenese [f.] ontogenèse [f.]
Onychie [f.] onychie [f.]
Onychitis [f.] onychite [f.]
Onycholysis [f.] onycholyse [f.]
Onychomalazie [f.] onychomalacie [f.]
Onychomykose [f.] onychomycose [f.]
Onychophagie [f.] onychophagie [f.]
Onychorrhexis [f.] onychorrhexis [f.]

Onychoschisis [f.] onychoschisis [f.]
Onychose [f.] onychose [f.]
Oogenese [f.] ovogenèse [f.]
Oophorektomie [f.] oophorectomie [f.]
Oophorosalpingitis [f.] oophoro-salpingite [f.]
Oozyt [m.] ovocyte [m.]
Operateur [m.] opérateur [m.]
Operation opératoire
Operation [f.] intervention [f.] chirurgicale, opération [f.]
-sbericht [m.] protocole [m.] opératoire
-sfeld [n.] champ [m.] opératoire
-ssaal [m.] salle [f.] d'opérations
-sschock [m.] choc [m.] opératoire
-stisch [m.] table [f.] opératoire
operierbar opérable
operieren opérer
Ophthalmie [f.] ophtalmie [f.]
sympathische... [f.] ophtalmie [f.] sympathique
Ophthalmodynamometrie [f.] ophtalmodynamométrie [f.]
Ophthalmologe [m.] ophtalmologue [m.]
Ophthalmologie [f.] ophtalmologie [f.]
Ophthalmometer [n.] ophtalmomètre [m.]
Ophthalmoplegie [f.] ophtalmoplégie [f.]
Ophthalmoskop [n.] ophtalmoscope [m.]
Ophthalmoskopie [f.] ophtalmoscopie [f.]
Opium [n.] opium [m.]
-süchtige(r) [f., m.] opiomane [f., m.]
Opsiurie [f.] opsiurie [f.]
Opsomanie [f.] opsomanie [f.]
Optiker [m.] opticien [m.]
optisch optique
Optometrie [f.] optométrie [f.]
oral oral, ale
Orbita- orbitaire
Orbita [f.] orbite [f.]
Orchialgie [f.] orchialgie [f.]
Orchidopexie [f.] orchidopexie [f.]
Orchiektomie [f.] orchidectomie [f.], orchiectomie [f.]
Orchi-Epididymektomie [f.] orchi-épididymectomie [f.]
Orchitis [f.] orchite [f.]
Organ [n.] organe [m.], viscère [m.]
Geschlechts- [n.] organe [m.] génital
-entnahme [f.] prélèvement [m.] d'organe
organisch organique
Organismus [m.] organisme [m.]
Organogenese [f.] organogenèse [f.]
Organpsychose [f.] psychose [f.] organique, somatopsychose [f.]
Orgasmus [m.] orgasme [m.]
Orientierung [f.] orientation [f.]
zeitlich-räumliche... [f.] orientation [f.] temporospatiale
Ornithose [f.] ornithose [f.]
Oropharynx [m.] oropharynx [m.]
Orthese [f.] orthèse [f.]
Orthodontie [f.] orthodontie [f.]
Orthopäde [m.] orthopédiste [m.]
Orthopädie [f.] orthopédie [f.]
Kiefer- [f.] orthopédie [f.] dento-faciale
orthopädisch orthopédique
Orthophonie [f.] orthophonie [f.]
Orthopnoe [f.] orthopnée [f.]
Orthoptik [f.] orthoptique [f.]
Orthostasesyndrom [n.] orthostatisme [m.]
orthostatisch orthostatique
Ortolani-Zeichen [n.] signe [m.] d'Ortolani, signe [m.] de ressaut
Os [n.] os [m.]
Osmolalität [f.] osmolalité [f.]
Osmolarität [f.] osmolarité [f.]
Osmose [f.] osmose [f.]
osmotisch osmotique
Ossifikation [f.] ossification [f.]
Ostealgie [f.] ostéalgie [f.]
Osteoarthritis [f.] ostéoarthrite [f.]
osteoartikulär ostéo-articulaire
Osteoblast [m.] ostéoblaste [m.]
Osteochondritis [f.] ostéochondrite [f.]
Osteochondromatose [f.] ostéochondromatose [f.]
Osteochondrose [f.] ostéochondrose [f.]
Osteodynie [f.] ostéodynie [f.]
Osteodysplasie [f.] ostéodysplasie [f.]
Osteodystrophie [f.] ostéodystrophie [f.]
Osteofibrom [n.] ostéofibrome [m.]
-atose [f.] ostéofibromatose [f.]
Osteogenese [f.] ostéogenèse [f.]
Osteoid-Osteom [n.] ostéome [m.] ostéoïde
Osteoklasie [f.] ostéoclasie [f.]
Osteoklast [m.] ostéoclaste [m.]
Osteolyse [f.] ostéolyse [f.]
Osteom [n.] ostéome [m.]
Osteoma [n.] osteoidum ostéome [m.] ostéoïde
Osteomalazie [f.] ostéomalacie [f.]
Osteomyelitis [f.] ostéomyélite [f.]
Osteomyelosklerose [f.] ostéomyélosclérose [f.]
Osteon [n.] ostéon [m.]
Osteonekrose [f.] ostéonécrose [f.]
aseptische... [f.] ostéonécrose [f.] aseptique

Osteopathie [f.] ostéopathie [f.]
Osteopenie [f.] ostéopénie [f.]
Osteophyt [m.] ostéophyte [m.]
Osteoplastik [f.] ostéoplastie [f.]
osteoplastisch ostéoplastique
Osteoporose [f.] ostéoporose [f.]
Osteoradionekrose [f.] ostéoradionécrose [f.]
Osteosarkom [n.] ostéosarcome [m.]
Osteose [f.] ostéose [f.]
Osteosklerose [f.] ostéosclérose [f.]
Osteosteatom [n.] ostéostéatome [m.]
Osteosynovitis [f.] ostéosynovite [f.]
Osteosynthese [f.] ostéosynthèse [f.]
Osteotomie [f.] ostéotomie [f.]
Osteozyt [m.] ostéocyte [m.]
Ostitis [f.] ostéite [f.]
Ostium [n.] orifice [m.]
Oszillation [f.] oscillation [f.]
Oszillometer [n.] oscillomètre [m.]
Oszillometrie [f.] oscillométrie [f.]
Otalgie [f.] otalgie [f.]
Otitis [f.] otite [f.]
chronische... [f.] otite [f.] chronique
otogen otogène
Otolith [m.] otolithe [m.]
Otologe [m.] otologue [m.], otologiste [m.]
Otologie [f.] otologie [f.]
Otomykose [f.] otomycose [f.]
Otoplastik [f.] otoplastie [f.]
Otorrhagie [f.] otorragie [f.]
Otosklerose [f.] otosclérose [f.]
Otoskop [n.] otoscope [m.]
Otoskopie [f.] otoscopie [f.]
ototoxisch ototoxique
Ovar [n.] ovaire [m.]
ovarial ovarien, ienne
Ovarialabszeß [m.] abcès [m.] ovarien
Ovarialkrebs [m.] cancer [m.] de l'ovaire
Ovarialschwangerschaft [f.] grossesse [f.] ovarienne
Ovarialzyste [f.] kyste [m.] ovarien
Ovariektomie [f.] ovariectomie [f.]
Ovariohysterektomie [f.] ovario-hystérectomie [f.]
Ovariotomie [f.] ovariotomie [f.]
Ovariozele [f.] ovariocèle [f.]
Ovaritis [f.] ovarite [f.]
Ovogenese [f.] ovogenèse [f.]
Ovozyt [m.] ovocyte [m.]
ovulär ovulaire
Ovulation [f.] ovulation [f.]
Ovulum [n.] ovule [m.]
Oxalstein [m.] calcul [m.] oxalique
Oxalurie [f.] oxalurie [f.]
Oxydase [f.] oxydase [f.]
Oxydation [f.] oxydation [f.]
Oxygenation [f.] oxygénation [f.]
Oxygen-Therapie [f.] oxygénothérapie [f.]
Oxyhämoglobin [n.] oxyhémoglobine [f.]
Oxytocin [n.] ocytocine [f.]
Oxyuriasis [f.] oxyurase [f.]
Ozäna [f.] ozène [f.]
Ozontherapie [f.] ozonothérapie [f.]

P

P. Puls (pouls)
Pa. Pascal
p.a. posterior-anterior
P.A.B. Para-AminoBenzoesäure (acide paraaminobenzoïque PAB)
Pachydermie [f.] pachydermie [f.]
Pachymeningitis [f.] pachyméningite [f.]
Pachyperitonitis [f.] pachypéritonite [f.]
Pachyvaginitis [f.] pachyvaginite [f.]
Päderastie [f.] pédérastie [f.]
Pädiater [m.] pédiatre [m.]
Pädiatrie [f.] pédiatrie [f.]
Pädologie [f.] pédologie [f.]
P.A.F. Prostatic Antibacterial Factor
Paget-Erkrankung [f.] maladie [f.] de Paget
P.A.H. Para-AminoHippursäure (acide paraaminohippurique PAH)
Palatoplastik [f.] palatoplastie [f.]
Palatoraphie [f.] palatoraphie [f.]
Palatoschisis [f.] palatoschisis [f.]
Palatum [n.] palais [m.]
palliativ palliatif, ive
Pallidum [n.] pallidum [m.]
Palmar palmaire
Palmaraponeurose [f.] aponévrose [f.] palmaire
Palpation [f.] palpation [f.]
palpieren palper
Palpitatio [f.] palpitation [f.]
P.A.M.P.B.A. Para-Amino-Methyl-Benzoesäure
Panaritium [n.] panaris [m.]
Panarteriitis [f.] panartérite [f.]
Panarthritis [f.] panarthrite [f.]
Pandemie [f.] pandémie [f.]
Pankarditis [f.] pancardite [f.]
Pankreas [n.] pancréas [m.]
anulare pancréas [m.] anulaire
zystische -fibrose [f.] fibrose [f.] kystique du pancréas
-kopf [m.] tête [f.] du pancréas
-lithiasis [f.] lithiase [f.] pancréatique
-nekrose [f.] nécrose [f.] pancréatique
-resektion [f.] pancréatectomie [f.]

-schwanz [m.] queue [f.] du pancréas
Pankreatenterostomie [f.] pancréatentérostomie [f.]
Pankreatektomie [f.] pancréatectomie [f.]
Pankreatikographie [f.] pancréatographie [f.]
Pankreatitis [f.] pancréatite [f.]
akute... [f.] pancréatite [f.] aiguë
chronische... [f.] pancréatite [f.] chronique
interstitielle... [f.] pancréatite [f.] interstitielle
nekrotisierende... [f.] pancréatite [f.] hémorragique
Panmixie [f.] panmixie [f.]
Panmyelopathie [f.] panmyélose [f.]
Panniculus [m.] pannicule [m.]
Pannikulitis [f.] panniculite [f.]
Pannus [m.] pannus [m.]
Panophthalmie [f.] panophtalmie [f.]
Pansinusitis [f.] pansinusite [f.]
Panzerkrebs [m.] cancer [m.] en cuirasse
Panzytopenie [f.] pancytopénie [f.]
Papaverin [n.] papavérine [f.]
Papel [f.] papule [f.]
papillär papillaire
Papille [f.] papille [f.]
Nieren- [f.] papille [f.] rénale
Sehnerven- [f.] papille [f.] optique
-nstenose [f.] rétrécissement [m.] papillaire
Papillektomie [f.] papillectomie [f.]
Papillitis [f.] papillite [f.]
Papillom [n.] papillome [m.]
-atose [f.] papillomatose [f.]
Papillotomie [f.] papillotomie [f.]
Papula [f.] papule [f.]
papulös papuleux, euse
Papulopustel [f.] papulo-pustule [f.]
papulopustulös papulopustuleux, euse
papulosquamös papulosquameux, euse
papulovesikulös papulovésiculeux, euse
Paraacusis [f.] paracousie [f.]
Parabiose [f.] parabiose [f.]
Parabulie [f.] paraboulie [f.]
Paracenästhesie [f.] paracénesthésie [f.]
Paradontose [f.] déchaussement [m.] des dents
Paraffin [n.] paraffine [f.]
Paragangliom [n.] paragangliome [m.]
Paraganglion [n.] paraganglion [m.]
Paragonimiasis [f.] paragonimiase [f.]
Parakeratose [f.] parakératose [f.]
Parakinese [f.] parakinésie [f.]
Paralgesie [f.] paralgésie [f.]
Paralogie [f.] paralogie [f.]
Paralyse [f.] paralysie [f.]
progressive... [f.] paralysie [f.] générale
ischämische... [f.] paralysie [f.] ischémique
paralytisch paralytique
paramedian paramédian, e
Parameter [m.] paramètre [m.]
Parametritis [f.] paramétrite [f.]
Parametrium [n.] paramètre [m.]
Paramimie [f.] paramimie [f.]
Para-Aminobenzoesäure [f.] acide [m.] paraaminobenzoïque
Para-Aminosalicylsäure [f.] acide [m.] paraaminosalicylique
Paramyxovirus [n.] paramyxovirus [m.]
paraneoplastisch paranéoplastique
Paranoia [f.] paranoia [f.]
paranoid paranoïde
Paraphasie [f.] paraphasie [f.]
Paraphimose [f.] paraphimose [f.]
Paraphonie [f.] paraphonie [f.]
Paraphrenie [f.] paraphrénie [f.]
Paraplegie [f.] paraplégie [f.]
paraplegisch paraplégique
Paraprotein [n.] paraprotéine [f.]
-ämie [f.] paraprotéinémie [f.]
-urie [f.] paraprotéinurie [f.]
Parapsoriasis [f.] parapsoriasis [m.]
Parasit [m.] parasite [m.]
-ismus [m.] parasitisme [m.]
-ologie [f.] parasitologie [f.]
parasitär parasitaire
parasternal parasternal, ale
Parästhesie [f.] paresthésie [f.]
Parasympathikus [m.] parasympathique [m.]
Parasympatholytikum [n.] parasympatholytique [m.], parasympathicolytique [m.]
parasympatholytisch parasympatholytique
Parasympathomimetikum [n.] parasympathomimétique [m.], parasympathicomimétique [m.]
parasympathomimetisch parasympathomimétique
parasympathisch parasympathique
Parasystolie [f.] parasystolie [f.]
Parathormon [n.] parathormone [m.]
Parathyroidea [f.] parathyroïde [f.]
Parathyreoidektomie [f.] parathyroïdectomie [f.]
Parathyreoiditis [f.] parathyroïdite [f.]
Paratyphus [m.] paratyphoïde [f.]
paravenös paraveineux, euse

paravertebral paravertébral, ale
Parazentese [f.] paracentèse [f.]
parazentral paracentral, ale
Parenchym [n.] parenchyme [m.]
parenchymatös parenchymateux, euse
parenteral parentéral, ale
Parese [f.] parésie [f.]
parietal pariétal, ale
parieto-frontal pariétofrontal, ale
parieto-okkzipital pariéto-occipital, ale
parieto-temporal pariétotemporal, ale
Parität [f.] parité [f.]
Parkinson parkinsonien, ienne
Parkinson-Erkrankung [f.] maladie [f.] de Parkinson
Parkinsonmittel [n.] antiparkinsonien [m.]
parodontal paradentaire
Parodontitis [f.] parodontite [f.]
Parodontium [n.] parodonte [m.]
Parodontose [f.] parodontose [f.]
Paroniria [f.] rêve [m.] morbide
Parotis [f.] glande [f.] parotide
Parotidektomie [f.] parotidectomie [f.]
Parotitis [f.] parotidite [f.]
paroxysmal paroxysmal, ale ou paroxystique
Paroxysmale nächtliche Hämoglobinurie [f.] hémoglobinurie [f.] nocturne paroxystique
Paroxysmus [m.] paroxysme [m.]
Partikel [n.] particule [f.]
P.A.S. Para-AminoSalicylsäure (acide paraaminosalicylique PAS)
passiv passif, ive
Passivität [f.] passivité [f.]
Pasteurisierung [f.] pasteurisation [f.]
Patella rotulien, ienne
Patella [f.] rotule [f.]
-luxation [f.] luxation [f.] de la rotule
-rklonus [m.] clonus [m.] de la rotule
-rsehne [f.] tendon [m.] rotulien
-rsehnenreflex [m.] réflexe [m.] rotulien
Patellektomie [f.] patellectomie [f.]
pathogen pathogène
Pathogenese [f.] pathogenèse [f.]
pathognomisch pathognomonique
Pathologie [f.] anatomopathologie [f.], pathologie [f.]
pathologisch pathologique
Pathophobie [f.] pathophobie [f.]
Pathophysiologie [f.] pathophysiologie [f.]
Patient(in) [m., f.] patient, iente [m., f.], malade [m., f.]
Paukenhöhle [f.] caisse [f.] de tympan
Pause [f.], kompensatorische repos [m.] compensateur
P.B.C. Primär-Biläre Zirrhose (cirrhose bilaire)
P.B.G. PorphoBilinoGen (porphobilinogène)
P.B.I. Protein-Bound Iodine
P.C.P. Pneumocystis Carinii Pneumonie
P.D.A. Persistierender Ductus Arteriosus
P.E. Probeexzision
Pedikulose [f.] pédiculose [f.]
P.E.E.P. Positive EndExpiratory Pressure (pression expiratoire positive PEP)
Peliosis [f.] péliose [f.]
Pellagra [n.] pellagre [f.]
Pelvimetrie [f.] pelvimétrie [f.]
Pelviperitonitis [f.] pelvipéritonite [f.]
Pemphigoid [n.] pemphigoïde [m.]
Pemphigus [m.] pemphigus [m.]
chronicus benignus familaris pemphigus [m.] chronique bénin
syphiliticus pemphigus [m.] syphilitique familial
Pendelgang [m.] démarche [f.] pendulaire
Penis [m.] pénis [m.]
Penizillin [n.] pénicilline [f.]
-ase [f.] pénicillinase [f.]
Pepsin [n.] pepsine [f.]
Peptid [n.] peptide [m.]
peptisch peptique
peptisches Ulkus [n.] ulcère [m.] peptique
Perforation [f.] perforation [f.]
perforieren perforer
Perfusion [f.] perfusion [f.]
Perfusor [m.] perfuseur [m.]
perianal périanal, ale
Periangiitis [f.] périvascularite [f.]
Periarteriitis [f.] nodosa périartérite [f.] noueuse, polyartérite [f.] noueuse
Periarthritis [f.] humeroscapularis périarthrite [f.] scapulohumérale
peribronchial péribronchique
Peribronchitis [f.] péribronchite [f.]
Pericholezystitis [f.] péricholécystite [f.]
perichondral périchondral, ale
Perichondritis [f.] périchondrite [f.]
Perichondrium [n.] périchondre [m.], périchondrium [m.]
peridural peridural, ale
Periduralanästhesie [f.] anesthésie [f.] péridurale, rachianesthésie [f.]
perifokal périfocal, ale
Perifollikulitis [f.] périfolliculite [f.]
Perihepatitis [f.] périhépatite [f.]
perihilär périhilaire
Perikard [n.] péricarde [m.]

-erguß [m.] épanchement [m.] du péricarde
-höhle [f.] cavité [f.] péricardiaque
-iotomie [f.] péricardiotomie [f.]
-itis [f.] péricardite [f.]
-itis [f.] adhäsivapéricardite [f.] adhésive
-itis [f.] sicca péricardite [f.] sèche
-schwirren [n.] frottement [m.] cardiaque
Perikolitis [f.] péricolite [f.]
Perilymphangitis [f.] périlymphangite [f.]
Perilymphe [f.] périlymphe [f.]
Perimetrie [f.] périmétrie [f.]
perinatal périnatal, ale
Perineostomie [f.] périnéostomie [f.]
Perineotomie [f.] périnéotomie [f.]
Perinephritis [f.] périnéphrite [f.]
perinephritisch périnéphrétique
Perineum [n.] périnée [m.]
Perineuritis [f.] périnévrite [f.]
Periodontitis [f.] périodontite [f.]
perioral périoral, ale
periorbital périorbitaire
Periost [n.] périoste [m.]
Periostitis [f.] périostite [f.]
Periostose [f.] périostose [f.]
Peripankreatitis [f.] péripancréatite [f.]
peripher périphérique
Peripherie [f.] périphérie [f.]
Periphlebitis [f.] périphlébite [f.]
Periproktitis [f.] périproctite [f.]
Peristaltik [f.] péristaltisme [m.]
Peritonealdialyse [f.] dialyse [f.] péritonéale
Peritonealhöhle [f.] cavité [f.] péritonéale
Peritonealspülung [f.] lavage [m.] péritonéal
Peritoneum [n.] péritoine [m.]
Peritoneoskopie [f.] péritonéoscopie [f.]
Peritonismus [m.] péritonisme [m.]
Peritonitis [f.] péritonite [f.]
adhäsive... [f.] péritonite [f.] adhésive
diffuse... [f.] péritonite [f.] diffuse
Durchwanderungs- [f.] péritonite [f.] par propagation
herdförmige... [f.] péritonite [f.] localisée
tuberkulöse... [f.] péritonite [f.] tubérculeuse
periumbilikal périombilical, ale
Periurethritis [f.] périuréthrite [f.]
perivaskulär périvasculaire
Perkussion [f.] percussion [f.]
Perkutane transhepatische Cholangiographie [f.] cholangiographie [f.] percutanée transhépatique
perkutieren percuter
perlingual perlingual, ale
Permeabilität [f.] perméabilité [f.]
perniziös pernicieux, euse
Perseveration [f.] persévération [f.]
Persistenz [f.] persistance [f.]
Persönlichkeit [f.] personalité [f.]
-sstörung [f.] trouble [m.] de la personalité
Perspiration [f.] perspiration [f.]
pertrochantär pertrochantérien, ienne
Pertussis [f.] pertussis [m.]
Perversion [f.] perversion [f.]
Perversität [f.] perversité [f.]
Perzentile [f.] percentile [m.]
Pessar [n.] pessaire [m.]
Pessimismus [m.] pessimisme [m.]
Pest [f.] peste [f.]
Petechialblutung [f.] hémorragie [f.] pétéchiale
Petechie [n.] pétéchie [f.]
Petit mal [m.] petit mal [m.]
Pfeifen [n.] sibilance [f.], sifflement [m.]
Pflanzengift [n.] poison [m.] végétal
Pflaster [n.] emplâtre [m.]
Pflege [f.] soins [pl./m.]
pflegebedürftig avoir besoin des soins
pflegen soigner
Pflegepersonal [n.] gardesmalades [pl./f.]
Pfleger [m.] infirmier [m.]
Pfortaderkreislauf [m.] circulation [f.] portale
Pfortaderthrombose [f.] pyléthrombose [f.]
P.G.M. PhosphoGlukoMutase
P.H.A. PhytoHämAgglutinin
Phänotyp [m.] phénotype [m.]
Phäochromozytom [n.] phéochromocytome [m.]
Phagozyt [m.] phagocyte [m.]
Phagozytose [f.] phagocytose [f.]
Phakolyse [f.] phakolyse [f.]
Phakomalazie [f.] phakomalacie [f.]
Phakomatose [f.] phakomatose [f.]
Phalanx [f.] phalange [f.]
phallische Phase [f.] période [f.] phallique
Phantomglied [n.] membre [m.] fantôme
Pharmakodynamik [f.] pharmacodynamie [f.]
Pharmakokinetik [f.] pharmacocinétique [f.]
Pharmakologe [m.] pharmacologue [m.], pharmacologiste [m.]
Pharmakologie [f.] pharmacologie [f.]
klinische... [f.] pharmacologie [f.] clinique
Pharmakotherapie [f.] pharmacothérapie [f.]

Pharmazie [f.] pharmacie [f.]
Pharyngektomie [f.] pharyngectomie [f.]
Pharyngismus [m.] pharyngisme [m.]
Pharyngitis [f.] pharyngite [f.]
Pharyngolaryngitis [f.] pharyngo-laryngite [f.]
Pharyngomykose [f.] pharyngomycose [f.]
Pharyngoplastik [f.] plastie [f.] pharyngée
Pharyngoskopie [f.] pharyngoscopie [f.]
Pharyngospasmus [m.] pharyngisme [m.]
Pharyngotomie [f.] pharyngotomie [f.]
Pharyngozele [f.] pharyngocèle [f.]
Pharynx [m.] pharynx [m.]
Naso- [m.] pharynx [m.] nasal
Rhino- [m.] rhinopharynx [m.]
Oro- [m.] oropharynx [m.]
Pharynxstenose [f.] pharyngosténose [f.]
Phase [f.] phase [f.]
Phenylalanin [n.] phénylalanine [f.]
Phenylketonurie [f.] phénylcétonurie [f.]
Phimose [f.] phimosis [m.]
Phlebektasie [f.] phlébectasie [f.]
Phlebektomie [f.] phlébectomie [f.]
Phlebitis [f.] phlébite [f.]
Phlebogramm [n.] phlébogramme [m.]
Phlebographie [f.] phlébographie [f.]
Phlebolith [m.] phlébolithe [m.]
Phlebothrombose [f.] phlébothrombose [f.]
Phlebotomie [f.] phlébotomie [f.]
Phlegmone [f.] phlegmon [m.]
Phlyktäne [f.] phlyctène [f.], phlycténule [m.]
Phobie [f.] phobie [f.]
Klaustro- [f.] claustrophobie [f.]
Phobo- [f.] phobophobie [f.]
Phonation [f.] phonation [f.]
Phoniatrie [f.] phoniatrie [f.]
Phonetik [f.] phonétique [f.]
Phonokardiographie [f.] phonocardiographie [f.]
Phosphat [n.] phosphate [m.]
-ämie [f.] phosphatémie [f.]
Phosphatase [f.] phosphatase [f.]
alkalische... [f.] phosphatase [f.] alcaline
saure... [f.] phosphatase [f.] acide
Phosphaturie [f.] phosphaturie [f.]
Phosphor [n.] phosphore [m.]
Photokoagulation [f.] photocoagulation [f.]
Photometer [n.] photomètre [m.]
Photophobie [f.] photophobie [f.]
Photopsie [f.] photopsie [f.]
photosensibel photosensible
Photosensibilisierung [f.] photosensibilisation [f.]
Phototherapie [f.] photothérapie [f.]
Phrenalgie [f.] phrénalgie [f.]
Phrenikotomie [f.] phrénicotomie [f.]
Phrenokardie [f.] phrénocardie [f.]
P.H.S. Periarthritis Humero-Scapularis (périarthrite scapulo-humérale PSH)
Phthise [f.] phtisie [f.]
Phylogenie [f.] phylogenèse [f.]
Physiognomie [f.] physiognomie [f.]
Physiologie [f.] physiologie [f.]
Physiopathologie [f.] physiopathologie [f.]
Physiotherapie [f.] physiothérapie [f.]
physisch physique
P.I. Pearl-Index
Pickel [m.] bouton [m.], pustule [f.]
P.I.F. Prolactin Inhibiting Factor
Pigment [m.] pigment [m.]
-epithelschicht [f.] couche [f.] pigmentaire rétinienne
-ierung [f.] pigmentation [f.]
-verlust [m.] dépigmentation [f.]
-zellnävus [m.] naevus [m.] pigmentaire
Pillendreherhaltung [f.] main [f.] d'écrivain
pilzhemmend fongicide, antimycotique
Pilzmittel [n.] fongicide [m.], antifongique [m.]
Pinealoblastom [n.] pinéaloblastome [m.]
Pinealom [n.] pinéalome [m.]
Pinozytose [f.] pinocytose [f.]
Pipette [f.] pipette [f.]
Pituitarismus [m.] pituitarisme [m.]
Pityriasis [f.] pityriasis [m.]
vulgaris seborrhée [f.] sèche
P.K. Pyruvat-Kinase
P.K.G. PhonoKardio-Gramm (phonocardiogramme PCG)
P.K.U. PhenylKetonUrie
Placebo [n.] placebo [m.]
Plättchenaggregation [f.] agrégation [f.] des plaquettes
Plättchenfaktor [m.] facteur [m.] plaquettaire
Plasma [n.] plasma [m.]
-fluß [m.], renaler flux [m.] plasmatique rénal
-proteine [pl./n.] protéines [pl./f.] plasmatiques
-reninaktivität [f.] activité [f.] rénine plasmatique
-volumen [n.] volume [m.] plasmatique
plasmatisch plasmatique
Plasmid [n.] plasmide [m.]

Plasmin [n.] plasmine [f.]
-ogen [n.] plasminogène [m.]
Plasmodium [n.] falciparum plasmodium [m.] falciparum
Plasmodium [n.] inui plasmodium [m.] inui
Plasmodium [n.] malariae plasmodium [m.] malariae
Plasmodium [n.] ovale plasmodium [m.] ovale
Plasmodium [n.] vivax plasmodium [m.] vivax
Plasmolyse [f.] plasmolyse [f.]
Plasmozyt [m.] plasmocyte [m.]
plasmozytär plasmocytaire
Plasmozytom [n.] plsmocytome [m.]
Plasmozytose [f.] plasmocytose [f.]
Plastik [f.] plastie [f.]
Haut- [f.] plastie [f.] cutanée
Mamma- [f.] plastie [f.] mammaire
plastisch plastique
Plastizität [f.] plasticité [f.]
Platonychie [f.] platyonychie [f.]
Platyspondylie [f.] platyspondylie [f.]
Platte [f.] (Osteosynthese) plaque [f.] visée (ostéosynthèse)
Plattenepithel épidermoïde
Plattenepithel [n.] épithélium [m.] pavimenteux
-karzinom [n.] carcinome [m.] épidermoïde
Plattfuß [m.] pied [m.] plat
Platzangst [f.] agarophobie [f.]
platzen éclater
Platzen [n.] éclatement [m.]
Plaut-Vincentsche Angina [f.] angine [f.] de Vincent
Plazenta placentaire
Plazenta [f.] placenta [m.]
- increata placenta [m.] accreta
- marginalis placenta [m.] marginal
- multilobata placenta [m.] lobé
- praevia placenta [m.] praevia
geteilte- [f.] placenta [m.] bilobé
vorzeitige -ablösung [f.] décollement [m.] prématuré du placenta
-blutung [f.] hémorragie [f.] placentaire
-kreislauf [m.] circulation [f.] placentaire
-schranke [f.] barrière [f.] hémoplacentaire
-tion [f.] placentation [f.]
Plazentographie [f.] placentographie [f.]
Pleozytose [f.] pléocytose [f.]
Plethora [f.] pléthore [f.]
Plethysmographie [f.] pléthysmographie [f.]
Pleura pleural, ale
Pleura [f.] plèvre [f.]
-drainage [f.] drainage [m.] pleural
-erguß [m.] épanchement [m.] pleural
-höhle [f.] cavité [f.] pleurale
-knarren [n.] craquement [m.] pleural
-punktion [f.] ponction [f.] pleurale
-reiben [n.] frottement [m.] pleural
Pleurektomie [f.] pleurectomie [f.]
Pleuritis [f.] pleurésie [f.], pleurite [f.]
eitrige- [f.] pleurésie [f.] purulente
hämorrhagische- [f.] pleurésie [f.] hémorragique
serofibrinöse- [f.] pleurésie [f.] séro-fibrineuse
Pleurodynie [f.] pleurodynie [f.]
Pleurolyse [f.] pleurolyse [f.]
Pleuropneumonie [f.] pleuropneumonie [f.]
Pleurorrhoe [f.] pleurorhée [f.]
Pleurotomie [f.] pleurotomie [f.]
Plexus [m.] plexus [m.]
- brachialis plexus [m.] brachial
- choroideus plexus [m.] choroïde
- coeliacus plexus [m.] solaire
Plikatur [f.] plicature [f.]
P.L.P. Pyridoxalphosphat
P.L.T. Psittakose-Lymphogranuloma-Trachom
pluriglandulär pluriglandulaire
P.M.I.S. PostMyokardInfarkt-Syndrom
P.M.L. Progressive Multifokale Leukenzephalopathie
Pneumarthrosis [f.] pneumarthose [f.]
Pneumatisation [f.] pneumatisation [f.]
pneumatisch pneumatique
Pneumatose [f.] pneumatose [f.]
Pneumatozele [f.] pneumocèle [f.]
Pneumektomie [f.] pneumectomie [f.]
Pneumenzephalographie [f.] pneumoencéphalographie [f.]
Pneumococcus [m.] pneumocoque [m.]
Pneumoempyem [n.] empyème [m.] gazeux
Pneumogramm [n.] pneumogramme [m.]
Pneumographie [f.] pneumographie [f.]
Pneumohämoperikard [n.] pneumohémopéricarde [m.]
Pneumohämothorax [m.] pneumohémothorax [m.]
Pneumokokkeninfektion [f.] pneumococcie [f.]
Pneumokoniose [f.] pneumoconiose [f.]
Pneumologe [m.] pneumologue [m.]
Pneumologie [f.] pneumologie [f.]
Pneumomediastinum [n.] pneumomédiastin [m.]
Pneumomyelographie [f.] pneumomyélographie [f.]
Pneumomykose [f.] mycose [f.] pulmonaire

Pneumonektomie [f.] pneumonectomie [f.]
Pneumonie [f.] pneumonie [f.]
atypische- [f.] pneumonie [f.] atypique
eosinophile- [f.] pneumonie [f.] éosinophile
käsige- [f.] pneumonie [f.] caséeuse
metastatische- [f.] pneumonie [f.] métastatique
parenchymatöse- [f.] pneumonie [f.] parenchymateuse
purulente- [f.] pneumonie [f.] suppurée
toxische- [f.] pneumonie [f.] toxique
Aspirations- [f.] pneumonie [f.] par aspiration
Lobär- [f.] pneumonie [f.] lobaire
Mykoplasmen- [f.] pneumonie [f.] à mycoplasmes
Strahlen- [f.] pneumonie [f.] par irradiation
Virus- [f.] pneumonie [f.] virale
pneumonisch pneumonique
Pneumopathie [f.] pneumopathie [f.]
Pneumoperikard [n.] pneumopéricarde [m.]
Pneumoperitoneum [n.] pneumopéritoine [m.]
Pneumoretroperitoneum [n.] pneumorétropéritoine [m.]
Pneumothorax [m.] pneumothorax [m.]
therapeutischer- [m.] pneumothorax [m.] thérapeutique
Spannungs- [m.] pneumothorax [m.] à soupape
Spontan- [m.] pneumothorax [m.] spontané
Pneumotomie [f.] pneumotomie [f.]
Pneumozele [f.] pneumocèle [f.]
Pneumozystographie [f.] kystographie [f.]
P.N.H. Paroxysmale Nächtliche Hämoglobinurie (hémoglobinurie nocturne paroxystique HNP)
P.N.P.B. Positive-Negative Pressure Breathing
P.N.P.V. Positive-Negative Pressure Ventilation
pO$_2$ Sauerstoffpartialdruck (pression partielle de l'oxygène)
Pocken [pl./f.] variole [f.]
-schutzimpfung [f.] vaccination [f.] antivariolique
P.O.D. PerOxyDase
Podagra [f.] podagre [f.]
Poikilodermie [f.] poïkilodermie [f.], poïkilodermose [f.]
Poikilozyt [m.] poïkilocyte [m.]
Poikilozytose [f.] poïkilocytose [f.]
Pol [m.] pôle [m.]
Polarisation [f.] polarisation [f.]
Polarität [f.] polarité [f.]
Poliklinik [f.] policlinique [f.]
Polioenzephalitis [f.] polioencéphalite [f.]
Poliomyelitis [f.] poliomyélite [f.]
- anterior acuta poliomyélite [f.] antérieure aiguë
- schutzimpfung [f.] vaccination [f.] antimyélitique
Poliosis [f.] poliose [f.]
Poliovirus [n.] poliovirus [m.]
Pollakisurie [f.] pollakiurie [f.]
Pollinose [f.] pollinose [f.]
Pollution [f.] pollution [f.]
Polyadenitis [f.] polyadénite [f.]
Polyadenomatose [f.] polyadénomatose [f.]
Polyästhesie [f.] polyesthésie [f.]
Polyarthritis [f.] polyarthrite [f.]
chronische [f.] polyarthrite [f.] chronique évolutive
juvenile chronische- [f.] arthrite [f.] chronique juvénile
rheumatoide- [f.] polyarthrite [f.] rhumatoïde
Polyarthrose [f.] polyarthrose [f.]
Polychromasie [f.] polychromasie [f.]
Polydaktylie [f.] polydactylie [f.]
Polydipsie [f.] polydipsie [f.]
Polydysplasie [f.] polydysplasie [f.]
Polydystrophie [f.] polydystrophie [f.]
Polyglobulie [f.] polyglobulie [f.]
Polykorie [f.] polykorie [f.]
Polymastie [f.] polymastie [f.]
polymorph polymorphe
Polymorphismus [m.] pléomorphisme [m.]
Polymyositis [f.] polymyosite [f.]
Polyneuralgie [f.] polynévralgie [f.]
Polyneuritis [f.] polynévrite [f.]
Polyneuropathie [f.] polyneuropathie [f.]
alkoholische- [f.] polynévrite [f.] alcoolique
polynukleär polynucléaire
Polynukleose [f.] polynucléose [f.]
Polyopsie [f.] polyopsie [f.]
Polypeptid [n.] polypeptide [m.]
Polyp [m.] polype [m.]
Darm- [m.] polype [m.] intéstinal
Nasen- [m.] polype [m.] nasal
Scheiden- [m.] polype [m.] vaginal
-ektomie [f.] polypectomie [f.]
Polypeptid [n.] polypeptide [m.]
Polyphrasie [f.] polyphrasie [f.]
Polypnoe [f.] polypnée [f.]
polypös polypeux, euse
Polypose [f.] polypose [f.]
Polyradikulitis [f.] polyradiculite [f.]
Polyradikuloneuritis [f.] polyradiculonévrite [f.]
Polysaccharid [n.] polysaccharide [m.]
Polyspermie [f.] polyspermie [f.]

Polythelie [f.] polythélie [f.]
Polytrauma [n.] polytraumatisme [m.]
Polyurie [f.] polyurie [f.]
Polyzoospermie [f.] polyzoospermie [f.]
polyzystisch polykystique
polyzystische Ovarien [pl./n.] dystrophie [f.] ovarienne polykystique
Polyzytämie [f.] polycytémie [f.]
Pons [f.] protubérance [f.] cérébrale
Pore [f.] pore [m.]
Porenzephalie [f.] porencéphalie [f.]
Porenzephalitis [f.] porencéphalite [f.]
Porose [f.] porose [f.]
Porphyria [f.] cutanea tarda porphyrie [f.] cutanée tardive
Porphyrie [f.] porphyrie [f.]
Porphyrin [n.] porphyrine [f.]
-urie [f.] porphyrinurie [f.]
portal portal, ale
Portalvene [f.] veine [f.] porte
Portographie [f.] portographie [f.]
Portokavale Anastomose [f.] anastomose [f.] portocave
Portokavale End-zu-Seit Anastomose [f.] anastomose [f.] porto-cave termino-latérale
Porzelangallenblase [f.] vésicule [f.] porcelaire
Position [f.] position [f.]
positiv positif, ive
postembryonal post-embryonnaire
posterior postérieur, eure
Posthitis [f.] posthite [f.]
Postkoitaltest [m.] test [m.] post-coïtal
postmenstruell post-menstruel, elle
postnatal post-natal, ale
postoperativ post-opératoire
post partum post-partum
postprandial post-prandial, ale
posttraumatisch post-traumatique
Potential [n.] potentiel [m.]
evoziertes- [n.] potentiel [m.] évoqué
Potenz [f.] potence [f.]
sexuelle- [f.] puissance [f.] sexuelle
-schwierigkeit [f.] trouble [m.] de puissance
Potomanie [f.] potomanie [f.]
P.P. Pankreatisches Peptid
P.P.L. Plasma-Protein-Lösung
P.P.S.P. Prothrombin + Proconvertin + Stuart-Prower-Faktor + antihämophiles Globulin B
prädiastolisch prédiastolique
Prädisposition [f.] prédisposition [f.]
Präeklampsie [f.] prééclampsie [f.]
Präexitation [f.] préexitation [f.]
-ssyndrom [n.] syndrome [m.] de préexitation
prähepatisch préhépatique
präkanzerös précancéreux, euse
Präkanzerose [f.] précancérose [f.]
Präkoma [n.] précoma [m.]
diabetisches- [n.] précoma [m.] diabétique
präkordial précordial, ale
Prämaturität [f.] prématurité [f.]
Prämedikation [f.] prémédication [f.]
prämenstruell prémenstruel, elle
prämenstruelles Syndrom [n.] syndrome [m.] prémenstruel
Prämolarzahn [m.] prémolaire [m.]
pränatal prénatal, ale
präoperativ préopératoire
Präparation [f.] préparation [f.]
präparieren préparer
Präputialdrüse [f.] glande [f.] préputiale
Präputium [n.] prépuce [m.]
präsenil présénile
Präservativ [n.] préservatif [m.]
Präsystole [f.] présystole [f.]
präsystolisch présystolique
Prävalenz [f.] prévalence [f.]
Prävention [f.] prévention [f.]
präventiv préventif, ive
Präzipität [f.] précipité [f.]
Präzipitation [f.] précipitation [f.]
Pragmatamnesie [f.] pragmatamnésie [f.]
prall rénitent, ente
praktisch pratique
Praxis [f.] pratique [f.]
Arzt- [f.] cabinet [m.] médical
Prednison [n.] prednisone [f.]
Prellmarke [f.] impact [m.]
Prellung [f.] contusion [f.]
Presbyakusis [f.] presbyacousie [f.]
presbyop presbyte
Presbyopie [f.] presbytie [f.]
Priapismus [m.] priapisme [m.]
Prickeln [n.] (Empfindung) picotement [m.] (sensation)
Primärfollikel [m.] follicule [m.] primaire
Primärinfektion [f.] primo-infection [f.]
Primärkomplex [m.] complexe [m.] primaire
Primipara [f.] primipare [f.]
Primiparität [f.] primiparité [f.]
Prinzmetal-Angina [f.] angor [m.] de Prinzmetal
Prisma [m.] prisme [m.]
Proakzelerin [n.] proaccélérine [f.]
Probelaparatomie [f.] laparotomie [f.] exploratrice
Probemahlzeit [f.] repas [m.] d'épreuve

Probepunktion [f.] ponction [f.] exploratrice
Prodrom [n.] prodrome [m.]
Proerythroblast [m.] proérythroblaste [m.]
profus profus, use
Progerie [f.] progerie [f.]
Progesteron [n.] progestérone [f.]
Prognathie [f.] prognathisme [m.]
Prognose [f.] pronostic [m.]
prognostizieren pronostiquer
Projektion [f.] projection [f.]
Prokonvertin [n.] proconvertine [f.]
Proktalgie [f.] proctalgie [f.]
Proktitis [f.] proctite [f.]
Proktokolpoplastik [f.] procto-colpoplastie [f.]
Proktologe [m.] proctologue [m.]
Proktologie [f.] proctologie [f.]
Proktoplastik [f.] proctoplastie [f.]
Proktorrhagie [f.] proctorragie [f.]
Proktoskop [n.] proctoscope [m.]
Proktoskopie [f.] proctoscopie [f.]
Proktozele [f.] proctocèle [f.]
Prolaktin [n.] prolactine [f.]
-inhibitionsfaktor [m.] facteur [m.] inhibiteur de la prolactine
-om [n.] prolactinome [m.]
Prolaps [m.] prolapsus [m.]
Proliferation [f.] prolifération [f.]
proliferieren proliférer
Promontorium [n.] promontoire [m.]
Promyelozyt [m.] promyélocyte [m.]
Pronation [f.] pronation [f.]
Pronator [m.] pronateur [m.]
pronatorisch pronateur, rice
Prophase [f.] prophase [f.]
prophylaktisch prophylactique
Prophylaxe [f.] prophylaxie [f.]
Propriorezeptor [m.] propriocepteur [m.]
Propriozeption [f.] proprioception [f.]
propriozeptiv proprioceptEUR, rice
Propulsion [f.] propulsion [f.]
propulsiv propulsif, ive
Prosenzephalon [n.] prosencéphale [m.]
prospektiv prospectif, ive
Prostaglandin [n.] prostaglandine [f.]
Prostata [f.] prostate [f.]
-adenom [n.] adénome [m.] de la prostate
-extirpation [f.] prostatectomie [f.]
endoskopische- extirpation prostatectomie [f.] endoscopique [f.]
-hypertrophie [f.] hypertrophie [f.] de la prostate
-krebs [m.] cancer [m.] de la prostate
saure -phosphatase [f.] phosphatase [f.] acide prostatique
transurethrale resektion [f.] résection [f.] transurétrale de la prostate
Prostatektomie [f.] prostatectomie [f.]
Prostatitis [f.] prostatite [f.]
Protamin [n.] protamine [f.]
Protease [f.] protéase [f.]
Proteid [n.] protéide [m.]
Protein protéique
Protein [n.] protéine [f.]
-ämie [f.] protéinémie [f.], protidémie [f.]
-ase [f.] protéinase [f.]
-haltig protéique
-urie [f.] protéinurie [f.]
Proteolyse [f.] protéolyse [f.]
proteolytisch protéolytique
Proteose [f.] protéose [f.]
Prothese [f.] prothèse [f.]
Gehör- [f.] prothèse [f.] auditive
Totalendo- [f.] prothèse [f.] totale de la hanche
prothetisch prothétique
Prothrombin [n.] prothrombine [f.]
-mangel [m.] hypoprothrombinémie [f.]
-zeit [f.] temps [m.] de prothrombine
protodiastolisch protodiastolique
Proton [n.] proton [m.]
Protoplasma [n.] protoplasme [m.]
protosystolisch protosystolique
Protrusio [f.] protrusion [f.]
Protuberantia [f.] protubérance [f.]
Provitamin [n.] provitamine [f.]
Provokationstest [m.] test [m.] de provocation
proximal proximal, ale
pruriginös prurigineux, euse
Prurigo [f.] prurigo [m.]
Pruritus [m.] prurit [m.]
Pseudarthrose [f.] pseudarthrose [f.]
Pseudobulbärparalyse [f.] paralyse [f.] pseudobulbaire
Pseudohermaphrodit [m.] pseudo-hermaphrodite [m.]
Pseudohermaphroditismus [m.] pseudo-hermaphroditisme [m.]
Pseudokrupp [m.] faux croup [m.]
Pseudomanie [f.] pseudomanie [f.]
Pseudomembran [f.] pseudo-membrane [f.]
Pseudoparalyse [f.] pseudo-paralysie [f.]
Pseudophlegmone [f.] pseudo-phlegmon [m.]
Pseudotabes [m.] pseudotabès [m.]
Pseudozyste [f.] pseudokyste [m.]

Psittakose [f.] psittacose [f.]
Psoas [m.] psoas [m.]
-schatten [m.] ombre [m.] de psoas
Psoitis [f.] psoïtis [f.]
Psoriasis [f.] psoriasis [m.]
- palmoplantaris psoriasis [m.] palmoplantaire
- pustulosa psoriasis [m.] pustuleux
P.S.R. PatellarSehnenReflex (réflexe rotulien)
Psychasthenie [f.] psychasthénie [f.]
Psyche [f.] psychisme [m.]
Psychiater [m.] psychiatre [m.]
Psychiatrie [f.] psychiatrie [f.]
psychiatrisch psychiatrique
psychisch psychique
psychoaffektiv psychoaffectif, ive
Psychoanaleptikum [n.] psychoanaleptique [m.]
psychoanaleptisch psychoanaleptique
Psychoanalyse [f.] psychanalyse [f.]
Psychoanalytiker [m.] psychanalyste [m.]
psychoanalytisch psychanalytique
Psychodynamik [f.] psychodynamique [f.]
psychodynamisch psychodynamique
Psychodysleptikum [n.] psychodysleptique [m.]
psychogen psychogène
Psychogenese [f.] psychogenèse [f.]
Psycholepsie [f.] psycholepsie [f.]
Psycholeptikum [n.] psycholeptique [m.]
Psychologe [m.] psychologue [m.]
Schul- [m.] psychologue [m.] scolaire
Psychologie [f.] psychologie [f.]
Psychometrie [f.] psychométrie [f.]
Psychomotorik [f.] psychomotricité [f.]
psychomotorisch psychomoteur, rice
Psychoneurose [f.] psychonévrose [f.]
Psychopath, in [m., f.] psychopathe [m., f.]
Psychopathie [f.] psychopathie [f.]
psychopathisch psychopathique
Psychopathologie [f.] psychopathologie [f.]
psychopathologisch psychopathologique
Psychopharmakologie [f.] psychopharmacologie [f.]
Psychophylaxie [f.] hygiène [f.] mentale
Psychophysiologie [f.] psychophysiologie [f.]
Psychoplegikum [n.] psychoplégique [m.]
Psychose [f.] psychose [f.]
manische- [f.] psychose [f.] maniaque
manisch-depressive- [f.] psychose [f.] maniaco-dépressive
medikamentöse- [f.] psychose [f.] médicamenteuse
paranoische- [f.] psychose [f.] paranoïaque
toxische- [f.] psychose [f.] toxique
Organ- [f.] psychose [f.] organique
Schwangerschafts- [f.] psychose [f.] gravidique
Zweck- [f.] psychose [f.] intentionnelle
Psychosomatik [f.] médecine [f.] psychosomatique
psychosomatisch psychosomatique
Psychostimulantium [n.] psychostimulant [m.]
Psychotherapeut [m.] psychothérapeute [m.]
psychotherapeutisch psychothérapeutique
Psychotherapie [f.] psychothérapie [f.]
pschotisch psychotique
Psychotonikum [n.] psychotonique [m.]
psychotrop psychotrope
psychovegetativ psychovégétatif, ive
P.T. PulmonalTon
P.T.A. 1. Plasma Thromboplastin Antecedent, 2. Perkutane Transluminale Angioplastik (angioplastie percutanée transluminale)
P.T.C. Perkutane Transhepatische Cholangiographie (cholangiographie percutanée transhépatique CPT)
P.T.C.A. Perkutane Transluminale Koronare Angioplastik
Pterygium [n.] ptérygion [m.]
P.T.H. Parathormon (parathormone Pth)
P.T.J.C. Perkutane Trans-Jugulare Cholangiographie
Ptosis [f.] 1. ptôse [f.], 2. ptosis [m.]
P.T.T. Partielle Thromboplastinzeit (taux de prothrombine)
Ptyalismus [m.] ptyalisme [m.]
P.T.Z. PlasmaThrombin-Zeit
Pubertas [f.] praecox puberté [f.] précoce
Pubertät [f.] puberté [f.]
Pubes [f.] pubis [m.]
Puder [n.] poudre [m.]
pueril puéril, ile
puerperal puerpéral, ale
Puerperalfieber [n.] fièvre [f.] puerpérale
Puerperalpsychose [f.] psychose [f.] puerpérale
Pulmonal pulmonaire
Pulmonalklappe [f.] valvule [f.] sigmoide de l'artère pulmonaire
Pulmonalstenose [f.] rétrécissement [m.] pulmonaire
Pulpa pulpaire
Pulpa [f.] pulpe [f.]
-höhle [f.] cavité [f.] pulpaire
Pulpektomie [f.] pulpectomie [f.]
Pulpitis [f.] pulpite [f.]
pulpös pulpeux, euse
Puls [m.] pouls [m.]

fadenförmiger- [m.] pouls [m.] filiforme
jagender- [m.] pouls [m.] myure
zweischlägiger- [m.] pouls [m.] bigeminé
-ader [f.] artère [f.]
-beschleunigung [f.] accélération [f.] du pouls
-ation [f.] pulsation [f.]
pulsierend pulsatile
Pulsion [f.] pulsion [f.]
Pulver [n.] poudre [m.]
Pumpe [f.] pompe [f.]
Injektions- [f.] pompe [f.] d'injection
punktieren ponctionner
Punktierung [f.] (z.B. der Haut) aspect [m.] granité (ex.: de la peau)
Punktion [f.] ponction [f.]
Augenkammer- [f.] ponction [f.] camérulaire
Lumbal- [f.] ponction [f.] lombaire
Pleural- [f.] ponction [f.] pleurale
Probe- [f.] ponction [f.] exploratrice
Sternal- [f.] ponction [f.] sternale
Subokzipital- [f.] ponction [f.] sous-occipitale
-sbiopsie [f.] ponction-biopsie [f.]
Pupillen pupillaire
Pupille [f.] pupille [f.]
-nabstand [m.] distance [f.] interpupillaire
-ndifferenz [f.] anisocorie [f.]
-nreaktion [f.] réaction [f.] pupillaire
-nreflex [m.] réflexe [m.] pupillaire
-nstarre [f.] rigidité [f.] pupillaire
-nverschluß [m.] occlusion [f.] pupillaire
Pupillometrie [f.] pupillométrie [f.]
Purgativum [n.] purge [m.], purgatif [m.]
Purkinje-Fasern [pl./f.] réseau [m.] de Purkinje
Purin [n.] purine [f.]
Purpura [f.] purpura [m.]
allergische [f.] purpura [m.] allergique
idiopathische thrombopenische [f.] purpura [m.] thrombopénique idiopathique
- bullosa purpura [m.] bulleux
- fulminans purpura [m.] fulminant de Henoch
- hemorragica purpura [m.] hémorragique
Pustel [f.] pustule [f.]
Pustulosis [f.] pustulose [f.]
pustulös pustuleux, euse
Putamen [n.] putamen [m.]
putrid putride
P.U.V.A. Psoralene + UV A
P.V. PlasmaVolumen (volume plasmatique VP)
P.V.C. PolyVinylChlorid
Pyämie [f.] pyémie [f.]
Pyarthrose [f.] pyarthrose [f.]
Pyelektasie [f.] pyélectasie [f.]
Pyelitis [f.] pyélite [f.]
Pyelogramm [n.] pyélogramme [m.]
Pyelographie [f.] pyélographie [f.]
Pyelolithotomie [f.] pyélolithotomie [f.]
Pyelonephritis [f.] pyélonéphrite [f.]
Pyelonephrose [f.] pyélonéphrose [f.]
Pyelophlebitis [f.] pyélophlébite [f.]
Pyelostomie [f.] pyélostomie [f.]
Pyelotomie [f.] pyélotomie [f.]
Pyelozystitis [f.] pyélocystite [f.]
pyknisch pycnique
Pyknose [f.] pycnose [f.]
Pylephlebitis [f.] pyléphlébite [f.]
Pylethrombose [f.] pyléthrombose [f.]
Pylorektomie [f.] pylorectomie [f.]
Pyloromyotomie [f.] pylorotomie [f.]
Pyloroplastik [f.] pyloroplastie [f.]
Pylorospasmus [m.] pylorospasme [m.]
Pylorus pylorique
Pylorus [m.] pylore [m.]
-stenose [f.] sténose [f.] du pylore
Pyodermie [f.] pyodermite [f.]
pyogen pyogène
Pyometra [f.] pyométrite [f.]
Pyonephrose [f.] pyonéphrose [f.]
Pyoperikard [n.] pyopéricarde [m.]
Pyoperitoneum [n.] pyopéritoine [m.]
Pyopneumothorax [m.] pyo-pneumothorax [m.]
Pyorrhoe [f.] pyorrhée [f.]
Pyosalpingitis [f.] pyosalpingite [f.]
Pyosalpinx [f.] pyosalpinx [m.]
Pyothorax [m.] pyothorax [m.]
Pyramidenbahn [f.] faisceau [m.] pyramidal
-kreuzung [f.] décussation [f.] pyramidale
-zeichen [n.] signe [m.] pyramidal
Pyrexie [f.] pyrexie [f.]
Pyridoxin [n.] pyridoxine [f.]
pyriform pyriforme
Pyrimidin [n.] pyrimidine [f.]
pyrogen pyrogène
Pyromanie [f.] pyromanie [f.]
Pyrosis [f.] pyrosis [m.]
Pytyriasis [f.] pytyriasis [f.]
Pyurie [f.] pyurie [f.]

Q

Q.R. Quadrizeps-Reflex (réflexe rotulien)
QRS-Komplex [m.] complexe [m.] QRS
QT-Dauer [f.] intervalle QT [m.]
Quaddel [f.] papule [f.]

Quadrantenanopsie [f.] tétranopsie [f.]
Quadrantenhemianopsie [f.] hémianopsie [f.] en quadrant
Quadrizeps [m.] quadriceps [m.]
Quarantäne [f.] quarantaine [f.]
Quecksilber [n.] mercure [m.]
Querbruch [m.] fracture [f.] transversale
Querlage [f.] présentation [f.] transversale
Querschnittmyelitis [f.] myélite [f.] transverse
Quetschung [f.] contusion [f.], écrasement [m.]
Quick-Zeit [f.] temps [m.] de Quick
Quincke-Ödem [n.] oedème [m.] de Quincke
Quotient [m.] quotient [m.]
Respirations- [m.] quotient [m.] respiratoire
Q-Zacke [f.] onde [f.] Q

R

R. 1. Ramus (rameau), 2. Radikal (radical)
Ra Radium (radium Ra)
R.A.A. Renin-Angiotensin-Aldosteron (Rénine-Angiotensine-Aldostérone)
Rabies [f.] rage [f.]
Rachen [m.] gorge [f.], pharynx [m.]
-entzündung [f.] pharyngite [f.]
-höhle [f.] cavité [f.] pharyngée
-mandel [f.] amygdale [f.] pharyngée
-mandelentzündung [f.] adénoïdite [f.]
-mandelwucherung [f.] végétation [f.] adénoïde
-reflex [m.] réflexe [m.] pharyngé
Rachischisis [f.] rachischisis [m.]
Rachitis [f.] rachitisme [m.]
rachitisch rachitique
radial radial, ale
Radialislähmung [f.] paralysie [f.] radiale
Radialisnerv [m.] nerf [m.] radial
Radiatio [f.] radiation [f.]
radikal radical, ale
Radikal [n.] radical [m.]
freies- [n.] radical [m.] libre
Radikotomie [f.] radicotomie [f.]
radikulär radiculaire
Radikulalgie [f.] radiculalgie [f.]
Radikulitis [f.] radiculite [f.]
Radikulographie [f.] radiculographie [f.]
radioaktiv radioactif, ive
Radioaktivität [f.] radioactivité [f.]
Radiodermatitis [f.] actinodermatose [f.]
Radioimmunologie [f.] radio-immunologie [f.]
Radioisotop [n.] radio-isotope [m.]
Radiologe [m.] radiologiste [m.]
Radiologie [f.] radiologie [f.]
radiologisch radiologique
Radioskop [n.] radioscope [m.]
Radioskopie [f.] radioscopie [f.]
Radium [n.] radium [m.]
-therapie [f.] radium-thérapie [f.]
Radius [m.] radius [m.]
-fraktur [f.] fracture [f.] du radius
-kopf [m.] tête [f.] du radius
Ramus [m.] rameau [m.]
randomisieren randomiser
Randomisierung [f.] randomisation [f.]
Randzone [f.] zone [f.] marginale
Rapid eye mouvements [pl./m.] mouvements [pl./m.] oculaires rapides
Rarefizierung [f.] raréfaction [f.]
Rasse [f.] race [f.]
Rasselgeräusch [n.] râle [m.]
Höhlen- [n.] râles [pl./m.] caverneux
amphorische -e [pl./n.] râles [pl./m.] amphoriques
feuchte -e [pl./n] râles [pl./m.] humides
grobblasige -e [pl./n.] ronchus [pl./m.], râles [pl./m.] bulleux
knisternde -e [pl./n.] râles [pl./m.] sous-crépitants
klingende -e [pl./n.] râles [pl./m.] métalliques
mittelblasige -e [pl./n.] râles [pl./m.] crépitants
trockene -e [pl./n.] râles [pl./m.] secs
R.A.S.T. Radio-Allergen-Sorbent-Test
rauchen fumer
Rauschen [n.] (Auskultation) frémissement [m.]
rautenförmig losangique, romboïde
Raynaudsche Krankheit [f.] maladie [f.] de Raynaud
R.B.V. Röntgen-Bild-Verstärker
R.B.W. Relative Biologische Wirksamkeit (efficacité biologique rélative EBR)
R.D.S. Respiratory Distress Syndrome
reabsorbieren réabsorber
Reabsorption [f.] réabsorption [f.]
Reaktion [f.] réaction [f.]
anaphylaktische [f.] réaction [f.] anaphylactique
Reaktionszeit [f.] temps [m.] de réaction
reaktivieren réactiver
Reaktivierung [f.] réactivation [f.]
Reaktivität [f.] réactivité [f.]
Reanimation [f.] réanimation [f.]
reanimieren réanimer
Rebound [m.] recrudescence [f.]

Rechtsherzhypertrophie [f.] hypertrophie [f.] du coeur droit, hypertrophie [f.] ventriculaire droite
Rechtsherzinsuffizienz [f.] insuffisance [f.] ventriculaire droite
Rechtsschenkelblock [m.] bloc [m.] de branche droite
inkompletter [m.] bloc [m.] de branche droite incomplet
Rechtsventrikuläre Hypertrophie hypertrophie [f.] ventriculaire [f.]droite
Rechtsverschiebung [f.] déviation [f.] vers la droite
Recruitment [n.] recrutement [m.]
rediffundieren rediffuser
Rediffusion [f.] rediffusion [f.]
Redondrainage [f.] drain [m.] de Redon
Reduktion [f.] réduction [f.]
R.E.F. Renaler Erythropoetischer Faktor
Reflex [m.] réflexe [m.]
Achillessehnen- [m.] réflexe [m.] achilléen
Akkomodations- [m.] réflexe [m.] d'accomodation
angeborener- [m.] réflexe [m.] absolu
Bauchhaut- [m.] réflexe [m.] cutané abdominal
Bizepssehnen- [m.] réflexe [m.] bicipital
Blink- [m.] réflexe [m.] de clignotement
Fersenschlag- [m.] réflexe [m.] du talon
Fußsohlen- [m.] réflexe [m.] plantaire
gekreuzter- [m.] réflexe [m.] croisé
Greif- [m.] réflexe [m.] de préhension
Korneal- [m.] réflexe [m.] cornéen
Kremaster- [m.] réflexe [m.] crémastérien
Lidschluß- [m.] réflexe [m.] de clignotement
Masseter- [m.] réflexe [m.] massétérin
Moro- [m.] réflexe [m.] de Moro
Muskelsehnen- [m.] réflexe [m.] ostéo-tendineux
myotatischer- [m.] réflexe [m.] myotatique
okulokardialer- [m.] réflexe [m.] oculo-cardiaque
Palpebral- [m.] réflexe [m.] palpépral
Patellarsehnen- [m.] réflexe [m.] rotulien
Pupillen- [m.] réflexe [m.] pupillaire
Radiusperiost- [m.] réflexe [m.] periosté du radius
Schutz- [m.] réflexe [m.] de défense
Skrotal- [m.] réflexe [m.] scrotal
Stell- [m.] réflexe [m.] de position
Trizepssehnen- [m.] réflexe [m.] tricipital
Würg- [m.] réflexe [m.] pharyngé
Zehenbeuge- [m.] réflexe [m.] médioplantaire
Reflexbewegung [f.] mouvement [m.] réflexe
Reflexbogen [m.] arc [m.] de réflexe
Reflexhammer [m.] marteau [m.] à réflexe
Reflexhemmung [f.] inhibition [f.] réflexe
Reflexion [f.] réflexion [f.]
Reflexlosigkeit [f.] aréflexie [f.]
Reflexogramm [n.] réflexogramme [m.]
Reflexologie [f.] réflexologie [f.]
Reflextherapie [f.] réflexothérapie [f.]
Reflexzentrum [n.] centre [m.] réflexe
Reflexzone [f.] zone [f.] réflexogène
Reflux [m.] reflux [m.]
gastroösophagaler- [m.] reflux [m.] gastro-oesophagien
hepatojugulärer- [m.] reflux [m.] hépato-jugulaire
vesiko-ureteraler- [m.] reflux [m.] vésico-urétéral
refraktär réfractaire
Refraktärphase [f.] période [f.] réfractaire
Refraktion [f.] réfraction [f.]
-sanomalie [f.] anomalie [f.] réfractaire
Refraktometer [n.] réfractomètre [m.]
Regel(blutung) [f.] règles [pl./f.]
regelmäßig régulier, ière
Regelmäßigkeit [f.] régularité [f.]
Regelung [f.] régulation [f.]
Regeneration [f.] régénération [f.]
regenerieren régénérer
Region [f.] région [f.]
Regression [f.] régression [f.]
regressiv régressif, ive
Regulation [f.] régulation [f.]
regulär régulier, ière
regulieren réguler
Regulierung [f.] régularisation [f.]
Regurgitation [f.] régurgitation [f.]
Rehabilitation [f.] réhabilitation [f.]
rehabilitieren réhabiliter
Rehydratation [f.] réhydratation [f.]
Reibegeräusch [n.] frottement [m.]
reiben, einreiben frotter, frictionner
Reife [f.] maturité [f.]
-zeichen [n.] signe [m.] de la maturité
Reifung [f.] maturation [f.]
Reihenuntersuchung [f.] étude [f.] en série
Reimplantation [f.] réimplantation [f.]
reimplantieren réimplanter
Reinfektion [f.] réinfection [f.]
Reinsertion [f.] réinsertion [f.]
Reintegration [f.] réintégration [f.]
reintegrieren réintégrer
Reisedurchfall [m.] diarrhée [f.] des voyageurs

Reißen [n.] tiraillement [m.]
Reithosenanästhesie [f.] anesthésie [f.] en selle
Reiz irritatif, ive
Reiz [m.] irritation [f.], excitation [f.], stimulation [f.]
Reizbarkeit [f.] irritabilité [f.]
Reizblase [f.] vessie [f.] irritable
reizen irriter, exciter, stimuler
Reizhusten [m.] toux [f.] d'irritation
Reizkolon [n.] colon [m.] irritable
Reizung [f.] irritation [f.], stimulation [f.], excitation [f.]
Rekalzifizierung [f.] recalcification [f.]
-szeit [f.] temps [m.] de recalcification
Reklination [f.] réclinaison [f.]
Rekonvaleszenz [f.] convalescence [f.]
Rekrudeszenz [f.] recrudescence [f.]
rektal rectal, ale
Rektalampulle [f.] ampoule [f.] rectale
Rektalfistel [f.] fistule [f.] rectale
Rektalprolaps [m.] prolapsus [m.] rectal
Rektaltemperatur [f.] température [f.] rectale
Rektaluntersuchung [f.] toucher [m.] rectal
Rektitis [f.] rectite [f.]
Rektokolitis [f.] recto-colite [f.]
Rektopexie [f.] rectopexie [f.]
Rektorrhagie [f.] rectorragie [f.]
Rekto-Sigmoiditis [f.] recto-sigmoïdite [f.]
Rektoskop [n.] rectoscope [m.]
Rektoskopie [f.] rectoscopie [f.]
Rektovaginalfistel [f.] fistule [f.] recto-vaginale
Rektozele [f.] rectocèle [f.]
Rektozystoplastik [f.] rectocystoplastie [f.]
Rektum [n.] rectum [m.]
-neuralgie [f.] rectalgie [f.]
-plastik [f.] proctoplastie [f.]
-prolaps [m.] prolapsus [m.] rectal, rectocèle [f.]
Rekurrensfieber [n.] fièvre [f.] récurrente
Rekurrensparese [f.] paralysie [f.] recurrentielle
Relaxantium [n.] relaxant [m.]
Relaxation [f.] relaxation [f.]
relaxieren relaxer
Releasing-Faktor [m.] releasing-factor [m.]
R.E.M. Rapid Eye Mouvements (mouvements oculaires rapides MOR)
Remineralisierung [f.] reminéralisation [f.]
Remission [f.] rémission [f.]
remittierend rémittent, ente
renal rénal, ale
Renin [n.] rénine [f.]
renovaskulär réno-vasculaire
Rentenneurose [f.] névrose [f.] de revendication
reorganisieren réorganiser
Reorganisation [f.] réorganisation [f.]
REO-Virus [n.] Respiratory Enteric Orphan-Virus (réovirus [m.])
Replantation [f.] replantation [f.]
Replikation [f.] réplication [f.]
repolarisieren répolariser
Repolarisation [f.] répolarisation [f.]
reponierbar réductible
reponieren réduire
Reposition [f.] réduction [f.], reposition [f.]
Repression [f.] répression [f.]
R.E.S. RetikuloEndotheliales System (système réticulo-endothélial SRE)
Resektion [f.] résection [f.]
Reservevolumen [n.] air [m.] de réserve, volume [m.] de réserve
exspiratorisches- [n.] volume [m.] de réserve expiratoire
inspiratorisches- [n.] volume [m.] de réserve inspiratoire
reserzieren réséquer
Residual résiduel, elle
Residualkapazität [f.] capacité [f.] résiduelle
funktionelle- [f.] capacité [f.] résiduelle fonctionnelle
Residualvolumen [n.] air [m.] résiduel, volume [m.] résiduel
resistent résistant, ante
Resistenz [f.] résistance [f.]
Erythrozyten- [f.] résistance [f.] globulaire
Kreuz- [f.] résistance [f.] croisée
Resonanz [f.] résonance [f.]
resorbieren résorber
Resorption [f.] résorption [f.]
Respiration [f.] respiration [f.]
-squotient [m.] quotient [m.] respiratoire
-strakt [m.] système [m.] respiratoire
respiratorisch respiratoire
respirieren respirer
Restharn [m.] urine [f.] résiduelle
restriktiv restrictif, ive
Restvolumen [n.] résidu [m.]
Resultat [n.] résultat [m.]
Retention [f.] rétention [f.]
Urin- [f.] rétention [f.] d'urine
retikulär réticulaire
Retikularzellensarkom [n.] réticulosarcome [m.]
retikuloendothelial réticulo-endothélial, ale
retikuloendotheliales System [n.] système [m.] réticulo-endothélial
Retikulom [n.] réticulome [m.]
Retikulosarkom [n.] réticulosarcome [m.]

Retikulose [f.] réticulose [f.]
Retikulozyt [m.] réticulocyte [m.]
-openie [f.] réticulocytopénie [f.]
-ose [f.] réticulocytose [f.]
Retikulum [n.] réticulum [m.]
Retina [f.] rétine [f.]
Retina rétinien, ienne
Retinitis [f.] rétinite [f.]
- centralis angiopathica rétinite [f.] centrale angiopathique
- pigmentosa rétinite [f.] pigmentaire
leukämische [f.] rétinite [f.] leucémique
Sonnen- [f.] rétinite [f.] solaire
Retinoblastom [n.] rétinoblastome [m.]
Retinographie [f.] rétinographie [f.]
Retinopathie [f.] rétinopathie [f.]
diabetische [f.] rétinopathie [f.] diabétique
Retinose [f.] rétinose [f.]
retrahieren rétracter
retraktil rétractile
Retraktilität [f.] rétractilité [f.]
Retraktion [f.] retraction [f.]
retrobulbär rétrobulbaire
Retrocollis [m.] rétrocolis [m.]
Retroflexion [f.] rétroflexion [f.]
retrograd rétrograde
Retrokardialraum [m.] espace [m.] rétrocardiaque
retrokolisch rétrocolique
retroperitoneal rétropéritonéal, ale
Retroperitonealfibrose [f.] fibrose [f.] rétropéritonéale
Retroperitonealraum [m.] espace [m.] rétropéritonéal
retroplazentares Hämatom [n.] hématome [m.] rétroplacentaire
Retropositio [f.] rétroposition [f.]
Retropulsion [f.] rétropulsion [f.]
retrospektiv rétrospectif, ive
retrosternal rétrosternal, ale
Retroversion [f.] rétroversion [f.]
Retrovirus [n.] rétrovirus [m.]
retrozökal rétrocaecal, ale
retten sauver
Rettung [f.] sauvetage [m.]
Revakzination [f.] revaccination [f.]
revaskularisieren revasculariser
Revaskularisierung [f.] revascularisation [f.]
reversibel réversible
revitalisieren revitaliser
Reversibilität [f.] réversibilité [f.]
Revitalisierung [f.] revitalisation [f.], avivement [m.]
Revulsion [f.] révulsion [f.]
revulsiv révulsif, ive
Rezept [n.] ordonnance [f.]
Rezeptor [m.] récepteur [m.]
Rezeptivität [f.] réceptivité [f.]
rezessiv récessif, ive
Rezessivität [f.] récessivité [f.]
Rezidiv [n.] récidive [f.]
rezidivierend récidivant, ante
R.F. 1. Releasing Factor, 2. Rheumatisches Fieber (rhumatisme articulaire aigu RAA), 3. RheumaFaktor (facteur rhumatoïde FR)
R.G. RasselGeräusch (râles)
Rh, rh Rhesus-Faktor (facteur Rhésus Rh, rh)
Rhabdomyoblastom [n.] sarcome [m.] rhabdomyoblastique
Rhabdomyom [n.] rhabdomyome [m.]
Rhabdomyolyse [f.] rhabdomyolyse [f.]
Rhabdomyosarkom [n.] rhabdomyosarcome [m.]
Rhabdosarkom [n.] rhabdosarcome [m.]
Rhabdovirus [n.] rhabdovirus [m.]
Rhachischisis [f.] rachischisis [f.]
Rhagade [f.] rhagade [f.]
Rhaphe [f.] raphé [f.]
Rheobase [f.] rhéobase [f.]
Rheologie [f.] rhéologie [f.]
rheologisch rhéologique
Rhesus-Faktor [m.] facteur [m.] Rhésus
Rheumafaktor [m.] facteur [m.] rhumatoïde
rheumatisch rhumatismal, ale
rheumatische Polyarthritis [f.] polyarthrite [f.] rhumatoïde
rheumatisches Fieber [n.] rhumatisme [m.] articulaire aigu
Rheumatismus [m.] rhumatisme [m.]
Gelenk- [m.] rhumatisme [m.] articulaire
rheumatoid rhumatoïde
Rheumatologe [m.] rhumatologue [m.]
Rheumatologie [f.] rhumatologie [f.]
rheumatologisch rhumatologique
Rhinalgie [f.] rhinalgie [f.]
Rhinenzephalon [n.] rhinencéphale [m.]
Rhinitis [f.] rhinite [f.]
Rhinolalie [f.] rhinolalie [f.]
Rhinolaryngitis [f.] rhinolaringite [f.]
Rhinologie [f.] rhinologie [f.]
Rhinomykose [f.] rhinomycose [f.]
Rhinopathie [f.] rhinopathie [f.]
Rhinopharyngitis [f.] rhinopharyngite [f.]
Rhinopharynx [m.] rhinopharynx [m.]
Rhinophym [n.] rhinophyma [m.]
Rhinoplastik [f.] rhinoplastie [f.]
Rhinorrhagie [f.] rhinorragie [f.]

Rhinorrhoe [f.] rhinorrhée [f.]
Rhinosinusitis [f.] rhinosinusite [f.]
Rhinosklerom [n.] rhinosclérome [m.]
Rhinoskopie [f.] rhinoscopie [f.]
Rhinosporiodose [f.] rhinosporiodose [f.]
Rhinotomie [f.] rhinotomie [f.]
Rhinovirus [n.] rhinovirus [m.]
Rhizarthrose [f.] rhizarthrose [f.]
Rhombenzephalon [n.] rhombencéphale [m.]
R.H.S. Retikulo-Histiozytäres System (système réticulo-histiocytaire SRH)
rhythmisch rythmique
Rhythmus [m.] rythme [m.]
AV-Knoten- [m.] rythme [m.] auriculo-ventriculaire
heterotroper [m.] rythme [m.] hétérotrope
Kammer- [m.] rythme [m.] ventriculaire
Knoten- [m.] rythme [m.] nodal
Sinus- [m.] rythme [m.] sinusal
-störung [f.] trouble [m.] du rythme
Rhytidose [f.] rhytidose [f.]
R.I.A. RadioImmunoAssay
Riboflavin [n.] riboflavine [f.]
Ribonuklease [f.] ribonucléase [f.]
Ribonukleinsäure [f.] acide [m.] ribonucléique
Ribose [f.] ribose [m.]
Ribosom [n.] ribosome [m.]
Rickettsia [f.] rickettsie [f.]
Rickettsiose [f.] rickettsiose [f.]
Riechfaden [m.] filet [m.] olfactif
Riedelsche Struma [f.] maladie [f.] ligneuse de Riedel
Riesenwuchs [m.] gigantisme [m.], géantisme [m.]
Riesenzellarteriitis [f.] maladie [f.] de Horton
Riesenzelle [f.] cellule [f.] géante
Riesenzellsarkom [n.] sarcome [m.] gigantocellulaire
rigide rigide
Rigidität [f.] rigidité [f.]
Rigor [m.] rigor [m.]
R.I.N.D. Reversible Ischaemic Neurological Defect
Rindenblindheit [f.] cécité [f.] corticale
Rindenfeld [n.] aire [f.] corticale
Ringfinger [m.] annulaire [m.]
ringförmig annulaire
Ringknorpel [m.] cartilage [m.] cricoïde
Rippe [f.] côte [f.]
Hals- [f.] côte [f.] cervicale
Rippen costal, ale
Rippenbogen [m.] arc [m.] costal, rebord [m.] costal
Rippenbruch [m.] fracture [f.] des côtes
Rippenfell [n.] plèvre [f.]
-entzündung [f.] pleurésie [f.]
Rippenkorb [m.] gril [m.] costal
Rippenknorpel [m.] cartilage [m.] costal
Rippenresektion [f.] résection [f.] costale
Risiko [n.] risque [m.]
-faktor [m.] facteur [m.] de risque
R.I.S.T. Radio-Immuno-Sorbent-Test
Risus [m.] sardonicus rire [m.] sardonique
Riß [m.] déchirure [f.]
R.J.T. RadioJodTest
R.L. RüchenLage (décubitus dorsal DD)
R.M. Rückenmark (moelle épinière)
R.M.S.F. Rocky Mountain Spotted Fever
R.N.A. Ribonucleic Acid
R.N.S. RiboNukleinSäure (acide ribonucléique ARN)
Rö Röntgen (radiographie)
röcheln râler
röntgen radiographier
Röntgenaufnahme [f.] radiographie [f.]
gehaltene [f.] cliché [m.] dynamique
Röntgenbild [n.] radiographie [f.]
Röntgendermatitis [f.] radiodermatose [f.]
Röntgendiagnostik [f.] radiodiagnostic [m.]
Röntgenologie [f.] röntgenologie [f.]
Röntgentherapie [f.] radiothérapie [f.], röntgenthérapie [f.]
Röntgenuntersuchung [f.] examen [m.] radiographique
Röte [f.] rougeur [f.]
Röteln [pl./f.] rubéole [f.]
-schutzimpfung [f.] vaccination [f.] antirubéoleuse
Rötung [f.] rougeur [f.], rubéfaction [f.]
Romberg-Zeichen [n.] signe [m.] de Romberg
Rorschach-Test [m.] test [m.] de Rorschach
Rosazea [f.] rosacée [f.]
Rosenkranz [m.], rachitischer chapelet [m.] costal
Roseola [f.] roséole [f.]
syphilitische [f.] roséole [f.] syphilitique
rostral rostral, ale
Rotation [f.] rotation [f.]
Rotator [m.] rotateur [m.]
-enmanschette [f.] coiffe [f.] des rotateurs
Rotlicht [n.] lumière [f.] rouge
R.P.R. Radius-Periost-Reflex (réflexe periosté du radius)
R.P.R.C. Rapid Plasma Reagin Card-Test
R.Q. Respiratorischer Quotient (quotient respiratoire QR)
R.R. Riva-Rocci
R.S.-Virus Respiratory Syncitial-Virus
R.T.A. Renal-Tubuläre Azidose
Rubeola [f.] rubéole [f.]
Rücken [m.] dos [m.]

-lage [f.] décubitus [m.] dorsal
Rückenmark [n.] moelle [f.] épinière
-skanal [m.] canal [m.] épendymaire
-spunktion [f.] ponction [f.] lombaire
-ssegment [n.] segment [m.] médullaire
Rückenschmerzen [pl./m.] dorsalgie [f.], mal [m.] au dos, rachialgie [f.]
Rückfall [m.] rechute [f.]
-fieber [n.] fièvre [f.] recurrente
Rückfluß [m.] reflux [m.]
venöser- [m.] retour [m.] veineux
Rückgrat [n.] rachis [m.], colonne [f.] vertébrale
Rückgrat rachidien, ienne
Rückwärtsbeugung [f.] rétroversion [f.]
Rütteln [n.] trépidation [f.]
Rudiment [m.] rudiment [m.]
rudimentär rudimentaire
Ruhe [f.] repos [m.]
ruhen (sich aus...) reposer (se ...)
Ruhepotential [n.] potentiel [m.] de repos
Ruhetremor [m.] tremblement [m.] de repos
Ruhr [f.] dysentérie [f.]
Rundlappen [m.] lambeau [m.] circulaire
Rundrücken [m.] dos [m.] rond
Rupia [f.] rupia [f.]
-syphilitica rupia [f.] syphilitique
Ruptur [f.] rupture [f.]
R.V. Residualvolumen (volume résiduel VR)
R.V.H. RechtsVentrikuläre Hypertrophie (hypertrophie ventriculaire droite HVD)

S

s Sekunde (seconde s)
S. Schwefel (soufre S)
S 1 S 5 Sakralwirbel (vertèbres sacrées S 1 S 5)
S.A.B. SubArachnoidalBlutung (hémorragie sous-arachnoïdienne)
Sabin-Feldman-Test [m.] test [m.] de Sabin-Feldman
SA-Block SinuAtrialer Block
Saburra [f.] saburre [f.]
Saccharid [n.] saccharide [m.]
Saccharomykose [f.] saccharomycose [f.]
Saccharose [f.] saccharose [m.]
Sacculus [m.] saccule [m.]
Sacrum [n.] sacrum [n.]
Sadismus [m.] sadisme [m.]
sadistisch sadique
Sadomasochismus [m.] sadomasochisme [m.]
Sängerknötchen [n.] nodule [m.] de chanteurs
sättigen rassasier, saturer
Sättigung [f.] saturation [f.]
-sanalyse [f.] analyse [f.] de la saturation
Säugling [m.] nourrisson [m.]
Säure [f.] acide [m.]
Säure-Basen-Gleichgewicht [n.] équilibre [m.] acide-base
säureresistent acidorésistant, ante
sagittal sagittal, ale
sakral sacré, ée
Sakralisation [f.] sacralisation [f.]
Sakroilitis [f.] arthrite [f.] sacro-iliaque
Salbe [f.] pommade [f.], onguent [m.]
Salicylismus [m.] salicylisme [m.]
Salicylsäure [f.] acide [m.] salicylique
Salivatio [f.] salivation [f.]
Salmonelle [f.] salmonelle [f.]
Salmonellose [f.] salmonellose [f.]
Salpingektomie [f.] salpingectomie [f.]
Salpingitis [f.] salpingite [f.]
Salpingo-Oophorektomie [f.] salpingo-oophorectomie [f.]
Salpingographie [f.] salpingographie [f.]
Salpingolyse [f.] salpingolyse [f.]
Salpingopexie [f.] salpingopexie [f.]
Salpingoplastik [f.] salpingoplastie [f.]
Salpingostomie [f.] salpingostomie [f.]
Salpingotomie [f.] salpingotomie [f.]
Salpinx [f.] trompe [f.] de Fallope
saltatorisch saltatoire
Saluretikum [n.] salurétique [m.]
Samenblase [f.] vésicule [f.] séminale
Samenerguß [m.] éjaculation [f.]
vorzeitiger- [m.] éjaculation [f.] précoce
Samenleiterdurchtrennung [f.] vasotomie [f.]
Samenstrang [m.] cordon [m.] spermatique
Sammlung [f.] (Urin) recueil [m.] (urine)
Sanduhrmagen [m.] estomac [m.] biloculaire
Sanduhrschädel [m.] crâne [m.] en sablier
saprogen saprogène
Saprophyt [m.] saprophyte [m.]
Sarkoid [n.] sarcoïde [m.]
-ose [f.] sarcoïdose [f.]
Sarkom [n.] sarcome [m.]
sarkomatös sarcomateux, euse
Sarkomatose [f.] sarcomatose [f.]
Sattelnase [f.] nez [m.] en selle
Saturnismus [m.] saturnisme [m.]
Satyriasis [f.] satyriasis [m.]
Sauerstoff [m.] oxygène [m.]
-gehalt [m.] teneur [f.] en oxygène
-mangel [m.] manque [m.] d'oxygène
-maske [f.] masque [m.] à oxygène

-sättigung [f.] saturation [f.] en oxygène
-zelt [n.] tente [f.] à oxygène
-zufuhr [f.] alimentation [f.] en oxygène
saugen téter
ab... aspirer
Saugreflex [m.] réflexe [m.] de succion
Sauriasis [f.] sauriase [f.]
S.B.H. Säure-Basen-Haushalt
s.c. subkutan (sous-cutané s.c.)
Scapula [f.] scapulaire [m.]
Schädel [m.] crâne [m.]
Gesichts- [m.] crâne [m.] facial
Hirn- [m.] crâne [m.] cérébral
Sanduhr- [m.] crâne [m.] en sablier
-basis [f.] base [f.] du crâne
-bruch [m.] fracture [f.] du crâne
-dach [n.] boîte [f.] crânienne
-grube [f.] fosse [f.] cérébrale
-innendruck [m.] tension [f.] intracrânienne
-kalotte [f.] calotte [f.] crânienne, voûte [f.] crânienne
-trauma [n.] traumatisme [m.] crânien
schädlich nuisible;délétère;nocif, ive
Schädlichkeit [f.] nocivité [f.]
Schälen [n.] desquamation [f.], pelage [m.]
schälen (sich ...) peler (se ...)
Schalleitung [f.] conduction [f.]
Schambehaarung [f.] pilosité [f.]
Schambein [n.] pubis [m.]
Schamgegend [f.] région [f.] pubienne
Schamhaare [pl./n.] poils [pl./m.] du pubis
Schamlippe [f.], große grande lèvre [f.]
Schamlippe [f.], kleine petite lèvre [f.]
Schanker [m.] chancre [m.]
weicher- [m.] chancre [m.] mou
Scharlach [m.] scarlatine [f.]
Schaum [m.] (vor dem Mund) spume [f.]
Scheide [f.] vagin [m.]
-nabstrich [m.] frottis [m.] vaginal
-nblutung [f.] hémorragie [f.] vaginale
-ngewölbe [n.] dôme [m.] vaginal
-nmykose [f.] mycose [f.] vaginale
-npolyp [m.] polype [m.] vaginal
-nriß [m.] rupture [f.] du vagin
manuelle
-nuntersuchung [f.] toucher [m.] vaginal
-nverengung [f.] rétrécissement [m.] du vagin
Scheidewand [f.] cloison [f.]
Scheitellage [f.] présentation [f.] du vertex
Scheitellappen [m.] lobe [m.] pariétal
Schema [n.] schéma [m.]
schematisch schématique
Schenkel [m.] cuisse [f.], branche [f.]
Schenkelblock [m.] bloc [m.] de branche
Links- [m.] bloc de branche gauche
Rechts- [m.] bloc [m.] de branche droite
Schenkelhals [m.] col [m.] du fémur
-bruch [m.] fracture [f.] du col du fémur
Schenkelhernie [f.] hernie [f.] fémorale
Schere [f.] ciseaux [pl./m.]
Scherengang [m.] démarche [f.] en ciseaux
Schicht [f.] couche [f.]
schichten stratifier
Schichtung [f.] stratification [f.]
Schielauge [n.] oeil [m.] strabique
Schielwinkel [m.] angle [m.] de strabisme
Schienbein [n.] tibia [m.]
Schiene [f.] attelle [f.], éclisse [f.], gouttière [f.]
Schilddrüse [f.] thyroïde [f.]
-nadenom [n.] adénome [m.] thyroïdien
-nisthmus [m.] isthme [m.] thyroïdien
Schildrüsen thyroïdien, ienne
Schildknorpel [m.] cartilage [m.] thyroïde
Schirm [m.] écran [m.]
Schistosomendermatitis [f.] dermatite [f.] cercarienne
Schistosomiasis [f.] schistosomiase [f.]
- urogenitalis schistosomiase [f.] urinaire
Schizogonie [f.] schizogonie [f.]
schizoid schizoïde
Schizophasie [f.] schizophasie [f.]
schizophren schizophrénique
Schizophrenie [f.] schizophrénie [f.]
Schizothymie [f.] schizothymie [f.]
Schizotrichie [f.] schizotrichie [f.]
Schizozyt [m.] schizocyte [m.]
Schläfe [f.] tempe [f.]
-nlappen [m.] lobe [m.] temporal
schlafen dormir
Schlaf [m.] sommeil [m.]
-entzug [m.] privation [f.] de sommeil
-krankheit [f.] maladie [f.] du sommeil
-kur [f.] cure [f.] de sommeil
-losigkeit [f.] insomnie [f.]
-mittel [n.] somnifère [m.], dormitif [m.]
-störung [f.] trouble [m.] de sommeil
-wandel [m.] somnambulisme [m.]
schlaff flasque
Schlagader [f.] artère [f.]

Schlaganfall [f.] apoplexie [f.]
Schlagen [n.] battement [m.]
Schlagvolumen [n.] volume [m.] systolique
Schlangenbiß [m.] morsure [f.] de serpent
Schlauch-/Sondenernährung [f.] alimentation [f.] par sonde
schleichend insidieux, euse
Schleim [m.] mucus [m.], mucosité [f.]
-beutel [m.] bourse [f.] muqueuse
-beutelentzündung [f.] bursite [f.]
-drüse [f.] glande [f.] muqueuse
-haut [f.] muqueuse [f.]
-pfropf [m.] bouchon [m.] muqueux
Schlinge [f.] (Darm-) anse [f.] (intestinale)
Schlottergelenk [n.] articulation [f.] sémi-mobile
Schluckauf [m.] hoquet [m.]
Schluckbeschwerden [pl./f.] difficultés [pl./f.] à avaler
schlucken avaler, déglutir
Schlucken [n.] déglutition [f.]
Schluckimpfung [f.] vaccination [f.] par ingestion, vaccination [f.] par voie buccale
Schlüsselbein [n.] clavicule [f.]
-bruch [m.] fracture [f.] de la clavicule
-verrenkung [f.] luxation [f.] acromioclaviculaire
Schlummerzustand [m.] somnolence [f.]
Schmelzbildung [f.] formation [f.] de l'émail
Schmelzpunkt [m.] point [m.] de fusion
Schmerz [m.] douleur [f.], mal [m.]
bohrender- [m.] douleur [f.] térébrante
fortgeleiteter- [m.] douleur [f.] projetée
Schmerzangst [f.] algophobie [f.]
Schmerzausstrahlung [f.] irradiation [f.] des douleurs
schmerzlos indolore
Schmerzmittel [n.] antalgique [m.], analgésique [m.]
Schmerzsinn [m.] sensibilité [f.] douloureuse
schmerzunempfindlich insensible à la douleur
schmierig poisseux, euse
Schmutzangst [f.] nysophobie [f.]
schnarchen ronfler
Schnarchen [n.] ronflement [m.]
schnauben renifler
Schnauben [n.] reniflement [m.]
Schneeblindheit [f.] cécité [f.] de neige
Schneidezahn [m.] incisive [f.]
Schnellschnitt [m.] biopsie [f.] extemporanée
Schnitt [m.] incision [f.]
-wunde [f.] coupure [f.]
Schnupfen [m.] rhume [m.], coryza [m.]
Schock [m.] choc [m.]
anaphylaktischer- [m.] choc [m.] anaphylactique
hämorrhagischer- [m.] choc [m.] hémorragique
toxischer- [m.] choc [m.] toxique
-behandlung [f.] traitement [m.] de choc
-bekämpfung [f.] lutte [f.] contre le choc
-lunge [f.] poumon [m.] de choc
-niere [f.] rein [m.] de choc
Schokoladenzyste [f.] kyste [m.] goudronneux
schonen épargner
Schorf [m.] escarre [f.], croûte [f.]
Schorfbildung [f.] escarrification [f.]
Schrägbruch [m.] fracture [f.] oblique
Schräglage [f.] présentation [f.] oblique
Schreibkrampf [m.] crampe [f.] des écrivains
Schreibzentrum [n.], motorisches centre [m.] de l'écriture
schreien crier
Schreiten [n.] enjambrement [m.]
Schrittmacher [m.] pacemaker [m.], stimulateur [m.] cardiaque
Schrumpfblase [f.] vessie [f.] atrophiée
Schrumpfleber [f.] foie [m.] atrophié
Schrumpfniere [f.] rein [m.] atrophié
Schrunde [f.] crevasse [f.]
Schub [m.] poussée [f.]
Fieber- [m.] poussée [f.] fébrile
Schublade [f.] tiroir [m.]
hintere [f.] tiroir [m.] postérieur
vordere [f.] tiroir [m.] antérieur
-nzeichen [n.] signe [m.] de tiroir
Schüttelfrost [m.] frissons [pl./m.]
Schuldgefühl [n.] sentiment [m.] de culpabilité
Schulter scapulaire
Schulter [f.] épaule [f.]
-Arm-Syndrom [n.] syndrome [m.] épaule-main
-blatt [n.] omoplate [f.]
-gelenk [n.] articulation [f.] de l'épaule
-gürtel [m.] ceinture [f.] scapulaire
-lage [f.] présentation [f.] de l'épaule
Schuppe [f.] squame [f.], écaille [f.]
Haar- [f.] pellicule [f.]
schuppen écailler
schuppig écailleux, euse
Schußwunde [f.] plaie [f.] par arme à feu
Schutzimpfung [f.] vaccination [f.] préventive
Schutzreflex [m.] réflexe [m.] de défense
Schutzwirkung [f.] effet [m.] protecteur
schwach faible
Schwäche [f.] défaillance [f.], faiblesse [f.], débilité [f.]

schwallartig catadynamique
Schwammniere [f.] rein [m.] en éponge
schwanger enceinte
Schwangerschafts gravidique
Schwangerschaft [f.] grossesse [f.]
ampuläre- [f.] grossesse [f.] ampulaire
Bauchhöhlen- [f.] grossesse [f.] abdominale
interstitielle- [f.] grossesse [f.] interstitielle
Extrauterin- [f.] grossesse [f.] extra-utérine
Tuben- [f.] grossesse [f.] tubaire
Zervikal- [f.] grossesse [f.] cervicale
Zwillings- [f.] grossesse [f.] gémellaire
-sabbruch [m.] interruption [f.] de la grossesse
-serbrechen [n.] vomissement [m.] de la grossesse
-spsychose [f.] psychose [f.] gravidique
-sstreifen [m.] vergeture [f.] de la grossesse
-stest [m.] test [m.] biologique de grossesse
-szeichen [n.] signe [m.] de grossesse
schwanken tituber, chanceler, osciller
Schwanken [n.] titubation [f.]
Schwankung [f.] oscillation [f.]
Schwann'sche Scheide [f.] gaine [f.] de Schwann
Schwannom [n.] schwannome [m.]
schwatig couenneux, euse
Schwefel [m.] sulfure [m.]
Schweiß [m.] sueur [f.]
-absonderung [f.] sudation [f.]
-ausbruch [m.] suers [pl./f.]
-drüse [f.] glande [f.] sudoripare
-sekretion [f.] sécrétion [f.] sudorale
-test [m.] épreuve [f.] de la suer
Schwelle [f.] seuil [m.]
schwellen s'enfler, se gonfler, se tuméfier
Schwellfuß [m.] pied [m.] forcé
Schwellung [f.] empâtement [m.], tuméfaction [f.], gonflement [m.], fluxion [f.]
schwer(wiegend) grave
Schwerhörigkeit [f.] hypoacousie [f.], surdité [f.]
kortikale- [f.] surdité [f.] corticale
periphere- [f.] surdité [f.] périphérique
retrokochleäre- [f.] surdité [f.] rétrocochléaire
zentrale- [f.] surdité [f.] centrale
Schwerketten [pl./f.] chaînes [pl./f.] lourdes
-krankheit [f.] maladie [f.] des chaînes lourdes
Schwester [f.] soeur [f.]
Schwiele [f.] durillon [m.], cal [m.]
-nbildung [f.] callosité [f.]
Schwimmbadotitis [f.] otite [f.] des piscine
Schwindel vertigineux, euse
Schwindel [m.] vertige [m.]
Dreh- [m.] vertige [m.] rotatoire
Lagerungs- [m.] vertige [m.] d'élongation
-anfall [m.] accès [m.] de vertige, étourdissement [m.]
Schwirren [n.] frémissement [m.]
schwitzen transpirer, suer
Schwitzen [n.] sudation [f.], transpiration [f.]
Screening [n.] dépistage [m.]
Scrofula [f.] scrofule [f.]
Scutula [f.] godet [m.] favique
Seborrhoe [f.] séborrhée [f.]
Seclusio [f.] pupillae séclusion [f.] pupillaire
sedativ sédatif, ive
Sedativum [n.] sédatif [m.]
Sedierung [f.] sédation [f.]
Sediment [n.] sédiment [m.]
Sedimentation [f.] sédimentation [f.]
Seelenblindheit [f.] cécité [f.] psychique
Seelentaubheit [f.] surdité [f.] mentale
Segment [n.] segment [m.]
-ierung [f.] segmentation [f.]
sehen voir
Sehen [n.] vision [f.]
binokulares- [n.] vision [f.] binoculaire
monokulares- [n.] vision [f.] monoculaire
photopisches- [n.] vision [f.] photopique
stereoskopisches- [n.] vision [f.] stéréoscopique
Sehfehler [m.] défaut [m.] visuel
Sehkraft [f.] faculté [f.] visuelle
Sehnen tendineux, euse
Sehne [f.] tendon [m.]
-nentzündung [f.] ténosite [f.]
-nplastik [f.] ténoplastie [f.]
-nreflex [m.] réflexe [m.] tendineux
-nscheidenentzündung [f.] ténosynovite [f.]
-nschmerz [m.] ténalgie [f.]
Sehnerv [m.] nerf [m.] optique
-enentzündung [f.] névrite [f.] optique
Sehprüfung [f.] examen [m.] de la vue
Sehschärfe [f.] acuité [f.] visuelle
Sehstörung [f.] trouble [m.] visuel
Sehzentrum [n.] centre [m.] visuel
Seismästhesie [f.] séismesthésie [f.]
Seitenband [n.] ligament [m.] latéral
äußeres- [n.] ligament [m.] latéral externe
inneres- [n.] ligament [m.] latéral interne
Seitenlage [f.] décubitus [m.] latéral

Seitenventrikel [m.] ventricule [m.] latéral
Sekretin [n.] sécrétine [f.]
Sekretion [f.] sécrétion [f.]
Gallen- [f.] sécrétion [f.] biliaire
Magen- [f.] sécrétion [f.] gastrique
Milch- [f.] sécrétion [f.] lactée
Nieren- [f.] sécrétion [f.] rénale
Pankreas- [f.] sécrétion [f.] pancréatique
Schweiß- [f.] sécrétion [f.] sudorale
Speichel- [f.] sécrétion [f.] salivaire
sekretorisch sécrétoire
Sektion [f.] autopsie [f.]
sekundär secondaire
Sekundenkapazität [f.] volume [m.] expiratoire maximal par seconde
Selbstbeherrschung [f.] maîtrise [f.] de soi
Selbstbeschuldigung [f.] auto-accusation [f.]
Selbstbestrafung [f.] autopunition [f.]
Selbstbewußtsein [n.] conscience [f.] de soi
Selbsterhaltungsinstinkt [m.] instinct [m.] de conservation
Selbsthaß [m.] haine [f.] de soi-même
Selbsmörder [m.] suicidant [m.]
Selbstmord [m.] suicide [m.]
-begehen se suicider
Selbstmordversuch [m.] tentative [f.] de suicide
Selbstunterschätzung [f.] auto-dépréciation [f.]
Selektion [f.] sélection [f.]
selektiv sélectif, ive
Sella [f.] turcica selle [f.] turcique
Semantik [f.] sémantique [m.]
Seminom [n.] séminome [m.]
Semiologie [f.] séméiologie [f.]
Seneszenz [f.] sénescence [f.]
senil sénile
Senilismus [m.] sénilisme [m.]
Senilität [f.] sénilité [f.]
Senkfuß [m.] pied [m.] plat
Senkung [f.] abaissement [m.], descente [f.]
-sabszeß [m.] abcès [m.] migrateur
-sgeschwindigkeit [f.] vitesse [f.] de sédimentation
sensibel sensible
sensibilisieren sensibiliser
Sensibilisierung [f.] sensibilisation [f.]
Sensibilität [f.] sensibilité [f.]
propiozeptive- [f.] sensibilité [f.] propioceptive
protopathische- [f.] sensibilité [f.] protopathique
Schmerz- [f.] sensibilité [f.] douloureuse
Tiefen- [f.] sensibilité [f.] profonde
Vibrations- [f.] sensibilité [f.] vibratoire
-störung [f.] trouble [m.] de la sensibilité
S.E.P. Saure Erythrozyten-Phosphatase
Sepsis [f.] septicémie [f.]
septal septal, ale
Septikämie [f.] septicémie [f.]
septisch septique
Septotomie [f.] septotomie [f.]
Septum [n.] septum [m.], cloison [f.]
-resektion [f.] résection [f.] de la cloison (du nez)
Sequester [n.] séquestre [m.]
Sequestration [f.] séquestration [f.]
Serienschnitte [pl./m.] coupes [pl./f.] en série
serös séreux, euse
Serodiagnostik [f.] sérodiagnostic [m.]
seronegativ séronégatif, ive
Serophrophylaxe [f.] séroprophylaxie [f.]
seropositiv séropositif, ive
seropurulent séro-purulent, ente
Serologe [m.] sérologiste [m.]
Serologie [f.] sérologie [f.]
serologisch sérologique
Seroreaktion [f.] séroréaction [f.]
Serosa [f.] séreuse [f.]
Serositis [f.] sérosite [f.]
Serotherapie [f.] sérothérapie [f.]
Serotonin [n.] sérotonine [f.]
serotoninerg sérotoninergique
Serovakzination [f.] sérovaccination [f.]
serpiginös serpigineux, euse
Serum [n.] sérum [m.]
Antilymphozyten- [n.] sérum [m.] antilymphocytaire
Hyperimmun- [n.] sérum [m.] hyperimmun
-agglutination [f.] séroagglutination [f.]
-albumin [n.] sérum-albumine [f.]
-krankheit [f.] maladie [f.] sérique
-therapie [f.] sérumthérapie [f.] ou sérothérapie [f.]
-umwandlung [f.] conversion [f.] sérologique
-vakzination [f.] sérovaccination [f.]
sessil sessile
Seuche [f.] épidémie [f.]
S.E.V. SprachEntwicklungs-Verzögerung
Sexologe [m.] sexologue [m.]
Sexologie [f.] sexologie [f.]
sexual sexuel, elle
Sexualität [f.] sexualité [f.]
S.F.T. Sabin-Feldman-Test
S.G.O.T. Serum-Glutamat-Oxalacetat-Transaminase (glutamate-oxaloacétate-transaminase GOT)
S.G.P.T. Serum-Glutamat-Pyruvat-Transaminase (glutamate-pyruvate-transaminase GPT)
SH-Ag. Serum-Hepatitis-Antigen
Shigellose [f.] shigellose [f.]

S.H.T. Schädel-Hirn-Trauma (tramatisme crânio-cérébral TCC ou traumatisme crânial TC)
Shunt [m.] shunt [m.], court-circuit [m.]
-volumen [n.] débit [m.] du shunt
S.I.A.D.H. Syndrom der Inadäquaten Sekretion des AntiDiuretischen Hormons
Sialagogum [n.] sialagogue [m.]
Sialographie [f.] sialographie [f.]
Sialolith [m.] sialolithe [m.]
Sialorrhoe [f.] sialorrhée [f.]
Sialose [f.] sialose [f.]
siamesisch siamois, oise
Sibilans [f.] sibilance [f.]
Sichelzellenanämie [f.] anémie [f.] à hématies falciformes
Sickerblutung [f.] hémorragie [f.] par suintement
Siderämie [f.] sidérémie [f.]
Sideration [f.] sidération [f.]
Sideropenie [f.] sidéropénie [f.]
Siderophilin [n.] sidérophiline [f.]
Siderose [f.] sidérose [f.]
S.I.D.S. Sudden Infant Death Syndrom
Sigma [n.] sigmoïde [m.]
-divertikulose [f.] diverticulose [f.] sigmoïdienne
Sigmatismus [m.] sigmatisme [m.]
sigmoid sigmoïde
Sigmoid [n.] sigmoïde [m.]
-ektomie [f.] sigmoïdectomie [f.]
-itis [f.] sigmoïdite [f.]
-orektotomie [f.] sigmoïdorectotomie [f.]
-oskopie [f.] sigmoïdoscopie [f.]
-ostomie [f.] sigmoïdostomie [f.]
Silbenstolpern [n.] bulbisme [m.]
Silikon [n.] silicone [f.]
Silikose [f.] silicose [f.]
silikotisch silicotique
Silikotuberkulose [f.] silicotuberculose [f.]
simultan simultané, ée
Sinistrose [f.] sinistrose [f.]
Sinneseindruck [m.] impression [f.] sensorielle
Sinus [m.] sinus [m.]
Carotis- [m.] sinus [m.] carotidien
- cavernosus sinus [m.] caverneux
- coronarius sinus [m.] coronaire
- frontalis sinus [m.] frontal
- maxillaris sinus [m.] maxillaire
- sphenoidalis sinus [m.] sphénoïdal
Sinusarrhythmie [f.] arythme [m.] sinusale
Sinusbradykardie [f.] bradycardie [f.] sinusale
Sinusitis [f.] sinusite [f.]
Sinusknoten [m.] noeud [m.] sinusal
Sinusrhythmus [m.] rythme [m.] sinusal
Sinustachykardie [f.] tachycardie [f.] sinusale
Sirup [m.] sirop [m.]
S.I.S.I.-Test Short Increment Sensivity Index- Test
Sitophobie [f.] sitophobie [f.]
Situs [m.] situs [m.]
Situs [m.] inversus inversion [f.] splanchnique, situs [m.] inversus
Sjögren-Syndrom [n.] syndrome [m.] de Sjögren
S.K. 1. Sinusknoten (noeud sinusal), 2. Strepto-Kinase (streptokinase SK)
Skabies [f.] scabies [f.], sarcoptose [f.]
Skala [f.] cadran [m.], échelle [f.]
Skalenotomie [f.] scalénotomie [f.]
Skalpell [n.] scalpel [m.], bistouri [m.]
Skandieren [n.] parole [f.] scandée
Skaphozephalie [f.] scaphocéphalie [f.]
Skapulektomie [f.] scapulectomie [f.]
skapulohumeral scapulo-huméral, ale
Skapulopexie [f.] scapulopexie [f.]
Skarifizierung [f.] scarification [f.]
Skelett [n.] squelette [m.]
Skiaskopie [f.] skiascopie [f.]
Sklera [f.] sclérotique [f.]
-fibrom [n.] fibrome [m.] de la sclérotique
skleral scléral, ale
Sklerastaphylom [n.] staphylome [m.] scléral
Sklerektasie [f.] sclérectasie [f.]
Sklerektomie [f.] sclérectomie [f.]
Sklerem [n.] sclérème [m.]
Sklerenchym [n.] sclérenchyme [m.]
Skleritis [f.] sclérite [f.]
Sklerodaktylie [f.] sclérodactylie [f.]
Sklerodermie [f.] sclérodermie [f.]
Sklerödem [n.] sclérœdème [m.]
sklerös scléreux, euse
Skleroiritis [f.] scléroirite [f.]
Sklerokeratitis [f.] sclérokératite [f.]
Sklerokonjuntivitis [f.] scléroconjonctivite [f.]
Sklerom [n.] sclérome [m.]
Skleroprotein [n.] scléroprotéine [f.]
Sklerose [f.] sclérose [f.]
multiple- [f.] sclérose [f.] en plaques, sclérose [f.] multiple
tuberöse Hirn- [f.] sclérose [f.] tubéreuse
sklerosieren scléroser
sklerotisch sclérotique
Sklerotom [n.] sclérotome [m.]
Sklerotomie [f.] sclérotomie [f.]
Skoliose [f.] scoliose [f.]
skoliotisch scoliotique
Skorbut [m.] scorbut [m.]

Skotom [n.] scotome [m.]
Farben- [n.] scotome [m.] pour les couleurs
Flimmer- [n.] scotome [m.] scintillant
Insel- [n.] scotome [m.] insulaire
parazentrales- [n.] scotome [m.] paracentral
Ring- [n.] scotome [m.] annulaire
zentrales- [n.] scotome [m.] central
zentrifugales [n.] scotome [m.] centrifuge
zentrozökales- [n.] scotome [m.] centro-caecal
Skrofulid [n.] scrofulide [m.]
Skrofuloderm [n.] scrofuloderme [m.]
skrofulös scrofuleux, euse
skrotal scrotal, ale
Skrotalhernie [f.] hernie [f.] scrotale
Skrotalreflex [m.] réflexe [m.] scrotal
Skrotum [n.] scrotum [m.]
Skybala [pl./n.] scybales [pl./f.]
S.L.E. Systemischer Lupus Erythematodes (lupus érythémateux disséminé LED)
Smegma [n.] smegma [m.]
Sodbrennen [n.] brûlures [pl./f.] épigastriques, renvois [pl./m.] acides, aigreurs [pl./f.] d'estomac
Sodomie [f.] sodomie [f.]
Sofortmaßnahme [f.] mesure [f.] immédiate
Sohn [m.] fils [m.]
Solutio [f.] solution [f.]
somatisch somatique
Somatisierung [f.] somatisation [f.]
Somatostatin [n.] somatostatine [f.]
somatotrop somatotrope
Somatotropin [n.] somatotrophine [f.]
somnambulent somnambule
Somnambulismus [m.] somnambulisme [m.]
Somniferum [n.] somnifère [m.]
somnolent somnolent, ente
Somnolenz [f.] somnolence [f.]
somnolieren somnoler
Sonde [f.] sonde [f.]
-nernährung [f.] alimentation [f.] par sonde
Sondierung [f.] sondage [m.]
Sonnenerythem [n.] érythème [m.] solaire
Sonnenstich [m.] coup [m.] de soleil
Sonographie [f.] échographie [f.]
sonor sonore
Sonorität [f.] sonorité [f.]
Sorbitol [n.] sorbitol [m.]
Sozialmedizin [f.] médecine [f.] sociale
Soziogenese [f.] sociogenèse [f.]
Soziologe [m.] sociologue [m.]
Soziologie [f.] sociologie [f.]
Soziotherapie [f.] sociothérapie [f.]
S.P. Saure Phosphatase (phosphatase acide)
Spät tardif, ive
Spätgeburt [f.] accouchement [m.] retardé
Spalte [f.] sillon [m.]
Spaltung [f.] discission [f.]
-(der Herztöne) dédoublement [m.] des bruits du coeur
Spannkraft [f.] tonicité [f.]
spasmodisch spasmodique
spasmogen spasmogène
Spasmolyse [f.] spasmolyse [f.]
Spasmolytikum [n.] spasmolytique [m.], antispasmodique [m.]
spasmolytisch spasmolytique
Spasmophilie [f.] spasmophilie [f.]
spasmophil spasmophilique
Spasmus [m.] spasme [m.]
klonischer- [m.] spasme [m.] clonique
tonischer- [m.] spasme [m.] tonique
Vaso- [m.] vasospasme [m.]
Spastik [f.] spasticité [f.]
spastisch spastique
Spatel [m.] spatule [f.]
Speichel salivaire
Speichel [m.] salive [f.]
-drüse [f.] glande [f.] salivaire
-fluß [m.] flux [m.] salivaire, salivation [f.]
-sekretion [f.] sécrétion [f.] salivaire
-stein [m.] calcul [m.] salivaire
Speiseröhre [f.] oesophage [m.]
-ndivertikel [n.] diverticule [m.] de l'oesophage
-nentzündung [f.] oesophagite [f.]
-nkrebs [m.] cancer [m.] de l'oesophage
Spektralanalyse [f.] analyse [f.] spectrale
Spektrometrie [f.] spectrométrie [f.]
Spektrophotometer [m.] spectrophotomètre [m.]
Spektrophotometrie [f.] spectrophotométrie [f.]
Spektrum [n.] spectre [m.]
Wirk- [n.] spectre [m.] d'action
Spekulum [n.] spéculum [m.]
Spender [m.] donneur [m.]
Universal- [m.] donneur [m.] universel
Sperma spermatique
Sperma [n.] sperme [m.]
-tid [n.] spermatide [m.]
-titis [f.] spermatite [f.]
-togenese [f.] spermatogenèse [f.]
-togonie [f.] spermatogonie [f.]
-togramm [n.] spermatogramme [m.]
-torrhoe [f.] spermatorrhée [f.]
-tozele [f.] spermatocèle [f.]
-tozoon [n.] spermatozoïde [m.]
-tozystektomie [f.] spermatocystectomie [f.]

-tozystitis [f.] vésiculite [f.]
-tozyt [m.] spermatocyte [m.]
-turie [f.] spermaturie [f.]
Spermie [f.] spermatozoïde [m.]
Spermiogenese [f.] spermiogenèse [f.]
Spermiogramm [n.] spermogramme [m.]
spermizid spermicide
Spezialist [m.] spécialiste [m.]
spezifisch spécifique
Spezifität [f.] spécifité [f.]
Spezifizierung [f.] spécification [f.]
Sphärozyt [m.] sphérocyte [m.]
-ose [f.] sphérocytose [f.]
sphenoidal sphénoïdal, ale
Sphenoidalkante [f.] arête [f.] sphénoïdale
Sphenoideus (os) [n.] sphénoïde [m.]
Sphenozephalie [f.] sphénocéphalie [f.]
Sphingolipidose [f.] sphingolipidose [f.]
Sphingomyelin [n.] sphingomyéline [f.]
Sphinkter sphinctérien, ienne
Sphinkter [m.] sphincter [m.]
-ektomie [f.] sphinctérectomie [f.]
-otomie [f.] sphinctérotomie [f.]
-plastik [f.] sphinctéroplastie [f.]
-spasmus [m.] sphinctérospasme [m.]
Sphygmogramm [n.] sphygmogramme [m.]
Sphygmokardiographie [f.] sphygmocardiographie [f.]
Spike and wave points [pl./m.] et ondes [pl./f.]
Spina [f.] bifida spina [m.] bifida
spinal spinal, ale
Spinaliom [n.] épithélioma [m.] spino-cellulaire
Spindelzellsarkom [n.] sarcome [m.] fusocellulaire
Spinnenmal [n.] angiome [m.] stellaire
Spinnennaevus [m.] naevus [m.] stellaire
spinozellulär spinocellulaire
Spiralbruch [m.] (-fraktur) fracture [f.] spiroïde
Spirale [f.] dispositif [m.] intra-utérin, stérilet [m.]
Spirillose [f.] spirillose [f.]
Spirillum [n.] spirille [m.]
Spirochäte [f.] spirochète [m.]
Spirochätose [f.] spirochétose [f.]
Spirometer [n.] spiromètre [m.]
Spirometrie [f.] spirométrie [f.]
Spitze [f.] pointe [f.]
Spitz- und Klumpfuß [m.] pied [m.] vara équin
Spitzfuß [m.] pied [m.] équin
splanchnicus splanchnique
Splanchnektomie [f.] splanchnicectomie [f.]
Splachnoptose [f.] splanchnoptôse [f.]
Splenektomie [f.] splénectomie [f.]
Splenogramm [n.] splénogramme [m.]
Splenographie [f.] splénographie [f.]
Splenohepatomegalie [f.] spléno-hépatomégalie [f.]
Splenomegalie [f.] splénomégalie [f.]
Splenopexie [f.] splénopexie [f.]
Splenoptose [f.] ptôse [f.] splénique
Splenoportographie [f.] splénoportographie [f.]
Splitter [m.] (Knochen-) esquille [f.] (osseuse)
Splitterbruch [m.] fracture [f.] communitive
Spondylarthritis [f.] spondyl-arthrite [f.]
-ankylopoetica spondylarthrite [f.] ankylosante
Spondylarthrose [f.] spondylarthrose [f.]
Spondylitis [f.] spondylite [f.]
Spondylolisthesis [f.] spondylolisthésis [m.]
Spondylolysis [f.] spondylolyse [f.]
Spondylomalazie [f.] spondylomalacie [f.]
Spondylose [f.] spondylose [f.]
Spondylosis [f.] deformans spondylite [f.] déformante
Spondylotomie [f.] spondylotomie [f.]
spongiös spongieux, euse
Spongiosa [f.] substance [f.] spongieuse
Spontan spontané, ée
Spontanfraktur [f.] fracture [f.] spontanée
Spontangangrän [f.] gangrène [f.] spontanée
Spontanheilung [f.] guérison [f.] spontanée
sporadisch sporadique
Spore [f.] spore [f.]
Sporenbildung [f.] sporulation [f.]
Sporotrichose [f.] sporotrichose [f.]
Sporulation [f.] sporulation [f.]
Sprache [f.] langage [m.], parole [f.]
Sprachfehler [m.] défaut [m.] de prononciation
Sprachstörung [f.] trouble [m.] de la parole
Sprachzentrum [n.] centre [m.] de la parole
motorisches- [n.] centre [m.] moteur du langage articulé
Sprechaudiometrie [f.] audiométrie [f.] du langage articulé
sprechen parler
Sprechstunde [f.] consultation [f.]
Sprechzimmer [n.] salle [f.] de consultation
Spreizfuß [m.] pied [m.] plat étalé
Spreizhaken [m.] écarteur [m.]
Spritze [f.] séringue [f.], canule [f.]

eine ... geben faire une piqûre
spritzen injecter
Sprue [f.] sprue [f.]
Sprungbein [n.] astragale [m.]
Sprunggelenk [n.], oberes articulation [f.] tibio-tarsienne
Sprunggelenk [n.], unteres articulation [f.] médio-tarsienne
spucken expectorer, cracher
spülen irriguer
Spülung [f.] irrigation [f.]
Spurenelement [n.] oligo-élément [m.]
Sputum [n.] crachat [m.], expectoration [f.]
Squama [f.] squame [f.]
squamös squameux, euse
S.R. SinusRhythmus (rythme sinusal)
S.R.S.A. Slow Reacting Substance of Anaphylaxis
S.S.E.P. Somato-Sensibel Evoziertes Potential (potentiel évoqué somatosensoriel)
S.S.P. Shwartzman-Sanarelli-Phänomen
S.S.P.E. Subakute Sklerosierende PanEnzephalitis (leucoencéphalite sclérosante subaiguë LESS)
S.S.W. Schwangerschaftswoche (semaine de grossesse)
stabil stable
Stabilität [f.] stabilité [f.]
Stäbchen [n.] bâtonnet [m.]
Stärke [f.] 1. force [f.], vigueur [f.]
Stärke(mehl) [n.] fécule [f.], amidon [m.]
stärken fortifier, tonifier
Stadium [n.] stade [m.]
Stamm [m.] tronc [m.]
Hirn- [m.] tronc [m.] cérébral
-bronchus [m.] bronche-souche [f.]
Standardabweichung [f.] déviation [f.] standard
Standardfehler [m.] erreur [f.] type
Stapedektomie [f.] excision [f.] de l'étrier, stapédectomie [f.]
Staphylococcus [m.] staphylocoque [m.]
Staphylodermie [f.] dermatite [f.] staphylococcique
Staphylokokkeninfektion [f.] staphylococcie [f.]
Staphylolysin [n.] staphylolysine [f.]
Staphylom [n.] staphylome [m.]
Staphyloplastik [f.] staphyloplastie [f.]
Star [m.], grauer cataracte [f.]
grüner- [m.] glaucome [m.]
stark fort, e
starr rigide, immobile
Stase [f.] stase [f.]
Stasobasophobie [f.] stasobasophobie [f.]
stationär stationnaire
Statistik [f.] statistique [m.]
Status [m.] état [m.]
- asthmaticus état [m.] de mal asthmatique
- epilepticus état [m.] de mal épileptique
Stauschlauch [m.] garrot [m.], tourniquet [m.]
Stauung [f.] stase [f.]
venöse [f.] stase [f.] veineuse
-sgallenblase [f.] vésicule [f.] de stase
-sikterus [m.] ictère [m.] par rétention
-sleber [f.] foie [m.] cardiaque
-spapille [f.] stase [f.] papillaire
S.T.D. Sexually Transmitted Diseases (maladie sexuelle transmissible MST)
Stearin [n.] stéarine [f.]
Steatoadenom [n.] adénome [m.] des glandes sébacées
Steatom [n.] stéatome [m.]
Steatorrhoe [f.] stéatorrhée [f.]
Steatosis [f.] stéatose [f.]
Stechen [n.] picotement [m.]
stechend lacinant, ante
steif raide, rigide
Steife [f.] raideur [f.]
Nacken- [f.] raideur [f.] de la nuque
Steifigkeit [f.] rigidité [f.]
Steigbügel [m.] étrier [m.]
Stein [m.] calcul [m.], lithiase [f.]
Kalziumphosphat- [m.] lithiase [f.] phospho-calcique
Urat- [m.] lithiase [f.] urique
Magnesium-Amonium-Phosphat- [m.] lithiase [f.] phospho-ammoniaco magnésienne
Phosphat- [m.] lithiase [f.] phosphatique
Kalziumoxalat- [m.] lithiase [f.] oxalo-calcique
Oxal- [m.] lithiase [f.] oxalique
Steißlage [f.] présentation [f.] du siège
Steißgeburt [f.] accouchement [m.] par le siège
Stellektomie [f.] stellectomie [f.]
Stellknorpel [m.] cartilage [m.] aryténoïde
Stellreflex [m.] réflexe [m.] de position
Stellungsanomalie [f.] position [f.] anormale
Stenose [f.] sténose [f.], rétrecissement [m.]
Stenvers-Aufnahme [f.] incidence [f.] de Stenver
Stereoagnosie [f.] stéréoagnosie [f.]
Stereognosie [f.] stéréognosie [f.]
Stereoskop [n.] stéréoscope [m.]
Stereoskopie [f.] stéréoscopie [f.]
stereotaktisch stéréotaxique
Stereotaxie [f.] stéréotaxie [f.]
Stereotypie [f.] stéréotypie [f.]
Sterkobilin [n.] stercobiline [f.]
-ogen [n.] stercobilinogène [m.]
sterkoral stercoral, ale

steril stérile, infertile
sterilisieren stériliser
Sterilisierung [f.] stérilisation [f.]
Sterilität [f.] stérilité [f.], infertilité [f.]
sternal sternal, ale
Sternalpunktion [f.] ponction [f.] sternale
Sternocleidomastoideus [m.] sterno-cléido-mastoïdien [m.]
Sternotomie [f.] sternotomie [f.]
Sternum [n.] sternum [m.]
Steroid [n.] stéroïde [m.]
Stethoskop [n.] stéthoscope [m.]
S.T.H. SomatoTropes Hormon
Stibismus [m.] stibialisme [m.]
Stickstoff [m.] azote [m.]
Stiellappen [m.] lambeau [m.] pédiculé
Stigma [n.] stigmate [m.]
Stigmatisation [f.] stigmatisation [f.]
stillen allaiter
Stillen [n.] allaitement [m.]
Stillstand [m.] arrêt [m.]
Herz- [m.] arrêt [m.] du coeur
Stimmband [n.] corde [f.] vocale
-entfernung [f.] cordectomie [f.]
Stimmbruch [m.] mue [f.] de la voix
Stimme [f.] voix [f.]
matte [f.] voix [f.] blanche
Stimmfremitus [m.] frémissement [m.] vibratoire
Stimmgabel [f.] diapason [m.]
Stimmritze [f.] glotte [f.] vocale
Stimmübung [f.] exercise [f.] de la voix
Stimmung [f.] humeur [m.]
-slabilität [f.] instabilité [f.] de l'humeur
-sschwankung [f.] saute [f.] d'humeur
Stimulation [f.] stimulation [f.]
stimulieren stimuler
Stimulus [m.] stimulus [m.]
stinkend fétide
Stirn [f.] front [m.]
-höhle [f.] sinus [m.] frontal
-höhlenentzündung [f.] sinusite [f.] frontale
-lage [f.] présentation [f.] par le front
-lappen [m.] lobe [m.] frontal
-reflektor [m.] miroir [m.] frontal
Stock [m.] canne [f.]
stöhnen gémir
Stöhnen [n.] geignement [m.], gémissement [m.]
Störung [f.] pertubation [f.], trouble [m.]
Stoffwechsel [m.] métabolisme [m.]
-störung [f.] trouble [m.] métabolique
Stolpern [n.] démarche [f.] ébrieuse
Stoma [n.] stomie [f.]
Stomatitis [f.] stomatite [f.]
Stomatologe [m.] stomatologue [m.]
Stomatologie [f.] stomatologie [f.]
Stomatoplastik [f.] stomatoplastie [f.]
stottern bégayer
Stottern [n.] bégaiement [m.]
Strabismus [m.] strabisme [m.]
Strabotomie [f.] strabotomie [f.]
Strahl [m.] rayon [m.]
Urin- [m.] jet [m.] urinaire
-endermatitis [f.] radiodermite [f.]
-endicht radioopaque
-enempfindlich radiosensible
-enempfindlichkeit [f.] radiosensibilité [f.]
-enexposition [f.] radioexposition [f.]
-enfibrose [f.] radiofibrose [f.]
-enmedizin [f.] médecine [f.] des rayonnements
-ennekrose [f.] radionécrose [f.]
-enquelle [f.] source [f.] de radiation
-enresistent radiorésistant, ante
-enresistenz [f.] radiorésistance [f.]
-enschaden [m.] radiolésion [f.]
-enschutz [m.] radioprotection [f.]
-ensensibel radiosensible
-ensensibilität [f.] radiosensibilité [f.]
-entherapie [f.] radiothérapie [f.]
Strahlung [f.] radiation [f.]
Infrarot- [f.] radiation infrarouge
ionisierende- [f.] radiation [f.] ionisante
-sdosis [f.] dose [f.] de radiation
-senergie [f.] energie [f.] de rayonnement
Strang [m.] cordon [m.]
Samen- [m.] cordon [m.] spermatique
Strangulation [f.] strangulation [f.]
Strangurie [f.] incontinence d'urine par regorgement
Stratigraphie [f.] stratigraphie [f.]
Streckbarkeit [f.] extensibilité [f.]
strecken étendre
Streckung [f.] extension [f.]
Streptococcus [m.] streptocoque [m.]
- haemolyticus streptocoque [m.] hémolytique
- viridans streptocoque [m.] viridans
Streptodornase [f.] streptodornase [f.]
Streptokinase [f.] streptokinase [f.]
Streptokokkämie [f.] streptococcémie [f.]
Streptokokkenangina [f.] angine [f.] streptococcique
Streptokokkeninfektion [f.] streptococcie [f.]
Streptolysin [n.] streptolysine [f.]

Streptomycin [n.] streptomycine [f.]
Streptomykose [f.] streptomycose [f.]
Streptotrichose [f.] streptotrichose [f.]
Stress [m.] stress [m.]
-inkontinenz [f.] incontinence [f.] à l'effort
Streuung [f.] dispersion [f.]
Stria [f.] strie [f.]
Stridor [m.] cornage [m.], stridor [m.], stridulation [f.]
stridulös striduleux, euse
Striemen [m.] vergeture [f.]
Striktur [f.] rétrécissement [m.], stricture [f.]
Stripping [n.] stripping [m.]
Stroma [n.] stroma [m.]
Strongyloidosis [f.] strongyloïdose [f.]
Strophantin [n.] strophantine [f.]
Strophulus [m.] strophulus [m.]
Struktur [f.] structure [f.]
Struma [f.] goitre [m.]
blande- [f.] goitre [m.] simple
Knoten- [f.] goitre [m.] nodulaire
Strumektomie [f.] strumectomie [f.]
Strumitis [f.] strumite [f.]
Strychnin [n.] strychnine [f.]
ST-Strecke [f.] segment [m.] ST
-nhebung [f.] sus-décalage [m.] du segment ST
-nsenkung [f.] sous-décalage [m.] du segment ST
Studie [f.] étude [f.]
stürzen tomber, chuter
Stützapparat [m.] apparail [m.] de soutien
Stützgewebe [n.] tissu [m.] de soutien
Stützverband [m.] bandage [m.] de fixation
Stuhl [m.] selles [pl./f.]
Stuhlgang [m.] défécation [f.]
- haben aller à la selle
Stuhlinkontinenz [f.] défécation [f.] involontaire
Stuhlverhaltung [f.] arrêt [m.] des matières
stumm muet, muette
Stummheit [f.] mutité [f.]
Stumpfheit [f.] torpeur [f.]
Stumpfsinnigkeit [f.] hébétude [f.], obtusion [f.]
Stupor [m.] stupeur [f.]
stuporös stuporeux, euse
Sturzgeburt [f.] accouchement [m.] précipité
Styloiditis [f.] radialis styloïdite [f.] radiale
subakut subaigu, uë
subarachnoidal sous-arachnoïdien, ienne
Subarachnoidalblutung [f.] hémorragie [f.] sous-arachnoïdienne
Subarachnoidalraum [m.] espace [m.] sous-arachnoïdienne
Subclavia [f.] sous-clavière [f.]
Subclavian-Steal-Syndrom [n.] syndrome [m.] du vol de la sousclavière
subdural sous-dural, ale
Subduralhämatom [n.] hématome [m.] sous-dural
Subduralraum [m.] espace [m.] sous-dural
subfebril subfébrile
Subglottis [f.] sous-glotte [f.]
Subikterus [m.] subictère [m.]
subkapital sous-capital, ale
subklavikulär sous-clavier, ière
Subkortex [m.] sous-cortex [m.]
subkortikal sous-cortical, ale
subkostal sous-costal, ale
subkutan sous-cutané, ée
Sublimierung [f.] sublimation [f.]
sublingual sublingual, ale
subluxieren subluxer
Subluxation [f.] subluxation [f.]
submandibulär sous-maxillaire
subokzipital sous-occipital, ale
Subokzipitalpunktion [f.] ponction [f.] sous-occipitale
suborbital sous-orbitaire
subphrenisch sous-phrénique
subskapulär sous-scapulaire
Substantia [f.] reticularis réticulée [f.]
Substanz [f.] substance [f.]
substituieren substituer
Substitution [f.] substitution [f.]
-sbehandlung [f.] médication [f.] substitutive
Substrat [n.] substrat [m.]
subtotal subtotal, ale
subtrochantär sous-trochantérien, ienne
Sucht [f.] toxicomanie [f.]
Sudeckatrophie [f.] atrophie [f.] de Sudeck
Sudokeratosis [f.] kératose [f.] des canaux sudoripares
Suggestibilität [f.] suggestibilité [f.]
Suggestion [f.] suggestion [f.]
Suizid [m.] suicide [m.]
Sulcus [m.] sillon [m.]
Sulfhämoglobin [n.] sulfhémoglobine [f.]
-ämie [f.] sulfhémoglobinémie [f.]
Sulfonamid [n.] sulfamide [m.]
Summation [f.] sommation [f.]
Summen [n.] bourdonnement [m.]
S.U.P. Selektive Utraviolett-Phototherapie
Superinfektion [f.] surinfection [f.]
Supination [f.] supination [f.]
Supinator [m.] supinateur [m.]
Suppositorium [n.] suppositoire [m.]
suprahilär sus-hilaire
Supraklavikulargrube [f.] creux [m.] sus-claviculaire
Supraorbitalreflex [m.] réflexe [m.] nasopalpébrale
suprarenal surrénal, ale

Suprarenalektomie [f.] surrénalectomie [f.]
suprasternal sus-sternal, ale
supratentoriel sus-tentoriel, elle
supraventrikulär supraventriculaire
suprasellär suprasellaire
Surditas [f.] surdité [f.]
Suspension [f.] suspension [f.]
Sutura [f.] suture [f.]
S.V.I. Slow-Virus-Infektion
Sycosis [f.] vulgaris sycosis [f.] simple
Symbiose [f.] symbiose [f.]
Symblepharon [n.] symblépharon [m.]
Symmetrie [f.] symétrie [f.]
-achse [f.] axe [m.] de symétrie
symmetrisch symétrique
Sympahtoblastom [n.] sympathoblastome [m.]
Sympathalgie [f.] sympathalgie [f.]
Sympathektomie [f.] sympathectomie [f.]
Sympathie [f.] sympathie [f.]
Sympathikotomie [f.] sympathicotomie [f.]
sympathikotrop sympathicotrope
Sympathikus [m.] grand sympathique [m.]
sympathisch sympathique
Sympatholytikum [n.] sympathicolytique [m.], sympatholytique [m.]
sympatholytisch sympathicolytique
Sympathomimetikum [n.] sympathicomimétique [m.], sympathomimétique [m.]
sympathomimetisch sympathicomimétique
Symphyse [f.] symphyse [f.]
Symphyseotomie [f.] symphyséotomie [f.]
Symptom [n.] symptôme [m.], signe [m.]
Allgemein- [n.] signe [m.] général
Begleit- [n.] signe [m.] concomittant
funktionelles- [n.] signe [m.] fonctionnel
symptomatisch symptomatique
Symptomatologie [f.] séméiologie [f.]
Synalgie [f.] synalgie [f.]
Synapse [f.] synapse [f.]
Synarthrose [f.] synarthrose [f.]
Synästhesie [f.] synesthésie [f.]
Synchisis [f.] synchysis [m.]
Synchondrosis [f.] synchondrose [f.]
Synchondrotomie [f.] synchondrotomie [f.]
synchron synchrone
Synchronisierung [f.] synchronisation [f.]
Synchronismus [m.] synchronisme [m.]
Syndaktylie [f.] syndactylie [f.]
Syndesmitis [f.] syndesmite [f.]
Syndesmophyt [m.] syndesmophyte [m.]
Syndesmosis [f.] syndesmose [f.]
Syndesmotomie [f.] syndesmotomie [f.]
Syndrom [n.] syndrome [m.]
Dumping- [n.] syndrome [m.] de chasse
Karpaltunnel- [n.] syndrome [m.] du tunnel carpien
nephrotisches- [n.] syndrome [m.] néphrotique
prämenstruelles- [n.] syndrome [m.] prémenstruel
Tarsaltunnel- [n.] syndrome [m.] du tunnel tarsien
- der hyalinen Membranen maladie [f.] des membranes hyalines
Synechie [f.] synéchie [f.]
Synergie [f.] synergie [f.]
Synkinese [f.] syncinésie [f.]
Synkope [f.] syncope [f.]
Synorchidie [f.] synorchidie [f.]
Synostose [f.] synostose [f.]
Synovektomie [f.] synovectomie [f.]
Synovia [f.] synovie [f.]
synovial synovial, ale
Synovialflüssigkeit [f.] liquide [m.] synovial
Synovialom [n.] synovialome [m.]
Synovitis [f.] synovite [f.]
Synthese [f.] synthèse [f.]
Synthetase [f.] synthétase [f.]
Syphilid [n.] syphilide [f.]
pustulöses- [n.] syphilide [f.] pustuleuse
ringförmiges- [n.] syphilide [f.] annulaire
Syphilis [f.] syphilis [f.]
-herpetiformis syphilis [f.] herpétiforme
syphilitisch syphilitique
Syringobulbie [f.] syringobulbie [f.]
Syringomyelie [f.] syringomyélie [f.]
Syringomyelitis [f.] syringomyélite [f.]
Syringozystom [n.] syringokystome [m.]
System [n.] système [m.]
extrapyramidales- [n.] système [m.] extrapyramidal
kardiovaskuläres- [n.] système [m.] cardiovasculaire
Lymph- [n.] système [m.] lymphatique
Nerven- [n.] système [m.] nerveux
Renin-Angiotensin- [n.] système [m.] rénine-angiotensine
retikuloendotheliales- [n.] système [m.] réticulo-endothélial
Zentralnerven- [n.] système [m.] nerveux central
-erkrankung [f.] maladie [f.] systémique
Systematisation [f.] systématisation [f.]
systemisch systémique
Systole [f.] systole [f.]
systolisch systolique
Szintigraphie [f.] scintigraphie [f.]
Szintillation [f.] scintillation [f.]
szirrhös squirrheux, euse

T

T. Tumor (tumeur T)
T 3 Trijodthyronin (triiodothyronine T 3)
T 4 Tetrajodthyronin (tetra-iodothyronine T 4)
T.A.B. Typhus-Paratyphus-A- und B-Impfstoff (vaccin TAB)
Tabak [m.] tabac [m.]
-vergiftung [f.] tabagisme [m.]
Tabatière [f.] tabatière [f.]
Tabes [m.] dorsalis tabès [m.] dorsal
tabisch tabique
Tablette [f.] comprimé [m.], tablette [f.]
Tabula [f.] externa table [f.] externe
Tabula [f.] interna table [f.] interne
Tachyarrhythmie [f.] tachyarythmie [f.]
Tachykardie [f.] tachycardie [f.]
Kammer- [f.] tachycardie [f.] ventriculaire
paroxysmale- [f.] tachycardie [f.] paroxystique
Sinus- [f.] tachycardie [f.] sinusale
Vorhof- [f.] tachycardie [f.] auriculaire
Tachykinese [f.] tachycinésie [f.]
Tachylalie [f.] tachylalie [f.]
Tachyphagie [f.] tachyphagie [f.]
Tachyphasie [f.] tachyphasie [f.]
Tachyphrasie [f.] tachyphrasie [f.]
Tachyphylaxie [f.] tachyphylaxie [f.]
Tachypnoe [f.] tachypnée [f.]
Tachypsychie [f.] tachypsychie [f.]
Tachysystolie [f.] tachysystolie [f.]
Taenia [f.] ténia [m.], taenia [m.]
Taeniasis [f.] taeniase [f.]
Taenifugum [n.] ténifuge [m.]
Tagesdosis [f.] dose [f.] journalière
T.A.H. ThrombozytenAggregationsHemmung
taktil tactile
Talalgie [f.] talalgie [f.]
Talgdrüse [f.] glande [f.] sébacée
Talgzyste [f.] athérome [m.]
Talipes [m.] calcaneovarus pied [m.] bot varus
Talipes [m.] equinovalgus pied [m.] bot équin
Talipes [m.] planovalgus pied [m.] bot plat valgus
Talus [m.] astragale [m.]
Tampon [m.] tampon [m.]
Tamponade [f.] tamponnade [f.]
tamponieren tamponner
Tamponierung [f.] tamponnement [m.]
T.A.P. Transluminale AngioPlastik (angioplastie transluminale)
tapeto-retinal tapétorétinien, ienne
Tarantismus [m.] tarantisme [m.]
Tardieusche Flecken [pl./m.] taches [pl./f.] de Tardieu
Target-Zelle [f.] cellule-cible [f.]
tarsal tarsien, ienne
Tarsalgie [f.] tarsalgie [f.]
Tarsaltunnel [m.] tunnel [m.] tarsien
Tarsektomie [f.] tarsectomie [f.]
Tarsitis [f.] tarsite [f.]
Tarsometatarsalgelenk [n.] articulation [f.] tarso-métatarsienne
Tarsoplastik [f.] tarsoplastie [f.]
Tarsotomie [f.] tarsotomie [f.]
Tarsus [m.] tarse [m.]
Tastsinn [m.] tact [m.]
taub sourd, sourde
Taubheit [f.] surdité [f.]
taubstumm sourd-muet, sourde-muette
Taubstummer [m.], Taubstumme [f.] sourd-muet [m.], sourde-muette [f.]
Taubstummheit [f.] surdimutité [f.]
Taucherkrankheit [f.] maladie [f.] des plongeurs
taumeln tituber
Tay-Sachs-Krankheit [f.] maladie [f.] de Tay-Sachs
Tb, Tbc Tuberkulose (tuberculose Tb)
T.B.G. Thyroxine Binding Globuline
Tct. Tinktur (teinture)
T.D.P. Thymidin-Di-Phosphat
T.E. Tonsillectomie (amygdalectomie)
T.E.A. ThrombEndArteriektomie
T.E.B.K. Totale EisenBindungsKapazität (capacité totale sur la transferrine CTT)
Technetium [n.] technétium [m.]
Teerekzem [n.] dermatite [f.] du goudron
teerig goudronneux, euse
T.E.G. ThrombElastoGramm (thromboélastogramme TEG)
Tegmen [n.] tégument [m.]
Teleangiektasie [f.] télangiectasie [f.]
Telekobalttherapie [f.] télécobaltothérapie [f.]
Telenzephalon [n.] télencéphale [m.]
Tele-(Strahlen-)Therapie [f.] téléradiothérapie [f.]
Telophase [f.] télophase [f.]
Temperatur [f.] température [f.]
Basal- [f.] température [f.] basale
-erhöhung [f.] élévation [f.] de la température
- haben avoir de la température
Körper- [f.] température [f.] corporelle
- messen prendre la température
-rückgang [m.] baisse [f.] de température
-unterschied [m.] différence [f.] de température
temporal temporal, ale

Temporalarteritis [f.] maladie [f.] de Horton
Temporalschuppe [f.] écaille [f.] temporale
temporofaszial temporo-facial, ale
temporomandibulär temporo-mandibulaire
temporomaxillär temporomaxillaire
temporoparietal temporo-pariétal, ale
Tenalgie [f.] ténalgie [f.]
Tendektomie [f.] ténectomie [f.]
Tendinitis [f.] tendinite [f.]
Tendo [m.] tendon [m.]
-lyse [f.] ténolyse [f.]
-plastik [f.] ténoplastie [f.]
-vaginitis [f.] ténovaginite [f.]
Tenesmus [m.] ténesme [m.]
Tennisarm [m.] épicondylite [f.] des joueurs de tennis
Tenodese [f.] ténodèse [f.]
Tenonitis [f.] ténonite [f.]
Tenopexie [f.] ténopexie [f.]
Tenorraphie [f.] ténorraphie [f.]
Tenosynovitis [f.] téno-synovite [f.]
Tenotomie [f.] ténotomie [f.]
Tensiometer [n.] tensiomètre [m.]
Tensor [m.] tenseur [m.]
Tentorium [n.] cerebelli tente [f.] du cervelet
T.E.P. TotalEndoProthese (endoprothèse totale)
Terata [n.] tératisme [m.]
teratogen tératogène
Teratogenese [f.] tératogenèse [f.]
Teratologie [f.] tératologie [f.]
teratologisch tératologique
Teratom [n.] tératome [m.]
Teratospermie [f.] tératospermie [f.]
Teratozoospermie [f.] tératozoospermie [f.]
terebrans térébrant, ante
terminal terminal, ale
Terminologie [f.] terminologie [f.]
tertiär tertiaire
Test [m.] test [m.], épreuve [f.]
psychologischer [m.] test [m.] psychologique
testen tester
Testis [m.] testicule [m.]
Testosteron [n.] testostérone [f.]
Tetania [f.] parathyreopriva tétanie [f.] parathyréoprive
Tetanie [f.] tétanie [f.]
Hyperventilations-[f.] tétanie [f.] hyperpnéique
tetanisch tétanique
Tetanisierung [f.] tétanisation [f.]
Tetanus [m.] tétanos [m.]
Tetanus-Schutzimpfung [f.] vaccination [f.] contre le tétanos
Tetracyclin [n.] tétracycline [f.]
Tetrajodthyronin [n.] tétraiodothyronine [f.]
Tetraplegie [f.] tétraplégie [f.]
tetraplegisch tétraplégique
Tetrapoidie [f.] tétraploïdie [f.]
Tf Transferrin (transférrine)
T.G. Triglyzeride (triglycérides)
T.G.A. 1. Transposition der Großen Gefäße (transposition des gros vaisseaux TGV), 2. Transiente Globale Amnesie (amnésie globale transitoire)
Th. Therapie (thérapeutique)
Th 1 - Th 12 Thorakalwirbel (vertèbre dorsale D 1 D 12)
thalamisch thalamique
Thalamus [m.] thalamus [m.]
Thalassämie [f.] thalassémie [f.]
Thalassotherapie [f.] thalassothérapie [f.]
Thalidomid-Embryopathie [f.] embryopathie [f.] par la thalidomide
Thallium [n.] thallium [m.]
T.H.A.M. Tris-Hydroxymethyl-AminoMethan
Thanatologie [f.] thanatologie [f.]
Thanatophobie [f.] thanatophobie [f.]
Theca [f.] thèque [f.]
Thekom [n.] thécome [m.]
Thelalgie [f.] thélalgie [f.]
Thelitis [f.] thélite [f.]
Thelorrhagie [f.] thélorragie [f.]
Thenar [m.] éminence [f.] thénar
Theophyllin [n.] théophylline [f.]
Therapeut [m.] thérapeute [m.]
Therapeutikum [n.] thérapeutique [m.]
therapeutisch thérapeutique
Therapie [f.] thérapie [f.], thérapeutique [m.]
Schock-[f.] thérapie [f.] de choc
thermal thermal, ale
Thermanästhesie [f.] thermoanesthésie [f.], thermanalgésie [f.]
thermisch thermique
thermogen thermogène
Thermographie [f.] thermographie [f.]
Thermokauter [m.] thermocautère [m.]
Thermokauterisation [f.] thermocautérisation [f.]
Thermokoagulation [f.] thermocoagulation [f.]
thermolabil thermolabile
Thermometer [n.] thermomètre [m.]
thermophil thermophile
Thermoregulation [f.] thermorégulation [f.]
thermoresistent thermorésistant, ante
Thermorezeptor [m.] thermorécepteur [m.]
Thermotherapie [f.] thermothérapie [f.]
Thesaurismose [f.] thésaurismose [f.]
Thiamin [n.] thiamine [f.]
Thiaziddiuretikum [n.] diurétique [m.] thiazidique
thorakal thoracique

Thorakoplastik [f.] thoracoplastie [f.]
Thorakotomie [f.] thoracotomie [f.]
Thorakozentese [f.] thoracocentèse [f.]
Thorax [m.] thorax [m.]
Fass-[m.] thorax [m.] en entonnoir
-ableitung [f.] dérivation [f.] thoracique
-chirurgie [f.] chirurgie [f.] thoracique
-dehnung [f.] amplification [f.] thoracique
-drainage [f.] drain [m.] thoracique
Thrombangiitis [f.] obliterans thrombangéite [f.] oblitérante
Thrombasthenie [f.] thrombasthénie [f.]
Thrombektomie [f.] thrombectomie [f.]
Thrombelastogramm [n.] thromboélastogramme [m.]
Thrombelastographie [f.] thromboélastographie [f.]
Thrombenbildung [f.] thrombogenèse [f.]
Thrombin [n.] thrombine [f.]
Thromboembolie [f.] thrombo-embolie [f.]
thromboembolisch thrombo-embolique
Thrombokinase [f.] thrombokinase [f.]
Thrombolyse [f.] thrombolyse [f.]
thrombolytisch thrombolytique
Thrombopathie [f.] thrombopathie [f.]
Thrombopenie [f.] thrombopénie
Thrombophlebitis [f.] thromboplébite [f.]
Thrombophilie [f.] thrombophilie [f.]
Thromboplastin [n.] thromboplastine [f.]
-zeit [f.] taux [m.] de prothrombine
Thrombopoese [f.] thrombopoïèse [f.]
Thrombose [f.] phlébite [f.], thrombose [f.]
Thrombotest [m.] thrombotest [m.]
thrombotisch thrombotique
Thrombozyt [m.] plaquette [f.], thrombocyte [m.]
thrombozytär plaquettaire, thrombocytaire
Thrombozytenagglutination [f.] agglutination [f.] thrombocytaire
Thrombozytenaktivierungsfaktor [m.] facteur [m.] activateur des plaquettes
Thrombozythämie [f.] thrombocytémie [f.]
Thrombozytopenie [f.], idiopathische thrombocytopénie [f.] idiopathique
Thrombozytose [f.] thrombocytose [f.]
Thrombus [m.] thrombus [m.]
Thymektomie [f.] thymectomie [f.]
Thymin [n.] thymine [f.]
Thymoanaleptikum [n.] thymoanaleptique
thymoanaleptisch thymoanaleptique
Thymoleptikum [n.] thymoleptique [m.]
thymoleptisch thymoleptique
Thymoltest [m.] test [m.] de MacLagan, thymol-test [m.]
Thymom [n.] thymome [m.]
Thymopathie [f.] thymopathie [f.]
Thymus [m.] thymus [m.]
-aplasie [f.] aplasie [f.] thymique
-hyperplasie [f.] hyperplasie [f.] thymique
Thyreoglobulin [n.] thyréoglobuline [f.]
Thyreoidea [f.] (Glandula) thyroïde [f.] (glande)
Thyreoidektomie [f.] thyroïdectomie [f.]
Thyreoiditis [f.] thyroïdite [f.]
Thyreokalzitonin [n.] thyrocalcitonine [f.]
Thyreostatikum [n.] thyréostatique [m.]
thyreostatisch thyréostatique
Thyreotomie [f.] thyrotomie [f.]
Thyreotoxikose [f.] thyréotoxicose [f.]
thyreotoxisch thyréotoxique
thyreotrop thyréotrope
Thyreotropin [n.] thyrotrophine [f.]
Thyronin [n.] thyronine [f.]
Thyroxin [n.] thyroxine [f.]
T.I.A. TransIschämische Attacke (accident ischémique transitoire AIT)
Tibia [f.] tibia [m.]
tibiotarsal tibio-tarsien, ienne
Tic [m.] tic [m.]
Tiefenschärfe [f.] vision [f.] des reliefs
Tiefensensibilität [f.] sensibilité [f.] profonde
Tiffeneau-Test [m.] rapport [m.] de Tiffeneau
Tinea [f.] teigne [f.]
Tinktur [f.] teinture [f.]
Titer [m.] titre [m.]
Titration [f.] titrage [m.], titration [f.]
titrieren titrer
Titillomanie [f.] titillomanie [f.]
T.K. TotalKapazität (capacité totale CT)
T.M.P. Thymidin-5-Mono-Phosphat
T.M.V. Tabak-Mosaik-Virus
T.N.M. Tumor Node Metastase
T.N.V. Tabak-Nekrose-Virus
Tobsucht [f.] excitation [f.] maniaque
Tochter [f.] fille [f.]
Tocopherol [n.] tocophérol [m.]
Tod [m.] mort [f.], décès [m.]
plötzlicher [m.] mort [f.] subite
-esfall [m.] cas [m.] mortel
-esursache [f.] cause [f.] de la mort

Tokographie [f.] tocographie [f.]
Tokolyse [f.] tocolyse [f.]
Tolbutamidtest [m.] épreuve [f.] au tolbutamide
Toleranz [f.] tolérance [f.]
tolerieren tolérer
Tollwut [f.] rage [f.]
Tomodensiometrie [f.] tomodensiométrie [f.]
Tomographie [f.] tomographie [f.]
Tomometrie [f.] tomométrie [f.]
Ton [m.], hoher son [m.] aigu
Ton [m.], tiefer son [m.] grave
tonisch tonique
tonisch-klonisch tonicoclonique
Tonizität [f.] tonicité [f.]
Tonographie [f.] tonographie [f.]
Tonometer [n.] tonomètre [m.]
Tonometrie [f.] tonomètrie [f.]
tonotrop tonicardiaque
Tonsille [f.] amygdale [f.]
Tonsillektomie [f.] amygdalectomie [f.]
Tonsillitis [f.] amygdalite [f.]
Tonus [m.] tonus [m.]
  Muskel-[m.] tonus [m.] musculaire
Tophus [m.] tophus [m.]
topisch topique
Topographie [f.] topographie [f.]
topographisch topographique
Topor [m.] torpeur [f.]
Torsion [f.] torsion [f.]
  Hoden-[f.] torsion [f.] testiculaire
  -sdystonie [f.] dystonie [f.] musculaire déformante
Torticollis [m.] torticolis [m.]
  -spasticus torticolis [m.] spasmodique
tot mort(e)
total total, ale
Totalendoprothese [f.] prothèse [f.] totale de la hanche
Totalkapazität [f.] capacité [f.] totale
Totemismus [m.] totémisme [m.]
Totenfleck [m.] lividité [f.] cadavérique
Totenschein [m.] certificat [m.] de décès
Totenstarre [f.] rigidité [f.] cadavérique
Totgeburt [f.] mort-né [m.]
Totraum [m.] espace [m.] mort
Toxämie [f.] toxémie [f.]
Toxidermie [f.] toxidermie [f.]
Toxikodermie [f.] toxicodermie [f.]
Toxikologe [m.] toxicologue [m.]
Toxikologie [f.] toxicologie [f.]
toxikologisch toxicologique
Toxikomane [m.] toxicomane [m.]
Toxikomanie [f.] toxicomanie [f.]
Toxikose [f.] toxicose [f.]
  Schwangerschafts- toxicose [f.] gravidique
Toxin [n.] toxine [f.]
toxisch toxique
Toxizität [f.] toxicité [f.]
Toxoid [n.] toxoïde [m.]
Toxoplasma [n.] toxoplasma [m.]
Toxoplasmose [f.] toxoplasmose [f.]
tPA tissue Plasminogen Activator
T.P.H.A. Treponema Pallidum Hemagglutination Assay
T.P.I. Treponema Pallidum Immobilization
T.P.P. ThiaminPyro-Phosphat
T.P.R. Tibialis Posterior Reflex
T.P.Z. ThromboPlastin-Zeit (taux de prothrombine TP)
Trabekel [m.] trabécule [f.]
trabekulär trabéculaire
Trachea [f.] trachée [f.]
tracheal trachéal, ale
Tracheitis [f.] trachéite [f.]
Tracheobronchitis [f.] trachéo-bronchite [f.]
Tracheomalazie [f.] trachéomalacie [f.]
Tracheo-Ösophagealfistel [f.] fistule [f.] trachéo-oesophagienne
Tracheoplastik [f.] trachéoplastie [f.]
Tracheoskopie [f.] trachéos-copie [f.]
Tracheostenose [f.] trachéosténose [f.]
Tracheotomie [f.] trachéotomie [f.]
Trachom [n.] trachome [m.]
Tractus [m.] faisceau [m.]
  -spinothalamicus faisceau [m.] spinothalamique
Tränen lacrymal, ale
Träne [f.] larme [f.]
tränen larmoyer
Tränen [n.] larmoiement [m.]
  -drüse [f.] glande [f.] lacrymale
  -fluß [m.] lacrymation [f.]
  -gang [m.] canal [m.] lacrymal
  -sack [m.] sac [m.] lacrymal
  -sekretion [f.] sécrétion [f.] lacrymale
träumen rêver
Tragbahre [f.] brancard [m.]
Tragus [m.] tragus [m.]
Traktion [f.] traction [f.]
Traktotomie [f.] tractotomie [f.]
Tranquilizer [m.] tranquillisant [m.]
Transaminase [f.] transaminase [f.]
Transaminierung [f.] transamination [f.]
Transfer [m.] transfer [m.]
Transferase [f.] transférase [f.]
Transferrin [n.] transferrine [f.]
Transformation [f.] transformation [f.]

Transfusion [f.] transfusion [f.]
fetofetale- [f.] échanges [pl./m.] sanguins foetofoetaux
fetomaternale- [f.] échanges [pl./m.] sanguins foetomaternels
Transillumination [f.] transillumination [f.]
Transitorische ischämische Attacke [f.] accident [m.] ischémique transitoire
Transkription [f.] transcription [f.]
Translation [f.] translation [f.]
Translokation [f.] translocation [f.]
Transmitter [m.] transmetteur [m.]
transmural transmural, ale
transnasal transnasal, ale
transorbital transorbitaire
transparent transparent, ente
Transpiration [f.] transpiration [f.]
transpirieren transpirer
Transplantat [n.] greffon [m.], transplant [m.]
Transplantation [f.] transplantation [f.], greffe [f.]
autoplastische- [f.] greffe [f.] autoplastique
heterotopische- [f.] greffe [f.] hétérotopique
homotopische- [f.] greffe [f.] homotopique
transplantieren transplanter, faire une greffe
transplazentär transplacentaire
Transportprotein [n.] protéine [f.] de transport
Transposition [f.] der grossen Gefäße transposition [f.] complète des gros vaisseaux
Transsexualismus [m.] transsexualisme [m.]
Transsudat [n.] transsudat [m.]
Transsudation [f.] transsudation [f.]
transuretral transurétral, ale
transvaginal transvaginal, ale
transversal transversal, ale
Transversektomie [f.] transversectomie [f.]
Transvestismus [m.] transvestisme [m.], travestisme [m.]
Transvestit [m.] travesti [m.]
Traum [m.] rêve [m.]
-zustand [m.] délire [m.] onirique, état [m.] onirique
Trauma [n.] trauma [m.], traumatisme [m.]
Schädel-[n.] traumatisme [m.] crânien
stumpfes- [n.] traumatisme [m.] fermé
traumatisch traumatique
traumatisierend traumatisant, ante
Traumatologe [m.] traumatologiste [m.]
Traumatologie [f.] traumatologie [f.]
traumatologisch traumatologique
Tremor [m.] tremblement [m.], trémor [m.]
Dauer-[m.] tremblement [m.] continu
Halte-[m.] tremblement [m.] d'attitude
Intentions-[m.] tremblement [m.] intentionnel
Parkinson-[m.] tremblement [m.] parkinsonien
psychogener- [m.] tremblement [m.] psychogène
Ruhe-[m.] tremblement [m.] de repos
Trendelenburg'sches Zeichen [n.] signe [m.] de Trendelenburg
Trennungsangst [f.] angoisse [f.] de séparation
Trepan [m.] trépan [m.]
Trepanation [f.] trépanation [f.]
trepanieren trépaner
Treponema [n.] pallidum tréponème [m.] pâle
Treponema-Immobilisationstest [m.] test [m.] d'immobilisation des tréponèmes
Treponematose [f.] tréponématose [f.]
Treppenphänomen [n.] phénomène [m.] de l'escalier
T.R.H. TSH Releasing Hormone
Trias [f.] triade [f.]
Tribadie [f.] tribadisme [m.]
T.R.I.C. Trachom Inclusions Conjunctivitis
Triceps [m.] triceps [m.]
-reflex [m.] réflexe [m.] tricipital
Trichiasis [f.] trichiasis [m.]
Trichine [f.] trichine [f.]
Trichinose [f.] trichinose [f.]
Trichoepitheliom [n.] trichoépithéliome [m.]
Trichogramm [n.] trichogramme [m.]
Trichoklasie [f.] trichoclasie [f.]
Trichom [n.] trichome [m.]
Trichomonas [f.] trichomonas [m.]
Trichomykose [f.] trichomycose [f.]
- nodosa trichomycose [f.] noueuse
Trichonodosis [f.] trichorrhexie [f.] noueuse
Trichophagie [f.] trichophagie [f.]
Trichophytie [f.] teigne [f.] trichophytique
Trichosis [f.] trichose [f.]
Trichotillomanie [f.] trichotillomanie [f.]
Trichozephalose [f.] trichocéphalose [f.]
Trichterbrust [f.] entonnoir [m.] thoracique, thorax [m.] en entonnoir
Trigeminie [f.] trigéminisme [m.]
Trigeminus [m.] (Nerv) trijumeau [m.] (nerf)
Trigeminus-Neuralgie [f.] névralgie [f.] du trijumeau
Triglycerid [n.] triglycéride [m.]
-ämie [f.] triglycéridémie [f.]
Trigonum [n.] trigone [m.]

Trijodthyronin [n.] triiodothyronine [f.]
trikrot tricote
Trikuspidal tricuspidien, ienne
Trikuspidalinsuffizienz [f.] insuffisance [f.] tricuspidienne
Trikuspidalklappe [f.] valvule [f.] tricuspide
Trikuspidalstenose [f.] rétrécissement [m.] tricuspidien
Triplegie [f.] triplégie [f.]
triploid triploïde
Triploidie [f.] triploïdie [f.]
Tripper [m.] gonorrhée [f.], blenorragie [f.], chaude-pisse [f.]
Trismus [m.] trismus [m.]
Trisomie [f.] trisomie [f.]
Trizephalus [m.] tricéphale [m.]
T.R.K. Technische Richt-Konzentration
Trochanter [m.] trochanter [m.]
major/minor trochanter [m.] (grand/petit)
Trochlea [f.] trochlée [f.]
Trochlea trochléen, éenne
trocken sec, sèche
Trockenheit [f.] sécheresse [f.]
Trokar [m.] trocart [m.]
Trommelfell [n.] tympan [m.]
-perforation [f.] perforation [f.] du tympan
-reflex [m.] triangle [m.] lumineux
Tropen [pl./f.] zone [f.] tropicale
Tropfen [m.] goutte [f.]
Augen-[pl./m.] collyres [pl./m.]
Trophik [f.] trophisme [m.]
trophisch trophique
Trophoblast [m.] trophoblaste [m.]
Trophödem [n.] trophoedème [m.]
Tropismus [m.] tropisme [m.]
trüb trouble, flou(e)
Trübung [f.] opacité [f.], opacification [f.]
Trümmerbruch [m.] fracture [f.] communitive
Truncus [m.] tronc [m.]
-coeliacus tronc [m.] coeliaque
Trypanosoma [n.] trypanosome [m.]
Trypanosomiasis [f.] trypanosomiase [f.]
Trypsin [n.] trypsine [f.]
Trypsinogen [n.] trypsinogène [m.]
Tryptamin [n.] tryptamine [f.]
Tryptophan [n.] tryptophane [m.]
T.S.H. Thyroid Stimulating Hormone
T.S.I. Thyroid Stimulating Immunglobuline
T.S.R. Triceps-Sehnen-Reflex (réflexe tricipital)
T.S.T.A. TumorSpezifische TransplatationsAntigene
T.T. ThromboTest (thrombotest)
Tu Tumor (tumeur)
Tuben tubaire
Tube [f.] trompe [f.]
-ndurchgängigkeit [f.] perméabilité [f.] des trompes
-nkatarrh [m.] eustachite [f.]
-nschwangerschaft [f.] grossesse [f.] tubaire
-ntorsion [f.] torsion [f.] de la trompe
-nverschluß [m.] obstruction [f.] tubaire
Tuber [m.] protubérance [f.], tuberosité [f.]
Tuberkel [n.] tubercule [m.]
Tuberkelknötchen [n.] follicule [m.] tuberculeux
Tuberkulid [n.] tuberculide [f.]
Tuberkulin [n.] tuberculine [f.]
-test [m.] tuberculinodiagnostic [m.]
tuberkulös tuberculeux, euse
Tuberkulom [n.] tuberculome [m.]
Tuberkulose [f.] tuberculose [f.]
Darm-[f.] tuberculose [f.] intestinale
Gelenk-[f.] tuberculose [f.] articulaire
Haut-[f.] tuberculose [f.] cutanée
Lungen-[f.] tuberculose [f.] pulmonaire
Miliar-[f.] tuberculose [f.] miliaire
-hauttest [m.] cuti [m.]
Tuberkulum [n.] tubercule [m.]
tuberös tubéreux, euse
Tuberositas [f.] tubérosité [f.]
Tuboovarialzyste [f.] kyste [m.] tubo-ovarien
tubulär tubulaire
tubulös tubuleux, euse
Tubulonephritis [f.] tubulonéphrite [f.]
Tubulus [m.] tubule [m.]
Tubus [m.] tube [m.]
Tularämie [f.] tularémie [f.]
Tumeszenz [f.] tumescence [f.]
Tumor [m.] tumeur [f.]
Glomus-[m.] tumeur [f.] glomique
-antigen antigène [m.] tumoral
-ektomie [f.] tumorectomie [f.]
-marker [m.] marqueur [m.] tumoral
tumorös tumoral, ale
Tunica [f.] tunique [f.]
Tupfer [m.] tampon [m.]
T.U.R. TransUrethrale Resektion eines Prostataadenoms (résection transurétrale de la prostate)
Turgeszenz [f.] turgescence [f.]
Turgor [m.] turgescence [f.]
Turner-Syndrom [n.] syndrome [m.] de Turner
Tutor [m.] tuteur [m.]
Tylosis [f.] tylose [f.]
Tympanektomie [f.] tympanectomie [f.]
Tympanismus [m.] tympanisme [m.]
tympanitisch tympanique

tympanitischer Klopfschall [m.] son [m.] tympanique
Tympanometrie [f.] tympanométrie [f.]
Tympanophonie [f.] autophonie [f.]
Tympanoplastik [f.] tympanoplastie [f.]
Tympanosklerose [f.] tympanosclérose [f.]
Tympanotomie [f.] tympanotomie [f.]
Tympanum [n.] tympan [m.]
Typhlotomie [f.] typhlotomie [f.]
typhös typhique
typhoid thyphoïde
Typhus typhique
Typhus [m.] typhus [m.], fièvre [f.] typhoïde
- **abdominalis** typhus [m.] abdominal
- **exanthemicus** typhus [m.] exanthémique
- **pneumonie [f.]** fièvre [f.] pneumotyphoïde

Typus [m.] type [m.]
Tyrosin [n.] tyrosine [f.]
-ämie [f.] tyrosinémie [f.]
Tysonitis [f.] tysonite [f.]

U

U. 1. Uran (uranium U), 2. Unit (unité U)
U.D.P. Uridin-DiPhosphat
übel sein avoir mal au coeur, se sentir mal
Übelkeit [f.] envie [f.] de vomir, nausées [pl./f.]
Überaktivität [f.] hyperactivité [f.]
Überarbeitung [f.] surmenage [m.]
Überbein [n.] exostose [f.]
überbelasten surcharger
Überbelastung [f.] surcharge [f.]
Überbrückung [f.] pontage [m.]
Überdehnung [f.] surdistension [f.]
überdosieren surdoser
Überdosierung [f.] surdosage [m.]
Überdosis [f.] surdose [f.]
Überdruck [m.] surpression [f.]
überempfindlich hypersensible;hypersensitif, ive
Überempfindlichkeit [f.] hypersensibilité [f.]
überernähren suralimenter
Überernährung [f.] suralimentation [f.]
übererregbar surexitable
Übererregbarkeit [f.] surexitabilité [f.]
Übererregung [f.] surexitation [f.]
Überfunktion [f.] hyperfonctionnement [m.], suractivité [f.]
Übergangs transitoire
übergeben (sich ...) vomir
übergeordnet sus-jacent, ente
Übergewicht [n.] surpoids [m.]
Über-Ich [n.] sur-moi [m.]
überlagern superposer, chevaucher
Überlagerung [f.] chevauchement [m.], superposition [f.]
überlasten surcharger
Überlastung [f.] surcharge [f.]
Überleitung [f.] conduction [f.]
-sstörung [f.] trouble [m.] de conduction
-szeit [f.] temps [m.] de conduction

Übernahme [f.] (eines Patienten) prise [f.] en charge (d'un malade)
übersättigen sursaturer
Übersättigung [f.] sursaturation [f.]
Überschuß [m.] excès [m.]
Überschwenglichkeit [f.] exaltation [f.]
übertragen transférer, transmettre
Überträger [m.] vecteur [m.]
Übertragung [f.] transfert [m.], transmission [f.]
U.E.T. UrinExkretionsTest
U.K. Ureterkatheter (cathéter urétéral)
U.K.G. Ultraschall-Kardio-Graphie
Ulcus [n.] oder Ulkus [n.] ulcère [m.]
Magen-Darm-[n.] ulcère [m.] gastro-duodénal
-nische [f.] niche [f.] d'un ulcère
-perforation [f.] perforation [f.] d'un ulcère
- **duodeni** ulcère [m.] duodénal
- **molle** chancre [m.] mou
- **serpens** ulcère [m.] serpigineux
- **terebrans** ulcère [m.] térébrant
- **ventriculi** ulcère [m.] gastrique

Ulerythem [n.] ulérythème [m.]
Ulerythema [n.] sycosiforme sycosis [m.] lupoïde
Ulna [f.] cubitus [m.]
ulnar cubital, ale
Ultrafiltration [f.] ultrafiltration [f.]
Ultrakurzwelle [f.] onde [f.] ultra-courte
Ultramikroskopie [f.] ultramicroscopie [f.]
Ultraschall [m.] ultrason [m.]
-(Untersuchung) échographie [f.]
-behandlung [f.] traitement [m.] par ultrasons
Ultraviolettstrahlung [f.] rayonnement [m.] ultraviolet
Ulzeration [f.] ulcération [f.]
ulzerieren ulcérer
ulzerös ulcéreux, euse
Umbauzone [f.] zone [f.] de reconstitution
Umfang [m.] périmètre [m.]
umkippen basculer
U.M.P. Uridin-Mono-Phosphat
Umschlag [m.] compresse [f.]
Umstechung [f.] suture [f.] circulaire
Umstellung [f.] conversion [f.]
Unbewußte [n.] inconscience [f.]

unbewußt inconscient, iente
unempfindlich insensible
Unempfindlichkeit [f.] insensibilité [f.]
Unfähigkeit [f.] incapacité [f.]
Unfall [m.] accident [m.]
Arbeits-[m.] accident [m.] du travail
Verkehrs-[m.] accident [m.] de la circulation
-versicherung [f.] assurance-accidents [f.]
unfruchtbar stéril, e
Unfruchtbarkeit [f.] stérilité [f.]
ungesättigt non saturé, ée
ungeschickt maladroit, maladroite
ungestielt sessile
Ungleichgewicht [n.] déséquilibre [m.]
unheilbar incurable
unilateral unilatéral, ale
unipolar unipolaire
Universalempfänger [m.] receveur [m.] universel
Universalspender [m.] donneur [m.] universel
Universitätsklinik [f.] centre [m.] hospitalo-universitaire
unkovertebral uncovertébral, ale
unlöslich insoluble
unregelmäßig irregulier
Unregelmäßigkeit [f.] irrégularité [f.]
unreif immature
Unreife [f.] immaturité [f.]
unspezifisch non spécifique
Unterarm [m.] avant-bras [m.]
unterbewußt subconscient, iente
Unterbewußtsein [n.] subconscience [f.]
unterernähren sous-alimenter
Unterernährung [f.] dénutrition [f.], sous-alimentation [f.]
Unterfunktion [f.] hypofonctionnement [m.], sousactivité [f.]
untergeordnet sous-jacent, ente
Unterhaltung [f.] entretien [m.]
Unterhautfettgewebe [n.] panicule [m.] adipeux souscutané
Unterkiefer [m.] mâchoire [f.] inférieure, mandibule [f.]
-drüse [f.] glande [f.] sousmaxillaire
Unterleib [m.] bas-ventre [m.]
-sschmerz [m.] douleur [f.] au bas ventre
Unterlippe [f.] lèvre [f.] supérieure
Unterschenkel [m.] jambe [f.]
-ödem [n.] oedème [m.] des membres inférieurs
untersuchen analyser, examiner, ausculter, explorer
Untersucher [m.] examinateur [m.]
Untersuchung [f.] analyse [f.], examen [m.], exploration [f.]
unverträglich incompatible
Unverträglichkeit [f.] incompatibilité [f.], intolérance [f.]
unwillkürlich involontaire
Unwohlsein [n.] malaise [f.]
Unzurechnungsfähigkeit [f.] irresponsabilité [f.]
U.O.S Unterer Oesophagus-Spinkter
Urämie [f.] urémie [f.]
urämisch urémique
Uranoplastik [f.] uranoplastie [f.]
Uranoschisis [f.] uranoschisis [f.]
Urat [n.] urate [m.]
-stein [m.] lithiase [f.] urique
Urease [f.] uréase [f.]
Ureter urétéral, ale
Ureter [m.] uretère [m.]
-ektasie [f.] urétérectasie [f.]
-ektomie [f.] urétérectomie [f.]
-enplastik [f.] urétéroplastie [f.]
-fistel [f.] fistule [f.] urétérale
-itis [f.] urétérite [f.]
-oenterostomie [f.] urétéro-entérostomie [f.]
-ographie [f.] urétérographie [f.]
-olithiasis [f.] urétérolithiase [f.]
-olithotomie [f.] urétérolithotomie [f.]
-olyse [f.] urétérolyse [f.]
-okolostomie [f.] urétérocolostomie [f.]
-onephrektomie [f.] urétéro-néphrectomie [f.]
-opyelographie [f.] urétéro-pyélographie [f.]
-opyeloneostomie [f.] urétéro-pyélonéostomie [f.]
-opyelostomie [f.] urétéropyélostomie [f.]
-ostomie [f.] urétérostomie [f.]
-otomie [f.] urétérotomie [f.]
-oureterostomie [f.] urétéro-urétérostomie [f.]
-ovaginalfistel [f.] fistule [f.] urétéro-vaginale
-ozele [f.] urétérocèle [f.]
-ozystoneostomie [f.] urétérocystonéostomie [f.]
-ozystostomie [f.] urétérocystostomie [f.]
-plastik [f.] urétéroplastie [f.]
-stein [m.] calcul [m.] de l'uretère
-stenose [f.] urétérosténose [f.]
Urethra [f.] urètre [m.]
Urethralklappe [f.] valvule [f.] uréthrale
Urethrastenose [f.] urétrosténose [f.]
Urethrektomie [f.] urétrectomie [f.]
Urethritis [f.] urétrite [f.]
Urethrocystographie [f.] urétro-cystographie [f.]
Urethrographie [f.] urétrographie [f.]
Miktions-[f.] urétrographie [f.] mictionnelle
Urethroplastik [f.] urétroplastie [f.]

Urethroskop [n.] urétroscope [m.]
Urethroskopie [f.] urétroscopie [f.]
Urethrospasmus [m.] urétrospasme [m.]
Urethrostomie [f.] urétrostomie [f.]
Urethrotomie [f.] urétrotomie [f.]
Urethrovaginalfistel [f.] fistule [f.] urétro-vaginale
Urethrozele [f.] urétrocèle [f.]
Urhidrose [f.] uridrose [f.]
Uricult [m.] examen [m.] cyto-bactériologique urinaire
Uridin [n.] uridine [f.]
Urikämie [f.] uricémie [f.]
Urin urinaire
Urin [m.] urine [f.]
-menge [f.] débit [m.] urinaire
-sediment [n.] sédiment [m.] urinaire
-verhalt [m.] rétention [f.] urinaire
Urobilin [n.] urobiline [f.]
Urobilinogen [n.] urobilinogène [m.]
-ämie [f.] urobilinogénémie [f.]
-urie [f.] urobilinogénurie [f.]
Urobilinurie [f.] urobilinurie [f.]
Urochrom [n.] urochrome [m.]
urogenital uro-génital, ale
Urographie [f.] urographie [f.]
Ausscheidungs-[f.] urographie [f.] d'élimination
intravenöse- [f.] urographie [f.] intraveineuse
retrograde- [f.] urographie [f.] rétrograde
Urokinase [f.] urokinase [f.]
Urolithiasis [f.] urolithiase [f.]
Urologe [m.] urologue [m.]
Urologie [f.] urologie [f.]
urologisch urologique
Urometer [n.] uromètre [m.]
Uropoese [f.] uropoïèse [f.]
Uroporphyrin [n.] uroporphyrine [f.]
-urie [f.] uroporphyrinurie [f.]
Urreflex [m.] réflexe [m.] archaïque
Ursprungskern [m.] noyau [m.] d'origine
Urtikaria [f.] urticaire [f.]
U.S. UltraSchall (ultra-son US)
uterin utérin, ine
Uterographie [f.] utérographie [f.]
uteroplazentar utéro-placentaire
uterovaginal utéro-vaginal, ale
Uterovaginalfistel [f.] fistule [f.] utéro-vaginale
Uterovesikalfistel [f.] fistule [f.] utéro-vésicale
Uterus utérin, ine
Uterus [m.] utérus [m.]
-atonie [f.] atonie [f.] utérine
- bicornis utérus [m.] bicorne
-blutung [f.] hémorragie [f.] utérine
- didelphys utérus [m.] didelphe
-halsklaffen [n.] béance [f.] du col utérin
-hypoplasie [f.] hypoplasie [f.] utérine
-myom [n.] myome [m.] utérin
-plastik [f.] utéroplastie [f.]
-ruptur [f.] rupture [f.] de l'utérus
-Scheidenvorfall [m.] prolapsus [m.] utéro-vaginal
- septus utérus [m.] biloculaire
-umstülpung [f.] rétroversion [f.] de l'utérus
Utriculus [m.] utricule [m.]
U.V. UltraViolett (ultraviolet UV)
Uvea [f.] uvée [f.]
Uvealstaphylom [n.] staphylome [m.] uvéal
Uveitis [f.] uvéite [f.]
Uvula [f.] luette [f.], uvula [f.]
- fissa luette [f.] bifide
uvulär uvulaire
Uvulektomie [f.] uvulectomie [f.]
Uvulotomie [f.] uvulotomie [f.]

V

V 1. Vena (veine), 2. Volt (volt)
vagal vagal, ale
Vagina [f.] vagin [m.]
vaginal vaginal, ale
Vaginalabstrich [m.] frottis [m.] vaginal
Vaginaluntersuchung [f.] toucher [m.] vaginal
Vaginismus [m.] vaginisme [m.]
Vaginitis [f.] vaginite [f.]
- verrucosa vaginite [f.] granuleuse contagieuse
Vagolytikum [n.] vagolytique [m.]
vagolytisch vagolytique
Vagotomie [f.] vagotomie [f.]
selektive- [f.] vagotomie [f.] sélective
trunkuläre- [f.] vagotomie [f.] tronculaire
Vagotonie [f.] vagotonie [f.]
vagotonisch vagotonique
vagotrop vagotrope
Vagus [m.] nerf [m.] vague, nerf [m.] pneumogastrique
Vakuole [f.] vacuole [f.]
Vakuumextraktion [f.] ventouse [f.] obstétricale
Vakzination [f.] vaccination [f.]
Vakzine [f.] vaccin [m.]
Vakzine-Therapie [f.] vaccinothérapie
Valenz [f.] valence [f.]
Valgisierung [f.] valgisation [f.]
valgus valgus
Valsalva-Versuch [m.] épreuve [f.] de Valsalva
Valvula [f.] valvule [f.]
valvulär valvulaire
Valvulektomie [f.] valvulectomie [f.]

Valvuloplastik [f.] valvuloplastie [f.]
Valvulotomie [f.] valvulotomie [f.]
Vanillinmandelsäure [f.] acide [m.] vanillyl-mandélique
Variabilität [f.] variabilité [f.]
varikös variqueux, euse
Varikosität [f.] varicosité [f.]
Varikozele [f.] varicocèle [f.]
Variola [f.] variole [f.]
 - confluens variole [f.] confluente
 - nigra variole [f.] noire
 - verrucosa variole [f.] verruqueuse
Varize [f.] varice [f.]
 Besenreiser-[f.] varicosité [f.] capillaire
Varizellen [pl./f.] varicelles [pl./f.]
Varizenentfernung [f.] varicectomie [f.]
varus varus
Vasektomie [f.] vasectomie [f.]
Vaseline [f.] vaseline [f.]
vaskulär vasculaire
Vaskularisation [f.] vascularisation [f.]
vaskularisiert vascularisé, ée
Vaskulitis [f.] vasculite [f.]
Vasodilatation [f.] vasodilatation [f.]
Vasodilatator [m.] vasodilatateur [m.]
Vasographie [f.] vasographie [f.]
Vasokonstriktion [f.] vasoconstriction [f.]
Vasokonstriktor [m.] vasoconstricteur [m.]
Vasomotorik [f.] vasomotricité [f.]
vasomotorisch vasomoteur, trice
Vasoplegie [f.] vasoplégie [f.]
Vasopressin [n.] vasopressine [f.]
Vasopressor [m.] vasopresseur [m.]
vasopressorisch vasopresseur
Vasospasmus [m.] vasospasme [m.]
Vasotomie [f.] vasotomie [f.]
Vasotonie [f.] vasotonie [f.]
vasotonisch vasotonique
Vasovagal-Syndrome [n.] syndrome [m.] vaso-vagal
Vaso-Vesikulographie [f.] vaso-vésiculographie [f.]
V.D.R.L Veneral Disease Research Laboratory
V.E.E.-Virus Venezuela-Equine-Encephalitis Virus
Vegetarier [m.] végétarien, ienne [m., f.]
vegetarisch végétarien, ienne
Vegetarismus [m.] végétarisme [m.]
vegetativ végétatif, ive
Veitstanz [m.] danse [f.] de Saint-Guy
Vektor [m.] vecteur [m.]
 Herz-[m.] vecteur [m.] cardiaque
 -kardiogramm [n.] vectocardiogramme [m.]
 -kardiographie [f.] vectocardiographie [f.]
Vena [f.] veine [f.]
 - cava inferior veine [f.] cave inférieure
 - cava superior veine [f.] cave supérieure
 - centralis retina veine [f.] centrale de la rétine
 -femoralis veine [f.] fémorale
 - iliaca communis veine [f.] iliaque primitive
 - iliaca externa veine [f.] iliaque externe
 - iliaca interna veine [f.] iliaque interne
 - jugularis externa veine [f.] jugulaire externe
 - jugularis interna veine [f.] jugulaire interne
 - lienalis veine [f.] splénique
 - ophtalmica veine [f.] ophtalmique
 - portae veine [f.] porte
 - subclavia veine [f.] sous-clavière
Vene [f.] veine [f.]
 Pulmonal-[f.] veine [f.] pulmonaire
Venektasie [f.] veinectasie [f.]
Venendruck [m.] pression [f.] veineuse
 zentraler- [m.] pression [f.] veineuse centrale
Venenentzündung [f.] phlébite [f.]
Venenfibrose [f.] fibrose [f.] veineuse
Venenklappe [f.] valvule [f.] veineuse
Venenplastik [f.] phléboplastie [f.]
Venenpunktion [f.] ponction [f.] veineuse
Venenstauung [f.] stase [f.] veineuse
Venenverödung [f.] phlébosclérose [f.]
venerisch vénérien, ienne
Venerologie [f.] vénéréologie [f.]
Venole [f.] veinule [f.]
venös veineux, euse
Ventil [n.] valve [f.]
Ventilation [f.] ventilation [f.]
 alveoläre- ventilation [f.] alvéolaire
Ventilationsstörung [f.] trouble [m.] ventilatoire
 obstruktive- [f.] trouble [m.] ventilatoire obstructif
 restriktive- [f.] trouble [m.] ventilatoire restrictif
ventral ventral, ale
Ventrikel [m.] ventricule [m.]
 Herz-[m.] ventricule [m.] cardiaque
 Hirn-[m.] ventricule [m.] cérébral
 -drainage [f.] drainage [m.] ventriculaire
 -druck [m.] pression [f.] ventriculaire
 -septumdefekt [m.] (VSD) communication [f.] interventriculaire
ventrikulär ventriculaire
Ventrikulogramm [n.] ventriculogramme [m.]

Ventrikulographie [f.] ventriculographie [f.]
Ventrikulozisternostomie [f.] ventriculo-cisternostomie [f.]
Venula [f.] veinule [f.]
Verabreichung [f.] administration [f.]
Veränderung [f.] changement [m.], modification [f.]
verarzten soigner
verbal verbal, ale
Verband [m.] pansement [m.]
-sstoff [m.] gaze [f.] de pansement
-szeug [n.] trousse [f.] de pansement
verbinden (eine Wunde ...) panser (... une plaie)
verbluten mourir d'une hémorragie
Verbrauchskoagulopathie [f.] coagulopathie [f.] de consommation
verbrennen (sich ...) brûler (se ...)
Verbrennung [f.] brûlure [f.]
verdauen digérer
verdaulich digestible
Verdauungs digestif, ive
Verdauung [f.] digestion [f.]
-sapparat [m.] apparail [m.] digestif
-sorgan [n.] organe [m.] digestif
-sstörung [f.] indigestion [f.], trouble [m.] de la digestion
-strakt [m.] tube [m.] digestif
verdichten condenser
Verdichtung [f.] condensation [f.], opacité [f.]
verdicken épaissir
Verdickung [f.] épaississement [m.]
verdrängen déplacer
-(psychologisch) refouler
Verdrängung [f.] répression [f.], refoulement [m.], déplacement [m.]
verdrehen tordre, contourner
Verdrehung [f.] torsion [f.], entorse [f.]
verdünnen diluer
Verdünnung [f.] dilution [f.]
verengen rétrécir
Verengung [f.] rétrécissement [m.]
vererben (eine Krankheit ...) transmettre (... une maladie)
vererbt héréditaire
Vererbung [f.] hérédité [f.]
Verfall [m.] déchéance [f.]
verfetten dégénérer en graisse
Verfettung [f.] dégénération [f.] graisseuse
verflüssigen liquéfier
Verflüssigung [f.] liquéfaction [f.]
Verfolgungswahn [m.] délire [m.] de persécution
Vergessen [n.] oubli [m.]
vergeßlich oublieux, euse; distrait, aite
vergiften empoisonner, intoxiquer
Vergiftung [f.] empoisonnement [m.], intoxication [f.]
Lebensmittel- intoxication [f.] alimentaire
Verhalt [m.] (z.B. Urin) rétention [f.] (ex.: urine)
verhalten (sich ...) comporter (se ...)
Verhalten [n.] comportement [m.]
-störung [f.] trouble [m.] du comportement
Verhältnis [n.] rapport [m.]
verhärten durcir
Verhärtung [f.] durcissement [m.], induration [f.]
verheiratet marié, ée
Verhornung [f.] cornification [f.]
Verhütung [f.] prévention [f.], prophylaxie [f.]
(sexuell) contraception [f.]
-smaßnahme [f.] mesure [f.] préventive
verkalken (sich ...) calcifier (se ...)
Verkalkung [f.] calcification [f.]
verkäsen caséfier (se ...)
Verkäsung [f.] caséification [f.]
Verkehrsunfall [m.] accident [m.] de la circulation
Verkennung [f.] méconnaissance [f.]
verknöchern ossifier
Verknöcherung [f.] ossification [f.]
verkrampfen crisper
Verkrampfung [f.] crispation [f.]
Verkrümmung [f.] (... der Wirbelsäule) déviation [f.] (... de la colonne vertébrale)
verkrusten incruster
Verkrustung [f.] incrustation [f.]
verkürzen raccourcir
Verkürzung [f.] raccourcissement [m.]
Verlagerung [f.] transposition [f.]
verlängern allonger
Verlangsamung [f.] ralentissement [m.]
verlegen (einen Kranken ...) transférer, transporter (... un malade)
Verlegung [f.] (eines Gefäß) obstruction [f.] (d'un vaisseau)
verletzbar vulnérable
verletzen blesser
Verletzung [f.] lésion [f.], blessure [f.]
Verlust [m.] déperdition [f.], perte [f.]
Blut-[m.] perte [f.] de sang
Vermicidum [n.] vermicide [m.]
vermiformis vermiforme
Vermifugum [n.] vermifuge [m.]
vernarben cicatriser
Vernarbung [f.] cicatrisation [f.]
Vernichtungsangst [f.] angoisse [f.] d'anéantissement
Vernix [f.] caseosa vernix [f.] caseosa
verpflanzen transplanter
Verpflanzung [f.] greffe [f.], transplantation [f.]

autoplastische- **[f.]** greffe [f.] autoplastique
autologe- **[f.]** greffe [f.] autologue
heteroplastische- **[f.]** greffe [f.] hétéroplastique [f.]
heterologe- **[f.]** greffe [f.] hétérologue
verrenken déboîter, disloquer, luxer
Verrenkung **[f.]** déboîtement [m.], luxation [f.], dislocation [f.]
Verriegelung **[f.]** verrouillage [m.]
Verriegelungsnagel **[m.],** **zentro-medulärer-** clou [m.] centro-médullaire à verrouillage
Verruca **[f.]** verrue [f.]
- plantaris verrue [f.] plantaire
verrukös verruqueux, euse
Verrukosität **[f.]** verrucosité [f.]
verschattet opaque
verschieben, verlagern décaler, déplacer
Verschiebung **[f.]** **(Hirnteile)** engagement [m.] (cerveau)
verschlechtern **(sich ...)** aggraver (s' ...), détériorer (se ...)
Verschlechterung **[f.]** aggravation [f.], détéorisation [f.]
Verschleierung **[f.]** image [m.] floue
verschleimen engorger
Verschleimung **[f.]** engorgement [m.]
Verschluß **[m.]** occlusion [f.], obstruction [f.]
-ikterus **[m.]** ictère [m.] par obstruction
Verschraubung **[f.]** vissage [m.]
verschreiben ordonner, préscrire
versorgen **(Gefäß)** irriguer (vaisseau)
Verspannung **[f.]** haubannage [f.]
Verständnis **[f.]** compréhension [f.]
verstärken amplifier
verstaucht foulé
Verstauchung **[f.]** distorsion [f.], entorse [f.]
verstehen comprendre
Versteifung **[f.]** enraidissement [m.]
verstopfen boucher, colmater
verstopft sein être constipé, ée
Verstopfung **[f.]** colmatage [f.]
- (des Darms) constipation [f.]
- (der Nasennebenhöhlen) encombrement [m.]
Verstümmelung **[f.]** mutilation [f.]
Versuch **[m.]** expérience [f.]
Versuchstier **[n.]** animal [m.] expérience
vertebral vertébral, ale
Vertebro-basiläre Insuffizienz **[f.]** insuffisance [f.] vertébro-basilaire
Verteilung **[f.]** distribution [f.]
Vertex **[m.]** vertex [m.]
Vertigo **[f.]** vertigo [m.]
vertikal vertical, ale
Verträglichkeit **[f.]** compatibilité [f.]
Vertrauensarzt **[m.]** médecin [m.] de confiance
Verweilkatheter **[m.]** sonde [f.] à demeure
verwesen putréfier (se ...)
Verwesung **[f.]** putréfaction [f.]
Verwirrtheit **[f.]** confusion [f.]
geistige- **[f.]** confusion [f.] mentale
verwitwet sein être veuf, veuve
verwundbar vulnérable
Verwundbarkeit **[f.]** vulnérabilité [f.]
Verzögerung **[f.]** décélération [f.]
V.E.S. Ventrikuläre Extrasystole (extrasystole ventriculaire ESV)
Vesicula **[f.]** vésicule [f.]
Vesikel **[n.]** vésicule [f.]
vesikoureteral vésico-urétéral, ale
vesikoureteraler Reflux **[m.]** reflux [m.] vésico-urétéral
vesikovaginal vésico-vaginal, ale
Vesikovaginalfistel **[f.]** fistule [f.] vésico-vaginale
vesikulär vésiculaire
Vesikulektomie **[f.]** vésiculectomie [f.]
Vesikulitis **[f.]** vésiculite [f.]
Vesikulographie **[f.]** vésiculographie [f.]
Vesikulotomie **[f.]** vésiculotomie [f.]
vesikulös vésiculeux, euse
vestibulär vestibulaire
Vestibulotomie **[f.]** vestibulotomie [f.]
Vestibulum **[n.]** vestibule [m.]
Vibices **[pl./f.]** vibices [pl./f.]
Vibrationsempfinden **[n.]** sensibilité [f.] vibratoire
Vibrio **[f.]** vibrion [m.]
Vierhügelplatte **[f.]** tubercules [pl./m.] quadrijumeaux
Vierling **[m.]** quadruplé, ée [m., f.]
Viertagefieber **[n.]** fièvre [f.] quarte
vigil vigile
Vigilanz **[f.]** vigilance [f.]
villös villeux, euse
Villosität **[f.]** villosité [f.]
Vinblastin **[n.]** vinblastine [f.]
Vincristin **[n.]** vincristine [f.]
V.I.P. Vasoactive intestinal Polypeptide
viral viral, ale
Virämie **[f.]** virémie [f.]
viril viril, ile
virilisierend virilisant, ante
Virilisierung **[m.]** virilisation [f.]
Virilismus **[m.]** virilisme [m.]
Virilität **[f.]** virilité [f.]
Virion **[n.]** virion [m.]
Viрologe **[m.]** virologiste [m.], virologue [m.]
Virologie **[f.]** virologie [f.]
Virose **[f.]** virose [f.]

Virostatikum [n.] virostatique [m.]
virostatisch virostatique
virulent virulent, ente
Virulenz [f.] virulence [f.]
Virus [n.] virus [m.]
abgeschwächtes- [n.] virus [m.] attenué
Adeno-[n.] adénovirus [m.]
Arbo-[n.] arbovirus [m.]
Echo-[n.] échovirus [m.]
Entero-[n.] entérovirus [m.]
Herpes-[n.] herpèsvirus [m.]
Myxo-[n.] myxovirus [m.]
Polio-[n.] poliovirus [m.]
Rhabdo-[n.] rhabdovirus [m.]
-enzephalitis [f.] encéphalite [f.] virale
-grippe [f.] grippe [f.] virale
-hepatitis [f.] hépatite [f.] virale
-meningitis [f.] meningite [f.] virale
-pneumonie [f.] pneumonie [f.] virale
Viscera [f.] viscère [m.]
Visite [f.] visite [f.]
viskös visqueux, euse
Viskosimeter [n.] viscosimètre [m.]
Viskosität [f.] viscosité [f.]
visuell visuel, elle
Visuell evoziertes Potential [n.] potentiel [m.] évoqué visuel
Visus [m.] vision [f.]
viszeral viscéral, ale
Viszeralempfinden [n.] sens [m.] viscéral
viszerokutan viscéro-cutané, ée
Viszeromegalie [f.] viscéromégalie [f.]
vital vital, ale
Vitalität [f.] vitalité [f.]
Vitalkapazität [f.] capacité [f.] vitale
Vitamin vitaminique
Vitamin [n.] vitamine [f.]
-arm pauvre en vitamines
-mangel [m.] carence [f.] en vitamines
-reich riche en vitamines
-therapie [f.] vitaminothérapie [f.]
Vitiligo [f.] vitiligo [m.]
Vitrektomie [f.] vitrectomie [f.]
Vivisektion [f.] vivisection [f.]
V.K. 1. Variabilitätskoeffizient, 2. VitalKapazität (capacité vitale CV)
V.L.D.L. Very Low Density Lipoproteins
V.M.S. VanillinMandelSäure (acide vanillyl-mandélique AVM)
V.N.S. Vegetatives Nerven-System (système nerveux végétative SNV)
Völlegefühl [n.] sensation [f.] de plénitude
Vokalisation [f.] vocalisation [f.]
vokalisieren vocaliser
Volämie [f.] volémie [f.]
Vollmondgesicht [n.] faciès [m.] lunaire
Volumen volumique
Volumen [n.] volume [m.]
Atem-[n.] volume [m.] respiratoire
Blut-[n.] volume [m.] sanguin
enddiastolisches- [n.] volume [m.] télédiastolique
endsystolisches- [n.] volume [m.] télésystolique
Plasma-[n.] volume [m.] plasmatique
Mittleres korpuskuläres- [n.] volume [m.] globulaire moyen, volume [m.] corpusculaire moyen
Reserve-[n.] volume [m.] de réserve
Residual-[n.] volume [m.] résiduel
voluminös volumineux, euse
Volvulus [m.] volvulus [m.]
Vomer [m.] vomer [m.]
Vomitus [m.] vomissement [m.]
vorausgehend (Symptom) prémonitoire (symptôme)
Vorbestrahlung [f.] irradiation [f.] préopératoire
Vorbeugungsmaßnahme [f.] mesure [f.] préventive
Vorderarm [m.] avant-bras [m.]
vorderer antérieur, eure
Vorderhorn [n.] corne [f.] antérieure
Vorderstrang [m.] cordon [m.] antérieur
Vorderwandinfarkt [m.] infarctus [m.] antérieur du coeur
Vorderwurzel [f.] racine [f.] antérieure
Vorfall [m.] (eines Organs) procidence [f.] (d'un organe), prolapsus [m.]
Vorhaut préputial, ale
Vorhaut [f.] prépuce [m.]
-drüse [f.] glande [f.] préputiale
Vorhof auriculaire
Vorhof [m.] oreillette [f.], auricule [f.]
-flattern [n.] flutter [f.] auriculaire
-flimmern [n.] fibrillation [f.] auriculaire
-septumdefekt [m.] communication [f.] interauriculaire
-tachykardie [f.], paroxysmale tachycardie [f.] auriculaire paroxystique
Vorstehen [n.] der Zähne protusion [f.] des dents
Vortex [m.] vortex [m.]
vorübergehend transitoire
vorzeitig précoce
vorzeitige Placentalösung [f.] décollement [m.] prématuré du placenta normalement inséré
vorzeitiger Samenerguß [m.] éjaculation [f.] précoce
Voussure [f.] voussure [f.]
Voyeurismus [m.] voyeurisme [m.]
V.S.D. VentrikelSeptum-Defekt (communivation inter-ventriculaire CIV)
V.T. Ventrikuläre Tachykardie (tachycardie ventriculaire TV)
vulnerabel vulnérable
Vulnerabilität [f.] vulnérabilité [f.]
Vulva vulvaire
Vulva [f.] vulve [f.]

Vulvitis [f.] vulvite [f.]
Vulvovaginitis [f.] vulvo-vaginite [f.]
V.W.I. VorderWandInfarkt (infarctus antérieur du coeur)
V.Z.I. VorZeitigkeitsIndex
V.Z.V. Varizellen-Zoster-Virus

W

Wacheffekt [m.] effet [m.] de réveil
Wachsamkeit [f.] vigilance [f.]
Wachstum [n.] croissance [f.]
-sfuge [f.] ligne [f.] de croissance
-shemmung [f.] inhibition [f.] de croissance
-sstörung [f.] trouble [m.] de croissance
Wachzustand [m.] état [m.] de veille
Wade [f.] mollet [m.]
Wadenbein [n.] péroné [m.]
Wadenkrampf [m.] crampe [f.] des muscles du mollet
Wärme [f.] chaleur [f.]
-intoleranz [f.] intolérance [f.] à la chaleur
-koagulation [f.] thermocoagulation [f.]
-verlust [m.] déperdition [f.] de chaleur
Wahn [m.] folie [f.]
Wahnanfall [m.] bouffée [f.] délirante
Wahnidee [f.], depressive délire [m.] mélancolique
Wahnsinn [m.] folie [f.]
religiöser- [m.] folie [f.] mystique
wahnsinnig fou/folle;aliéné, ée
Wahnvorstellung [f.] illusion [f.], hallucination [f.]
wahrnehmbar perceptible
Wahrnehmbarkeit [f.] perceptivité [f.]
wahrnehmen percevoir
Wahrnehmung [f.] perception [f.]
Waise [m.] orphelin [m.]
Waldeyer'scher Rachenring [m.] cercle [m.] de Waldeyer
Wanderherz [n.] coeur [m.] mobile
Wandermilz [f.] rate [f.] flottante
Wanderniere [f.] rein [m.] mobile
Wange [f.] joue [f.]
wankelmütig versatile
Wankelmütigkeit [f.] instabilité [f.] de l'humeur
Wa.R. Wassermann-Reaktion (réaction de Wassermann BW)
warm chaud, e
Wartezimmer [n.] salle [f.] d'attente
Warze [f.] verrue [f.]
Alters-[f.] verrue [f.] sénile
Brust-[f.] mamelon [m.]
Faden-[f.] verrue [f.] filiforme
Flach-[f.] verrue [f.] plane
Fleisch-[f.] verrue [f.] charnue
Warzenhof [m.] aréole [f.]
Warzennaevus [m.] naevus [m.] verruquex
warzig verruqeux, euse
waschen (sich ...) laver (se ...)
Wash-out [n.] rinçage [m.] pyélocaliciel
Wasser [n.] eau [f.]
- lassen uriner
-bilanz [f.] bilan [m.] hydrique
-bläschen [n.] phlyctène [f.]
-haushalt [m.] métabolisme [m.] de l'eau
-kopf [m.] hydrocéphalie [f.]
-löslich hydrosoluble
-stoffperoxyd [n.] eau [f.] oxygénée
-verlust [m.] déperdition [f.] d'eau
Watschelgang [m.] démarche [f.] en canard
WBS Wirbelsäule (colonne vertébrale)
Wechselbad [n.] bain [m.] alterné
Wechselfieber [n.] fièvre [f.] intermittente
Wechseljahre [pl./n.] ménopause [f.]
Wechselwirkung [f.] interaction [f.]
WEE-Virus Western-Equine-Encephalitis-Virus
wegschneiden couper
Wehe [f.] travail [m.]
Weiblichkeit [f.] féminité [f.]
weich souple;mou/molle
Weichheit [f.] souplesse [f.]
Weichteil [n.] partie [f.] molle, tissu [m.] mou
-tumor [m.] tumeur [f.] des parties molles
Weinkrampf [m.] crise [f.] de larme
Weisheitszahn [m.] dent [f.] de sagesse
Weißfleckenkrankheit [f.] vitiligo [m.]
weitsichtig hypermétrope
alters presbyte
Weitsichtigkeit [f.] hypermétropie [f.]
Weitwinkelglaukom [n.] glaucome [m.] à l'angle ouvert
Welle [f.] onde [f.]
P- [f.] onde [f.] P
T- [f.] onde [f.] T
U- [f.] onde [f.] U
Welt-Gesundheits-Organisation [f.] Organisation [f.] Mondiale de la Santé
Wernicke-Aphasie [f.] aphasie [f.] de Wernicke
Wernicke-Enzephalopathie [f.] encéphalopathie [f.] de Wernicke
W.F.R. Weil-Felix-Reaktion (réation de Weil-Félix)
W.H. WachstumsHormon
W.H.O. World Health Organisation (Organisation Mondiale de la Santé OMS)
Widerstand [m.] résistance [f.]
peripherer- résistance [f.] périphérique
wiederbelebbar réanimable
wiederbeleben réanimer

Wiederbelebung [f.] réanimation [f.]
Wiedereinpflanzung [f.] réimplantation [f.]
wiedereinrenken réduire
Wiedereinrenkung [f.] (eines Gelenks) réduction [f.] (d'une articulation)
wiedererkennen reconnaitre
Wiedererkennung [f.] reconnaissance [f.]
Wiederherstellung [f.] reconstitution [f.], rétablissement [m.]
Wiederherstellungschirurgie [f.] chirurgie [f.] plastique
Wiederholungszwang [m.] compulsion [f.] de répétition
Wiederimpfung [f.] revaccination [f.]
Wiederstandsfähigkeit [f.] résistance [f.], robustesse [f.]
Wimper [f.] cil [m.]
Windelekzem [n.] érythème [m.] fessier
winden tortiller
Windpocken [pl./f.] varicelles [pl./f.]
Windung [f.] (Gehirn) circonvolution [f.] (cerveau)
Winkel [m.] angle [m.]
-verschlußglaukom [n .] glaucome [m.] à l'angle fermé
Wirbel [m.] vertèbre [f.]
-bogen [m.] arc [m.] vertébral
-fraktur [f.] fracture [f.] vertébrale
-kanal [m.] canal [m.] rachidien
-körper [m.] corps [m.] vertébral
-körperkompression [f.] compression [f.] vertébrale
-körperluxation [f.] luxation [f.] vertébrale
-säule [f.] colonne [f.] vertébrale
wirksam efficace
Wirksamkeit [f.] efficacité [f.], activité [f.]
relative biologische [f.] efficacité [f.] biologique relative
Wirkung [f.] effet [m.], action [f.]
-sdosis [f.] dose [f.] efficace
-sort [m.] lieu [m.] d'action
-sspektrum [n.] spectre [m.] d'activité
-sweise [f.] mode [f.] d'action
Wirsung-Gang [m.] canal [m.] de Wirsung
Wirsungographie [f.] wirsungographie [f.]
Wirt [m.] hôte [m.]
End-[m.] hôte [m.] définitif
Zwischen-[m.] hôte [m.] intermediare
WK Wirbelkörper (corps vertébral)
Wöchnerin [f.] accouchée [f.]
Wohlsein [n.], -befinden [n.] bien-être [m.]
Wolfsrachen [m.] gueule-de-loup [f.]
W.P.W. Wolff-Parkinson-White-Syndrom
WS Wirbelsäule (colonne vertébrale)
wuchern excroître, proliférer
Wucherung [f.] excroissance [f.], prolifération [f.], végétations [pl./f.]
Würgen [n.] vomissement [m.] à sec
Würgreflex [m.] réflexe [m.] pharyngé
Wulst [f.] renflement [m.]
wund écorché(e), excorié(e)
-reiben écorcher
sich -liegen s'excorier
Wundausschneidung [f.] parage [m.] d'une plaie
Wunde [f.] blessure [f.], plaie [f.]
eine W. auswaschen laver une plaie
Wundeiterung [f.] suppuration [f.] d'une plaie
Wundfieber [n.] fiévre [f.] traumatique
Wundheilung [f.] cicatrisation [f.]
Wundmal [n.] stigmate [m.]
Wundnaht [f.] suture [f.]
Wundrand [m.] lèvre [f.] d'une plaie
Wundreinigung [f.] désinfection [f.] de la plaie
Wundrevision [f.] parage [m.] d'une plaie
Wundrose [f.] érysipèle [m.]
Wundstar [m.] cataracte [f.] traumatique
Wundstarrkrampf [m.] tétanos [m.]
Wurm [m.] ver [m.]
wurmartig vermiforme
wurmförmig vermiculaire
Wurmmittel [n.] vermicide [m.], vermifuge [m.]
Wurzel racinien, ienne
Wurzel [f.] racine [f.]
Hinter-[f.] racine [f.] postérieure
Nerven-[f.] racine [f.] nerveuse
Vorder-[f.] racine [f.] antérieure
-behandlung [f.] traitement [m.] de la racine
-neuralgie [f.] radiculalgie [f.]
-syndrom [n.] syndrome [m.] radiculaire
Wut [f.] fureur [f.]
-anfall [m.] accès [m.] de fureur

X

X X-Chromosom (chromosome X)
Xanthelasma [n.] xanthélasma [m.]
Xantin [n.] xantine [f.]
Xantinurie [f.] xantinurie [f.]
xanthochrom xanthochrome
Xanthochromie [f.] xanthochromie [f.]
Xanthodermie [f.] xanthodermie [f.]

Xanthogranulom [n.], juveniles xanthogranulome [m.] juvénile
Xanthom [n.] xanthome [m.]
Xanthomatose [f.] xanthomatose [f.]
xanthomatös xanthomateux, euse
Xanthopsie [f.] xanthopsie [f.]
Xanthosis [f.] xanthose [f.]
X-Bein [n.] genou [m.] en X/valgus
Xe Xenon (xénon Xe)
xenogen xénogène
Xenon [n.] xénon [m.]
Xerodermie [f.] xérodermie [f.]
Xerographie [f.] xérographie [f.]
Xeromammographie [f.] xéromammographie [f.]
Xerophthalmie [f.] xérophtalmie [f.]
Xerosis [f.] xérosis [m.]
Xerostomie [f.] xérostomie [f.]
X-Fuß [m.] pied [m.] bot en abduction
Xiphoid [n.] xiphoïde [m.]
Xylose-Belastungstest [m.] test [m.] au xylose
X-Zehe [f.] hallux [m.] valgus

Y

Y Y-Chromosom (chromosome Y)
Yersinose [f.] yersinose [f.]

Z

Zacke [f.] (EKG) onde [f.] (ECG)
Q- [f.] onde [f.] Q
R- [f.] onde [f.] R
S- [f.] onde [f.] S
Zähneknirschen [n.] grincement [m.] des dents
Zäpfchen [n.] (Gaumen) luette [f.] (palais)
-ödem [n.] oedème [m.] de la luette
-resektion [f.] excision [f.] de la luette
Zäpfchen [n.] (Medikament) suppositoire [m.]
Zahlengedächtnis [n.] mémoire [f.] des chiffres
Zahn [m.] dent [f.]
bleibender- [m.] dent [f.] permanente
Eck-[m.] canine [f.]
Schneide-[m.] incisive [f.]
Weisheits-[m.] dent [f.] de sagesse
Zahnabszeß [m.] abcès [m.] dentaire
Zahnarzt [m.] dentiste [m.]
Zahndurchbruch [m.] éruption [f.] dentaire
Zahnfistel [f.] fistule [f.] dentaire
Zahnfleisch [n.] gencive [f.]
-entzündung [f.] gingivite [f.]
-rand [m.] bord [m.] gingival
-saum [m.] liséré [m.] gingival
-schwund [m.] alatrophie [f.]
Zahnfüllung [f.] plombage [m.]
Zahnkaries [f.] carie [f.] dentaire
Zahnkunde [f.] stomatologie [f.]
Zahnleiste [f.] lame [f.] dentaire
zahnlos édenté, ée
Zahnlücke [f.] brèche [f.]
Zahnmedizin [f.] médecine [f.] dentaire
Zahnpflege [f.] hygiène [f.] dentaire
Zahnpulpa [f.] pulpe [f.] dentaire
Zahnreihe [f.] arcade [f.] dentaire
Zahnschmerzen [pl./m.] mal [m.] aux dents
Zahnstein [m.] tartre [m.] dentaire
Zahnstellungsanomalie [f.] malposition [f.] dentaire
Zahnzange [f.] davier [m.]
Zange [f.] pince [f.]
Zangengeburt [f.] accouchement [m.] au forceps, accouchement [m.] aux fers
Zecke [f.] tique [f.]
-nfieber [n.] fièvre [f.] à tique
Zehe [f.] orteil [m.]
Zehenbeugereflex [m.] réflexe [m.] médioplantaire
Zeichen [n.] signe [m.], symptôme [m.]
Zeifelwahn [m.] folie [f.] de doute
Zeigefinger [m.] index [m.]
Zele [f.] -cèle
Zellatmung [f.] respiration [f.] cellulaire
Zellatypie [f.] atypie [f.] cellulaire
Zelle [f.] cellule [f.]
Nerven-[f.] cellule [f.] nerveuse
Target-[f.] cellule-cible [f.]
zellenförmig celluliforme
Zellgewebe [n.] tissu [m.] cellulaire
Zellkern [m.] noyau [m.] de la cellule
Zellmembran [f.] membrane [f.] cellulaire
Zellmigration [f.] migration [f.] cellulaire
Zellplasma [n.] plasma [m.] cellulaire
zellulär cellulaire
Zellulitis [f.] cellulite [f.]
Zellulose [f.] cellulose [f.]
Zentimeter [m.] centimètre [m.]
Zentraler Venendruck [m.] pression [f.] veineuse centrale
Zentralnervensystem [n.] système [m.] nerveux central
zentrifugieren centrifuger
Zentrifugierung [f.] centrifugation [f.]
Zentromer [n.] centromère [m.]
Zentrum [n.] centre [m.]
motorisches- [n.] centre [m.] moteur
psychomotorisches- [n.] centre [m.] psychomoteur
Zephalhämatom [n.] céphalehématome [m.]
zerbeißen croquer
Zerbrechlichkeit [f.] fragilité [f.]

zerebellar cérébelleux, euse
Zerebellargang [m.] démarche [f.] cérébelleuse
Zerebellum [n.] cervelet [m.]
zerebral cérébral, ale
Zerebralparese [f.], infantile hémiplégie [f.] cérébrale infantile
Zerebromalazie [f.] cérébromalacie [f.]
Zerebrospinalliquor [m.] liquide [m.] céphalorachidien
zerebrovaskuläre Insuffizienz [f.] insuffisance [f.] cérébrovascilaire
zerfasern effilocher
Zerfaserung [f.] (z.B. eines Ligamentes etc.) effilochement [m.] (ex.: d'un ligament etc.)
zerfetzen lacérer
Zerfetzung [f.] lacération [f.]
zerkauen croquer
zerreißen déchirer
Zerreißung [f.] lacération [f.], déchirement [m.] (d'un ligament)
Zerrung [f.] élongation [f.], étirement [m.]
Zerumen [n.] cérumen [m.]
zervikal cervical, ale
Zervikarthrose [f.] cervicarthrose [f.]
Zervikobrachialsyndrom [n.] cervicobrachialgie [f.]
Zervix [f.] col [m.] utérin
  -abstrich [m.] frottis [m.] cervical
  -kanal [m.] cavité [f.] du col utérin
  -karzinom [n.] cancer [m.] du col utérin
  -schleim [m.] glaire [f.] cervicale
Zervizitis [f.] cervicite [f.]
Ziehen [n.] (in den Gliedern) tiraillement [m.] (dans les membres)
ziliare Injektion [f.] injection [f.] ciliaire
Ziliarkörper [m.] corps [m.] ciliaire
Zink [n.] zinc [m.]
Zinkmangel-Syndrom [n.] zincopénie [f.]
Zinksalbe [f.] pommade [f.] à l'oxyde de zinc
zirkulär circulaire
Zirkulation [f.] circulation [f.]
Extrakorporal circulation [f.] extracorporelle
  -sstörungen [pl./f.] troubles [pl./m.] de circulation
zirkulatorisch circulatoire
zirkulieren circuler
Zirkumzision [f.] circoncision [f.]
Zirrhose [f.] cirrhose [f.]
  Alkohol-[f.] cirrhose [f.] alcoolique
  biliäre- [f.] cirrhose [f.] biliaire
zirrhotisch cirrhotique
Zisterne [f.] citerne [f.]
Basal-[f.] citerne [f.] basale
Zisternographie [f.] cisternographie [f.]
Zisternotomie [f.] cisternotomie [f.]
zittern trembler
Zittern [n.] tremblement [m.], trémulation [f.]
Zn Zink (zinc Zn)
ZNS ZentralNervenSystem (système nerveux centrale SNC)
Zökostomie [f.] cæcostomie [f.]
Zökotomie [f.] cæcotomie [f.]
Zökum [n.] cæcum [m.]
Zöliakie [f.] maladie [f.] coeliaque
Zölioskopie [f.] coelioscopie [f.]
Zöruloplasmin [n.] céruléoplasmine [f.]
zonulär zonulaire
Zoonose [f.] zoonose [f.]
Zoopsie [f.] zoopsie [f.]
Zoster [m.] zona [m.]
Zoster zostérien, ienne
Zotte [f.] villosité [f.]
Zottengeschwulst [f.] tumeur [f.] papillaire
zucken tressailler, avoir des mouvements convulsifs
  mit den Augenlidern- clignoter des yeux
  mit den Achsel- hausser les épaules
Zucker [m.] sucre [m.]
  Frucht-[m.] sucre [m.] de fruit
  Milch-[m.] sucre [m.] de lait
  -krankheit [f.] diabète [m.]
Zuckung [f.] convulsion [f.], fasciculation [f.]
faszikuläre [f.] trémulation [f.] fasciculaire
fibrilläre [f.] fibrillation [f.]
Zufluß [m.] afflux [m.]
zuführend afférent, ente
Zug [m.] traction [f.]
Zugang [m.] voie [f.]
  Operations-[m.] voie [f.] d'abord
Zugänglichkeit [f.] accessibilité [f.]
zuheilen cicatriser (se...)
Zunahme [f.] accroisement [m.], augmentation [f.]
Zunge [f.] langue [f.]
  -nbändchen [n.] frein [m.] de la langue
  -nbrennen [n.] langue [f.] rôtie, brûlures [pl./ f.] de la langue
  -nhemiatrophie [f.] hémiatrophie [f.] de la langue
  -nkropf [m.] goitre [m.] sublingual
  -nlähmung [f.] glossoplégie [f.]
  -nspitze [f.] pointe [f.] de la langue, bout [m.] de la langue
Zurückgebliebenheit [f.] retard [m.] mental
Zurückgehen [n.] (z.B. Entzündung) résolution [f.] (ex.: inflammation)
zusammenziehen crisper, contracter
Zustand [m.] état [m.], condition [f.]
  Allgemein-[m.] état [m.] général
  Dämmer-[m.] état [m.] crépusculaire
  Ernährungs- [m.] état [m.] de nutrition

geistiger- [m.] état [m.] psychique
in gutem Z. sein être en bon état [m.]
klinischer- [m.] état [m.] clinique
körperlicher- [m.] état [m.] physique
Traum- [m.] état [m.] onirique
Wach- [m.] état [m.] de veille
Zuwachs [m.] incrément [m.]
ZVD Zentraler Venen-Druck (pression veineuse centrale PVC)
Zwang [m.] contrainte [f.]
-sernährung [f.] gavage [m.]
-sjacke [f.] camisole [f.] de force
-slachen [n.] rire [m.] spasmodique
-sneurose [f.] névrose [f.] d'obsession
-spsychose [f.] démence [f.] obsessionnelle
-svorstellung [f.] obsession [f.]
Zweifelsucht [f.] folie [f.] des doutes
Zweitgebärende [f.] secondipare [f.]
Zwerchfell [n.] diaphragme [m.]
-atmung [f.] respiration [f.] diaphragmatique
-hernie [f.] hernie [f.] diaphragmatique
-hochstand [m.] surélévation [f.] diaphragmatique
-krampf [m.] spasme [m.] du diaphragme
-kuppel [f.] coupole [f.] diaphragmatique
-lähmung [f.] paralysie [f.] du diaphragme
-ruptur [f.] rupture [f.] du diaphragme
-tiefstand [m.] abaissement [m.] du diaphragme
Zwerg [m.] nain [m.]
Zwilling [m.] jumeau [m.]
siamesischer [m.] jumeau [m.] siamois
Zwillingsschwangerschaft [f.] gémellité [f.], grossesse [f.] gémellaire
Zwischenwirt [m.] hôte [m.] intermediaire
Zwitter [m.] hermaphrodite [m.]
Zwölffingerdarm duodénal, ale
Zwölffingerdarm [m.] duodénum [m.]
-geschwür [n.] ulcère [m.] duodenal
Zyanose [f.] cyanose [f.]
zyanotisch cyanotique
Zygote [f.] zygote [m.]
Zyklitis [f.] cyclite [f.]
Zykloplegie [f.] cycloplégie [f.]
Zyklothymie [f.] cyclothymie [f.]
Zyklus [m.] cycle [m.]
anovulatorischer [m.] cycle [m.] anovulatoire
Zylinderepithel [n.] épithélium [m.] cylindrique
Zylindrom [n.] épithélioma [m.] cylindrique
Zylindrurie [f.] cylindrurie [f.]
Zymogramm [n.] zymogramme [m.]
Zystadenom [n.] cystadénome [m.]
Zyste [f.] kyste [m.]
Dermoid- [f.] kyste [m.] dermoïde
Echinokokken- [f.] kyste [m.] hydatique
Epidermis- [f.] kyste [m.] épidermique
Ovar- [f.] kyste [m.] ovarienne
Zystektomie [f.] kystectomie [f.]
Zystendarstellung [f.] (radiologisch) kystographie [f.]
Zystenmyom [n.] fibrome [m.] kystique
Zystin [n.] cystine [f.]
-urie [f.] cystinurie [f.]
zystisch kystique
Zystitis [f.] cystite [f.]
Zystizerkose [f.] cysticercose [f.]
Zystographie [f.] cystographie [f.]
Zystomanometrie [f.] cystomanométrie [f.]
Zystometrie [f.] cystométrie [f.]
Zystopyelonephritis [f.] cysto-pyélo-néphrite [f.]
Zystorrhagie [f.] cystorragie [f.]
Zystoskop [n.] cystoscope [m.]
Zystoskopie [f.] cystoscopie [f.]
Zystostomie [f.] cystostomie [f.]
Zystotomie [f.] cystotomie [f.]
Zystozele [f.] cystocèle [f.]
Zytokinese [f.] cytokinèse [f.]
Zytologie [f.] cytologie [f.]
zytologisch cytologique
Zytolyse [f.] cytolyse [f.]
Zytomegalie [f.] cytomégalie [f.]
Zytopenie [f.] cytopénie [f.]
Zytoplasma [n.] cytoplasme [m.]
Zytostatikum [n.] cytostatique [m.]
Zytostomie [f.] cytostomie [f.]
Zytotoxin [n.] cytotoxine [f.]
zytotoxisch cytotoxique
zytotrop cytotrope

en découvrant
la France...

Auch Ärzte haben ein PRIVATLEBEN

Aus Crasemann: „Warum ausgerechnet Medizin?" 3. Aufl., Jungjohann Verlagsgesellschaft

Paris

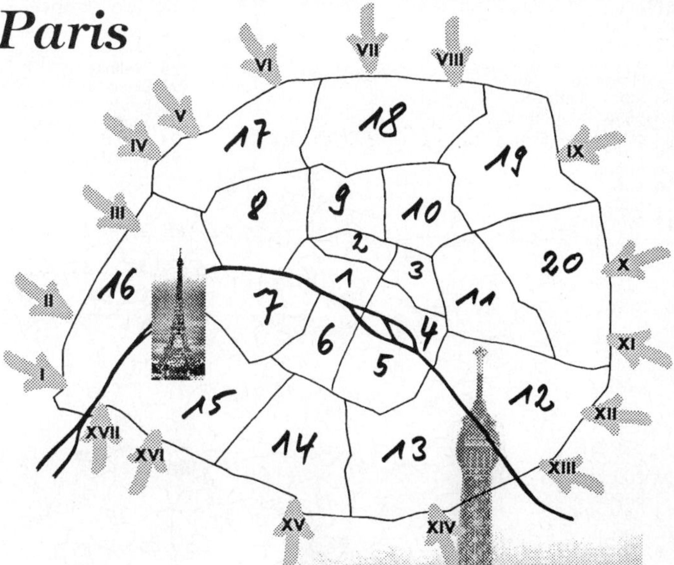

I	Porte de St. Cloud
II	Porte d'Auteuil
III	Porte Dauphine
IV	Porte Maillot
V	Porte Champeret
VI	Porte de Clichy
VII	Porte de Clignancourt
VIII	Porte de la Chapelle
IX	Porte de Pantin
X	Porte de Bagnolet
XI	Porte de Vincennes
XII	Porte de Charenton
XIII	Porte de Bercy
XIV	Porte d'Italie
XV	Porte d'Orléans
XVI	Porte Vanves
XVII	Porte de Versailles
XVIII	Porte de Sèvres

01 Ain
02 Aisne
03 Allier
04 Alpes de Haute-Provence
05 Alpes (Hautes-)
06 Alpes - Maritimes
07 Ardèche
08 Ardennes
09 Ariège
10 Aube
11 Aude
12 Aveyron

Ile - de - France

76 Paris
77 Seine - et - Marne
78 Yvelines
91 Essonne
92 Hauts - de - Seine
93 Seine - St - Denis
94 Val - de - Marne
95 Val - d'Oise

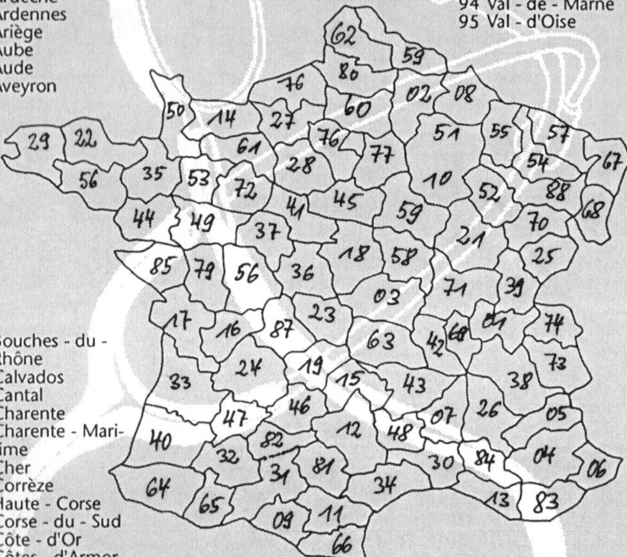

13 Bouches - du - Rhône
14 Calvados
15 Cantal
16 Charente
17 Charente - Maritime
18 Cher
19 Corrèze
20 Haute - Corse
Corse - du - Sud
21 Côte - d'Or
22 Côtes - d'Armor
23 Creuse
24 Dordogne
25 Doubs
26 Drôme
27 Eure
28 Eure - et - Loir
29 Finistère
30 Gard
31 Garonne
32 Gers
33 Gironde
34 Hérault
35 Ille - et - Vilaine
36 Indre
37 Indre - et - Loire
38 Isère
39 Jura
40 Landes
41 Loir - et - Cher
42 Loire
43 Loire (Haute -)
44 Loire - Atlantique
45 Loiret
46 Lot
47 Lot - et - Garonne
48 Lozère

49 Maine - et - Loire
50 Manche
51 Marne
52 Marne (Haute-)
53 Mayenne
54 Meurthe - et - Moselle
55 Meuse
56 Morbihan
57 Moselle
58 Nièvre
59 Nord
60 Oise
61 Orne
62 Pas - de - Calais
63 Puy - de - Dôme
64 Pyrénées - Atlantiques
65 Pyrénées - (Hautes -)
66 Pyrénèes - Orientales
67 Rhin (Bas -)
68 Rhin (Haut -)
69 Rhône

70 Saône (Haute -)
71 Saône - et - Loire
72 Sarthe
73 Savoie
74 Savoie (Haute -)
76 Seine - Maritime
79 Sèvres (Deux-)
80 Somme
81 Tarn
82 Tarn - et - Garonne
83 Var
84 Vaucluse
85 Vendée
86 Vienne
87 Vienne (Haute -)
88 Vosges
89 Yonne
90 Territoire de Belfort

Français – Allemand

A

A.A. Acides aminés (Aminosäuren)
A.A.A. 1. Anévrisme Aortique Abdominal (Bauchaortenaneurysma), 2. Anomalie des Arcs Aortiques (Aortenbogenanomalie), 3. Agnosie Apraxie Aphasie
A.A.A.A. Anémie - Amaigrissement - Asthénie - Anorexie
A.A.D. Anévrisme Aortique Disséquant (Aneurysma dissecans)
A.A.H. Antigène Associé à l'Hépatite
A.A.M. Anticorps AntiMitochondrie (antimitochondrialer Antikörper AMA)
A.A.N. Anticorps Anti-Nucléaire (antinukleärer Antikörper ANA)
A.A.R. Acido-Alcoolo Résistant (Alkohol- Säure-fest)
A.A.S. Acide Acétyl Salicylique (Acetylsalicylsäre ASS)
A.A.V. Anévrisme Artério-Veineux (Arteriovenöses Aneurysma)
A.B. Antibiotique (Antibiotikum)
A.B.0. Groupes sanguins AB0 (Blutgruppe ABO)
abaissement [m.] Senkung [f.]
- **du diaphragme** Zwerchfelltiefstand [m.]

abajoue [f.] Backentasche [f.]
abasie [f.] Abasie [f.]
abcès [m.] Abszeß [m.]
- **de la paroi abdominale** Bauchwandabszeß [m.]
- **dentaire** Zahnabszeß [m.]
- **du foie** Leberabszeß [m.]
- **du sein** Brustabszeß [m.]
- **gazeux** Gasabszeß [m.]
- **migrateur** Senkungsabszeß [m.]
- **ovarien** Ovarialabszeß [m.]
- **péribronchique** peribrochialer Abszeß [m.]
- **périnéphritique** perinephritischer Abszeß [m.]
- **stercoral** Kotabszeß [m.]

abdomen [m.] Abdomen [n.]
- **sans préparation** Abdomenleeraufnahme [f.]

abdominal, ale abdominal
abducteur [m.] Abduktor [m.]
abduction [f.] Abduktion [f.]
aberration [f.] Aberration [f.]
- **chromosomique** Chromosomenaberration [f.]

ablactation [f.] Ablaktation [f.]
ablation [f.] Ablatio [f.]
aboli (un réflexe) aufgehoben (ein Reflex)
abolition [f.] d'un réflexe Aufhebung [f.], Erlöschen [n.] (eines Reflexes)
abortif, ive abortiv
aboulie [f.] Abulie [f.]
A.B.P. Androgen Binding Protein
abrasion [f.] Abrasio [f.]
abrasion [f.] cutanée Dermabrasie [f.]
absence [f.] Absenz [f.]
absorption [f.] Absorption [f.]
abus [m.] Mißbrauch [m.], Abusus [m.]
A.C. Anticorps (Antikörper AK)
acalculie [f.] Akalkulie [f.]
acanthocyte [m.] Akanthozyt [m.]
acanthocytose [f.] Akanthozytose [f.]
acanthose [f.] Akanthose [f.]
A.C. 1. Arythmie Complète (Absolute Arrhythmie), 2. Alcoolisme Chronique (Chronischer Alkoholismus), 3. Arthrite Chronique Juvénile (Juvenile Polyarthritis)
A.C.C. Adénopathies Cervicales Chroniques
accélération [f.] du pouls Pulsbeschleunigung [f.]
accélérine [f.] Akzelerin [n.]
accès [m.] Anfall [m.]
- **de fureur** Wutanfall [m.]
- **de suffocation** Erstikkungsanfall [m.]
- **de toux** Hustenanfall [m.]

accessibilité [f.] Zugänglichkeit [f.]
accident [m.] Unfall [m.]
- **de la circulation** Verkehrsunfall [m.]
- **du travail** Arbeitsunfall [m.]
- **ischémique transitoire** Transischämische Attakke [f.]
- **vasculaire cérébral** Hirndurchblutungsstörung [f.]

accomodation [f.] Akkomodation [f.]
accouchement [m.] Entbindung [f.]
- **au forceps** Zangengeburt [f.]
- **aux fers** Zangengeburt [f.]
- **par le siège** Steißgeburt [f.]
- **précipité** Sturzgeburt [f.]
- **prématuré** vorzeitige Wehen [pl./f.]
- **retardé** Spätgeburt [f.]

accoucher (d'un enfant) gebähren (ein Kind), entbinden
accumulation [f.] Anhäufung [f.]
- **de graisse** Fettablagerung [f.]

accumuler (s') aufstauuen (sich ...), anhäufen (sich ...)
A.C.E. 1. Antigène Carcino Embryonaire (Carcinoembryonales Antigen CEA), 2. Artère Carotidienne Externe (Arteria carotis externa ACE)
acétone [f.] Azeton [n.]
acétonémie [f.] Azetonämie [f.]
acétonurie [f.] Azetonurie [f.]
acétylcholine [f.] Azetylcholin [n.]
A.C.F. Algie Crânio-Céphalique

A.C.G. Angio-CardioGraphie (Angiokardiographie)
A.Ch Acétylcholine
achalasie [f.] Achalasie [f.]
Ac.H.Bc Anticorps H.Bc
Ac.H.Be Anticorps Hbe
Ac.H.Bs Anticorps H.Bs
achlorhydrie [f.] Achlorhydrie [f.]
acholie [f.] Acholie [f.]
achondroplasie [f.] Achondroplasie [f.]
achromie [f.] Achromie [f.]
A.C.I. Artère Carotidienne Interne (Arteria carotis interna ACI)
acide [m.] Säure [f.]
- **acétylsalicylique** Azetylsalizylsäure [f.]
- **aminé** Aminosäure [f.]
- **ascorbique** Askorbinsäure [f.]
- **biliaire** Gallensäure [f.]
- **borique** Borsäure [f.]
- **carbonique** Kohlensäure [f.]
- **cholestérique** Gallenfettsäure [f.]
- **cholique** Cholsäure [f.]
- **désoxyribonucléique** Desoxyribonukleinsäure [f.]
- **folique** Folsäure [f.]
- **formique** Ameisensäure [f.]
- **gras** Fettsäure [f.]
- **gras non-saturé** ungesättigte Fettsäure [f.]
- **gras saturé** gesättigte Fettsäure [f.]
- **hippurique** Hippursäure [f.]
- **homovanilique** Homovanillinsäure [f.]
- **linoléique** Linolsäure [f.]
- **linolénique** Linolensäure [f.]
- **paraaminobenzoïque** Para-Aminobenzoesäure [f.]
- **paraaminosalicylique** Para-Aminosalicylsäure [f.]
- **ribonucléique** Ribonukleinsäure [f.]
- **salicylique** Salicylsäure [f.]
- **urique** Harnsäure [f.]
- **vanillyl-mandélique** Vanillinmandelsäure [f.]

acidité [f.] Azidität [f.]
- **gastrique** Magensäure [f.]

acidocétose [f.] Ketoazidose [f.]
acidorésistant, ante säureresistent
acidose [f.] Azidose [f.]
- **diabétique** diabetische Azidose [f.]

A.C.I.L. Anticorps Anti Cellules des Ilots de Langerhans
acinésie [f.] Akinese [f.]
acineux, euse azinös
acinus [m.] Azinus [m.]
acné [f.] Akne [f.]
- **iodique** Jodakne [f.]

A.C.O. Atrésie Congénitale de l'Oesophage (Kongenitale Ösophagusatresie)
acouesthésie [f.] Gehörempfindlichkeit [f.]
acoumétrie [f.] Hörprüfung [f.]
acouphène [m.] Ohrgeräusch [n.]
acquisition [f.] (des capacités) Erwerb [m.] (von Fähigkeiten)
acrinie [f.] Akrinie [f.]
acrocéphalie [f.] Akrozephalie [f.]
acrocyanose [f.] Akrozyanose [f.]
acrodermatose [f.] Akrodermatitis [f.]
acrogerie [f.] Akrogerie [f.]
acromégalie [f.] Akromegalie [f.]
acromion [m.] Akromion [n.]
acroparesthésie [f.] Akroparästhesie [f.]
A.C.S. AeroCéphalo-Syndactylie
acte [m.] manqué Fehlleistung [f.]
A.C.T.H. AdrenoCorticoTropic Hormone
A.C.T.H.-R.H. AdrénoCorticoTrophine Releasing Hormone
actinodermatose [f.] Radiodermatitis [f.]
actinomycose [f.] Aktinomykose [f.]
action [f.] manquée Lapsus [m.]
action [f.] tardive Nachwirkung [f.]
activité [f.] Aktivität [f.]
- **motrice** Bewegungsaktivität [f.]
- **rénine plasmatique** Plasmareninaktivität [f.]

acuité [f.] visuelle Sehschärfe [f.]
acupuncture [f.] Akupunktur [f.]
A.C.V. Antigène de Capside Virale
A.D. Auriculaire Droite (Rechter Vorhof RV, RA)
adactylie [f.] Adaktylie [f.]
adaptation [f.] Adaptation [f.]
- **à la lumière** Lichtadaptation [f.]

A.D.C. Accident de la Circulation (Verkehrsunfall)
Ad.C. Acrodermatite Chronique
adducteur [m.] Adduktor [m.]
adduction [f.] Adduktion [f.]
adénectomie [f.] Adenektomie [f.]
adénine [f.] Adenin [n.]
adénite [f.] Adenitis [f.], Drüsenentzündung [f.]
adénocarcinome [m.] Adenokarzinom [n.]
adénofibrome [m.] Adenofibrom [n.]
adénohypophyse [f.] Adenohypophyse [f.]
adénoïdectomie [f.] Adenoidektomie [f.]
adénoïdite [f.] Rachenmandelentzündung [f.]
adénomateux, euse adenomatös
adénomatose [f.] Adenomatose [f.]
adénome [m.] Adenom [n.]
- **des glandes sébacées** Steatoadenom [n.]
- **thyroïdien** Schilddrüsenadenom [n.]

adénomyome [m.] Adenomyom [n.]

adénopathie [f.] Adenopathie [f.], Drüsenerkrankung [f.]
adénophlegmon [m.] Adenophlegmone [f.]
adénosarcome [m.] Adenosarkom [n.]
adénovirus [m.] Adenovirus [n.]
A.D.H. 1. Alcool Déshydrogenase (Alkoholdehydrogenase ADH), 2. AntiDiuretic Hormone
adhérence [f.] Adhärenz [f.]
adhésion [f.] Adhäsion [f.]
adiadococinésie [f.] Adiadochokinese [f.]
adipeux, euse adipös
adipogenèse [f.] Fettbildung [f.]
adiposité [f.] Adipositas [f.]
adipsie [f.] Durstmangel [m.], Adipsie [f.]
adjuvant, ante adjuvant
administration [f.] Verabreichung [f.]
A.D.N. Acide Désoxyribo-Nucléique (Desoxyribonukleinsäure DNS)
A.D.P. Adénopathie (Adenopathie)
adrénaline [f.] Adrenalin [n.]
adrénergique adrenerg
adrénocorticotrope adrenokortikotrop
adrénocorticotrophine [f.] Adrenokortikotrophin [n.]
adrénolytique adrenolytisch
adsorption [f.] Adsorption [f.]
A.D.S.R. Algo Dystrophie Sympathique Réflexe
adulte [m.] Erwachsener [m.]
adventice [f.] Adventitia [f.]
adynamie [f.] Adynamie [f.], Kraftverlust [m.]
A.E. AntiEpileptique (Antiepileptikum)
A.E.I.C. Anastomose Extra/Intra Crânienne (Extra/Intrakranielle Anastomose)
aération [f.] (ex.: du poumon) Belüftung [f.] (z.B. der Lunge)
aérobe aerob
aérocolie [f.] Aerokolie [f.]
aérogastrie [f.] Aerogastrie [f.]
aérophagie [f.] Aerophagie [f.], Luftschlucken [n.]
aérosol [m.] Aerosol [n.]
afébrile afebril, fieberlos
affaissement [m.] Entkräftung [f.]
affection [f.] Krankheit [f.], Leiden [n.], Erkrankung [f.]
- **biliaire** Gallenleiden [n.]
- **cardiaque** Herzerkrankung [f.]
- **respiratoire aigue** akute Atemwegserkrankung [f.]
- **respiratoire chronique** chronische Atemwegserkrankung [f.]
- **vasculaire** Gefäßerkrankung [f.]

affectivité [f.] Affektivität [f.]
afférent, ente zuführend, afferent
affinité [f.] Affinität [f.]
afflux [m.] Zufluß [m.]
afibrinogénémie [f.] Afibrinogenämie [f.]
A.F.P. 1. Alpha Foeto Protéine (AlphaFetoprotein AFP), 2. Anasarque Foeto-Placentaire
A.G. 1. Acides Gras (Fettsäuren), 2. Auriculaire Gauche (Linker Vorhof LA), 3. Aménorrhée Galactorrhée, 4. Antigène (Antigen Ag), 5. Anesthésie Générale (Vollnarkose, Intubationsnarkose ITN)
Ag.Ac. Antigène Anticorps
agammaglobulinémie [f.] Agammaglobulinämie [f.]
Ag.B. Antigène de l'hépatite B
âge [m.] Alter [n.]
- **chronologique** chronologische Alter [n.]
- **gestationnel** Gestationsalter [n.]
- **osseux** Knochenalter [n.]

agénésie [f.] Agenesie [f.]
agglutination [f.] Agglutination [f.]
agglutiner agglutinieren
agglutinine [f.] Agglutinin [n.]
agglutinogène [m.] Agglutinogen [n.]
aggravation [f.] Verschlechterung [f.]
Ag.H.A. Antigène de l'Hépatite A
Ag.H.Bc Antigène de l'Hépatite B nucléocapsidique
Ag.H.Bd Antigène de la particule de Dane de l'Hépatite B (Dane-Partikel Antigen)
Ag.H.Be Antigène de la particule de Dane de l'Hépatite B
Ag.H.Bs Antigène de l'Hépatite B de surface (Hepatitis B Oberflächenantigen)
agitation [f.] Agitation [f.], Aufgeregtheit [f.] Erregung [f.]
A.G.L. Acide Gras Libre (Freie Fettsäure)
A.G.M.I. ArtérioGraphie des Membres Inférieurs
A.G.N.E. Acides Gras Non Estérifiés
agneusie [f.] Geschmacksverlust [m.]
agnosie [f.] Agnosie [f.]
- **digitale** Fingeragnosie [f.]

agonie [f.] Agonie [f.]
agoraphobie [f.] Agoraphobie [f.], Platzangst [f.]
agrafe [f.] Klemme [f.]
agrammatisme [m.] Agrammatismus [m.]
agranulocytose [f.] Agranulozytose [f.]
agraphie [f.] Agraphie [f.]
agrégation [f.] Aggregation [f.]
- **des plaquettes** Plättchenaggregation [f.]

agressif, ive aggressiv
agression [f.] Aggression [f.]
agressivité [f.] Aggressivität [f.]
A.G.S. Acide Gras Saturé (Gesättigte Fettsäure)

agueusie [f.] Ageusie [f.]
A.H. ou A.H.S. Anti-Histaminique ou Anti-Histaminique de Synthèse (Antihistaminikum)
A.H.A. Anémie Hémolytique Auto-Immune (Autoimmun-hämolytische Anämie)
A.H.V. Acide Homo-Vanilique (Homovanilinsäure)
A.I. Angor Instable (Instabile Angina pectoris)
A.I.C. Accident Ischémique Constitué (Apoplex, Cerebraler Insult)
A.I.D. Accident Ischämique Définitif (Cerebraler Insult)
A.I.E. Analyse Immuno-Electrophorétique (Immunelektrophorese)
aigu, ë akut
aiguille [f.] Nadel [f.]
aine [f.] Leiste [f.]
A.I.P. Accident Ischémique Préalable
air [m.] Luft [f.]
- de réserve Reserveluft [f.]
- résiduel Residualluft [f.]
aire [f.] Feld [n.], Areal [n.], Bereich [m.]
- corticale Rindenfeld [n.]
- d'audibilité Hörbereich [m.]
aisselle [f.] Achsel [f.]
A.I.T. Accident Ischémique Transitoire (Transischämische Attacke TIA)
akinésie [f.] Akinese [f.]
Al Aluminium
A.L. Anesthésie Locale (Lokalanästhesie LA)
alalie [f.] Alalie [f.]
alanine-aminotransférase [f.] Alanin-Amino-Transferase [f.]
alatrophie [f.] Zahnfleischschwund [m.]
albinisme [m.] Albinismus [m.]
albinos [m.] Albino [m.]
albumine [f.] Albumin [n.]
albuminurie [f.] Albuminurie [f.]
alcaloïde [m.] Alkaloid [n.]
alcalose [f.] Alkalose [f.]
alcaptonurie [f.] Alkaptonurie [f.]
alcool [m.] Alkohol [m.]
alcoolémie [f.] Alkoholspiegel [m.]
alcoolisme [m.] Alkoholismus [m.]
alcootest [m.] Alkoholtest [m.]
A.L.D. Affection Longue Durée (Chronische Erkrankung)
aldolase [f.] Aldolase [f.]
aldostérone [f.] Aldosteron [n.]
aleucémique aleukämisch
alexie [f.] Alexie [f.]
- musicale musikalische Alexie [f.]
algie [f.] musculaire Muskelschmerz [m.]
algodystrophie [f.] Algodystrophie [f.]
algophobie [f.] Schmerzangst [f.]
aliénation [f.] Entfremdung
aliment [m.] Lebensmittel [n.], Nahrungsmittel [n.]
alimentation [f.] Ernährung [f.]
- artificielle künstliche Ernährung [f.]
- par sonde Schlauch/Sondenernährung [f.]
allaitement [m.] Stillen [n.]
allaiter stillen
allèle [m.] Allel [n.]
allergène [m.] Allergen [n.]
allergie [f.] Allergie [f.]
- à la poussière Stauballergie [f.]
- alimentaire Nahrungsmittelallergie [f.]
- aux pollens Pollenallergie [f.]
- croisée Kreuzallergie [f.]
allergique allergisch
allergologie [f.] Allergologie [f.]
allergologue [m.] Allergologe [m.]
allogreffe [f.] Allotransplantat [n.]
allo-immunisation [f.] Allo-Immunisierung [f.]
allongement [m.] Dehnung [f.]
allonger (s'...) verlängern (sich hinlegen)
allopathie [f.] Allopathie [f.]
alopécie [f.] Alopezie [f.]
α-LP alpha-LipoProtéines (AlphaLipoproteine)
alpha-foetoprotéine [f.] Alpha-Fetoprotein [n.]
alpha-globuline [f.] Alpha-Globulin [n.]
A.L.S. Arthrose Lombo-Sacrée (Lumbosakrale Arthrose)
A.L.T. Alanine Amino Transférase
alternant, ante alternierend
alterner alternieren
alvéolaire alveolär
alvéole [f.] Alveole [f.]
alvéolite [f.] Alveolitis [f.]
A.M. 1. ActinoMycose (Aktinomykose), 2. Allaitement Maternel (Bruststillung), 3. Age Mental (Geistiges Alter), 4. Automatisme Mental, 5. Anorexie Mental (Anorexia nervosa)
amaigrissement [m.] Abmagerung [f.]
amasser (ex.: un métabolite) anhäufen (z.B. Metabolit)
amaurose [f.] Amaurosis [f.]
- fugace Amaurosis [f.] fugax
ambivalence [f.] Ambivalenz [f.]
amblyope schwachsichtig, amblyop
amblyopie [f.] Amblyopie [f.]
ambulance [f.] Krankenwagen [m.]
ambulatoire ambulant
A.M.C. Amplitude Mobilité Complexité
amélie [f.] Amelie [f.]
amélioration [f.] Verbesserung [f.]
améloblastome [m.] Ameloblastom [n.]
aménorrhée [f.] Amenorrhoe [f.]
amer, amère bitter
amétropie [f.] Ametropie [f.], Fehlsichtigkeit [f.]

A.M.G. Arrêt des Matières et des Gaz
A.M.I. Artériopathie des Membres Inférieurs
amibiase [f.] Amöbiasis [f.]
amidon [m.] Stärke [f.]
amimie [f.] Amimie [f.]
amincissement [m.] Verdünnung [f.], Verschmälerung [f.]
aminoacidurie [f.] Aminoazidurie [f.]
ammoniaque [f.] Ammoniak [m.]
ammoniémie [f.] Ammoniämie [f.]
amnésie [f.] Amnesie [f.]
- **antérograde** anterograde Amnesie [f.]
- **rétrograde** retrograde Amnesie [f.]

amniocentèse [f.] Amniozentese [f.]
amnioscopie [f.] Amnioskopie [f.]
A.M.O. Ablation de matériel d'ostéosynthèse (Metallentfernung ME)
A.M.P. Adénosine Mono-Phosphorique (Adenosinmonophosphat AMP)
amphétamine [f.] Amphetamin [n.]
amphiarthrose [f.] Amphiarthrose [f.]
amplification [f.] Erweiterung [f.], Dehnung [f.]
- **pulmonaire** Lungenverschieblichkeit [f.]
- **thoracique** Thoraxdehnung [f.]

amplifier verstärken, erweitern
amplitude [f.] Amplitude [f.]
ampoule [f.] 1.Ampulle [f.], 2. Blase [f.]
- **de Vateri** Ampulle [f.] Vateri
- **rectale** Rektalampulle [f.]

amputation [f.] Amputation [f.], Resektion [f.]
- **du rectum** Mastdarmresektion [f.]

amputer amputieren
amusie [f.] Amusie [f.]
amyélinique marklos
amygdale [f.] Tonsille [f.], Mandel [f.]
- **pharyngée** Rachenmandel [f.]

amygdalectomie [f.] Tonsillektomie [f.]
amygdalite [f.] Mandelentzündung [f.], Tonsillitis [f.]
amylase [f.] Amylase [f.]
amyloïde [m.] Amyloid [n.]
amyloïdisme [m.] rénal Amyloidniere [f.]
amylose [f.] Amyloidose [f.]
amyotonie [f.] Amyotonie [f.]
amyotrophie [f.] Amyotrophie [f.]
A.N. Acides Nucléiques (Nukleinsäuren)
anabolique anabolisch
anabolique [m.] Anabolikum [n.]
anabolisme [m.] Anabolismus [m.]
anaérobe anaerob
analeptique [m.] Analeptikum [n.]
analgésie [f.] Analgesie [f.], Gefühlslosigkeit [f.]
analgésique analgetisch
analgésique [m.] Analgetikum [n.]
analyse [f.] Analyse [f.], Untersuchung [f.]
- **de la saturation** Sättigungsanalyse [f.]
- **des gaz du sang** Blutgasanalyse [f.]
- **du sang** Bluntuntersuchung [f.]
- **médicale** Laboranalyse [f.]
- **spectrale** Spektralanalyse [f.]

analyser untersuchen, analysieren
anamnèse [f.] Anamnese [f.]
anaphase [f.] Anaphase [f.]
anaphylactique anaphylaktisch
anaphylaxie [f.] Anaphylaxie [f.]
anaplasie [f.] Anaplasie [f.]
anaplasique anaplastisch
anasarque [m.] Anasarka [n.]
anastomose [f.] Anastomose [f.]
- **latéro-latérale** Seit zu Seit-Anastomose [f.]
- **porto-cave** portokavale Anastomose [f.]
- **porto-cave termino-latérale** portokavale End-zu-Seit-Anastomose [f.]
- **termino-latérale** End zu Seit-Anastomose [f.]
- **termino-terminale** End zu End-Anastomose [f.]

anatomie [f.] Anatomie [f.]
anatomique anatomisch
anatomiste [m.] Anatome [m.]
anatomopathologie [f.] Pathologie [f.]
anatoxine [f.] Anatoxin [n.]
A.N.D.R. Algo-Neuro-Dystrophie Réflexe (Algoneurodystrophie)
androgène androgen
androgène [m.] Androgen [n.]
androgynie [f.] Androgynie [f.]
androïde android
andrologie [f.] Andrologie [f.]
androstérone [f.] Androsteron [n.]
anéantissement [m.] Niedergeschlagenheit [f.]
anémie [f.] Anämie [f.], Blutarmut [f.]
- **à hématies falciformes** Sichelzellenanämie [f.]
- **aplastique** aplastische Anämie [f.]
- **chronique** chronische Anämie [f.]
- **ferriprive** Eisenmangelanämie [f.]
- **hémolytique** hämolytische Anämie [f.]
- **hémolytique aiguë** akute hämolytische Anämie [f.]
- **hémolytique auto-immune** autoimmunhämolytisch Anämie [f.]
- **hyperchrome** hyperchrome Anämie [f.]
- **hypochrome** hypochrome Anämie [f.]
- **macrocytaire** makrozytäre Anämie [f.]

- **microcytaire** mikrozytäre Anämie [f.]
- **normochrome** normochrome Anämie [f.]
- **normocytaire** normozytäre Anämie [f.]
- **par manque de fer** Eisenmangelanämie [f.]
- **pernicieuse** perniziöse Anämie [f.]
- **phagocytaire** phagozytäre Anämie [f.]

anencéphalie [f.] Anenzephalie [f.]
anergie [f.] Anergie [f.]
anesthésiant [m.] Anästhetikum [n.]
anesthésie [f.] Anästhesie [f.], Betäubung [f.], Narkose [f.]
- **en selle** Reithosenanästhesie [f.]
- **épidurale** Epiduralanästhesie [f.]
- **générale** Allgemeinnarkose [f.]
- **locale** Lokalanästhesie [f.]
- **par infiltration** Infiltrationsanästhesie [f.]
- **par inhalation** Inhalationsanästhesie [f.]
- **péridurale** Periduralanästhesie [f.]

anesthésier betäuben, narkotisieren, anästhesieren
anesthésiologie [f.] Anästhesiologie [f.]
anesthésique [m.] Anästhetikum [m.]
- **local** Lokalanästhetikum [n.]

anesthésiste [m.] Anästhesist [m.]
anesthétique anästhetisch
anévrisme [m.] Aneurysma [n.]
- **aortique abdominal** Bauchaortenaneurysma [n.]
- **cardiaque** Herzwandaneurysma [n.]
- **de l'aorte** Aortenaneurysma [n.]
- **disséquant** Aneurysma [n.] dissecans
- **intracrânien** intrakranielles Aneurysma [n.]

angéiologie [f.] Angiologie [f.]
angéite [f.] Angiitis [f.], Gefäßentzündung [f.]
angiectasie [f.] Angiektasie [f.]
angine [f.] Angina [f.]
- **de poitrine** Angina [f.] pectoris
- **de Vincent** Plaut-Vincentsche Angina [f.]
- **streptococcique** Streptokokkenangina [f.]

angineux, euse anginös
angioblastome [m.] Angioblastom [n.]
angiocardiographie [f.] Angiokardiographie [f.]
angiocardiopathie [f.] Angiokardiopathie [f.]
angiocholite [f.] Cholangitis [f.]
angiodysplasie [f.] Angiodysplasie [f.]
angiofibrome [m.] Angiofibrom [n.]
angiographie [f.] Angiographie [f.]
angiokératome [m.] Angiokeratom [n.]
angiolipome [m.] Angiolipom [n.]
angiologie [f.] Angiologie [f.]
angiomatose [f.] Angiomatose [f.]
angiome [m.] Angiom [n.]
- **stellaire** Spinnenmal [n.]

angiopathie [f.] Angiopathie [f.]
angioplastie [f.] Angioplastik [f.], Gefäßplastik [f.]
angiosarcome [m.] Angiosarkom [n.]
angiospasme [m.] Angiospasmus [m.], Gefäßspasmus [m.]
angiotensine [f.] Angiotensin [n.]
angle [m.] Winkel [m.]
- **de strabisme** Schielwinkel [m.]
- **irido-cornéen** Kammerwinkel [m.]
- **ponto-cérébelleux** Kleinhirnbrückenwinkel [m.]

angoisse [f.] Angst [f.]
- **d'anéantissement** Vernichtungsangst [f.]
- **de séparation** Trennungsangst [f.]

angor [m.] Angina [f.]
- **d'effort** Belastungsangina [f.]
- **de Prinzmetal** Prinzmetal-Angina [f.]
- **instable** instabile Angina [f.]

anhidrose [f.] Anhidrosis [f.]
anilisme [m.] Anilinvergiftung [f.]
animal [m.] expérience Versuchstier [n.]
animation [f.] Belebung [f.]
animer beleben
anisochromie [f.] Anisochromie [f.]
anisocorie [f.] Anisokorie [f.]
anisocytose [f.] Anisozytose [f.]
ankylose [f.] Ankylose [f.]
ankylostomiase [f.] Ankylostomiasis [f.]
anneau [m.] inguinal externe äußerer Leistenring [m.]
anneau [m.] inguinal interne innerer Leistenring [m.]
annexectomie [f.] Adnektomie [f.]
annexe [f.] Adnexe [f.]
annexite [f.] Adnexitis [f.]
annulaire ringförmig, annulär
annulocyte [m.] Annulozyt [m.]
anormal, ale anormal
anomalie [f.] Anomalie [f.]
- **réfractaire** Refraktionsanomalie [f.]

anopsie [f.] Anopsie [f.]
anorchidie [f.] Anorchidie [f.]
anorexie [f.] Anorexie [f.]
- **mentale** Magersucht [f.], Anorexia [f.] nervosa

anorganique anorganisch
anosmie [f.] Anosmie [f.]
anovulation [f.] Anovulation [f.]
anovulatoire anovulatorisch
anoxémie [f.] Anoxämie [f.]

anoxie [f.] Anoxie [f.]
anse [f.] Schlinge [f.]
- **intestinale** Darmschlinge [f.]

antagonisme [m.] Antagonismus [m.]
antagoniste [m.] Antagonist [m.]
antalgique [m.] Schmerzmittel [n.], Analgetikum [n.]
antécédents [pl./m.] Anamnese [f.]
antéflexion [f.] de l'utérus Anteflexio [f.] uteri
antéposition [f.] de l'utérus Antepositio [f.] uteri
antépulsion [f.] Antepulsion [f.]
antérieur, eure anterior, vorderer
antérograde anterograd
antéversion [f.] utérine Anteversio [f.] uteri
anthélix [m.] Anthelix [f.]
anthracose [f.] Anthrakose [f.]
anthropométrie [f.] Anthropometrie [f.]
antiacide [m.] Antazidum [n.]
antiasthmatique [m.] Antiasthmatikum [n.]
antibiogramme [m.] Antibiogramm [n.]
antibiose [f.] Antibiose [f.]
antibiothérapie [f.] Antibiotherapie [f.]
antibiotique [m.] Antibiotikum [n.]
- **à large spectre** Breitbandantibiotikum [n.]

anticancéreux, euse antikanzerös
anticoagulant [m.] Antikoagulantium [n.]
anticonvulsivant [m.] Krampfmittel [m.], Antikonvulsivum [n.]
anticorps [m.] Antikörper [m.]
- **antimitochondrie** antimitochondialer Antikörper [m.]
- **antinucléaire** antinukleärer Antikörper [m.]

antidépresseur [m.] Antidepressivum [n.]
antidiabétique [m.] Antidiabetikum [n.]
antidiurétique [m.] Antidiuretikum [n.]
antidote [m.] Antidot [n.], Gegengift [n.]
antiémétique [m.] Antiemetikum [n.]
antifibrillant [m.] Antifibrillatorium [n.]
antifongique [m.] Antimykotikum [n.]
antigène [m.] Antigen [n.]
- **carcino-embryonnaire** Carcino-Embryonales Antigen [n.]
- **de l'hépatite** Hepatitisantigen [n.]
- **érythrocytaire** Erythrozytenantigen [n.]

antihelmintique [m.] Anthelmintikum [n.]
antihistaminique [m.] Antihistaminikum [n.]
antimétabolite [m.] Antimetabolit [m.]
antimitotique [m.] Antimitotikum [n.], Mitosehemmer [m.]
antimycosique antimykotisch
antimycosique [m.] Antimykotikum [n.]
antiparkinsonien [m.] Parkinsonmittel [n.]
antiplogistique [m.] Antiphlogistikum [n.]
antipyrétique [m.] Antipyretikum [n.]
antirhumatismal [m.] Antirheumatikum [n.]
antisepsie [f.] Antisepsis [f.]
antiseptique antiseptisch
antiseptique [m.] Antiseptikum [n.]
antisérum [m.] Antiserum [n.]
AntiS.H.N. Anri-Sérum Humain Normal
antispasmodique [m.] Antispasmodikum [n.]
antistreptokinase [f.] Antistreptokinase [f.]
antistreptolysine [f.] Antristreptolysin [n.]
antithrombine [f.] Antithrombin [n.]
antitoxine [f.] Antitoxin [n.]
antitoxique antitoxisch
antitrypsine [f.] Antitrypsin [n.]
antitussif [m.] Antitussivum [n.]
antiviral, ale antiviral
antiviral [m.] Virostatikum [n.]
antivitamine [f.] Antivitamin [n.]
antre [m.] Antrum [n.]
antrectomie [f.] Antrektomie [f.]
antrostomie [f.] Antrostomie [f.]
antrotomie [f.] Antrotomie [f.]
anurie [f.] Anurie [f.]
anus [m.] After [m.], Anus [m.]
- **artificiel** Anus [m.] praeter

anxiété [f.] Ängstlichkeit [f.]
anxieux, ieuse ängstlich
anxiolytique anxiolytisch
anxiolytique [m.] Anxiolytikum [n.]
A.O. Age Osseux (Knochenalter)
aorte [f.] Aorta [f.]
- **à cheval** reitende Aorta [f.]
- **abdominale** Aorta [f.] abdominalis
- **ascendante** Aorta [f.] ascendens
- **descendante** Aorta [f.] descendens

aortite [f.] Aortitis [f.]
aortographie [f.] Aortographie [f.]
A.O.V. Absence d'Opacification Vésiculaire
A.P. 1. Angine de Poitrine (Angina pectoris), 2. Artère Pulmonaire (Arteria pulmonalis), 3. Accouchment Prévu, 4. Antécédents Personnels (Persönliche Anamnese)
apathie [f.] Apathie [f.]
apathique apathisch

A.P.C. 1. Anastomose Porto-Cave (Portokavale Anastomose), 2. Aspirine Phénacétine Caféine
A.P.C.T.L. Anastomose Porto-Cave TerminoLatérale (Porto-kavale End-zu-Seit-Anastomose)
A.P.D 1. Artère Pulmonaire Droite, 2. Anesthésie Péridural Dorsale (Periduralanästhesie)
A.P.E. Angine de Poitrine à l'Effort (Belastungsangina)
A.P.G. 1. Artère Pulmonaire Gauche, 2. Adaptation Personelle de Rogers
A.P.G.A.R. Aspect-Pouls-Grimace-ActivitéRespiration (Aussehen-Puls-Grimassieren-Aktivität-Respiration)
aphakie [f.] Aphakie [f.]
aphasie [f.] Aphasie [f.]
- **motrice** motorische Aphasie [f.]
- **sensorielle** sensorische Aphasie [f.]

aphonie [f.] Aphonie [f.]
aphte [m.] Aphte [f.]
apical, ale apikal
aplasie [f.] Aplasie [f.]
- **médullaire** Knochenmarksaplasie [f.]

aplasique aplastisch
A.P.M. Angine Pseudo-Membraneuse
apnée [f.] Apnoe [f.]
aponévrose [f.] Aponeurose [f.]
- **palmaire** Palmaraponeurose [f.]

aponévrotite [f.] Aponeurotitis [f.]
apophyse [f.] Apophyse [f.]
- **articulaire** Gelenkfortsatz [m.]
- **épineuse** Dornfortsatz [m.]

apophysite [f.] Apophysitis [f.]
apoplectique apoplektisch
apoplexie [f.] Hirnschlag [m.], Apoplex [m.], Schlaganfall [f.]
A.P.P. Accès Pernicieux Palustre
appareil [m.] Apparat [m.]
- **de contention** Halteapparat [m.]

appareillage [m.] auditif Hörgerät [n.]
appendice [m.] Appendix [f.], Blinddarm [m.]
appendicectomie [f.] Appendektomie [f.]
appendicite [f.] Appendizitis [f.], Blinddarmentzündung [f.]
appétit [m.] Appetit [m.]
appliquer (ex.: une pommade auftragen, einschmieren, etc.) einreiben (z.B. eine Salbe etc.)
apport [m.] Aufnahme [f.]
- **martial** Eisenzufuhr [f.]

apprentissage [m.] Erlernen [n.] (Fähigkeiten)
apragmatisme [m.] Apragmatismus [m.]
apraxie [f.] Apraxie [f.]
APUD Amine Precursor Uptake and Decarboxylation
A.R. 1. Age Réel (Wirkliches Alter), 2. Arthrite Rhumatoïde (Chronische Polyarthritis cP), 3. Air de Réserve (Reservevolumen), 4. Anesthésie Régionale, 5. Anesthésie Réanimation (Anästhesie Wiederbelebung/Reanimation)
A.R.A. Affection Respiratoire Aiguë (Akute Respiratorische Erkrankung ARE)
arachnodactylie [f.] Arachnodaktylie [f.]
arachnoïde [f.] Arachnoidea [f.]
arachnoïdite [f.] Arachnoiditis [f.]
ARBOR Arthropod Borne (Virus)
arbovirose [f.] Arbovirose [f.]
arbovirus [m.] Arbovirus [n.]
arbre [m.] bronchique Bronchialbaum [m.]
A.C.R. Affection Respiratoire Chronique (Chronische Atemwegserkrankung)
arc [m.] Bogen [m.]
- **branchial** Kiemenbogen [m.]
- **costal** Rippenbogen [m.]
- **de réflexe** Reflexbogen [m.]
- **mandibulaire** Kieferbogen [m.]
- **sénile** Arcus [m.] senilis
- **vertébral** Wirbelbogen [m.]

arcade [f.] dentaire Zahnreihe [f.]
arcade [f.] zygomatique Jochbogen [m.]
aréflexie [f.] Areflexie [f.], Reflexlosigkeit [f.]
aréflexique areflektorisch
A.R.E.M. Anémie Réfractaire avec Excès de Myéloblastes
arénavirus [m.] Arenavirus [n.]
aréole [f.] Areola [f.], Warzenvorhof [m.]
arête [f.] sphénoïdale Sphenoidalkante [f.]
arginase [f.] Arginase [f.]
arginine [f.] Arginin [n.]
argyrie [f.] Argyrie [f.]
arithmomanie [f.] Arithmomanie [f.]
A.R.M.P. Anémie Réfractaire avec Myéloblastose Partielle
A.R.N. Acide RiboNucléique (Ribonukleinsäure RNS)
A.R.Nm. A.R.N. messager
A.R.Nr. A.R.N. ribosomal
A.R.Nt. A.R.N. transfert
A.R.P. Activité Rénine Plasmatique (Plasmarenin-Aktivität)
arracher abreißen
arrêt [m.] Stillstand [m.]
- **du coeur** Herzstillstand [m.]
- **ventriculaire** Kammerstillstand [m.]

arrière-goût [m.] Beigeschmack [m.]
A.R.S. Artériographie Rénale Sélective (Selektive Nierenarteriographie)
arsenic [m.] Arsen [n.]
artéfact [m.] Artefakt [m.]

artère [f.] Arteria [f.], Arterie [f.]
- **carotide externe** Arteria [f.] carotis externa
- **carotide interne** Arteria [f.] carotis interna
- **carotide primitive** Arteria [f.] carotis communis
- **splénique** Milzarterie [f.]
- **terminale** Endarterie [f.]
- **vertébrale** Arteria [f.] vertebralis

artériectasie [f.] Arterienektasie [f.]
artériel, elle arteriell
artériogramme [m.] Arteriogramm [n.]
artériographie [f.] Arteriographie [f.]
- **sélective** selektive Arteriographie [f.]

artériole [f.] Arteriole [f.]
artériopathie [f.] Arteriopathie [f.]
artériosclérose [f.] Arteriosklerose [f.]
artériosclérotique arteriosklerotisch
artériospasme [m.] Arterienspasmus [m.]
artériotomie [f.] Arteriotomie [f.]
artérioveineux, euse arteriovenös
artérite [f.] oblitérante Arteritis [f.] obliterans
arthralgie [f.] Arthralgie [f.]
arthrite [f.] Arthritis [f.]
- **chronique juvénile** juvenile chronische Polyarthritis [f.]
- **rhumatoïde** rheumatoide Arthritis [f.]
- **sacro-iliaque** Sakroilitis [f.]

arthrodèse [f.] Arthrodese [f.]
arthrographie [f.] Arthrographie [f.]
arthropathie [f.] Arthropathie [f.]
arthroplas(t)ie [f.] Arthroplastik [f.], Gelenkplastik [f.]
arthroscope [m.] Arthroskop [n.]
arthroscopie [f.] Arthroskopie [f.]
arthrose [f.] Arthrose [f.]
arthrosique arthrotisch
arthrotomie [f.] Arthrotomie [f.]
articulation [f.] Articulatio [f.], Gelenk [n.]
- **du genou** Kniegelenk [n.]
- **de l'épaule** Schultergelenk [n.]
- **de la hanche** Hüftgelenk [n.]
- **du pied** Fußgelenk [n.]
- **médiocarpienne** Mediokarpalgelenk [n.]
- **médiotarsienne** Mediotarsalgelenk [n.], unteres Sprunggelenk [n.]
- **sacro-iliaque** Ileosakralgelenk [n.]
- **sémi-mobile** Schlottergelenk [n.]
- **tarso-métatarsienne** Tarsometatarsalgelenk [n.]
- **temporo-maxillaire** Kiefergelenk [n.]
- **tibio-tarsienne** oberes Sprunggelenk [n.], Tibiotarsalgelenk [n.]

arythmie [f.] Arrhythmie [f.]
- **sinusale** Sinusarrhythmie [f.]

As Arsenic (Arsen)
A.S. 1. Artério-Sclérose, 2. Angor Stable, 3. Adams-Stokes
A.S.0. AntiStreptolysines
asbestose [f.] Asbestose [f.]
ascaridiase [f.] Askariasis [f.]
ascite [m.] Aszites [m.]
asepsie [f.] Asepsis [f.]
aseptique aseptisch
A.S.H. Aldosterone Stimulating Hormone
A.S.K. AntiStreptoKinase
A.S.L.0. AntiStreptoLysines 0
aspect [m.] granité (ex.: peau) Punktierung [f.] (z.B.: Haut)
aspergillose [f.] Aspergillose [f.]
aspermie [f.] Aspermie [f.]
asphyxie [f.] Asphyxie [f.]
aspiration [f.] Aspiration [f.]
- **d'un corps étranger** Fremdkörperaspiration [f.]
- **gastrique** Magenabsaugung [f.]

aspirer ansaugen, aspirieren
aspirine [f.] Aspirin [n.]
assurance-accidents [f.] Unfallversicherung [f.]
astasie [f.] Astasie [f.]
astasie-abasie [f.] Astasie-Abasie [f.]
astéréognosie [f.] Astereognosie [f.]
asthénie [f.] Asthenie [f.]
asthmatique asthmatisch
asthme [m.] Asthma [n.]
- **cardiaque** Asthma [n.] cardiale, Herzasthma [n.]

astigmatisme [m.] Astigmatismus [m.]
astragale [m.] Talus [m.]
astrocytome [m.] Astrozytom [n.]
astroglie [f.] Astroglia [f.]
astrup [m.] Astrup [m.]
asymétrie [f.] Asymmetrie [f.]
asymptomatique asymptomatisch
asynergie [f.] Asynergie [f.]
asystolie [f.] Asystolie [f.]
A.T. 1. Atrésie Tricuspidienne (Tricuspidalatresie), 2. Amaurose Transitoire (Amaurosis fugax), 3. Accident du Travail (Arbeitsunfall)
A.T.III Anti-Thrombine III
atavisme [m.] Atavismus [m.]
ataxie [f.] Ataxie [f.]
ataxique ataktisch
Atbg Antibiogramme (Antibiogramm)
ATCD Antécédents (Anamnese)
A.T.C.L.S. Anomalie Transitionelle de la Charnière Lombo-Sacrée (Anomalie des lombosakralen Übergangs)
atélectasie [f.] Atelektase [f.]

athéromatose [f.] Atheromatose [f.]
athérome [m.] Atherom [n.]
athérosclérose [f.] Atherosklerose [f.]
athétose [f.] Athetose [f.]
athrepsie [f.] Athrepsie [f.]
athyroïdie [f.] Athyreose [f.]
atlas [m.] Atlas [m.]
A.T.M. Articulation Temporo-Maxillaire, Articulation Temporo-Mandibulaire (Kiefergelenk)
atocie [f.] Atokie [f.]
atome [m.] Atom [n.]
atonie [f.] Atonie [f.]
- **gastrique** Magenatonie [f.]
- **utérine** Uterusatonie [f.]
atonique atonisch
atopie [f.] Atopie [f.]
atrésie [f.] Atresie [f.]
- **anale** Analatresie [f.]
- **oesophagienne** Ösophagusatresie [f.]
- **vésicale** Blasenatresie [f.]
atrichie [f.] Atrichie [f.]
atrophie [f.] Atrophie [f.]
- **cérébrale** Hirnatrophie [f.]
- **de la rétine** Netzhautatrophie [f.]
- **de Sudeck** Sudeck-Atrophie [f.]
- **gastrique** Magenatrophie [f.]
- **musculaire** Muskelatrophie [f.]
- **par inactivité** Inaktivitätsatrophie [f.]
- **splénique** Milzatrophie [f.]
atrophique atrophisch
atropine [f.] Atropin [n.]
attaque [f.] Anfall [m.]
attelle [f.] Schiene [f.]
attention [f.] Aufmerksamkeit [f.]
atténuer lindern, abschwächen
attico-antrotomie [f.] Attikantrotomie [f.]
atticotomie [f.] Attikotomie [f.]
attitude [f.] Körperhaltung [f.]
- **figée** starre Haltung [f.]
- **vicieuse** fehlerhafte Haltung [f.]
Atypie [f.] atypie [f.]
- **cellulaire** Zellatypie [f.]
atypique atypisch
A.U. Acide Urique (Harnsäure)
Au Or (Gold Au)
audible hörbar
audiogramme [m.] Audiogramm [n.]
audiologie [f.] Audiologie [f.]
audiométrie [f.] Audiometrie [f.]
- **du langage articulé** Sprechaudiometrie [f.]
audition [f.] Auditus [m.], Gehör [n.], Hören [n.]
augmentation [f.] (d'une valeur) Erhöhung [f.] (eines Wertes)
- **de la tension artérielle** Blutdrucksteigerung [f.]
aura [f.] Aura [f.]
auriculaire 1.Ohr-, 2.Vorhof-
auriculaire [m.] kleiner Finger [m.]
auricule [f.] Atrium [n.], Vorhof [m.]
auriculo-ventriculaire atrioventrikulär
auscultation [f.] Auskultation [f.]
ausculter (poumon, coeur) auskultieren, abhorchen (Lunge, Herz)
autisme [m.] Autismus [m.]
- **infantile** frühkindlicher Autismus [m.]
autiste [m.] Autist [m.]
auto-accusation [f.] Selbstbeschuldigung [f.], Autoakkusation [f.]
autoagglutinine [f.] Autoagglutinin [n.]
auto-anticorps [m.] Autoantikörper [m.]
autoantigène [m.] Autoantigen [n.]
autochthone autochthon
autoclave [m.] Autoklav [m.]
auto-dépréciation [f.] Selbstunterschätzung [f.]
autogreffe [f.] Autoplastik [f.]
autohémagglutination [f.] Auto-Hämagglutination [f.]
auto-immunisation [f.] Autoimmunisierung [f.]
auto-immunité [f.] Autoimmunität [f.]
auto-infection [f.] Autoinfektion [f.]
auto-intoxication [f.] Autointoxikation [f.]
autologue autolog
autolyse [f.] Autolyse [f.]
automatisation [f.] Automatisierung [f.]
automatisme [m.] Automatismus [m.]
- **ventriculaire** Herzkammerautomatismus [m.]
automutilation [f.] Automutilation [f.]
autonome autonom
autonomie [f.] Autonomie [f.]
autophonie [f.] Tympanophonie [f.]
autoplastie [f.] Autoplastik [f.]
autopsie [f.] Autopsie [f.]
autopunition [f.] Selbstbestrafung [f.]
autosomatognosie [f.] Autosomatognosie [f.]
autosome [m.] Autosom [n.]
autosomique autosomal
autosuggestion [f.] Autosuggestion [f.]
autotoxine [f.] Autotoxin [n.]
autotransplant [m.] Autotransplantat [n.]
autotransplantation [f.] Autotransplantation [f.]
autovaccination [f.] Autovakzination [f.]
A.V. 1. Auriculo- ou Atrio-Ventriculaire (Atrioventrikulär AV), 2. Acuité Visuelle (Sehschärfe)
avaler schlucken
avant-bras [m.] Unterarm [m.], Vorderarm [m.]

A.V.C. Accident Vasculaire Cérébral (Cerebraler Insult, Apoplex)
A.V.C.I. Accident Vasculaire Cérébral Ischémique
aversion [f.] Abneigung [f.], Aversion [f.]
aveugle blind
avirulent, ente avirulent
avitaminose [f.] Avitaminose [f.]
avivement [m.] Revitalisierung [f.]
A.V.K. Antivitamines K
A.V.M. Acide Vanillyl Mandélique (Vanilinmandelsäure)
avoir des renvois aufstoßen
avortement [m.] 1. Abort [m.], 2. Abtreibung [f.]
- **spontané** Spontanabort [m.]
Av.P. Avortement Provoqué (Provozierter Abort)
Av.S. Avortement Spontané (Spontanabort)
avulsion [f.] Avulsio [f.]
axe [m.] Achse [f.]
- **corporel** Körperachse [f.]
- **électrique du coeur** elektrische Herzachse [f.]
- **longitudinal** Längsachse [f.]
- **optique** optische Achse [f.]
- **visuel** Blicklinie [f.]
axial, ale axial
axillaire Achsel-, axillär
axis [m.] Axis [m.]
axone [m.] Axon [n.]
azoospermie [f.] Azoospermie [f.]
azote [m.] Stickstoff [m.]
azotémie [f.] Azotämie [f.]
azoturie [f.] Azoturie [f.]

B

B_1 Premier bruit du coeur systolique (I. Herzton I. HT)
B_2 Deuxième bruit du coeur diastolique (II. Herzton II. HT)
B_2A Bruit du coeur 2 Aortique (II. Herzton Aortenklappenanteil)
B_2P Bruit du coeur 2 Pulmonaire (II. Herzton Pulmonalklappenanteil)
B_3 Troisième bruit du coeur (III. Herzton III. HT)
B_4 Quatrième bruit du coeur (IV. Herzton IV. HT)
B.A. Bronchite Aiguë (Akute Bronchitis)
B.A.A.R. Bacille Alcoolo-Acido-Résistant (Alkohol-Säurefestes Bakterium)
B.A.C. Bloc Alvéolo-Capillaire (Alveolokapillärer Block)
bacille [f.] Bazille [f.], Bacillus [m.]
bactéricide bakterizid
bactérie [f.] Bakterium [n.]
bactériémie [f.] Bakteriämie [f.]
bactérien, ienne bakteriell
bactériologie [f.] Bakteriologie [f.]
bactériolyse [f.] Bakteriolyse [f.]
bactériolysine [f.] Bakteriolysin [n.]
bactériolytique bakteriolytisch
bactériophage [m.] Bakteriophage [m.]
bactériostase [f.] Bakteriostase [f.]
bactériostatique bakteriostatisch
bactériurie [f.] Bakteriurie [f.]
B.A.D. Bronchite Aiguë Dyspnéisante
B.A.F. Bronchite Asthmatiforme (Asthmatische Bronchitis)
bagassose [f.] Bagassose [f.]
baillement [m.] 1. Gähnen [n.], 2. Klaffen [n.]
bailler gähnen
bain [m.] Bad [n.]
- **alterné** Wechselbad [n.]
- **de vapeur** Dampfbad [n.]
baisser (se) bücken (sich)
balanite [f.] Balanitis [f.], Eichelentzündung [f.]
balbutiement [m.] Balbuties [f.]
balistocardiographie [f.] Ballistokardiographie [f.]
ballisme [m.] Ballismus [m.]
ballonement [m.] Blähungsgefühl [n.]
ballonner blähen
ballotement [m.] Ballotement [n.]
balnéothérapie [f.] Bäderbehandlung [f.], Balneotherapie [f.]
bandage [m.] Bandage [f.], Verband [m.]
- **compressif** Druckverband [m.]
- **de fixation** Stützverband [m.]
- **herniaire** Bruchband [n.]
banque [f.] du sang Blutbank [f.]
barbiturique [m.] Barbiturat [n.]
barbiturisme [m.] Barbituratabhängigkeit [f.]
barocepteur [m.] Barorezeptor [m.]
barotraumatisme [m.] Barotrauma [n.]
barrière [f.] Schranke [f.]
- **hémato-encéphalique** Blutliquorschranke [f.]
- **hématocérébrale** Bluthirnschranke [f.]
- **hémoplacentaire** Plazentaschranke [f.]
barthonilite [f.] Barthonilitis [f.]
bartonellose [f.] Bartonellose [f.]
baryte [f.] Barium [n.]
basal, ale basal
basculer umkippen
base [f.] 1. Base [f.], 2. Basis [f.]
- **du cerveau** Schädelbasis [f.]
basophile basophil
basophilie [f.] Basophilie [f.]
bassin [m.] Becken [n.]
- **agrandi** erweitertes Becken [n.]
- **arrondi** rundes Becken [n.]
- **en entonnoir** Trichterbecken [n.]
- **étroit** enges Becken [n.]

- **juvénil** juveniles Becken [n.]
- **rétréci** verengtes Bekken [n.]

bassinet [m.] du rein Nierenbecken [n.]
bâtonnet [m.] Stäbchen [n.]
battement [m.] Schlagen [n.]
- **du coeur** Herzschlag [m.]

B.A.V. Bloc Auriculo-Ventriculaire (Atrioventrikulärer Block AVBlock)
B.A.V.C. Bloc Auriculo-Ventriculaire Complet (Kompletter AV-Block)
B.A.V.I. Bloc Auriculo-Ventriculaire Incomplet (Inkompletter AV-Block)
B.A.V.1 Bloc Auriculo-Ventriculaire 1er degré (AV-Block 1. Grades)
B.A.V.2 Bloc Auriculo-Ventriculaire 2ème degré (AV-Block 2. Grades)
B.A.V.3 Bloc Auriculo-Ventriculaire 3ème degré (AV-Block 3. Grades)
baver geifern, sabbern
B.B. Babinski Bilatéral
B.B.I Dédoublement du premier bruit (Dopplung des I. Herztones)
B.B.II Dédoublement du deuxième bruit (Dopplung des II. Hertones)
B.B.B. Bloc de Branche Bilatéral (Bifaszikulärer Block)
B.B.D. Bloc de Branche Droit (Rechtsschenkelblock RSB)
B.B.D.I. Bloc de Branche Droit Incomplet (Inkompletter Rechtsschenkelblock I.R.S.B.)
B.B.G. Bloc de Branche Gauche (Linksschenkelblock LSB)
B.B.S. Maladie de Besnier-Boeck-Schaumann
B.C. 1. Bilirubine Conjuguée (Konjugiertes Bilirubin), 2. Bronchite Chronique (Chronische Bronchitis)
B.C.D. Bilirubine Conjuguée Directe (Direktes konjugiertes Bilirubin)
B.C.G. Bacille Calmette Guérin
B.C.G.I.D. Bacille Calmette Guérin IntraDermique
B.C.G.S. Bacille Calmette Guérin Scarification
B.D. Bilirubine Directe (Direktes Bilirubin)
B.d.B. Bloc de Branche (Schenkelblock SB)
B.D.C. Bilirubine Directe Conjuguée (Direktes konjugiertes Bilirubin)
B.d.C. 1. Bruit du Coeur (Herzton HT), 2. Bouffées de Chaleur (Hitzewallungen)
B.D.C.F. Bruit du Coeur du Foetus (Fetale Herztöne)
B.D.J. Biopsie Duodéno Jéjunale (Dünndarmbiopsie)
B.D.P. Bouffées Délirantes Polymorphes
B.E. 1. Biopsie Extemporanée, 2. Biopsie de l'Endomètre (Endometriumsbiopsie), 3. Base Excess
béance [f.] du col utérin Uterushalsklaffen [n.]
bébé [m.] Baby [n.]
bec [m.] de lièvre Hasenscharte [f.]
B.E.G. Bon Etat Général (Guter Allgemeinzustand guter AZ)
bégaiement [m.] Stottern [n.]
bégayer stottern
B.E.M. Biopsie Endo Myocardique (Endomyokardbiopsie)
bénin, bénigne benigne, gutartig
benzène [m.] Benzol [n.]
benzolisme [m.] Benzolvergiftung [f.]
béquille [f.] Krücke [f.]
béribéri [m.] Beri-Beri [m.]
bérylliose [f.] Berylliose [f.]
besoin [m.] Bedürfnis [n.], Drang [m.], Bedarf [m.]
- **d'uriner** Harndrang [m.]
- **de se faire valoir** Geltungsbedürfnis [n.]
- **en protides** Eiweißbedarf [m.]
- **mictionnel** Harndrang [m.]
- **mictionnel douloureux** schmerzhafter Harndrang [m.]
- **mictionnel impérieux** plötzlicher Harndrang [m.]

bêta-bloquant [m.] Beta-Blocker [m.]
bêta-globuline [f.] Beta-Globulin [n.]
bêta-lipoprotéine [f.] Beta-Lipoprotein [n.]
bêtatron [m.] Betatron [n.]
B.H. Bacille de Hansen
B.H.C. Barrière Hémato-Cérébrale (BlutHirn-Schranke BHS)
B.H.E. Barrière Hémato-Encéphalique (Blut-Hirn-Schranke BHS)
B.I. Bilirubine Indirecte (Indirektes Bilirubin)
bicarbonate [m.] Bikarbonat [n.]
biceps [m.] Bizeps [m.]
biconcave bikonkav
biconvexe bikonvex
bien-être [m.] Wohlsein [n.], -befinden [n.]
bifocal, ale bifokal
bifurcation [f.] (vaisseau) Gabelung [f.] (Gefäß)
bigéminé, ée Bigeminus
B.I.L. Bilirubine Indirecte Libre (Freies Indirektes Bilirubin)
bilan [m.] Bilanz [f.]
- **de santé** Durchuntersuchung [f.]
- **énergétique** Energiehaushalt [m.]
- **hydrique** Wasserbilanz [f.]

bilatéral, ale bilateral
bile [f.] Galle [f.]
- **de la vessie** Blasengalle [f.]

bilharziose [f.] Bilharziose [f.]
- **intestinale** Darmbilharziose [f.]

- **vésicale** Blasenbilharziose [f.]
biliaire biliär
bilieux, euse gallig
bilirubine [f.] Bilirubin [n.]
- **conjuguée** konjugiertes Bilirubin [n.]
- **directe/indirecte** direktes/indirektes Bilirubin [n.]
- **totale** totales Bilirubin [n.]
bilirubinémie [f.] Bilirubinämie [f.]
bilirubinurie [f.] Bilirubinurie [f.]
biliverdine [f.] Biliverdin [n.]
B.I.M. Blocage Inter Maxillaire (Kieferklemme)
bimanuel, elle bimanuell
binoculaire binokulär
biochimie [f.] Biochemie [f.]
biodisponibilité [f.] Bioverfügbarkeit [f.]
biologie [f.] Biologie [f.]
- **moléculaire** Molekularbiologie [f.]
biologique biologisch
biopsie [f.] Biopsie [f.]
- **de l'endomètre** Endometriumsbiopsie [f.]
- **médullaire** Knochenmarksbiopsie [f.]
- **osseuse** Knochenbiopsie [f.]
- **rénale** Nierenbiopsie [f.]
biotine [f.] Biotin [n.]
bisexualité [f.] Bisexualität [f.]
bisexuel, elle bisexuell
bistouri [m.] Skalpell [n.], Messer [n.]
- **électrique** elektrisches Messer [n.]
B.K. Bacille de Koch
blastémateux, euse blastematös
blastomatose [f.] Blastomatose [f.]
blastome [m.] Blastom [n.]
blastomycose [f.] Blastomykose [f.]
blennorragie [f.] Blennorragie [f.]
blennorrhée [f.] Blennorrhoe [f.]
blépharite [f.] Augenlidentzündung [f.], Blepharitis [f.]
blépharochalasis [f.] Blepharochalasis [f.]
blépharoconjonctivite [f.] Blepharokonjunktivitis [f.]
blépharophimose [f.] Blepharophimose [f.]
blépharoplastie [f.] Blepharoplastik [f.]
blépharoptôse [f.] Blepharoptose [f.]
blépharospasme [m.] Blepharospasmus [m.]
blessure [f.] Wunde [f.], Verletzung [f.]
bloc [m.] Block [m.]
- **alvéolo-capillaire** alveolokapillärer Block [m.]
- **auriculo-ventriculaire** Atrioventrikularblock [m.], AV-Block [m.]
- **auriculo-ventriculaire complet 1er, 2ème, 3ème degré** kompletter AV-Block [m.] 1., 2., 3. Grades
- **auriculo-ventriculaire incomplet** inkompletter AV-Block [m.]
- **de branche** Schenkelblock [m.]
- **de branche droite** Rechtsschenkelblock [m.]
- **de branche droite complet/incomplet** kompletter/inkompletter Rechtsschenkelblock [m.]
- **de branche gauche** Linksschenkelblock [m.]
- **de branche gauche complet/incomplet** kompletter/inkompletter Linksschenkelblock [m.]
- **vertébral** Blockwirbel [m.]
blocage [m.] Blockierung [f.], Blockade [f.]
- **de la pensée** Gedankenblockade [f.]
- **intermaxillaire** Kieferklemme [f.]
- **ventriculaire** ventrikulärer Block [m.]
B.M. Besoin Mictionnel (Harndrang)
B.M.D. Besoin Mictionnel Douloureux (Schmerzhafter Harndrang)
B.M.I. Besoin Mictionnel Impérieux (Imperativer Harndrang)
B.O. 1. Biopsie Osseuse (Knochenbiopsie), 2. Biopsie Ovarienne (Ovarbiopsie)
boîte [f.] crânienne Schädeldach [n.]
boiter hinken
boiterie [f.] Hinken [n.]
B.O.M. Biopsie Ostéo-Médullaire (Knochenmarksbiopsie)
bord [m.] gincival Zahnfleischrand [m.]
borrélia [f.] Borrelia [f.]
borrélliose [f.] Borrelliose [f.]
bosse [f.] Beule [f.], Bukkel [m.], Höcker [m.]
botulisme [m.] Botulismus [m.]
bouche [f.] Mund [m.]
boucher verstopfen, stopfen
bouchon [m.] muqueux Schleimpfropf [m.]
bouffé (le visage) aufgedunsen (das Gesicht)
bouffée [f.] de chaleur Hitzewallung [f.]
bouffée [f.] délirante Wahnanfall [m.]
bouffissure [f.] Aufgedunsenheit [f.]
bouger bewegen
bougie [f.] Bougie [f.], Dehnsonde [f.]
bougirage [m.] Bougierung [f.]
boulimie [f.] Bulimie [f.]
bourdonnement [m.] Summen [n.], Sausen [n.]
- **d'oreille** Ohrensausen [n.]
bourse [f.] 1. Bursa [f.], 2. Hodensack [m.]
- **muqueuse** Schleimbeutel [m.]
bout [m.] de la langue Zungenspitze [f.]
bouton [m.] aortique Aortenknopf [m.]
B.P. Broncho-Pneumonie (Bronchopneumonie)

B.P.A. Broncho-Pneumopathie Aiguë (Akute Bronchopneumopathie)
B.P.A.D. Broncho Pneumopathie Aiguë Dyspnéisante (Akute Dyspnoeische Bronchopneumopathie)
B.P.C.O. Broncho-Pneumopathie Chronique Obstructive (Chronisch-obstruktive Lungenerkrankung COLD)
B.P.O. Broncho-Pneumopathie Obstructive (Obstruktive Lungenerkrankung)
B.P.R. Broncho-Pneumopathie Restrictive (Restriktive Lungenerkrankung)
B.R. Biopsie Rénale (Nierenbiopsie)
Br Brome (Brom Br)
brachial, ale brachial
brachialgie [f.] Brachialgie [f.]
brachycéphalie [f.] Brachyzephalie [f.]
brachydactylie [f.] Brachydaktylie [f.]
brachyoesophage [m.] Brachyösophagus [m.]
bradycardie [f.] Bradykardie [f.]
- **sinusale** Sinusbradykardie [f.]

bradykinésie [f.] Bradykinesie [f.]
bradyphrénie [f.] Bradyphrenie [f.]
bradypnée [f.] Bradypnoe [f.]
brancard [m.] Tragbahre [f.]
branche [f.] (ex.: d'un vaisseau) Ast [m.] (z.B. eines Gefäßes)
bras [m.] Arm [m.]
bride [f.] Bride [f.]
- **mongolique** Mongolenfalte [f.]

brome [m.] Brom [n.]
bronche [f.] Bronchus [m.]
bronche-souche [f.] Stammbronchus [m.]
bronchiectasie [f.] Bronchiektasie [f.]
bronchiole [f.] Bronchiole [f.]
bronchiolite [f.] Bronchiolitis [f.]
bronchite [f.] Bronchitis [f.]
- **aiguë** akute Bronchitis [f.]
- **asthmatiforme** asthmatische Bronchitis [f.]
- **chronique** chronische Bronchitis [f.]
- **chronique obstructive** chronisch obstruktive Bronchitis [f.]

bronchitique bronchitisch
broncho-pulmonaire bronchopulmonär
bronchoconstriction [f.] Bronchokonstriktion [f.]
bronchoconstricteur [m.] Bronchokonstriktor [m.]
bronchodilateur [m.] Bronchodilator [m.]
bronchodilation [f.] Bronchodilation [f.]
bronchographie [f.] Bronchographie [f.]
bronchopathie [f.] Bronchopathie [f.]
bronchopneumonie [f.] Bronchopneumonie [f.]
bronchopneumopathie [f.] Bronchopneumopathie [f.]
bronchoscope [m.] Bronchoskop [n.]
bronchoscopie [f.] Bronchoskopie [f.]
bronchospasme [m.] Bronchospasmus [m.]
bronchospirométrie [f.] Bronchospirometrie [f.]
bronchosténose [f.] Bronchusstenose [f.]
bronchotomie [f.] Bronchotomie [f.]
brucellose [f.] Brucellose [f.]
bruit [m.] de galop Galopprhythmus [m.]
bruit [m.] du coeur Herzton [m.]
brûlure [f.] Brandwunde [f.], Verbrennung [f.]
brûlures [pl./f.] Brennen [n.]
- **épigastriques** Sodbrennen [n.]
- **gastriques** Magenbrennen [n.]
- **mictionnelles** Harnbrennen [n.]

bruxomanie [f.] Bruxomanie [f.]
B.S. Bonne Santé (Gute Gesundheit)
B.S.S.P. Bord Supérieur de la Symphyse Pubienne
B.T. Bilirubine Totale (Gesamtbilirubin)
bubon [m.] Bubo [m.]
buccal, ale bukkal
buccinateur [m.] Backenmuskel [m.]
bulbaire bulbär
bulbe [m.] Bulbus [m.]
- **duodénal** Bulbus [m.] duodeni

bulbisme [m.] Silbenstolpern [n.]
bulle [f.] Blase [f.], Bulla [f.]
bulleux, euse bullös, blasenartig
buphtalmie [f.] Buphthalmus [m.]
bursectomie [f.] Bursektomie [f.]
bursite [f.] Bursitis [f.], Schleimbeutelentzündung [f.]
bursotomie [f.] Bursotomie [f.]
B.W. Bordet Wassermann
byssinose [f.] Byssinose [f.]

C

C. 1. Cancer (Krebs), 2. Celsius
C 1–7 vertèbres cervicales (Halswirbel HWK 1 7)
C.A. 1. Candida Albicans, 2. Canal Artériel (Ductus arteriosus), 3. Cirrhose Alcoolique (Alkoholtoxische Zirrhose CI), 4. Conduction Aérienne (Luftleitung)
Ça [m.] (psychiatrie) Es [n.] (Psychiatrie)
C.A.B. Conjonctivite Aiguë Bactérienne (Akute bakterielle Konjunktivitis)
cabinet [m.] médical Arztpraxis [f.]
cachectique kachektisch

cachexie [f.] Kachexie [f.]
cacosmie [f.] Kakosmie [f.]
cacostomie [f.] Kakostomie [f.]
cæcostomie [f.] Zökostomie [f.]
cæcum [m.] Caecum [n.], Zökum [n.]
cadavre [m.] Leichnam [m.]
cadran [m.] Skala [f.]
caduque [f.] Dezidua [f.]
C.A.E. Conduit Auditif Externe (Äußerer Gehörgang)
cage [f.] thoracique Brustkorb [m.]
C.A.I. Conduit Auditif Interne (Innerer Gehörgang)
caillot [m.] sanguin Blutgerinnsel [n.]
caisse [f.] de tympan Paukenhöhle [f.]
caisse-maladie [f.] Krankenkasse [f.]
cal. Calorie (Kalorie cal)
cal [m.] Kallus [m.], Schwiele [f.]
- **vicieux** Kallus [m.] luxurians

calcanéum [m.] Kalkaneus [m.]
calcémie [f.] Kalzämie [f.]
calciférol [m.] Calciferol [n.]
calcification [f.] Kalzifizierung [f.], Verkalkung [f.]
calcinose [f.] Kalzinose [f.]
calcitonine [f.] Kalzitonin [n.]
calcium [m.] Kalzium [n.]
calciurie [f.] Kalziurie [f.]
calcul [m.] Stein [m.]
- **biliaire** Gallenstein [m.]
- **de l'uretère** Harnleiterstein [m.], Ureterstein [m.]
- **oxalique** Oxalstein [m.]
- **rénal** Nierenstein [m.]
- **salivaire** Speichelstein [m.]
- **vésical** Blasenstein [m.]

calice [m.] Kelch [m.]
- **du rein** Nierenkelch [m.]

calleux, euse kallös
callosité [f.] Schwielenbildung [f.]
calmant [m.] Beruhigungsmittel [n.]
calmer beruhigen
calorie [f.] Kalorie [f.]
calorimétrie [f.] Kalorimetrie [f.]
calotte [f.] crânienne Schädelkalotte [f.]
calvitie [f.] Kahlköpfigkeit [f.]
camisole [f.] de force Zwangsjacke [f.]
campimétrie [f.] Kampimetrie [f.]
canal [m.] Ductus [m.], Gang [m.]
- **biliaire** Gallengang [m.]
- **carpien** Karpaltunnel [m.]
- **cholédoque** Ductus [m.] choledochus
- **cystique** Ductus [m.] cysticus
- **de Botal** Ductus [m.] Botalli
- **de Wharton** Ductus [m.] submandibularis
- **de Wirsung** Wirsung-Gang [m.]
- **épendymaire** Rückenmarkskanal [m.]
- **fémoral** Leistenkanal [m.]
- **hépatique** Ductus [m.] hepaticus
- **inguinal** Canalis [m.] inguinalis
- **intestinal** Darmkanal [m.]
- **lacrymal** Tränengang [m.]
- **pancréatique** Ductus [m.] pancreaticus
- **rachidien** Wirbelkanal [m.]
- **semicirculaire** Bogengang [m.]

cancer [m.] Krebs [m.]
- **ovarien** Ovarialkrebs [m.]
- **du col utérin** Zervixkarzinom [n.]
- **du corps utérin** Korpuskarzinom [n.]
- **du sein** Brustkrebs [m.]
- **en cuirasse** Panzerkrebs [m.]

cancéreux, euse kanzerös
cancérogène [m.] Krebserreger [m.], Karzinogen [n.]
cancérologie [f.] Onkologie [f.]
cancérophobie [f.] Kanzerophobie [f.]
candidat [m.] au doctorat Doktorand [m.]
candidiase [f.] Candidiasis [f.], Candidose [f.]
canine [f.] Eckzahn [m.]
cannabisme [m.] Cannabis-Sucht [f.]
canne [f.] Stock [m.]
canule [f.] Kanüle [f.]
C.Ao Coarctation de l'Aorte (Aortenisthmusstenose CoA)
caogulopathie [f.] Koagulopathie [f.]
- **de consommation** Verbrauchskoagulopathie [f.]

C.A.P. Centre Anti-Poisons
capacité [f.] Kapazität [f.], Fähigkeit [f.], Vermögen [n.]
- **d'absorption** Aufnahmefähigkeit [f.]
- **d'excrétion** Exkretionskapazität [f.]
- **de charge** Belastbarkeit [f.]
- **de résolution** Auflösungsvermögen [n.]
- **fonctionnelle** Leistungsvermögen [n.]
- **inspiratoire** inspiratorische Kapazität [f.]
- **pulmonaire totale** totale Lungenkapazität [f.]
- **résiduelle** Residualkapazität [f.]
- **résiduelle fonctionnelle** funktionelle Residualkapazität [f.]
- **totale** Totalkapazität [f.]
- **vitale** Vitalkapazität [f.]
- **latente de fixation de fer** latente Eisenbindungskapazität [f.]
- **totale de fixation de fer** totale Eisenbindungskapazität [f.]

capillaire kapillär
capillaroscopie [f.] Kapillaroskopie [f.]
C.A.P.S. Claquement Artériel ProtoSystolique

capsulaire kapsulär
capsule [f.] Kapsel [f.]
- **adipeuse du rein** Nierenlager [n.]
- **articulaire** Gelenkkapsel [f.]
- **de Bowman** Bowmann'sche Kapsel [f.]
capteur [m.] Meßsonde [f.]
caractère [m.] Charakter [m.]
- **sexuel** Geschlechtsmerkmal [n.]
- **sexuel primaire** primäres Geschlechtsmerkmal [n.]
- **sexuel secondaire** sekundäres Geschlechtsmerkmal [n.]
carcinogène karzinogen
carcinomateux, euse karzinomatös
carcinomatose [f.] Karzinomatose [f.]
carcinome [m.] Karzinom [n.]
- **différencié** differenziertes Karzinom [n.]
- **embryonnaire** embryonäres Karzinom [n.]
- **épidermoïde** Plattenepithelkarzinom [n.]
- **indifférencié** undifferenziertes Karzinom [n.]
carcinose [f.] Karzinose [f.]
cardia [m.] Kardia [f.]
cardialgie [f.] Kardialgie [f.]
cardiaque kardial
cardiographie [f.] Kardiographie [f.]
cardiologie [f.] Kardiologie [f.]
cardiologue [m.] Kardiologe [m.]
cardiomégalie [f.] Kardiomegalie [f.]
cardiomyopathie [f.] obstructive obstruktive Kardiomyopathie [f.]
cardiomyopathie [f.] dilatative dilatative Kardiomyopathie [f.]
cardiopathie [f.] Herzleiden [n.], Kardiopathie [f.]
- **congénitale** kongenitale-Kardiopathie [f.]
cardioptôse [f.] Herzsenkung [f.]
cardiospasme [m.] Kardiospasmus [m.]
cardiotocographie [f.] Kardiotokographie [f.]
cardiotomie [f.] Kardiotomie [f.]
cardiotoxique kardiotoxisch
cardio-vasculaire kardiovaskulär
cardite [f.] Karditis [f.]
carence [f.] Karenz [f.]
- **en iode** Jodkarenz [f.]
carie [f.] Karies [f.]
- **dentaire** Zahnkaries [f.]
carotide [f.] Carotis [f.]
carpe [m.] Karpus [m.]
cartilage [m.] Knorpel [m.]
- **articulaire** Gelenkknorpel [m.]
- **aryténoïde** Arytenoidknorpel [m.], Stellknorpel [m.]
- **auriculaire** Ohrknorpel [m.]
- **costal** Rippenknorpel [m.]
- **cricoïde** Ringknorpel [m.]
- **de l'oreille** Ohrknorpel [m.]
- **de la trachée** Trachealknorpel [m.]
- **élastique** elastischer Knorpel [m.]
- **fibreux** fibröser Knorpel [m.]
- **hyalin** hyaliner Knorpel [m.]
- **thyroïde** Schildknorpel [m.]
cartilagineux, euse knorpelig
caryocinèse [f.] Karyokinese [f.]
caryogramme [m.] Karyogramm [n.]
caryolyse [f.] Karyolyse [f.]
caryotype [m.] Karyotyp [m.]
cas [m.] Fall [m.]
- **clinique** klinischer Fall [m.]
- **mortel** Todesfall [m.]
caséeux, euse käsig
caséification [f.] Verkäsung [f.]
casque [f.] neurasthénique Kalottenklopfschmerz [m.]
casser (os) brechen (Knochen)
castration [f.] Kastration [f.]
C.A.T. Choline Acétyl-Transférase (Acetylcholin-Transferase)
catabolisme [m.] Katabolismus [m.]
catabolite [m.] Katabolit [m.]
catadynamique (vomissement) schwallartig (Erbrechen)
catalepsie [f.] Katalepsie [f.]
catalepsie-hystérie [f.] hysterische Katalepsie [f.]
catamnèse [f.] Katamnese [f.]
cataplexie [f.] Kataplexie [f.]
cataracte [f.] Katarakt [m.], grauer Star [m.]
- **capsulaire** Kapselstar [m.]
- **lenticulaire** Linsenstar [m.]
- **nucléaire** Kernstar [m.]
- **secondaire** Nachstar [m.]
- **sénile** Altersstar [m.]
- **traumatique** Wundstar [m.]
catarrhal, ale katarrhalisch
catarrhe [m.] Katarrh [m.]
- **vésical** Blasenkatarrh [m.]
catatonie [f.] Katatonie [f.]
catatonique katatonisch
catécholamine [f.] Katecholamin [n.]
cathéter [m.] Katheter [m.]
- **de Nélaton** Nelaton-Katheter [m.]
- **vésical** Blasenkatheter [m.]
cathétérisme [m.] Katheterismus [m.]
- **cardiaque** Herzkatheterismus [m.]
cathode [f.] Kathode [f.]
cauchemar [m.] Alptraum [m.]
caudal, ale kaudal
causalgie [f.] Kausalgie [f.]
cautère [m.] Kauter [m.]

cautérisation [f.] Ätzung [f.], Kauterisation [f.]
C.A.V. Canal Auriculo-Ventriculaire (Atrioventrikularkanal AV-Kanal)
caverne [f.] Kaverne [f.]
caverneux, euse kavernös
cavernome [m.] Kavernom [n.]
cavernoscopie [f.] Kavernoskopie [f.]
cavité [f.] Höhle [f.], Kammer [f.]
- **abdominale** Bauchhöhle [f.]
- **articulaire** Gelenkhöhle [f.]
- **buccale** Mundhöhle [f.]
- **du coeur** Herzkammer [f.]
- **du col utérin** Zervixkanal [m.]
- **intestinale** Darmhöhle [f.]
- **médullaire** Markhöhle [f.]
- **pelvienne** Beckenraum [m.]
- **péricardiaque** Perikardhöhle [f.]
- **péritonéale** Peritonealhöhle [f.]
- **pleurale** Pleurahöhle [f.]
- **pulpaire** Pulpahöhle [f.]
- **thoracique** Brusthöhle [f.]

cavographie [f.] Kavographie [f.]
C.B. Cervico-Brachialgie (Zervikobrachialsyndrom)
C.B.G. Corticoid Binding Globulin
C.B.H. Syndrome de Claude Bernard Horner
C.B.U. CytoBactériologie Urinaire (Urinstatus)
C.C. Syndrome de Canal Carpien (Karpaltunnelsyndrom)
C.C.A. 1. Colon Carcinoma Antigen, 2. Chondrocalcinose Articulaire
C.C.C. Cardiopathie Congénitale Cyanogène (Angeborener zyanotischer Herzfehler)
C.C.G. Colpo-CystoGramme
C.C.H. Concentration Corpusculaire en Hémoglobine (Korpuskuläre Hämoglobin Konzentration)
C.C.M.H. Concentration Corpusculaire Moyenne en Hémoglobine (Mittlere korpuskuläre Hämoglobin Konzentration MCHC)
C.C.M. Comédo-Carcinome Mammaire
C.C.V. Collapsus Cardio Vasculaire (Kreislaufkollaps)
C.E. 1. Corps Etranger (Fremdkörper), 2. Carcinome Epidermoïde, 3. Carotide Externe (Carotis externa)
C.E.C. Circulation Extracorporelle
cécité [f.] Blindheit [f.]
- **corticale** Rindenblindheit [f.]
- **de neige** Schneeblindheit [f.]
- **nocturne** Nachtblindheit [f.]
- **psychique** Seelenblindheit [f.]

C.E.H. Cycle Entéro Hépatique (Enterohepatischer Kreislauf)
ceinture [f.] pelvienne Bekkengürtel [m.]
ceinture [f.] scapulaire Schultergürtel [m.]
cellulaire zellulär
cellule [f.] Zelle [f.]
- **de défense** Abwehrzelle [f.]
- **de Kupffer** Kupffersche Sternzelle [f.]
- **géante** Riesenzelle [f.]
- **germinale** Keimzelle [f.]
- **nerveuse** Nervenzelle [f.]

cellule-cible [f.] Target-Zelle [f.]
cellules [pl./f.] des ilots Inselzellen [pl./f.]
cellulite [f.] Zellulitis [f.]
centre [m.] Zentrum [n.]
- **d'idéation** Denkzentrum [n.]
- **de coordination** Koordinationszentrum [n.]
- **de l'écriture** motorisches Schreibzentrum [n.]
- **de l'éjaculation** Ejakulationszentrum [n.]
- **de l'érection** Erektionszentrum [n.]
- **de la parole** Sprachzentrum [n.]
- **de réception auditive** Hörzentrum [n.]
- **moteur** motorisches Zentrum [n.]
- **moteur du langage articulé** motorisches Sprachzentrum [n.]
- **nerveux** Nervenzentrum [n.]
- **psychomoteur** psychomotorisches Zentrum [n.]
- **réflexe** Reflexzentrum [n.]
- **respiratoire** Atemzentrum [n.]
- **spasmogène** Krampfzentrum [n.]
- **visuel** Sehzentrum [n.]

centrifugation [f.] Zentrifugierung [f.]
centrifuger zentrifugieren
céphalée [f.] Kopfschmerz [m.], Cephalgia [f.]
- **nuchale** Nackenkopfschmerz [f.]

céphalhématome [m.] Kephalhämatom [n.]
céphaline [f.] Kephalin [n.]
cerclage [m.] Drahtumschnürung [f.], Cerclage [f.]
cercle [m.] de Waldeyer Waldeyersche Rachenring [m.]
cérébelleux zerebellar
cérébral, ale zerebral
cérébromalacie [f.] Zerebromalazie [f.]
certificat [m.] Bescheinigung [f.], Attest [n.]
- **de décès** Totenschein [m.]
- **médical** medizinisches Attest [n.]

certifier bescheinigen
céruléoplasmine [f.] Zöruloplasmin [n.]
cérumen [m.] Ohrschmalz [m.], Zerumen [n.]
cerveau [m.] Gehirn [n.]
- **antérieur** Vorderhirn [n.]
- **moyen** Mittelhirn [n.]

- **postérieur** Nachhirn [n.]
cervelet [m.] Kleinhirn [n.], Zerebellum [n.]
cervical, ale zervikal
cervicarthrose [f.] Zervikarthrose [f.]
cervicite [f.] Zervizitis [f.]
césarienne [f.] Kaiserschnitt [m.], Sectio [f.]
cétoacidose [f.] Ketoazidose [f.]
cétogenèse [f.] Ketogenese [f.]
cétonurie [f.] Ketonurie [f.]
cétose [f.] Ketose [f.]
cétostéroïde [m.] Ketosteroid [n.]
cétosurie [f.] Ketosurie [f.]
C.E.U. Contraception Extra-Utérine
C.F. Complément Fixation (Komplementbindung)
C.F.C. Certificat Final de Consolidation
C.F.G. Certificat Final de Guérison
C.F.T. Complément Fixation Test (Komplementbindungsreaktion KBR)
C.G.H. Concentration Globulaire en Hémoglobine (Korpuskuläre Hämoglobinkonzentration)
C.G.M.H. Concentration Globulaire Moyenne en Hémoglobine (Mittlere korpuskuläre Hämoglobin Konzentration MCHC)
C.H. Concentration de l'Hémoglobine
C.H.A. Cirrhose Hépatique Active (Aktive Leberzirrhose)
chair [f.] de poule Gänsehaut [f.]
chalazion [m.] Chalazion [n.], Hagelkorn [n.]
chaleur [f.] Wärme [f.]
chambre [f.] antérieure de l'oeil vordere Augenkammer [f.]
chambre [f.] des médecins Ärztekammer [f.]
chambre [f.] postérieure de l'oeil hintere Augenkammer [f.]
champ [m.] Feld [n.]
- **de fixation** Blickfeld [n.]
- **opératoire** Operationsfeld [n.]
- **pulmonaire** Lungenfeld [n.]
- **visuel** Gesichtsfeld [n.]
chancre [m.] Geschwür [n.], Schanker [m.]
- **mou** weicher Schanker [m.]
changement [m.] Veränderung [f.], Wechsel [m.]
chapelet [m.] costal rachitischer Rosenkranz [m.]
charbon [m.] Karbunkel [m.]
- **pulmonaire** Lungenmilzbrand [m.]
charge [f.] Belastung [f.]
charnu, e (ex.: lèvres) fleischig (z.B. Lippen)
chatouillement [m.] Kitzeln [n.]
chaud, e warm
chaudepisse [f.] Tripper [m.]
C.H.C. Carcinome Hépato Cellulaire (Hepatozelluläres Karzinom)
Ch.E. Cholestérol Estérifié
chéilite [f.] Cheilitis [f.]
chéiloplastie [f.] Cheiloplastik [f.], Lippenplastik [f.]
chéiloschisis [m.] Cheiloschisis [f.]
chéirospasme [m.] Cheirospasmus [m.]
chélateur [m.] Chelatbildner [m.]
chéloïde [f.] Keloid [n.]
chémosis [m.] Chemosis [f.]
chevauchement [m.] Überlagerung [f.]
chevelu, e (tête) behaart (Kopf)
cheveu [m.] (Kopf-)Haar [n.]
cheville [f.] Fußknöchel [m.]
chiasma [m.] optique Chiasma [n.] opticum
chimiorécepteur [m.] Chemorezeptor [m.]
chimiosensible chemosensibel
chimiotaxie [f.] Chemotaxie [f.]
chimiothérapie [f.] Chemotherapie [f.]
chiromégalie [f.] Chiromegalie [f.]
chiropractie [f.] Chiropraktik [f.]
chirurgie [f.] Chirurgie [f.]
- **abdominale** Abdominalchirurgie [f.]
- **cardiaque** Herzchirurgie [f.]
- **digestive** Abdominalchirurgie [f.]
- **du cerveau** Gehirnchirurgie [f.]
- **esthétique de la face** Gesichtschirurgie [f.]
- **générale** Allgemeinchirurgie [f.]
- **pédiatrique** Kinderchirurgie [f.]
- **plastique** plastische Chirurgie [f.]
- **thoracique** Thoraxchirurgie [f.]
- **vasculaire** Gefäßchirurgie [f.]
chirurgien [m.] Chirurg [m.]
chloasme [m.] Chloasma [n.]
- **syphilitique** Chloasma [n.] lueticum
chlore [m.] Chlor [n.]
choane [f.] Choane [f.]
choc [m.] Schock [m.]
- **anaphylactique** anaphylaktischer Schock [m.]
- **de la pointe du coeur** Herzspitzenstoß [m.]
- **hémorragique** hämorrhagischer Schock [m.]
- **opératoire** Operationsschock [m.]
- **septique** septischer Schock [m.]
cholagogue [m.] Cholagogum [n.]
cholangiectasie [f.] Gallengangserweiterung [f.]
cholangio-pancréatographie [f.] rétrograde endoscopique Endoskopische retrograde Cholangiopankreatographie [f.]
cholangiographie [f.] Cholangiographie [f.]

- **percutanée transhépatique** Perkutane transhepatische Cholangiographie [f.]
- **rétrograde endoscopique** Endoskopische retrograde Cholangiographie [f.]

cholangiome [m.] Cholangiom [n.]
cholangiopathie [f.] Cholangiopathie [f.]
cholangite [f.] Cholangitis [f.]
cholécalciférol [m.] Cholecalciferol [n.]
cholécystectomie [f.] Cholezystektomie [f.]
cholécystite [f.] Cholezystitis [f.], Gallenblasenentzündung [f.]
cholécysto-duodénostomie [f.] Cholezystoduodenostomie [f.]
cholécystographie [f.] Cholezystographie [f.]
cholécystolithiase [f.] Cholezystolithiasis [f.]
cholécystopathie [f.] Cholezystopathie [f.]
cholécystotomie [f.] Cholezystotomie [f.]
cholédochocèle [f.] Choledochuszyste [f.]
cholédocho-duodénostomie [f.] Choledochoduodenostomie [f.]
cholédochographie [f.] Choledochographie [f.]
cholédocholithiase [f.] Choledocholithiasis [f.]
cholédochotomie [f.] Choledochotomie [f.]
cholédoque [m.] Choledochus [m.]
cholégraphie [f.] Cholegraphie [f.]
cholélithiase [f.] Cholelithiasis [f.]
cholélithotomie [f.] Cholelithotomie [f.]
cholémie [f.] Cholämie [f.]
cholépéritoine [m.] Choleperitoneum [n.]
choléra [m.] Cholera [f.]
cholérèse [f.] Cholerese [f.]
cholérétique [m.] Choleretikum [n.]
choléstase [f.] Cholestase [f.]
cholestéatome [m.] Cholesteatom [n.]
cholestérase [f.] Cholesterinesterase [f.]
cholestérol [m.] Cholesterin [n.]
cholestérose [f.] Cholesterose [f.]
choline-acétyl-transférase [f.] Azetylcholintransferase [f.]
cholinergique cholinerg
cholinestérase [f.] Cholinesterase [f.]
cholopathie [f.] Cholangie [f.]
chondral, ale chondral
chondrectomie [f.] Chondrektomie [f.]
chondrification [f.] Knorpelbildung [f.]
chondrite [f.] Chondritis [f.]
chondroblastome [m.] Chondroblastom [n.]
chondrocalcinose [f.] Chondrokalzinose [f.]
chondrocarcinome [m.] Chondrokarzinom [n.]
chondrocyte [m.] Chondrozyt [m.]
chondrodystrophie [f.] Chondrodystrophie [f.]
chondrofibrome [m.] Chondrofibrom [n.]
chondromalacie [f.] Chondromalazie [f.]
chondrome [m.] Chondrom [n.]
chondrosarcome [m.] Chondrosarkom [n.]
chondrotomie [f.] Chondrotomie [f.]
chordome [m.] Chordom [n.]
chorée [f.] Chorea [f.]
- **de Huntington** Huntingtonsche Chorea [f.]

choriocarcinome [m.] Choriokarzinom [n.]
choriocentèse [f.] Chorionzottenbiopsie [f.]
chorion [m.] Chorion [n.]
chorio-rétinite [f.] Chorioretinitis [f.]
choroïde [f.] Choroidea [f.]
choroïdite [f.] Choroiditis [f.]
C.H.R. Centre Hospitalier Régional
chromaffine chromaffin
chromatine [f.] Chromatin [n.]
chromatographie [f.] Chromatographie [f.]
chromatolyse [f.] Chromatolyse [f.]
chromatophobie [f.] Chromatophobie [f.]
chromatopsie [f.] Chromatopsie [f.]
chromosome [m.] Chromosom [n.]
chromosomique Chromosomen-, chromosomal
chronicité [f.] Chronizität [f.]
chronique chronisch
chronomètre [m.] Chronometer [n.]
chronopharmacologie [f.] Chronopharmakologie [f.]
chronotoxicologie [f.] Chronotoxikologie [f.]
Ch.T. Cholestérol Total
C.H.U. Centre Hospitalier Universitaire
chuchoter flüstern
chute [f.] Fall [m.], Sturz [m.]
- **des cheveux** Haarausfall [m.]

chyle [m.] Chylus [m.]
chylothorax [m.] Chylothorax [m.]
chylurie [f.] Chylurie [f.]
chymotripsine [f.] Chymotripsin [n.]
C.I. 1. Carotide Interne (Carotis interna), 2. Contre Indication (Kontraindikation), 3. Capacité Inspiratoire (Einatmungskapazität)
Ci Curie
C.I.A. 1. Communication Inter-Auriculaire (Vorhofsptumdefekt ASD), 2. Contre Indication Absolue (Absolute Kontraindikation)

C.I.A.V. Communication Inter-AuriculoVentriculaire (Kompletter AVKanal)
C.I.C. Cellules Immunologiquement Compétentes
cicatrice [f.] Narbe [f.]
cicatrisation [f.] Vernarbung [f.]
cicatriser vernarben
cil [m.] Wimper [f.]
cinèse [f.] Kinesis [f.]
cinésiologie [f.] Kinesiologie [f.]
cinésithérapie [f.] Kinesiotherapie [f.]
cinétique kinetisch
cinétose [f.] Kinetose [f.]
C.I.R. Contre Indication Rélative (Relative Kontraindikation)
circoncision [f.] Beschneidung [f.], Zirkumzision [f.]
circonvolution [f.] Gyrus [m.], Hirnwindung [f.]
- pariétale ascendante Gyrus [m.] centralis posterior
- frontale ascendante Gyrus [m.] centralis anterior
circulaire [f.] du cordon Nabelschnurumschlingung [f.]
circulation [f.] Kreislauf [m.], Zirkulation [f.]
- collatérale Kollateralkreislauf [m.]
- du sang Blutkreislauf [m.]
- extracorporelle extrakorporaler Kreislauf [m.]
- foetale fetaler Kreislauf [m.]
- placentaire Plazentakreislauf [m.]
- portale Pfortaderkreislauf [m.]
- pulmonaire Lungenkreislauf [m.]
circulatoire zirkulatorisch
cirrhose [f.] Zirrhose [f.]
- alcoolique Alkoholzirrhose [f.]
- biliaire biliäre Zirrhose [f.]
- du foie Leberzirrhose [f.]
cirrhotique zirrhotisch
C.I.S. Carcinome in Situ
ciseaux [pl./m.] Schere [f.]
cisternographie [f.] Zisternographie [f.]
cisternotomie [f.] Zisternotomie [f.]
C.I.T.E. Carence Immunitaire T Epidémique
citerne [f.] Zisterne [f.]
- basale Basalzisterne [f.]
C.I.U. Contraception Intra-Utérine
C.I.V. Communication Inter-Ventriculaire (Ventrikelseptumdefekt VSD)
C.I.V.D. Coagulation Intravasculaire Disséminée (Disseminierte Intravasale Gerinnung DIC)
C.I.V.E.T. Céphalée-Insomnie-VertigesEpistaxis-Température
C.L. Compliance Pulmonaire (Lungencompliance)
Cl Chlore (Chlor Cl)
clairance [f.] Clearance [f.]
-à l'inuline Inulin-Clearance [f.]
clamp [m.] Klammer [f.]
clamper (ex.: un vaisseau) abklemmen (z.B. ein Gefäß)
clapet [m.] Klappe [f.]
claquement [m.] valvulaire Klappenton [m.]
claudication [f.] intermittente Claudicatio [f.] intermittens
claustrophobie [f.] Klaustrophobie [f.]
clavicule [f.] Klavicula [f.], Schlüsselbein [n.]
cléidotomie [f.] Kleidotomie [f.]
cleptomane [m.] Kleptomane [m.]
cleptomanie [f.] Kleptomanie [f.]
C.L.F. Capacité Latente de Fixation de Fer (Latente Eisenbindungskapazität EBK)
clignement [m.] spasmodique klonischer Lidkrampf [m.]
cligner blinzeln
clignoter des yeux mit den Augenlidern zucken
climatère [m.] Klimakterium [n.]
clinicien [m.] Kliniker [m.]
clinique klinisch
clinique [f.] Klinikum [n.], Klinik [f.]
clip [m.] Clip [m.]
clitoris [m.] Klitoris [f.]
cloison [f.] Scheidewand [f.]
- nasale Nasenscheidewand [f.]
clonique klonisch
clonus [m.] Klonus [m.]
- de la rotule Patellaklonus [m.]
clou [m.] Nagel [m.]
- centro-médullaire à zentromedullärer
verrouillage Verriegelungsnagel [m.]
C.M. 1. Chancre Mou (Weicher Schanker), 2. Confusion Mentale (Geistige Verwirrung), 3. Cystographie Mictionnelle
C.M.A. Concentration Maximale Admissible (Maximal zulässige Konzentration MAK)
C.M.B. Concentration Minimale Bactéricide (Minimal bactericidal concentration MBC)
C.M.I. Concentration Maximale Inhibitrice
C.m.I. Concentration Minimale Inhibitrice
C.M.L. ChorioMéningite Lymphocytaire (Lymphozytäre Choriomeningitis LCM)
C.M.O. CardioMyopathie Obstructive (Hypertrophe obstruktive Kardiomyopathie HOCM)
C.M.P. Concentration Maximale Permise
C.m.P. Concentration minimale Permise
C.N.A.M. Caisse Nationale de l'Assurance Maladie
Co Cobalt (Kobalt)
coagulant [m.] Gerinnungsmittel [n.], Koagulantium [n.]
coagulation [f.] Gerinnung [f.], Koagulation [f.]

-intravasculaire disséminée Disseminierte intravasale Gerinnung [f.]
coagulopathie [f.] Koagulopathie [f.]
- **de consommation** Verbrauchskoagulopathie [f.]
coagulum [m.] Koagulum [n.]
coarctation [f.] de l'aorte Aortenisthmusstenose [f.]
cobalt [m.] Kobalt [n.]
cobalthérapie [f.] Kobalttherapie [f.]
coccygodynie [f.] Kokzygodynie [f.]
cochléaire kochleär
cochlée [f.] Cochlea [f.]
code [m.] génétique genetischer Code [m.]
codéine [f.] Kodein [n.]
coefficient [m.] Koeffizient [m.]
coelioscopie [f.] Zölioskopie [f.]
coenzyme [m.] Coenzym [n.]
coeur [m.] Herz [n.]
- **en bouteille** Flaschenherz [n.]
- **en sabot** Holzschuhherz [n.]
- **gras** Herzverfettung [f.]
- **mitral** Kugelherz [n.]
- **mobile** Wanderherz [n.]
- **pulmonaire** Cor [n.] pulmonale
- **pulmonaire aigu** akutes Cor [n.] pulmonale
- **pulmonaire chronique** chronisches Cor [n.] pulmonale
coiffe [f.] des rotateurs Rotatorenmanschette [f.]
coincer (ex.: un doigt etc.) einklemmen (z.B. Finger etc.)
coït [m.] Beischlaf [m.], Koitus [m.]
col [m.] Hals [m.]
- **du fémur** Schenkelhals [m.]
- **de la vessie** Blasenhals [m.]
- **utérin** Gebärmutterhals [m.], Zervix [f.]
colectomie [f.] Kolektomie [f.]
colique Dickdarm-
colique [f.] Kolik [f.]
- **hépatique** Gallenkolik [f.]
- **intestinale** Darmkolik [f.]
- **nerveuse** Darmkrampf [m.]
- **néphrétique** Nierenkolik [f.]
colite [f.] Colitis [f.]
- **ulcéreuse** Colitis [f.] ulcerosa
collagène [f.] Kollagen [n.]
collagénose [f.] Kollagenose [f.]
collapsus [m.] Kollaps [m.]
collatéral, ale Kollateral-
colloïde [m.] Kolloid [n.]
collyres [pl./m.] Augentropfen [pl./m.]
colmatage [f.] Verstopfung [f.]
colmater verstopfen
colobome [m.] Kolobom [n.]
côlon [m.] Kolon [n.]
- **irritable** irritables Kolon [n.]
colonne [f.] vertébrale Wirbelsäule [f.]
colonoscopie [f.] Kolonoskopie [f.]
coloration [f.] Färbung [f.]
- **anormale de l'urine** Harnverfärbung [f.]
- **de Giemsa** Giemsa-Färbung [f.]
- **de Gram** Gram-Färbung [f.]
colorimétrie [f.] Kolorimetrie [f.]
coloscopie [f.] Koloskopie [f.]
colostomie [f.] Kolostomie [f.]
colostrum [m.] Kolostrum [n.]
colpite [f.] Kolpitis [f.]
colpocèle [f.] Kolpozele [f.]
colpocystocèle [f.] Kolpozystozele [f.]
colpocystoplastie [f.] Kolpozystoplastik [f.]
colpocytologie [f.] Kolpozytologie [f.]
colpo-périnéoplastie [f.] Kolpoperineoplastik [f.]
colpo-périnéorraphie [f.] Kolpoperineo(r)raphie [f.]
colpopexie [f.] Kolpopexie [f.]
colpoplastie [f.] Kolpoplastik [f.]
colporraphie [f.] Kolporraphie [f.]
colposcopie [f.] Kolposkopie [f.]
C.O.M. Claquement d'Ouverture de la Mitrale (Mitralöffnungston MÖT)
coma [m.] Koma [n.]
- **alcoolique** alkoholisches Koma [n.]
- **diabétique** diabetisches Koma [n.]
- **hépatique** hepatisches Koma [n.]
- **hypo/hyperglycémique** hypo/hyperglykämisches Koma [n.]
- **urémique** urämisches Koma [n.]
- **vigile** vigiles Koma [n.]
comateux, euse komatös
comédon [m.] Komedo [m.]
commissure [f.] Kommissur [f.]
commisurotomie [f.] Kommisurotomie [f.]
commotion [f.] Kommotion [f.]
- **cérébrale** Commotio [f.] cerebri, Gehirnerschütterung [f.]
communication [f.] interauriculaire Vorhofseptumdefekt [m.] (ASD)
communication [f.] interventriculaire Ventrikelseptumdefekt [m.] (VSD)
compartiment [m.] extracellulaire Extrazellularraum [m.]
compartiment [m.] intracellulaire Intrazellularraum [m.]
compatibilité [f.] Kompatibilität [f.], Verträglichkeit [f.]
compensation [f.] Kompensation [f.]
- **des liquides** Flüssigkeitsersatz [m.]
compenser kompensieren

complément [m.] Komplement [n.]
complexe [m.] Komplex [m.]
- **d'Oedipe** Ödipuskomplex [m.]
- **immun** Immunkomplex [m.]
- **immun circulant** zirkulierender Immunkomplex [m.]
- **primaire** Primärkomplex [m.]
- **QRS** QRS-Komplex [m.]
compliance [f.] Compliance [f.]
- **pulmonaire** Lungencompliance [f.]
complication [f.] Komplikation [f.]
comportement [m.] Verhalten [n.]
- **sexuel** Geschlechtsverhalten [n.]
compréhension [f.] Verständnis [f.]
compresse [f.] Kompresse [f.], Umschlag [m.]
compression [f.] Kompression [f.]
-**cérébrale** Gehirnkompression [f.]
comprimé [m.] Tablette [f.]
comprimer komprimieren
compte [m.] d'Addis Addis-Count [m.]
compulsion [f.] de répétition Wiederholungszwang [m.]
concave konkav
concavité [f.] Konkavität [f.]
concentration [f.] Konzentration [f.]
- **en hémoglobine** Hämoglobinkonzentration [f.]
- **maximale admise** maximal zulässige Konzentration [f.]
- **sanguine** Blutkonzentration [f.]
- **corpusculaire en hémoglobine** korpuskuläre Hämoglobinkonzentration [f.]
- **corpusculaire moyenne en hémoglobine** Mittlere korpuskuläre Hämoglobin Konzentration [f.] (MCHC)
- **globulaire moyenne en hémoglobine** Mittlere korpuskuläre Hämoglobinkonzentration [f.]
concentrique konzentrisch
conception [f.] Konzeption [f.], Empfängnis [f.]
concomitant, ante Begleit-
concrétion [f.] Konkrement [n.]
condensation [f.] Kondensation [f.], Verdichtung [f.]
conditionnement [m.] Konditionierung [f.]
conditionner konditionieren
conduction [f.] aérienne Luftleitung [f.]
conduction [f.] osseuse Knochenleitung [f.]
conduit [m.] auditif Gehörgang [m.]
- **externe** äußerer Gehörgang [m.]
- **interne** innerer Gehörgang [m.]
conduit [m.] vésical Blasengang [m.]
conduit [m.] vitellin Dottergang [m.]
conduite [f.] Betragen [n.], Verhalten [n.]
condyle [m.] Kondylus [m.]
condylomatose [f.] Kondylomatose [f.]
condylome [m.] Kondylom [n.]
cône [m.] Konus [m.]
confabulation [f.] Konfabulation [f.]
confusion [f.] Verwirrtheit [f.]
- **mentale** geistige Verwirrtheit [f.]
congénital, ale angeboren, kongenital
congestion [f.] Kongestion [f.]
coniose [f.] Koniose [f.]
conisation [f.] Konisation [f.]
conjonctive [f.] Bindehaut [f.], Konjunktive [f.]
conjonctivite [f.] Bindehautentzündung [f.], Konjunktivitis [f.]
- **à inclusion** EinschlußkörperchenKonjunktivitis [f.]
- **vernale** Konjunktivitis [f.] vernalis
conjugué, ée konjugiert
connaissance [f.] Bewußtsein [n.]
consanguinité [f.] Blutsverwandschaft [f.]
conscience [f.] Bewußtsein [n.]
- **de soi** Selbstbewußtsein [n.]
conscient, iente bewußt
consistance [f.] Konsistenz [f.]
consolidation [f.] Konsolidierung [f.]
consomption [f.] Auszehrung [f.]
constant, ante (ex.: douleurs) andauernd (z.B. Schmerzen), konstant
constipation [f.] Obstipation [f.], Verstopfung [f.]
constipé, ée verstopft
constitution [f.] Beschaffenheit [f.], Konstitution [f.]
constriction [f.] Einschnürung [f.], Konstriktion [f.]
consultation [f.] Konsultation [f.], Sprechstunde [f.]
contact [m.] Berührung [f.], Kontakt [m.]
contage [m.] Ansteckungsstoff [m.]
contagieux, ieuse ansteckend
contagion [f.] Ansteckung [f.]
contagiosité [f.] Kontagiosität [f.]
contamination [f.] Kontamination [f.]
contaminer anstecken
contenu [m.] de la pensée Denkinhalt [m.]
contraceptif [m.] Kontrazeptivum [n.]
contraception [f.] Kontrazeption [f.], Verhütung [f.]
- **extrautérine** extrauterine Kontrazeption [f.]

- **intrautérine** intrauterine Kontrazeption [f.]
contractilité [f.] Kontraktilität [f.]
contraction [f.] Kontraktion [f.]
contracture [f.] Kontraktur [f.]
contrainte [f.] Zwang [m.]
contre-indication [f.] Kontraindikation [f.]
controlatéral, ale kontralateral
contrôle [m.] Kontrolle [f.]
- **des naissances** Geburtenkontrolle [f.]
- **ultérieur** Nachkontrolle [f.]
contusion [f.] Kontusion [f.], Quetschung [f.], Prellung [f.]
- **cérébrale** Gehirnprellung [f.], Contusio [f.] cerebri
convalescence [f.] Rekonvaleszenz [f.]
convergence [f.] Konvergenz [f.]
convergent, ente konvergent
conversion [f.] Umstellung [f.], Umwandlung [f.], Konversion [f.]
- **hystérique** Konversionshysterie [f.]
- **sérologique** Serumumwandlung [f.]
convexe konvex
convexité [f.] Konvexität [f.]
convulsion [f.] Konvulsion [f.], Krampf [m.]
- **jacksonienne** Jackson-Anfall [m.]
coordination [f.] Koordination [f.]
coprolithe [m.] Kotstein [m.], Koprolith [m.]
coprophilie [f.] Koprophilie [f.]
coprostase [f.] Koprostase [f.]
coqueluche [f.] Keuchhusten [m.]
corde [f.] vocale Stimmband [n.]
cordectomie [f.] Stimmbandentfernung [f.]
cordon [m.] Strang [m.], Schnur [f.]
- **antérieur** Vorderstrang [m.]
- **latéral** Seitenstrang [m.]
- **ombilical** Nabelschnur [f.]
- **postérieur** Hinterstrang [m.]
- **spermatique** Samenstrang [m.]
corectopie [f.] Korektopie [f.]
cornage [m.] Keuchen [n.], Stridor [m.]
corne [f.] antérieure Vorderhorn [n.]
corne [f.] postérieure Hinterhorn [n.]
cornée [f.] Kornea [f.]
cornet [m.] du nez Nasenmuschel [f.]
cornification [f.] Verhornung [f.]
coronaire Koronar-
coronarographie [f.] Koronarographie [f.]
corps [m.] Körper [m.], Corpus [n.]
- **calleux** Corpus [n.] callosum
- **caverneux** Corpus [n.] cavernosum
- **ciliaire** Ziliarkörper [m.]
- **de Heinz** Heinz'scher Innenkörper [m.]
- **de l'utérus** Corpus [n.] uteri
- **étranger** Fremdkörper [m.]
- **hyalin de Mallory** Mallory-Körperchen [n.]
- **jaune** Gelbkörper [m.]
- **strié** Corpus [n.] striatum
- **vertébral** Wirbelkörper [m.]
- **vitré** Glaskörper [m.]
corps [pl./m.] cétoniques Ketonkörper [pl./m.]
corpusculaire korpuskulär
corpuscule [m.] de Barr Barr-Körperchen [n.]
cortex [m.] Kortex [m.]
cortical, ale kortikal
corticoïde [m.] Kortikoid [n.]
corticorésistance [f.] Kortikoidresistenz [f.]
corticostéroïde [m.] Kortikosteroid [n.]
corticosurrénale [f.] Nebennierenrinde [f.]
cortisol [m.] Kortisol [n.]
cortisone [f.] Kortison [n.]
coryza [m.] Schnupfen [m.]
costal, ale Rippen-
costotomie [f.] Kostotomie [f.]
côte [f.] Rippe [f.]
- **cervicale** Halsrippe [f.]
cou [m.] Hals [m.]
couche [f.] Schicht [f.]
- **pigmentaire rétinienne** Pigmentepithelschicht [f.]
coude [m.] Ellbogen [m.]
couenneux, euse schwatig
couleur [f.] Farbe [f.]
- **de la peau** Hautfarbe [f.]
coumarine [f.] Cumarin [n.]
coup [m.] de chaleur Hitzschlag [m.]
coup [m.] de soleil Sonnenstich [m.]
couper abschneiden, wegschneiden
coupes [pl./f.] en série Serienschnitte [pl./m.]
coupole [f.] diaphragmatique Zwerchfellkuppel [f.]
coupure [f.] Schnittwunde [f.]
courant [m.] sanguin Blutstrom [m.]
courbature [f.] Muskelkater [m.]
courbe [f.] de Gauss Gauss-Kurve [f.]
courbe [f.] pondérale Gewichtskurve [f.]
courbure [f.] Krümmung [f.]
- **lombaire** Lendenwirbelsäulenkrümmung [f.]
- **longitudinale du pied** Fußlängsgewölbe [n.]
- **transversale du pied** Fußquergewölbe [n.]
court-circuit [m.] Shunt [m.]
coxa [f.] valga Coxa [f.] valga
coxa [f.] vara Coxa [f.] vara

coxarthrose [f.] Coxarthrose [f.]
coxite [f.] Coxitis [f.]
C.P.A. Coeur Pulmonaire Aigu (Akutes Cor pulmonale)
C.P.C. Coeur Pulmonaire Chronique (Chronisches Cor pulmonale)
Cp.C.T. Compliance de la Cage Thoracique (Brustkorbausdehnung)
C.P.F. Cancer Primitif du Foie
C.P.H. Cirrhose Post-Hépatique
C.P.K. Créatine Phospho-Kinase (Kreatin-Phospho-Kinase CPK)
C.P.R. Cholangio-Pancréatographie Rétrograde
C.P.R.E. Cholangio-Pancréatographie Rétrograde Endoscopique (Endoskopische retrograde Cholangio-Pankreatographie (ERCP)
C.P.T. 1. Capacité Pulmonaire Totale (Totale Lungenkapazität TLK), 2. Capacité de Travail Physique (Körperliche Arbeitsfähigkeit), 3. Cholangiographie Percutanée Transhépatique (Perkutane transhepatische Cholangiographie PTC)
C.P.U.E. Capacité Pulmonaire Utilisable à l'Effort
C.R. Capacité Résiduelle (Residualkapazität RK)
crachat [m.] Sputum [n.]
crampe [f.] Krampf [m.]
- **des écrivains** Schreibkrampf [m.]
- **des muscles du mollet** Wadenkrampf [m.]
- **musculaire** Muskelkrampf [m.]

crâne [m.] Schädel [m.]
- **cérébral** Hirnschädel [m.]
- **en sablier** Sanduhrschädel [m.]
- **facial** Gesichtsschädel [m.]

craniométrie [f.] Kraniometrie [f.]
craniopharyngiome [m.] Kraniopharyngiom [n.]
craniosténose [f.] Kraniostenose [f.]
craniosynostose [f.] Kraniosynostose [f.]
craniotomie [f.] Kraniotomie [f.]
craquement [m.] pleural Pleuraknarren [n.]
crase [f.] sanguine Blutgerinnung [f.]
C.R.E. Cholangiographie Rétrograde Endoscopique (Endoskopische retrograde Cholangiographie ERC)
C.R.E.P. Cholangiographie Rétrograde Endoscopique de la Papille
créatine [f.] Kreatin [n.]
créatine-phosphokinase [f.] Kreatinphosphokinase [f.]
créatinémie [f.] Kreatinämie [f.]
créatinine [f.] Kreatinin [n.]
créatinurie [f.] Kreatinurie [f.]
crépitation [f.] Krepitation [f.]
crépitement [m.] Knistern [n.]
crépiter knistern
crétinisme [m.] Kretinismus [m.]
creux [m.] de l'aisselle Achselhöhle [f.]
creux [m.] poplité Kniekehle [f.]
creux [m.] sus-claviculaire Supraklavikulargrube [f.]
crevasse [f.] Schrunde [f.]
C.R.F. 1. Corticotropin Releasing Factor, 2. Capacité Résiduelle Fonctionnelle (Funktionelle ResidualKapazität FRK)
crier schreien
crise [f.] 1. Anfall [m.], 2. Krise [f.]
- **cardiaque** Herzanfall [m.]
- **convulsive fébrile** Fieberkrampf [m.]
- **de nerfs** Nervenkrise [f.]
- **hypertensive** hypertensive Krise [f.]

crispation [f.] Verkrampfung [f.]
crisper verkrampfen, zusammenziehen
cristallin [m.] Augenlinse [f.]
crochet [m.] Haken [m.]
- **à peau** Hauthaken [m.]

croissance [f.] Wachstum [n.]
croquer zerkauen, zerbeißen
crosse [f.] aortique Aortenbogen [m.]
croup [m.] Krupp [m.]
croûte [f.] Kruste [f.]
- **de lait** Milchschorf [m.]

crouteux, euse krustig
C.R.P. C-Réactive Protéine (C-reaktives Protein CRP)
crush syndrome [m.] Crushsyndrom [n.]
cryoglobuline [f.] Kryoglobulin [n.]
cryothérapie [f.] Kryotherapie [f.]
cryptococcose [f.] Kryptokokkose [f.]
cryptorchidie [f.] Kryptorchismus [m.]
C.S.P. Caractères Sexuels Primaires (Primäre Geschlechtsmerkmale)
C.S.S. 1. Coefficient de SaturationSidérophiline (EisensättigungsKoeffizient), 2. Caractères Sexuels Secondaires (Sekundäre Geschlechtsmerkmale)
C.S.T. Caractères Sexuels Tertiaires (Tertiäre Geschlechtsmerkmale)
C.T. 1. Capacité de Travail (Arbeitsfähigkeit), 2. Capacité Totale (Totalkapazität TK)
C.T.CO$_2$ Capacité Totale en gaz carbonique
C.T.F. Capacité Totale de Fixation (Totale Bindungskapazität)
C.T.O$_2$ Capacité Totale en Oxygène
C.T.T. Capacité Totale sur la Transférine (Totale EisenbindungsKapazität TEBK)

cubital, ale ulnar
cubitus [m.] Ulna [f.]
C.U.I. Colite Ulcéreuse Idiopathique (Colitis ulcerosa CU)
cuir [m.] chevelu Kopfschwarte [f.]
cuisse [f.] Oberschenkel [m.]
cul-de-sac [m.] de Douglas Douglasraum [m.]
culpabilité [f.] Schuldgefühl [n.]
culture [f.] bactérienne Bakterienkultur [f.]
C.U.M. Cysto-Urétrographie Mictionnelle (Miktionszystourethrographie MCU)
curage [f.] ganglionaire Lymphknotenausräumung [f.]
curatif, ive kurativ
cure [f.] Kur [f.]
- **de sommeil** Schlafkur [f.]
- **thermale** Badekur [f.]

curetage [m.] (ou curettage) Ausschabung [f.], Kurretage [f.]
cureter ausschaben, kürettieren
curette [f.] Kürette [f.]
curiethérapie [f.] Curietherapie [f.]
cuti [m.] Tuberkulosehauttest [m.]
cutiréaction [f.] Hautreaktion [f.]
C.V. 1. Champs Visuel (Gesichtsfeld GF), 2. Capacité Vitale (Vitalkapazität VK)
C.V.M. Capacité Vitale Maximum (Maximale Vitalkapazität VK)
C.W.R. Cholangio Wirsungographie Rétrograde
cyanose [f.] Zyanose [f.]
cyanotique zyanotisch
cycle [m.] Zyklus [m.], Kreislauf [m.]
- **anovulatoire** anovulatorischer Zyklus [m.]
- **entéro-hépatique** enterohepatischer Kreislauf [m.]

cyclite [f.] Zyklitis [f.]
cycloplégie [f.] Zykloplegie [f.]
cyclothymie [f.] Zyklothymie [f.]
cylindre [m.] urinaire Harnzylinder [m.]
cylindrurie [f.] Zylindrurie [f.]
cypho-scoliose [f.] Kyphoskoliose [f.]
cyphose [f.] Kyphose [f.]
cyphotique kyphotisch
cystadénome [m.] Zystadenom [n.]
cysticercose [f.] Zystizerkose [f.]
cystine [f.] Zystin [n.]
cystinurie [f.] Zystinurie [f.]
cystite [f.] Blasenentzündung [f.], Zystitis [f.]
cystocèle [f.] Zystozele [f.]
cystographie [f.] Zystographie [f.]
cystomanométrie [f.] Zystomanometrie [f.]
cystométrie [f.] Zystometrie [f.]
cysto-pyélo-néphrite [f.] Zystopyelonephritis [f.]
cystorragie [f.] Zystorrhagie [f.]
cystoscope [m.] Zystoskop [n.]
cystoscopie [f.] Zystoskopie [f.]
cystostomie [f.] Zystostomie [f.]
cystotomie [f.] Blasenschnitt [m.], Zystotomie [f.]
cysto-urétrographie [f.] mictionnelle Miktionszystourethrographie [f.]
cytokinèse [f.] Zytokinese [f.]
cytologie [f.] Zytologie [f.]
cytolyse [f.] Zytolyse [f.]
cytomégalie [f.] Zytomegalie [f.]
cytoplasme [m.] Zytoplasma [n.]
cytoponction [f.] à l'aiguille fine Feinnadelpunktion [f.]
cytostatique [m.] Zytostatikum [n.]
cytostomie [f.] Zytostomie [f.]
cytotoxine [f.] Zytotoxin [n.]
cytotoxique zytotoxisch
cytotrope zytotrop

D

d. antigène système rhésus mineur
D. antigène système rhésus majeur
D1-D12 Vertèbre dorsale (Thorakalwirbel Th 1-12 oder Brustwirbel BWK 1-12)
D.A. 1. Délire Aigu (Akutes Delir), 2. Drop-Attack, 3. Délivrance artificielle
D.A.C. Dissociation Albumino-Cytologique
dacryoadénite [f.] Dakryoadenitis [f.]
dacryocystite [f.] Dakrozystitis [f.]
dacryocystographie [f.] Dakryozystographie [f.]
dacryocystotomie [f.] Dakryozystotomie [f.]
dacryolithe [m.] Dakryolith [m.]
dactylographie [f.] Daktylogramm [n.]
D.A.E. Dilatation Aiguë de l'Estomac (Akute Magendilatation)
daltonien, ienne farbenblind
darwinisme [m.] Darwinismus [m.]
D.A.T. 1. Diamètre Abdominal Transverse (Transversaler abdomineller Durchmesser), 2. Diarrhée avec Accélération du Transit, 3. Dispensaire Antituberculeux
datre [f.] Ausschlag [m.], Flechte [f.]
davier [m.] Zahnzange [f.]
D.B. Dermatose Bulleuse
Db. Diabète (Diabetes)
dB Décibel (Dezibel dB)
Db.I. Diabète Insipide (Diabetes Insipidus)

D.C. 1. Décès (Tod), 2. Date de Consolidation, 3. Délire Chronique (Chronisches Delir), 4. Diverticulose Colique (Kolondivertikulose), 5. Débit cardiaque (Herzleistung)
D.C.C. Débit Circulatoire Cérébral (Hirndurchblutungsvolumen)
D.C.G. Dommage Corporel de Guerre (Kriegsbeschädigung)
D.C.I. Dénomination Commune Internationale
D.C.M. Débit Coronaire Moyen (Mittlere Koronardurchblutung)
D.D. Décubitus Dorsal (Rückenlage RL)
D.D.B.B$_1$ Dédoublement du premier bruit (Dopplung des I. Herztones)
D.D.B.B$_2$ Dédoublement du deuxième bruit (Dopplung des II. Herztones)
D.D.R. Date des Dernières Règles (Letzte Regelblutung)
D.D.T. Dichloro-diphényltrichloréthane (Dichlor-diphenyl-trichloräthan DDT)
D.E. Dose Effective (Effektivdosis ED)
D.E.A. DéhydroEpiAndrostérone (Dehydroepiandrosteron-Sulfat DHEAS)
débile debil
débilité [f.] Debilität [f.]
débit [m.] Auswurfmenge [f.], Volumen [n.], Menge [f.]
- **cardiaque** Herzminutenvolumen [n.]
- **du shunt** Shuntvolumen [n.]
- **expiratoire maximum** maximales Ausatmungsvolumen [n.]
- **inspiratoire maximum** maximales Einatmungsvolumen [n.]
- **urinaire** Urinmenge [f.]

déboîtement [m.] Verrenkung [f.], Luxation [f.]
déboiter verrenken
débridement [m.] Bridenresektion [f.]
D.E.C. Déshydratation ExtraCellulaire
décalcification [f.] Dekalzifizierung [f.]
décaler verschieben, verlagern
décapitation [f.] Dekapitation [f.]
décapsulation [f.] Dekapsulation [f.]
décéder sterben, versterben
décès [m.] Tod [m.]
décharge [f.] (neuronale) Entladung [f.] (neuronal)
déchéance [f.] Verfall [m.]
déchirement [m.] Zerreißung [f.], Riß [m.]
- **d'un ligament** Bandriß [m.]
- **musculaire** Muskelriß [m.]

déchirer zerreißen, reißen
déchirure [f.] Riß [m.], Zerreißung [f.]
décibel [m.] Dezibel [n.]
déclarer (se....) (une maladie) ausbrechen (Krankheit)
déclenchement [m.] (ex.:d'un réflexe etc.) Auslösung [f.] (z.B. eines Reflexes etc.)
déclencher auslösen
décollable ablösbar
décollement [m.] Ablösung [f.], Lösung [f.]
- **de la peau** Hautablösung [f.]
- **de l'ongle** Nagelablösung [f.]
- **épiphysaire** Epiphysenlösung [f.]
- **prématuré du placenta normalement inserré** vorzeitige Plazentalösung [f.]

décoller ablösen
décompensation [f.] Dekompensation [f.]
décompenser dekompensieren
décompression [f.] Dekompression [f.], Entlastung [f.]
déconditionnement [m.] Dekonditionierung [f.]
décontamination [f.] Dekontamination [f.]
décontraction [f.] Erschlaffung [f.]
décorticalisation [f.] Entrindung [f.]
décortication [f.] Dekortikation [f.]
décubitus [m.] dorsal Rükkenlage [f.]
décussation [f.] pyramidale Pyramidenbahnkreuzung [f.]
dédoublement [m.] (bruit de coeur) Dopplung [f.] (Herzton)
défaillance [f.] Schwäche [f.]
défaut [m.] Schwäche [f.], Defekt [m.]
- **immunitaire** Immundefekt [m.]
- **de concentration** Konzentrationsschwäche [f.]
- **enzymatique** Enzymdefekt [m.]

défécation [f.] Defäkation [f.], Stuhlgang [m.]
- **involontaire** unfreiwilliger Stuhlabgang [m.]

défense [f.] musculaire Abwehrspannung [f.]
déférent [m.] Ductus [m.] deferens
déférentite [f.] Deferentitis [f.]
défibrillateur [m.] Defibrillator [m.]
défibrillation [f.] Defibrillation [f.]
défibriller defibrillieren
défibrination [f.] Defibrinierung [f.]
déficience [f.] Ausfallserscheinung [f.], Mangel [m.], Defizit [n.]
- **immunitaire** Immundefizit [n.]

défiguration [f.] Entstellung [f.]
défigurer (cicatrice) entstellen (Narbe)
déflexion [f.] Deflexion [f.]
déformation [f.] Deformierung [f.]
dégénérer (ex.: cellule) entarten (z.B. Zelle), degenerieren
dégénérescence [f.] Degeneration [f.], Entartung [f.]

- **graisseuse du foie** Fettleber [f.]
- **maculaire familiale** familiäre Makuladegeneration [f.]
- **intervertébrale** Bandscheibenschaden [m.]
- **lenticulaire progressive** hepatolentikuläre Degeneration [f.]

déglutir schlucken
déglutition [f.] Schlucken [n.]
dégradation [f.] Abbau [m.]
dégrader abbauen
degré [m.] Grad [m.]
déhydroépiandrostérone [f.] Dehydroepiandrosteron [n.]
déhydrotestostérone [f.] Dehydrotestosteron [n.]
délayer (un comprimé) auflösen (eine Tablette)
délétion [f.] Deletion [f.]
délier lösen
délire [m.] Delirium [n.], Wahn [m.]

- **aigu** akutes Delirium [n.]
- **d'inanition** Inanitionsdelirium [n.]
- **de persécution** Verfolgungswahn [m.]
- **fébrile** Fieberwahn [m.]
- **interprétatoire** Deutungswahn [m.]
- **mélancolique** depressive Wahnidee [f.]
- **onirique** Traumzustand [m.]
- **sénile** Altersdelirium [n.]

delirium [m.] tremens Delirium [n.] tremens
délivrance [f.] Entbindung [f.]
délivre [m.] Nachgeburt [f.]
D.E.M. 1. Dose Efficace Moyenne (Mittlere Effektivdosis ED), 2. Débit Expiratoire Maximum (Maximale Ausatmungskapazität)
démangeaison [f.] Jucken [n.]
démanger jucken
démarche [f.] Gang [m.]

- **cérébelleuse** Zerebellargang [m.]
- **ébrieuse** Stolpern [n.]
- **en canard** Watschelgang [m.]
- **en ciseaux** Scherengang [m.]
- **hémiplégique** hemiplegischer Gang [m.]
- **paralytique** paralytischer Gang [m.]
- **pendulaire** Pendelgang [m.]
- **spasmodique** spastischer Gang [m.]

démence [f.] Demenz [f.]

- **obsessionnelle** Zwangspsychose [f.]
- **présénile** präsenile Demenz [f.]
- **sénile** senile Demenz [f.]

dément, ente dement
démettre (se ...) (une articulation) auskugeln (sich ...) (ein Gelenk)
déminéralisation [f.] Demineralisation [f.]
D.E.M.S. Débit Expiratoire Maximum Seconde (Ein-Sekunden-Ausatmungskapazität ESK)
démyélinisation [f.] Demyelinisation[f.], Entmarkung [f.]
dénaturation [f.] Denaturierung [f.]
dendrite [m.] Dendrit [m.]
dénervation [f.] Denervierung [f.]
densiométrie [f.] Densiometrie [f.]
densité [f.] Dichte [f.]
dent [f.] Zahn [m.]

- **de lait (ou lactéale)** Milchzahn [m.]
- **de sagesse** Weisheitszahn [m.]
- **incisive** Schneidezahn [m.]
- **molaire** Backenzahn [m.]
- **permanente** bleibender Zahn [m.]

dental dental, ale
dentier [m.] Zahnprothese [f.], Gebiß [n.]
dentiste [m.] Zahnarzt [m.]
dentition [f.] Dentition [f.]
dénutrition [f.] Unterernährung [f.]
D.E.P. Débit Expiratoire de Pointe
dépendance [f.] Abhängigkeit [f.]

- **alcoolique** Alkoholabhängigkeit [f.]
- **physique** physische Abhängigkeit [f.]
- **psychique** psychische Abhängigkeit [f.]

pharmaco - Arzneimittelabhängigkeit [f.]
dépendant de la respiration atemabhängig
déperdition [f.] Verlust [m.]

- **d'eau** Wasserverlust [m.]
- **de chaleur** Wärmeverlust [m.]
- **protéique** Eiweißverlust [m.]

dépérir dahinsiechen
dépersonnalisation [f.] Depersonalisation [f.]
dépigmentation [f.] Depigmentierung [f.], Pigmentverlust [m.]
dépistage [m.] Screening [n.]

- **précoce** Früherkennung [f.]

déplacé, ée (ex.: fracture etc.) verschoben (z.B. Fraktur etc.)
déplétion [f.] Depletion [f.]
dépolarisation [f.] Depolarisation [f.]
dépôt [m.] calcaire Kalkablagerung [f.]
dépressif, ive depressiv
dépression [f.] Depression [f.]

- **carcérale** Haftdepression [f.]
- **masquée** maskierte Depression [f.]
- **névrotique** neurotische Depression [f.]
- **réactionnelle** reaktive Depression [f.]

déprimé, ée deprimiert
dérivation [f.] (ECG, EEG etc.) Ableitung [f.] (EKG, EEG etc.)

- **précordiale** präkordiale Ableitung [f.], Brustwandableitung [f.] (EKG)
- **thoracique** Thoraxableitung [f.], Brustwandableitung [f.]

dérivé [m.] Derivat [n.]
dériver (ex.: ECG etc.) ableiten (z.B. EKG etc.)
dermatite [f.] Dermatitis [f.]
- **cercarienne** Schistosomendermatitis [f.]
- **de contact** Kontaktdermatitis [f.]
- **du goudron** Teerekzem [n.]
- **exfoliatrice** Dermatitis [f.] exfoliativa
- **staphylococcique** Staphylodermie [f.]

dermatofibrome [m.] Dermatofibrom [n.]
dermatologie [f.] Dermatologie [f.]
dermatologue [m.] Dermatologe [m.], Hautarzt [m.]
dermatome [m.] Dermatom [n.]
dermatomycose [f.] Dermatomykose [f.]
dermatomyosite [f.] Dermatomyositis [f.]
dermatophytie [f.] Dermatophytie [f.]
dermatosclérose [f.] Dermatosklerose [f.]
dermatose [f.] Dermatose [f.]
- **croûteuse** Grind [m.]
- **squameuse** Schorf [m.]

derme [m.] Dermis [f.]
dermite [f.] Dermatitis [f.]
déroulement [m.] des mouvements Bewegungsablauf [m.]
D.E.S. Dermatose Erythémato-Squameuse
désarticulation [f.] Desartikulation [f.]
descente [f.] (ex.: de l'utérus, de la vessie etc.) Senkung [f.] (z.B. des Uterus, der Harnblase etc.)
désenfler abschwellen
désensibilisation [f.] Desensibilisierung [f.]
désensibiliser desensibilisieren
déséquilibre [m.] Ungleichgewicht [n.]
déshydratation [f.] Dehydratation [f.], Flüssigkeitsverlust [m.]
désinfectant [m.] Desinfektionsmittel [n.]
désinfecter desinfizieren
désinfection [f.] Desinfektion [f.]
désinhibition [f.] Enthemmung [f.]
désinterêt [m.] affectif affektive Gleichgültigkeit [f.]
désintoxication [f.] Desintoxikation [f.], Entgiftung [f.]
désintoxiquer entgiften
désolation [f.] Trostlosigkeit [f.]
désorientation [f.] Desorientierung [f.]
- **temporo-spatiale** Desorientierung [f.] zu Ort und Zeit

désorienté, ée desorientiert
désquamation [f.] (de la peau) Desquamation [f.], Schälen [n.], Abschuppung [f.] (der Haut)
détacher (ex.: un membre) abtrennen (z.B. eine Gliedmaße)
détendre (se) entspannen (sich)
détente [f.] Entspannung [f.]
détermination [f.] du sexe Geschlechtsbestimmung [f.]
dététorisation [f.] Verschlechterung [f.]
détresse [f.] Not [f.],
- **respiratoire** Atemnot [f.]
- **respiratoire idiopatique** Atemnotsyndrom [n.]
- **vitale** Lebensbedrohung [f.]

détroit [m.] inférieur du bassin Beckenausgang [m.]
détroit [m.] pelvien Bekkenenge [f.]
détroit [m.] supérieur du bassin Beckeneingang [m.]
deutéranopie [f.] Deuteranopie [f.]
D.E.V.C. Dystrophie Epiphysaire Vertébrale de Croissance
devenir aveugle, perdre la vue erblinden
dévêtir entkleiden, freimachen, ausziehen
déviation [f.] Abweichung [f.], Verschiebung [f.]
- **standart** Standartabweichung [f.]
- **vers la droite** Rechtsverschiebung [f.]
- **vers la gauche** Linksverschiebung [f.]

dévitalisation [f.] Devitalisierung [f.]
dextrocardie [f.] Dextrokardie [f.]
dextrose [f.] Dextrose [f.]
D.F.M. Dysplasie Fibro-Musculaire (Fibromuskuläre Dysplasie)
D.G.S. Droit Gauche Shunt (Rechts-LinksShunt RL-Shunt)
D.H.A. DéHydroAndrostérone (Dehydroandrosteron DHA)
D.H.E.A. DéHydroEpiAndrostérone (Dehydroepiandrosteron-Sulfat DHEAS)
25 D.H.C.C. 25-Di-Hydroxy-CholéCalciférol (1, 25 Dihydroxycholecalciferol)
D.H.T. DiHydroTestostérone (Dihydrotestosteron)
D.I. 1. Déficit Immunitaire (Immunmangel), 2. Détroit Inférieur
diabète [m.] Diabetes [m.], Zuckerkrankheit [f.]
- **bronzé** Bronzediabetes [m.]
- **infraclinique** subklinischer Diabetes [m.]
- **insipide** Diabetes [m.] insipidus
- **insulinodépendant** insulinpflichtiger Diabetes [m.]
- **juvénile** juveniler Diabetes [m.]
- **latent** latenter Diabetes [m.]
- **rénal** renaler Diabetes [m.]
- **stéroïde** Steroiddiabetes [m.]

diadococinésie [f.] Diadochokinese [f.]
diagnose [f.] Diagnostik [f.]

diagnostic [m.] Diagnose [f.]
- **différentiel** Differentialdiagnose [f.]
- **erroné** Fehldiagnose [f.]
- **sérologique** Serumdiagnostik [f.]

diagnostiquer diagnostizieren
dialysat [m.] Dialysat [n.]
dialyse [f.] Blutwäsche [f.], Dialyse [f.]
- **péritonéale** Peritonealdialyse [f.]

diamètre [m.] Durchmesser [m.]
- **abdominal** abdomineller Durchmesser [m.]

diapason [m.] Stimmgabel [f.]
diapédèse [f.] Diapedese [f.]
diaphanoscopie [f.] Diaphanoskopie [f.]
diaphragme [m.] Diaphragma [n.], Zwerchfell [n.]
diaphyse [f.] Diaphyse [f.]
diarrhée [f.] Diarrhoe [f.], Durchfall [m.]
- **des voyageurs** Reisedurchfall [m.]
- **graisseuse** Fettstuhl [m.]

diarthrose [f.] Diarthrose [f.]
diastasis [m.] Diastase [f.]
diastole [f.] Diastole [f.]
diathermie [f.] Diathermie [f.]
diathèse [f.] Diathese [f.]
- **allergique** allergische Diathese [f.]
- **hémorragique** hämorrhagische Diathese [f.]

D.I.C. Déficit Immunitaire Combiné (Kombinierte Immunschwäche)
dicéphal, ale dizephal
dichromasie [f.] Dichromasie [f.]
dichromatopsie [f.] Dichromatopsie [f.]
D.I.C.S. Déficit Immunitaire Combiné Sévère (Kombinierter Immundefekt)
D.I.D. Diabète Insulino-Dépendant (Insulinpflichtiger Diabetes)
diencéphale [m.] Dienzephalon [n.]
diète [f.] Diät [f.]
différenciation [f.] Differenzierung [f.]
difficulté [f.] relationnelle Beziehungsproblem [n.]
diffus, e diffus
digastrique digastrisch
digestible verdaulich
digestion [f.] Verdauung [f.]
digital, ale digital
digitale [f.] Digitalis [n.]
digitalisation [f.] Digitalisierung [f.]
digitoxine [f.] Digitoxin [n.]
digoxine [f.] Digoxin [n.]
dilatateur [m.] Dilatator [m.]
dilatation [f.] Dilatation [f.], Erweiterung [f.]
- **des calices du rein** Nierenkelcherweiterung [f.]
- **rectale** Mastdarmerweiterung [f.]

dilater dehnen, erweitern, dilatieren
diluant [m.] Lösungsmittel [n.]
diluer verdünnen
dilution [f.] Dilution [f.], Verdünnung [f.]
dimension [f.] du coeur Herzgröße [f.]
diminution [f.] de la tension artérielle Blutdrucksenkung [f.]
dioptrie [f.] Dioptrie [f.]
diphasique biphasisch
diphtérie [f.] Diphtherie [f.]
diplégie [f.] Diplegie [f.]
diploé [f.] Diploe [f.]
diploïdie [f.] Diploidie [f.]
diplopie [f.] Diplopie [f.], Doppelbild [n.]
dipsomanie [f.] Dipsomanie [f.]
discarthrose [f.] Diskarthrose [f.]
discission [f.] Spaltung [f.]
discographie [f.] Diskographie [f.]
discopathie [f.] Diskopathie [f.]
dislocation [f.] Dislokation [f.]
disloquer (articulation) ausrenken (Gelenk), dislozieren
dispersion [f.] Streuung [f.]
dispositif [m.] intra-utérin Intrauterinpessar [n.], Spirale [f.]
disque [m.] Discus [m.], Scheibe [f.]
- **articulaire** Gelenkscheibe [f.]
- **intervertébral** Bandscheibe [f.]

dissection [f.] Dissektion [f.]
dissémination [f.] Dissemination [f.]
disséminé, ée disseminiert
disséminer ausstreuen
dissociation [f.] albumino cytologique Dissociation [f.] albumino cytologique
distal, ale distal
distension [f.] Überdehnung [f.]
distomatose [f.] Distomatose [f.]
distorsion [f.] Distorsion [f.], Verstauchung [f.]
distribution [f.] Verteilung [f.], Distribution [f.]
D.I.T. DiIodoTyrosine (Dijodtyrosin)
D.I.U. Dispositif Intra-Utérin (Intrauterinpessar IUP, IUD)
diurèse [f.] Diurese [f.]
diurétique [m.] Diuretikum [n.]
- **thiazidique** Thiaziddiuretikum [n.]

divergence [f.] Divergenz [f.]
divergent, ente divergent
diverticulaire divertikulär
diverticule [m.] Divertikel [n.]
- **de Meckel** Meckel-Divertikel [n.]
- **sigmoïdien** Sigmadivertikel [n.]
- **vésical** Blasendivertikel [n.]

diverticulite [f.] Divertikulitis [f.]
diverticulose [f.] Divertikulose [f.]

- **sigmoïdienne** Sigmadivertikulose [f.]
divorcé, ée geschieden
dizygote dizygot
D.J.A. Dose Journalière Admissible (Täglich zulässige Dosis)
D.L. 1. Dose Léthale (Lethaldosis LD), 2. Décubitus Latéral (Seitenlage SL)
D.L.D. Décubitus Latéral Droit (Rechtsseitenlage RSL)
D.L.G. Décubitus Latéral Gauche (Linksseitenlage LSL)
D.M. 1. Dermato-Myosite (Dermatomyositis), 2. Douleur Morale, 3. Déficience Mentale (Geistiger Defekt), 4. Détroit Moyen, 5. Débit Minute (Herzminutenvolumen MMV)
D.M.A. Dose Maximale Admissible (Maximal zulässige Dosis MD)
D.M.E. Dose Minimale Efficace (Minimale Effektivdosis ED)
D.M.M. Dose Minimale Mortelle (Kleinste tödliche Dosis Dlm)
D.M.P. Débil Mental Profond
D.M.P.(I.) Dystrophie Musculaire Progressive (Infantile) (Progressive Muskeldystrophie)
D.N. Dépression Névrotique (Neurotische Depression)
D.N.D. Diabète Non Dépendant (Nicht-Insulinpflichtiger Diabetes)
D.O. Densité Optique (Optische Dichte)
docteur [m.] Doktor [m.]
doigt [m.] Finger [m.], Zehe [f.]
- **à ressort** schnellender Finger [m.]
- **en marteau** Hammerzehe [f.]
dolichocéphalie [f.] Dolichozephalie [f.]
dolichocôlon [m.] Dolichokolie [f.]
dôme [m.] vaginal Scheidengewölbe [n.]
dominant, ante dominant
donneur [m.] Spender [m.]
- **de sang** Blutspender [m.]
- **universel** Universalspender [m.]
Dopa Dihydroxyphénylalanine (Dihydroxyphenylalanin Dopa)
dopamine [f.] Dopamin [n.]
dopage [m.] Dopen [n.]
D.O.P.K. Dystrophie Ovarienne PolyKystique (Syndrom der polyzystischen Ovarien)
dormir schlafen
dorsal, ale dorsal
dorsalgie [f.] Rückenschmerzen [pl./m.], Dorsalgie [f.]
dos [m.] Rücken [m.]
- **de la main** Handrücken [m.]
- **du pied** Fußrücken [m.]
- **du nez** Nasenrücken [m.]
- **rond** Rundrücken [m.]
dosage [m.] Dosisbestimmung [f.]
dose [f.] Dosis [f.]
- **de charge** Belastungsdosis [f.]
- **de rappel** Auffrischimpfung [f.]
- **effective** Effektivdosis [f.]
- **efficace** Wirkungsdosis [f.]
- **journalière** Tagesdosis [f.]
- **létale** Dosis [f.] letalis
- **maximale** Maximaldosis [f.]
- **maximale admissible** maximal zulässige Dosis [f.]
dosimètre [m.] Dosimeter [n.]
dosimétrie [f.] Dosimetrie [f.]
double contraste [m.] Doppelkontrast [m.]
double menton [m.] Doppelkinn [n.]
douleur [f.] Schmerz [m.]
- **à la décompression** Loslaßschmerz [m.]
- **à la pression** Druckschmerz [m.]
- **anale** Afterschmerz [m.]
- **articulaire** Gelenkschmerz [m.]
- **au bas ventre** Unterleibsschmerz [m.]
- **projetée** fortgeleiteter Schmerz [m.]
- **térébrante** bohrender Schmerz [m.]
- **testiculaire** Hodenschmerz [m.]
douleurs [pl./f.] d'enfantement Geburtswehen [pl./f.)
D.P.C. Duodéno-Pancréatectomie Céphalique (Duodenum-Pankreaskopf-Resektion)
D.P.D. Dermatite Polymorphe Douloureuse
D.P.M. Développement Psycho-Moteur (Körperlich-geistige Entwicklung)
D.P.P.N.I. Décollement Prématuré du Placenta Normalement Inséré (Vorzeitige Ablösung einer normal sitzenden Plazenta)
D.P.R. Débit Plasmatique Rénal (Renales Plasmavolumen RPV)
D.P.S. Démence PréSénile (Präsenile Demenz)
D.P.T. Démence Post-Traumatique (Posttraumatische Demenz)
D.R. Dépression Réactionnelle (Reaktive Depression)
dragée [f.] Dragee [n.]
drain [m.] Drain [m.]
- **de Redon** Redondrainage [f.]
drainage [m.] Drainage [f.]
- **continu** Dauerdrainage [f.]
- **lymphatique** Lymphabfluß [m.]
- **par aspiration** Aspirationsdrainage [f.]
- **pleural** Pleuradrainage
- **ventriculaire** Ventrikeldrainage [f.]
drépanocyte [m.] Drepanozyt [m.]

drépanocytose [f.] Drepanozytose [f.]
D.R.I. 1. Dosage Radio-Immunologique, 2. Détresse Respiratoire Idiopathique (Idiopathisches Atemnotsyndrom)
drogue [f.] Droge [f.]
droguer (se ...) Drogen nehmen
D.R.T. Détresse Respiratoire Transitoire (Transitorisches Atemnotssyndrom)
D.S. 1. Dermatose Squameuse, 2. Diverticulose Sigmoïdienne (Sigmadiverticulose), 3. Détroit Supérieur
D.S.C. Débit Sanguin Cérébral (Hirnblutvolumen)
D.S.D. Démence Sénile Dégénérative (Senile Demenz)
D.S.P. Développement Staturo-Pondéral (Größen- und Gewichtszunahme)
D.T. 1. Diphtérie Tétanos (Diphtherie Tetanus DT), 2. Delirium Tremens
D.T.A.B. Diphtérie Typhoïde Paratyphoïde A et B
D.T.Coq. Diphtérie Tétanos Coqueluche (Diphtherie Tetanus Pertussis DPT)
D.T.P. Diphtérie Tétanos Poliomyélite
D.T.P.C. Diphtérie Tétanos Poliomyélite Coqueluche
D.T.S. Désorientation Temporo-Spatiale (Zeitlich-örtliche Desorientierung)
D.U. Donneur Universel (Universalspender)
dumping syndrome [m.] Dumping-Syndrom [n.]
duodénal, ale duodenal, Zwölffingerdarm-
duodénectomie [f.] Duodenektomie [f.]
duodénite [f.] Duodenitis [f.]
duodéno-pancréatectomie [f.] Duodeno-Pankreatektomie [f.]
duodénostomie [f.] Duodenostomie [f.]
duodénotomie [f.] Duodenotomie [f.]
duodénum [m.] Duodenum [n.], Zwölffingerdarm [m.]
duplication [f.] Duplikation [f.]
dural, ale dural
durcissement [m.] Verhärtung [f.]
- **musculaire** Muskelverhärtung [f.]

dure-mère [f.] Dura [f.] mater
durillon [m.] Schwiele [f.]
D.V. Décubitus Ventral (Bauchlage BL)
dynamique dynamisch
dynamique [f.] Dynamik [f.]
dynamométrie [f.] Dynamometrie [f.]
dysacousie [f.] Dysakusis [f.]
dysarthrie [f.] Dysarthrie [f.]
dysarthrose [f.] Dysarthrosis [f.]
dyschromatopsie [f.] Dyschromatopsie [f.]
dyschromie [f.] Dyschromie [f.]
dyscrasie [f.] Dyskrasie [f.]
dysentérie [f.] Ruhr [f.], Dysenterie [f.]
- **amibienne** Amöbenruhr [f.]

dysesthésie [f.] Gefühlsstörung [f.], Dysästhesie [f.]
dysfibrinogenémie [f.] Dysfibrinogenämie [f.]
dysfonctionnement [m.] Dysfunktion [f.]
dysgénésie [f.] Dysgenesie [f.]
dyshidrose [f.] Dyshidrosis [f.]
dyskératose [f.] Dyskeratose [f.]
- **folliculaire** Dyskeratose [f.] follicularis

dyskinésie [f.] Dyskinesie [f.]
dyslalie [f.] Dyslalie [f.]
dyslexie [f.] Dyslexie [f.]
dysmélie [f.] Dysmelie [f.]
dysménorrhée [f.] Dysmenorrhoe [f.]
dysmétrie [f.] Dysmetrie [f.]
dysmorphie [f.] Dysmorphie [f.]
dysostose [f.] Dysostose [f.]
dyspareunie [f.] Dyspareunie [f.]
dyspepsie [f.] Dyspepsie [f.]
- **par fermentation** Gährungsdyspepsie [f.]

dysphagie [f.] Dysphagie [f.]
dysphasie [f.] Dysphasie [f.]
dysphonie [f.] Dysphonie [f.]
dysphorie [f.] Dysphorie [f.]
dysplasie [f.] Dysplasie [f.]
- **fibreuse** fibröse Dysplasie [f.]
- **fibro-musculaire** fibromuskuläre Dysplasie [f.]

dyspnée [f.] Dyspnoe [f.]
- **d'effort** Anstrengungsdyspnoe [f.]
- **de Cheyne-Stokes** Cheyne-Stokes-Atmung [f.]
- **expiratoire** expiratorische Dyspnoe [f.]
- **inspiratoire** inspiratorische Dyspnoe [f.]

dyspnéique dyspnoeisch
dyspraxie [f.] Dyspraxie [f.]
dysprotéinémie [f.] Dysproteinämie [f.]
dysraphie [f.] Dysraphie [f.]
dystasie [f.] Dystasie [f.]
dysthymie [f.] Dysthymie [f.]
dystocie [f.] Dystokie [f.]
dystonie [f.] Dystonie [f.]
- **musculaire déformante** Torsionsdystonie [f.]
- **neurovégétative** vegetative Dystonie [f.]

dystopie [f.] Dystopie [f.]
dystrophie [f.] Dystrophie [f.]
- **musculaire** Muskeldystrophie [f.]
- **ovarienne polykystique** polyzystische Ovarien [pl./n.]

dystrophique dystrophisch
dysurie [f.] Dysurie [f.]

E

E.A. 1. Eczéma Aigu (Akutes Ekzem), 2. Erythrocytes Anticorps (Erythrozyten-Antikörper)
E.A.C. Erythème Annulaire Centrifuge (Erythema annulare)
E.Ag. Electro-Auriculogramme (Elektroatriogramm EAG)
E.A.N. Encéphalite Aiguë Nécrosante (Hämorrhagische nekrotisierende Enzephalitis)
eau [f.] Wasser [n.]
- **corporelle** Körperwassergehalt [n.]
- **oxygénée** Wasserstoffperoxyd [n.]

E.B.A. Epidermolyse Bulleuse Acquise (Epidermolysis Bullosa Acquisata)
éblouissement [m.] Blendung [f.]
E.B.R. Efficacité Biologique Relative (Relative Biologische Wirksamkeit RBW)
E.B.V. Epstein-Barr-Virus
écaille [f.] Schuppe [f.]
- **occipitale** Okzipitalschuppe [f.]
- **temporale** Temporalschuppe [f.]

écailleux schuppig
écarteur [m.] Spreizhaken [m.]
E.C.B. Examen CytoBactériologique (Zytobakteriologische Untersuchung)
E.C.B.U. Examen CytoBactériologique Urinaire (Urinstatus)
ecchondrome [m.] Ekchondrom [n.]
ecchymose [f.] Ekchymose [f.]
- **en lunette** Brillenhämatom [n.]

E.C.G. 1. ElectroCardioGramme (Elektrokardiogramm EKG) ou ElectroCardiographie (Elektrokardiographie EKG)2. ElectroCorticoGramme Elektrokortikogramm)
E.C.G.F. ElectroCardioGramme Foetal (Fetales Elektrokardiogramm)
échancrure [f.] Incisura [f.]
échanges [pl./m.] sanguins-foeto-maternels fetomaternale Transfusion [f.]
échanges [pl./m.] sanguins-foeto-foetaux fetofetale Transfusion [f.]
écharpe [f.] Armbandage [f.], Armbinde [f.]
échelle [f.] Skala [f.]
- **de performance** Leistungsskala [f.]

Ech.G. EchoGraphie (Echographie ECHO)
échinococcose [f.], Echinokokkose [f.]
échinocoque [m.] Echinococcus [m.]
écho [m.] de la pensée Gedankenecho [n.]
échocardiographie [f.] Echokardiographie [f.]
ECHO-E.G. ECHO-EncéphaloGramme
échoencéphalographie [f.] Echoenzephalographie [f.]
echogène echogen, echoreich
échographie [f.] Sonographie [f.], Echographie [f.]
écholalie [f.] Echolalie [f.]
échomimie [f.] Echomimie [f.]
écho-ophtalmographie [f.] Echo-Ophthalmographie [f.]
échophrasie [f.] Echophrasie [f.]
échopraxie [f.] Echopraxie [f.]
échovirus [m.] ECHO-Virus [n.]
éclampsie [f.] Eklampsie [f.]
éclatement [m.] Platzen [n.], Bersten [n.]
éclater (os) bersten (Knochen), platzen,
(ex.: ampoule etc.) aufplatzen (z.B. Blase etc.)
éclisse [f.] Schiene [f.]
- **du bras** Armschiene [f.]

E.C. Eczéma Chronique
E.C.M. Erythema Chronicum Migrans
ecmnésie [f.] Ekmnesie [f.]
E.Coli Escherichia Coli
écorcher abschürfen
écorché, ée wund
écorchure [f.] Hautabschürfung [f.]
écoulement [m.] Ausfluß [m.]
E.C.P. Effet CytoPathogène (Zytopathogener Effekt)
ecphorie [f.] Ekphorie [f.]
écran [m.] Schirm [m.]
écrasement [m.] Quetschung [f.]
écraser quetschen
ectasie [f.] Ektasie [f.]
- **capillaire** Kapillarerweiterung [f.]

ecthyma [m.] Ekthyma [n.]
ectoderme [m.] Ektoderm [n.]
ectophytique ektophytisch
ectopie [f.] Ektopie [f.]
- **inguinale du testicule** Leistenhoden [m.]
- **testiculaire** Hodenektopie [f.]

ectoplasme [m.] Ektoplasma [n.]
ectrodactylie [f.] Ektrodaktylie [f.]
ectropion [m.] Ektropion [n.]
eczéma [m.] Ekzem [n.]
- **aigu** akutes Ekzem [n.]
- **de contact** Kontaktekzem [n.]
- **endogène** endogenes Ekzem [n.]
- **nummulaire** nummuläres Ekzem [n.]
- **séborrhéique** seborrhoisches Ekzem [n.]

eczémateux, euse ekzematös
E.D. Effet Doppler (Doppler-Effekt)
édenté, ée zahnlos
E.D.T.A. Ethylène Diamino Tétra Acétique Acide (Äthylendiamintetraessigsäure EDTA)

E.E.G. ElectroEncéphaloGramme (Elektroenzephalogramm EEG) ou ElectroEncéphaloGraphie (Elektroenzephalographie EEG)
effecteur [m.] Effektor [m.]
efférent, ente efferent
effet [m.] Effekt [m.], Wirkung [f.]
- **de réveil** Wacheffekt [m.]
- **Doppler** Dopplereffekt [m.]
- **protecteur** Schutzwirkung [f.]

efficace wirksam
efficacité [f.] Wirksamkeit [f.]
- **biologique relative** relative biologische Wirksamkeit [f.]

effilochement [m.] Zerfaserung [f.]
effilocher zerfasern
effleurer leicht berühren
efflorescence [f.] Effloreszenz [f.]
effondrement [m.] nerveux Nervenzusammenbruch [m.]
effort [m.] Anstrengung [f.], Belastung [f.]
E.F.R. Exploration Fonctionnelle Respiratoire (Lungenfunktionsprüfung LUFU)
égocentrique egozentrisch
égocentrisme [m.] Egozentrismus [m.]
égratigner aufkratzen
E.H.P. Epreuve d'Hyperglycémie Provoquée (Glukosebelastungstest)
E.I.C. Espace InterCostal (Interkostalraum ICR)
E.I.E. Epithélioma Intra-Epithélial
E.I.S. Epithélioma in Situ
éjaculat [m.] Ejakulat [n.]
éjaculation [f.] Ejakulation [f.]
- **précoce** vorzeitiger Samenerguß [m.]
- **rétrograde** retrograde Ejakulation [f.]

éjaculer ejakulieren
élargir erweitern
élargissement [m.] Erweiterung [f.]
élastase [f.] Elastase [f.]
élasticité [f.] (ex.: d'un tissu etc.) Elastizität [f.] (z.B. eines Gewebes)
- **pulmonaire** Lungenelastizität [f.]

élastique elastisch
électrique elektrisch
électrocardiogramme [m.] (ECG) Elektrokardiogramm [n.] (EKG)
électrocardiogramme [m.] foetal fetales Elektrokardiogramm [n.]
électrocardiographie [f.] Elektokardiographie [f.]
électrocautérisation [f.] Elektrokauterisation [f.]
électrochirurgie [f.] Elektrochirurgie [f.]
électrochoc [m.] Elektroschock [m.]
électrocoagulation [f.] Elektrokoagulation [f.]
électrocochléographie [f.] Elektrokochleographie [f.]
électrocorticographie [f.] Elektrokortikographie [f.]
électrode [f.] Elektrode [f.]
électrodiagnostic [m.] Elektrodiagnostik [f.]
électroencéphalogramme [m.] (EEG)Elektroenzephalogramm [n.] (EEG)
électroencéphalographie [f.] Elektroenzephalographie [f.]
électrolyse [f.] Elektrolyse [f.]
électrolyte [m.] Elektrolyt [n.]
électrolytique elektrolytisch
électromagnétique elektromagnetisch
électromyogramme [m.] (EMG) Elektromyogramm [n.] (EMG)
électromyographie [f.] Elektromyographie [f.]
électron [m.] Elektron [n.]
électronystagmographie [f.] Elektronystagmographie [f.]
électrooculographie [f.] (EOG) Elektrookulographie f. (EOG)
électrophorèse [f.] Elektrophorese [f.]
électrophysiologie [f.] Elektrophysiologie [f.]
électroradiologie [f.] Elektroradiologie [f.]
électrorétinogramme [m.] (ERG) Elektroretinogramm [n.] (ERG)
électrorétinographie [f.] Elektroretinographie [f.]
électrostimulation [f.] Elektrostimulation [f.]
électrothérapie [f.] Elektrotherapie [f.]
élement [m.] Element [n.]
- **nutritiel** Nährstoff [m.]

éléphantiasis [m.] Elephantiasis [f.]
élévation [f.] Elevation [f.]
élimination [f.] Ausscheidung [f.], Elimination [f.]
éliminer ausscheiden, eliminieren
E.L.I.S.A. Enzyme-Linked Immuno-Sorbent Assay
elliptocyte [m.] Elliptozyt [m.]
elliptocytose [f.] Elliptozytose [f.]
elongation [f.] Elongation [f.], Zerrung [f.]
E.M. Espaces Morts (Totraum)
embarras [m.] gastrique Magenverstimmung [f.]
E.M.B.G. Emphysème Malformatif Bulleux Géant
embolectomie [f.] Embolektomie [f.]
embolie [f.] Embolie [f.]
- **gazeuse** Luftembolie [f.]
- **graisseuse** Fettembolie [f.]
- **lymphogène** Lymphembolie [f.]
- **pulmonaire** Lungenembolie [f.]

embolisation [f.] Embolisierung [f.]
embolus [m.] Embolus [m.]
embrochage [f.] Durchspießen [n.], Durchbohrung [f.]
embrocher durchbohren
embryogenèse [f.] Embryogenese [f.]

embryologie [f.] Embryologie [f.]
embryologique embryonal
embryon [m.] Embryo [m.]
embryonnaire embryonär
embryopathie [f.] Embryopathie [f.]
- **alcoolique** Alkoholembryopathie [f.]
- **par la thalidomide** Thalidomid-Embryopathie [f.]
- **rubéolique** Rötelnembryopathie [f.]

E.M.C. Encéphalo-MyoCardite
émétique [m.] Brechmittel [n.], Emetikum [n.]
E.M.G. ElectroMyo Gramme (Elektromyogramm EMG)
E.M.I.H. Encéphalopathie Myoclonique Infantile Hypsarythmique
éminence [f.] hypothénar Antithenar [m.]
éminence [f.] thénar Thenar [m.]
émission [f.] Emission [f.]
E.M.L. Expertise Médico-Légale (Gerichtsmedizinisches Gutachten)
emmétrope emmetrop
emmétropie [f.] Emmetropie [f.]
émotion [f.] Emotion [f.]
émotionnel, elle emotionell
émotivité [f.] Erregbarkeit [f.]
E.M.P. Encéphalopathie Myoclonique Progressive
empâtement [m.] Schwellung [f.]
empathie [f.] Empathie [f.]
emphysémateux, euse emphysematös
emphysème [m.] Emphysem [n.]
- **congénital** angeborenes Emphysem [n.]
- **cutané** Hautemphysem [n.]
- **lobaire congénital** kongenitales lobäres Emphysem [n.]
- **médiastinal** mediastinales Emphysem [n.]
- **pulmonaire** Lungenemphysem [n.]
- **souscutané** subkutanes Emphysem [n.]

emplâtre [m.] Pflaster [n.]
empoisonnement [m.] Vergiftung [f.]
- **du sang** Blutvergiftung [f.]

empyème [m.] Empyem [n.]
- **gazeux** Pneumoempyem [n.]

émulsion [f.] Emulsion [f.]
E.N. Erythème Noueux (Erythema nodosum)
énanthème [m.] Enanthem [n.]
enarthrose [f.] Enarthrosis [f.]
encapsulation [f.] Abkapselung [f.]
encapsuler (ex.: abcès) abkapseln (z.B. Abszeß)
enceinte schwanger
encéphale [m.] Enzephalon [n.]
encéphalite [f.] Enzephalitis [f.]
- **virale** Virusenzephalitis [f.]

encéphalocèle [f.] Enzephalozele [f.]
encéphalographie [f.] Enzephalographie [f.]
encéphalomalacie [f.] Enzephalomalazie [f.]
encéphalo-ménigocèle [f.] Enzephalomeningozele [f.]
encéphalo-méningite [f.] Enzephalomeningitis [f.]
encéphalo-myélite [f.] Enzephalomyelitis [f.]
encéphalo-myélopathie [f.] Enzephalomyelopathie [f.]
encéphalopathie [f.] Enzephalopathie [f.]
- **de Wernicke** Wernickesche Enzephalopathie [f.]
- **saturnine** Bleienzephalopathie [f.]

encéphaloraphie [f.] Enzephaloraphie [f.]
enchondral, ale enchondral
enchondromatose [f.] Enchondromatose [f.]
enchondrome [m.] Enchondrom [n.]
enclouage [m.] Nagelung [f.] (chir.)
enclume [f.] Amboß [m.]
encombrement [m.] (ex.: des sinus) Verstopfung [f.] (z.B. der Nasennebenhöhlen)
encoprésie [f.] Enkopresis [f.]
endartériectomie [f.] Endarteriektomie [f.]
endartérite [f.] Endarteriitis [f.]
- **oblitérante** Endarteriitis [f.] obliterans

endémie [f.] Endemie [f.]
endémique endemisch
endoblastique endoblastisch
endocarde [m.] Endokard [n.]
endocardique endokardial
endocardite [f.] Endokarditis [f.]
endocervical, ale endozervikal
endocervix [m.] Endozervix [f.]
endocrâne [m.] Endokranium [n.]
endocrine endokrin
endocrinologie [f.] Endokrinologie [f.]
endocrinologue [m.] Endokrinologe [m.]
endocrinopathie [f.] Endokrinopathie [f.]
endoderme [m.] Endoderm [n.]
endogamie [f.] Endogamie [f.]
endogène endogen
endolymphe [f.] Endolymphe [f.]
endomètre [m.] Endometrium [n.]
endométriose [f.] Endometriose [f.]
endométrite [f.] Endometritis [f.]
endomorphisme [m.] Endomorphie [f.]
endomyocardite [f.] Endomyokarditis [f.]
endonèvre [m.] Endoneurium [n.]
endoparasite [m.] Endoparasit [m.]
endophytique endophytisch
endoplasme [m.] Endoplasma [n.]

endoprothèse [f.] Endoprothese [f.]
endormir (s') einschlafen
endormissement [m.] (ex.: d'un membre etc.) Einschlafen [n.] (z.B. einer Gliedmaße etc.)
endorphine [f.] Endorphin [n.]
endoscope [m.] Endoskop [n.]
endoscopie [f.] Endoskopie [f.]
endoscopique endoskopisch
endosmose [f.] Endosmose [f.]
endothélial, ale Endothel-
endothéliome [m.] Endotheliom [n.]
endothélium [m.] Endothel [n.]
endotoxine [f.] Endotoxin [n.]
endotoxique endotoxisch
enduire (de) einschmieren (mit)
enduit [m.] (de la langue) Belag [m.] (der Zunge)
énergétique energetisch
énergie [f.] Energie [f.]
énervation [f.] Enervierung [f.]
enfant [m.] Kind [n.]
enflammé, ée entzündet
enfler anschwellen
E.N.G. ElectroNystagmoGraphie (Elektronystagmographie ENG)
engagement [m.] (du cerveau) Verschiebung [f.] (von Hirnteilen)
engelure [f.] Frostbeule [f.]
engorgement [m.] Verschleimung [f.]
engorger verschleimen
engourdir (ex.: membres erstarren (z.B. Glieder)
engourdissement [m.] Benommenheit [f.], Erstarrung [f.]
- **des membres** Einschlafen [n.] (von Gliedern)
enjambrement [m.] Schreiten [n.]
enképhaline [f.] Enkephalin [n.]
enkystement [m.] Abkapselung [f.]
enkyster (ex.: abcès) abkapseln (z.B. Abszeß)
enlever entfernen, abnehmen
ex.: une tumeur z.B. einen Tumor entfernen
- **un pansement** einen Verband abnehmen
E.N.M. Erythème Nécrolytique Migrant
énophtalmie [f.] Enophthalmus [m.]
énostose [f.] Enostose [f.]
enraidissement [m.] Versteifung [f.]
enrhumer (s'...) erkälten (sich ...)
enroué, ée heiser
enrouement [m.] Heiserkeit [f.]
entendre hören
entéral, ale enteral
entérite [f.] Enteritis [f.], Darmentzündung [f.]
entéro- Entero-
entéroanastomose [f.] Enteroanastomose [f.]
entérocèle [f.] Enterozele [f.], Darmbruch [m.]
entérococcie [f.] Enterokokkeninfektion [f.]
entéro-colite [f.] Enterokolitis [f.]
entéro-colostomie [f.] Enterokolostomie [f.]
entérocoque [m.] Enterokokkus [m.]
entéro-entérostomie [f.] Enteroenterostomie [f.]
entérokinase [f.] Enterokinase [f.]
entérolithe [m.] Darmstein [m.]
entéropathie [f.] Enteropathie [f.]
- **exsudative** exsudative Enteropathie [f.]
entéropexie [f.] Enteropexie [f.]
entéroptôse [f.] Enteroptose [f.]
entérorhaphie [f.] Darmnaht [f.], Enterorhaphie [f.]
entérorragie [f.] Darmblutung [f.]
entéroscopie [f.] Enteroskopie [f.]
entérospasme [m.] Enterospasmus [m.]
entérotomie [f.] Darmschnitt [m.], Enterotomie [f.]
entérotoxine [f.] Enterotoxin [n.]
entérovirus [m.] Enterovirus [n.]
entoderme [m.] Entoderm [n.]
entonnoir [m.] thoracique Trichterbrust [f.]
entorse [f.] Verstauchung [f.]
entretien [m.] Unterhaltung [f.]
entropion [m.] Entropium [n.]
énucléation [f.] Enukleation [f.]
énucléer enukleiren
énurésie [f.] Enuresis [f.]
envahir (tumeur) einbrechen (Tumor)
envahissement [m.] (d'une tumeur) Einbrechen [n.] (eines Tumors)
envie [f.] de vomir Brechreiz [m.]
enzymatique enzymatisch
enzyme [m.] Enzym [n.]
enzymopathie [f.] Enzymopathie [f.]
- **érythrocytaire** Erythrozytenenzymopathie [f.]
E.O.G. Electro-Oculo-Gramme (ElektroOkulogramm EOG) ou Electro-OculoGraphie (Elektrookulographie)
éosine [f.] Eosin [n.]
éosinopénie [f.] Eosinopenie [f.]
éosinophile eosinophil
éosinophilie [f.] Eosinoophilie [f.]
- **infiltrante** eosinophiles Infiltrat [n.]
- **tropicale** tropische Eosinophilie [f.]
E.P. 1. Epanchement Pleural (Pleuraerguß), 2. Embolie Pulmonaire (Lungenembolie LE)
épais, e dick
épaisseur [m.] Dicke [f.]
épaissir verdicken

épaississement [m.] Verdickung [f.]
épanchement [m.] Erguß [m.]
- **articulaire** Gelenkerguß [m.]
- **du péricarde** Perikarderguß [m.]
- **pleural** Pleuraerguß [m.]
épargner schonen
épaule [f.] Schulter [f.]
épendyme [m.] Ependym [n.]
épendymite [f.] Ependymitis [f.]
épendymoblastome [m.] Ependymoblastom [n.]
épendymome [m.] Ependymom [n.]
E.P.G. ElectroPupilloGraphie
éphédrine [f.] Ephedrin [n.]
éphélides [pl./f.] Ephelides [pl./f.]
épicanthus [m.] Epikanthus [m.]
épicarde [m.] Epikard [n.]
épicondyle [m.] Epikondylus [m.]
épicondylite [f.] Epikondylitis [f.]
- **des joueurs de tennis** Tennisarm [m.]
épicrise [f.] Epikrise [f.]
épicritique epikritisch
épicutané, ée epikutan
épidémie [f.] Epidemie [f.]
épidémiologie [f.] Epidemiologie [f.]
épidémique epidemisch
épiderme [m.] Epidermis [f.]
épidermoïde Plattenepithel-
épidermolyse [f.] Epidermolyse [f.]
épidermomycose [f.] Epidermomykose [f.]
épididyme [m.] Epididymis [f.], Nebenhoden [m.]
épididymectomie [f.] Epididymektomie [f.]
épididymite [f.] Epididymitis [f.]
épidural, ale epidural
épigastre [m.] Epigastrium [n.]
épigastrique epigastrisch
épiglotte [f.] Epiglottis [f.]
épiglottite [f.] Epiglottitis [f.]
épilation [f.] Enthaarung [f.], Epilation [f.]
épilepsie [f.] Epilepsie [f.]
- **de réveil** Aufwachepilepsie [f.]
- **myoclonique** myoklonische Epilepsie [f.]
- **psychomotrice** psychomotorische Epilepsie [f.]
- **pycnoleptique** pyknoleptische Epilepsie [f.]
épileptiforme epileptiform
épileptique epileptisch
épileptique [m.] Epileptiker [m.]
épine [f.] Dorn [m.]
épinèvre [m.] Epineurium [n.]
épiphysaire epiphysär
épiphyse [f.] Epiphyse [f.]
épiphysiodèse [f.] Epiphyseodese [f.]
épiphysiolyse [f.] Epiphyseolyse [f.]
épiphysite [f.] Epiphysitis [f.]
épiploon [m.] Epiploon [n.], Omentum [n.] majus
épisiotomie [f.] Episiotomie [f.]
épisome [m.] Episom [n.]
épispadias [m.] Epispadie [f.]
épistaxis [f.] Epistaxis [f.], Nasenbluten [n.]
épithalamus [m.] Epithalamus [m.]
épithélial, ale epithelial
épithéliomateux, euse epitheliomatös
épithélioma [m.] Epitheliom [n.]
- **baso-cellulaire** Epihelioma [n.] basocellulare, Basaliom [n.]
- **cylindrique** Zylindrom [n.]
- **intraépithélial** intraepitheliales Epitheliom [n.]
- **spino-cellulaire** Spinaliom [n.]
épithélisation [f.] Epithelialisierung [f.]
épithélium [m.] Epithel [n.]
- **cylindrique** Zylinderepithel [n.]
- **pavimenteux** verhorntes Plattenepithel [n.]
épizoonose [f.] Epizoonose [f.]
épizootie [f.] Epizootie [f.]
épreuve [f.] medizinischer Test [m.], Versuch [m.], Prüfung [f.]
- **de Coombs** Coombs-Test [m.]
- **au tolbutamide** Tolbutamidtest [m.]
- **de Guthrie** Guthrie-Test [m.]
- **de la sueur** Schweißtest [m.]
- **de tolérance au glucose** Glukose-Belastungstest [m.]
- **de Valsalva** Valsalva-Versuch [m.]
- **doigt-nez** Finger-Nase-Versuch [m.]
- **fonctionnelle** Funktionsprüfung [f.]
- **pulmonaire fonctionnelle** Lungenfunktionsprüfung [f.]
- **talon-genou** Knie-Hake-Versuch [m.]
- **vestibulaire** Gleichgewichtsprüfung [f.]
éprouver (ex.: un médicament) erproben (z.B. ein Medikament)
E.P.T. Epilepsie Post-Traumatique (Posttraumatische Epilepsie)
épuisement [m.] Erschöpfung [f.]
épuiser (s'...) erschöpfen (sich ...)
E.P.V. Eczéma Papulo-Vésiculeux (Papulovesikulöses Ekzem)
équilibre [m.] Gleichgewicht [n.]
- **acide-base** Säure-Basen-Gleichgewicht [n.]
- **hydrique** Flüssigkeitsgleichgewicht [n.]
équivalence [f.] Gleichwertigkeit [f.], Equivalenz [f.]
érafler abschürfen
éraflure [f.] Abschürfung [f.]

éraillé, ée heiser
érectile errigierbar
érection [f.] Erektion [f.]
éréthisme [m.] Erethismus [m.]
E.R.G. Electro-Rétino-Gramme (Elektroretinogramm ERG)
ergastoplasme [m.] Ergastoplasma [n.]
ergocalciférol [m.] Ergocalciferol [n.]
ergomètre [m.] Ergometer [n.]
ergométrie [f.] Ergometrie [f.]
ergospirométrie [f.] Ergospirometrie [f.]
ergostérol [m.] Ergosterin [n.]
ergotamine [f.] Ergotamin [n.]
ergothérapie [f.] Ergotherapie [f.]
ergotisme [m.] Ergotismus [m.]
érogène erogen
érosif, ive erosiv
érosion [f.] Erosion [f.]
érotomanie [f.] Erotomanie [f.]
erreur [f.] type Standartfehler [m.]
éructation [f.] Aufstoßen [n.], Eruktation [f.]
éruption [f.] Ausschlag [m.], Eruption [f.]
- **dentaire** Zahndurchbruch [m.]
- **médicamenteuse** Arzneiexanthem [n.]

érysipèle [m.] Erysipel [n.]
érysipéloïde [m.] Erysipeloid [n.]
érythème [m.] Hautrötung [f.], Erythem [n.]
- **annulaire** Erythema [n.] anulare
- **fessier** Windelekzem [n.]
- **nodulaire** Erythema [n.] nodosum
- **solaire** Erythema [n.] solaris

érythrémie [f.] Erythrämie [f.]
érythroblaste [m.] Erythroblast [m.]
érythroblastémie [f.] Erythroblastämie [f.]
érythroblastopénie [f.] Erythroblastopenie [f.]
érythroblastose [f.] Erythroblastose [f.]
érythrocytaire Erythrozyten-
érythrocyte [m.] Erythrozyt [m.]
érythrocytopénie [f.] Erythrozytopenie [f.]
érythrocytose [f.] Erythrozytose [f.]
érythrodermie [f.] Erythrodermie [f.]
érythrophobie [f.] Erythrophobie [f.]
érythroplasie [f.] Erythroplasie [f.]
érythropoïèse [f.] Erythropoese [f.]
érythropoïétine [f.] Erythropoietin [n.]
érythrose [f.] Erythrose [f.]
E.S. Extra Systole (Extrasystole ES)
E.S.A. Extra Sytole Auriculaire (Vorhofextrasystole Vorhof-ES, SVES)
escarre [f.] 1. Druckgeschwür [n.], Dekubitus [m.], 2. Schorf [m.]
escarrification [f.] Schorfbildung [f.]
E.S.J. Extra Sytole Jonctionnelle (Junktionsextrasystole)
E.S.N. Extra Sytole Nodale (Sinusknoten-Extrasystole)
espace [m.] Raum [m.]
- **épidural** Epiduralraum [m.]
- **intercostal** Interkostalraum [m.]
- **interdigital** Interdigitalraum [m.]
- **mort** Totraum [m.]
- **mort respiratoire** Atemtotraum [m.]
- **rétrocardiaque** Retrokardialraum [m.]
- **rétropéritonéal** Retroperitonealraum [m.]
- **sous-arachnoïdienne** Subarachnoidalraum [m.]
- **sous-dural** Subduralraum [m.]

esquille [f.] (osseuse) Splitter [m.] (Knochen-)
essai [m.] Versuch [m.], Test [m.]
- **d'agglutination** Agglutinationstest [m.]

essentiel, elle essentiell
E.S.T. Exsanguino-Transfusion (Austauschtransfusion)
estérase [f.] Esterase [f.]
estomac [m.] Magen [m.]
- **biloculaire** Sanduhrmagen [m.]

estradiol [m.] Östradiol [n.]
estriol [m.] Östriol [n.]
E.S.V. Extra Systole Ventriculaire (Ventrikuläre Extrasystole VES)
étalement [m.] de sang Blutausstrich [m.]
état [m.] Zustand [m.], Verfassung [f.], Status [m.]
- **clinique** klinischer Zustand [m.]
- **crépusculaire** Dämmerzustand [m.]
- **de mal** Status [m.]
- **de mal asthmatique** Status [m.] asthmaticus
- **de mal épileptique** Status [m.] epilepticus
- **de nutrition** Ernährungszustand [m.]
- **de veille** Wachzustand [m.]
- **général** Allgemeinzustand [m.]
- **hallucinatoire** Halluzinationsstatus [m.]
- **onirique** Traumzustand [m.]
- **physique** körperlicher Zustand [m.]
- **psychique** geistiger Zustand [m.]

être en bon - in gutem Zustand [m.] sein
E.T.C. Electrochoc
étendre (ex.: ulcère, tumeur) ausbreiten (z.B. Geschwür, Tumor)
étendue [f.] Ausbreitung [f.]
éternuement [m.] Niesen [n.]
éternuer niesen

E.T.F. Echographie Trans-Fontanellaire (Transfontanelle Echographie)
E.T.G. Epreuve de Tolérance au Glucose (Glukosebelastungstest oder Glukosetoleranztest GTT)
éther [m.] Äther [m.]
éthique [f.] Ethik [f.]
ethmoïdite [f.] Ethmoiditis [f.]
éthylisme [m.] Alkoholismus [m.]
étiologie [f.] Ätiologie [f.]
étirer strecken
E.T.M. EchoToMographie
étouffer ersticken
étranglement [m.] Einklemmung [f.], Abschnürung [f.]
- **d'une hernie** Hernieneinklemmung [f.]
- **intestinal** Darmeinklemmung [f.]
être en bonne santé gesund sein
être sans connaissance bewußtlos sein
étrier [m.] Steigbügel [m.]
étude [f.] en série [f.] Reihenuntersuchung [f.]
étuve [f.] à incubation Inkubator [m.]
E.U. Extra-Utérin (Extrauterin)
eugénie [f.] Eugenik [f.]
eunuchisme [m.] Eunuchismus [m.]
eunuque [m.] Eunuch [m.]
euphorie [f.] Euphorie [f.]
euphorique euphorisch
eustachite [f.] Tubenkatarrh [m.]
euthanasie [f.] Euthanasie [f.]
eutocie [f.] Eutokie [f.]
eutropie [f.] Eutropie [f.]
évacuation [f.] Ausräumung [f.]
évanouir (s'...) ohnmächtig werden
évanouissement [m.] Ohnmacht [f.]
éveil [m.] Erwachen [n.]
éventration [f.] Eventration [f.]
éversion [f.] Eversion [f.]
évidement [m.] (cavité) Ausräumung [f.] (Hohlraumes)
évoluer (s') entwickeln (sich ...)
évolution [f.] Entwicklung [f.]
exacerbation [f.] Exazerbation [f.]
exaltation [f.] Überschwenglichkeit [f.]
examen [m.] Untersuchung [f.]
- **de dépistage** Reihenuntersuchung [f.]
examinateur [m.] Untersucher [m.]
examiner untersuchen
exanthématique exanthemisch
exanthème [m.] Exanthem [n.]
- **médicamenteux** Arzneiexanthem [n.]
excavation [f.] Exkavation [f.]
excès [m.] Überschuß [m.]
exciser exzidieren
excision [f.] Exzision [f.]
- **de l'étrier** Stapedektomie [f.]
- **de la luette** Zäpfchenresektion [f.]
excitabilité [f.] Irritabilität [f.]
excitable erregbar
excitation [f.] Erregung [f.]
- **maniaque** Tobsucht [f.]
exciter erregen
excoriation [f.] Exkoriation [f.], Hautabschürfung [f.]
excrément [m.] Exkrement [n.]
excrétion [f.] Exkretion [f.], Ausscheidung [f.]
excrétoire exkretorisch
excroissance [f.] Wucherung [f.]
exentération [f.] Exenteration [f.]
exercise [f.] Übung [f.]
- **de la voix** Stimmübung [f.]
- **de mobilisation** Bewegungsübung [f.]
- **de respiration** Atemübung [f.]
exérèse [f.] Exeresis [f.]
exfoliation [f.] Exfoliation [f.], Abschilferung [f.]
exfolier abblättern, abschilfern
exhibitinonisme [m.] Exhibitionismus [m.]
exhibitioniste [m.] Exhibitionist [m.]
exitus [m.] (décès) Exitus [m.]
exocrine exokrin
exogène exogen
exophtalmie [f.] Exophthalmus [m.]
exophtalmomètre [m.] Exophthalmometer [n.]
exostose [f.] Exostose [f.], Überbein [n.]
exotoxine [f.] Exotoxin [n.]
expectorant [m.] Expektorans [n.]
expectoration [f.] Auswurf [m.], Expektoration [f.], Sputum [n.]
- **sanguinolente** Blutauswurf [m.]
expectorer aushusten, spukken
expérience [f.] de contrôle Kontrollgruppe [f.]
expertise [f.] Gutachten [n.]
expiration [f.] Ausatmung [f.], Exspiration [f.]
expirer ausatmen, exspirieren
explorateur, trice explorativ
exploration [f.] Exploration [f.], Erforschung [f.]
explorer erforschen
expulsion [f.] Ausstoßung [f.], Expulsion [f.]
exsangue blutleer
exsanguinotransfusion [f.] Austauschtransfusion [f.]
exsiccose [f.] Exsikkose [f.]
exsudat [m.] Exsudat [n.]
- **rétinien** Netzhautexsudat [n.]
exsudatif, ive exsudativ
exsudation [f.] Exsudation [f.]
extase [f.] Ekstase [f.]
extenseur [m.] Extensor [m.]
extensibilité [f.] Dehnbarkeit [f.]

extensible ausdehnbar, dehnbar
extension [f.] Extension [f.], Streckung [f.], Ausdehnung [f.]
- **d'une tumeur** Ausdehnung [f.] eines Tumors
- **par broche** Drahtextension [f.]
externe extern
extirpation [f.] Extirpation [f.]
- **des varices** Krampfaderresektion [f.]
extraarticulaire extraartikulär
extracellulaire extrazellulär
extracorporel, elle extrakorporal
extraction [f.] Extraktion [f.]
extradural, ale extradural
extramédullaire extramedullär
extrasystole [f.] Extrasystole [f.]
- **auriculaire** Vorhofextrasystole [f.]
- **jonctionnelle** junktionelle Extrasystole [f.]
- **ventriculaire** ventrikuläre Extrasystole [f.]
extravasation [f.] Extravasat [n.]
extrémité [f.] Extremität [f.]
extrinsèque extrinsisch
extubation [f.] Extubation [f.]
extuber extubieren
exubérant, ante exuberans
exulcération [f.] Exulzeration [f.]

F

F. Fluor (Fluor F)
f. fréquence respiratoire (Atemfrequenz AF)
F.A. 1. Fontanelle Antérieure (Vordere Fontanelle), 2. Fibrillation Auriculaire (Vorhofflimmern)
fabulation [f.] Fabulation [f.]
face [f.] Fläche [f.], Seite [f.], Gesicht [n.]
- **articulaire** Gelenkfläche [f.]
facette [f.] articulaire Gelenkfläche [f.]
facial, ale fazial
faciès [m.] Facies [f.], Gesicht [n.]
- **lunaire** Vollmondgesicht [n.]
- **parkinsonien** Maskengesicht [n.]
F.A.CO_2 Concentration du CO_2 dans l'air alvéolaire (Alveoläre CO_2-Konzentration)
facteur [m.] Faktor [m.]
- **activateur des plaquettes** Thrombozytenaktivierungsfaktor [m.]
- **antihémophilique** antihämophiler Faktor [m.]
- **antinucléaire** antinukleärer Faktor [m.]
- **d'activation lymphocytaire** Lymphozytenaktivierungsfaktor [m.]
- **d'activation plaquettaire** Blättchenaktivierungsfaktor [m.]
- **de coagulation** Gerinnungsfaktor [m.]
- **de risque** Risikofaktor [m.]
- **inhibiteur de la prolactine** Prolaktininhibitionsfaktor [m.]
- **rhésus** Rhesus-Faktor [m.]
- **rhumatoïde** Rheumafaktor [m.]
faculté [f.] de penser Denkvermögen [n.]
F.A.H.A.-C. Facteurs Anti-Hémophiliques A C (Antihämophile Faktoren AHF)
faible schwach
faiblesse [f.] Schwäche [f.]
faim [f.] Hunger [m.]
- **douloureuse** Nüchternschmerz [m.]
faire de la recherche forschen
faisceau [m.] Faszikel [m.], Tractus [m.]
- **de His** His'sche Bündel [n.]
- **pyramidal** Pyramidenbahn [f.]
- **spinothalamique** Tractus [m.] spinothalamicus
falciforme falciform
familial, ale familiär
F.A.N. Facteur Anti-Nucléaire (Antinukleärer Faktor ANF)
F.A.N_2 Concentration du N_2 dans l'air alvéolaire (Alveoläre N_2-Konzentration)
fangothérapie [f.] Fangotherapie [f.]
F.A.P. 1. Facteur Activateur des Plaquettes (Platelet Activating Factor PAF), 2. Fibrillation Auriculaire Permanente (Permanentes Vofflimmern), 3. Fibrillation Auriculaire Paroxystique (Paroxysmales Vorhofflimmern)
fariner (se) schälen (sich)
fascéite [f.] Faszienentzündung [f.]
fascia [m.] Faszie [f.]
fasciculaire faszikulär
fasciculation [f.] Faszikulation [f.]
fatigabilité [f.] Ermüdbarkeit [f.]
fatiguant, ante ermüdend
fatigue [f.] Ermüdung [f.], Müdigkeit [f.]
fatigué, ée müde
fausse couche [f.] Fehlgeburt [f.]
faux croup [m.] Pseudokrupp [m.]
faux [f.] du cerveau Falx [f.] cerebri
faux [f.] du cervelet Falx [f.] cerebelli
F.A.V. Fistule Artério-Veineuse (Arteriovenöse Fistel AV-Fistel)
F.A.V.C. Fistule Artério-Veineuse Congénitale (Kongenitale AV-Fistel)
F.A.V.T. Fistule Artério-Veineuse Traumatique (Traumatische AV-Fistel)
favisme [m.] Favismus [m.]
favus [m.] Favus [m.]

F.C. 1. Fibrome Cutané, 2. Fixation du Complément (Komplementbindung KBR), 3. Frottis Cervical (Zervixabstrich), 4. Fausse Couche (Fehlgeburt), 4. Fréquence Cardiaque (Herzfrequenz HF)
F.C.E.A. Facteur Chimiotactique Neutrophilique de l'Anaphylaxie
F.C.M. Force de Contraction du Myocarde (Myokard-Kontraktionskraft)
F.C.N.A. Facteur Chimiotactique Neutrophilique de l'Anaphylaxie
F.C.P. Fausse Couche Provoquée
F.C.S. Fausse Couche Spontanée
F.C.V. Frottis Cervico-Vaginal (Zervikovaginaler Abstrich)
Fe Fer (Eisen Fe)
F.E. Fraction d'Ejection (Ejektionsfraktion oder Auswurffraktion EF)
fébrifuge [m.] Fiebermittel [n.]
fébrile febril
fébrilité [f.] Fiebrigkeit [f.]
F.E.C. Fibrose Endocardiaque Constrictive (Konstriktive Endokardfibrose)
fécal, ale fäkal
fécaloïde kotartig
fécalome [m.] Fäkalom [n.], Kotstein [m.]
fécalurie [f.] Fäkalurie [f.]
fèces [pl./f.] Faeces [m.]
fécondation [f.] Befruchtung [f.], Fekundation [f.]
fécond, onde fruchtbar
féconder befruchten
fécondité [f.] Fruchtbarkeit [f.]
fécule [f.] Stärke [f.]
F.E.M. Fibrose Endo-Myocardique (Endomyokardfibrose EMF)
féminisation [f.] Feminisierung [f.]
féminisme [m.] Feminismus [m.]
féminité [f.] Weiblichkeit [f.]
femme [f.] docteur Doktorin [f.]
fémoral, ale femoral
fémur [m.] Femur [m.]
F.E.N. Foyer Ectopique Nodal
fenestration [f.] Fensterung [f.]
fenêtre [f.] cutanée Hautfenster [n.]
fente [f.] Spalte [f.], Lücke [f.]
- **palatine** Gaumenspalte [f.]
- **palpébrale** Lidspalte [f.]

fer [m.] Eisen [n.], Ferrum [n.]
ferme fest
ferment [m.] Ferment [n.]
fermentation [f.] Gährung [f.]
fermeté [f.] (d'un organe) Festigkeit [f.] (eines Organs)
ferrique Eisen-
ferritine [f.] Ferritin [n.]
fertile fertil
fertilité [f.] Fertilität [f.], Fruchtbarkeit [f.]
fesses [pl./f.] Gesäß [n.]
festination [f.] Festination [f.]
fétichisme [m.] Fetichismus [m.]
fétide fötid, stinkend
F.E.V. Foyer Ectopique Ventriculaire
F.F. Fraction de Filtration (Filtrations-Fraktion FF)
F.G. Filtration Glomérulaire (Glomeruläre Filtration GF)
fibre [f.] Faser [f.]
- **collagène** Kollagenfaser [f.]
- **élastique** elastische Faser [f.]

fibreux, euse fibrös
fibrillaire fibrillär
fibrillation [f.] Fibrillation [f.], Flimmern [n.]
- **auriculaire** Vorhofflimmern [n.]
- **ventriculaire** Kammerflimmern [n.]

fibrille [f.] Fibrille [f.]
fibrine [f.] Fibrin [n.]
fibrinémie [f.] Fibrinämie [f.]
fibrineux, euse fibrinös
fibrinogène [f.] Fibrinogen [n.]
fibrinolyse [f.] Fibrinolyse [f.]
fibrinolysine [f.] Fibrinolysin [n.]
fibrinolytique fibrinolytisch
fibroadénie [f.] Fibroadenie [f.]
fibroadénome [m.] Fibroadenom [n.]
fibroblaste [m.] Fibroblast [m.]
fibroblastome [m.] Fibroblastom [n.]
fibrocartilage [m.] Faserknorpel [m.]
fibrochondrome [m.] Fibrochondrom [n.]
fibrocyte [m.] Fibrozyt [m.]
fibrodysplasie [f.] Fibrodysplasie [f.]
fibrogliome [m.] Fibrogliom [n.]
fibro-kystique fibrozystisch
fibrokystome [m.] Fibrozystom [n.]
fibrolyse [f.] Fibrolyse [f.]
fibromateux, euse fibromatös
fibromatose [f.] Fibromatose [f.]
fibrome [m.] Fibrom [n.]
- **de la sclérotique** Sklerafibrom [n.]
- **histiocytaire** Fibroxanthom [n.]
- **kystique** Zystenmyom [n.]

fibromectomie [f.] Fibromextirpation [f.]
fibro-musculaire fibromuskulär
fibromyome [m.] Fibromyom [n.]
fibromyosite [f.] Fibromyositis [f.]
fibromyxome [m.] Fibromyxom [n.]
fibropapillome [m.] Fibropapillom [n.]
fibroplasie [f.] Fibroplasie [f.]

fibrosarcome [m.] Fibrosarkom [n.]
fibroscopie [f.] Fibroskopie [f.]
fibrose [f.] Fibrose [f.]
- **endomyocardiaque** Endomyokardfibrose [f.]
- **interstitielle** interstitielle Fibrose [f.]
- **kystique du pancréas** zystische Pankreasfibrose [f.]
- **musculaire** Myofibrose [f.]
- **pulmonaire** Lungenfibrose [f.]
- **rétropéritonéale** Retroperitonealfibrose [f.]
- **veineuse** Venenfibrose [f.]

fibrosite [f.] Fibrositis [f.]
fibrothorax [m.] Fibrothorax [m.]
fibroxanthome [m.] Fibroxanthom [n.]
F.I.D. 1. Fibrose Interstitielle Diffuse (Diffuse Interstitielle Fibrose), 2. Fosse Iliaque Droite (Rechte Fossa iliaca)
fièvre [f.] Fieber [n.]
- **aphteuse** Maul-und Klauenseuche [f.]
- **à tique** Zeckenfieber [n.]
- **de la fatigue** Ermüdungsfieber [n.]
- **éruptive** Eruptionsfieber [n.]
- **essentielle** essentielles Fieber [n.]
- **herpétique** Herpesfieber [n.]
- **intermittente** intermittierendes Fieber [n.], Wechselfieber [n.]
- **jaune** Gelbfieber [n.]
- **pneumotyphoïde** Thyphuspneumonie [f.]
- **puerpérale** Kindbettfieber [n.], Puerperalfieber [n.]
- **quarte** Viertagefieber [n.]
- **récurrente** Rekurrensfieber [n.]
- **rouge** Dengue-Fieber [n.]
- **vaccinale** Impffieber [f.]

F.I.G. Fosse Iliaque Gauche (Linke Fossa iliaca)
figé (visage) erstarrt (Gesichtsausdruck)
figer erstarren (gerinnen)
fil [m.] Faden [m.]
filaire [f.] Filarie [f.], Fadenwurm [m.]
filariose [f.] Filariasis [f.]
filet [m.] olfactif Riechfaden [m.]
filière [f.] génitale maternelle Geburtskanal [m.]
filière [f.] pelvienne Geburtsweg [m.]
filiforme fadenförmig, filiform
fille [f.] Tochter [f.]
fils [m.] Sohn [m.]
filtrable filtrierbar
filtrat [m.] Filtrat [n.]
filtration [f.] Filtration [f.]
- **glomérulaire** glomeruläre Filtration [f.]

filtre [m.] Filter [m.]
fissure [f.] Einriß [m.], Fissur [f.]
fistule [f.] Fistel [f.]
- **anale** Analfistel [f.]
- **artério-veineuse** arteriovenöse Fistel [f.]
- **biliaire** Gallenfistel [f.]
- **borgne** Blindfistel [f.]
- **colique** Kolonfistel [f.]
- **colovaginale** Kolonscheidenfistel [f.]
- **d'oeil** Augenfistel [f.]
- **dentaire** Zahnfistel [f.]
- **entéro-vésicale** Blasendünndarmfistel [f.]
- **intestinale** Darmfistel [f.]
- **rectale** Rektalfistel [f.]
- **recto-vaginale** Rektovaginalfistel [f.]
- **recto-vésicale** Blasenmastdarmfistel [f.]
- **recto-urétrale** rektourethrale Fistel [f.]
- **trachéo-oesophagienne** Ösophagotrachealfistel [f.]
- **urétérale** Ureterfistel [f.]
- **urétéro-vaginale** Ureterovaginalfistel [f.]
- **urétro-vaginale** Urethrovaginalfistel [f.]
- **urinaire** Harnfistel [f.]
- **urogénitale** urogenitale Fistel [f.]
- **vésicale** Blasenfistel [f.]
- **vésico-utérine** Blasenuterusfistel [f.]
- **vésico-utéro-vaginale** Blasenscheidenuterusfistel [f.]
- **vésico-vaginale** Blasenscheidenfistel [f.]

fistulographie [f.] Fistulographie [f.]
F.I.V. Fécondation In Vitro (In vitro Befruchtung)
F.I.V.E.T.E. Fécondation In Vitro Et Transfert d'Embryos
fixation [f.] Fixierung [f.], Bindung [f.]
- **du complément** Komplementbindungsreaktion [f.]

fixeté [f.] du regard Anstarren [n.], Starren [n.] des Blickes
flacon [m.] de sang conservé Blutkonserve [f.]
flanc [m.] Flanke [f.]
flapping tremor [m.] Flapping-Tremor [m.]
flasque schlaff
flatulence [f.] Blähung [f.], Flatulenz [f.]
fléchir beugen
fléchisseur [m.] Beuger [m.]
flexible biegsam
flexion [f.] Beugung [f.], Flexion [f.]
flocculus [m.] Flocculus [m.]
floculation [f.] Ausflokkung [f.]
flore [f.] Flora [f.]
- **bactérienne** Bakterienflora [f.]
- **intestinale** Darmflora [f.]

F.L.R. Fiessinger-Leroy-Reiter
fluctuation [f.] Fluktuation [f.]
fludrocortisone [f.] Fluorhydrokortison [n.]
fluor [m.] Fluor [n.]
fluoration [f.] Fluorierung [f.]
fluorescence [f.] Fluoreszenz [f.]
fluorose [f.] Fluorose [f.]

flush [m.] Flush [m.]
flutter [m.] Flattern [n.]
- **auriculaire** Vorhofflattern [n.]
- **ventriculaire** Kammerflattern [n.]
flux [m.] Fluß [m.]
- **biliaire** Gallenfluß [m.]
- **plasmatique rénal** renaler Plasmafluß [m.]
- **salivaire** Speichelfluß [m.]
fluxion [f.] Fluxion [f.], Schwellung [f.]
F.N. Formule Numération (Blutbild BB)
F.O. Fond d'Oeil (Augenhintergrund)
focal, ale fokal
foetal, ale fetal
foeto-maternel, elle fetomaternal
foeto-placentaire fetoplazentar
foetopathie [f.] Fetopathie [f.]
foetor [m.] Foetor [m.]
- **hepaticus** Foetor [m.] hepaticus
foetus [m.] Fetus [m.]
Fogarthy (cathéter [m.] de) Fogarthy-Katheter [m.]
foie [m.] Leber [f.]
- **atrophié** Schrumpfleber [f.]
- **cardiaque** Stauungsleber [f.]
- **graisseux** Fettleber [f.]
folie [f.] Wahn [m.]
- **de doute** Zeifelwahn [m.]
- **de grandeur** Größenwahn [m.]
- **des doutes** Zweifelsucht [f.]
- **hystérique** hysterische Neurose [f.]
- **mystique** religiöser Wahnsinn [m.]
- **puerpérale** Kindbettpsychose [f.]
folliculaire follikulär
follicule [m.] Follikel [m.]
- **de Graaf** Graaf'scher Follikel [m.]
- **lymphatique** Lymphfollikel [m.]
- **pileux** Haarfollikel [m.]
- **primaire** Primärfollikel [m.]
- **tuberculeux** Tuberkelknötchen [n.]
folliculite [f.] Follikulitis [f.]
fonction [f.] Funktion [f.]
- **hépatique** Leberfunktion [f.]
- **intestinale** Darmfunktion [f.]
- **kinesthésique** Kinästhesie [f.]
- **vitale** Lebensfunktion [f.]
fonctionnel, elle funktionell
fond [m.] d'oeil Augenhintergrund [m.]
fond [m.] de l'estomac Magenfundus [m.]
fond [m.] de la vessie Blasengrund [m.]
fongeux, euse fungös
fongicide fungizid
fongicide [m.] Fungizid [n.]
fongistatique fungistatisch
fontanelle [f.] Fontanelle [f.]
- **bregmatique** große Fontanelle [f.]
- **lamdatique** kleine Fontanelle [f.]
fonte [f.] musculaire Muskelschwund [m.]
foramen [m.] Foramen [n.]
force [f.] Kraft [f.]
-de contraction du myocarde Myokardkontraktionskraft [f.]
forceps [m.] Forzeps [m.]
foret [m.] Bohrer [m.]
formation [f.] de l'émail Schmelzbildung [f.]
formation [f.] réticulaire Formatio [f.] reticularis
formule [f.] Formel [f.]
- **leucocytaire** Differentialblutbild [n.]
- **numération** Blutbild [n.]
- **sanguine** Blutbild [n.]
fornix [m.] Fornix [m.]
fort, e stark
fortifier stärken
fosse [f.] Fossa [f.]
- **cérébrale** Schädelgrube [f.]
- **nasale** Nasenhöhle [f.]
fossette [f.] Grübchen [n.]
fou, folle wahnsinnig
foudroyant, ante (ex.: douleur) blitzartig (z.B. Schmerz)
fouler (se ... le pied) (sich den Fuß) verstauchen
fourmillement [m.] (sensation) Kribbeln [n.], Ameisenlaufen [n.] (Empfindung)
fovéa [f.] centrale Fovea [f.] centralis
foyer [m.] Fokus [m.], Herd [m.]
- **d'une infection** Infektionsherd [m.]
- **de ramollissement** Erweichungsherd [m.]
F.P. Fontanelle Postérieure (Hintere Fontanelle)
F.P.P. Frigidité Post Partum (Postpartale Figidität)
F.P.R. Flux Plasmatique Rénal (Renaler Plasmafluß)
F.R. Facteur Rhumatoïde (Rheumafaktor RF)
fraction [f.] Fraktion [f.]
- **de filtration** Filtrationsfraktion [f.]
- **d'éjection** Ejektionsfraktion [f.]
fracture [f.] (Knochen-) Bruch [m.], Fraktur [f.]
- **avec impaction** eingekeilte Fraktur [f.]
- **capillaire** Haarbruch [m.]
- **communitive** Splitterbruch [m.], Trümmerbruch [m.]
- **congénitale** kongenitaler Bruch [m.]
- **de fatigue** Ermüdungsfraktur [f.]
- **de l'astragale** Talusfraktur [f.]
- **de Maisonneuve** Maisonneuve-Fraktur [f.]
- **de Malgaigne** Malgaigne-Fraktur [f.]
- **de marche** Marschfraktur [f.]
- **du bassin** Beckenfraktur [m.]
- **du maxillaire supérieur** Oberkieferfraktur [f.]

- **en bois vert** Grünholzfraktur [f.]
- **impactée** Impressionsfraktur [f.]
- **épiphysaire** Epiphysenfraktur [f.]
- **fermée** geschlossene Fraktur [f.]
- **oblique** Schrägbruch [m.]
- **ouverte** offene Fraktur [f.]
- **par impaction** Impressionsfraktur [f.]
- **pathologique** pathologische Fraktur [f.]
- **sous-capitale** subkapitale Fraktur [f.]
- **spiroïde** Spiralfraktur [f.]
- **spontanée** Spontanfraktur [f.]
- **transcondylienne** transkondyläre Fraktur [f.]
- **transversale** Querbruch [m.]

fragilité [f.] Zerbrechlichkeit [f.]
frein [m.] Frenulum [n.]
- **de la langue** Zungenbändchen [n.], Zungenfrenulum [n.]
- **du prépuce** Frenulum [n.] präputium

frémissement [m.] Fremitus [m.], Rauschen [n.], Schwirren [n.]
- **vibratoire** Stimmfremitus [m.]
- **vibratoire d'un anévrisme** Aneurysmenschwirren [n.]

frémitus [m.] Fremitus [m.]
frénotomie [f.] Frenulektomie [f.]
fréquence [f.] Frequenz [f.]
- **cardiaque** Herzfrequenz [f.]
- **respiratoire** Atemfrequenz [f.]

frictionner abreiben
- **(avec), frotter (de)** einreiben (mit)

frigidité [f.] Frigidität [f.]
frissonnement [m.] Frösteln [n.]
frissonner frösteln
frissons [pl./m.] Schüttelfrost [m.]
front [m.] Stirn [f.]
frontal, ale frontal
fronto-pariétal, ale frontoparietal
fronto-temporal, ale frontotemporal
frottement [m.] Reibegeräusch [n.], Reiben [n.]
- **cardiaque** Perikardschwirren [n.]
- **pleural** Pleurareiben [n.]

frotter reiben, einreiben
frottis [m.] Abstrich [m.]
- **cervical** Zervixabstrich [m.]
- **vaginal** Vaginalabstrich [m.]

fructose [f.] Fruktose [f.]
fructosurie [f.] Fruktosurie [f.]
frustration [f.] Frustration [f.]
frustré, ée frustriert
F.S.H. Follicle Stimulating Hormone
F.S.H.-R.H. Follicle Stimulating Releasing Hormone
F.S.R. Flux Sanguin Rénal
F.T. Fistule Trachéale (Trachealfistel)
F.T.A. Fluorescent Treponemal Antibody
F.T.O. Fistule Trachéo-Oesophagienne (Tracheoösophageale Fistel TÖF)
fugitif, ive;fugace (symptôme) flüchtig (Symptome)
fuite [f.] des idées Ideenflucht [f.]
fuite [f.] des pensées Gedankenjagen [n.]
fulguration [f.] Fulguration [f.]
fulminant, ante (ex.: douleur) fulminant (z.B. Schmerz)
fumer rauchen
fundoplication [f.] Fundoplikation [f.]
fundus [m.] gastrique Magenfundus [m.]
fongicide [m.] Pilzmittel [n.], Antimykotikum [n.]
fongicide pilzhemmend
funiculaire funikulär
funiculite [f.] Funikulitis [f.]
fureur [f.] Wut [f.]
furoncle [m.] Furunkel [m.]
furonculeux, euse furunkulös
furonculose [f.] Furunkulose [f.]
fusiforme fusiform
fusion [f.] Fusion [f.]
F.V. 1. Frottis Vaginal (Vaginalabstrich), 2. Fibrillation Ventriculaire (Kammerflimmern)

G

g. gramme (Gramm g)
G.A. Glaucome Aigu (Akutes Glaukom)
gagner/prendre du poids Gewicht [n.] zunehmen
gaine [f.] Scheide [f.]
- **de Schwann** Schwann'sche Scheide [f.]
- **nerveuse** Nervenscheide [f.]

galactocèle [f.] Galaktozele [f.]
galactorrhée [f.] Galaktorrhoe [f.]
galactose [f.] Galaktose [f.]
galactosémie [f.] Galaktosämie [f.]
gale [f.] Krätze [f.]
gamète [m.] Gamet [m.]
gamétopathie [f.] Gametopathie [f.]
gamma-cardiographie [f.] Gammakardiographie [f.]
gamma-encéphalographie [f.] Gammaenzephalographie [f.]
gamma-glutamyl-transférase [f.] Gamma-Glutamyltransferase [f.]
gammapathie [f.] monoclonale monoklonale Gammopathie [f.]
gangliectomie [f.] Gangliektomie [f.]
gangliocytome [m.] Gangliozytom [n.]
gangliogliome [m.] Gangliogliom [n.]
gangliomateux, euse gangliomatös
gangliome [m.] Gangliom [n.]

ganglion [m.] Ganglion [n.], Corpus [n.]
- **genouillés** Corpus [n.] geniculatum
- **lymphatique** Lympfknoten [m.]

ganglioneurome [m.] Ganglioneurom [n.]
ganglioplégie [f.] Ganglienblockade [f.]
ganglioplégique [m.] Ganglienblocker [m.]
gangrène [f.] Gangrän [f.], Brand [m.]
- **artérioscléreuse** arteriosklerotische Gangrän [f.]
- **gazeuse** Gasgangrän [f.]
- **humide** feuchte Gangrän [f.]
- **sèche** trockene Gangrän [f.]
- **spontanée** Spontangangrän [f.]
- **pulmonaire** Lungengangrän [f.]

gangréneux, euse gangränös
G.A.R.E. Grossesse A Risque Elevé (Risikoschwangerschaft)
gargariser gurgeln
gargarisme [m.] Gargarisma [n.], Gurgelmittel [n.]
gargoïlisme [m.] Gargoylismus [m.]
garrot [m.] Stauschlauch [m.]
gastralgie [f.] Gastralgie [f.]
gastrectomie [f.] Gastrektomie [f.]
gastrine [f.] Gastrin [n.]
gastrique gastrisch
gastrite [f.] Gastritis [f.], Magenschleimhautentzündung [f.]
gastro-duodénal, ale gastroduodenal
gastro-duodénite [f.] Gastroduodenitis [f.]
gastro-entérite [f.] Gastroenteritis [f.], Magendarmentzündung [f.]
gastro-entérostomie [f.] Gastroenterostomie [f.]
gastro-intestinal, ale gastrointestinal
gastro-jéjunostomie [f.] Gastrojejunostomie [f.]
gastro-oesophagien, ienne gastroösophagal
gastropathie [f.] Gastropathie [f.]
gastropexie [f.] Gastropexie [f.]
gastroplégie [f.] Gastroplegie [f.]
gastroplication [f.] Gastroplikation [f.]
gastroptôse [f.] Gastroptose [f.]
gastroscope [m.] Gastroskop [n.]
gastroscopie [f.] Gastroskopie [f.]
gaucher, gauchère [m., f.] Linkshänder, -in [m., f.]
gavage [m.] Zwangsernährung [f.]
gaz [pl./m.] du sang Blutgase [pl./n.]
gaze [f.] Gaze [f.]
gazométrie [f.] Gasometrie [f.]
G.B. Globule Blanc (Weisses Blutkörperchen)
G.C. Gangrène Cutanée (Hautgangrän)
G.C.H. Greffe Contre Hôte (Graft versus host reaction GVH)
G.E.A. Gastro-Entérite Aiguë (Akute Gastroenteritis)
géantisme [m.] Riesenwuchs [m.]
G.E.B. Gastro-Entérite Bactérienne (Bakterielle Gastroenteritis)
G.E.D. Granulomatose Eosinophilique Diffuse
geignement [m.] Stöhnen [n.], Ächzen [n.]
(auscultation pulmonaire) (Lungenauskultation)
gélose [f.] du sang Blutagar [m.]
gélule [f.] Kapsel [f.]
gémellité [f.] Zwillingsschwangerschaft [f.]
gémir stöhnen
gémissement [m.] Stöhnen [n.]
gencive [f.] Zahnfleisch [n.], Gingiva [f.]
gène [m.] Gen [n.]
- **dominant** dominantes Gen [n.]
- **récessif** rezessives Gen [n.]

genèse [f.] Genese [f.]
généticien, ienne [m., f.] Genetiker, in [m., f.]
génétique genetisch
génétique [f.] Genetik [f.]
génital, ale Genital-, geschlechtlich
génome [m.] Genom [n.]
génotype [m.] Genotyp [m.]
genou [m.] Knie [n.]
- **valgus** Genu [n.] valgum
- **varus** Genu [n.] varus

géode [f.] Geode [f.]
gériatre [m.] Geriater [m.]
gériatrie [f.] Geriatrie [f.]
germe [m.] Keim [m.]
germinal, ale Germinal-
gérontologie [f.] Gerontologie [f.]
gérontoxon [m.] Gerontoxon [n.]
gestation [f.] Gestation [f.]
gestose [f.] Gestose [f.]
G.E.U. Grossesse Extra-Utérine (Extrauterinschwangerschaft EUS)
G.E.V. Gastro-Entérite Virale (Virale Gastroenteritis)
G.F.R. Glomerular Filtration Rate
G.T. Glutamylique Transférase (Glutamyl Tranferase GT)
G.H. Growth Hormone
G.H.-R.F. G.H. Releasing Factor
gibbosité [f.] Gibbus [m.]
gigantisme [m.] Gigantismus [m.]
gingivite [f.] Gingivitis [f.], Zahnfleischentzündung [f.]
- **herpétique** Herpesgingivitis [f.]

giratoire Dreh-
glaire [f.] cervicale Zervixschleim [m.]
gland [m.] Eichel [f.], Glans [f.]
glande [f.] Drüse [f.], Glandula [f.]
- **apocrine** apokrine Drüse [f.]

- **buccale** Mundspeicheldrüse [f.]
- **bulbo-urétrale** Bulbourethraldrüse [f.]
- **eccrine** ekkrine Drüse [f.]
- **endocrine** endokrine Drüse [f.]
- **exocrine** exokrine Drüse [f.]
- **holocrine** holokrine Drüse [f.]
- **intestinale** Darmdrüse [f.]
- **lacrymale** Tränendrüse [f.]
- **mammaire** Brustdrüse [f.]
- **muqueuse** Schleimdrüse [f.]
- **palatine** Gaumendrüse [f.]
- **parathyroïde** Nebenschilddrüse [f.], Epithelkörperchen [n.]
- **parotide** Ohrspeicheldrüse [f.], Parotis [f.]
- **pinéale** Pinealisdrüse [f.], Epiphyse [f.]
- **pituitaire** Hypophyse [f.]
- **préputiale** Präputialdrüse [f.], Vorhautdrüse [f.]
- **salivaire** Speicheldrüse [f.]
- **sébacée** Talgdrüse [f.]
- **sous-maxillaire** Glandula [f.] submandibularis, Unterkieferdrüse [f.]

glandiforme eichelförmig
glandulaire drüsenartig, glandulär
glaucomateux, euse glaukomatös
glaucome [m.] Glaukom [n.]
- **à l'angle fermé** Winkelverschlußglaukom [n.]
- **à l'angle ouvert** Weitwinkelglaukom [n.]
- **capsulaire** Linsenkapselhäutchenglaukom [n.]
- **phakogénétique** phakogenetisches Glaukom [n.]
- **phakolytique** phakolytisches Glaukom [n.]
- **primaire** primäres Glaukom [n.]
- **secondaire** sekundäres Glaukom [n.]

glial, ale Glia-
glie [f.] Glia [f.]
glioblastome [m.] Glioblastom [n.]
gliocytome [m.] Gliozytom [n.]
gliomatose [f.] Gliomatose [f.]
gliome [m.] Gliom [n.]
gliosarcome [m.] Gliosarkom [n.]
gliose [f.] Gliosis [f.]
globe [m.] oculaire Augapfel [m.]
globine [f.] Globin [n.]
globule [m.] blanc weißes Blutkörperchen [n.]
globule [m.] rouge rotes Blutkörperchen [n.]
globuline [f.] Globulin [n.]
- **hyperimmune** Hyperimmunglobulin [n.]

globulinurie [f.] Globulinurie [f.]
glomérulaire glomerulär
glomérule [m.] Glomerulus [m.]
- **rénal** Nierenglomerulus [m.]

glomérulonéphrite [f.] Glomerulonephritis [f.]
- **aiguë** akute Glomerulonephritis [f.]
- **chronique** chronische Glomerulonephritis [f.]
- **extra-membaneuse** extramembranöse Glomerulonephritis [f.]
- **membrano-proliférative** membranoproliferative Glomerulonephritis [f.]

glomus [m.] Glomus [m.]
glossectomie [f.] Glossektomie [f.]
glossite [f.] Glossitis [f.]
glossoplégie [f.] Glossoplegie [f.], Zungenlähmung [f.]
glotte [f.] Glottis [f.]
- **vocale** Stimmritze [f.]

glucagon [m.] Glukagon [n.]
glucides [pl./m.] Kohlenhydrate [pl./n.]
glucocorticostéroïde [m.] Glukokortikosteroid [n.]
glucogenèse [f.] Glukogenese [f.]
glucoprotéine [f.] Glukoprotein [n.]
glucose [f.] Glukose [f.]
glucoside [m.] Glukosid [n.]
glucosurie [f.] Glukosurie [f.]
glutamate-oxaloacétate-transaminase [f.] Glutamat-Oxalacetat-Transaminase [f.]
glutamate-pyruvate-transaminase [f.] Glutamat-Pyruvat-Transaminase [f.]
gluten [m.] Gluten [n.]
glycémie [f.] Blutzucker [m.],Glykämie [f.]
glycérine [f.] Glyzerin [n.]
glycogène [m.] Glykogen [n.]
glycogenèse [f.] Glykogenese [f.]
glycogénolyse [f.] Glykogenolyse [f.]
glycogénose [f.] Glykogenose [f.]
glycolipide [m.] Glukolipid [n.]
glyconéogenèse [f.] Glukoneogenese [f.]
glycoprotéine [f.] Glykoprotein [n.]
glycosphingolipide [m.] Glykosphingolipid [n.]
glycosurie [f.] Glykosurie [f.]
G.M.T.C. Grand Mal Tonico-Clonique
G.N. Glomérulo Néphrite (Glomerulonephritis GN)
G.N.A. Glomérulo Néphrite Aiguë (Akute Glomerulonephritis)
gnathoschisis [m.] Gnathoschisis [f.]
G.N.C. Glomérulo Néphrite Chronique (Chronische Glomerulonephritis)
.N.E.E.C. Glomérulo Néphrite Endo Extra Capillaire
G.N.E.M. Glomérulo Néphrite Extra-Membraneuse (Extramembranöse Glomerulonephritis EMGN)
G.N.M.P. Glomérulo Néphrite Membrano-Proliférative (Membranoproliferative Glomerulonephritis MPGN)
G.O. Globe Oculaire (Augapfel)
godet [m.] Delle [f.]
- **favique** Scutula [f.]
goitre [m.] Kropf [m.],Struma [f.]
- **nodulaire** Knotenstruma [f.]
- **simple** blande Struma [f.]
- **sublingual** Zungenkropf [m.],Zungenstruma [f.]
gomme [f.] syphilitique Gumma [n.]
gommeux,euse gummös
gonade [f.] Gonade [f.]
gonadotrope gonadotrop
gonadotrophine [f.] Gonadotropin [n.]
- **chorionique** Choriongonadotropin [n.]
gonarthrite [f.] Gonarthritis [f.], Kniegelenksentzündung [f.]
gonarthrose [f.] Gonarthrose [f.]
gonflement [f.] Schwellung [f.]
- **d'une glande** Drüsenschwellung [f.]
gonfler aufblähen,aufquellen,anschwellen
goniomètre [m.] Goniometer [n.]
gonioscopie [f.] Gonioskopie [f.]
gonococcie [f.] Gonokokkeninfektion [f.]
gonocoque [m.] Gonococcus [m.]
gonorrhée [f.] Gonorrhoe [f.]
gonosome [m.] Gonosom [n.]
G.O.T. Glutamate Oxalacétate Transaminase (Glutamat Oxalalacetat Transaminase GOT)
goudronneux,euse teerig
goût [m.] Geschmack(ssinn) [m.]
goutte [f.] 1. Gicht [f.],2. Tropfen [m.]
- **articulaire** Gelenkgicht [f.]
gouttes [pl./f.] auriculaires Ohrentropfen [pl./m.]
goutteux,euse Gicht-
gouttière [f.] neurale Neuralrinne [f.]
gouttière [f.] plâtrée Gipsschiene [f.]
G.P.D. 1. Glucose Phosphate Transaminase (Glukose Phosphat Transaminase), 2. Galop Proto-Diastolique (Protodiastolischer Galopp)
G.P.S. Galop Pré-Systolique (Präsystolischer Galopp)
G.P.T. Glutamique Pyruvique Transaminase (Glutamat-Pyruvat-Transaminase GPT)
G.R. Globule Rouge (Rotes Blutkörperchen)
gradient [m.] Gradient [m.]
- **de concentration** Konzentrationsgradient [m.]
- **de pression** Druckgradient [m.]
grain [m.] de beauté Leberfleck [m.]
graisse [f.] Fett [n.]
graisser einschmieren,einfetten
gram-négatif,ive gramnegativ
gram-positif,ive grampositiv
grand mal [m.] Grand Mal [n.]
grand-mère [f.] Großmutter [f.]
grand-père [m.] Großvater [m.]
grande lèvre [f.] große Schamlippe [f.]
granulaire granulär
granulation [f.] Granulation [f.]
granuler granulieren

granulocyte [m.] Granulozyt [m.]
granulocytopénie [f.] Granulozytopenie [f.]
granulocytose [f.] Granulozytose [f.]
granulomatose [f.] Granulomatose [f.]
granulome [m.] Granulom [n.]
graphique [m.] Kurve [f.] (Patienten-)
graphospasme [m.] Graphospasmus [m.]
gras,grasse fett
grattage [m.] Kratzen [n.]
gratter kratzen
grave schwer(wiegend)
gravelle [f.] vésicale Blasengries [m.]
gravide gravide
gravidique Schwangerschafts-
gravidité [f.] Gravidität [f.]
greffe [f.] Verpflanzung [f.],Transplantation [f.]
- **autologue** autologe Verpflanzung [f.]
- **autoplastique** autoplastische Verpflanzung [f.]
- **cutanée** Hauttransplantation [f.]
- **hétérologue** heterologe Verpflanzung [f.]
- **hétéroplastique** heteroplastische Verpflanzung [f.]
- **hétérotopique** heterotope Transplantation [f.]
- **homotopique** homotope Transplantation [f.]

greffe contre hôte (reaction) Graft-versus-host (Reaktion) [f.]
greffon [m.] Transplantat [n.]
G.R.F. Gonadotrophin Releasing Factor
gril [m.] costal Rippenkorb [m.]
grincement [m.] des dents Zähneknirschen [n.]
grinding test [m.] Grinding-Test [m.]
grippal,ale grippal
grippe [f.] Grippe [f.]
- **virale** Virusgrippe [f.]

gros intestin [m.] Dickdarm [m.]
grossesse [f.] Schwangerschaft [f.]
- **abdominale** Bauchhöhlenschwangerschaft [f.]
- **ampulaire** ampuläre Schwangerschaft [f.]
- **cervicale** Zervikalschwangerschaft [f.]
- **extrautérine** Extrauterinschwangerschaft [f.]
- **gémellaire** Zwillingsschwangerschaft [f.]
- **interstitielle** interstitielle Schwangerschaft [f.]
- **molaire** Molenschwangerschaft [f.]
- **multiple** Mehrlingsschwangerschaft [f.]
- **ovarienne** Ovarialschwangerschaft [f.]
- **tubaire** Tubenschwangerschaft [f.]

groupage [m.] Blutgruppenbestimmung [f.]
groupe [m.] sanguin Blutgruppe [f.]
guanine [f.] Guanin [n.]
guérir heilen
- **complètement** ausheilen

guérison [f.] Heilung [f.],Gesundung [f.]
- **spontanée** Spontanheilung [f.]

gueule-de-loup [f.] Wolfsrachen [m.]
gustatif,ive Geschmack-
gustatoire Geschmack-
G.U.T. Gonadotrophines Urinaires Totales
gymnastique [f.] Gymnastik [f.]
- **respiratoire** Atemgymnastik [f.]

gynandrie [f.] Gynandrie [f.]
gynécologie [f.] Gynäkologie [f.]
gynécologique gynäkologisch
gynécologue [m.] Gynäkologe [m.],Frauenarzt [m.]
gynécomastie [f.] Gynäkomastie [f.]
gypsotomie [f.] Gipsotomie [f.]
gyrus [m.] Gyrus [m.]

H

h heure (Stunde h)
H.A. Hépatite Aiguë (Akute Hepatitis)
H.A.A. 1. Hepatitis Associated Antigen, 2. Hépatite Alcoolique Aiguë (Akute alkoholtoxische Hepatitis)
habilité [f.] manuelle Geschicklichkeit [f.]
habitus [m.] Habitus [m.]
H.A.C. Hépatite Alcoolique Chronique (Chronische alkoholtoxische Hepatitis)
H.A.C.T. Hormone Adréno-Corticotrope (Adrenocorticotropes Hormon ACTH)
H.A.D. 1. Hormone Anti-Diurétique (Antidiuretisches Hormon ADH),2. Hypertrophie Auriculaire Droite (Hypertrophie des rechten Vorhofs)
H.A.G. Hypertrophie Auriculaire Gauche (Hypertrophie des linken Vorhofs)
haine [f.] de soi-même Selbsthaß [m.]
haleine [f.] Atem [m.]
haleter keuchen
halitose [f.] Halitose [f.]
hallucination [f.] Halluzination [f.], Wahnvorstellung [f.]
- **auditive** Gehörshalluzination [f.]
- **du tact** Gefühlshalluzination [f.]
- **gustative** Geschmackshalluzination [f.]
- **olfactive** Geruchshalluzination [f.]

hallucinose [f.] Halluzinose [f.]
hallux [m.] rigidus Hallux [m.] rigidus
hallux [m.] valgus Hallux [m.] valgus
hallux [m.] varus Hallux [m.] varus
hamartome [m.] Hamartom [n.]
hanche [f.] Hüfte [f.]

H.A.P. Hypertension Artérielle Pulmonaire (Pulmonale Hypertonie)
haploïde haploid
haricot [m.] Nierenschale [f.]
haubannage [f.] Verspannung [f.]
hausser les épaules mit den Achsel zucken
haustration [f.] Haustrenbildung [f.]
H.A.V.D. Hypertrophie Auriculo-Ventriculaire Droite (Rechte atrioventrikuläre Hypertrophie)
H.A.V.G. Hypertrophie Auriculo-Ventriculaire Gauche (Linke atrioventrikuläre Hypertrophie)
Hb. Hémoglobine (Hämoglobin Hb)
H.B. HémiBloc (Hemiblock HB)
Hb.A. Hémoglobine Adulte
H.B.A.G. HémiBloc Antérieur Gauche (Linksanteriorer Hemiblock LAH)
H.B.P.G. HémiBloc Postérieur Gauche (Linksposteriorer Hemiblock LPH)
H.Bc.Ag Hepatitis B Core Antigen
H.Bd.Ag Hepatitis B Dane Antigen
H.Be.Ag Hepatitis B Dane Antigen
H.Bs.Ag Hepatitis B Surface Antigen
H.B.T. Hémianopsie BiTemporale (Bitemporale Hemianopsie)
H.B.V. Hypertrophie BiVentriculaire (Biventrikuläre Hypertrophie)
H.C. 1. HémoCulture (Blutkultur),2. Hépatite Chronique (Chronische Hepatitis),3. Hémorragie Cérébrale (Hirnblutung)
H.C.A. 1. Hépatite Chronique Agressive (Chronisch-aggressive Hepatitis), 2. Hépatite Chronique Active (Chronisch-aktive Hepatitis)
H.C.E. HyperCholestérolémie Essentielle (Essentielle Hypercholesterinämie)
H.C.G. Human Chorionic Gonadotropine
H.C.I. 1. Hémiplégie Cérébrale Infantile (Infantile Zerebralparese ICP),2. Hyper-Calciurie (Hyperkalziurie)
H.C.M. Hémorragie Cérébrale Méningée
H.C.M.V. Human Cyto-Megalo Virus
H.C.P. Hépatite Chronique Persistante (Chronisch-persistierende Hepatitis)
Hct. Hématocrite (Hämatokrit Hkt)
H.C.T. Hémochromatose (Hämochromatose)
H.D. 1. Hernie Discale (Diskushernie), 2. Hémiplégie Droite (Rechtsseitige Hemiplegie)
H.D.C. Hernie Diaphragmatique Congénitale (Angeborene Zwerchfellhernie)
H.D.L High Density Lipoproteins
H.D.S.C. Hérédo-Dégénérescence SpinoCérébelleuse (Spinozerebellare Ataxie)
hébéphrénie [f.] Hebephrenie [f.]
hébétude [f.] Stumpfsinnigkeit [f.]
H.E.D. Hématome Extra-Dural (Epiduralhämatom)
hélix [m.] Helix [f.]
helminthiase [f.] Helminthiase [f.]
hémagglutination [f.] Hämagglutination [f.]
hémagglutinine [f.] Hämagglutinin [n.]
hémangiomatose [f.] Hämangiomatose [f.]
hémangiome [m.] Hämangiom [n.]
hémarthrose [f.] Hämarthrose [f.]
hématémèse [f.] Hämatemessis [f.]
hématine [f.] Hämatin [n.]
hématocèle [f.] Hämatozele [f.]
hématocolpos [m.] Hämatokolpos [n.]
hématocrite [m.] Hämatokrit [m.]
hématogène hämatogen
hématologie [f.] Hämatologie [f.]
hématologique hämatologisch
hématologue [m.] Hämatologe [m.]
hématome [m.] Hämatom [n.]
- **épidural** Epiduralhämatom [n.]
- **rétropéritonéal** retroperitoneales Hämatom [n.]
- **rétroplacentaire** retroplazentares Hämatom [n.]
- **sous-dural** Subduralhämatom [n.]

hématométrie [f.] Hämatometra [f.]
hématomyélie [f.] Hämatomyelie [f.]
hématomyélite [f.] Hämatomyelitis [f.]
hématophobie [f.] Hämatophobie [f.]
hématopoïèse [f.] Hämatopoese [f.]
hématopoïétique hämatopoetisch
hématoporphyrie [f.] Hämatoporphyrie [f.]
hématorrachie [f.] Hämatorrhaschis [f.]
hématosalpinx [m.] Hämatosalpinx [f.]
hématosinus [m.] Hämatosinus [m.]
hématospermie [f.] Hämatospermie [f.]
hématurie [f.] Hämaturie [f.]
hème [m.] Häm [n.]
héméralopie [f.] Hemeralopie [f.]
hémiamblyopie [f.] Hemiamblyopie [f.]
hémianesthésie [f.] Hemianästhesie [f.]
hémianopsie [f.] Hemianopsie [f.]

- **binasale** binasale Hemianopsie [f.]
- **bitemporale** bitemporale Hemianopsie [f.]
- **croisée** gekreuzte Hemianopsie [f.]
- **en quadrant** Quadrantenhemianopsie [f.]
- **hétéronyme** heteronyme Hemianopsie [f.]
- **homonyme** homonyme Hemianopsie [f.]
- **temporale** temporale Hemianopsie [f.]
- **unilatérale** einseitige Hemianopsie [f.]

hémiasynergie [f.] Hemiasynergie [f.]
hémiataxie [f.] Hemiataxie [f.]
hémiatrophie [f.] de la langue Zungenhemiatrophie [f.]
hémiatrophie [f.] faciale Gesichtsatrophie [f.]
hémiballisme [m.] Hemiballismus [m.]
hémibloc [m.] Hemiblock [m.]
- **antérieur gauche** Linksanteriorer Hemiblock [m.]
- **postérieur gauche** Linksposteriorer Hemiblock [m.]

hémicellulose [f.] Hemizellulose [f.]
hémicolectomie [f.] Hemikolektomie [f.]
hémicrânie [f.] Hemikranie [f.]
hémifascial,ale hemifaszial
hémilaminectomie [f.] Hemilaminektomie [f.]
hémilatéral,ale hemilateral
hémiparaplégie [f.] Hemiparaplegie [f.]
hémiparésie [f.] Hemiparese [f.]
hémiplégie [f.] Halbseitenlähmung [f.], Hemiplegie [f.]
- **cérébrale infantile** infantile Zerebralparese [f.]

hémiplégique hemiplegisch
hémiprostatectomie [f.] Hemiprostatektomie [f.]
hémisphère [m.] Hemisphäre [f.]
- **cérébelleux** Kleinhirnhemisphäre [f.]
- **cérébral** Großhirnhemisphäre [f.]

hémisurdité [f.] Hemianakusis [f.]
hémithorax [m.] Hemithorax [m.]
hémizygote hemizygot
hémoblastose [f.] Hämoblastose [f.]
hémochromatose [f.] Hämochromatose [f.]
hémoculture [f.] Blutkultur [f.],Hämokultur [f.]
hémocytoblaste [m.] Hämozytoblast [m.]
hémocytolyse [f.] Hämozytolyse [f.]
hémodialysateur [m.] Hämodialysator [m.]
hémodialyse [f.] Hämodialyse [f.]
hémodilution [f.] Hämodilution [f.]
hémodynamique hämodynamisch
hémoglobine [f.] Hämoglobin [n.]
hémoglobinémie [f.] Hämoglobinämie [f.]
hémoglobinométrie [f.] Hämoglobinometrie [f.]
hémoglobinose [f.] Hämoglobinopathie [f.]
hémoglobinurie [f.] Hämoglobinurie [f.]
- **paroxystique** paroxysmale Hämoglobinurie [f.]
- **nocturne paroxystique** paroxysmale nächtliche Hämoglobinurie [f.]

hémogramme [m.] Hämogramm [n.]
hémolymphangiome [m.] Hämolymphangiom [n.]
hémolyse [f.] Hämolyse [f.]
hémolysine [f.] Hämolysin [n.]
hémolytique hämolytisch
hémomédiastin [m.] Hämomediastinum [n.]
hémopathie [f.] Hämopathie [f.]
hémopéricarde [m.] Hämoperikard [n.]
hémopéritoine [m.] Hämoperitoneum [n.]
hémophile hämophil
hémophile [m.] Bluter [m.],Hämophiler [m.]
hémophilie [f.] Hämophilie [f.]
hémoplastique blutbildend
hémoptisie [f.] Bluthusten [m.],Hämoptoe [f.]
hémorragie [f.] Blutung [f.],Hämorrhagie [f.]
- **abdominale** Bauchblutung [f.]
- **cérébrale** zerebrale Blutung [f.], Hirnblutung [f.]
- **extradurale** extradurale Blutung [f.]
- **gastrique** Magenblutung [f.]
- **intestinale** Darmblutung [f.]
- **intradurale** intradurale Blutung [f.]
- **par suintement** Sickerblutung [f.]
- **pétéchiale** Petechialblutung [f.]
- **placentaire** Plazentablutung [f.]
- **pulmonaire** Lungenblutung [f.]
- **rétinienne** Netzhautblutung [f.]
- **tardive** Nachblutung [f.]
- **utérine** Uterusblutung [f.]
- **vaginale** Scheidenblutung [f.]

hémorroïdal,ale Hämorrhoidal-
hémorroïde [f.] Hämorrhoide [f.]
hémorroïdectomie [f.] Hämorrhoidektomie [f.]
hémosidérine [f.] Hämosiderin [n.]
hémosiderose [f.] Hämosiderose [f.]
hémospermie [f.] Hämospermie [f.]
hémostase [f.] Blutstillung [f.], Hämostase [f.]
hémostatique blutstillend,hämostatisch
hémothorax [m.] Hämothorax [m.]

hémotympan [m.] Hämotympanon [n.]
héparine [f.] Heparin [n.]
héparinémie [f.] Heparinämie [f.]
hépariniser heparinisieren
hépatectomie [f.] Hepatektomie [f.]
hépatite [f.] Hepatitis [f.],Leberentzündung [f.]
- **alcoolique** alkoholische Hepatitis [f.]
- **chronique active** chronisch-aktive Hepatitis [f.]
- **chronique agressive** chronisch-aggressive Hepatitis [f.]
- **chronique persistante** chronisch-persistierende Hepatitis [f.]
- **infectieuse** infektiöse Hepatitis [f.]
- **sérique** Serumhepatitis [f.]
- **virale** Virushepatitis [f.]

hépato- Hepato-
hépato-rénal,ale hepatorenal
hépato-splénomégalie [f.] Hepatosplenomegalie [f.]
hépatoblastome [m.] Hepatoblastom [n.]
hépatocellulaire hepatozellulär
hépatocholangite [f.] Hepatocholangitis [f.]
hépatocyte [m.] Hepatozyt [m.]
hépatogène hepatogen
hépatome [m.] Hepatom [n.]
hépatomégalie [f.] Hepatomegalie [f.]
hépatosplénographie [f.] Hepatolienographie [f.]
hépatosplénomégalie [f.] Hepatosplenomegalie [f.]
hépatotoxique hepatotoxisch
héréditaire angeboren,erblich,hereditär
hérédité [f.] Erblichkeit [f.],Heredität [f.]
hermaphrodisme [m.] Hermaphrodismus [m.]
hermaphrodite [m.] Zwitter [m.]
hernie [f.] Bruch [m.],Hernie [f.]
- **crurale** Schenkelhernie [f.]
- **diaphragmatique** Zwerchfellhernie [f.]
- **discale** Bandscheibenvorfall [m.], Diskushernie [f.]
- **épigastrique** epigastrische Hernie [f.]
- **étranglée** Brucheinklemmung [f.]
- **fémorale** Schenkelhernie [f.]
- **hiatale** Hiatushernie [f.]
- **inguinale** Inguinalhernie [f.], Leistenhernie [f.]
- **inguinale externe** äußerer Leistenbruch [m.]
- **inguinale interne** innerer Leistenbruch [m.]
- **inguino-fémorale** Leistenschenkelhernie [f.]
- **musculaire** Muskelhernie [f.]
- **ombilicale** Nabelbruch [m.],Nabelhernie [f.]
- **par glissement** Gleithernie [f.]
- **scrotale** Hodenbruch [m.],Skrotalhernie [f.]

héroïne [f.] Heroin [n.]
héroïnomanie [f.] Heroinsucht [f.]
herpangine [f.] Herpangina [f.]
herpès [m.] Herpes [m.]
- **labial** Herpes [m.] labialis

herpèsvirus [m.] Herpesvirus [n.]
herpétiforme herpetiform
herpétique Herpes-
hétéroanticorps [m.] Heteroantikörper [m.]
hétérochromie [f.] Heterochromie [f.]
hétérochromosome [m.] Heterochromosom [n.]
hétérogène heterogen
hétérologue heterolog
hétéroplastie [f.] Heteroplastik [f.]
hétéroprotéine [f.] Heteroprotein [n.]
hétérosexuel,elle heterosexuell
hétérotopie [f.] Heterotopie [f.]
hétérotransplant [m.] Heterotransplantat [n.]
hétérotransplantation [f.] Heterotransplantation [f.]
hétérotrichose [f.] Heterotrichose [f.]
hétérotrope heterotop
hétérotropie [f.] Heterotopie [f.]
hétérozygote heterozygot
hexadactylie [f.] Hexadaktylie [f.]
hexose [f.] Hexose [f.]
Hg mercure (Quecksilber Hg)
H.G. Hémiplégie Gauche (Linksseitige Hemiplegie)
H.G.F. Hémoglobine Foetale (Fetales Hämoglobin HbF)
H.G.O. HyperGlycémie Orale
H.G.P.I.V. HyperGlycémie Provoquée IntraVeineuse
H.H. Hernie Hiatale (Hiatushernie)
H.I. 1. Hémorroïdes Internes (Innere Hämorrhoiden),2. Hémorragie Intestinale (Darmblutung)
hiatus [m.] Hiatus [m.]
- **leucémique** Hiatus [m.] leucaemicus

hibernation [f.] artificielle artifizielle Hibernation [f.]
H.I.C. Hypertension IntraCrâniene (Gesteigerter Hirndruck)
H.I.D. Hernie Inguinale Droite (Leistenhernie rechts)
hidradénome [m.] Hidradenom [n.]
hidrorrhée [f.] Hidrorrhoe [f.]
hidrosadénite [f.] Hidradenitis [f.]
H.I.G. Hernie Inguinale Gauche (Leistenhernie links)
hile [m.] Hilus [m.]
- **de la rate** Milzpforte [f.],Milzhilus [m.]
- **du foie** Leberpforte [f.],Leberhilus [m.]

- **pulmonaire** Lungenhilus [m.]
- **rénal** Nierenpforte [f.],Niernhilus [m.]

H.I.O. Hypertension Intra-Oculaire (Augeninnendruckserhöhung)
hippocampe [m.] Hippokampus [m.]
hirsutisme [m.] Hirsutismus [m.]
histamine [f.] Histamin [n.]
histiocytome [m.] Histiozytom [n.]
histiocytose [f.] Histiozytose [f.]
histocompatibilité [f.] Histokompatibilität [f.]
histogenèse [f.] Histogenese [f.]
histogramme [m.] Histogramm [n.]
histo-incompatibilité [f.] Histoinkompatibilität [f.]
histologie [f.] Histologie [f.]
histopathologie [f.] Histopathologie [f.]
histoplasmose [f.] Histoplasmose [f.]
histotripsie [f.] Histotripsie [f.]
H.I.V. Human Immunodeficiency Virus
H.L. Hormone Lutéinisante (Luteinisierendes Hormon LH)
H.L.A. Human Leucocyte Antigen
H.L.H. Hémianopsie Latérale Homonyme (Homonyme laterale Hemianopsie HLH)
H.L.I. Human Leucocyte Interferon
H.L.M. 1. Hématies Leucocytes Minute, 2. HyperLipidémie Mixte (Gemischte Hyperlipidämie)
H.M. Hémorragie Méningée
H.M.G. Human Menopausal Gonadotrophin
H.N. Hydro-Néphrose (Hydronephrose)
H.N.P. Hémoglobinurie Nocturne Paroxystique (Paroxysmale Nächtliche Hämoglobinurie PNH)
H.O.C. Hernie Ombilicale Congénitale (Angeborene Nabelhernie)
holocrine holokrin
holodiastolique holodiastolisch
holosystolique holosystolisch
homéopathie [f.] Homöopathie [f.]
homéostasie [f.] Homöostase [f.]
homogène homogen
homologue homolog
homoplastie [f.] Homoplastik [f.]
homosexualité [f.] Homosexualität [f.]
homosexuel,elle homosexuell
homotransplantation [f.] Homotransplantation [f.]
homozygote homozygot
hôpital [m.] Krankenhaus [n.],Hospital [n.]
hoquet [m.] Schluckauf [m.]
hormonal,ale hormonell
hormone [f.] Hormon [n.]

- **adrénocorticotrope** adrenokortikotropes Hormon [n.]
- **antéhypophysaire** Hypophysenvorderlappenhormon [n.]
- **antidiurétique** antidiuretisches Hormon [n.]
- **de croissance** Wachstumshormon [n.]
- **folliculostimulante** Follikelstimulierendes Hormon [n.]
- **lutéinisante** luteinisierendes Hormon [n.]
- **lutéotrope** Luteotropes Hormon [n.]
- **placentaire lactogène** Humanes plazentares Laktogen [n.]
- **post-hypophysaire** Hypophysenhinterlappenhormon [n.]
- **somatotrope** somatotropes Hormon [n.]
- **thyréotrope** thyreotropes Hormon [n.]
- **thyroïdienne** Schilddrüsenhormon [n.]

hormonothérapie [f.] Hormontherapie [f.]
hospitalisation [f.] Krankenhausaufnahme [f.], Krankenhauseinweisung [f.]
hospitalisme [m.] Hospitalismus [m.]
hôte [m.] Wirt [m.]

- **définitif** Endwirt [m.]
- **intermediaire** Zwischenwirt [m.]

H.P.I. Hémosidérose Pulmonaire Idiopathique (Idiopathische Lungenhämosiderose)
H.P.L. Hormone Placentaire Lactogène (Humanes plazentares Laktogen HPL)
H.P.T. Hyper Para Thyroïdie
H.P.V. Human Papilloma Virus
H.R.P. 1. Hématome Rétro-Péritonéal (Retroperitoneales Hämatom),2. Hématome Rétro-Placentaire (Retroplazentares Hämatom)
H.S. Herpès Simplex (Herpes Simplex HS)
H.S.C. Hand-Schüller-Christian
H.S.D. Hématome Sous-Dural (Subdurales Hämatom SDH)
H.S.G. Hystéro-Salpingo-Graphie (Hysterosalpingographie HSG)
H.S.I. HyperSensibilité Immédiate
H.S.R. HyperSensibilité Retardée
H.S.V. Herpès Simplex Virus (Herpes Simplex Virus HSV)
Ht Hématocrite (Hämatokrit Hkt)
H.T. Hémiplégie Transitoire (Transitorische Hemiplegie)

H.T.A. HyperTension Artérielle (Arterielle Hypertonie)
H.T.A.P. HyperTension Artérielle Pulmonaire (Pulmonale Hypertonie)
H.T.A.R. HyperTension Artérielle Rénale (Renal bedingte Hypertonie)
H.T.A.R.V. HyperTension Artérielle Réno-Vasculaire (Renovaskuläre Hypertonie)
H.T.I.C. HyperTension Intra-Crânienne (Gesteigerter Hirndruck)
H.T.M. HyperTension Maligne (Maligne Hypertonie)
H.T.P. HyperTension Portale (Portale Hypertonie)
5 H.T.P. 5 Hydroxy Trypto-Phane
H.T.V.P. HyperTension Veineuse Pulmonaire (Pulmonalvenöse Hypertonie)
humérus [m.] Humerus [m.]
humeur [f.] acqueuse Kammerwasser [n.]
humeur [m.] Stimmung [f.]
humoral,ale humoral
H.V. Hépatite Virale (Virushepatitis)
H.V.A. Herpes Virus Ateles
H.V.D. Hypertrophie Ventriculaire Droite (Rechtsventrikuläre Hypertrophie RVH)
H.V.G. Hypertrophie Ventriculaire Gauche (Linksventrikuläre Hypertrophie LVH)
H.V.S. Herpes Virus Saimiri
H.X. Histiocytose X
hyaline [f.] Hyalin [n.]
hyalinose [f.] Hyalinose [f.]
hyalite [f.] Hyalitis [f.]
hyaloplasme [m.] Hyaloplasma [n.]
hyaluronidase [f.] Hyaluronidase [f.]
hybridation [f.] Hybridation [f.]
hydarthrose [f.] Hydarthrose [f.]
hydatide [f.] Hydatide [f.]
hydramnios [m.] Hydramnion [n.]
hydratation [f.] Hydratation [f.]
hydrémie [f.] Hydrämie [f.]
hydrocèle [f.] Hydrozele [f.]
hydrocéphalie [f.] Hydrozephalus [m.],Wasserkopf [m.]
- **interne** Hydrozephalus [m.] internus
- **par obstruction** Obstruktionshydrozephalus [m.]

hydrocortisone [f.] Hydrokortison [n.]
hydrolyse [f.] Hydrolyse [f.]
hydroméningocèle [f.] Hydromeningozele [f.]
hydromyélie [f.] Hydromyelie [f.]
hydronéphrose [f.] Hydronephrose [f.]
hydropéricarde [m.] Hydroperikard [n.]
hydrophile hydrophil
hydrophobie [f.] Hydrophobie [f.]
hydrorrhée [f.] Hydrorrhoe [f.]
hydrosalpinx [m.] Hydrosalpinx [f.]
hydrose [f.] Hydrosis [f.]
hydrosoluble wasserlöslich
hydrothérapie [f.] Hydrotherapie [f.]
hydrothorax [m.] Hydrothorax [m.]
hydro-uretère [m.] Hydroureter [m.]
hydroxycorticostéroïde [m.] Hydroxykortikosteroid [n.]
hygiène [f.] Hygiene [f.]
- **dentaire** Zahnpflege [f.]
- **mentale** Psychophylaxie [f.]

hygroma [m.] Hygrom [n.]
hymen [m.] Hymen [n.]
hyperacanthose [f.] Hyperakanthose [f.]
hyperacidité [f.] Hyperazidität [f.]
hyperacousie [f.] Hyperakusis [f.]
hyperactif,ive hyperaktiv,überaktiv
hyperactivité [f.] Hyperaktivität [f.], Überaktivität [f.]
hyperalgesie [f.] Hyperalgesie [f.]
hyperazotémie [f.] Hyperazotämie [f.]
hyperbare hyperbar
hyperbilirubinémie [f.] Hyperbilirubinämie [f.]
hypercalcémie [f.] Hyperkalzämie [f.]
hypercalciurie [f.] Hyperkalziurie [f.]
hypercapnie [f.] Hyperkapnie [f.]
hypercétonémie [f.] Hyperketonämie [f.]
hyperchlorémie [f.] Hyperchlorämie [f.]
hyperchlorhydrie [f.] Hyperchlorhydrie [f.]
hypercholémie [f.] Hypercholie [f.]
hypercholestérolémie [f.] Hypercholesterinämie [f.]
hyperchrome hyperchrom
hyperchromie [f.] Hyperchromie [f.]
hyperclarté [f.] (radiographie) Aufhellung [f.] (Röntgen)
hypercoagulabilité [f.] Hyperkoagulabilität [f.]
hypercorticisme [m.] Hyperkortizismus [m.]
hyperdensité [f.] Hyperdensität [f.]
hyperémèse [f.] Hyperemesis [f.]
hyperémie [f.] Hyperämie [f.]
hyperesthésie [f.] Hyperästhesie [f.]
hyperextension [f.] Hyperextension [f.]
hyperfibrinémie [f.] Hyperfibrinogenämie [f.]
hyperflexion [f.] Hyperflexion [f.]
hyperfonctionnement [m.] Überfunktion [f.]
hyperglobulie [f.] Hyperglobulie [f.]
hyperglycémie [f.] Hyperglykämie [f.]
hyperglycémique hyperglykämisch

hypergonadisme [m.] Hypergonadismus [m.]
hyperhidrose [f.] Hyperhidrosis [f.]
hyperinsulinisme [m.] Hyperinsulinismus [m.]
hyperkaliémie [f.] Hyperkaliämie [f.]
hyperkératose [f.] Hyperkeratose [f.]
hyperkinésie [f.] Hyperkinesie [f.]
hyperkinétique hyperkinetisch
hyperlactacidémie [f.] Hyperlaktazidämie [f.]
hyperlipémie [f.] Hyperlipämie [f.]
hyperlipidémie [f.] Hyperlipidämie [f.]
hyperlordose [f.] Hyperlordose [f.]
hyperménorrhée Hypermenorrhoe [f.]
hypermétrie [f.] Hypermetrie [f.]
hypermétrope weitsichtig, hypermetrop
hypermétropie [f.] Hypermetropie [f.], Weitsichtigkeit [f.]
hypernatriémie [f.] Hypernatriämie [f.]
hyperorexie [f.] Hyperorexie [f.]
hyperostose [f.] Hyperostose [f.]
hyperoxalémie [f.] Hyperoxalämie [f.]
hyperoxalurie [f.] Hyperoxalurie [f.]
hyperparathyroïdie [f.] ou hyperparathyroïdisme [m.] Hyperparathyreoidismus [m.]
hyperphagie [f.] Hyperphagie [f.]
hyperplasie [f.] Hyperplasie [f.]
hyperpnée [f.] Hyperpnoe [f.]
hyperprotidémie [f.] Hyperproteinämie [f.]
hyperréflexie [f.] Hyperreflexie [f.]
hypersécretion [f.] Hypersekretion [f.]
hypersensibilisation [f.] Hypersensibilisierung [f.]
hypersensibilité [f.] Überempfindlichkeit [f.], Hypersensibilität [f.]
hypersidérémie [f.] Hypersiderinämie [f.]
hypersomnie [f.] Hypersomnie [f.]
hyperspermie [f.] Hyperspermie [f.]
hypertélorisme [m.] Hypertelorismus [m.]
hypertensif,ive hypertensiv
hypertension [f.] Hypertonie [f.],Bluthochdruck [m.]
- **artérielle** arterielle Hypertonie [f.]
- **intra-oculaire** erhöhter Augen(innen)druck [m.]
- **intracrânienne** gesteigerter Hirndruck [m.]
- **portale** portale Hypertonie [f.]
- **pulmonaire** pulmonale Hypertonie [f.]
- **rénale** renal bedingte Hypertonie [f.]
- **réno-vasculaire** renovaskuläre Hypertonie [f.]

hyperthénar [m.] Hyperthenar [m.]
hyperthermie [f.] Hyperthermie [f.]
hyperthrombocytémie [f.] Hyperthrombozytämie [f.]
hyperthymie [f.] Hyperthymie [f.]
hyperthyréose [f.] Hyperthyreose [f.]
hyperthyroïdisme [m.] Hyperthyreose [f.]
hypertonie [f.] Hypertonie [f.]
hypertonique hypertonisch
hypertrichose [f.] Hypertrichose [f.]
hypertriglycéridémie [f.] Hypertriglyzeridämie [f.]
hypertrophie [f.] Hypertrophie [f.]
- **de la prostate** Prostatahypertrophie [f.]
- **de la vessie** Blasenhypertrophie [f.]
- **des ongles** Makronychie [f.]
- **du coeur droit** Rechtsherzhypertrophie [f.]
- **musculaire** Muskelhypertonie [f.]
- **rénale** Nierenvergrößerung [f.]
- **ventriculaire gauche** Linksventrikuläre Hypertrophie [f.],Linksherzhypertrophie [f.]
- **ventriculaire droite** Rechtsventrikuläre Hypertrophie [f.],Rechtsherzhypertrophie [f.]

hyperuricémie [f.] Hyperurikämie [f.]
hyperventilation [f.] Hyperventilation [f.]
hyperventiler hyperventilieren
hypervitaminose [f.] Hypervitaminose [f.]
hypervolémie [f.] Hypervolämie [f.]
hyphe [f.] Hyphe [f.]
hypnose [f.] Hypnose [f.]
hypnotique hypnotisch
hypoacousie [f.] Hypakusis [f.],Hypoakusis [f.], Schwerhörigkeit [f.]
hypoasthénie [f.] Hypoasthenie [f.]
hypocalcémie [f.] Hypokalzämie [f.]
hypocalcémique hypokalzämisch
hypocapnie [f.] Hypokapnie [f.]
hypochlorémie [f.] Hypochlorämie [f.]
hypochlorhydrie [f.] Hypochlorhydrie [f.]
hypochrome hypochrom
hypochromie [f.] Hypochromie [f.]
hypocoagulabilité [f.] Hypokoagulabilität [f.]
hypocondrie [f.] Hypochondrie [f.]
hypocorticalisme [m.] Nebennierenunterfunktion [f.]
hypodensité [f.] Hypodensität [f.]
hypoéchogène echoarm
hypoesthésie [f.] Hypästhesie [f.]

hypofonctionnement [m.] Unterfunktion [f.]
hypogastre [m.] Hypogastrium [n.]
hypoglosse [m.] Hypoglossus [m.]
hypoglycémie [f.] Hypoglykämie [f.]
hypogonadisme [m.] Hypogonadismus [m.]
hypokaliémie [f.] Hypokaliämie [f.]
hypokinésie [f.] Hypokinesie [f.]
hypokinétique hypokinetisch
hypolipémiant [m.] Lipidsenker [m.]
hypomanie [f.] Hypomanie [f.]
hyponatriémie [f.] Hyponatriämie [f.]
hypoparathyroïdisme [m.] Hypoparathyreodismus [m.]
hypophosphatémie [f.] Hypophosphatämie [f.]
hypophysaire hypophysär
hypophyse [f.] Hypophyse [f.]
hypophysectomie [f.] Hypophysektomie [f.]
hypopituitarisme [m.] Hypopituitarismus [m.]
hypoplasie [f.] Hypoplasie [f.]
- **pseudo-épithéliale** Keratoakanthom [n.]
- **utérine** Uterushypoplasie [f.]

hypopnée [f.] Hypopnoe [f.]
hypoprothrombinémie [f.] Prothrombinmangel [m.]
hypoprotidémie [f.] Hypoproteinämie [f.]
hypopyon [m.] Hypopyon [n.]
hyporéflexie [f.] Hyporeflexie [f.]
hyposmie [f.] Hyposmie [f.]
hypospadias [m.] Hypospadie [f.]
hypospermie [f.] Hypospermie [f.]
hypotensif,ive hypotensiv
hypotension [f.] Hypotonie [f.]
- **orthostatique** orthostatische Hypotonie [f.]

hypothalamus [m.] Hypothalamus [m.]
hypothénar [m.] Hypothenar [m.]
hypothermie [f.] Hypothermie [f.]
hypothymie [f.] Hypothymie [f.]
hypothyréose [f.] ou hypothyroïdie [f.] Hypothyreose [f.]
hypotonie [f.] Hypotonie [f.]
- **musculaire** Muskelhypotonie [f.]

hypotonique hypotonisch
hypotrichose [f.] Hypotrichose [f.]
hypotrophie [f.] Hypotrophie [f.]
hypoventilation [f.] Hypoventilation [f.]
hypovitaminose [f.] Hypovitaminose [f.]
hypovolémie [f.] Hypovolämie [f.]
hypoxie [f.] Hypoxie [f.]
hystérectomie [f.] Hysterektomie [f.]
hystérie [f.] Hysterie [f.]
hystérique hysterisch
hystérocèle [f.] Hysterozele [f.]
hystéro-cystocèle [f.] Hysterozystozele [f.]
hystéro-cystopexie [f.] Hysterozystopexie [f.]
hystérogramme [m.] Hysterogramm [n.]
hystérographie [f.] Hysterographie
hystérométrie [f.] Hysterometrie [f.]
hystéropexie [f.] Hysteropexie [f.]
hystéroptôse [f.] Hysteroptose [f.]
hystéro-salpingographie [f.] Hysterosalpingographie [f.]
hystéroscopie [f.] Hysteroskopie [f.]
hystérotomie [f.] Hysterotomie [f.]
hystiocyte [m.] Histiozyt [m.]
H.Z. Herpes Zoster

I

I. Iode (Jod J)
I.A. 1. Intra-Artériel (Intaarteriell i.a.),2. Imperforation Anale (Analatresie),3. Insuffisance Aortique (Aorteninsuffizienz AI)
I.A.F. Idiotie Amaurotique Familiale (Amaurotische familiäre Idiotie)
I.A.R. Imperforation Ano-Rectale
I.A.S. Infarctus Antéro-Septal (Anteroseptaler Infarkt ASI)
iatrogène iatrogen
I.B.P. Indice Biliaire Plasmatique
I.c. Index calorimétrique
I.C. Insuffisance Cardiaque (Herzinsuffizienz HI)
I.C.C. 1. Immuns Complexes Circulants (Zirkulierende Immunkomplexe), 2. Insuffisance Cardiaque Chronique (Chronische Herzinsuffizienz HI),3. Insuffisance Cardiaque Compensée (Kompensierte Herzinsuffizienz HI),4. Insuffisance Circulatoire Cérébrale (Zerebrale Durchblutungsinsuffizienz)
I.C.C.C. Insuffisance Circulatoire Cérébrale Chronique
I.C.D. 1. Insuffisance Cardiaque Décompensée (Dekompensierte Herzinsuffizienz HI),2. Insuffisance Cardiaque Droite (Rechtsherzinsuffizienz RHI)
I.C.G. Insuffisance Cardiaque Gauche (Linksherzinsuffizienz LHI)
ichtyose [f.] Ichthyosis [f.]
I.C.S.H. Interstitial Cell Stimulating Hormone
ictère [m.] Gelbsucht [f.],Ikterus [m.]
- **hémolytique** hämolytischer Ikterus [m.]
- **nucléaire** Kernikterus [m.]
- **par obstruction** Verschlußikterus [m.]

- **par rétention** Stauungsikterus [m.]
ictérique ikterisch
ictus [m.] Ictus [m.]
I.C.V.B. Insuffisance Circulatoire Vertébro-Basilaire (Vertebrobasiläre Insuffizienz)
I.D. 1. Intra-Dermal (Intradermal), 2. Indice de Détérioration
idéation [f.] incohérente Ideenflucht [f.]
identification [f.] Identifikation [f.], Identifizierung [f.]
idiogramme [m.] Idiogramm [n.]
idiopathique idiopathisch
idiosyncrasie [f.] Idiosynkrasie [f.]
idiotie [f.] Idiotie [f.]
- **amaurotique** amaurotische Idiotie [f.]
idiotypie [f.] Idiotypie [f.]
I.D.M. Indice de Détérioration Mentale
I.D.R. Intra-Dermo Réaction (CutiReaktion)
I.F. Interferon
I.F.D. Immunofluorescence Directe (Direkte Immunfluoreszenz)
I.F.I. Immunofluorescence Indirecte (Indirekte Immunfluoreszenz)
I.F.M. Incompatibilité Foeto-Maternelle (Fetomaternale Inkompatibilität)
Ig. Immunglobulines (Immunglobuline)
I.H. Insuffisance Hépatique (Leberinsuffizienz)
I.H.C. Insuffisance Hépatique Compensée (Kompensierte Leberinsuffizienz)
I.H.D. Insuffisance Hépatique Décompensée (Dekompensierte Leberinsuffizienz)
I.I.A. Invagination Intestinale Aiguë (Akute intestinale Invagination)
I.I.U. Infection Intra-Utérine (Intrauterine Infektion)
I.L. Insuffisance Lutéale (Lutealinsuffizienz LI)
iléite [f.] Ileitis [f.]
- **radique** Strahlenileitis [f.]
- **regionale** Ileitis [f.] regionalis
iléo-cæcal,ale ileozökal
iléo-colique ileokolisch
iléo-colite [f.] Ileokolitis [f.]
iléo-colostomie [f.] Ileokolostomie [f.]
iléo-rectostomie [f.] Ileorektostomie [f.]
iléon [m.] Ileum [n.]
iléostomie [f.] Ileostomie [f.]
iléus [m.] Ileus [m.]
- **méconial** Mekoniumileus [m.]
- **par occlusion** Okklusionsileus [m.]
- **paralytique** paralytischer Ileus [m.]
- **spasmodique** spastischer Ileus [m.]
iliite [f.] Iliitis [f.]
illusion [f.] Wahnvorstellung [f.]
ilôt [m.] de Langerhans Langerhanssche Insel [f.]
I.M. 1. Intra-Musculaire (Intramuskulär i.m.),2. Insuffisance Mitrale (Mitralinsuffizienz MI), 3. Insuffisance Mental
image [f.] Bild [n.]
- **consécutive** Nachbild [n.]
- **floue** Verschleierung [f.]
I.M.A.O. Inhibiteur de la MonoAmineOxydase (Monoaminoxydase-Hemmer MAOH)
imbécile imbezil
imbécillité [f.] Imbezillität [f.]
I.M.C. Infirmité Motrice Cérébrale
immature immatur,unreif
immaturité [f.] Immaturität [f.],Unreife [f.]
immobile bewegungslos
immobilisation [f.] Immobilisierung [f.]
immobiliser immobilisieren
immun,e immun
immungénétique immungenetisch
immunglobulinopathie [f.] Immunglobulinopathie [f.]
immunisation [f.] Immunisierung [f.]
- **active** aktive Immunisierung [f.]
- **passive** passive Immunisierung [f.]
immuniser immunisieren
immunitaire Immun-
immunité [f.] Immunität [f.]
- **acquise** erworbene Immunität [f.]
- **active** aktive Immunität [f.]
- **cellulaire** zelluläre Immunität [f.]
- **croisée** gekreuzte Immunität [f.]
- **humorale** humorale Immunität [f.]
- **passive** passive Immunität [f.]
immunoadhérence [f.] Immunadhärenz [f.]
immunodéficience [f.] Immundefizienz [f.],Immundefekt [m.]
immunodépression [f.] Immundepression [f.]
immunodiffusion [f.] Immundiffusion [f.]
immunoélectrophorèse [f.] Immunelektrophorese [f.]
immunofluoréscence [f.] Immunfluoreszenz [f.]
immunoglobuline [f.] Immunglobulin [n.]
immunologie [f.] Immunologie [f.]
immunologique immunologisch
immunologue [m.] Immunologe [m.]
immunosuppression [f.] Immunsuppression [f.]
immunosupresseur [m.] Immunsuppressivum [n.]
immunothérapie [f.] Immuntherapie [f.]
immunsérum [m.] Immunserum [n.]

I.M.O.A. Inhibiteur de la MonoAmineOxydase (Monoaminoxydasehemmer MAOH)
impact [m.] Prellmarke [f.]
impédance [f.] Impedanz [f.]
imperforation [f.] Atresie [f.],Imperforatio [f.]
- **choanale** Choanalatresie [f.]
- **de l'anus** Analatresie [f.]
impérieux,ieuse zwingend
impétigo [m.] Impetigo [f.]
- **syncosiforme** Bartflechte [f.]
implant [m.] Implantat [n.]
implantation [f.] Implantation [f.]
impresions [pl./f.] digitales Impressiones [pl./f.] digitatae
impression [f.] sensorielle Sinneseindruck [m.]
impuissance [f.] Impotenz [f.]
impulsif,ive impulsiv
impulsion [f.] Impuls [m.],Trieb [m.]
- **sexuelle** Geschlechtstrieb [m.]
impulsivité [f.] Impulsivität [f.]
in situ in situ
in toto in toto
in utéro intrauterin
in vitro in vitro
in vivo in vivo
inactif,ive inaktiv
inactivation [f.] Inaktivierung [f.]
inactiver inaktivieren
inanition [f.] Inanition [f.]
inappétence [f.] Appetitlosigkeit [f.], Inappetenz [f.]
incapacité [f.] Unfähigkeit [f.]
incarcération [f.] Inkarzerierung [f.]
incidence [f.] Inzidenz [f.]
- **de Stenver** Stenvers-Aufnahme [f.]
inciser (ex.: un abcès) inzidieren,aufschneiden (z.B. einen Abszeß)
incision [f.] Inzision [f.]
incisive [f.] Schneidezahn [m.]
incisure [f.] Inzisur [f.]
inclinaison [f.] du bassin Beckenneigung [f.]
inclusion [f.] Einschluß [m.],Inclusio [f.]
- **cellulaire** Einschlußkörperchen [n.]
incohérence [f.] Inkohärenz [f.]
incompatibilité [f.] Inkompatibilität [f.], Unverträglichkeit [f.]
incompatibilité [f.] sanguine Blutinkompatibilität [f.]
incompatible inkompatibel,unverträglich
inconscience [f.] Unbewußte [n.]
inconscient,iente unbewußt
incontinence [f.] Inkontinenz [f.]
- **à l'effort** Stressinkontinenz [f.]
- **d'urine ou urinaire** Harninkontinenz
- **d'urine par regorgement** Strangurie [f.]
incontinent,ente inkontinent
incrustation [f.] Verkrustung [f.]
incruster verkrusten
incubation [f.] Inkubation [f.]
incuber inkubiern
incurable inkurabel,unheilbar
incurvation [f.] Krümmung [f.],Kurvatur [f.]
incurver krümmen
index [m.] 1. Index [m.],2. Zeigefinger [m.]
- **mitotique** Mitoseindex [m.]
- **splénique** Milzindex [m.]
indicateur [m.] Indikator [m.]
indication [f.] Indikation [f.]
indice [m.] Index [m.]
- **thérapeutique** therapeutischer Index [m.]
indifférencié,ée indifferenziert
indigestion [f.] Indigestion [f.], Verdauungsstörung [f.]
indolence [f.] Indolenz [f.]
indolent,ente indolent
indolore schmerzlos
induction [f.] Induktion [f.]
induration [f.] Verhärtung [f.]
indurer verhärten
inépuisable unerschöpflich
inert,e inert,bewegungslos
inertie [f.] Inertia [f.]
infantile infantil,kindlich
infantilisme [m.] Infantilismus [m.]
infarcissement [m.] Infarzierung [f.]
infarctus [m.] Infarkt [m.]
- **antérieur du coeur** Vorderwandinfarkt [m.]
- **antéro-septal** anteroseptaler Infarkt [m.]
- **du coeur** Herzinfarkt [m.]
- **postérieu du coeur** Hinterwandinfarkt [m.]
- **pulmonaire** Lungeninfarkt [m.]
- **transmural** transmuraler Infarkt [m.]
infectieux,euse infektiös
infectiologie [f.] Infektiologie [f.]
infection [f.] Infektion [f.]
- **locale** lokale Infektion [f.]
- **mixte** Mischinfektion [f.]
- **par gouttelettes** Tröpfcheninfektion [f.]
- **tuberculeuse** Tuberkuloseinfektion [f.]
infestation [f.] Infestation [f.]
infiltrat [m.] Infiltrat [n.]
- **pulmonaire** Lungeninfiltrat [n.]
infiltration [f.] Infiltration [f.]
- **pulmonaire** Lungeninfiltration [f.]
infiltrer infiltrieren
infirmier [m.] Krankenpfleger [m.]
infirmière [f.] Krankenschwester [f.]
infirmité [f.] Gebrechen [n.],Körperbehinderung [f.]
inflammation [f.] Entzündung [f.],Inflammatio [f.]
inflammatoire Entzündungs-

infléchir biegen,beugen
influenza [f.] Influenza [f.]
infra- infra-
infraclaviculaire infraklavikulär
inframamillaire inframamillär
infrarouge infrarot
infundibulaire infundibulär
infundibulum [m.] Infundibulum [n.]
infusion [f.] Infusion [f.]
ingestion [f.] Ingestion [f.]
inguinal,ale inguinal
inhalateur [m.] Inhalator [m.]
inhalation [f.] Inhalation [f.]
inhaler inhalieren
inhibine [f.] Inhibin [n.]
inhibiteur [m.] Inhibitor [m.]
inhibition [f.] Inhibition [f.],Hemmung [f.]
- **compétitive** kompetitive Hemmung [f.]
- **conditionée** bedingte Hemmung [f.]
- **de croissance** Wachstumshemmung [f.]
- **réflexe** Reflexhemmung [f.]
- **rétroactive** rückwirkende Hemmung [f.]
- **sélective** selektive Hemmung [f.]

inhomogène inhomogen
initiation [f.] Antrieb [m.]
injectable injezierbar
injecter (un médicament) injezieren,einspritzen (Medikament)
injection [f.] Injektion [f.]
- **intraartérielle** intraarterielle Injektion [f.]
- **intramusculaire** intramuskuläre Injektion [f.]
- **intrapéritonéale** intraperitoneale Injektion [f.]
- **intrarachidienne** spinale Injektion [f.]
- **intraveineuse** intravenöse Injektion [f.]
- **opacifante** Kontrastmittelinjektion [f.]
- **sclérosante** sklerosierende Injektion [f.]
- **sous-cutanée** subkutane Injektion [f.]

innervation [f.] Innervation [f.]
inoculation [f.] Impfung [f.],Inokulation [f.]
inoculer einimpfen
inotrope inotrop
insémination [f.] Befruchtung [f.],Insemination [f.]
- **artificielle** künstliche Befruchtung [f.]

insensibilité [f.] Empfindungslosigkeit [f.], Unempfindlichkeit [f.]
insensible empfindungslos,unempfindlich
- **à la douleur** schmerzunempfindlich

insertion [f.] Insertion [f.]
insertionite [f.] Insertionstendopathie [f.]
insidieux,euse schleichend
insolation [f.] Insolation [f.]
insoluble insolubel,unlöslich
insomnie [f.] Insomnie [f.],Schlaflosigkeit [f.]
inspirateur [m.] Inspirator [m.]
inspiration [f.] Einatmung [f.],Inspiration [f.]
inspirer einatmen,inspirieren
inspirium [m.] Inspirium [n.]
instable instabil
instabilité [f.] Instabilität [f.]
- **de l'humeur** Wankelmütigkeit [f.], Stimmungslabilität [f.]
- **psychomotrice** psychomotorische Instabilität [f.]

instillation [f.] Einträufelung [f.],Instillation [f.]
instiller (ex.: des collyres) einträufeln (z.B. Augentropfen)
instinct [m.] Instinkt [m.]
- **de conservation** Selbsterhaltungsinstinkt [m.]
- **maternel** Mutterinstinkt [m.]
- **sexuel** Geschlechtsinstinkt [m.]

instinctif,ive instinktiv
insuffisance [f.] Insuffizienz [f.]
- **aortique** Aorteninsuffizienz [f.]
- **cardiaque** Herzinsuffizienz [f.]
- **cardiaque chronique** chronische Herzinsuffizienz [f.]
- **cardiaque compensée** kompensierte Herzinsuffizienz [f.]
- **cardiaque décompensée** dekompensierte Herzinsuffizienz [f.]
- **cardiaque gauche** Linksherzinsuffizienz [f.]
- **cardiaque globale** globale Herzinsuffizienz [f.]
- **cardiaque droite** Rechtsherzinsuffizienz [f.]
- **circulatoire** Kreislaufschwäche [f.]
- **coronaire** Koronarinsuffizienz [f.]
- **hépatique** Leberinsuffizienz [f.]
- **mitrale** Mitralinsuffizienz [f.]
- **rénale** Niereninsuffizienz [f.]
- **rénale aiguë** akute Niereninsuffizienz [f.]
- **rénale chronique** chronische Niereninsuffizienz [f.]
- **respiratoire** Ateminsuffizienz [f.]
- **tricuspidienne** Trikuspidalinsuffizienz [f.]
- **valvulaire** Klappeninsuffizienz [f.]
- **vasculaire cérébrale** zerebrovaskuläre Insuffizienz [f.]
- **veineuse chronique** chronisch-venöse Insuffizienz [f.]
- **ventriculaire droite** Rechtsherzinsuffizienz [f.]
- **ventriculaire gauche** Linksherzinsuffizienz [f.]
- **vertébrobasilaire** vertebro-basiläre Insuffizienz [f.]

- circulatoire cérébrale Hirndurchblutungsstörung [f.]
- du myocarde Herzmuskelschwäche [f.]
insufflation [f.] Insufflation [f.]
insuffler (ex.: un organe) aufblähen (z.B. ein Organ), einblasen
insula [f.] Insula [f.]
insulaire Insula-
insuline [f.] Insulin [n.]
- à préparation retard Verzögerungsinsulin [n.]
insulinémie [f.] Insulinspiegel [m.]
insulinome [m.] Insulinom [n.]
insulinoprivé insulinresistent
insulinorésistance [f.] Insulinresistenz [f.]
insulinothérapie [f.] Insulintherapie [f.]
intelligence [f.] Intelligenz [f.]
intelligent,ente intelligent
intensif,ive intensiv
intensité Intensität [f.]
intention [f.] Intention [f.]
interaction [f.] Wechselwirkung [f.],Interaktion [f.]
interarticulaire interartikulär
intercostal,ale interkostal
intercurrent,ente interkurrent
interdigital,ale interdigital
interférence [f.] Interferenz [f.]
intériorisation [f.] Interiorisation [f.]
interlabial,ale interlabial
interlobulaire interlobulär
intermittent,ente intermittierend
interne intern
interniste [m.] Internist [m.]
interosseux,euse interossös
interphase [f.] Interphase [f.]
interrogatoire [m.] (d'un patient) Befragung [f.] (des Patienten)
interscapulaire interskapular
interstice [m.] Interstitium [n.]
interstitiel,elle interstitiell
intertrigo [m.] Intertrigo [f.]
intertrochantérien,ienne intertrochantär
intervalle [m.] Intervall [n.]
intervention [f.] chirurgicale chirurgischer Eingriff [m.], Operation [f.]
interventriculaire interventrikulär
intervertébral,ale intervertebral
intestin [m.] Darm [m.],Intestinum [n.]
gros [m.] Dickdarm [m.]
- grêle Dünndarm [m.]
intestinal,ale intestinal
intestins [pl./m.] Eingeweide [pl./n.]
intolérance [f.] Intoleranz [f.], Unverträglichkeit [f.]
intolérance [f.] au lactose Laktoseunverträglichkeit [f.]
intoxication [f.] Intoxikation [f.],Vergiftung [f.]
- alimentaire Lebensmittelvergiftung [f.], Nahrungsmittelvergiftung [f.]
- digitalique Digitalisintoxikation [f.]
- médicamenteuse Arzneimittelvergiftung [f.]
- par l'alccol Alkoholvergiftung [f.]
intraartériel,elle intraarteriell
intraarticulaire intraartikulär
intracardiaque intrakardial
intracellulaire intrazellulär
intracrânien,ienne intrakraniell
intracutané,ée intrakutan
intradermique intradermal
intradermoréaction [f.] Intradermaltest [m.]
intradural,ale intradural
intrahépatique intrahepatisch
intralobulaire intralobulär
intraluminal,ale intraluminal
intramédullaire intramedullär
intramural,ale intramural
intramusculaire intramuskulär
intraoculaire intraokulär
intraparenchymateux,euse intraparenchymatös
intrapéritonéal,ale intraperitoneal
intrasellaire intrasellär
intrathoracique intrathorakal
intratrachéal,ale intratracheal
intravaginal,ale intravaginal
intravasculaire intravaskulär
intraveineux,euse intravenös
intraventriculaire intraventrikulär
intrinsèque intrinsisch
introspection [f.] Introspektion [f.]
introverti,e introvertiert
intubation [f.] Intubation [f.]
intuber intubieren
intumescence [f.] Intumeszenz [f.]
inuline [f.] Inulin [n.]
invagination [f.] Invagination [f.]
- intestinale Darminvagination [f.]
invalide invalid
invalide [m.] Invalide [m.]
invalidité [f.] Invalidität [f.]
invasif,ive invasiv
invasion [f.] Invasion [f.]
inversion [f.] Inversion [f.]
- splanchnique Situs [m.] inversus
involontaire unwillkürlich
involution [f.] Involution [f.]
- sénile Altersinvolution [f.]
I.O. 1. Insuffisance Oestrogénique (Östrogeninsuffizienz),2. Insuline Ordinaire
iode [m.] Jod [n.]
iodémie [f.] Jodgehalt [m.](im Blut)
iodopsine [f.] Jodopsin [n.]
iodothérapie [f.] Jodtherapie [f.]

ion [m.] Ion [n.]
ionisation [f.] Ionisation [f.]
ionogramme [m.] Ionogramm [n.]
I.P. 1. Incapacité Permanente,2. Intra-Péritonéal (Intraperitoneal), 3. Insuffisance Progestéronique (Progesteroninsuffizienz), 4. Insuffisance Pulmonaire
I.P.P. Incapacité Permanente Partielle
I.Q. Intelligence-Quotient
I.R. 1. Infra-Rouge (Infrarot),2. Intra-Rachidien,3. Insuffisance Rénale (Niereninsuffizienz),4. Insuffisance Respiratoire (Ateminsuffizienz)
I.R.A. 1. Insuffisance Rénale Aiguë (Akute Niereninsuffizienz),2. Insuffisance Respiratoire Aiguë (Akute Ateminsuffizienz)
I.R.C. 1. Insuffisance Rénale Chronique (Chronische Niereninsuffizienz), 2. Insuffisance Respiratoire Chronique (Chronische Ateminsuffizienz)
I.R.C.A. Immage Radio Claire Arrondie
I.R.I. Immuno Insulin Reactive
iridectomie [f.] Iridektomie [f.]
iridien,ienne Iris-
irido-choroïdite [f.] Iridochoroiditis [f.]
iridocyclite [f.] Iridozyklitis [f.]
irido-kératite [f.] Iridokeratitis [f.]
iridoplégie [f.] Iridoplegie [f.],Irislähmung [f.]
iridotomie [f.] Iridotomie [f.]
iris [m.] Iris [f.]
irite [f.] Iritis [f.]
I.R.M. Imagerie par Résonance Magnétique (Nuclear magnetic resonance NMR)
I.R.O. Insuffisance Respiratoire Obstructive (Obstruktive Ateminsuffizienz)
I.R.R. Insuffisance Respiratoire Restrictive (Restriktive Ateminsuffizienz)
irradiation [f.] 1. Ausstrahlung [f.],2. Bestrahlung [f.]
- douloureuse Schmerzaustrahlung [f.]
irradier ausstrahlen
irréductible irreponibel
irrégularité [f.] Unregelmäßigkeit [f.]
irregulier,ière unregelmäßig
irresponsabilité [f.] Unzurechnungsfähigkeit [f.]
irrigation [f.] 1. Spülung [f.],2. Durchblutung
- cérébrale Hirndurchblutung [f.]
irriguer (vaisseau) versorgen (Gefäß),spülen
irritabilité [f.] Reizbarkeit [f.]
irritable erregbar,reizbar,irritabel
irritatif,ive Reiz-
irritation [f.] Erregung [f.],Reizung [f.], Irritation [f.]
irriter erregen,reizen
I.S.A. Insuffisance Surrénalienne Aiguë (Akute Nebenniereninsuffizienz NNI)
I.S.Ch. Insuffisance Surrénalienne Chronique (Chronische Nebenniereninsuffizienz NNI)
ischémie [f.] Ischämie [f.]
ischémique ischämisch
ischurie [f.] Ischurie [f.]
isoagglutination [f.] Isoagglutination [f.]
isochrone isochron
isocorie [f.] Isokorie [f.]
isoélectrique isoelektrisch
isoenzyme [m.] Isoenzym [n.]
isogreffe [f.] Isotransplantation [f.]
iso-immunisation [f.] Isoimmunisierung [f.]
isolement [m.] sensoriel sensorielle Deprivation [f.]
isomère isomer
isométrique isometrisch
isotherme isotherm
isothermie [f.] Isothermie [f.]
isotonie [f.] Isotonie [f.]
isotonique isotonisch
isotope [m.] Isotop [n.]
isotransplantation [f.] Isotransplantation [f.]
isthme [m.] Isthmus [m.]
- aortique Aortenisthmus [m.]
- de l'utérus Isthmus [m.] uteri
- thyroïdien Schilddrüsenisthmus [m.]
I.T. 1. Incapacité Temporaire,2. Intra-Tumoral (Intratumoral), 3. Insuffisance Tricuspidienne (Trikuspidalinsuffizienz TI)
I.T.G. Interruption Thérapeutique de Grossesse (Therapeutische Schwangerschaftsabbruch)
I.T.P. Intubation Trachéale Prolongée (Langzeitintubation)
I.T.S. Intervalle de Temps Systolique (Systolisches Intervall)
I.T.T. Insulin Tolerance Test
I.U. 1. International Unit 2. Incontinence Urinaire (Harninkontinenz)
I.U.B. Infection Urinaire Basse (Unterer Harnwegsinfekt HWI)
I.U.E. Incontinence Urinaire d'Effort (Streßinkontinenz)
I.V. Intra-Veineux (Intravenös i.v.)
I.V.B. Insuffisance Vertébro-Basilaire (Vertebrobasiläre Insuffizienz)
I.V.C. 1. Insuffisance Vasculaire Cérébrale (Zerebrovaskuläre Insuffizienz),2. Insuffisance Veineuse Chronique (Chronisch-venöse Insuffizienz)
I.V.D. Insuffisance Ventriculaire Droite (Rechtsventrikuläre Insuffizienz RVI)
I.V.G. 1. Insuffisance Ventriculaire Gauche (Linksventrikuläre Insuffizienz LVI),2. Interruption Volontaire de Grossesse (Schwangerschaftsabbruch)

J

J. Joule (Joule J)
jambe [f.] Bein [n.],Unterschenkel [m.]
- artificielle Beinprothese [f.]
jargonaphasie [f.] Jargonaphasie [f.]
jaunisse [f.] Gelbsucht [f.]
jéjunectomie [f.] Jejunektomie [f.]
jéjunite [f.] Jejunitis [f.]
jéjuno-iléite [f.] Jejunoileitis [f.]
jéjuno-iléostomie [f.] Jejunoileostomie [f.]
jéjunostomie [f.] Jejunostomie [f.]
jéjunotomie [f.] Jejunotomie [f.]
jéjunum [m.] Jejunum [n.]
jet [m.] urinaire Urinstrahl [m.]
jeun (à) nüchtern
jeûner fasten
joue [f.] Backe [f.],Wange [f.]
jumeau [m.] Zwilling [m.]
- siamois siamesischer Zwilling [m.]
juxta- Juxta-
juxtaarticulaire juxtaartikulär
juxtaglomérulaire juxtaglomerulär
juxtapylorique juxtapylorisch

K

K. 1. Cancer (Krebs),2. Potassium (Kalium K)
kaliémie [f.] Kaliämie [f.]
kaliurie [f.] Kaliurie [f.]
K.C. Cancer du Col (Zervixkarzinom Zervix-Ca)
K.Cs. Cancer du Corps (Korpuskarzinom Korpus-Ca)
kératine [f.] Keratin [n.]
kératite [f.] Keratitis [f.]
- ulcéreuse Keratitis [f.] ulcerosa
kérato- Kerato-
kérato-conjonctivite [f.] Keratokonjunktivitis [f.]
kératodermatose [f.] Keratodermatose [f.]
kératodermie [f.] Keratodermatitis [f.]
- palmo-plantaire Keratosis [f.] palmoplantaris
kérato-irite [f.] Keratoiritis [f.]
kératolyse [f.] Keratolyse [f.]
kératomalacie [f.] Keratomalazie [f.]
kératome [m.] Keratom [n.]
- sénile Keratoma [n.] senile
kératomycose [f.] Keratomykose [f.]
kératoplastie [f.] Keratoplastik [f.]
kératosclérite [f.] Keratoskleritis [f.]
kératose [f.] Keratose [f.]
- actinique aktinische Keratose [f.]
- des canaux sudoripares Sudokeratosis [f.]
- pilaire Keratosis [f.] pilaris
- sénile Alterskeratose [f.]
kilo(gramme) [m.] Kilo(gramm) [n.]
kilocalorie [f.] Kilokalorie [f.]
kilovolt [m.] Kilovolt [n.]
kilowatt [m.] Kilowatt [n.]
kinase [f.] Kinase [f.]
kinésiothérapie [f.] ou Kinesiotherapie [f.],
kinésithérapie [f.] Bewegungsbehandlung [f.]
klebsiella [m.] Klebsiella [f.]
kleptomane [m.] Kleptomane [m.]
kleptomanie [f.] Kleptomanie [f.]
K.O. Cancer de l'Ovaire (Ovarialkarzinom Ovarial-Ca)
K.P.P. Kératodermie Palmo-Plantaire (Keratoderma palmoplantaris)
K.P.T. Cancer Parathyroïdien (Nebenschildrüsenkrebs)
kraurosis [f.] Kraurosis [f.]
K.R.P. Kolmer Reiter Protein
K.S. 1. Cancer du Sein (Brustkrebs) 2. Kératodermie Syphilitique (Keratoderma syphilitica)
kV kiloVolt (Kilovolt kV)
kW kiloWatt (Kilowatt kW)
Kwashiorkor [m.] Kwashiorkor [m.]
kyste [m.] Zyste [f.]
- colloïde Kolloidzyste [f.]
- de Baker Bakerzyste [f.]
- dermoïde Dermoidzyste [f.]
- épidermique Epidermiszyste [f.]
- épidermoïde Epidermoidzyste [f.]
- fibreux Fibrozyste [f.]
- goudronneux Schokoladenzyste [f.]
- hydatique Echinokokkenzyste [f.]
- ovarien Eierstockzyste [f.], Ovarialzyste [f.]
- rénal Nierenzyste [f.]
- tubo-ovarien Tuboovarialzyte [f.]
kystectomie [f.] Zystektomie [f.]
kystique zystisch
kystographie [f.] Pneumozystographie [f.]

L

L. Leucocyte (Leukozyt)
L 1-5 Vertèbres lombaires (Lumbalwirbel LWK 1-5)
L.A. 1. Leucose Aiguë (Akute Leukose) 2. Leucémie Aiguë (Akute Leukämie AL)
L.A.A. Ligne Axillaire Antérieure (Vordere Axillarlinie VAL)
labial,ale labial
labialisation [f.] Labialismus [m.]
labidodontie [f.] Labidontie [f.]
labile labil
labilité [f.] Labilität [f.]
- circulatoire Kreislauflabilität [f.]

labyrinthe [m.] Labyrinth [n.]
- **membraneux** membranöses Labyrinth [n.]
- **osseux** ossäres Labyrinth [n.]

labyrinthite [f.] Labyrinthitis [f.]
lacération [f.] Laceratio [f.],Zerfetzung [f.], Zerreißung [f.]
lacérer zerfetzen,zerreißen
lacinant,ante (douleur) stechend (Schmerz)
lacrymal,ale Tränen-
lacrymation [f.] Tränenfluß [m.]
lactacidémie [f.] Laktazidämie [f.]
lactacidurie [f.] Laktazidurie [f.]
lactation [f.] Laktation [f.]
lactescent,ente milchig
lactico-déshydrogenase [f.] (LDH)Laktat-Dehydrogenase [f.] (LDH)
lactobacille [f.] Laktobazillus [m.]
lactose [m.] Laktose [f.]
lactosurie [f.] Laktosurie [f.]
lacunaire lakunär
lacune [f.] Lacuna [f.]
- **du champ visuel** Gesichtsfelddefekt [m.]

L.A.F. Lymphocyte Activating Factor
lagophtalmie [f.] Lagophthalmus [m.]
L.A.L. Leucémie Aiguë Lymphoblastique (Akute Lymphoblastische Leukämie ALL)
lallation [f.] Lallen [n.]
lalonévrose [f.] Laloneurose [f.]
L.A.M. 1. Leucémie Aiguë Myéloblastique (Akute Myeloblastische Leukämie AML),2. Ligne Axillaire Moyenne (Mittlere Axillarlinie MAL)
lambeau [m.] Lappen [m.]
- **cutané** Hautlappen [m.]
- **circulaire** Rundlappen [m.]
- **pédiculé** Stiellappen [m.]

lame [f.] dentaire Zahnleiste [f.]
lame [f.] vertébrale Wirbelbogen [m.]
lamellaire lamellär
lamelle [f.] Lamella [f.]
laminectomie [f.] Laminektomie [f.]
lancette [f.] Lanzette [f.]
langue [f.] Zunge [f.]
- **de Hunter** Hunter'sche Glossitis [f.]
- **framboisée** Himbeerzunge [f.]
- **rôtie** Zungenbrennen [n.]

lanugo [m.] Lanugo [f.]
L.A.P. 1. Leucémie Aiguë à Promyélocytes (Akute Promyelozytenleukämie),2. Ligne Axillaire Postérieure (Hintere Axillarlinie)
laparectomie [f.] Laparektomie [f.]
laparoscope [m.] Laparoskop [n.]
laparoscopie [f.] Laparoskopie [f.]
laparostomie [f.] Laparostomie [f.]
laparotomie [f.] Laparotomie [f.]
- **exploratrice** Probelaparatomie [f.]

larmoiement [m.] Tränen [n.]
larmoyer tränen
larvé,ée larviert
laryngectomie [f.] Laryngektomie [f.]
laryngien,ienne Larynx-
laryngisme [m.] Laryngismus [m.]
laryngite [f.] Kehlkopfentzündung [f.] Laryngitis [f.]
laryngocèle [f.] Laryngozele [f.]
laryngologie [f.] Laryngologie [f.]
laryngoplastie [f.] Kehlkopfplastik [f.]
laryngoplégie [f.] Laryngoplegie [f.]
laryngoscope [m.] Laryngoskop [n.]
laryngoscopie [f.] Laryngoskopie [f.]
laryngospasme [m.] Laryngospasmus [m.]
laryngostomie [f.] Laryngostomie [f.]
laryngotomie [f.] Laryngotomie [f.]
larynx [m.] Kehlkopf [m.],Larynx [m.]
laser [m.] Laser [m.]
latence [f.] Latenz [f.]
latent,ente latent
latéral,ale lateral
latérobasal,ale laterobasal
latérofléxion [f.] Lateroflexion [f.]
latéroposition [f.] Lateroposition [f.]
latéropulsion [f.] Lateropulsion [f.]
L.A.T.S. Long Acting Thyroid Stimulator
lavage [m.] Lavage [f.],Spülung [f.]
- **broncho-alvéolaire** bronchoalveoläre Lavage [f.]
- **d'estomac** Magenspülung [f.]
- **péritonéal** Peritonealspülung [f.]

lavement [m.] Einlauf [m.],Klistier [n.]
- **baryté** Bariumkontrasteinlauf [m.]
- **opaque** Kontrastmitteleinlauf [m.]

laver waschen
laxatif [m.] Abführmittel [n.],Laxantium [n.]
laxité [f.] Aufklappbarkeit [f.]
L.B. Lavement Baryté (Bariumkontrasteinlauf)
L.C.H. Luxation Congénitale de la Hanche (Kongenitale Hüftgelenksluxation)
L.C.R. Liquide Céphalo-Rachidien (Liquor cerebrospinalis)
L.C.T. LymphoCytoToxine
L.D.H. Lactico-Déshydrogénase (Laktatdehydrogenase LDH)
L.D.L. Low Density Lipoproteins
L.Dopa LevoDopa

L.E.A.D. Lupus Erythémateux Aigu Disséminé (Lupus Erythematodes Disseminatus LED)
L.E.A.H. Leuco-Encéphalite Aiguë Hémorragique (Akute hämorrhagische Leukenzephalitis)
L.E.C. 1. Cellule Lupus Erythémateux (Lupus Erythematodes-Zelle),2. Liquide Extra-Cellulaire (Extrazellulärflüssigkeit ECF),3. Lithotritie Extra-Corporelle (Extrakorporale Lithotripsie)
lécithine [f.] Lezithin [n.]
L.E.D. Lupus Erythémateux Disséminé (Lupus Erythematodes Disseminatus LED)
leger,ère schwach
légionellose [f.] Legionellose [f.]
leishmanie [f.] Leishmania [f.]
leishmaniose [f.] Leishmaniose [f.]
lemniscus [m.] Lemniscus [m.]
L.E.M.P. Leuco-Encéphalite Multifocale Progressive (Progressive multifokale Leukenzephalopathie)
lent,ente langsam,schleichend
lenticulaire lentikulär,Linsen-
lentigo [m.] Lentigo [f.]
lentille [f.] Linse [f.] (Kontakt-)
lèpre [f.] Lepra [f.]
lépreux,euse leprös
léprome [m.] Leprom [n.]
léproserie [f.] Leprosarium [n.]
leptocyte [m.] Leptozyt [m.]
leptoméninges [pl./f.] Leptomeningen [pl./f.]
leptoméningite [f.] Leptomeningitis [f.]
leptosome leptosom
leptosome [m.] Leptosomer [m.]
leptospire [f.] Leptospira [f.]
leptospirose [f.] Leptospirose [f.]
lesbien,ienne lesbisch
léser schädigen,verletzen,lädieren
lésion [f.] Läsion [f.],Verletzung [f.], Schädigung [f.]
- **cérébrale** Hirnschaden [m.]
- **de ligament** Bandverletzung [f.]
- **en foyer** Herdläsion [f.]

L.E.S.S. Leuco-Encéphalite Sclérosante Subaiguë (Subakute sklerosierende Panenzephalitis SSPE)
létal,ale letal
létalité [f.] Letalität [f.]
léthargie [f.] Lethargie [f.]
léthargique lethargisch
leucémie [f.] Leukämie [f.]
- **à basophiles** basophile Leukämie [f.]
- **à cellules souches** Stammzellenleukämie [f.]
- **à plasmocytes** Plasmazellenleukämie [f.]
- **aiguë** akute Leukämie [f.]
- **aiguë lymphoblastique** akute lymphoblastische Leukämie [f.]
- **aiguë myéloblastique** akute myeloische Leukämie [f.]
- **aleucémique** aleukämische Leukämie [f.]
- **aplastique** aplastische Leukämie [f.]
- **chronique** chronische Leukämie [f.]
- **chronique myéloïde** chronische myeloische Leukämie [f.]
- **lymphoïde** lymphoide Leukämie [f.]
- **lymphoïde chronique** chronische lymphatische Leukämie [f.]
- **monocytaire** monozytäre Leukämie [f.]
- **myéloblastique** myeloblastische Leukämie [f.]
- **myéloïde** myeloide Leukämie [f.]

leucémique leukämisch
leucine [f.] Leuzin [n.]
leuco(cyto)poièse [f.] Leukopoese [f.]
leucoblaste [m.] Leukoblast [m.]
leucoblastémie [f.] Leukoblastämie [f.]
leucoblastose [f.] Leukoblastose [f.]
leucocytaire leukozytär
leucocyte [m.] Leukozyt [m.]
- **basophile** basophiler Leukozyt [m.]
- **éosinophile** eosinophiler Leukozyt [m.]
- **neutrophile** neutrophiler Leukozyt [m.]

leucocytolyse [f.] Leukozytolyse [f.]
leucocytopénie [f.] Leukozytopenie [f.]
leucocytose [f.] Leukozytose [f.]
leucocyturie [f.] Leukozyturie [f.]
leucodermie [f.] Leukoderma [m.]
leucoencéphalite [f.] Leukoenzephalitis [f.]
- **aigue hémorragique** akute hämorrhagische Leukoenzephalitis [f.]
- **sclérosante subaiguë** subakute sklerosierende Leukoenzephalitis [f.]

leucolyse [f.] Leukolyse [f.]
leucome [m.] Leukom [n.]
leucomyélite [f.] Leukomyelitis [f.]
leuconychie [f.] Leukonychie [f.]
leucopédèse [f.] Leukopedese [f.]
leucopénie [f.] Leukopenie [f.]
leucoplasie [f.] Leukoplasie [f.]
leucopoïétique leukopoetisch
leucorrhée [f.] Leukorrhoe [f.]
leucosarcome [m.] Leukosarkom [n.]
leucose [f.] Leukose [f.]
leucotaxis [m.] Leukotaxis [f.]
leucotomie [f.] Leukotomie [f.]

leucotoxine [f.] Leukotoxin [n.]
lever (se ...) aufstehen,sich erheben
lévogramme [m.] Lävogramm [n.]
lèvre [f.] Lippe [f.],Schamlippe [f.]
grande [f.] große Schamlippe [f.]
petite [f.] kleine Schamlippe [f.]
- **d'une plaie** Wundrand [m.]
lévulose [f.] Lävulose [f.]
L.G. Lavage Gastrique (Magenspülung)
L.H. Luteinizing Hormone
L.H.D. Lipoprotéines de Haute Densité (High Density Lipoproteins HDL)
L.H.R.H. Luteinizing Hormone Releasing Hormone
Li Lithium
libération [f.] (ex.: d'une Freisetzung [f.] (z.B. eines **hormone)** Hormons)
libido [f.] Libido [f.]
L.I.C. Liquide Intra-Cellulaire (Intrazellulärflüssigkeit ICF)
licencier (un malade) (einen Patienten) entlassen
lichen [m.] Lichen [m.]
- **acuminé** Lichen [m.] acuminatus
- **nitidus** Feinknötchenflechte [f.], Lichen [m.] nitidus
- **syphilitique** Lichen [m.] syphiliticus
lichénification [f.] Lichenifikation [f.]
lichéniforme licheniform
liénal,ale lienalis,Milz-
lieu [m.] d'action Wirkungsort [m.]
ligament [m.] Band [n.],Ligament [n.]
- **coracoïdien** Ligamentum [n.] coracoideus
- **croisé** Kreuzband [n.], Ligamentum [n.] cruciatum
- **croisé antérieur** vorderes Kreuzband [n.]
- **croisé postérieur** hinteres Kreuzband [n.]
- **falciforme** Ligamentum [n.] falciforme
- **latéral externe** äußeres Seitenband [n.]
- **latéral interne** inneres Seitenband [n.]
- **rond** Ligamentum [n.] rotundum
ligamenteux,euse ligamentös
ligamentopexie [f.] Ligamentopexie [f.]
ligature [f.] Ligatur [f.],Abbindung [f.]
ligaturer abschnüren,abbinden,ligieren
ligne [f.] Linie [f.]
- **axillaire antérieure** vordere Axillarlinie [f.]
- **axillaire moyenne** mittlere Axillarlinie [f.]
- **axillaire postérieure** hintere Axillarlinie [f.]
- **blanche** Linea [f.] alba
- **de croissance** Wachstumsfuge [f.]
- **isoélectrique** isoelektrische Linie [f.]
- **médioclaviculaire** Medioklavikularlinie [f.]
limbe [m.] Limbus [m.]
- **cornéen** Limbus [m.] cornea
limite [f.] Grenze [f.],Limit [n.]
- **de charge** Belastungsgrenze [f.]
lingual,ale lingual,Zunge-
lingula [f.] Lingula [f.]
liniment [m.] Liniment [n.]
liomyome [m.] Leiomyom [n.]
liomyosarcome [m.] Leiomyosarkom [n.]
lipase [f.] Lipase [f.]
- **pancréatique** Pankreaslipase [f.]
lipémie [f.] Lipämie [f.]
lipide [m.] Lipid [n.]
lipidémie [f.] Lipidämie [f.]
lipidose [f.] Lipoidose [f.],Lipidose [f.]
lipoblastome [m.] Lipoblastom [n.]
lipodystrophie [f.] Lipodystrophie [f.]
lipofuscine [f.] Lipofuszin [n.]
lipogranulomatose [f.] Lipogranulomatose [f.]
lipoïdoprotéinose [f.] Lipoidproteinose [f.]
lipomatose [f.] Lipomatose [f.]
lipome [m.] Lipom [n.]
lipomyome [m.] Lipomyom [n.]
lipomyxome [m.] Lipomyxom [n.]
lipoprotéine [f.] Lipoprotein [n.]
liposarcome [m.] Liposarkom [n.]
liposoluble fettlöslich
lipothymie [f.] Lipothymie [f.]
lipotrope lipotrop
lipotropie [f.] Lipotropie [f.]
lipurie [f.] Lipurie [f.]
liquéfaction [f.] Verflüssigung [f.]
liquide [m.] Flüssigkeit [f.]
- **amniotique** Fruchtwasser [n.]
- **céphalo-rachidien** Liquor [m.] cerebrospinalis, Zerebrospinalliquor [m.]
- **d'ascite** Aszitesflüssigkeit [f.]
- **gastrique** Magensaft [m.]
- **synovial** Synovialflüssigkeit [f.]
liséré [m.] gincival Zahnfleischsaum [m.]
lissage [m.] Lifting [n.]
listériose [f.] Listeriose [f.]
lit [m.] de l'ongle Nagelbett [n.]
lithiase [f.] Lithiasis [f.],Stein [m.]
- **biliaire** Gallenstein [m.]
- **oxalique** Oxalstein [m.]
- **oxalo-calcique** Kalziumoxalatstein [m.]
- **pancréatique** Pankreaslithiasis [f.]
- **phosphatique** Phosphatstein [m.]
- **phospho-calcique** Kalziumphosphatstein [m.]
- **phospho-ammoniaco-magnésienne** Magnesium-Amonium-Phosphat-Stein [m.]

- **rénale** Nierenstein [m.]
- **urinaire** Harnstein [m.]
- **urique** Uratstein [m.] - vésiculaire Blasenstein [m.]

lithium [m.] Lithium [n.]
lithogenèse [f.] Lithogenese [f.]
litholyse [f.] Litholyse [f.]
lithotomie [f.] Lithotomie [f.]
lithotripsie [f.] ou lithotritie [f.] Lithotripsie [f.]
litre [m.] Liter [m.]
livédo [m.] Livedo [f.]
livide livid
lividité [f.] Livor [m.]
- **cadavérique** Totenfleck [m.]

L.L. Leucémie Lymphoïde (Lymphatische Leukämie LL)
L.L.C. Leucémie Lymphoïde Chronique (Chronische lymphatische Leukämie CLL)
L.L.E. Ligament Latéral Externe (Äußeres Seitenband)
L.L.I. Ligament Latéral Interne (Inneres Seitenband)
L.M. Leucémie Myéloïde (Myeloische Leukämie ML)
L.M.C. 1. Leucémie Myéloïde Chronique (Chronische Myeloische Leukämie CML),2. Leucémie Myéloblastique Chronique (Chronische Myeloblastische Leukämie CML),3. Ligne Médio-Claviculaire (Medioklavikularlinie MCL)
L.O. Lithiase Oxalique (Oxalstein)
lobe [m.] Lobus [m.],Lappen [m.]
- **du cerveau** Hirnlappen [m.]
- **du foie** Leberlappen [m.]
- **frontal** Stirnlappen [m.]
- **occipital** Hinterhauptslappen [m.]
- **pariétal** Scheitellappen [m.]
- **temporal** Schläfenlappen [m.]

lobectomie [f.] Lobektomie [f.]
lobotomie [f.] Lobotomie [f.]
lobulaire lobulär
lobule [m.] 1. Lobulus [m.],Läppchen [n.], 2. Ohrläppchen [n.]
L.O.C. Lithiase Oxalo-Calcique (Kalziumoxalat-Stein)
local,ale Lokal-
localisation [f.] Lokalisation [f.]
localiser lokalisieren
lochies [pl./f.] Lochien [pl./f.]
locus [m.] Locus [m.]
logasthénie [f.] Logoasthenie [f.]
logopédie [f.] Logopädie [f.]
logorrhée [f.] Logorrhoe [f.]
loi [f.] du tout ou rien Alles oder Nichts-Gesetz [n.]
lois [pl./f.] de Mendel Mendel-Gesetze [pl./n.]
lombaire Lenden-,lumbal
lombalgie [f.] Lumbalgie [f.]
lombalisation [f.] Lumbalisation [f.]
longiligne langgliedrig
lordose [f.] Lordose [f.]
losangique rautenförmig
L.P. Lithiase Phosphatique (Phosphatstein)
L.P.A.M. Lithiase Phospho-AmmoniacoMagnésienne (Ammonium-Magnesium-Phosphat-Stein)
L.P.C. 1. Lithiase Phospho-Calcique (Kalzium-phosphat-Stein),2. Legg Perthes Calvé
L.P.T. Lymphogranulomatose Psittacose Trachome
L.R.F. Lutetrophin Releasing Factor
L.S. Lympho Sarcome (Lymphosarkom)
L.S.D Lysergide (Lysergid LSD)
L.S.H. Lichen Scléro-Atrophique (Lichen sclerosus et atrophicans)
L.T. Lipides Totaux (Gesamtfette)
L.T.H. LuteoTropic Hormone
L.U. Lithiase Urique (Uratstein)
luétique luetisch
luette [f.] Uvula [f.],Zäpfchen (Gaumen-) [n.]
- **bifide** Uvula [f.] fissa

lumbago [m.] Hexenschuß [m.],Lumbago [m.]
lumière [f.] 1. Lumen [n.],2. Licht [n.]
lunatique mondsüchtig
lunule [f.] Lunula [f.]
lupome [m.] Lupom [n.]
lupus [m.] Lupus [m.]
- **érythémateux** Lupus [m.] erythematodes
- **érythémateux disséminé** Lupus [m.] erythematodes disseminatus
- **hypertrophique** Lupus [m.] hypertrophicus
- **papillomateux** Lupus [m.] papillomatosus
- **pustuleux** Lupus [m.] pustulosus
- **vulgaire** Lupus [m.] vulgaris

lutéine [f.] Lutein [n.]
lutéinisation [f.] Luteinisierung [f.]
lutte [f.] contre le choc Schockbekämpfung [f.]
luxation [f.] Luxation [f.],Verrenkung [f.]
- **acromioclaviculaire** Schlüsselbeinluxation [f.]
- **articulaire** Gelenkverrenkung [f.]
- **congénitale de la hanche** angeborene Hüftgelenksluxation [f.]
- **de la rotule** Patellaluxation [f.]
- **du cristallin** Linsenluxation [f.]
- **du ménisque** Meniskusverrenkung [f.]
- **vertébrale** Wirbelkörperluxation [f.]

luxer luxieren,verrenken
L.V.B. Lithiase des Voies Biliaires
L.V.B.A. Lithiase de la Voie Biliaire Accessoire

L.V.B.P. Lithiase de la Voie Principale
L.V.R.T. Lithiase Vésiculaire Radio-Transparente (Strahlendichter Gallenstein)
lymphadénectomie [f.] Lymphadenektomie [f.]
lymphadénite [f.] Lymphadenitis [f.]
lymphadénome [m.] Lymphadenom [n.]
lymphadénose [f.] Lymphadenose [f.]
lymphangiectasie [f.] Lymphangiektasie [f.]
lymphangiomatose [f.] Lymphangiomatose [f.]
lymphangiome [m.] Lymphangiom [m.]
lymphangite [f.] Lymphangitis [f.]
lymphatique lymphatisch
lymphe [f.] Lymphe [f.]
lymphoblaste [m.] Lymphoblast [m.]
lymphoblastome [m.] Lymphoblastom [n.]
lymphoblastosarcome [m.] Lymphoblastosarkom [n.]
lymphoblastose [f.] Lymphoblastose [f.]
lymphocyte [m.] Lymphozyt [m.]
lymphocytopénie [f.] Lymphozytopenie [f.]
lymphocytopoïèse [f.] Lymphozytopoese [f.]
lymphocytose [f.] Lymphozytose [f.]
lymphoedème [m.] Lymphödem [n.]
lymphoépithélioma [m.] Lymphoepitheliom [n.]
lymphogranulomatose [f.] Lymphogranulomatose [f.]
lymphogranulome [m.] Lymphogranulom [n.]
lymphographie [f.] Lymphographie [f.]
lymphoïde lymphoid
lymphokine [f.] Lymphokin [n.]
lymphomatose [f.] Lymphomatose [f.]
lymphome [m.] Lymphom [n.]
- **hodgkinien** Hodgkin-Lymphom [n.]
- **malin** malignes Lymphom [n.]
- **non hodgkinien** Non Hodgkin-Lymphom [n.]

lymphopathie [f.] Lymphopathie [f.]
lymphopénie [f.] Lymphopenie [f.]
lymphopoïèse [f.] Lymphopoese [f.]
lymphosarcomatose [f.] Lymphosarkomatose [f.]
lymphosarcome [m.] Lymphosarkom [n.]
lyophilisation [f.] Lyophilisation [f.]
lyse [f.] Lyse [f.]
lysine [f.] Lysin [n.]
lysosome [m.] Lysosom [n.]
lysozyme [m.] Lysozym [n.]
lytique lytisch

M

M. Métastase (Metastase M)
macération [f.] Mazeration [f.]
macérer mazerieren
mâcher kauen
mâchoire [f.] supérieure/inférieure Kiefer [m.] (Ober-/Unter-)
mâchonnement [m.] Kaubewegung [f.],Kauen [n.]
mâchonner langsam kauen
macrocéphalie [f.] Makrozephalie [f.]
macrochéilie [f.] Makrocheilie [f.]
macrocyte [m.] Makrozyt [m.]
macrocytose [f.] Makrozytose [f.]
macrodactylie [f.] Makrodaktylie [f.]
macroglobuline [f.] Makroglobulin [n.]
macroglobulinémie [f.] Makroglobulinämie [f.]
macroglossie [f.] Makroglossie [f.]
macrognathie [f.] Makrognathie [f.]
macrogyrie [f.] Makrogyrie [f.]
macromélie [f.] Makromelie [f.]
macrophage [m.] Makrophage [m.]
macrophagocytose [f.] Makrophagozytose [f.]
macropodie [f.] Makropodie [f.]
macroscopique makroskopisch
maculaire makulär
macule [f.] Macula [f.]
maculo-papuleux,euse makulopapulös
M.A.D. Macro-Angiopathie Diabétique (Diabetische Makroangiopathie)
magnésium [m.] Magnesium [n.]
M.A.I. Maladie Auto-Immune (Autoimmunkrankheit)
maigrir abmagern,Gewicht abnehmen
maille [f.] Fleck [m.]
main [f.] Hand [f.]
- **d'écrivain** Pillendreherhaltung [f.]
- **de singe** Affenhand [f.]
- **en griffe** Krallenhand [f.]
- **tombante** Fallhand [f.]

maîtrise [f.] de soi Selbstbeherrschung [f.]
mal [m.],maux [pl.] Schmerz [m.],Krankheit [f.], Leiden [n.]
- **à la gorge** Halsschmerzen [pl./m.]
- **à la tête ou céphalée** Kopfschmerzen [pl./m.]
- **au dos** Rückenschmerzen [pl./m.]
- **au pied** Fußschmerz [m.]
- **au ventre** Bauchschmerzen [pl./m.]
- **aux dents** Zahnschmerzen [pl./m.]
- **aux oreilles** Ohrenschmerzen [pl./m.]
- **aux reins** Nierenschmerzen [pl./m.]

malabsorber malabsorbieren
malabsorption [f.] Malabsorption [f.]
malacie [f.] Malazie [f.]

maladaptation [f.] Fehlanpassung [f.]
maladresse [f.] Ungeschicklichkeit [f.]
malade krank
alade [f./m.] Kranke [f./m.];Patient,-in [m., f.]
maladie [f.] Krankheit [f.],Erkrankung [f.], Morbus [m.]
- **coeliaque** Zöliakie [f.]
- **concomitante** Begleitkrankheit [f.]
- **coronaire** Koronarerkrankung [f.]
- **d'Addison** Addisonsche Krankheit [f.]
- **d'Alzheimer** Alzheimersche Krankheit [f.]
- **d'enfance** Kinderkrankheit [f.]
- **de Basedow** Basedowsche Krankheit [f.]
- **de Crohn** Morbus [m.] Crohn
- **de Dupuytren** Dupuytren-Kontraktur [f.]
- **de Hodgkin** Hodgkin-Erkrankung [f.]
- **de Horton** Riesenzellarteritis [f.], Temporalarteritis [f.]
- **de Marfan** Marfansyndrom [n.]
- **de Ménière** Ménièresche Krankheit [f.]
- **de Paget** Paget-Erkrankung [f.]
- **de Parkinson** Parkinson-Erkrankung [f.]
- **de Raynaud** Raynaudsche Krankheit [f.]
- **de Tay-Sachs** Tay-Sachs-Krankheit [f.]
- **des aviateurs** Fliegerkrankheit [f.]
- **des caissons** Caissonkrankheit [f.]
- **des chaînes lourdes** Schwerkettenkrankheit [f.]
- **des légionnaires** Legionärskrankheit [f.]
- **des membranes hyalines** Syndrom [n.] der hyalinen Membranen
- **des montagnes** Höhenkrankheit [f.]
- **des plongeurs** Taucherkrankheit [f.]
- **du sommeil** Schlafkrankheit [f.]
- **héréditaire** Erbkrankheit [f.]
- **hydatique** Echinokokkose [f.]
- **ligneuse de Riedel** Riedelsche Struma [f.]
- **mentale** Geisteskrankheit [f.]
- **professionnelle** Berufskrankheit [f.]
- **sérique** Serumkrankheit [f.]
- **systémique** Systemerkrankung
- **vénérienne** Geschlechtskrankheit [f.]
- **de Sturge-Weber-Krabbe** Sturge-Weber-Syndrom [n.]

maladroit,oite ungeschickt
malaise [f.] Unwohlsein [n.],Unbehagen [n.]
malaria [f.] Malaria [f.]
M.A.L.C. Méningite Aiguë à Liquide Clair
malformation [f.] Fehlbildung [f.],Mißbildung [f.]
- **congénitale** Geburtsfehler [m.]
- **d'une valvule cardiaque** Herzklappenfehler [m.]

malignité [f.] Malignität [f.],Bösartigkeit [f.]
malin,maligne maligne,bösartig
malléole [f.] Knöchel [m.],Malleolus [m.]
- **externe** Außenknöchel [m.]
- **interne** Innenknöchel [m.]

malnutrition [f.] Fehlernährung [f.],Malnutrition [f.],Mangelernährung [f.]
malposition [f.] Fehlstellung [f.],Malposition [f.],Stellungsanomalie [f.]
- **dentaire** Zahnstellungsanomalie [f.]

malrotation [f.] Malrotation [f.]
maltase [f.] Maltase [f.]
maltose [m.] Maltose [f.]
mamelon [m.] Brustwarze [f.],Mamille [f.]
mamilloplastie [f.] Mamillenplastik [f.]
mammaire Mamma-
mammographie [f.] Mammographie [f.]
mammoplastie [f.] Mammaplastik [f.]
mandrin [m.] Mandrin [m.]
maniaco-dépressif,ive manisch-depressiv
maniaque besessen,manisch
maniaque [m./f.] Besessene(r) [f./m.]
manie [f.] Manie [f.]
- **égocentrique** Egomanie [f.]
- **hystérique** hysterische Manie [f.]
- **immobile** akinetische Manie [f.]
- **intermittente** periodische Manie [f.]
- **raisonnante** Räsonnierungsmanie [f.]

mannitol [m.] Mannitol [n.]
manomètre [m.] Manometer [n.]
manométrie [f.] Manometrie [f.]
manque [m.] d'appétit Appetitverlust [m.]
M.A.O. Mono Amine Oxydase (Mono-AmminoOxydase MAO)
M.A.P. 1. Mort Ante Partum,2. Menace d' Accouchement Prématuré (Drohung einer vorzeitigen Geburt)
marasme [m.] Marasmus [m.]
marbré,ée marmoriert
marbrure [f.] Marmorierung [f.]
marche [f.] Gang [m.],Gehen [n.]
- **sur les talons** Fersengang [m.]

marié,ée verheiratet
marisque [f.] Mariske [f.], Hämorrhoidalknoten [m.]
marqueur [m.] tumoral Tumormarker [m.]
marteau [m.] à réflexe Reflexhammer [m.]

masculin männlich
masochisme [m.] Masochismus [m.]
massage [m.] Massage [f.]
- **cardiaque** Herzmassage [f.]
masser massieren,einmassieren
masseur [m.],masseuse [f.] Masseur [m.],Masseuse [f.]
mastectomie [f.] Mastektomie [f.]
mastication [f.] Kauen [n.]
mastiquer kauen
mastite [f.] Mastitis [f.]
mastocyte [m.] Mastozyt [m.]
mastocytome [m.] Mastozytom [n.]
mastocytose [f.] Mastozytose [f.]
mastodynie [f.] Mastodynie [f.]
mastoïde [m.] Mastoid [n.]
mastoïdite [f.] Mastoiditis [f.]
mastopathie [f.] Mastopathie [f.]
mastoptôse [f.] Mastoptose [f.]
masturbation [f.] Masturbation [f.]
M.A.T. Myélite Aiguë Transverse (Myelitis Transversa)
maternité [f.] Mutterschaft [f.]
matité [f.] Dämpfung [f.]
- **cardiaque** Herzdämpfung [f.]
- **d'un épanchement** Ergußdämpfung [f.]
- **hépatique** Leberdämpfung [f.]
matrice [f.] Matrix [f.]
maturation [f.] Reifung [f.]
maturité [f.] Reife [f.]
- **sexuelle** Geschlechtsreife [f.]
maxillaire [m.] Kiefer [m.]
- **inférieur** Unterkiefer [m.]
- **supérieur** Oberkiefer [m.]
M.B. Métabolisme Basal (Grundumsatz)
M.C.C. MégaColon Congénital (Kongenitales Megakolon)
M.C.E. Massage Cardiaque Externe (Externe Herzmassage)
M.C.H Mean Corpuscular Haemoglobin
M.C.H.C. Mean Corpuscular Haemoglobin Concentration
M.C.N.O. MyoCardiopathie Non Obstructive (Nichtobstruktive Kardiomyopathie NOCM)
M.C.S. Méningite Cérébro-Spinale
M.C.V. 1. Maladies Cardio-Vasculaires (Herz-Kreislauf-Erkrankungen), 2. Mean Corpuscular Volume
méat [m.] Gang [m.],Meatus [m.]
- **de l'uretère** Harnleitermündung [f.]
méatotomie [f.] Meatotomie [f.]
méconium [m.] Mekonium [n.]
méconnaissance [f.] Verkennung [f.]
médecin [m.] Arzt [m.]
- **assistant** Assistenzarzt [m.]
- **chef-assistant** Oberarzt [m.]
- **de famille** Hausarzt [m.]
- **du travail** Arbeitsmediziner [m.]
- **traitant** behandelnder Arzt [m.]
médecine [f.] Medizin [f.]
- **dentaire** Zahnmedizin [f.]
- **des rayonnements** Strahlenmedizin [f.]
- **du travail** Arbeitsmedizin [f.]
- **générale** Allgemeinmedizin [f.]
- **légale** Gerichtsmedizin [f.]
- **nucléaire** Nuklearmedizin [f.]
- **préventive** Präventivmedizin [f.]
- **psychosomatique** Psychosomatik [f.]
- **sociale** Sozialmedizin [f.]
médial,ale medial
médiastin [m.] Mediastinum [n.]
médiastinite [f.] Mediastinitis [f.]
médiastinographie [f.] Mediastinographie [f.]
médiastinotomie [f.] Mediastinotomie [f.]
médiateur [m.] Mediator [m.]
médical,ale medizinisch,ärztlich
médicament [m.] Medikament [n.],Arznei [f.], Heilmittel [n.]
médicamenteux,euse medikamentös,Arzneimittel-
médication [f.] Medikation [f.],medikamentöse Behandlung [f.]
- **substitutive** Substitutionsbehandlung [f.]
médullaire medullär
médulloblastome [m.] Medulloblastom [n.]
médullosurrénale [f.] Nebennierenmark [n.]
M.E.G. Myélogramme
mégacaryoblaste [m.] Megakaryoblast [m.]
mégacaryocyte [m.] Megakaryozyt [m.]
mégacaryocytose [f.] Megakaryozytose [f.]
mégacôlon [m.] Megacolon [n.]
- **congénital** Megacolon [n.] congenitum
- **toxique** toxisches Megacolon [n.]
mégadolichocôlon [m.] Megadolichocolon [n.]
mégaloblaste [m.] Megaloblast [m.]
mégalocéphalie [f.] Megalozephalie [f.]
mégalocyte [m.] Megalozyt [m.]
mégalomanie [f.] Größenwahn [m.],Megalomanie [f.]
mégaoesophage [m.] Megaösophagus [m.]
mégasigmoïde [m.] Megasigma [n.]

méga-uretère [m.] Megaureter [m.]
méiose [f.] Meiose [f.]
mélæna [m.] Melaena [f.]
mélancolie [f.] Melancholie [f.]
mélanine [f.] Melanin [n.]
mélanoblastome [m.] Melanoblastom [n.]
mélanocyte [m.] Melanozyt [m.]
mélanodermatite [f.] Melanodermatitis [f.]
mélanodermie [f.] Melanodermie [f.]
mélanome [m.] Melanom [n.]
mélanosarcome [m.] Melanosarkom [n.]
mélanose [f.] Melanosis [f.]
- **sénile** Altersmelanose [f.]
mélanotropine [f.] Melanotropin [n.]
mélanurie [f.] Melanurie [f.]
méléna [m.] Melaena [f.]
mélioïdose [f.] Melioidose [f.]
membrane [f.] Membran [f.]
- **basilaire** Basilarmembran [f.]
- **cellulaire** Zellmembran [f.]
- **vitelline** Dotterhaut [f.]
membre [m.] Gliedmaße [f.],Glied [n.] Extremität [f.]
- **fantôme** Phantomglied [n.]
- **supérieur / inférieur** obere / untere Extremität [f.]
mémoire [f.] Gedächtnis [n.]
- **des chiffres** Zahlengedächtnis [n.]
- **sensiomotrice** kinästhetisches Gedächtnis [n.]
- **visuelle** visuelles Gedächtnis [n.]
ménarche [f.] Menarche [f.]
méninge [f.] Meninx [f.],Meningen [pl.]
méningiome [m.] Meningiom [n.]
méningisme [m.] Meningismus [m.]
méningite [f.] Hirnhautentzündung [f.], Meningitis [f.]
- **lymphocytaire** lymphozytäre Meningitis [f.]
- **tuberculeuse** tuberkulöse Meningitis [f.]
- **virale** Virusmeningitis [f.]
méningoblastome [m.] Meningoblastom [n.]
méningocèle [f.] Meningozele [f.]
méningococcie [f.] Meningokokkeninfektion [f.]
méningocoque [m.] Meningococcus [m.]
méningo-encéphalite [f.] Meningoenzephalitis [f.]
méningo-encéphalocèle [f.] Meningoenzephalozele [f.]
méningo-myélite [f.] Meningomyelitis [f.]
méningo-radiculite [f.] Meningoradikulitis [f.]
méniscal,ale Meniskus-
méniscectomie [f.] Meniskusentfernung [f.]
ménisque [m.] Meniskus [m.]
- **externe** Außenmeniskus [m.]
- **interne** Innenmeniskus [m.]
ménopause [f.] Menopause [f.],Wechseljahre [pl./n.]
ménorragie [f.] Menorrhagie [f.]
ménorrhée [f.] Menorrhoe [f.]
menstruation [f.] Menstruation [f.]
mensuration [f.] Körpermessung [f.],Messung [f.]
mental,ale mental,geistig
mentalité [f.] Mentalität [f.]
menton [m.] Kinn [n.]
M.E.P. Motricité Extra-Pyramidale
mEq Milliéquivalent
mercure [m.] Quecksilber [n.]
mercurochrome [m.] Mercurochrom [n.]
mescaline [f.] Mescalin [n.]
mésencéphale [m.] Mesenzephalon [n.]
mésenchymateux,euse mesenchymatös
mésenchyme [m.] Mesenchym [n.]
mésenchymome [m.] Mesenchymom [n.]
mésentère [m.] Mesenterium [n.]
mésoderme [m.] Mesoderm [n.]
mésodiastolique mesodiastolich
mésosystolique mesosystolisch
mésothélial,ale mesothelial
mésothéliome [m.] Mesotheliom [n.]
mésothélium [m.] Mesothel [n.]
mesure [f.] Maßnahme [f.]
- **immédiate** Sofortmaßnahme [f.]
- **préventive** Vorbeugemaßnahme [f.]
métabolique metabolisch
métabolisme [m.] Metabolismus [m.],Umsatz [m.] Stoffwechsel [m.]
- **de l'eau** Wasserhaushalt [m.]
- **de base** Grundumsatz [m.]
métabolite [m.] Metabolit [m.]
métacarpe [m.] Metacarpus [m.]
métamyélocyte [m.] Metamyelozyt [m.]
métaphase [f.] Metaphase [f.]
métaphyse [f.] Metaphyse [f.]
métaplasie [f.] Metaplasie [f.]
métastase [f.] Metastase [f.]
- **ganglionaire** Lymphknotenmetastase [f.]
métastatisation [f.] Metastasierung [f.]
métatarse [m.] Metatarsus [m.]
métatarsien,ienne metatarsal
météorisme [m.] Meteorismus [m.]

méthadone [f.] Methadon [n.]
MetHb Méthémoglobine (Methämoglobin)
méthémoglobine [f.] Methämoglobin [n.]
méthémoglobinémie [f.] Methämoglobinämie [f.]
méthémoglobinurie [f.] Methämoglobinurie [f.]
méthode [f.] Methode [f.]
métrite [f.] Gebärmutterentzündung [f.], Metritis [f.]
métrorragie [f.] Metrorrhagie [f.]
M.F.I.U. Mort Foetale in Utéro (Intrauteriner Fruchttod)
M.F.S.H. Myopathie Facio-Scapulo-Humérale
Mg Magnésium (Magnesium Mg)
mg Milligramme (Milligramm mg)
M.H. Maladie de Hodgkin
MHz Mégahertz (Megahertz MHz)
M.I. 1. Membre Inférieur (Untere Extremität UE),2. Molaire Inférieur (Unterer Molar)
M.I.C. Maladies Infectieuses et Contagieuses
micro-angiopathie diabétique[f.] diabetische Mikroangiopathie
microbe [m.] Mikrobe [f.]
- pathogène Erreger [m.]
microbiologie [f.] Mikrobiologie [f.]
microcalcification [f.] Mikrokalzifizierung [f.]
microcéphalie [f.] Mikrozephalie [f.]
microcôlon [m.] Mikrokolon [n.]
microcolposcopie [f.] Mikrokolposkopie [f.]
microcyte [m.] Mikrozyt [m.]
microcytose [f.] Mikrozytose [f.]
micrognathie [f.] Mikrognathie [f.]
microgyrie [f.] Mikrogyrie [f.]
micromanie [f.] Mikromanie [f.]
micromélie [f.] Mikromelie [f.]
micromètre [m.] Mikrometer [m.]
microorganisme [m.] Mikroorganismus [m.]
micropsie [f.] Mikropsie [f.]
microscope [m.] Mikroskop [n.]
- électronique Elektronenmikroskop [n.]
microscopique mikroskopisch
microsphérocytose [f.] Mikrosphärozytose [f.]
miction [f.] Miktion [f.]
M.I.D. Membre Inférieur Droit (Rechte untere Extremität UE re)
M.I.D.A. Présentation Mento-Iliaque Droite Antérieure
M.I.D.P. Présentation Mento-Iliaque Droite Postérieure
M.I.D.T. Présentation Mento-Iliaque Droite Transverse
M.I.F. Melanotrope Inhibiting Factor
M.I.G. Membre Inférieur Gauche (Linke untere Extremität UE li)
M.I.G.A. Présentation Mento-Iliaque Gauche Antérieure
M.I.G.P. Présentation Mento-Iliaque Gauche Postérieure
migraine [f.] Migräne [f.]
- ophtalmique Augenmigräne [f.]
migration [f.] Migration [f.]
M.I.G.T. Présentation Mento-Iliaque Gauche Transverse
miliaire Miliar-
milieu [m.] de contraste Kontrastmittel [n.]
milieu [m.] de culture Nährboden [m.]
milligramme [m.] Milligramm [n.]
millilitre [m.] Milliliter [m.]
millimole [f.] Millimol [n.]
milliseconde [f.] Millisekunde [f.]
min Minute (Minute min)
minéralocorticoïde [m.] Mineralkortikoid [n.]
miosis [m.] Miosis [f.]
miroir [m.] frontal Stirnreflektor [m.]
mise [f.] en position Lagerung [f.]
M.I.T. Mono-IodoThyrosine
mitochondrie [f.] Mitochondrium [n.]
mitose [f.] Mitose [f.]
mitotique mitotisch
M.K. Maladie de Kahler
M.L. Méningite Lymphocytaire (Lymphozytäre Meningitis)
ml Millilitre (Milliliter ml)
M.L.D. Maladie de Longue Durée
M.M. 1. Maladie Mentale (Geisteskrankheit),2. Manie Mélancolie
mm Millimètre (Millimeter mm)
m Micromètre (Mikrometer m)
M.M.H. Maladie des Membranes Hyalines (Syndrom der hyalinen Membranen)
M.M.I. Macrophage Migration Inhibition
mmol Millimole (Millimol mmol)
M.M.P.I. Minnesota Multiphasic Personality Inventory
M.N.I. Mononucléose Infectieuse (Infektiöse Mononukleose)
M.O. Migraine Ophtalmique
mobile beweglich,mobil
mobilisation [f.] Mobilisierung [f.]
mobiliser mobilisieren
mobilité [f.] Beweglichkeit [f.]
M.O.C. Moteur Oculaire Commun (Nervus oculomotorius)
mode [f.] d'action Wirkungsweise [f.]

M.O.E. Moteur Oculaire Extrene (Nervus abducens)
moelle [f.] Mark [n.]
- **épinière** Rückenmark [n.]
- **osseuse** Knochenmark [n.]
molaire molar
molaire [m.] Molar [m.]
molalité [f.] Molalität [f.]
molarité [f.] Molarität [f.]
môle [f.] Mole [f.]
molécule [m.] Molekül [n.]
mollet [m.] Wade [f.]
mongolien,ienne mongoloid
mongolisme [m.] Mongolismus [m.]
moniteur [m.] Monitor [m.]
monitorage [m.] Monitoring [n.]
monoamine-oxydase [f.] Monoaminooxydase [f.]
monoblaste [m.] Monoblast [m.]
monoblastose [f.] Monoblastose [f.]
monochromatique monochromatisch
monoclonal,ale monoklonal
monocyte [m.] Monozyt [m.]
monocytose [f.] Monozytose [f.]
mononucléaire mononukleär
mononucléose [f.] infectieuse Mononukleosis [f.] infectiosa
monoplégie [f.] Monoplegie [f.]
monosaccharide [m.] Monosaccharid [n.]
monosymptomatique monosymptomatisch
monozygote monozygot
M.O.R. Mouvements Oculaires Rapides (Rapid Eye Movements REM)
morbidité [f.] Morbidität [f.]
morbilliforme morbilliform
morphé [f.] Morphea [f.]
morphine [f.] Morphin [n.]
morphinisme [m.] Morphinsucht [f.]
morphologie [f.] Morphologie [f.]
morphologique morphologisch
morsure [f.] Bißwunde [f.]
- **de serpent** Schlangenbiß [m.]
mort [f.] Tod [m.]
- **apparente** Scheintod [m.]
- **foetale** Fruchttod [m.]
- **subite du nourrisson** plötzlicher Kindstod [m.]
mortalité [f.] Mortalität [f.]
- **néonatale** neonatale Mortalität [f.]
morula [f.] Morula [f.]
moteur,motrice motorisch
motilité [f.] Bewegungsvermögen [f.], Motilität [f.]
- **intestinale** Darmmotilität [f.]
- **oculaire** Augenmotilität [f.]
motivation [f.] Motivation [f.]
motoneurone [m.] Motoneuron [n.]
motricité [f.] Motorik [f.]
mouiller anfeuchten
mouvement [m.] Bewegung [f.]
- **actif** aktive Beweglichkeit [f.]
- **des poursuites oculaires** Augenfolgebewegung [f.]
- **passif** passive Beweglichkeit [f.]
- **réflexe** Reflexbewegung [f.]
mouvements [pl./m.] oculaires rapides Rapid eye mouvements [pl./m.]
mouvoir bewegen
moyen [m.] de contraception Empfängnisverhütungsmittel [n.]
M.P. Maladies Professionnelles (Berufskrankheiten)
M.P.M. Métrorragie Post-Ménopausique (Postmenopausale Metrorrhagie)
mR Milliröntgen
mrad Millirad
M.R.C.N.S. Maladie Respiratoire Chronique Non Spécifique (Nichtspezifische chronische Atemwegserkrankung)
mrem Millirem
M.S. 1. Médullo-Surrénale (Nebennierenmark NNM),2. Molaire Supérieure (Oberer Molar),3. Membre Supérieur (Obere Extremität OE), 4. Maladie du Sommeil (Schlafkrankheit)
ms Milliseconde (Millisekunde ms)
M.S.D. Membre Supérieur Droit (Rechte obere Extremität OE re)
M.S.G. Membre Supérieur Gauche (Linke obere Extremität OE li)
M.S.H. Melanocyte Stimulating Hormone
M.S.I.N. Mort Subite Inexpliquée du Nourrisson (Plötzlicher Kindstod SIDS)
M.S.T. Maladie Sexuelle Transmissible (Sexuell übertragbare Krankheit)
M.T. Ménigite Tuberculeuse (Tuberkulöse Meningitis)
mucocèle [f.] Mukozele [f.]
mucolipidose [f.] Mukolipidose [f.]
mucolytique mukolytisch
mucopolysaccharide [m.] Mukopolysaccharid [n.]
mucopolysaccharidose [f.] Mukopolysaccharidose [f.]
mucosité [f.] Schleim [m.]
- **intestinale** Darmschleim [m.]
mucoviscidose [f.] Mukoviszidose [f.]
mue [f.] de la voix Stimmbruch [m.]
muet,muette stumm
multicellulaire multizellulär
multifocal,ale multifokal
multipare [f.] Mehrgebährende [f.],Multipara [f.]
muqueuse [f.] Mukosa [f.],Schleimhaut [f.]
- **nasale** Nasenschleimhaut [f.]
muqueux,euse mukös
murmure [m.] vésiculaire vesikuläres Atemgeräusch [n.]
muscle [m.] Muskel [m.]

- **lisse** glatter Muskel [m.]
- **strié** gestreifter Muskel [m.]

musculaire Muskel-,muskulär
musculature [f.] Muskulatur [f.]
musculeux,euse muskulös
mutation [f.] Mutation [f.]
muter (un malade) verlegen (einen Kranken)
mutilation [f.] Mutilation [f.], Verstümmelung [f.]
mutiler verstümmeln
mutisme [m.] Mutismus [m.]
mutité [f.] Stummheit [f.]
M.V. 1. Murmure Vésiculaire (Vesikuläres Atemgeräusch vesikuläres AG), 2. MégaVolt (Megavolt)
mV Millivolt
V Microvolt
M.V.R. Maladie des Voies Respiratoires (Atemwegserkrankung)
M.V.V. Mycose Vulvo-Vaginale (Vulvovaginale Mykose)
MW Mégawatt
mW Milliwatt
W Microwatt
myalgie [f.] Myalgie [f.]
myasthénie [f.] Myasthenie [f.]
myatonie [f.] Muskelatonie [f.]
myatrophie [f.] Myatrophie [f.]
mycobactérie [f.] Mykobakterium [n.]
mycose [f.] Mykose [f.], Pilzerkrankung [f.]

- **du pied** Fußpilz [m.]
- **interdigitale** Interdigitalmykose [f.]
- **ophtalmique** Augenmykose [f.]
- **pulmonaire** Pneumomykose [f.]
- **vaginale** Scheidenmykose [f.]

mycosique mykotisch
mycosis [f.] fungoïde Mykosis [f.] fungoides
mycostatique [m.] Mykostatikum [n.]
mycotoxine [f.] Mykotoxin [n.]
mydriase [f.] Mydriasis [f.]
mydriatique [m.] Mydriatikum [n.]
myéline [f.] Myelin [n.]
myélinisation [f.] Myelinisation [f.]
myélite [f.] Myelitis [f.]
myéloblaste [m.] Myeloblast [m.]
myéloblastose [f.] Myeloblastose [f.]
myélocèle [f.] Myelozele [f.]
myélocyte [m.] Myelozyt [m.]
myélocytose [f.] Myelozytose [f.]
myélogramme [m.] Myelogramm [n.]
myélographie [f.] Myelographie [f.]
myélome [m.] multiple multiples Myelom [n.]
myélomeningocèle [m.] Myelomeningozele [f.]
myélopoïèse [f.] Myelopoese [f.]
myélose [f.] Myelose [f.]

- **leucémique** leukämische Myelose [f.]

myélotomie [f.] Myelotomie [f.]
myiase [f.] Myiasis [f.]
myoblastome [m.] Myoblastom [n.]
myocarde [m.] Herzmuskel [m.],Myokard [n.]
myocardite [f.] Myokarditis [f.]
myoclonie [f.] Myoklonie [f.]
myodynie [f.] Myodynie [f.]
myofibrome [m.] Myofibrom [n.]
myoglobine [f.] Myoglobin [n.]
myoglobinémie [f.] Myoglobinämie [f.]
myoglobinurie [f.] Myoglobinurie [f.]
myogramme [m.] Myogramm [n.]
myolipome [m.] Myolipom [n.]
myolyse [f.] Myolyse [f.]
myome [m.] Myom [n.]

- **utérin** Uterusmyom [n.]

myomectomie [f.] Myomenukleation [f.]
myomètre [m.] Myometrium [n.]
myopathie [f.] Myopathie [f.]

- **myotonique** myotonische Dystrophie [f.]

myope kurzsichtig,myop
myopie [f.] Kurzsichtigkeit [f.],Myopie [f.]
myoplastie [f.] Myoplastik [f.]
myorelâchant [m.] ou myorelaxant [m.] Muskelrelaxantium [n.]
myosarcome [m.] Myosarkom [n.]
myosis [m.] Miosis [f.]

- **spasmodique** spastische Miosis [f.]

myosite [f.] Myositis [f.]
myotique [m.] Miotikum [n.]
myotonie [f.] Myotonie [f.]
myringectomie [f.] Myringektomie [f.]
myringite [f.] Myringitis [f.]
myringoplastie [f.] Myringoplastik [f.]
myxoedème [m.] Myxödem [n.]
myxomatose [f.] Myxomatose [f.]
myxome [m.] Myxom [n.]
myxosarcome [m.] Myxosarkom [n.]
myxovirus [m.] Myxovirus [n.]

N

N. Azote (Stickstoff N)
Na Sodium (Natrium Na)
N.A. Nor-Adrénaline (Noradrenalin)
NaCl Chlorure de sodium (Natriumchlorid NaCl)
N.A.D. Nicotinamide Adénine Dinucléotide (Nicotinamid-adenin-dinucleotid NAD)
N.A.D.H. Nicotinamide Adénine Dinucléotide Réduit (reduziertes Nicotinamidadenin-dinucleotid NADH)

N.A.D.P. Nicotinamide Adénin Dinucléotide Phosphate (Nicotinamid-adenin-dinucleotid-phosphat NADP)
naevus [m.] Nävus [m.],Naevus [m.]
- **bleu (cellulaire)** blauer Naevus [m.], Naevus [m.] bleu
- **lipomateux** Naevus [m.] lipomatosus
- **pigmentaire** Pigmentzell-nävus [m.]
- **sébacé** Naevus [m.] sebaceus
- **stellaire** Spinnennaevus [m.]
- **verruquex** Warzennaevus [m.]

nain [m.] Zwerg [m.]
naissance [f.] Geburt [f.]
- **après terme** Spätgeburt [f.]
- **avant terme ou prématurée** Frühgeburt [f.]

naître (vaisseau) entspringen (Gefäß)
nanisme [m.] Kleinwuchs [m.],Nanismus [m.]
nanogramme [m.] Nanogramm [n.]
narcissisme [m.] Narzißmus [m.]
narco-analyse [f.] Narkoanalyse [f.]
narcolepsie [f.] Narkolepsie [f.]
narcomanie [f.] Narkomanie [f.]
narcose [f.] Narkose [f.]
narcotique narkotisch
narcotiser narkotisieren,betäuben
N.A.R.E.S. Rhinite non allergique à éosinophile
narine [f.] Nasenloch [n.]
N.A.S. Néphro-Angio-Sclérose (Nephroangiosklerose)
nasal,ale nasal
nasonnement [m.] Näseln [n.]
natalité [f.] Geburtenziffer [f.], Natilität [f.]
natriémie [f.] Natriämie [f.]
natriurèse [f.] Natriurese [f.]
natriurie [f.] Natriurie [f.]
nausée [f.] Brechreiz [m.]
N.A.V. Noeud Atrio-Ventriculaire (Atrioventrikularknoten AV-Knoten)
N.B.C. 1. Naevomatose Baso-Cellulaire 2. Naevus Bleu Cellulaire
N.C. Nerfs Crâniens (Hirnnerven)
N.C.B. Névralgie Cervico-Brachiale (Zervikobrachialsyndrom)
nécrobiose [f.] Nekrobiose [f.]
nécrolyse [f.] épidermique toxique [f.] toxische epidermale Nekrolyse
nécrophilie [f.] Nekrophilie [f.]
nécrosant,ante nekrotisierend
nécrose [f.] Nekrose [f.]
- **caséeuse** käsige Nekrose [f.]
- **osseuse** Knochennekrose [f.]

nécrotique nekrotisch
nématode [m.] Nematode [f.]
néocortex [m.] Neocortex [m.]
néoformation [f.] Neubildung [f.]
néologisme [m.] Neologismus [m.]
néonatal,ale neonatal
néonatalogie [f.] Neonatalogie [f.]
néoplasie [f.] Neoplasie [f.]
néoplasique neoplastisch
néoplasme [m.] Neoplasma [n.]
néphralgie [f.] Nephralgie [f.]
néphrectomie [f.] Nephrektomie [f.]
néphrite [f.] Nierenentzündung [f.], Nephritis [f.]
- **chronique** chronische Nephritis [f.]
- **interstitielle** interstitielle Nephritis [f.]

néphroangiosclérose [f.] Nephroangiosklerose [f.]
néphroblastome [m.] Nephroblastom [n.]
néphrocalcinose [f.] Nephrokalzinose [f.]
néphrographie [f.] Nephrographie [f.]
néphrolithiase [f.] Nephrolithiasis [f.]
néphrolithotomie [f.] Nephrolithotomie [f.]
néphrologie [f.] Nephrologie [f.]
néphrologue [m.] Nephrologe [m.]
néphron [m.] Nephron [n.]
néphropathie [f.] Nephropathie [f.]
néphropexie [f.] Nephropexie [f.]
néphroptôse [f.] Nephroptose [f.], Nierensenkung [f.]
néphrosclérose [f.] Nephrosklerose [f.]
néphrose [f.] Nephrose [f.]
néphrostomie [f.] Nephrostomie [f.]
néphrotique nephrotisch
néphrotomie [f.] Nephrotomie [f.]
néphrotoxicité [f.] Nephrotoxizität [f.]
néphrotoxique nephrotoxisch
néphro-urétérectomie [f.] Nephroureterektomie [f.]
nerf [m.] Nerv [m.],Nervus [m.]
- **cochléovestibulaire** Nervus [m.] vestibuloccochlearis
- **crânien** Hirnnerv [m.]
- **facial** Nervus [m.] facialis
- **glossopharyngien** Nervus [m.] glossopharyngeus
- **grand hypoglosse** Nervus [m.] hypoglossus
- **moteur occulaire commun** Nervus [m.] oculomotorius
- **moteur oculaire externe** Nervus [m.] abducens
- **olfactif** Nervus [m.] olfactorius
- **optique** Nervus [m.] opticus
- **pathétique** Nervus [m.] trochlearis

- **phrénique** Nervus [m.] phrenicus
- **pneumogastrique** Nervus [m.] vagus
- **radial** Nervus [m.] radialis
- **saphène** Nervus [m.] suralis
- **sciatique** Ischiasnerv [m.],Nervus [m.] ischiaticus
- **sciatique externe** Nervus [m.] tibialis
- **spinal** Nervus [m.] accessorius
- **trijumeau** Nervus [m.] trigeminus
- **vague** Nervus [m.] vagus

nerveux,euse Nerven-,nervös
nervosité [f.] Nervosität [f.]
N.E.T. Nécrolyse Epidermique Toxique (Epidermolysis acuta toxica)
neural,ale neural
neurasthénie [f.] Neurasthenie [f.]
neurectomie [f.] Neurektomie [f.]
neurinome [m.] Neurinom [n.]
- **de l'acoustique** Akustikusneurinom [n.]

neuroblastome [m.] Neuroblastom [n.]
neurochirurgie [f.] Neurochirurgie [f.]
neurochirurgien [m.] Neurochirurg [m.]
neurocytome [m.] Neurozytom [n.]
neurodermatose [f.] Neurodermatose [f.]
neuro-épithélium [m.] Neuroepithel [n.]
neurofibrille [f.] Neurofibrille [f.]
neurofibromatose [f.] Neurofibromatose [f.]
neurofibrome [m.] Neurofibrom [n.]
neurofibrosarcome [m.] Neurofibrosarkom [n.]
neurogène neurogen
neurogliomatose [f.] Neurogliomatose [f.]
neurogliome [m.] Neurogliom [n.]
neurohormone [m.] Neurohormon [n.]
neurohypophyse [f.] Neurohypophyse [f.]
neuroleptique neuroleptisch
neuroleptique [m.] Neuroleptikum [n.]
neurologie [f.] Neurologie [f.]
neurologique neurologisch
neurologue [m.] Neurologe [m.]
neurolyse [f.] Neurolyse [f.]
neuromédiateur [m.] Neurotransmitter [m.]
neuro-musculaire neuromuskulär
neurone [m.] Neuron [n.]
neuronite [f.] Neuronitis [f.]
neuropathie [f.] Neuropathie [f.]
neuropsychiatrie [f.] Neoropsychiatrie [f.]
neuro-rétinite [f.] Neuroretinitis [f.]
neurosécrétion [f.] Neurosekretion [f.]
neurosyphilis [f.] Neurosyphilis [f.]
neurotomie [f.] Neurotomie [f.]
neurotoxique neurotoxisch
neurotransmitteur [m.] Neurotransmitter [m.]
neurotrope neurotrop
neurotropisme [m.] Neurotropismus [m.]
neuro-vasculaire neurovaskulär
neurovégétatif,ive neurovegetativ
neutralisation [f.] Neutralisation [f.]
neutre neutral
neutron [m.] Neutron [n.]
neutropénie [f.] Neutropenie [f.]
neutrophile [m.] Neutrophile [m.]
neutrophilie [f.] Neutrophilie [f.]
névralgie [f.] Neuralgie [f.]
- **cervicobrachiale** zervikobrachiale Neuralgie [f.]
- **du trijumeau** Trigeminusneuralgie [f.]

névrectomie [f.] Neurektomie [f.]
névrite [f.] Nervenentzündung [f.], Neuritis [f.]
- **optique** Sehnervenentzündung [f.]

névrodermite [f.] Neurodermitis [f.]
névroglie [f.] Neuroglia [f.]
névrome [m.] Neurom [n.]
- **d'amputation** Amputationsneurom [n.]

névrose [f.] Neurose [f.]
- **cardiaque** Herzneurose [f.]
- **d'angoisse** Angstneurose [f.]
- **d'obsession** Zwangsneurose [f.]
- **d'obsession impulsive** Impulsionsneurose [f.]
- **de défense** Abwehrneurose [f.]
- **de fixation** Fixationsneurose [f.]
- **de revendication** Begehrungsneurose [f.], Rentenneurose [f.]
- **post-traumatique** posttraumatische Neurose [f.]

névrotique neurotisch
névrotomie [f.] Neurotomie [f.]
nez [m.] Nase [f.]
- **en selle** Sattelnase [f.]

N.F. Numération et Formule (Blutbild)
N.F.G. Numération Formule Globulaire (Blutbild)
N.G. Néphropathie Gravidique (Schwangerschaftsnephropathie)
ng Nanogramme (Nanogramm ng)
N.I. Néphrite Interstitielle (Interstitielle Nephritis)
N.I.A. Néphrite Infectieuse Aiguë (Akute infektiöse Nephritis)
niche [f.] d'un ulcère Ulkusnische [f.]
nicotine [f.] Nikotin [n.]
nidation [f.] Einnistung [f.] (Eizelle), Nidation [f.]
nihilisme [m.] Nihilismus [m.]
niveau [m.] de liquide Flüssigkeitsspiegel [m.]

nm Nanomètre (Nanometer nm)
N.M.O. Nerfs Moteurs Oculaires (Augenmuskelnerven)
N.M.P. Nerfs Moteurs Périphériques
N.N. Nouveau Né (Neugeborene)
N.O. Névrose Obsessionnelle (Zwangsneurose)
nocardiose [f.] Nokardiose [f.]
nocicepteur [m.] Nocirezeptor [m.]
nocif,ive schädlich
nocivité [f.] Schädlichkeit [f.]
nocturne nächtlich
nodal,ale nodal,Knoten-
nodosité [f.] Knoten [m.]
- **goutteuse** Gichtknoten [m.]
nodulaire nodulär
nodule [m.] Nodulus [m.],Knoten [m.]
- **de chanteurs** Sängerknötchen [n.]
noeud [m.] Knoten [m.]
- **auriculo-ventriculaire** Atrioventrikularknoten [m.], AV-Knoten [m.]
- **d'Aschoff-Tawara** Aschoff-Tawara-Knoten [m.]
- **sinusal** Sinusknoten [m.]
nombril [m.] Nabel [m.]
non saturé ungesättigt
non spécifique unspezifisch
noradrénaline [f.] Noradrenalin [n.]
norme [f.] Norm [f.]
normoblaste [m.] Normoblast [m.]
normochrome normochrom
normocyte [m.] Normozyt [m.]
normotendu,ue normoton
nosocomial,ale nosokomial
nosologie [f.] Nosologie [f.]
nourrisson [m.] Säugling [m.]
nouure [f.] rachitischer Rosenkranz [m.]
nouveau-né [m.] Neugeborene [n.]
noyau [m.] Kern [m.],Nucleus [m.]
- **caudé** Nucleus [m.] caudatus
- **d'origine** Ursprungskern [m.]
- **gélatineux** Nucleus [m.] pulposus
- **lenticulaire** Nucleus [m.] lenticularis
- **rouge** Nucleus [m.] ruber
noyer (se...) ertrinken
N.P. Névrose Phobique (Phobische Neurose)
N.P.C. Néphrostomie Per-Cutanée (Perkutane Nephrostomie)
N.P.T. Névrose Post-Traumatique (Posttraumatische Neurose)
N.R.E.M. Non Rapid Eye Movements
N.S. Noeud Sinusal (Sinusknoten)
N.S.I.L.A. Non Supressible Insulin Like Activity
N.T.A. Nécrose Tubulaire Aiguë (Akute Tubulusnekrose)
N.T.I.A. Néphrite Tubulo-Interstitielle Aiguë
nucal,ale Nacken-
nucléaire nuklear
nucléase [f.] Nuklease [f.]
nucléole [m.] Nukleole [f.]
nucléoprotéine [f.] Nukleoprotein [n.]
nucléoside [m.] Nukleosid [n.]
nucléotide [m.] Nukleotid [n.]
nudisme [m.] Nudismus [m.]
nuisible schädlich
nullipare [f.] Nullipara [f.]
nulliparité [f.] Nulliparität [f.]
numération [f.] formule Blutbild [n.]
nummulaire nummulär
nuque [f.] Nacken [m.]
nutrition [f.] Ernährung [f.]
nutritionnel,elle Ernährungs-
nyctalopie [f.] Nyktalopie [f.]
nyctophobie [f.] Nyktophobie [f.]
nycturie [f.] Nykturie [f.]
nymphomanie [f.] Nymphomanie [f.]
nysophobie [f.] Schmutzangst [f.]
nystagme [m.] Nystagmus [m.]
- **de fixation** Fixationsnystagmus [m.]
- **de la fatigue** Ermüdungsnystagmus [m.]
- **de posture** Lagenystagmus [m.]
- **dissocié** dissoziierter Nystagmus [m.]
- **optocinétique** optokinetischer Nystagmus [m.]
- **rotatoire** Rotationsnystagmus [m.]
- **rythmique** Rucknystagmus [m.]
- **spontané** Spontannystagmus [m.]

O

O_2 Oxygène (Sauerstoff O_2)
O.A.A. 1. Ostéo-Arthrite Aiguë, 2. Oblitération Artérielle Aiguë (Akuter arterieller Verschluß)
O.A.Ch. Oblitération Artérielle Chronique (Chronischer arterieller Verschluß)
O.A.D. Incidence Oblique Antérieure Droite
O.A.G. Incidence Oblique Antérieure Gauche
O.A.H. Ostéo-Arthrite de la Hanche
O.A.H.P. Ostéo-Arthropathie Hypertrophiante Pneumique
O.A.P. Oedème Aigu du Poumon (Akutes Lungenödem)
obésité [f.] Fettsucht [f.]
objectif, ive objektiv
oblitération [f.] Obliteration [f.], Verschluß [m.]
- **artérielle aigue** akuter arterieller Gefäßverschluß [m.]

obnubilation [f.] Benommenheit [f.], Obnubilation [f.]
- **mentale** Bewußtseinstrübung [f.]

obnubilé, ée (être ...) benommen (... sein)
observation [f.] Beobachtung [f.], Krankenbericht [m.]
observer beobachten
obsession [f.] Obsession [f.], Zwangsvorstellung [f.]
obsolète obsolet
obstétrique [f.] Geburtshilfe [f.]
obstructif, ive obstruktiv
obstruction [f.] Obstruktion [f.], Verschluß [m.] Verlegung [f.], Verstopfung [f.]
- **de l'uretère** Harnleiterverschluß [m.]
- **tubaire** Tubenverschluß [m.]

obturation [f.] Obturation [f.]
obtusion [f.] Stumpfsinnigkeit [f.]
O.C. Oedème Cérébral (Hirnödem)
occipital, ale okzipital
occipito-cervical, ale okzipito-zervikal
occipito-pariétal, ale okzipito-parietal
occlusif, ive okklusiv
occlusion [f.] Okklusion [f.], Verschluß [m.]
- **intestinale** Darmverschluß [m.], intestinale Okklusion [f.]
- **pupillaire** Pupillenverschluß [m.]

ochronose [f.] Ochronose [f.]
O.C.I. Oedème Cyclique Idiopathique
O.C.M. Oedème Cérébro-Méningé
11 O.C.S. 11 Oxycorticostéroïdes
17 O.C.S. 17 Hydroxycorticostéroïdes (17-Hydroxycorticosteroide 17OHCS)
oculaire okulär, Augen-
oculomoteur [m.] Okulomotorius [m.]
ocytocine [f.] Oxytocin [n.]
O.D. 1. Oreille Droite (Rechtes Ohr), 2. Oeil Droit (Rechtes Auge), 3. Oreillette Droite (Rechter Vorhof RA)
oddite [f.] Odditis [f.]
odontalgie [f.] Odontalgie [f.]
odontologie [f.] Odontologie [f.]
odontome [m.] Odontom [n.]
odorat [m.] Geruchssinn [m.], Odor [m.]
O.D.R. Ostéo-Dystrophie Rénale (Renale Osteopathie)
odynophagie [f.] Odynophagie [f.]
O.E. Oreille Externe (Aussenohr)
oedemateux, euse ödematös
oedème [m.] Ödem [n.]
- **cérébral** Hirnödem [n.]
- **cutané** Hautödem [n.]
- **de la glotte** Glottisödem [n.]
- **de la luette** Zäpfchenödem [n.]
- **de la rétine** Netzhautödem [n.]
- **de Quincke** Quincke-Ödem [n.]
- **des membres inférieurs** Unterschenkelödem [n.]
- **musculaire** Muskelödem [n.]
- **palpébral** Lidödem [n.]
- **par carence** Hungerödem [n.]
- **pulmonaire** Lungenödem [n.]

Oedème Protéinurie Hypertension EPH (Edema Proteinuria Hypertension)
oeil [m.] Auge [n.]
- **de perdrix** Hühnerauge [n.]
- **strabique** Schielauge [n.]

oesophage [m.] Ösophagus [m.]
oesophagisme [m.] Ösophagospasmus [m.]
oesophagite [f.] Ösophagitis [f.]
oesophagoscopie [f.] Ösophagoskopie [f.]
oestradiol [m.] Östradiol [n.]
oestriol [m.] Östriol [n.]
oestrogène [m.] Östrogen [n.]
oestrogénothérapie [f.] Östrogentherapie [f.]
O.G. 1. Oreille Gauche (Linkes Ohr), 2. Oeil Gauche (Linkes Auge), 3. Oreillette Gauche (Linker Vorhof LA)
O.G.E. Organes Génitaux Externes (Äußere Geschlechtsorgane)
O.G.I. Organes Génitaux Internes (Innere Geschlechtsorgane)
O.G.T. Oral Glucose Tolérance (Oraler Glucose Toleranz Test OGTT)
17 OH.C. Hydroxy 17 Corticostérone
O.H.C.S. 17 Hydroxykortikostéroïdes (17)

ou 17 OHCS (17-Hydroxy-corticosteroide 17OHCS)
O.I. Oreille Interne (Innenohr)
O.I.A. Occlusion Intestinale Aiguë (Akute intestinale Okklusion)
O.I.C. Osteogenesis Imperfecta Congenita
O.I.D.A. Présentation Occipito-Iliaque Droite Antérieure
O.I.D.P. Présentation Occipito-Iliaque Droite Postérieure
O.I.D.T. Présentation Occipito-Iliaque Droite Transverse
O.I.G.A. Présentation Occipito-Iliaque Gauche Antérieure
O.I.G.P. Présentation Occipito-Iliaque Gauche Postérieure
O.I.G.T. Présentation Occipito-Iliaque Gauche Transverse
O.I.O. Oedème Idiopathique Orthostatique
olécrâne [m.] Olekranon [n.]
olfaction [f.] Geruchssinn [m.]
oligo-élément [m.] Spurenelement [n.]
oligoamnios [m.] Oligoamnion [n.], Oligohydramnie [f.]
oligodendroglie [f.] Oligodendroglia [f.]
oligodendrogliome [m.] Oligodendrogliom [n.]
oligodypsie [f.] Oligodypsie [f.]
oligoménorrhée [f.] Oligomenorrhoe [f.]
oligophrène oligophren
oligophrénie [f.] Oligophrenie [f.]
oligosaccharide [m.] Oligosaccharid [n.]
oligospermie [f.] Oligospermie [f.]
oligotrichie [f.] Oligotrichie [f.]
oligurie [f.] Oligurie [f.]
O.M. Oreille Moyenne (Mittelohr)
O.M.A. OstéoMyélite Aiguë (Akute Osteomyelitis)
O.M.A.A. OstéoMyélite Aiguë des Adolescents (Akute Adoleszentenosteomyelitis)
omarthrite [f.] Omarthritis [f.]
ombilic [m.] Nabel [m.]
ombre [m.] de psoas Psoasschatten [m.]
O.M.C. Ostéo Myélite Chronique (Chronische Osteomyelitis)
omentectomie [f.] Omentektomie [f.]
omentopexie [f.] Omentopexie [f.]
O.M.I. Oedème des Membres Inférieurs (Unterschenkelödem US-Ödem)
omphalite [f.] Omphalitis [f.]
omphalorragie [f.] Omphalorrhagie [f.]
omphalorrhéxie [f.] Omphalorrhexie [f.]
omphalotomie [f.] Omphalotomie [f.]
O.M.S. Oragnisation Mondiale de la Santé (Weltgesundheitsorganisation WHO)
O.N.A. Ostéo Nécrose Aseptique (Aseptische Knochennekrose)
onanisme [m.] Onanie [f.]
onchocercose [f.] Onchozerkose [f.]
- **oculaire** Augenonchozerkose [f.]
oncocyte [m.] Onkozyt [m.]
oncocytome [m.] Onkozytom [n.]
oncogène onkogen
oncogenèse [f.] Onkogenese [f.]
oncologie [f.] Onkologie [f.]
ONCORNA Oncogenic RNA virus
oncotique onkotisch
onde [f.] Welle [f.], Zacke [f.] (EKG)
- **de pression** Druckwelle [f.]
- **P** P-Welle [f.]
- **Q** Q-Zacke [f.]
- **R** R-Zacke [f.]
- **S** S-Zacke [f.]
- **T** T-Welle [f.]
- **U** U-Welle [f.]
- **ultracourte** Ultrakurzwelle [f.]
ongle [m.] Nagel [m.]
- **incarné** Nageleinwachsung [f.]
onguent [m.] Salbe [f.]
onirisme [m.] Oneirismus [m.]
ontogenèse [f.] Ontogenese [f.]
onychie [f.] Onychie [f.]
onychite [f.] Nagelentzündung [f.], Onychitis [f.]
onycholyse [f.] Onycholysis [f.]
onychomalacie [f.] Onychomalazie [f.]
onychomycose [f.] Onychomykose [f.]
onychophagie [f.] Nägelkauen [n.], Onychophagie [f.]
onychorrhexis [f.] Onychorrhexis [f.]
onychoschisis [f.] Onychoschisis [f.]
onychose [f.] Onychose [f.]
oophorectomie [f.] Oophorektomie [f.]
oophoro-salpingite [f.] Oophoro-salpingitis [f.]
opacification [f.] Darstellung [f.],
- **(d'un organe)** Kontrastmitteldarstellung [f.] (eines Organes)
opacité [f.] Trübung [f.], Verdichtung [f.] (Röntgenbild)
- **de la cornée** Hornhauttrübung [f.]
- **du cristalin** Linsentrübung [f.]
opaque verschattet
O.P.C. Oestro-Progestatif Combiné
opérable operierbar
opérateur [m.], opératrice [f.] Operateur [m.], Operateurin [f.]
opération [f.] Operation [f.]
opérer operieren

O.P. 1. Oestro-Progestatif, 2. Présentation Occipito-Pubienne
O.P.C. Oestro-Progestatif Combiné
O.P.H. Oedème Protéinurie Hypertension (E(Ö)dem Proteinurie Hypertonie EPH)
ophtalmie [f.] Ophthalmie [f.]
- sympathique sympathische Ophthalmie [f.]
ophtalmodynamométrie [f.] Ophthalmodynamometrie [f.]
ophtalmologie [f.] Ophthalmologie [f.]
ophtalmologique ophthalmologisch
ophtalmologue [m.] Ophthalmologe [m.], Augenarzt [m.]
ophtalmomètre [m.] Ophthalmometer [n.]
ophtalmoplégie [f.] Ophthalmoplegie [f.]
ophtalmoscope [m.] Ophthalmoskop [n.]
ophtalmoscopie [f.] Ophthalmoskopie [f.]
opiomane [m./f.] Opiumsüchtige(r) [f./m.]
opium [m.] Opium [n.]
oppressif, ive (douleur) dumpf (Schmerz)
oppression [f.] Beklemmung [f.], Atemnot [f.]
O.P.S. 1. Oestro-Progestatif de Synthèse 2. Oestro-Progestatif Séquentiel
opsiurie [f.] Opsiurie [f.]
opsomanie [f.] Opsomanie [f.]
opticien [m.] Optiker [m.]
optique optisch
optométrie [f.] Optometrie [f.]
O.Q. Oedème de Quincke (Quincke-Ödem)
oral, ale oral
orbitaire Orbita-
orbite [f.] Augenhöhle [f.], Orbita [f.]
orchialgie [f.] Orchialgie [f.]
orchidectomie [f.] Hodenextirpation [f.], Orchiektomie [f.]
orchidopexie [f.] Orchidopexie [f.]
orchiectomie [f.] Orchiektomie [f.]
orchi-épididymectomie [f.] Orchi-Epididymektomie [f.]
orchite [f.] Hodenentzündung [f.] Orchitis [f.]
ordonnance [f.] Rezept [n.]
ordonner verschreiben
oreille [f.] Ohr [n.]
- en anse abstehendes Ohr [n.]
- externe Außenohr [n.]
- interne Innenohr [n.]
- moyenne Mittelohr [n.]
oreillette [f.] Atrium [n.], Vorhof [m.]
oreillons [pl./m.] Mumps [f.], Ziegenpeter [m.]
organe [m.] Organ [n.]
- génital Geschlechtsorgan [n.]
- génital externe äußeres Geschlechtsorgan [n.]
- génital interne inneres Geschlechtsorgan [n.]
organique organisch
Organisation [f.] Mondiale de la Santé Welt-Gesundheits-Organisation [f.]
organisme [m.] Organismus [m.]
organogenèse [f.] Organogenese [f.]
orgasme [m.] Orgasmus [m.]
orgelet [m.] Gerstenkorn [n.]
orientation [f.] Orientierung [f.]
- temporo-spatiale zeitlich-räumliche Orientierung [f.]
orifice [m.] Öffnung [f.], Ostium [n.]
- externe de l'utérus äußerer Muttermund [m.]
- interne de l'utérus innerer Muttermund [m.]
O.R.L. Oto-Rhino-Laryngologie (HalsNasen-Ohrenheilkunde HNO)
ornithose [f.] Ornithose [f.]
oropharynx [m.] Oropharynx [m.]
orphelin [m.] Waise [m.]
orteil [m.] Zehe [f.], Zeh [m.]
- en marteau Hammerzehe [f.]
gros - große Zehe [f.]
orthèse [f.] Orthese [f.]
orthodontie [f.] Orthodontie [f.]
orthopédie [f.] Orthopädie [f.]
- dento-faciale Kieferorthopädie [f.]
orthopédiste [m.] Orthopäde [m.]
orthophonie [f.] Orthophonie [f.]
orthopnée [f.] Orthopnoe [f.]
orthoptique [f.] Orthoptik [f.]
orthostatique orthostatisch
orthostatisme [m.] Orthostasesyndrom [n.]
O.S. Présentation Occipito-Sacrée
os [m.] Knochen [m.], Os [n.]
oscillation [f.] Oszillation [f.], Schwankung [f.], Schwingung [f.]
osciller schwanken, schwingen
oscillomètre [m.] Oszillometer [n.]
oscillométrie [f.] Oszillometrie [f.]
O.S.K. Ovaire Scléro-Kystique
osmolarité [f.] Osmolarität [f.]
osmose [f.] Osmose [f.]
osmotique osmotisch
osselet [m.] Knöchelchen [n.]
- de l'oreille Gehörknöchelchen [n.]
osseux, euse knöchern, Knochen-
ossification [f.] Verknöcherung [f.], Ossifikation [f.]
ostéalgie [f.] Ostealgie [f.]
ostéite [f.] Ostitis [f.]
ostéoarthrite [f.] Osteoarthritis [f.]

ostéo-articulaire osteoartikulär
ostéoblaste [m.] Osteoblast [m.]
ostéochondrite [f.] Osteochondritis [f.]
ostéochondromatose [f.] Osteochondromatose [f.]
ostéochondrose [f.] Osteochondrose [f.]
ostéoclasie [f.] Osteoklasie [f.]
ostéoclaste [m.] Osteoklast [m.]
ostéocyte [m.] Osteozyt [m.]
ostéodynie [f.] Osteodynie [f.]
ostéodysplasie [f.] Osteodysplasie [f.]
ostéodystrophie [f.] Osteodystrophie [f.]
ostéofibromatose [f.] Osteofibromatose [f.]
ostéofibrome [m.] Osteofibrom [n.]
ostéogenèse [f.] Osteogenese [f.]
ostéolyse [f.] Osteolyse [f.]
ostéomalacie [f.] Osteomalazie [f.]
ostéome [m.] Osteom [n.]
- **ostéoïde** Osteoid-Osteom [n.], Osteoma [n.] osteoidum

ostéomyélite [f.] Osteomyelitis [f.]
ostéomyélosclérose [f.] Osteomyelosklerose [f.]
ostéon [m.] Osteon [n.]
ostéonécrose [f.] Osteonekrose [f.]
- **aseptique** aseptische Knochennekrose [f.], aseptische Osteonekrose [f.]

ostéopathie [f.] Osteopathie [f.], Knochenleiden [n.]
ostéopénie [f.] Osteopenie [f.]
ostéophyte [m.] Osteophyt [m.]
ostéoplastie [f.] Osteoplastik [f.]
ostéoplastique osteoplastisch
ostéoporose [f.] Osteoporose [f.]
ostéoradionécrose [f.] Osteoradionekrose [f.]
ostéosarcome [m.] Osteosarkom [n.]
ostéosclérose [f.] Osteosklerose [f.]
ostéose [f.] Osteose [f.]
ostéostéatome [m.] Osteosteatom [n.]
ostéosynovite [f.] Osteosynovitis [f.]
ostéosynthèse [f.] Osteosynthese [f.]
ostéotomie [f.] Osteotomie [f.]
otalgie [f.] Otalgie [f.], Ohrenschmerz [m.]
otite [f.] Otitis [f.], Ohrentzündung [f.]
- **chronique** chronische Otitis [f.]
- **des piscines** Schwimmbadotitis [f.]
- **moyenne** Mittelohrentzündung [f.]

oto-rhino-laryngologie [f.] Hals-Nasen-Ohrenheilkunde [f.]
otogène otogen
otolithe [m.] Otolith [m.]
otologie [f.] Otologie [f.]
otologue [m.] ou otologiste [m.] Otologe [m.], Ohrenarzt [m.]
otomycose [f.] Otomykose [f.]
otoplastie [f.] Otoplastik [f.]
otorragie [f.] Otorrhagie [f.]
otosclérose [f.] Otosklerose [f.]
otoscope [m.] Otoskop [n.]
otoscopie [f.] Otoskopie [f.]
O.T.S. Orientation Temporo-Spatial (Zeitlich-Örtliche Orientierung)
oubli [m.] Vergessen [n.]
ovaire [m.] Eierstock [m.], Ovar [n.]
ovariectomie [f.] Ovariektomie [f.]
ovarien, ienne ovarial, Ovar-
ovariocèle [f.] Ovariozele [f.]
ovario-hystérectomie [f.] Ovariohysterektomie [f.]
ovariotomie [f.] Ovariotomie [f.]
ovarite [f.] Eierstockentzündung [f.], Ovaritis [f.]
ovocyte [m.] Eizelle [f.], Oozyt [m.], Ovozyt [m.]
ovogenèse [f.] Oogenese [f.], Ovogenese [f.]
ovulaire ovulär
ovulation [f.] Ovulation [f.]
ovule [m.] Ovulum [n.], Eizelle [f.]
oxalurie [f.] Oxalurie [f.]
oxydase [f.] Oxydase [f.]
oxydation [f.] Oxydation [f.]
oxygénation [f.] Oxygenation [f.]
oxygène [m.] Sauerstoff [m.]
oxygénothérapie [f.] Oxygen-Therapie [f.]
oxyhémoglobine [f.] Oxyhämoglobin [n.]
oxyurase [f.] Oxyuriasis [f.]
ozène [f.] Ozäna [f.]
ozonothérapie [f.] Ozontherapie [f.]

P

P 0 ... P 5 Papanicolaou
P.A. 1. Pemphigus Aigu, 2. Prostatite Aiguë (Akute Prostatitis), 3. Périmètre Abdominal (Abdominaler Umfang), 4. Pancréatite Aiguë (Akute Pankreatitis), 5. Potentiel d'Action (Aktionspotential AP), 6. Péricardite Aiguë (Akute Perikarditis, 7. Pression Artérielle (Blutdruck RR)
P.A.A. Poliomyélite Antérieure Aiguë (Polimyelitis anterior acuta)
P.A.B. Acide ParaAmino-Benzoïque (Paraaminobenzolsäure PAB)
P.A.C. Polyarthrite des Ceintures
pacemaker [m.] Schrittmacher [m.]
pachydermie [f.] Pachydermie [f.]

pachyméningite [f.] Pachymeningitis [f.]
pachypéritonite [f.] Pachyperitonitis [f.]
pachyvaginite [f.] Pachyvaginitis [f.]
P.A.CO2 Pression Artérielle du gaz Carbonique dans l'air alvéolaire (Alveolärer CO_2-Partialdruck)
P.A.C.R. Pression de l'Artère Centrale de la Rétine (Druck in der Arteria centralis retinae)
P.A.D. 1. Pneumopathie Aiguë Dyspnéisante, 2. Pression Artérielle Diastolique (Diastolischer Blutdruck RR diast.)
P.A.F. Platelet Activating Factor
P.A.H. 1. Para Amino Hippurique-acide (Para-Aminohippursäure PAH), 2. Pancréatite Aiguë Hémorragique (Akute hämorrhagische Pankreatitis)
paire [f.] crânienne Hirnnerf [m.]
palais [m.] Gaumen [m.], Palatum [n.]
palatal, ale palatal, Gaumen-
palatoplastie [f.] Gaumenplastik [f.], Palatoplastik [f.]
palatoraphie [f.] Palatoraphie [f.]
palatoschisis [f.] Palatoschisis [f.]
pâle blaß, bleich
pâleur [f.] Blässe [f.]
palliatif, ive palliativ, lindernd
pallidum [m.] Pallidum [n.]
pallier lindern
palmaire Palmar-
palpation [f.] Palpation [f.]
palper palpieren
palpitation [f.] Palpitatio [f.]
- **s cardiaques** Herzklopfen [n.]
paludisme [m.] Malaria [f.]
P.A.M. Pression Artérielle Moyenne (Arterieller Mitteldruck)
P.A.N. PériArthrite Noueuse (Periarthritis nodosa)
panaris [m.] Panaritium [n.]
panartérite [f.] Panarteritis [f.]
panarthrite [f.] Panarthritis [f.]
pancardite [f.] Pankarditis [f.]
pancréas [m.] Bauchspeicheldrüse [f.], Pankreas [n.]
- **anulaire** Pankreas [n.] anulare
pancréatectomie [f.] Pankreasresektion [f.], Pankreatektomie [f.]
pancréatentérostomie [f.] Pankreatenterostomie [f.]
pancréatite [f.] Pankreatitis [f.], Bauchspeicheldrüsenentzündung [f.]
- **aiguë** akute Pankreatitis [f.]
- **chronique** chronische Pankreatitis [f.]
- **hémorragique** nekrotisierende Pankreatitis [f.]
- **interstitielle** interstitielle Pankreatitis [f.]
pancréatographie [f.] Pankreatikographie [f.]
pancytopénie [f.] Panzytopenie [f.]
pandémie [f.] Pandemie [f.]
P.A.N.H. Pancréatite Aiguë NécroticoHémorragique (Akute hämorrhagisch-nekrotisierende Pankreatitis)
panicule [m.] adipeux souscutané Unterhautfettgewebe [n.]
panmixie [f.] Panmixie [f.]
panmyélose [f.] Panmyelopathie [f.]
pannicule [m.] Panniculus [m.]
panniculite [f.] Pannikulitis [f.]
pannus [m.] Pannus [m.]
panophtalmie [f.] Panophtalmie [f.]
pansement [m.] Verband [m.]
pansinusite [f.] Pansinusitis [f.]
P.A.O. Pression de l'Artère Ophtalmique (Druck in der Arteria ophtalmica)
Pap. Papanicolaou
P.A.P. 1. Phosphatase Acide Prostatique (Saure Prostataphosphatase), 2. Phosphatase Alcaline Placentaire (Alkalische Plazentaphosphatase), 3. Pression Artérielle Pulmonaire (Pulmonalarteriendruck), 4. Pneumonie Atypique Primitive
papavérine [f.] Papaverin [n.]
papillaire papillär
papille [f.] Papille [f.]
- **optique** Sehnervenpapille [f.]
- **rénale** Nierenpapille [f.]
papillectomie [f.] Papillektomie [f.]
papillite [f.] Papillitis [f.]
- **linguale** Linguopapillitis [f.]
papillomatose [f.] Papillomatose [f.]
papillome [m.] Papillom [n.]
papillotomie [f.] Papillotomie [f.]
PA.PO.VA. Papilloma Polyoma et Vacuolisant Virus
papule [f.] Papel [f.], Papula [f.]
papuleux, euse papulös
papulo-pustule [f.] Papulopustel [f.]
papulo-pustuleux, euse papulopustulös
papulo-squameux, euse papulosquamös
papulo-vésiculeux, euse papulovesikulös
P.A.R. Pression Artérielle Rétinienne (Arterieller Retinadruck)
PARA I Primipare
PARA II Secondipare
PARA X Multipare
PARA 0 Nullipare
parabiose [f.] Parabiose [f.]
paraboulie [f.] Parabulie [f.]
paracénesthésie [f.] Paracenästhesie [f.]

paracentèse [f.] Parazentese [f.]
- **abdominale** Bauchpunktion [f.]
paracentral, ale parazentral
paracousie [f.] Paraakusis [f.]
paradentaire parodontal
paraffine [f.] Paraffin [n.]
paragangliome [m.] Paragangliom [n.]
paraganglion [m.] Paraganglion [n.]
parage [m.] d'une plaie Wundrevision [f.]
paragonimiase [f.] Paragonimiasis [f.]
parakératose [f.] Parakeratose [f.]
parakinésie [f.] Parakinese [f.]
paralgésie [f.] Paralgesie [f.]
paralogie [f.] Paralogie [f.]
paralysie [f.] Lähmung [f.], Paralyse [f.]
- **brachiale** Brachialislähmung [f.]
- **bulbaire** Bulbärparalyse [f.]
- **corticale** Rindenlähmung [f.]
- **de l'intestin** Darmlähmung [f.]
- **du diaphragme** Zwerchfellähmung [f.]
- **du récurrent ou recurrentielle** Rekurrenslähmung [f.]
- **du voile du palais** Gaumensegellähmung [f.]
- **faciale** Fazialisparese [f.]
- **générale** progressive Paralyse [f.]
- **hystérique** hysterische Lähmung [f.]
- **ischémique** ischämische Paralyse [f.]
- **oculo-motrice** Augenmuskelparese [f.]
- **pseudobulbaire** Pseudobulbärparalyse [f.]
- **radiale** Radialislähmung [f.]
- **spasmodique** spastische Lähmung [f.]
- **vésicale** Blasenlähmung [f.]

paralytique paralytisch
paramédian, iane paramedian
paramètre [m.] 1. Parameter [m.], 2. Parametrium [n.]
paramétrite [f.] Parametritis [f.]
paramimie [f.] Paramimie [f.]
paramyxovirus [m.] Paramyxovirus [n.]
paranéoplastique paraneoplastisch
paranoïa [f.] Paranoia [f.]
paranoïde paranoid
paraphimose [f.] Paraphimose [f.]
paraphonie [f.] Paraphonie [f.]
paraphrénie [f.] Paraphrenie [f.]
paraplégie [f.] Paraplegie [f.]
paraplégique paraplegisch
paraprotéine [f.] Paraprotein [n.]
paraprotéinémie [f.] Paraproteinämie [f.]
paraprotéinurie [f.] Paraproteinurie [f.]
parapsoriasis [m.] Parapsoriasis [f.]
parasite [m.] Parasit [m.]
parasitisme [m.] Parasitismus [m.]
parasitologie [f.] Parasitologie [f.]
parasternal, ale parasternal
parasympathicolytique [m.] Parasympatholytikum [n.]
parasympathicomimétique [m.] Parasympathomimetikum [n.]
parasympathique parasympathisch
parasympathique [m.] Parasympatikus [m.]
parasympatholytique parasympatholytisch
parasympatholytique [m.] Parasympatholytikum [n.]
parasympathomimétique parasympathomimetisch
parasympathomimétique [m.] Parasympathomimetikum [n.]

parasystolie [f.] Parasystolie [f.]
parathormone [f.] Parathormon [n.]
parathyroïde [f.] Nebenschilddrüse [f.], Parathyroidea [f.]
parathyroïdectomie [f.] Parathyreoidektomie [f.]
parathyroïdite [f.] Parathyreoiditis [f.]
paratyphoïde [f.] Paratyphus [m.]
paravertébral, ale paravertebral
parenchymateux, euse parenchymatös
parenchyme [m.] Parenchym [n.]
- **pulmonaire** Lungenparenchym [n.]
- **rénal** Nierenparenchym [n.]
parentéral, ale parenteral
parésie [f.] Parese [f.]
paresse [f.] intestinale Darmträgheit [f.]
paresthésie [f.] Parästhesie [f.]
pariétal, ale parietal
pariéto-frontal, ale parietofrontal
pariéto-occipital, ale parieto-okkzipital
pariéto-temporal, ale parieto-temporal
parité [f.] Parität [f.]
parkinsonien, ienne Parkinson-
parodonte [m.] Parodontium [n.]
parodontite [f.] Parodontitis [f.]
parodontose [f.] Parodontose [f.]
paroi [f.] abdominale Bauchdecke [f.]
parole [f.] scandée Skandieren [n.]
parotidectomie [f.] Parotidektomie [f.]
parotidite [f.] Parotitis [f.]
paroxysmal, ale ou paroxystique paroxysmal
paroxysme [m.] Paroxysmus [n.]
particule [f.] Partikel [n.]

partie [f.] molle Weichteil [n.]
P.A.S. 1. Pression Artérielle Systolique (Sytolischer Blutdruck RR syst.), 2. Acide ParaaminoSalicylique (Paraaminosalicylsäure PAS)
passif, ive passiv
passivité [f.] Passivität [f.]
pasteurisation [f.] Pasteurisierung [f.]
patellectomie [f.] Patellektomie [f.]
pâteux, euse (langue) belegt (Zunge)
pathogène pathogen, krankheitserregend
pathogenèse [f.] Pathogenese [f.]
pathognomonique pathognomisch
pathologie [f.] Pathologie [f.]
pathologique pathologisch
pathophobie [f.] Pathophobie [f.]
pathophysiologie [f.] Pathophysiologie [f.]
patient, iente [m., f.] 1. Patient, -in [m., f.], 2. geduldig
paupière [f.] Augenlid [n.]
pauvreté [f.] de la pensée Gedankenarmut [f.]
pavillon [m.] d'oreille Ohrmuschel [f.]
Pb Plomb (Blei Pb)
P.B. Ponction Biopsie (Probepunktion)
P.B.F. Ponction Biopsie du Foie (Leberblindpunktion)
P.B.I. Protein-Bound Iodine
P.B.P. Ponction Biopsie de Pancréas (Pankreaspunktionsbiopsie)
P.B.R. Ponction Biopsie du Rein (Nierenpunktionsbiopsie)
P.B.S. 1. Ponction Biopsie du Sein (Mammapunktionsbiopsie), 2. Ponction Biopsie Synoviale (Synovialpunktion)
P.C. 1. Pancréatite Chronique (Chronische Pankreatitis), 2. Perte de Connaissance (Bewußtseinsverlust), 3. Périmètre Crânien (Kopfumfang), 4. Pression Capillaire (Kapillardruck)
p.c. per cutanée
P.C.A. 1. Persistance du Canal Artériel (Persistierender Ductus arteriosus PDA), 2. Ponction Camérulaire (Augenkammerpunktion)
P.C.B.F. Pemphigus Chronique Bénin Familial
P.C.E. Polyarthrite Chronique Evolutive (Chronische Polyarthritis cP)
P.C.F. Persistance de la Circulation Foetale (Persistenz de fetalen Kreislaufs)
P.C.G. PhonoCardio Gramme (Phonokardiogramm PKG)
P.C.J. Polyarthrite Chronique Juvénile (Juvenil chronische Arthritis)
P.CO$_2$ Pression artérielle du CO$_2$ (Arterieller CO$_2$-Druck)
P.C.P. Pression Capillaire Pulmonaire (Lungenkapillardruck)
P.C.R. Protéine C Réactive (C-reaktives Protein CRP)
P.C.T. Porphyrie Cutanée Tardive (Porphyria Cutanea Tarda PCT)
P.D. 1. Pression Diastolique (Diastolischer Blutdruck RR diast.), 2. Poumon Droit (Rechte Lunge)
P.D.B. ParaDichloroBenzène
P.D.F. Produits de Dégradation du Fibrinogène (Fibrinogenspaltprodukte)
P.E. Potentiel Evoqué (Evoziertes Potential EP)
P.E.A. Potentiel Evoqué Auditif (Akustisch evoziertes Potential AEP)
peau [f.] Haut [f.]
P.E.C. Potentiel Evoqué Cortical (Cortical evoziertes Potential CEP)
pectoral, ale Brust-
pédérastie [f.] Päderastie [f.]
pédiatre [m.] Kinderarzt [m.], Pädiater [m.]
pédiatrie [f.] Kinderheilkunde [f.], Pädiatrie [f.]
pédiculé, ée (tumeur, polype) gestielt (Tumor, Polyp)
pédiculose [f.] Pedikulose [f.]
pédologie [f.] Pädologie [f.]
pédoncule [m.] cérébelleux Kleinhirnstiel [m.]
pédoncule [m.] cérébral Hirnstiel [m.]
pédopsychiatrie [f.] Kinderpsychiatrie [f.]
pelade [f.] Haarausfall [m.]
pelage [m.] Schälen [n.]
peler (peau) abschälen (Haut)
péliose [f.] Peliosis [f.]
pellagre [f.] Pellagra [f.]
pellicule [f.] Haarschuppe [f.]
pelvimétrie [f.] Pelvimetrie [f.]
pelvipéritonite [f.] Pelviperitonitis [f.]
pemphigoïde [m.] Pemphigoid [n.]
pemphigus [m.] Pemphigus [m.]
- **syphilitique** Pemphigus [m.] syphiliticus
- **chronique bénin familial** Pemphigus [m.] chronicus benignus familaris

pénétrer (ex.: corps étranger) eindringen, durchdringen (z.B. Fremdkörper)
pénicillinase [f.] Penizillinase [f.]
pénicilline [f.] Penizillin [n.]
pénis [m.] Penis [m.]
pensée [f.] Denken [n.], Gedanke [m.]
- **obsessionnelle** Denkzwang [m.]

penser denken, meinen

P.E.P. 1. Pression Expiratoire Positive (Positiver Endexpiratorischer Druck PEP), 2. Pneumothorax ExtraPleural
pepsine [f.] Pepsin [n.]
peptide [m.] Peptid [n.]
peptique peptisch
percentile [m.] Perzentile [f.]
perception [f.] Wahrnehmung [f.]
perceptivité [f.] Wahrnehmung [f.]
percer (ex.: une ampoule) aufstechen (z.B. eine Hautblase)
percer (ulcère) aufgehen (Geschwür)
perceuse [f.] Bohrer [m.]
percussion [f.] Perkussion [f.]
percuter abklopfen, perkutieren
(le poumon, le coeur etc.) (die Lunge, das Herz etc.)
perdre du poids Gewicht [n.] abnehmen
perdre la connaissance Bewußtsein verlieren
perforation [f.] Perforation [f.]
- **de l'estomac** Magenperforation [f.]
- **de la cloison nasale** Nasenscheidewandperforation [f.]

perforer perforieren
perfuseur [m.] Perfusor [m.]
perfusion [f.] Perfusion [f.]
périanal, ale perianal
périartérite [f.] noueuse Arteriitis [f.] nodosa, Periarteriitis [f.] nodosa
périarthrite [f.] scapulo- Periarthritis [f.] humero-
humérale scapularis
péribronchique peribronchial
péribronchite [f.] Peribronchitis [f.]
péricarde [m.] Perikard [n.]
péricardiotomie [f.] Perikardiotomie [f.]
péricardite [f.] Perikarditis [f.]
- **adhésive** adhäsive Perikarditis [f.]
- **sèche** Perikarditis [f.] sicca

péricholécystite [f.] Pericholezystitis [f.]
périchondral, ale perichondral
périchondre [m.] ou périchondrium [m.] Perichondrium [n.]
périchondrite [f.] Perichondritis [f.]
péricolite [f.] Perikolitis [f.]
peridural, ale peridural
périfocal, ale perifokal
périfolliculite [f.] Perifollikulitis [f.]
périhépatite [f.] Perihepatitis [f.]
périhilaire perihilär
périlymphangite [f.] Perilymphangitis [f.]
périlymphe [f.] Perilymphe [f.]
périmètre [m.] Umfang [m.]
- **crânien** Kopfumfang [m.]

périmétrie [f.] Perimetrie [f.]
périnatal, ale perinatal
périnée [m.] Damm [m.], Perineum [n.]
périnéostomie [f.] Perineostomie [f.]
périnéotomie [f.] Perineotomie [f.]
périnéphrite [f.] Perinephritis [f.]
périnéphritique perinephritisch
périnévrite [f.] Perineuritis [f.]
période [f.] Zeit [f.], Zeitabschnitt [m.], Periode [f.], Phase [f.]
- **d'expulsion** Austreibungszeit [f.]
- **d'incubation** Inkubationsperiode [f.]
- **d'invasion** Invasionsperiode [f.]
- **phallique** phallische Phase [f.]
- **réfractaire** Refraktärphase [f.]
- **de demi-vie** Halbwertszeit [f.]

périodontite [f.] Periodontitis [f.]
périombilical, ale periumbilikal
périoral, ale perioral
périorbitaire periorbital
périoste [m.] Knochenhaut [f.], Periost [n.]
- **interne** Endost [n.]

périostite [f.] Knochenhautentzündung [f.], Periostitis [f.]
périostose [f.] Periostose [f.]
péripancréatite [f.] Peripankreatitis [f.]
périphérie [f.] Peripherie [f.]
périphérique peripher
périphlébite [f.] Periphlebitis [f.]
périproctite [f.] Periproktitis [f.]
péristaltisme [m.] Peristaltik [f.]
péritoine [m.] Peritoneum [n.], Bauchfell [n.]
péritonéoscopie [f.] Peritoneoskopie [f.]
péritonisme [m.] Peritonismus [m.]
péritonite [f.] Bauchfellentzündung [f.], Peritonitis [f.]
- **adhésive** adhäsive Peritonitis [f.]
- **diffuse** diffuse Peritonitis [f.]
- **localisée** herdförmige Peritonitis [f.]
- **par propagation** Durchwanderungsperitonitis [f.]
- **tubérculeuse** tuberkulöse Peritonitis [f.]

périurétrite [f.] Periurethritis [f.]
périvasculaire perivaskulär
périvascularite [f.] Periangiitis [f.]
perlingual, ale perlingual
perméabilité [f.] Permeabilität [f.], Durchlässigkeit [f.]
- **des trompes** Tubendurchgängigkeit [f.]

pernicieux, euse perniziös

péroné [m.] Fibula [f.], Wadenbein [n.]
persévération [f.] Perseveration [f.]
personalité [f.] Persönlichkeit [f.]
perspiration [f.] Perspiration [f.]
perte [f.] Verlust [m.]
- **de connaissance** Bewußtlosigkeit [f.], Bewußtseinsverlust [m.]
- **de la vue** Erblindung [f.]
- **de liquides** Flüssigkeitsverlust [m.]
- **de sang** Blutverlust [m.]
- **pondérale** Gewichtsverlust [m.]

pertrochantérien, ienne pertrochantär
pertubation [f.] Störung [f.]
pertussis [m.] Pertussis [f.]
perversion [f.] Perversion [f.]
perversité [f.] Perversität [f.]
pesanteur [f.] gastrique Magendrücken [n.]
peser wiegen
pessaire [m.] Pessar [n.]
pessimisme [m.] Pessimismus [m.]
peste [f.] Pest [f.]
- **bubonique** Bubonenpest [f.]

pétéchie [f.] Petechie [f.]
petit mal [m.] Petit mal [m.]
peur [f.] Angst [f.], Furcht [f.]
P.E.V. Potentiel Evoqué Visuel (Visuell evoziertes Potential VEP)
P.F. 1. Poumon du Fermier (Farmerlunge), 2. Paralysie Faciale (Fazialisparese)
P.F.C. Paralysie Faciale Centrale (Zentrale Fazialisparese)
P.G. 1. PolyGlobulie, 2. Paralysie Générale (Progressive Paralyse), 3. Poumon Gauche (Linke Lunge)
P.G.A., B., E., F. Prostaglandine A., B., E., F.
P.G.P. Paralysie Générale Progressive (Progressive Paralyse)
pH potentiel en Hydrogène
phagocyte [m.] Phagozyt [m.]
phagocytose [f.] Phagozytose [f.]
phakolyse [f.] Phakolyse [f.]
phakomalacie [f.] Phakomalazie [f.]
phakomatose [f.] Phakomatose [f.]
phalange [f.] Phalanx [f.]
pharmacie [f.] Pharmazie [f.], Apotheke [f.]
pharmacien [m.] Apotheker [m.]
pharmacocinétique [f.] Pharmakokinetik
pharmacodépendance [f.] Arzneimittelabhängigkeit [f.]
pharmacodynamie [f.] Pharmakodynamik [f.]
pharmacologie [f.] Pharmakologie [f.]
- **clinique** klinische Pharmakologie [f.]

pharmacologiste [m.] ou pharmacologue [m.] Pharmakologe [m.]
pharmacothérapie [f.] Pharmakotherapie [f.]
pharyngectomie [f.] Pharyngektomie [f.]
pharyngisme [m.] Pharyngismus [m.]
pharyngite [f.] Pharyngitis [f.]
pharyngocèle [f.] Pharyngozele [f.]
pharyngo-laryngite [f.] Pharyngolaryngitis [f.]
pharyngomycose [f.] Pharyngomykose [f.]
pharyngoscopie [f.] Pharyngoskopie [f.]
pharyngosténose [f.] Pharynxstenose [f.]
pharyngotomie [f.] Pharyngotomie [f.]
pharynx [m.] Pharynx [m.]
- **nasal** Nasopharynx [m.]

phase [f.] Phase [f.], Stadium [n.]
- **initiale** Anfangsstadium [n.]

P.H.C. Psychose Hallucinatoire Chronique
phénomène [m.] de l'escalier Treppenphänomen [n.]
phénotype [m.] Phänotyp [m.]
phénylalanine [f.] Phenylalanin [n.]
phénylcétonurie [f.] Phenylketonurie [f.]
phéochromocytome [m.] Phäochromozytom [n.]
P.H.F. Pseudo-Hermaphrodisme Féminin (Pseudohermaphroditismus femininus)
P.H.H.F. Persistance Héréditaire de l'Hémoglobine Foetale
phimosis [m.] Phimose [f.]
phlébectasie [f.] Phlebektasie [f.]
phlébectomie [f.] Phlebektomie [f.]
phlébite [f.] Phlebitis [f.], Thrombose [f.] Venenentzündung [f.]
phlébogramme [m.] Phlebogramm [m.]
phlébographie [f.] Phlebographie [f.]
phlébolithe [m.] Phlebolith [m.]
phléboplastie [f.] Venenplastik [f.]
phlébosclérose [f.] Venenverödung [f.]
phlébothrombose [f.] Phlebothrombose [f.]
phlébotomie [f.] Phlebotomie [f.]
phlegmon [m.] Phlegmon [f.]
phlyctène [f.] Phlyktäne [f.], Wasserbläschen [n.]
phlycténule [m.] Phlyktäne [f.]
P.H.M. Pseudo-Hermaphrodisme Masculin (Pseudohermaphroditismus masculinus)
phobie [f.] Phobie [f.]
phobophobie [f.] Phobophobie [f.]

phonation [f.] Phonation [f.]
phonétique [f.] Phonetik [f.]
phoniatrie [f.] Phoniatrie [f.]
phonocardiographie [f.] Phonokardiographie [f.]
phosphatase [f.] Phosphatase [f.]
- **acide** saure Phosphatase [f.]
- **acide prostatique** saure Prostataphosphatase [f.]
- **alcaline** alkalische Phosphatase [f.]

phosphatémie [f.] Phosphatämie [f.]
phosphaturie [f.] Phosphaturie [f.]
phosphore [m.] Phosphor [n.]
photocoagulation [f.] Lichtkoagulation [f.], Photokoagulation [f.]
photodermatose [f.] Lichtdermatose [f.]
photoérythème [m.] Lichterythem [n.]
photomètre [m.] Photometer [n.]
photophobie [f.] Photophobie [f.]
photopsie [f.] Photopsie [f.]
photosensibilisation [f.] Photosensibilisierung [f.]
photosensible photosensibel
photothérapie [f.] Phototherapie [f.]
phrénalgie [f.] Phrenalgie [f.]
phrénicotomie [f.] Phrenikotomie [f.]
phrénocardie [f.] Phrenokardie [f.]
phtisie [f.] Phthise [f.]
phylogenèse [f.] Phylogenie [f.]
physiognomie [f.] Physiognomie [f.]
physiologie [f.] Physiologie [f.]
physiologique physiologisch
physiopathologie [f.] Physiopathologie [f.]
physiothérapie [f.] Physiotherapie [f.]
physique körperlich, physisch
P.I.C. Pression Intracavitaire Initiale
PICORNA Poliomyélite Insensibilisé Coxsackie Orphelin Rhino virus contenant de l'acide nucléique
picotement [m.] Prickeln [n.], Stechen [n.]
Pie. Pleurésie (Pleuritis)
pied [m.] Fuß [m.]
- **bot en abduction** X-Fuß [m.]
- **bot équin** Talipes [m.] equinovalgus
- **bot plat valgus** Talipes [m.] planovalgus
- **bot varus** Talipes [m.] calcaneovarus
- **creux** Hohlfuß [m.]
- **creux paralytique** Lähmungshackenhohlfuß [m.]
- **équin** Spitzfuß [m.]
- **forcé** Schwellfuß [m.]
- **plat** Plattfuß [m.]
- **plat étalé** Spreizfuß [m.]
- **valgus** Knickfuß [m.]
- **vara équin** Spitz-und Klumpfuß [m.]

P.I.F. Prolactin Inhibiting Factor
pigment [m.] Pigment [n.]
pigmentation [f.] Pigmentierung [f.]
pileux, euse Haar-, haarig
pilier [m.] du palais Gaumenbogen [m.]
- **antérieur** vorderer Gaumenbogen [m.]
- **postérieur** hinterer Gaumenbogen [m.]

pilosité [f.] Behaarung [f.], (Scham)behaarung [f.]
- **de type féminin** weiblicher Behaarungstyp [m.]
- **de type masculin** männlicher Behaarungstyp [m.]

pilule [f.] Pille [f.]
- **contraceptive** Antibabypille [f.]

pince [f.] Klammer [f.], Zange [f.]
pinéalectomie [f.] Epiphysennextirpation [f.]
pinéaloblastome [m.] Pinealoblastom [n.]
pinéalome [m.] Pinealom [n.]
pinocytose [f.] Pinozytose [f.]
P.I.O. Pression Intra-Oculaire (Augeninnendruck)
pipette [f.] Pipette [f.]
piquer stechen
piqûre [f.] Einspritzung [f.], Injektion [f.]
faire une [f.] eine Spritze geben
pituitarisme [m.] Pituitarismus [m.]
pityriasis [m.] Pityriasis [f.]
Pl Plaquettes (Thrombozyten Thrombos)
P.L. Ponction Lombaire (Lumbalpunktion LP)
placebo [m.] Placebo [n.]
placenta [m.] Plazenta [f.]
- **accreta** Plazenta [f.] increata
- **bilobé** geteilte Plazenta [f.]
- **lobé** Plazenta [f.] multilobata
- **marginal** Plazenta [f.] marginalis
- **praevia partiel** Plazenta [f.] praevia partialis

placentaire Plazenta-
placentation [f.] Plazentation [f.]
placentographie [f.] Plazentographie [f.]
plaie [f.] Wunde [f.]
- **par arme à feu** Schußwunde [f.]

plaindre (se ... de) beklagen (sich ...), klagen (über)
planche [f.] de lecture Lesetafel [f.]
plancher [m.] Boden [m.]
- **de la bouche** Mundboden [m.]

planification [f.] familiale Familienplanung [f.]
plante [f.] du pied Fußsohle [f.]
plaque [f.] Fleck [m.], Plaque [m.], Platte [f.]
- **lenticulaire** Linsenplakode [f.]
- **motrice** Nervenendplatte [f.]

- **visée (ostéosynthèse)** Platte [f.] (Osteosynthese)
plaquettaire thrombozytär
plaquette [f.] Blutplättchen [n.], Thrombozyt [m.]
plasma [m.] Plasma [n.]
- **sanguin** Blutplasma [n.]
plasmatique plasmatisch
plasmide [m.] Plasmid [n.]
plasmine [f.] Plasmin [n.]
plasminogène [m.] Plasminogen [n.]
plasmocytaire plasmozytär
plasmocyte [m.] Plasmozyt [m.]
plasmocytome [m.] Plasmozytom [n.]
plasmocytose [f.] Plasmozytose [f.]
plasmodium [m.] falciparum Plasmodium [n.] falciparum
plasmodium [m.] inui Plasmodium [n.] inui
plasmodium [m.] malariae Plasmodium [n.] malariae
plasmodium [m.] ovale Plasmodium [n.] ovale
plasmodium [m.] vivax Plasmodium [n.] vivax
plasmolyse [f.] Plasmolyse [f.]
plasticité [f.] Plastizität [f.]
plastie [f.] Plastik [f.]
- **cutanée** Hautplastik [f.]
- **du sein** Brustplastik [f.]
- **ligamentaire** Bandplastik [f.]
- **mammaire** Mammaplastik [f.]
- **pharyngée** Pharyngoplastik [f.]
plastique plastisch
plâtre [m.] Gips [m.]
plâtrer gipsen
platyonychie [f.] Platonychie [f.]
platyspondylie [f.] Platyspondylie [f.]
Plb Prolymphoblaste (Prolymphoblast)
Plc Prolymphocyte (Prolymphozyt)
pléocytose [f.] Pleozytose [f.]
pléomorphisme [m.] Polymorphismus [m.]
pléthore [f.] Plethora [f.]
pléthysmographie [f.] Plethysmographie [f.]
pleural, ale Pleural-
pleurectomie [f.] Pleurektomie [f.]
pleurésie [f.] Pleuritis [f.], Rippenfellentzündung [f.]
- **hémorragique** hämorrhagische Pleuritis [f.]
- **purulente** eitrige Pleuritis [f.]
- **séro-fibrineuse** serofibrinöse Pleuritis [f.]
pleurite [f.] Pleuritis [f.]
pleurodynie [f.] Pleurodynie [f.]
pleurolyse [f.] Pleurolyse [f.]
pleuropneumonie [f.] Pleuropneumonie [f.]
pleurorhée [f.] Pleurorrhoe [f.]
pleurotomie [f.] Pleurotomie [f.]
plèvre [f.] Pleura [f.], Rippenfell [n.]
plexus [m.] Plexus [m.]
- **brachial** Plexus [m.] brachialis
- **choroïde** Plexus [m.] choroideus
- **solaire** Plexus [m.] coeliacus
P.L.I. Polypeptide Libérant l'Insuline
pli [m.] Falte [f.]
- **du bras** Armbeuge [f.]
- **interfessier** Gesäßspalte [f.]
- **poplité** Kniekehle [f.]
plicature [f.] Plikatur [f.]
plier (articulations) beugen (Gelenke)
plomb [m.] Blei [n.]
plombage [m.] Zahnfüllung [f.], Zahnplombe [f.]
P.L.P. Ponction Lavage Péritonéale (Peritoneallavage)
pluriglandulaire pluriglandulär
p.m. post mortem
P.M. Petit Mal
P.M.A. PolyMyalgie Artéritique
Pmb Promyéloblaste (Promyeloblast)
P.M.D. Psychose Maniaco-Dépressive (Manisch-Depressive Psychose)
Pmgc Promégacaryocyte (Promegakaryozyt)
P.M.M. Petit Mal Myoclonique
P.M.O. Phase de Mouvements Oculaires
Pmob Promonoblaste (Promonoblast)
Pmoc Promonocyte (Promonozyt)
P.M.S. Puissance Maximale Supportée
P.M.T. Puissance Maximale Tolorée
P.N. 1. Poids Normal (Normalgewicht), 2. Périarthrite Noueuse (Periarthritis nodosa)
P.N.A. Pyélo-Néphrite Aiguë (Akute Pyelonephritis)
P.N.C. Pyélo-Néphrite Chronique (Chronische Pyelonephritis)
P.N.N. Poids Normal à la Naissance (Normales Geburtsgewicht)
pneumarthose [f.] Pneumarthrosis [f.]
pneumatique pneumatisch
pneumatisation [f.] Pneumatisation [f.]
pneumatose [f.] Pneumatose [f.]
pneumectomie [f.] Pneumektomie [f.]
pneumocèle [f.] Pneumatozele [f.], Pneumozele [f.]
pneumococcie [f.] Pneumokokkeninfektion [f.]
pneumoconiose [f.] Pneumokoniose [f.]
pneumocoque [m.] Pneumococcus [m.]
pneumoencéphalographie [f.] Pneumenzephalographie [f.]
pneumogramme [m.] Pneumogramm [n.]
pneumographie [f.] Pneumographie [f.]
pneumohémopéricarde [m.] Pneumohämoperikard [n.]
pneumohémothorax [m.] Pneumohämothorax [m.]

pneumologie [f.] Pneumologie [f.]
pneumologue [m.] Pneumologe [m.]
pneumomédiastin [m.] Pneumomediastinum [n.]
pneumomyélographie [f.] Pneumomyelographie [f.]
pneumonectomie [f.] Pneumonektomie [f.]
pneumonie [f.] Lungenentzündung [f.], Pneumonie [f.]
- **á mycoplasmes** Mykoplasmenpneumonie [f.]
- **atypique** atypische Pneumonie [f.]
- **caséeuse** käsige Pneumonie [f.]
- **éosinophile** eosinophile Pneumonie [f.]
- **lobaire** Lobärpneumonie [f.]
- **métastatique** metastatische Pneumonie [f.]
- **par aspiration** Aspirationspneumonie [f.]
- **par irradiation** Strahlenpneumonie [f.]
- **parenchymateuse** parenchymatöse Pneumonie [f.]
- **suppurée** Pneumonie [f.] purulenta
- **virale** Viruspneumonie [f.]

pneumonique pneumonisch
pneumopathie [f.] Pneumopathie [f.]
pneumopéricarde [m.] Pneumoperikard [n.]
pneumopéritoine [m.] Pneumoperitoneum [n.]
pneumorétropéritoine [m.] Pneumoretroperitoneum [n.]
pneumothorax [m.] Pneumothorax [m.]
- **à soupape** Spannungspneumothorax [m.]
- **spontané** Spontanpneumothorax [m.]
- **thérapeutique** therapeutischer Pneumothorax [m.]

pneumotomie [f.] Pneumotomie [f.]
Pno. Pneumothorax (Pneumothorax Pneu)
P.O. 1. Pression Oncotique (Onkotischer Druck), 2. Périmètre Ombilical (Nabelumfang)
p.o. per os
P.O.A. Para-Ostéo-Arthropathie (Paraartikuläre Ossifikation)
poche [f.] des eaux Fruchtblase [f.]
P.O.D. Pression de l'Oreillette Droite (Vorhofdruck rechts)
podagre [f.] Podagra [n.]
P.O.E. Pointes Ondes Epileptiques (Spikes and waves)
P.O.G. Pression de l'Oreillette Gauche (Vorhofdruck links)
poids [m.] Gewicht [n.]
- **corporel** Körpergewicht [n.]

poignet [m.] Handgelenk [n.]
poïkilocyte [m.] Poikilozyt [m.]
poïkilocytose [f.] Poikilozytose [f.]
poïkilodermie [f.] ou Poikilodermie [f.]
poïkilodermose [f.] Poikilodermie [f.]
poil [m.] Haar [n.]
poilu, e behaart (Körper)
point [m.] de congélation Gefrierpunkt [m.]
point [m.] de fusion Schmelzpunkt [m.]
point [m.] de MacBurney MacBurney-Punkt [m.]
points [pl./m.] de Valleix Nervenaustrittspunkte [pl./m.]
pointe [f.] Spitze [f.]
- **de la langue** Zungenspitze [f.]
- **du coeur** Herzspitze [f.]
- **du nez** Nasenspitze [f.]

points [pl./m.] et ondes [pl./f.] Spikes and waves
poire [f.] de caoutchouc Klistierspritze [f.]
poison [m.] végétal Pflanzengift [n.]
poisseux, euse schmierig
poitrine [f.] Brust [f.]
polarisation [f.] Polarisation [f.]
polarité [f.] Polarität [f.]
pôle [m.] Pol [m.]
policlinique [f.] Poliklinik [f.]
polioencéphalite [f.] Polioenzephalitis [f.]
poliomyélite [f.] Kinderlähmung [f.], Poliomyelitis [f.]
- **antérieure aiguë** Poliomyelitis [f.] anterior acuta

poliose [f.] Poliosis [f.]
poliovirus [m.] Poliovirus [n.]
pollakiurie [f.] Pollakiurie [f.]
pollinose [f.] Pollinose [f.]
pollution [f.] Pollution [f.]
polyadénite [f.] Polyadenitis [f.]
polyadénomatose [f.] Polyadenomatose [f.]
polyartérite [f.] noueuse Periarteriitis [f.] nodosa
polyarthrite [f.] Polyarthritis [f.]
- **chronique évolutive** chronische Polyarthritis [f.]
- **rhumatoïde** rheumatische Polyarthritis [f.]

polychromasie [f.] Polychromasie [f.]
polycytémie [f.] Polyzytämie [f.]
polydactylie [f.] Polydaktylie [f.]
polydipsie [f.] Polydipsie [f.]
polydysplasie [f.] Polydysplasie [f.]
polydystrophie [f.] Polydystrophie [f.]
polyesthésie [f.] Polyästhesie [f.]
polyglobulie [f.] Polyglobulie [f.]
polykorie [f.] Polykorie [f.]
polykystique polyzystisch
polymastie [f.] Polymastie [f.]
polymorphe polymorph
polymyosite [f.] Polymyositis [f.]
polyneuropathie [f.] Polyneuropathie [f.]

polynévralgie [f.] Polyneuralgie [f.]
polynévrite [f.] Polyneuritis [f.]
- **alcoolique** alkoholische Polyneuropathie [f.]

polynucléaire polynukleär
polynucléose [f.] Polynukleose [f.]
polyopsie [f.] Polyopsie [f.]
polype [m.] Polyp [m.]
- **intéstinal** Darmpolyp [m.]
- **nasal** Nasenpolyp [m.]
- **nasopharyngien** Nasenrachenpolyp [m.]
- **vaginal** Scheidenpolyp [m.]

polypectomie [f.] Polypektomie [f.]
polypeptide [m.] Polypeptid [n.]
polyphrasie [f.] Polyphrasie [f.]
polypnée [f.] Polypnoe [f.]
polypose [f.] Polypose [f.]
polyradiculite [f.] Polyradikulitis [f.]
polyradiculonévrite [f.] Polyradikuloneuritis [f.]
polysaccharide [m.] Polysaccharid [n.]
polyspermie [f.] Polyspermie [f.]
polythélie [f.] Polythelie [f.]
polytraumatisme [m.] Polytrauma [n.]
polyurie [f.] Polyurie [f.]
polyzoospermie [f.] Polyzoospermie [f.]
P.O.M. Paralysie Oculo-Motrice (Augenmuskelparese)
pommade [f.] Salbe [f.]
- **à l'oxyde de zinc** Zinksalbe [f.]
- **ophtalmique** Augensalbe [f.]

pomme [f.] d'Adam Adamsapfel [m.]
pommette [f.] Backenknochen [m.]
pompe [f.] Pumpe [f.]
- **à lait** Milchpumpe [f.]
- **aspirante** Absaugpumpe [f.]
- **d'injection** Injektionspumpe [f.]

ponction [f.] Punktion [f.]
- **articulaire** Gelenkpunktion [f.]
- **biopsie du foie** Leberblindpunktion [f.]
- **camérulaire** Augenkammerpunktion [f.]
- **d'un ascite** Aszitespunktion [f.]
- **de l'amnios** Amniospunktion [f.]
- **de la vessie** Blasenpunktion [f.]
- **du coeur** Herzkammerpunktion [f.]
- **du sinus maxillaire** Kieferhöhlenpunktion [f.]
- **exploratrice** Probepunktion [f.]
- **lavage péritonéale** Peritoneallavage [f.]
- **lombaire** Lumbalpunktion [f.]
- **pleurale** Pleurapunktion [f.]
- **pulmonaire** Lungenpunktion [f.]
- **sous-occipitale** Subokzipitalpunktion [f.]
- **sternale** Sternalpunktion [f.]
- **veineuse** Venenpunktion [f.]

ponction-biopsie [f.] Punktionsbiopsie [f.]
ponctionner punktieren
pondéral, ale Gewichts-
pont [m.] (dents) Brücke [f.] (Zähne)
pontage [m.] Überbrükkung [f.]
pore [m.] Pore [f.]
porencéphalie [f.] Porenzephalie [f.]
porencéphalite [f.] Porenzephalitis [f.]
porose [f.] Porose [f.]
porphyrie [f.] Porphyrie [f.]
- **cutanée tardive** Porphyria [f.] cutanea tarda

porphyrine [f.] Porphyrin [n.]
porphyrinurie [f.] Porphyrinurie [f.]
portal, ale portal
porte [f.] d'entrée (infection) Eingangspforte [f.] (Infekt)
portographie [f.] Portographie [f.]
positif, ive positiv
position [f.] Position [f.], Lage [f.]
- **anormale** Stellungsanomalie [f.]
- **ventrale** Bauchlage [f.]

posologie [f.] Dosierung [f.]
postcure [f.] Nachkur [f.]
post-embryonnaire postembryonal
postérieur, eure hinterer, posterior
posthite [f.] Posthitis [f.]
post-menstruel, elle postmenstruell
post-natal, ale postnatal
post-opératoire postoperativ
post-partum post partum
post-prandial, ale postprandial
post-traumatique posttraumatisch
postural, ale Haltungs-
posture [f.] Haltung [f.]
potassium [m.] Kalium [n.]
potence [f.] Potenz [f.]
potentiel [m.] Potential [n.]
- **d'action** Aktionspotential [n.]
- **de repos** Ruhepotential [n.]
- **évoqué auditif** Akustisch evoziertes Potential [n.]
- **évoqué visuel** Visuell evoziertes Potential [n.]

potomanie [f.] Potomanie [f.]
pou [m.] Laus [f.]
pouce [m.] Daumen [m.], große Zehe [f.]
poudre [m.] Puder [n.], Pulver [n.]
- **de lait** Milchpulver [n.]

pouls [m.] Puls [m.]
- **bigeminé** zweischlägiger Puls [m.]
- **fémoral** Femoralpuls [m.]
- **filiforme** fadenförmiger Puls [m.]
- **myure** jagender Puls [m.]
- **radial** Radialispuls [m.]

poumon [m.] Lunge [f.]

- **des fermiers** Farmerlunge [f.]
pourrir (ex.: extremité) abfaulen (z.B. Extremität)
poussée [f.] Schub [m.]
- **fébrile** Fieberschub [m.]
P.P. 1. Plasminogène Proactivateur (Plasminogen-Proaktivator), 2. Placenta Praevia, 3. Bipariétal, 4. Ponction Pleurale (Pleurapunktion)
P.P.A. Pneumonie Primaire Atypique
P.P.C. Pseudo-Polyarthrite des Ceintures
p.p.m. pour un million
P.P.O. Poly Pointes Ondes
P.P.P. Profil Psycho-Physiologique
P.P.R. Pseudo-Polyarthrite Rhizomélique
P.P.S.B. Prothrombine-Proconvertine-Stuart B
P.Q. Espace P.Q. (PQ-Dauer)
P.R. 1. Polyarthrite Rhumatoïde (Rheumatische Polyarthritis RP) 2. Purpura Rhumatoïde (Rheumatische Purpura), 3. Premières Règles (Erste Regelblutung)
pragmatamnésie [f.] Pragmatamnesie [f.]
pratique praktisch
pratique [f.] Praxis [f.]
P.R.E.A. Période Réfractaire Effective Auriculaire (Effektive refraktäre Phase des Vorhofs)
précancérose [f.] Präkanzerose [f.]
précipitation [f.] Präzipitation [f.]
précipité [f.] Präzipität [f.]
précoce vorzeitig
précoma [m.] Präkoma [n.]
- **diabétique** diabetisches Präkoma [n.]
précordial, ale präkordial
prédiastolique prädiastolisch
prédisposition [f.] Prädisposition [f.]
prednisone [f.] Prednison [n.]
pré-eclampsie [f.] Präeklampsie [f.]
préexitation [f.] Präexitation [f.]
préhension [f.] Greifen [n.]
prélèvement [m.] Entnahme [f.], Abstrich [m.]
- **d'un fragment tissulaire** Entnahme [f.] eines Gewebeteils
- **d'organe** Organentnahme [f.]
- **de tissu** Gewebeentnahme [f.]
- **de villosités choriales** Chorionzottenbiopsie [f.]
- **sanguin** Blutentnahme [f.]
prémature immatur
prématurité [f.] Immaturität [f.], Prämaturität [f.]
prémédication [f.] Prämedikation [f.]
prémenstruel, elle prämenstruell
prémolaire [m.] Prämolarzahn [m.]
prémonitoire vorausgehend
P.R.E.N. Période Réfractaire Effective Nodale (Effektive refraktäre Phase des Knotens)
prénatal, ale pränatal
préopératoire präoperativ
préparation [f.] préparation [f.]
préparer präparieren
prépuce [m.] Präputium [n.]
presbyacousie [f.] Presbyakusis [f.]
presbyte presbyop
presbytie [f.] Altersweitsichtigkeit [f.], Presbyopie [f.]
présénile präsenil
présentation [f.] Kindslage [f.]
- **céphalique** Kopflage [f.]
- **de l'épaule** Schulterlage [f.]
- **de la tête** Kopflage [f.]
- **droite** Längslage [f.]
- **du siège** Steißlage [f.]
- **du vertex** Scheitellage [f.]
- **oblique** Schräglage [f.]
- **par le front** Stirnlage [f.]
- **transversale** Querlage [f.]
préservatif [m.] Präservativ [n.]
pression [f.] Druck [m.]
- **artérielle** Blutdruck [m.], arterieller Druck [m.]
- **artérielle moyenne** mittlerer arterieller Druck [m.]
- **capillaire** Kapillardruck [m.]
- **diastolique** diastolischer Blutdruck [m.]
- **intraabdominale** intraabdomineller Druck [m.]
- **intracrânienne** Hirndruck [m.]
- **intraoculaire** intraokulärer Druck [m.]
- **intrarachidienne** Liquordruck [m.]
- **oncotique** onkotischer Druck [m.]
- **osmotique** osmotischer Druck [m.]
- **systolique** systolischer Blutdruck [m.]
- **veineuse** Venendruck [m.]
- **veineuse centrale (PVC)** Zentraler Venendruck [m.] (ZVD)
- **ventriculaire** ventrikulärer Druck [m.]
pressuration [f.] Druckausgleich [m.]
présystole [f.] Präsystole [f.]
présystolique präsystolisch
prévalence [f.] Prävalenz [f.]
préventif, ive präventiv
prévention [f.] Prävention [f.]
P.R.F. Prolactin Releasing Factor
P.R.F.A. Période Réfractaire Fonctionnelle Auriculaire (Funktionelle refraktäre Phase des Vorhofs)
P.R.H. Prolactin Releasing Hormone
priapisme [m.] Priapismus [m.]

primipare [f.] Primipara [f.]
primiparité [f.] Primiparität [f.]
primo-infection [f.] Primärinfektion [f.]
primovaccination [f.] Erstimpfung [f.]
prise [f.] de sang Blutentnahme [f.]
prise [f.] en charge d'un malade Übernahme [f.] (eines Patienten)
prisme [m.] Prisma [n.]
privation [f.] Mangel [m.], Entzug [m.]
- du sommeil Schlafentzug [m.]
P.R.L. Prolactine (Prolaktin)
P.R.N. Poly-Radiculo-Névrite (Polyradikuloneuritis)
proaccélérine [f.] Proakzelerin [n.]
procidence [f.] (d'un organe) Vorfall [m.] (eines Organs)
- de cordon ombilical Nabelschnurvorfall [m.]
- de l'ombilic Omphalozele [f.]
proconvertine [f.] Prokonvertin [n.]
proctalgie [f.] Proktalgie [f.]
proctite [f.] Proktitis [f.]
proctocèle [f.] Proktozele [f.]
procto-colpoplastie [f.] Proktokolpoplastik [f.]
proctologie [f.] Proktologie [f.]
proctologue [m.] Proktologe [m.]
proctoplastie [f.] Proktoplastik [f.], Rektumplastik [f.]
proctorragie [f.] Proktorrhagie [f.]
proctoscope [m.] Proktoskop [n.]
proctoscopie [f.] Proktoskopie [f.]
prodrome [m.] Prodrom [n.]
produit [m.] de contraste Kontrastmittel [n.]
produits [pl./m.] de dégradation du fibrinogène Fibrinogenspaltprodukte [pl./n.]
proérythroblaste [m.] Proerythroblast [m.]
profus, use profus
progerie [f.] Progeria [f.]
progestérone [f.] Progesteron [n.]
prognathisme [m.] Prognathie [f.]
projection [f.] Projektion [f.]
prolactine [f.] Prolaktin [n.]
prolactinome [m.] Prolaktinom [n.]
prolapsus [m.] Prolaps [m.], Vorfall [m.]
- anal Analprolaps [m.]
- de la vessie Blasensenkung [f.]
- rectal Mastdarmvorfall [m.], Rektalprolaps [m.]
- utérin Gebärmuttersenkung [f.]
- utéro-vaginal Uterus-Scheidenvorfall [m.]
prolifération [f.] Proliferation [f.], Wucherung [f.]
- gliale Gliaproliferation [f.]
proliférer proliferieren, wuchern
promontoire [m.] Promontorium [n.]
promyélocyte [m.] Promyelozyt [m.]
pronateur [m.] Pronator [m.]
pronateur, rice pronatorisch
pronation [f.] Pronation [f.]
pronostic [m.] Prognose [f.]
pronostiquer prognostizieren
propagation [f.] Ausbreitung [f.]
propager fortpflanzen, ausbreiten
prophase [f.] Prophase [f.]
prophylactique prophylaktisch
prophylaxie [f.] Prophylaxe [f.], Vorbeugung [f.]
propriocepteur [m.] Propriorezeptor [m.]
propriocepteur, trice propriozeptiv
proprioception [f.] Proprio-zeption [f.]
propulsif, ive propulsiv
propulsion [f.] Propulsion [f.]
prosencéphale [m.] Prosenzephalon [n.]
prospectif, ive prospektiv
prostaglandine [f.] Prostaglandin [n.]
prostate [f.] Prostata [f.], Vorsteherdrüse [f.]
prostatectomie [f.] Prostataextirpation [f.], Prostatektomie [f.]
- endoscopique endoskopische Prostataextirpation [f.]
prostation [f.] Entkräftung [f.], völlige Erschöpfung [f.], Niedergeschlagenheit [f.]
prostatite [f.] Prostatitis [f.]
protamine [f.] Protamin [n.]
protéase [f.] Protease [f.]
protéide [m.] Proteid [n.]
protéinase [f.] Proteinase [f.]
protéine [f.] Eiweiß [n.], Protein [n.]
- c-réactive C-reaktives Protein [n.]
- s plasmatiques Plasmaproteine [pl./n.]
protéinémie [f.] Proteinämie [f.]
protéinurie [f.] Proteinurie [f.]
protéique Protein-, proteinhaltig
protéolyse [f.] Proteolyse [f.]
protéolytique proteolytisch
protéose [f.] Proteose [f.]
prothèse [f.] Prothese [f.]
- auditive Gehörprothese [f.]
- interne Endoprothese [f.]
- totale de la hanche Totalendoprothese [f.]
- vasculaire Gefäßprothese [f.]

prothétique prothetisch
prothrombine [f.] Prothrombin [n.]
protidémie [f.] Proteinämie Proteinämie [f.]
protocole [m.] opératoire Operationsbericht [m.]
protodiastolique protodiastolisch
proton [m.] Proton [n.]
protoplasme [m.] Protoplasma [n.]
protosystolique protosystolisch
protrusion [f.] Protrusio [f.]
protubérance [f.] Protuberantia [f.]
- **cérébrale** Pons [f.]
protusion [f.] de la cornée Keratoektasie [f.]
protusion [f.] des dents Vorstehen [n.] der Zähne
provitamine [f.] Provitamin [n.]
proximal, ale proximal
P.R.R. Période Réfractaire Relative (Relative refraktäre Phase)
prurigineux, euse pruriginös
prurigo [m.] Prurigo [f.]
prurit [m.] Juckreiz [m.], Pruritus [m.]
- **sénile** Altersjucken [n.]
Ps. Psoriasis
pseudarthrose [f.] Pseudarthrose [f.]
pseudo-hermaphrodite [m.] Pseudohermaphrodit [m.]
pseudo-hermaphroditisme [m.] Pseudohermaphroditismus [m.]
pseudo-kyste [m.] Pseudozyste [f.]
pseudo-manie [f.] Pseudomanie [f.]
pseudo-membrane [f.] Pseudomembran [f.]
pseudo-paralysie [f.] Pseudoparalyse [f.]
pseudo-phlegmon [m.] Pseudophlegmone [f.]
pseudo-tabès [m.] Pseudotabes [m.]
P.S. Pression Systolique (Systolischer Druck)
P.S.H. Périarthrite Scapulo-Humérale (Periarthrosis humeroscapularis adhesiva PHS)
psittacose [f.] Psittakose Psittakose [f.]
P.S.M. Ponction du Sinus Maxillaire (Kieferhöhlenpunktion)
psoas [m.] Psoas [m.]
psoïtis [f.] Psoitis [f.]
psoriasis [m.] Psoriasis [f.]
- **palmoplantaire** Psoriasis [f.] palmoplantaris
- **pustuleux** Psoriasis [f.] pustulosa
P.S.R. Pelvi-Spondylite Rhumatismale
psychanalyse [f.] Psychoanalyse [f.]
psychanalyste [m.] Psychoanalytiker [m.]
psychanalytique psychoanalytisch
psychasthénie [f.] Psychasthenie [f.]
psychiatre [m.] Psychiater [m.]
psychiatrie [f.] Psychiatrie [f.]
psychiatrique psychiatrisch
psychique psychisch
psychisme [m.] Psyche [f.]
psychoaffectif, ive psychoaffektiv
psychoanaleptique psychoanaleptisch
psychoanaleptique [m.] Psychoanaleptikum [n.]
psychodynamique psychodynamisch
psychodynamique [f.] Psychodynamik [f.]
psychodysleptique [m.] Psychodysleptikum [n.]
psychogène psychogen
psychogenèse [f.] Psychogenese [f.]
psycholepsie [f.] Psycholepsie [f.]
psycholeptique [m.] Psycholeptikum [n.]
psychologie [f.] Psychologie [f.]
psychologue [m.] Psychologe [m.]
- **scolaire** Schulpsychologe [m.]
psychométrie [f.] Psychometrie [f.]
psychomoteur, trice psychomotorisch
psychomotricité [f.] Psychomotorik [f.]
psychonévrose [f.] Psychoneurose [f.]
psychopathe [m.] Psychopath [m.]
psychopathie [f.] Psychopathie [f.]
psychopathique psychopathisch
psychopathologie [f.] Psychopathologie [f.]
psychopathologique psychopathologisch
psychopharmacologie [f.] Psychopharmakologie [f.]
psychophysiologie [f.] Psychophysiologie [f.]
psychoplégique [m.] Psychoplegikum [n.]
psychose [f.] Psychose [f.]
- **affective** Affektpsychose [f.]
- **alcoolique** Alkoholpsychose [f.]
- **de Korsakoff** Korsakoffsche Psychose [f.]
- **gravidique** Schwangerschaftspsychose [f.]
- **intentionnelle** Zweckpsychose [f.]
- **maniaco-dépressive** manisch-depressive Psychose [f.]
- **maniaque** manische Psychose [f.]
- **médicamenteuse** medikamentöse Psychose [f.]
- **organique** Organpsychose [f.]
- **paranoiaque** paranoische Psychose [f.]
- **puerpérale** Puerperalpsychose [f.]
- **sénile** Alterspsychose [f.]
- **toxique** toxische Psychose [f.]
psychosomatique psychosomatisch
psychostimulant [m.] Psychostimulantium [n.]
psychothérapeute [m.] Psychotherapeut [m.]

psychothérapeutique psychotherapeutisch
psychothérapie [f.] Psychotherapie [f.]
psychotique pschotisch
psychotonique [m.] Psychotonikum [n.]
psychotrope psychotrop
psychovégétatif, ive psychovegetativ
P.T. 1. Périmètre Thoracique (Thoraxumfang), 2. PneumoThorax
P.T.A. Prothromboplastin Antecedent
P.T.C. Plasma Thromboplastin Component
P.T.E. Périmètre Thoracique Expiratoire
ptérygion [m.] Pterygium [n.]
P.T.F. Facteur VII (Faktor VII)
P.T.F.B. Plasma Thromboblastin Factor B
P.T.F.E. Plasma Thromboblastin Factor E
Pth Parathormone (Parathormon)
P.T.I. 1. Périmètre Thoracique Inspiratoire, 2. Purpura Thrombopénique Idiopathique (Idiopathische thrombozytopenische Purpura ITP)
ptôse [f.] Ptosis [f.], Senkung [f.]
- **gastrique** Magensenkung [f.]
- **splénique** Milzsenkung [f.], Splenoptose [f.]

ptosis [m.] Ptosis [f.]
P.T.T. Purpura Thrombocytopénique Thrombotique
ptyalisme [m.] Ptyalismus [m.]
puberté [f.] Pubertät [f.], Pubertas [f.]
- **précoce** Pubertas [f.] praecox

pubis [m.] Pubes [f.]
P.U.D. Pyélo-Urétérographie Descendante
puéril, ile pueril
puerpéral, ale puerperal
puissance [f.] sexuelle sexuelle Potenz [f.]
pulmonaire Lungen-, Pulmonal-
pulpaire Pulpa -
pulpe [f.] 1. Fingerkuppe [f.], 2. Pulpa [f.]
- **blanche de la rate** Milzfollikel [m.]
- **dentaire** Zahnpulpa [f.]

pulpectomie [f.] Pulpektomie [f.]
pulpeux, euse pulpös
pulpite [f.] Pulpitis [f.]
pulsatile pulsierend
pulsation [f.] Pulsation [f.]
pulsion [f.] Pulsion [f.]
pultacé, ée (ulcère) breiig (Geschwür)
pupillaire Pupillen-
pupille [f.] Pupille [f.]
pupillométrie [f.] Pupillometrie [f.]
purgatif [m.] ou purge [f.] Abführmittel [n.], Purgativum [n.]
purine [f.] Purin [n.]
purpura [m.] Purpura [f.]
- **allergique** allergische Purpura [f.]
- **bulleux** Purpura [f.] bullosa
- **fulminant de Henoch** Purpura [f.] fulminans
- **hémorragique** Purpura [f.] hemorragica
- **thrombopénique idiopatique** idiopathische thrombopenische Purpura [f.]

purulence [f.] Eiterung [f.]
purulent, ente eitrig
pus [m.] Eiter [m.]
pustule [f.] Eiterbläschen [n.], Pustel [f.]
pustuleux, euse pustulös
pustulose [f.] Pustulosis [f.]
putamen [m.] Putamen [n.]
putréfaction [f.] Fäulnis [f.], Verwesung [f.]
putréfier faulen
putride putrid
P.V. 1. Plasma Volume (Plasmavolumen), 2. Prélèvement Vaginal, 3. Papilloma Virus, 4. Pression Ventriculaire (Ventrikeldruck VD)
P.V.C. 1. Pression Veineuse Centrale (Zentraler Venendruck ZVD), 2. Prélèvement des Villosités Choriales (Chorionzottenbiopsie)
Pv CO_2 Pression Partielle du CO_2 dans le sang veineux (CO_2-Partialdruck)
P.V.D. Pression Ventriculaire Droite (Rechtsventrikulärer Füllungsdruck RVFP)
P.V.G. Pression Ventriculaire Gauche (Linksventrikulärer Füllungsdruck LVFP)
Pv O_2 Pression Partielle de l'O_2 dans le sang veineux (O_2-Partialdruck)
P.V.P. Pression Veineuse Portale (Portalvenendruck)
pyarthrose [f.] Pyarthrose [f.]
pycnique pyknisch
pycnose [f.] Pyknose [f.]
pyélectasie [f.] Nierenbekkenerweiterung [f.], Pyelektasie [f.]
pyélite [f.] Nierenbeckenentzündung [f.], Pyelitis [f.]
pyélocystite [f.] Pyelozystitis [f.]
pyélogramme [m.] Pyelogramm [n.]
pyélographie [f.] Pyelographie [f.]
pyélolithotomie [f.] Pyelolithotomie [f.]
pyélonéphrite [f.] Pyelonephritis [f.]
pyélonéphrose [f.] Pyelonephrose [f.]
pyélophlébite [f.] Pyelophlebitis [f.]
pyélostomie [f.] Pyelostomie [f.]
pyélotomie [f.] Pyelotomie [f.]
pyémie [f.] Pyämie [f.]
pyléphlébite [f.] Pylephlebitis [f.]
pyléthrombose [f.] Pfortaderthrombose [f.], Pylethrombose [f.]
pylore [m.] Pylorus [m.]

pylorectomie [f.] Pylorektomie [f.]
pylorique Pylorus-
pyloroplastie [f.] Pyloroplastik [f.]
pylorospasme [m.] Pylorospasmus [m.]
pylorotomie [f.] Pyloromyotomie [f.]
pyodermite [f.] Pyodermie [f.]
pyogène pyogen
pyométrite [f.] Pyometra [f.]
pyonéphrose [f.] Pyonephrose [f.]
pyopéricarde [m.] Herzbeutelvereiterung [f.], Pyoperikard [n.]
pyopéritoine [m.] Bauchfelleiterung [f.], Pyoperitoneum [n.]
pyopneumothorax [m.] Pyopneumothorax [m.]
pyorrhée [f.] Pyorrhoe [f.]
pyosalpingite [f.] Pyosalpingitis [f.]
pyosalpinx [m.] Pyosalpinx [f.]
pyothorax [m.] Pyothorax [m.]
pyramides [pl./f.] rénales Nierenmark [n.]
pyrexie [f.] Pyrexie [f.]
pyridoxine [f.] Pyridoxin [n.]
pyriforme pyriform
pyrimidine [f.] Pyrimidin [n.]
pyrogène pyrogen
pyromanie [f.] Pyromanie [f.]
pyrosis [m.] Pyrosis [f.]
pytyriasis [f.] Pytyriasis [f.]
pyurie [f.] Pyurie [f.]

Q

Q.E.C. Débit ExtraCorporel (Extrakorporelles Volumen)
Q.I. Quotient Intellectuel (Intelligenz-Quotient IQ)
Q.I.P. Quotient Intellectuel de Performance
Q.I.V. Quotient Intellectuel Verbal
Q.M.A. Quantité Maximale Admissible
Q.O2 Quotient d'Oxygène (SauerstoffQuotient)
Q.R. 1. Quotient Respiratiore (Respirationsquotient RQ), 2. Espace Q.R.
Q.R.S. Complexe Q.R.S. (QRS-Komplexe)
Qsan Débit du shunt anatomique (Shuntvolumen des anatomischen Shuntes)
Qsp Débit du shunt physiologique (Physiologisches Shuntvolumen)
Qsrel Débit du shunt relatif (Relatives Shuntvolumen)
quadriceps [m.] Quadrizeps [m.]
quadruplés, ées [pl./m., f.] Vierlinge [pl./m.]
quarantaine [f.] Quarantäne [f.]
queue [f.] de cheval Cauda [f.] equina
queue [f.] du pancréas Pankreasschwanz [m.]
quinine [f.] Chinin [n.]
quinte [f.] Hustenanfall [m.]
quintuplés, ées [pl./m., f.] Fünflinge [pl./m.]
quotient [m.] Quotient [m.]
- **d'intelligence** Intelligenzquotient [m.]
- **respiratoire** Atmungsquotient [m.], Respirationsquotient [m.]

R

R.A. 1. Réserve Alcaline (Alkalireserve), 2. Rétrécissement Aortique (Aortenstenose Aost), 3. Respiration Artificielle (Künstliche Beatmung), 4. Rhinite Allergique (Allergische Rhinitis)
Ra Radium
R.A.A. Rhumatisme Articulaire Aigu (Akutes rheumatisches Fieber)
raccourcissement [m.] Verkürzung [f.]
race [f.] Rasse [f.]
rachialgie [f.] Rückenschmerzen [pl./m.]
rachianesthésie [f.] Periduralanästhesie [f.]
rachidien, ienne Rückgrat-
rachis [m.] Rückgrat [n.]
rachischisis [m.] Rachischisis [f.]
rachitique rachitisch
rachitisme [m.] Rachitis [f.]
racine [f.] Wurzel [f.]
- **antérieure** Vorderwurzel [f.]
- **du nez** Nasenwurzel [f.]
- **nerveuse** Nervenwurzel [f.]
- **postérieure** Hinterwurzel [f.]

racinien, ienne Wurzel-
radial, ale radial
radiation [f.] Bestrahlung [f.], Strahlung [f.], Radiatio [f.]
- **ionisante** ionisierende Strahlung [f.]
- **infrarouge** Infrarotstrahlung [f.]

radical [m.] libre freies Radikal [n.]
radical, ale radikal
radicotomie [f.] Radikotomie [f.]
radiculaire radikulär
radiculalgie [f.] Radikulalgie [f.], Wurzelneuralgie [f.]
radiculite [f.] Radikulitis [f.]
radiculographie [f.] Radikulographie [f.]
radioactif, ive radioaktiv
radioactivité [f.] Radioaktivität [f.]
radiodermatose [f.] Röntgendermatitis [f.]
radiodermite [f.] Strahlendermatitis [f.]
radiodiagnostic [m.] Röntgendiagnostik [f.]
radioexposition [f.] Strahlenexposition [f.]
radiofibrose [f.] Strahlenfibrose [f.]

radiographie [f.] Röntgenaufnahme [f.]
cliché [m.] dynamique gehaltene Röntgenaufnahme [f.]
radiographier durchleuchten, röntgen
radio-immunologie [f.] Radioimmunologie [f.]
radio-isotope [m.] Radioisotop [n.]
radiolésion [f.] Strahlenschaden [m.]
radiologie [f.] Radiologie [f.]
radiologique radiologisch
radiologue [m.] Radiologe [m.], Röntgenologe [m.]
radionécrose [f.] Strahlennekrose [f.]
radioopaque strahlendicht
radioprotection [f.] Strahlenschutz [m.]
radiorésistance [f.] Strahlenresistenz [f.]
radiorésistant, ante strahlenresistent
radioscopie [f.] Durchleuchtung [f.], Radioskopie [f.]
radiosensibilité [f.] Strahlenempfindlichkeit [f.], Strahlensensibilität [f.]
radiosensible strahlenempfindlich, strahlensensibel
radiothérapie [f.] Bestrahlung [f.], Röntgentherapie [f.], Strahlentherapie [f.]
radium [m.] Radium [n.]
radius [m.] Radius [m.]
rage [f.] Rabies [f.], Tollwut [f.]
raide steif
raideur [f.] Steife [f.]
- **articulaire** Gelenksteife [f.]
- **de la nuque** Nackensteife [f.], Nackensteifigkeit [f.]

râle [m.] Rasselgeräusch [n.]
- **amphorique** amphorisches Rasseln [n.]
- **bulleux** grobblasiges Rasseln [n.]
- **caverneux** Höhlenrasseln [n.]
- **humide** feuchtes Rasseln [n.]
- **métallique** klingendes Rasseln [n.]
- **sous-crépitant** knisterndes Rasseln [n.]
- **s humides** feuchte Rasselgeräusche [pl./n.]
- **s crépitants** mittelblasige Rasselgeräusche [pl./n.]
- **s secs** trockene Rasselgeräusche [pl./n.]

ralentissement [m.] Verlangsamung [f.]
R.A.M. Rupture Artificielle des Membranes (Fruchtblasensprengung)
rameau [m.] Ramus [m.]
ramollir aufweichen, erweichen
ramollissement [m.] Auflockerung [f.], Erweichung [f.]
- **cérébral** Gehirnerweichung [f.], Hirnerweichung [f.]

randomisation [f.] Randomisierung [f.]
randomiser randomisieren
R.A.O. Rétrécissement Aortique Orificiel
raphé [f.] Rhaphe [f.]
rappeler, (se ... de) erinnern (sich ... an)
rapport [m.] Verhältnis [n.]
- **albumine/globuline** Albulin-Globulin-Verhältnis [n.]
- **de Tiffeneau** Tiffeneau-Test [m.]
- **sexuel** Geschlechtsverkehr [m.]

raréfaction [f.] Rarefizierung [f.]
R.A.S. 1. Rien à Signaler (Ohne Befund O.B.), 2. Rétrécissment Aortique Syphilitique (Syphilitisches Aortenstenose)
rassasier sättigen
rate [f.] Milz [f.]
- **flottante** Wandermilz [f.]

rauque (voix) heiser (Stimme)
rayon [m.] Strahl [m.]
rayonnement [m.] Strahlung [f.]
- **ultraviolet** Ultraviolettstrahlung [f.]
- **infrarouge** Infrarotstrahlung [f.]

R.C. 1. RectoColite (Rectokolitis), 2. Réflexe Conditionné (Konditionierter Reflex), 3. Retard de Croissance (Wachstumsrückstand)
R.C.D. Rachis Cervico-Dorsal
R.C.F. Rythme Cardiaque Foetal
R.C.H. RectoColite Hémorragique (Colitis ulcerosa CU)
R.C.I.U. Retard de Croissance Intra-Utérin (Intrauteriner Wachstumsverzögerung)
R.C.U.H. RectoColite Ulcéro-Hémorragique (Colitis ulcerosa CU)
R.C.P. Réflexe Cutané Plantaire (Fußsohlenreflex)
R.C.T. Réaction Cutanée Tuberculinique (Cutitest)
R.D. Rétinopathie Diabétique (Diabetische Retinopathie)
R.D.C. Réaction de Déviation du Complément
R.D.L. Rachis Dorso-Lombaire
Rea. Réanimation (Reanimation)
réabsorber reabsorbieren
réabsorption [f.] Reabsorption [f.]
réaction [f.] Reaktion [f.]
- **anaphylactique** anaphylaktische Reaktion [f.]
- **au latex** Latex-Test [m.]
- **d'immunofluoréscence** Immunfluoreszenzreaktion [f.]
- **de rejet** Abstoßreaktion [f.]

réactivation [f.] Reaktivierung [f.]
réactiver reaktivieren
réactivité [f.] Reaktivität [f.]
réanimable wiederbelebbar

réanimation [f.] Reanimation [f.], Wiederbelebung [f.]
réanimer reanimieren, wiederbeleben
rebord [m.] costal Rippenbogen [m.]
recalcification [f.] Rekalzifizierung [f.]
récepteur [m.] Rezeptor [m.]
réceptif, ive anfällig, empfänglich, aufnahmefähig
réceptivité [f.] Aufnahmefähigkeit [f.], Rezeptivität [f.]
récessif, ive rezessiv
récessivité [f.] Rezessivität [f.]
receveur [m.] Empfänger [m.]
- **de sang** Blutempfänger [m.]
- **universel** Universalempfänger [m.]

recherche [f.] Forschung [f.]
rechute [f.] Rückfall [m.]
récidivant, ante rezidivierend
récidive [f.] Rezidiv [n.]
réclinaison [f.] Reklination [f.]
reconnaissance [f.] Wiedererkennung [f.]
reconstitution [f.] Wiederherstellung [f.]
recrudescence [f.] Rebound [m.], Rekrudeszenz [f.]
recrutement [m.] Recruitment [n.]
rectal, ale rektal
rectalgie [f.] Rektumneuralgie [f.]
rectite [f.] Rektitis [f.]
rectocèle [f.] Rektozele [f.]
recto-colite [f.] Rektokolitis [f.]
rectocystoplastie [f.] Rektozystoplastik [f.]
rectopexie [f.] Rektopexie [f.]
rectorragie [f.] Rektorrhagie [f.]
rectoscope [m.] Rektoskop [n.]
rectoscopie [f.] Rektoskopie [f.]
recto-sigmoïdite [f.] Rekto-Sigmoiditis [f.]
rectum [m.] Rektum [n.]
recueil [m.] (ex.: urine) Sammlung [f.] (z.B.Urin)
rediffuser rediffundieren
rediffusion [f.] Rediffusion [f.]
redressement [m.] Geraderichten [n.]
réductible einrenkbar, reponierbar
réduction [f.] 1. Reduktion [f.],
- **d'une articulation** 2. Wiedereinrenkung [f.], Reposition [f.] (eines Gelenkes)

réduire reponieren
réflection [f.] Reflexion [f.]
réflexe [m.] Reflex [m.]
- **abdominal** Bauchdeckenreflex [m.]
- **absolu** angeborener Reflex [m.]
- **achilléen** Achillessehnenreflex [m.]
- **archaïque** Urreflex [m.]
- **bicipital** Bizepsreflex [m.]
- **consensuel** konsensuelle Reaktion [f.]
- **cornéen** Kornealreflex [m.]
- **crémastérien** Kremasterreflex [m.]
- **croisé** gekreuzter Reflex [m.]
- **cutané abdominal** Bauchhautreflex [m.]
- **d'accomodation** Akkomodationsreflex [m.]
- **d'agrippement** Klammerreflex [m.]
- **de clignotement** Blinkreflex [m.], Lidschlußreflex [m.]
- **de défense** Schutzreflex [m.]
- **de fuite** Fluchtreflex [m.]
- **de l'érection** Erektionsreflex [m.]
- **de Moro** Mororeflex [m.]
- **de position** Stellreflex [m.]
- **de préhension** Greifreflex [m.]
- **de redressement** Abfangreflex [m.]
- **de succion** Saugreflex [m.]
- **du talon** Fersenschlagreflex [m.]
- **massétérien** Masseterreflex [m.]
- **médioplantaire** Zehenbeugereflex [m.]
- **myotatique** myotatischer Reflex [m.]
- **nasopalpébrale** Supraorbitalreflex [m.]
- **oculo-cardiaque** okulokardialer Reflex [m.]
- **ostéo-tendineux** Muskelsehnenreflex [m.]
- **palpépral** Palpebralreflex [m.]
- **periosté du radius** Radiusperiostreflex [m.]
- **pharyngé** Würgreflex [m.]
- **plantaire** Fußsohlenreflex [m.]
- **proprioceptif** Eigenreflex [m.]
- **pupillaire** Pupillenreflex [m.]
- **rotulien** Kniesehnenreflex [m.], Patellarsehnenreflex [m.]
- **scrotal** Skrotalreflex [m.]
- **tendineux** Sehnenreflex [m.]
- **tricipital** Trizepsreflex [m.]

réflexogramme [m.] Reflexogramm [n.]
réflexologie [f.] Reflexologie [f.]
réflexothérapie [f.] Reflextherapie [f.]
reflux [m.] Reflux [m.], Rückfluß [m.]
- **gastro-oesophagien** gastroösophagaler Reflux [m.]
- **hépato-jugulaire** hepatojugulärer Reflux [m.]
- **vésico-urétéral** vesikuloureteraler Reflux [m.]

refoulement [m.] Verdrängung [f.]
refouler verdrängen

réfractaire refraktär
réfraction [f.] Refraktion [f.]
réfractomètre [m.] Refraktometer [n.]
refroidissement [m.] Erkältung [f.]
regard [m.] Blick [m.]
régénération [f.] Regeneration [f.]
régénérer regenerieren
régime [m.] Diät [f.], Kost [f.], Nahrung [f.]
- **cétogène** fettreich Kost [f.]
- **équilibré** ausgeglichene Kost [f.]
- **sans sel** salzfreie Kost [f.]

région [f.] Region [f.]
régressif, ive regressiv
régression [f.] Regression [f.]
régularisation [f.] Regulierung [f.]
régulation [f.] Regelung [f.], Regulation [f.]
réguler regulieren
régulier, ière regelmäßig, regulär
régurgitation [f.] Regurgitation [f.]
réhabilitation [f.] Rehabilitation [f.]
réhabiliter rehabilitieren
réhydratation [f.] Rehydratation [f.]
réimpantation [f.] Wiedereinpflanzung [f.], Reimplantierung [f.]
réimplanter reimplantieren, wiedereinpflanzen
rein [m.] Niere [f.]
- **artificiel** künstliche Niere [f.]
- **de choc** Schockniere [f.]
- **en éponge** Schwammniere [f.]
- **en fer à cheval** Hufeisenniere [f.]
- **goutteux** Gichtniere [f.]
- **muet** stumme Niere [f.]
- **polykystique** polyzystische Niere [f.]

réinfection [f.] Reinfektion [f.]
réinsertion [f.] Reinsertion [f.]
réintégration [f.] Reintegration [f.]
réintégrer reintegrieren
rejeter (ex.: une greffe) abstoßen (z.B.ein Transplantat)
relâchement [m.] Erschlaffung [f.]
relâcher (muscle) erschlaffen (Muskel), locker lassen
relation [f.] protéique Eiweißverhältnis [n.]
relaxant [m.] Relaxantium [n.]
relaxation [f.] Relaxation [f.]
relaxer relaxieren
releasingfactor [m.] Releasing-Faktor [m.]
R.E.M. Rapid Eye Movements
remède [m.] Arzneimittel [n.]
reminéralisation [f.] Remineralisierung [f.]
rémission [f.] Remission [f.]
rémittent, ente remittierend
remplissage [m.] gastrique Magenfüllung [f.]
rénal, ale renal
renflement [m.] Anschwellung [f.], Wulst [f.]
reniflement [m.] Schnauben [n.]
renifler schnauben
rénine [f.] Renin [n.]
rénitent, ente prall
réno-vasculaire renovaskulär
renvois [pl./m.] acides Sodbrennen [n.]
réorganisation [f.] Reorganisation [f.]
réorganiser reorganisieren
réovirus [m.] Reovirus [n.]
repas [m.] d'épreuve Probemahlzeit [f.]
replantation [f.] Replantation [f.]
réplétion [f.] Füllung [f.]
répli [m.] périunguénal Nagelwall [m.]
répolarisation [f.] Repolarisation [f.]
reponse [f.] immunitaire Immunantwort [f.]
repos [m.] Ruhe [f.], Pause [f.]
- **compensateur** kompensatorische Pause [f.]

reposer (se ...) ruhen, (sich ausruhen)
reposition [f.] Reposition [f.]
répression [f.] Repression [f.], Verdrängen [n.]
répulsion [f.] Abstoßung [f.]
réseau [m.] de Purkinje Purkinje-Fasern [pl./f.]
résection [f.] Resektion [f.]
- **costale** Rippenresektion [f.]
- **de la cloison du nez** Septumresektion [f.]
- **gastrique** Magenresektion [f.]
- **transurétrale de la prostate** transuretrale Prostataresektion [f.]

réséquer reserzieren
réserve [f.] alcaline Alkalireserve [f.]
résidu [m.] Restvolumen [n.]
résiduel, elle Residual-
résistance [f.] Resistenz [f.], Widerstand [m.]
- **croisée** Kreuzresistenz [f.]
- **des voies aériennes** Atemwegswiderstand [m.]
- **globulaire** Erythrozytenresistenz [f.]
- **périphérique** peripherer Widerstand [m.]
- **respiratoire** Atemwiderstand [m.]
- **vasculaire** Gefäßwiderstand [m.]

résistant, ante resistent
résolution [f.] (d'une inflammation) Zurückgehen [n.] (einer Entzündung)
résolution [f.] (vision) Auflösung [f.] (Sehen)
résonance [f.] Resonanz [f.]
résorber resorbieren
résorption [f.] Resorption [f.]
respirateur [m.] artificiel Beatmungsgerät [n.]

respiration [f.] Atmung [f.], Respiration [f.]
- **abdominale** Bauchatmung [f.]
- **artificielle** künstliche Beatmung [f.]
- **cellulaire** Zellatmung [f.]
- **de Kussmaul** Kussmaulsche Atmung [f.]
- **paradoxale** paradoxale Atmung [f.]

respirer atmen, respirieren
ressentir fühlen, empfinden
restreindre einschränken
restreint, ente (motricité) eingeschränkt (Beweglichkeit)
résultat [m.] Befund [m.], Ergebnis [n.], Resultat [n.]
rétablir (se ...) erholen (sich ...)
rétablissement [m.] Besserung [f.]
retard [m.] mental Zurückgebliebenheit [f.]
retenir la respiration Atem anhalten
rétention [f.] Retention [f.]
- **d'urine** Harnverhaltung [f.]
- **lactée** Milchstau [m.]

réticulaire retikulär
réticulée [f.] Substantia [f.] reticularis
réticulocyte [m.] Retikulozyt [m.]
réticulocytopénie [f.] Retikulozytopenie [f.]
réticulocytose [f.] Retikulozytose [f.]
réticulo-endothélial, ale retikuloendothelial
réticulome [m.] Retikulom [n.]
réticulosarcome [m.] Retikularzellensarkom [n.], Retikulosarkom [n.]
réticulose [f.] Retikulose [f.]
réticulum [m.] Reticulum [n.]
rétine [f.] Netzhaut [f.], Retina [f.]
rétinien, enne Retina-
rétinite [f.] Netzhautentzündung [f.], Retinitis [f.]
- **centrale angiopathique** Retinitis [f.] centralis angiopathica
- **leucémique** leukämische Retinitis [f.]
- **pigmentaire** Retinitis [f.] pigmentosa
- **solaire** Sonnenretinitis [f.]

rétinoblastome [m.] Retinoblastom [n.]
rétinographie [f.] Retinographie [f.]
rétinopathie [f.] Retinopathie [f.]
- **diabétique** diabetische Retinopathie [f.]

rétinose [f.] Retinose [f.]
retour [m.] veineux venöser Rückfluß [m.]
rétracter retrahieren, sich zusammenziehen
rétractile retraktil
rétractilité [f.] Retraktilität [f.]
retraction [f.] Retraktion [f.]
rétrécir verengen
rétrécissement [m.] Striktur [f.], Verengung [f.], Stenose [f.]
- **anal** Rektumstriktur [f.]
- **aortique** Aortenstenose [f.]
- **de l'urètre** Harnröhrenstriktur [f.]
- **du champs** Gesichtsfeldeinengung [f.]
- **du vagin** Scheidenverengung [f.]
- **mitral** Mitralstenose [f.]
- **oesophagien** Ösophagusstenose [f.]
- **par bride** Bandstriktur [f.]
- **pulmonaire** Pulmonalstenose [f.]
- **rectal** Mastdarmstenose [f.]
- **tricuspidien** Trikuspidalstenose [f.]

rétrobulbaire retrobulbär
rétrocæcal, ale retrozökal
rétrocolique retrokolisch
rétrocolis [m.] Retrocollis [m.]
rétroflexion [f.] Retroflexion [f.]
rétrograde retrograd
rétropéritonéal, ale retroperitoneal
rétroposition [f.] Retropositio [f.]
rétropulsion [f.] Retropulsion [f.]
rétrospectif, ive retrospektiv
rétrosternal, ale retrosternal
rétroversion [f.] Retroversion [f.], Rückwärtsbeugung [f.]
- **de l'utérus** Retroversio [f.] uteri

rétrovirus [m.] Retrovirus [n.]
revaccination [f.] Auffrischimpfung [f.], Revakzination [f.], Wiederimpfung [f.]
revascularisation [f.] Revaskularisierung [f.]
rêve [m.] Traum [m.]
- **morbide** Paroniria [f.]

réveiller aufwachen
rêver träumen
réversibilité [f.] Reversibilität [f.]
réversible reversibel
revitalisation [f.] Revitalisierung [f.]
revitaliser revitalisieren
révulsif, ive revulsiv
révulsion [f.] Revulsion [f.]
R.F. Releasing Factor
R.G.O. Reflux GastroOesophagien (Gastroösophagealer Reflux)
Rh, rh Facteur Rhésus (Rhesusfaktor)
R.H. Releasing Hormone
rhabdomyolyse [f.] Rhabdomyolyse [f.]
rhabdomyome [m.] Rhabdomyom [n.]
rhabdomyosarcome [m.] Rhabdomyosarkom [n.]
rhabdosarcome [m.] Rhabdosarkom [n.]
rhabdovirus [m.] Rhabdovirus [n.]
rhagade [f.] Rhagade [f.]
rhéobase [f.] Rheobase [f.]
rhéologie [f.] Rheologie [f.]
rhéologique rheologisch
rhinalgie [f.] Rhinalgie [f.]

rhinencéphale [m.] Rhinenzephalon [n.]
rhinite [f.] Rhinitis [f.]
rhinolalie [f.] Näseln [n.], Rhinolalie [f.]
rhino-laringite [f.] Rhinolaryngitis [f.]
rhinologie [f.] Rhinologie [f.]
rhinomycose [f.] Rhinomykose [f.]
rhinopathie [f.] Rhinopathie [f.]
rhinopharyngite [f.] Rhinopharyngitis [f.]
rhinopharynx [m.] Rhinopharynx [m.]
rhinophyma [m.] Rhinophyma [n.]
rhinoplastie [f.] Rhinoplastik [f.]
rhinorragie [f.] Rhinorrhagie [f.]
rhinorrhée [f.] Rhinorrhoe [f.]
rhinosclérome [m.] Rhinosklerom [n.]
rhinoscope [m.] Nasenspekulum [n.]
rhinoscopie [f.] Rhinoskopie [f.]
rhinosinusite [f.] Rhinosinusitis [f.]
rhinosporiodose [f.] Rhinosporiodose [f.]
rhinotomie [f.] Rhinotomie [f.]
rhinovirus [m.] Rhinovirus [n.]
rhizarthrose [f.] Rhizarthrose [f.]
rhombencéphale [m.] Rhombenzephalon [n.]
rhumatismal, ale rheumatisch
rhumatisme [m.] Rheumatismus [m.]
- **articulaire** Gelenkrheumatismus [m.]
- **articulaire aigu** akutes rheumatisches Fieber [n.]
- **musculaire** Muskelrheumatismus [m.]

rhumatoïde rheumatoid
rhumatologie [f.] Rheumatologie [f.]
rhumatologique rheumatologisch
rhumatologue [m.] Rheumatologe [m.]
rhume [m.] Erkältung [f.], Schnupfen [m.]
- **des foins** Heuschnupfen [m.]

R.H.X. Réticulo-Histiocytose X
rhytidose [f.] Rhytidose [f.]
R.I.A. Réaction Inflammatoire Aiguë (Akute Entzündungsreaktion)
riboflavine [f.] Riboflavin [n.]
ribonucléase [f.] Ribonuklease [f.]
ribose [m.] Ribose [f.]
ribosome [m.] Ribosom [n.]
rickettsie [f.] Rickettsia [f.]
rickettsiose [f.] Rickettsiose [f.]
rictus [m.] Grinsen [n.]
R.I.D. Radio Immuno Dosage
ride [f.] (Haut)Falte [f.]
rigide starr, steif, rigide
rigidité [f.] Rigidität [f.], Steife [f.], Starre [f.]
- **articulaire** Gelenksteife [f.]
- **cadavérique** Totenstarre [f.], Leichenstarre [f.]
- **pupillaire** Pupillenstarre [f.]

rigor [m.] Rigor [m.]
rinçage [m.] pyélocaliciel Wash-out [n.]
rire [m.] Lachen
- **sardonique** Risus [m.] sardonicus
- **spasmodique** Zwangslachen [n.]

R.I.R.G.A. Rhumatisme Inflammatoire Rhizomélique des Gens Agés
R.I.S.T. Radio Immuno Sorbent Test
R.I.T. Rubeole International Test
R.L.S. Rachis Lombo-Sacré
R.M. Rétrécissement Mitral (Mitralstenose MS)
R.M.D.R.E. Règime Médical Diététique Sélectif Equilibré
R.M.K. Rein Multi-Kystique
R.M.N. Résonance Magnétique Nucléaire (Nuclear magnetic resonance NMR)
R.N.P. Ribonucléoprotéine
R.O.C. Réflexe Oculo-Cardiaque
röntgenologie [f.] Röntgenologie [f.]
röntgenthérapie [f.] Röntgentherapie [f.]
romboïde rautenförmig
ronchus [m.] Brummen [n.]
ronchus [pl./m.] grobblasige Rasselgeräusche [pl./n.]
ronflants [pl./m.] Brummen [n.] (Auskultation)
ronflement [m.] Schnarchen [n.]
ronfler schnarchen
rosacée [f.] Rosazea [f.]
roséole [f.] Roseola [f.]
- **syphilitique** syphilitische Roseola [f.]

rostral, ale rostral
R.O.T. Réflexes Ostéo-Tendineux (Muskeldehnungsreflexe)
rot [m.] Bäuerchen [n.], Rülpser [m.]
rotateur [m.] Rotator [m.]
rotation [f.] Drehung [f.], Rotation [f.]
- **externe** Außenrotation [f.]
- **interne** Innenrotation [f.]

rotule [f.] Kniescheibe [f.], Patella [f.]
rotulien, ienne Patella-
rougeole [f.] Masern [f.]
rougeur [f.] Röte [f.]
R.P. 1. Rénine Plasmatique (Plasmarenin), 2. Rhumatisme Psoriasique (Psoriasisarthritis), 3. Résistance Périphérique (Peripherer Widerstand), 4. Rétrécissement Pulmonaire (Pulmonalstenose Pst)
R.P.C.F. Reiter Protein Complement Fixation
R.P.F.P. Radiographie Pulmonaire Face Profil (Röntgen-Thorax in zwei Ebenen)
R.P.K. Rein Poly-Kystique (Polyzystische Niere)

R.P.M. Rupture Prématurée des Membranes (Vorzeitiger Blasensprung)
R.P.P. Retro-Pneumo-Péritoine (Retropneumoperitoneum)
R.P.T. Résistance Périphérique Totale (Peripherer Gesamtwiderstand)
R.S. RéticuloSarcome
R.S.P. Retard Staturo-Pondéral (Größenund Gewichtsrückstand)
R.S.S. Règime Sans Sel (Salzlose Diät)
R.S.S.S.S. Règime Sans Sel Sans Sucre (Salzund zukkerlose Diät)
R.S.V. Respiratory Syncytial Virus
R.T. Radiographie Thoracique (RöntgenThorax Rö-Thorax)
R.T.P. Radiographie Thoracique Pulmonaire (Röntgen-Thorax)
rubéfaction [f.] Rötung [f.]
rubéole [f.] Röteln [pl./f.], Rubeola [f.]
rudiment [m.] Rudiment [n.]
rudimentaire rudimentär
rumination [f.] mentale Grübelsucht [f.]
rupia [f.] Rupia [f.]
- **syphilitique** Rupia [f.] syphilitica

rupture [f.] Ruptur [f.], Riß [m.]
- **de l'aorte** Aortenruptur [f.]
- **de l'utérus** Uterusruptur [f.]
- **de la cornée** Keratorrhexis [f.]
- **de la rate** Milzruptur [f.]
- **du coeur** Herzruptur [f.]
- **du foie** Leberruptur [f.]
- **du follicule** Follikelsprung [m.]
- **du périnée** Dammbruchfraktur [f.]
- **du vagin** Scheidenriß [m.]

R.V.A. Résistances des Voies Aeriennes (Atemwegswiderstände)
R.V.M. Rhinite Vaso-Motrice (Vasomotorische Rhinitis)
R.V.R. Reflux Vésico-Rénal (Vesikorenaler Reflux)
R.V.U. Reflux Vésico-Urétéral (Vesikoureteraler Reflux)
R.X. Réticulose X
rythme [m.] Rhythmus [m.]
- **auriculo-ventriculair** AV-Knotenrhythmus [m.]
- **hétérotrope** heterotroper Rhythmus [m.]
- **nodal** Knotenrhythmus [m.]
- **sinusal** Sinusrhythmus [m.]
- **ventriculaire** Kammerrhythmus [m.]

rythmique rhythmisch

S

S.A. 1. Spondylarthrite Ankylosante (Spondylitis ankylosans SA), 2. Séquelles Algiques
S.A.2H Sérum Anti Alpha 2 Macroglobulines
S.A.B. Sérum Albumine Bovin
S.A.ß2H Sérum Anti Béta 2 Macroglobulines
sable [m.] urinaire Harngries [m.]
S.A.B.P. Scléro Atrophie Balano-Préputiale
saburral, ale (ex.: la langue) belegt (z.B. die Zunge)
saburre [f.] Saburra [f.]
sac [m.] lacrymal Tränensack [m.]
saccadé (un langage) abgehackte (Sprache)
saccharide [m.] Saccharid [n.]
saccharomycose [f.] Saccharomykose [f.]
saccharose [m.] Saccharose [f.]
saccule [m.] Sacculus [m.]
sacralisation [f.] Sakralisation [f.]
sacré, ée sakral
sacrum [m.] Sacrum [n.]
S.A.D. 1. Sérum Anti-Diphtérique (Diphterie-Serum), 2. Surchage Auriculaire Droite (Überlastung des rechten Vorhofs)
sadique sadistisch
sadisme [m.] Sadismus [m.]
sadomasochisme [m.] Sadomasochismus [m.]
S.A.G. Surcharge Auriculaire Gauche (Überlastung des linken Vorhofs)
sage-femme [f.] Hebamme [f.]
sagittal, ale sagittal
S.A.H. Sérum Albumine Humain (Humanes Serumalbumin)
S.A.H.N. Sérum Anti Humain Normal
S.A.H.P. Syndrome Articulaire des Hautes Pressions
saignant, ante blutend
saignée [f.] Aderlaß [m.]
saignement [m.] Blutung [f.]
saigner bluten
sain, saine gesund
S.A.L Sérum AntiLymphocytaire (Antilymphozytenserum)
sale schmutzig
salicylisme [m.] Salicylismus [m.]
salivaire Speichel-
salivation [f.] Salivatio [f.]
salive [f.] Speichel [m.]
salle [f.] Saal [m.], Zimmer [n.]
- **d'attente** Wartezimmer [n.]
- **de consultation** Sprechzimmer [n.]
- **de travail** Kreissaal [m.]
- **d'opérations** Operationssaal [m.]

salmonelle [f.] Salmonelle [f.]
salmonellose [f.] Salmonellose [f.]
salpingectomie [f.] Salpingektomie [f.]
salpingite [f.] Salpingitis [f.]
salpingographie [f.] Salpingographie [f.]
salpingolyse [f.] Salpingolyse [f.]

salpingo-oophorectomie [f.] Salpingo-Oophorektomie [f.]
salpingopexie [f.] Salpingopexie [f.]
salpingoplastie [f.] Salpingoplastik [f.]
salpingostomie [f.] Salpingostomie [f.]
salpingotomie [f.] Salpingotomie [f.]
saltatoire saltatorisch
salurétique saluretisch
salurétique [m.] Saluretikum [n.]
S.A.M.U. Service d'Aide Médicale Urgente
sang [m.] Blut [n.]
- **artériel** arterielles Blut [n.]
- **veineux** venöses Blut [n.]
sanglant, ante blutig
sanguin, uine Blut-
santé [f.] Gesundheit [f.]
SaO_2 Saturation du Sang Artériel en Oxygène (Sauerstoffsättigung)
saprogène saprogen
saprophyte [m.] Saprophyt [m.]
sarcoïde [m.] Sarkoid [n.]
sarcoïdose [f.] Sarkoidose [f.]
sarcomateux, euse sarkomatös
sarcomatose [f.] Sarkomatose [f.]
sarcome [m.] Sarkom [n.]
- **de Kaposi** Kaposisarkom [n.]
- **fusocellulaire** Spindelzellsarkom [n.]
- **gigantocellulaire** Riesenzellsarkom [n.]
- **rhabdomyoblastique** Rhabdomyoblastom [n.]
sarcoptose [f.] Skabies [f.]
S.A.T. Sérum Antitétanique (TetanusSerum)
satisfaction [f.] Befriedigung [f.]
saturation [f.] Sättigung [f.]
- **en oxygène** Sauerstoffsättigung [f.]
saturer sättigen
saturne [m.] Blei [n.]
saturnisme [m.] Bleivergiftung [f.], Saturnismus [m.]
satyriasis [m.] Satyriasis [f.]
sauriase [f.] Sauriasis [f.]
saute [f.] d'humeur Stimmungsschwankung [f.]
s.c. sous-cutané (subkutan s.c.)
scabies [f.] Skabies [f.]
scalénotomie [f.] Skalenotomie [f.]
scalpel [m.] Skalpell [n.]
scanner [m.] Computertommogramm [n.] (CT)
scanographie [f.] Computertomographie [f.]
scaphocéphalie [f.] Skaphozephalie [f.]
scapulaire Schulter-
scapulaire [m.] Scapula [f.]
scapulectomie [f.] Skapulektomie [f.]
scapulo-huméral, ale skapulohumeral
scapulopexie [f.] Skapulopexie [f.]
scarification [f.] Skarifizierung [f.]
scarlatine [f.] Scharlach [m.]
S.C.C. Syndrome du Canal Carpien (Karpaltunnelsyndrom)
S.C.E. Stimulateur Cardiaque Externe (Externer Herzschrittmacher HSM)
schéma [m.] Schema [n.]
schématique schematisch
schistosomiase [f.] Schistosomiasis [f.]
- **urinaire** Schistosomiasis [f.] urogenitalis
schizocyte [m.] Schizozyt [m.]
schizogonie [f.] Schizogonie [f.]
schizoïde schizoid
schizophasie [f.] Schizophasie [f.]
schizophrènie [f.] Bewußtseinsspaltung [f.], Schizophrenie [f.]
schizophrénique schizophren
schizothymie [f.] Schizothymie [f.]
schizotrichie [f.] Schizotrichie [f.]
schwannome [m.] Schwannom [n.]
S.C.I. Stimulateur Cardiaque Interne (Interner Herzschrittmacher HSM)
sciatalgie [f.] Ischialgie [f.]
sciatique [f.] Ischialgie [f.]
scintigraphie [f.] Szintigraphie [f.]
- **osseuse** Knochenszintigraphie [f.]
scintillation [f.] Szintillation [f.]
scléral, ale skleral
sclère [f.] Sklera [f.]
sclérectasie [f.] Sklerektasie [f.]
sclérectomie [f.] Sklerektomie [f.]
sclérème [m.] Sklerem [n.]
sclérenchyme [m.] Sklerenchym [n.]
scléreux, euse sklerös
sclérite [f.] Skleritis [f.]
scléroconjonctivite [f.] Sklerokonjuntivitis [f.]
sclérodactylie [f.] Sklerodaktylie [f.]
sclérodermie [f.] Sklerodermie [f.]
scléroedème [m.] Sklerödem [n.]
scléroirite [f.] Skleroiritis [f.]
sclérokératite [f.] Sklerokeratitis [f.]
sclérome [m.] Sklerom [n.]
scléroprotéine [f.] Skleroprotein [n.]
sclérose [f.] Sklerose [f.]
- **aortique** Aortensklerose [f.]
- **cérébellaire** Kleinhirnsklerose [f.]
- **cérébrale** Hirnsklerose [f.]
- **en plaques** multiple Sklerose [f.]
- **glomérulaire** Glomerulosklerose [f.]
- **latérale amyotrophique** Amyotrophische Lateralsklerose [f.]
- **mitrale** Mitralstenose [f.]
- **multiple** multiple Sklerose [f.]

- **tubéreuse** tuberöse Hirnsklerose [f.]
scléroser sklerosieren
sclérotique sklerotisch
sclérotique [f.] Sklera [f.]
sclérotome [m.] Sklerotom [n.]
sclérotomie [f.] Sklerotomie [f.]
scoliose [f.] Skoliose [f.]
scoliotique skoliotisch
scorbut [m.] Skorbut [m.]
scotome [m.] Skotom [n.]
- **annulaire** Ringskotom [n.]
- **central** zentrales Skotom [n.]
- **centrifuge** zentrifugales Skotom [n.]
- **centro-caecal** zentrozökales Skotom [n.]
- **insulaire** Inselskotom [n.]
- **paracentral** parazentrales Skotom [n.]
- **pour les couleurs** Farbenskotom [n.]
- **scintillant** Flimmerskotom [n.]
S.C.P. Syndrome Cervical Postérieur
S.C.P.A. Syndrome Cervical Postérieur Ascendant
S.C.P.D. Syndrome Cervical Postérieur Descendant
S.C.P.P.T. Syndrome Cervical Postérieur Post-Traumatique
scrofule [f.] Scrofula [f.]
scrofulide [m.] Skrofulid [n.]
scrofuloderme [m.] Skrofuloderm [n.]
scrotal, ale Hoden-, skrotal
scrotum [m.] Skrotum [n.]
scybales [pl./f.] Skybala [pl./n.]
S.D. Streptodornase
S.D.H. Sorbitol-Déshydrogénase (SorbitDehydrogenase S.D.H.)
S.D.H.A. Sulfate de DéHydroépiAndrosterone (Dehydroepiandrosteron-Sulfat DHEAS)
S.D.R. Syndrome de Détresse Respiratoire (Atemnotssyndrom)
S.D.R.A. Syndrome de Détresse Respiratoire de l'Adulte (Atemnotssyndrom des Erwachsenen)
séborrhée [f.] Seborrhoe [f.]
- **sèche** Pityriasis [f.] vulgaris
sécheresse [f.] Trockenheit [f.]
séclusion [f.] pupillaire Seclusio [f.] pupillae
secondaire sekundär
secondipare [f.] Zweitgebärende [f.]
sécréter absondern, ausscheiden, sezernieren
sécrétine [f.] Sekretin [n.]
sécrétion [f.] Sekretion [f.], Absonderung [f.], Ausscheidung [f.]
- **biliaire** Gallensekretion [f.]
- **gastrique** Magensekretion [f.]
- **lactée** Milchsekretion [f.]
- **lactée du nouveau-né** Hexenmilch [f.]
- **pancréatique** Pankreassekretion [f.]
- **rénale** Nierensekretion [f.]
- **salivaire** Speichelsekretion [f.]
- **sudorale** Schweißsekretion [f.]
sécrétoire sekretorisch
sédatif, ive sedativ
sédatif [m.] Sedativum [n.]
sédation [f.] Sedierung [f.]
sédentarité [f.] Bewegungsarmut [f.]
sédiment [m.] Sediment [n.]
- **urinaire** Harnsediment [n.], Urinsediment [n.]
sédimentation [f.] Sedimentation [f.]
- **du sang** Blutsenkung [f.]
segment [m.] Segment [n.]
- **médullaire** Rückenmarkssegment [n.]
- **ST** ST-Strecke [f.]
segmentation [f.] Segmentierung [f.]
sein [m.] Brust [f.], Mamma [f.]
séismesthésie [f.] Seismästhesie [f.]
sélectif, ive selektiv
sélection [f.] Selektion [f.]
selle [f.] turcique Sella [f.] turcica
selles [pl./f.] Stuhl [m.]
- **sanglantes** Blutstuhl [m.]
sémantique [m.] Semantik [f.]
séméiologie [f.] Semiologie [f.], Symptomatologie [f.]
semelle [f.] orthopédique orthopädische Einlage [f.]
séminome [m.] Seminom [n.]
sénescence [f.] Seneszenz [f.]
sénile senil
sénilisme [m.] Senilismus [m.]
sénilité [f.] Altersschwäche [f.], Senilität [f.]
sens [m.] Sinn [m.]
- **de l'équilibre** Gleichgewichtssinn [m.]
- **de position** Lagesinn [m.]
- **stéréognostique** Formenempfindung [f.]
- **viscéral** Viszeralempfinden [n.]
sensation [f.] Empfindung [f.], Gefühl [n.]
- **d'oppression** Druckgefühl [n.]
- **de plénitude** Völlegefühl [n.]
sensibilisation [f.] Sensibilisierung [f.]
sensibiliser sensibilisieren
sensibilité [f.] Empfindlichkeit [f.], Sensibilität [f.]
- **à la lumière** Lichtempfindlichkeit [f.]
- **douloureuse** Schmerzsinn [m.], Schmerzsensibilität [f.]
- **profonde** Tiefensensibilität [f.]
- **propioceptive** propiozeptive Sensibilität [f.]
- **protopathique** protopathische Sensibilität [f.]
- **vibratoire** Vibrationsempfinden [n.]

sensible empfindlich, sensibel
sentiment [m.] Empfindung [f.], Gefühl [n.]
- de culpabilité Schuldgefühl [n.]
sentir, ressentir empfinden
S.E.P. 1. Sclérose en plaque (Multiple Sklerose MS), 2. Syndrome ExtraPyramidal (Extrapyramidales Syndrom)
septal, ale septal
septicémie [f.] Blutvergiftung [f.], Sepsis [f.], Septikämie [f.]
septique septisch
septotomie [f.] Septotomie [f.]
septum [m.] Septum [n.]
séquelles [pl./f.] Folgen [pl./f.]
séquestration [f.] Sequestration [f.]
séquestre [m.] Sequester [n.]
séreuse [f.] Serosa [f.]
séreux, euse serös
séringue [f.] Spritze [f.]
séroagglutination [f.] Serumagglutination [f.]
séroculture [f.] Blutkultur [f.]
sérodiagnostic [m.] Serodiagnostik [f.]
sérologie [f.] Serologie [f.]
sérologique serologisch
sérologiste [m.] Serologe [m.]
séronégatif, ive seronegativ
sérophrophylaxie [f.] Serophrophylaxe [f.]
séropositif, ive seropositiv
séro-purulent, ente seropurulent
séroréaction [f.] Seroreaktion [f.]
sérosite [f.] Serositis [f.]
sérothérapie [f.] Serotherapie [f.]
sérotonine [f.] Serotonin [n.]
sérotoninergique serotoninerg
séro-vaccination [f.] Serovakzination [f.]
serpigineux, euse serpiginös
sérum [m.] Serum [n.]
- antilymphocytaire Antilymphozytenserum [n.]
- hyperimmun Hyperimmunserum [n.]
sérum-albumine [f.] Serumalbumin [n.]
sérumthérapie [f.] Serumtherapie [f.]
service [m.] d'aceuil Ambulanz [f.]
sessile sessil, ungestielt
seuil [m.] Schwelle [f.]
- auditif ou d'audition Hörschwelle [f.]
- de la conscience Bewußtseinsschwelle [f.]
- rénal Nierenschwelle [f.]
sevrage [m.] Absetzen [n.], Entwöhnung [f.]
sevrer entwöhnen
sexe [m.] Geschlecht [n.]
sexologie [f.] Sexologie [f.]
sexologue [m.] Sexologe [m.]
sexualité [f.] Sexualität [f.]
sexuel, elle sexual
S.F. 1. Signes Fonctionnels (Funktionelle Zeichen oder Symptome), 2. Séquelles Fonctionnelles (Funktionelle Ausfälle)
S.F.A. Souffrance Foetale Aiguë (Akute Plazentainsuffizienz)
S.F.C. Souffrance Foetale Chronique (Chronische Plazentainsuffizienz)
S.G. Signes Généraux (Allgemeinsymptome)
S.G.H. Sérum Glucosé Hypertonique
S.H. Sérum Hépatite (Serumhepatitis)
S.H.A.A. Serum Hepatitis Associated Antigen
S.H.B.D. Sarcome Histiocytaire Bien Différencié
shigellose [f.] Shigellose [f.]
S.H.P.D. Sarcome Histiocytaire Peu Différencié
S.H.U. Syndrome Hémolytique et Urémique (Hämolytisch-urämisches Syndrom)
shunt [m.] Shunt [m.]
S.I. Segment Inférieur
sialagogue [m.] Sialagogum [n.]
sialographie [f.] Sialographie [f.]
sialolithe [m.] Sialolith [m.]
sialorrhée [f.] Sialorrhoe [f.]
sialose [f.] Sialose [f.]
siamois, oise siamesisch
sibilance [f.] Giemen [n.], Pfeifen [n.], Sibilans [f.]
S.I.D.A. Syndrome Immuno-Déficitaire Acquis (Aquired Immundeficiency Syndrom AIDS)
sidération [f.] Sideration [f.]
sidérémie [f.] Siderämie [f.]
sidéropénie [f.] Sideropenie [f.]
sidérophiline [f.] Siderophilin [n.]
sidérose [f.] Siderose [f.]
S.I.D.P. Présentation Sacro-Iliaque Droite Postérieure
S.I.D.T. Présentation Sacro-Iliaque Droite Transverse
sifflement [m.] (auscultation) Pfeifen [n.] (Auskultation)
S.I.G.A. Présentation Sacro-Iliaque Gauche Antérieure
sigmatisme [m.] Sigmatismus [m.]
sigmoïde sigmoid
sigmoïde [m.] Sigmoid [n.], Sigma [n.]
sigmoïdectomie [f.] Sigmoidektomie [f.]
sigmoïdite [f.] Sigmoiditis [f.]
sigmoïdorectotomie [f.] Sigmoidorektotomie [f.]
sigmoïdoscopie [f.] Sigmoidoskopie [f.]
sigmoïdostomie [f.] Sigmoidostomie [f.]
signe [m.] Zeichen [n.], Symptom [n.]
- d'accompagnement Begleitsymptom [m.]
- d'Ortolani Ortolani-Zeichen [n.]
- de Babinski Babinskireflex [m.]

- **de Brudzinski** Brudzinski-Zeichen [n.]
- **de croisement** Kreuzungsphänomen [n.]
- **de Kernig** Kernig-Zeichen [n.]
- **de labaratoire** Laborzeichen [n.]
- **de la cuisse** Brudzinski-Zeichen [n.]
- **de la maturité** Reifezeichen [n.]
- **de l'éventail** Babinskizeichen [n.]
- **de Lasègue** Lasègue'sches Zeichen [n.]
- **de ressaut** Ortolani-Zeichen [n.]
- **de Romberg** Romberg-Zeichen [n.]
- **de tiroir** Schubladenzeichen [n.]
- **de Trendelenburg** Trendelenburg'sches Zeichen [n.]
- **inflammatoire** Entzündungszeichen [n.]

signes [pl./m.] fonctionnels funktionelle Symptome [pl./n.]
signes [pl./m.] généraux Allgemeinsymptome [pl./n.]
S.I.G.P. Présentation Sacro-Iliaque Gauche Postérieure
S.I.G.T. Présentation Sacro-Iliaque Gauche Transverse
silicone [f.] Silikon [n.]
silicose [f.] Silikose [f.]
silicotique silikotisch
silicotuberculose [f.] Silikotuberkulose [f.]
sillon [m.] Furche [f.], Spalte [f.], Sulcus [m.]
S.I.M. Syndrome InterMenstruel (Intermenstruelles Syndrom)
simultané, ée simultan
sinistrose [f.] Sinistrose [f.]
sinus [m.] Sinus [m.]

- **carotidien** Carotissinus [m.]
- **caverneux** Sinus [m.] cavernosus
- **coronaire** Koronarsinus [m.], Sinus [m.] coronarius
- **frontal** Sinus [m.] frontalis, Stirnhöhle [f.]
- **maxillaire** Sinus [m.] maxillaris, Kieferhöhle [f.]
- **sphénoïdal** Sinus [m.] sphenoidalis

sinusite [f.] Sinusitis [f.], Nasennebenhöhlenentzündung [f.]

- **frontale** Stirnhöhlenentzündung [f.]
- **maxillaire** Kieferhöhlenentzündung [f.]

sirop [m.] Sirup [m.]
sismothérapie [f.] Elektroschocktherapie [f.]
S.I.T.E. Syndrome d'Immunodépression T épidémique
sitophobie [f.] Sitophobie [f.]
situs [m.] Situs [m.]

- **inversus** Situs [m.] inversus

S.K. Streptokinase
skiascopie [f.] Skiaskopie [f.]
Sk.-Sd. Streptokinase-Streptodornase
S.L.A. Sclérose Latérale Amyotrophique (Amyotrophische Lateralsklerose ALS)
S.L.E. Système Lupus Erythémateux (Systemischer Lupus Erythematodes)
S.M. SplénoMégalie
smegma [m.] Smegma [n.]
S.M.S. Syndrome de Mort Subite (Plötzlicher Kindstod SIDS)
S.N. 1. Syndrome Néphrotique (Nephrotisches Syndrom), 2. Système Nerveux (Nervensystem NS)
S.N.A. Système Nerveux Autonome (Autonomes Nervensystem)
S.N.C. Système Nerveux Central (Zentralnervensystem ZNS)
S.N.P. 1. Système Nerveux Périphérique (Peripheres Nervensystem), 2. Système Nerveux Parasympathique (Parasympathisches Nervensystem)
S.N.S. Système Nerveux Sympathique (Sympathisches Nervensytem)
S.N.V. Système Nerveux Végétatif (Vegetatives Nervensytem VNS)
sociogenèse [f.] Soziogenese [f.]
sociologie [f.] Soziologie [f.]
sociologue [m.] Soziologe [m.]
sociothérapie [f.] Soziotherapie [f.]
sodium [m.] Natrium [n.]
sodomie [f.] Sodomie [f.]
soeur [f.] Schwester [f.]
soif [m.] Durst [m.]
soigner pflegen
soin [m.] Pflege [f.], Betreuung [f.]
premiers soins [pl./m.] Erste Hilfe [f.]
soins [pl./m.] intensifs Intensivpflege [f.]
S.O.L. Sommeil Ondes Lentes (Non Rapid Eye Movements-Schlaf)
solubilité [f.] Auflösbarkeit [f.], Löslichkeit [f.]
soluble (ex.: comprimé) löslich, auflösbar (z.B. Tablette)
solution [f.] Lösung [f.], Solutio [f.]

- **isotonique** isotonische Lösung [f.]
- **physiologique salée** physiologische Kochsalzlösung [f.]

somatique somatisch
somatisation [f.] Somatisierung [f.]
somatopsychose [f.] Organpsychose [f.]
somatostatine [f.] Somatostatin [n.]
somatotrope somatotrop
somatotrophine [f.] Somatotropin [n.]
sommation [f.] Summation [f.]
sommeil [m.] Schlaf [m.]

- **crépusculaire** Dämmerschlaf [m.]

somnambule somnambulent

somnambulisme [m.] Schlafwandeln [n.], Somnambulismus [m.]
somnifère [m.] Schlafmittel [m.], Somniferum [n.]
somnolence [f.] Somnolenz [f.], Schläfrigkeit [f.]
somnolent, ente somnolent, schläfrig
somnoler somnolieren
son [m.] Ton [m.], Klang [m.], Laut [m.]
- **aigu** hoher Ton [m.]
- **grave** tiefer Ton [m.]
- **tympanique** tympanitischer Klopfschall [m.]

sondage [m.] Katheterisierung [f.], Sondierung [f.]
sonde [f.] Sonde [f.], Katheter [m.]
- **à demeure** Verweilkatheter [m.]
- **gastrique** Magensonde [f.]

sonore sonor
sonorité [f.] Sonorität [f.]
S.O.R. Sommeil Ondes Rapides (Rapid Eye Movements-Schlaf)
sorbitol [m.] Sorbitol [n.]
sortie [f.] (d'un patient) Entlassung [f.] (eines Patienten)
souche [f.] bactérienne Bakterienstamm [m.]
souffle [m.] 1. Atemzug [m.], 2. Geräusch [n.]
- **amphorique (auscultation)** amphorischer Klang [m.] (Auskultation)
- **cardiaque** Herzgeräusch [n.]
- **fontionnel** funktionelles Geräusch [n.]
- **mitral** Mitralgeräusch [n.]
- **vasculaire** Gefäßgeräusch [n.]

souffrance [f.] Leiden [n.]
souffrir leiden
soulever (ex.: le bras, la jambe) anheben (z.B. den Arm, das Bein)
souple weich
souplesse [f.] Weichheit [f.]
source [f.] Quelle [f.]
- **de lumière** Lichtquelle [f.]
- **de radiation** Strahlenquelle [f.]

sourcil [m.] Augenbraue [f.]
sourd, sourde stumm
sourd-muet taubstumm
sourd-muet [m.], sourde-muette [f.] Taubstummer [m.], Taubstumme [f.]
sous-alimentation [f.] Unterernährung [f.]
sous-alimenter unterernähren
sous-arachnoïdien, ienne subarachnoidal
sous-capital, ale subkapital
sous-clavier, ère subklavikulär
sous-clavière [f.] Subclavia [f.]
sous-cortex [m.] Subkortex [m.]
sous-cortical, ale subkortikal
sous-costal, ale subkostal
sous-cutané, ée subkutan
sous-décalage [m.] du segment ST St-Strecken-Senkung [f.]
sous-dural, ale subdural
sous-glotte [f.] Subglottis [f.]
sous-jacent, ente untergeordnet
sous-maxillaire submandibulär
sous-occipital, ale subokzipital
sous-orbitaire suborbital
sous-scapulaire subskapulär
sous-trochantérien, ienne subtrochantär
souvenir, (se ... de) erinnern, (sich ... an)
S.P. 1. Surdité de Perception (Wahrnehmungsschwerhörigkeit), 2. Syndrome Pyramidal
S.P.A. Spondylarthrite Ankylosante (Spondylitis ankylosans SA)
spanioménorrhée [f.] Oligomenorrhoe [f.]
spasme [m.] Spasmus [m.], Krampf [m.]
- **clonique** klonischer Spasmus [m.]
- **du diaphragme** Zwerchfellkrampf [m.]
- **facial** Gesichtskrampf [m.]
- **myoclonique** Myoklonus [m.]
- **tonique** tonischer Spasmus [m.]
- **unilatéral** Halbseitenkrampf [m.]
- **vasculaire** Gefäßspasmus [m.]
- **vésical** Blasenkrampf [m.]

spasmodique krampfartig, spasmodisch
spasmogène spasmogen
spasmolyse [f.] Spasmolyse [f.]
spasmolytique spasmolytisch
spasmolytique [m.] Spasmolytikum [n.]
spasmophilie [f.] Spasmophilie [f.]
spasmophilique spasmophil
spasticité [f.] Spastizität [f.]
spastique spastisch
spatule [f.] Spatel [m.]
S.P.B. Syndrome Pseudo-Bulbaire
S.P.C. 1. Staphylococcie Cutanée (Kutane Staphylokokkeninfektion), 2. Shunt Porto-Cave (Portokavaler Shunt), 3. Syndrome Post Commotionnel (Post-Commotio-Syndrom)
S.P.C.A. Serum Prothrombin Conversion Accelerator
S.P.E. Sciatique Poplité Externe
spécialiste [m.] Spezialist [m.]
spécification [f.] Spezifizierung [f.]
spécifique spezifisch
- **du group** gruppenspezifisch

spécifité [f.] Spezifität [f.]
spectre [m.] Spektrum [n.]
- **d'action ou d'activité** Wirkungsspektrum [n.]

spectromètrie [f.] Spektrometrie [f.]
spectrophotomètre [m.] Spektrophotometer [m.]
spectrophotométrie [f.] Spektrophotometrie [f.]
spéculum [m.] Spekulum [n.]
spermatide [m.] Spermatid [n.]
spermatique Sperma-
spermatite [f.] Spermatitis [f.]
spermatocèle [f.] Spermatozele [f.]
spermatocystectomie [f.] Spermatozystektomie [f.]
spermatocyte [m.] Spermatozyt [m.]
spermatogenèse [f.] Spermatogenese [f.]
spermatogonie [f.] Spermatogonie [f.]
spermatogramme [m.] Spermatogramm [n.]
spermatorrhée [f.] Spermatorrhoe [f.]
spermatozoïde [m.] Spermatozoon [n.]
spermaturie [f.] Spermaturie [f.]
sperme [m.] Sperma [n.]
spermicide spermizid
spermiogenèse [f.] Spermiogenese [f.]
spermogramme [m.] Spermiogramm [n.]
sphénocéphalie [f.] Sphenozephalie [f.]
sphénoïdal, ale sphenoidal
sphénoïde [m.] Sphenoideus (os) [n.]
sphérocyte [m.] Sphärozyt [m.]
sphérocytose [f.] Sphärozytose [f.]
sphincter [m.] Sphinkter [m.]
sphinctérectomie [f.] Sphinkterektomie [f.]
sphinctérien, ienne Sphinkter-
sphinctéroplastie [f.] Sphinkterplastik [f.]
sphinctérospasme [m.] Sphinkterspasmus [m.]
sphinctérotomie [f.] Sphinkterotomie [f.]
sphingolipidose [f.] Sphingolipidose [f.]
sphingomyéline [f.] Sphingomyelin [n.]
sphygmocardiographie [f.] Sphygmokardiographie [f.]
sphygmogramme [m.] Sphygmogramm [m.]
S.P.I. Sciatique Poplité Interne
spina [m.] bifida Spina [f.] bifida
spinal, ale spinal
spinocellulaire spinozellulär
spirille [m.] Spirillum [n.]
spirillose [f.] Spirillose [f.]
spirochète [m.] Spirochäte [f.]
spirochétose [f.] Spirochätose [f.]
spiromètre [m.] Spirometer [n.]
spirométrie [f.] Spirometrie [f.]
splachnique splanchnicus
splanchnicectomie [f.] Splanchnektomie [f.]
splanchnoptôse [f.] Splachnoptose [f.]
splénectomie [f.] Milzextirpation [f.], Splenektomie [f.]
splénique Milz-
splénogramme [m.] Milzradiogramm [n.], Splenogramm [n.]
splénographie [f.] Lienographie [f.], Splenographie [f.]
spléno-hépatomégalie [f.] Splenohepatomegalie [f.]
splénomégalie [f.] Splenomegalie [f.]
splénopexie [f.] Splenopexie [f.]
splénoportographie [f.] Splenoportographie [f.]
S.P.M. Syndrome PréMenstruel (Prämenstruelles Syndrom)
spoliation [f.] sanguine Blutverlust [m.]
spondylarthrite [f.] Spondylarthritis [f.]
- ankylosante Spondyarthritis [f.] ankylopoetica
spondylarthrose [f.] Spondylarthrose [f.]
spondylite [f.] Spondylitis [f.]
- déformante Spondylosis [f.] deformans
spondylolisthésis [m.] Spondylolisthesis [f.]
spondylolyse [f.] Spondylolysis [f.]
spondylomalacie [f.] Spondylomalazie [f.]
spondylose [f.] Spondylose [f.]
spondylotomie [f.] Spondylotomie [f.]
spongieux, euse spongiös
sporadique sporadisch
spore [f.] Spore [f.]
sporotrichose [f.] Sporotrichose [f.]
sporulation [f.] Sporenbildung [f.]
S.P.P. 1. Syphilis Palmo Plantaire, 2. Staphylococcie Pleuro-Pulmonaire
sprue [f.] Sprue [f.]
S.P.T. Surdité Post-Traumatique (Posttraumatische Schwerhörigkeit)
spume [f.] (devant la bouche) Schaum [m.] (vor dem Mund)
squame [f.] Schuppe [f.], Squama [f.]
squameux, euse squamös
squelette [m.] Skelett [n.]
squirrheux, euse szirrhös
S.R. Sommeil Rapid
S.R.A. Système Rénine Angiotensine (Renin-Angiotensin-System RAS)
S.R.E. Système Réticulo-Endothélial (Retikuloendotheliales System RES)
S.R.H. Système Réticulo-Histiocytaire (Retikulohistiozytäres System RHS)
S.R.S.A. Slow Reacting Substance of Anaphylaxis
S.S. Sclérodermie Systémique (Progressive Systemische Sklerodermie PSS)
S.S.P. Soins de Santé Primaires
S.S.S. Stress Sénéscence Sénilité

S.T. Surdité de Transmission (Leitungsschwerhörigkeit)
stabilité [f.] Stabilität [f.]
stable stabil
stade [m.] Stadium [n.]
- **d'éruption** Ausbruchsstadium [n.]
- **initial** Anfangsstadium [n.]
stapédectomie [f.] Stapedektomie [f.]
staphylococcie [f.] Staphylokokkeninfektion [f.]
staphylocoque [m.] Staphylococcus [m.]
staphylolysine [f.] Staphylolysin [n.]
staphylome [m.] Staphylom [n.]
- **scléral** Sklerastaphylom [n.]
- **uvéal** Uvealstaphylom [n.]
staphyloplastie [f.] Staphyloplastik [f.]
stase [f.] Stase [f.]
- **biliaire** Gallenstauung [f.]
- **papillaire** Stauungspapille [f.]
- **rectale** Mastdarmstase [f.]
- **veineuse** Venenstauung [f.]
stasobasophobie [f.] Stasobasophobie [f.]
stationnaire stationär
stéarine [f.] Stearin [n.]
stéatome [m.] Steatom [n.]
stéatonécrose [f.] Fettnekrose [f.]
stéatorrhée [f.] Steatorrhoe [f.]
stéatose [f.] Steatosis [f.]
stellectomie [f.] Stellektomie [f.]
sténose [f.] Stenose [f.]
- **du pylore** Pylorusstenose [f.]
- **gastrique** Magenstenose [f.]
- **hypertrophique du pylore** hypertrophische Pylorusstenose [f.]
steppage [m.] Hahnentritt [m.]
stercobiline [f.] Sterkobilin [n.]
stercobilinogène [m.] Sterkobilinogen [n.]
stercoral, ale sterkoral
stéréoagnosie [f.] Stereoagnosie [f.]
stéréognosie [f.] Stereognosie [f.]
stéréoscope [m.] Stereoskop [n.]
stéréoscopie [f.] Stereoskopie [f.]
stéréotaxie [f.] Stereotaxie [f.]
stéréotaxique stereotaktisch
stéréotypie [f.] Stereotypie [f.]
stérile unfruchtbar, steril
stérilet [m.] Spirale [f.]
stérilisation [f.] Sterilisierung
stériliser sterilisieren, keimfrei machen
stérilité [f.] Sterilität [f.], Unfruchtbarkeit [f.]
sternal, ale sternal
sterno-cléido-mastoïdien [m.] Sternocleidomastoideus [m.]
sternotomie [f.] Sternotomie [f.]
sternum [m.] Brustbein [n.], Sternum [n.]
stéroïde [m.] Steroid [n.]
stéthoscope [m.] Stethoskop [n.]
S.T.H. Somarotrophic Hormone
S.T.H.G.H. Somatotrophic Hormone Growth Hormone
stibialisme [m.] Stibismus [m.]
stigmate [m.] Stigma [n.], Wundmal [n.]
stigmatisation [f.] Stigmatisation [f.]
stimulateur [m.] cardiaque Herzschrittmacher [m.]
stimulation [f.] Reizung [f.], Anregung [f.], Stimulation [f.]
stimuler stimulieren, anregen, reizen
stimulus [m.] Stimulus [m.], Reiz [m.]
stomatite [f.] Mundhöhlenentzündung [f.], Stomatitis [f.]
stomatologie [f.] Stomatologie [f.], Zahnkunde [f.]
stomatologue [m.] Stomatologe [m.]
stomatoplastie [f.] Stomatoplastik [f.]
stomie [f.] Stoma [n.]
strabisme [m.] Strabismus [m.]
- **convergent** Einwärtsschielen [n.]
- **divergent** Auswärtsschielen [n.]
strabotomie [f.] Strabotomie [f.]
strangulation [f.] Strangulation [f.]
strangurie [f.] Strangurie [f.], Harnzwang [m.]
stratification [f.] Schichtung [f.]
stratifié, ée geschichtet (z.B. Epithel)
stratifier schichten
stratigraphie [f.] Stratigraphie [f.]
streptococcémie [f.] Streptokokkämie [f.]
streptococcie [f.] Streptokokkeninfektion [f.]
streptocoque [m.] Streptococcus [m.]
- **hémolytique** Streptococcus [m.] haemolyticus
- **viridans** Streptococcus [m.] viridans
streptodornase [f.] Streptodornase [f.]
streptokinase [f.] Streptokinase [f.]
streptolysine [f.] Streptolysin [n.]
streptomycine [f.] Streptomycin [n.]
streptomycose [f.] Streptomykose [f.]
streptotrichose [f.] Streptotrichose [f.]
stress [m.] Stress [m.]
stricture [f.] Striktur [f.]
stridor [m.] Stridor [m.]
stridulation [f.] Stridor [m.]
striduleux, euse stridulös
strie [f.] Stria [f.]

stripping [m.] Stripping [n.]
stroma [m.] Stroma [n.]
strongyloïdose [f.] Strongyloidosis [f.]
strophantine [f.] Strophantin [n.]
strophulus [m.] Strophulus [m.]
structure [f.] Struktur [f.]
strumectomie [f.] Strumektomie [f.]
strumite [f.] Strumitis [f.]
strychnine [f.] Strychnin [n.]
stupeur [f.] Stupor [m.]
stuporeux, euse stuporös
styloïdite [f.] radiale Styloiditis [f.] radialis
subaigu, uë subakut
subconscience [f.] Unterbewußtsein [n.]
subconscient, ente unterbewußt
subfébrile subfebril
subictère [m.] Subikterus [m.]
sublimation [f.] Sublimierung [f.]
sublingual, ale sublingual
subluxation [f.] Subluxation [f.]
substance [f.] Substanz [f.]
- **médulaire du rein** Nierenmarksubstanz [f.]
- **blanche du cerveau** weiße Hirnsubstanz [f.]
- **grise du cerveau** graue Hirnsubstanz [f.]
- **réticulée** Substantia [f.] reticularis

spongieuse Spongiosa [f.]
substitution [f.] Substitution [f.]
substrat [m.] Substrat [n.]
subtotal, ale subtotal
suc [m.] gastrique Magensaft [m.]
sucre [m.] Zucker [m.]
- **de fruit** Fruchtzucker [m.]
- **de lait** Milchzucker [m.]

sudation [f.] Schwitzen [n.]
suer schwitzen
sueur [f.] Schweiß [m.]
avoir des sueurs Schweißausbrüche [pl./m.] haben
suffocation [f.] Ersticken [n.]
suffoquer ersticken
suggestibilité [f.] Suggestibilität [f.]
suggestion [f.] Suggestion [f.]
suicidant [m.] Selbsmörder [m.]
suicide [m.] Selbstmord [m.], Suizid [m.]
suicider (se ...) sich umbringen, Selbstmord begehen
sulfamide [m.] Sulfonamid [n.]
sulfhémoglobine [f.] Sulfhämoglobin [n.]
sulfhémoglobinémie [f.] Sulfhämoglobinämie [f.]
sulfure [m.] Schwefel [m.]
Sup. Suppositoire (Suppositorium)
superposer (radiographie) überlagern (Röntgenbild)
superposition [f.] Überlagerung [f.]
supinateur [m.] Supinator [m.]
supination [f.] Supination [f.]
supportable erträglich
supporter ertragen
suppositoire [m.] Suppositorium [n.], Zäpfchen [n.]
suppuration [f.] Eiterung [f.]
suppurer eitern
suprasellaire suprasellär
supraventriculaire supraventrikulär
suractivité [f.] Überfunktion [f.]
suralimentation [f.] Überernährung [f.]
suralimenter überernähren
surcharger überlasten
surdi-mutité [f.] Taubstummheit [f.]
surdistension [f.] Überdehnung [f.]
surdité [f.] Schwerhörigkeit [f.] , Surditas [f.], Taubheit [f.]
- **centrale** zentrale Schwerhörigkeit [f.]
- **corticale** kortikale Schwerhörigkeit [f.]
- **de perception** Wahrnehmungsschwerhörigkeit [f.]
- **de transmission** Leitungsschwerhörigkeit [f.]
- **mentale** Seelentaubheit [f.]
- **périphérique** periphere Schwerhörigkeit [f.]
- **rétrocochléaire** retrokochleäre Schwerhörigkeit [f.]

surdosage [m.] Überdosierung [f.]
surdose [f.] Überdosis [f.]
surélévation [f.] diaphragmtique Zwerchfellhochstand [m.]
surexitabilité [f.] Übererregbarkeit [f.]
surexitation [f.] Übererregung [f.]
surface [f.] Oberfläche [f.]
- **corporelle** Körperoberfläche [f.]

surinfection [f.] Superinfektion [f.]
surmenage [m.] Überarbeitung [f.]
sur-moi [m.] Über-ich [n.]
surpression [f.] Überdruck [m.]
surrénal, ale suprarenal
surrénale [f.] Nebenniere [f.]
surrénalectomie [f.] Nebennierenentfernung [f.], Suprarenalektomie [f.], Adrenalektomie [f.]
sursaturation [f.] Übersättigung [f.]
sursaturer übersättigen
susceptible empfindlich , verletzbar
susceptibilité [f.] Empfindlichkeit [f.]
sus-décalage [m.] du segment ST ST-Strecken-Hebung [f.]
sus-hilaire suprahilär
sus-jacent, ente übergeordnet
sus-sternal, ale suprasternal
sus-tentoriel, elle supratentoriel
suspension [f.] Suspension [f.]

suture [f.] Naht [f.], Sutura [f.]
- **à points séparés** Knopfnaht [f.]
- **aponévrotique** Faszien-naht [f.]
- **circulaire** Umstechung [f.]
- **continue** fortlaufende Naht [f.]
- **intradermique** Intrakutannaht [f.]
- **vasculaire** Gefäßnaht [f.]

suturer nähen
S.V.D. Surcharge Ventriculaire Droite (Rechtsventrikulärer Überlastung)
S.V.G. Surcharge Ventriculaire Gauche (Linksventrikuläre Überlastung)
S.V.M. Syndrome Ventilatoire Mixte (Gemischtes Atemwegssyndrom)
S.V.O. Syndrome Ventilaroire Obstructif (Obstruktives Atemwegssyndrom)
S.V.R. Syndrome Ventilatoire Restrictif (Restriktives Atemwegssyndrom)
S.W.K. Sturge-Weber-Krabbe
sycosis [m.] simple Sycosis [f.] vulgaris
sycosis [m.] lupoïde Ulerythema [n.] sycosiforme
symbiose [f.] Symbiose [f.]
symblépharon [m.] Symblepharon [n.]
symétrie [f.] Symmetrie [f.]
sympathalgie [f.] Sympathalgie [f.]
sympathectomie [f.] Sympathektomie [f.]
sympathicolytique sympatholytisch
sympathicolytique [m.] Sympatholytikum [n.]
sympathicomimétique sympathomimetisch
sympathicomimétique [m.] Sympathomimetikum [n.]
sympathicotomie [f.] Sympathikotomie [f.]
sympathicotrope sympathikotrop
sympathie [f.] Sympathie [f.]
sympathique sympathisch
sympathique [m.] Sympathikus [m.]
sympathoblastome [m.] Sympahtoblastom [n.]
sympatholytique [m.] Sympatholytikum [n.]
sympathomimétique [m.] Sympathomimetikum [n.]
symphyse [f.] Symphyse [f.]
symphyséotomie [f.] Symphyseotomie [f.]
symptomatique symptomatisch
symptôme [m.] Symptom [n.]
synalgie [f.] Synalgie [f.]
synapse [f.] Synapse [f.]
synarthrose [f.] Synarthrose [f.]
synchondrose [f.] Synchondrosis [f.]
synchonrotomie [f.] Synchondrotomie [f.]
synchrone synchron
synchronisation [f.] Synchronisierung [f.]
synchronisme [m.] Synchronismus [m.]
synchysis [m.] Synchisis [f.]
syncinésie [f.] Synkinese [f.]
syncope [f.] Synkope [f.]
syncosis [f.] trichophytique parasitäre Bartfinne [f.]
syndactylie [f.] Syndaktylie [f.]
syndesmite [f.] Syndesmitis [f.]
syndesmophyte [m.] Syndesmophyt [m.]
syndesmose [f.] Syndesmosis [f.]
syndesmotomie [f.] Syndesmotomie [f.]
syndrome [m.] Syndrom [n.]
- **d'écrasement** Crushsyndrom [n.]
- **de Adam-Stokes** Adam-Stokes-Anfall [m.]
- **de chasse** Dumping-Syndrom [n.]
- **de Claude Bernard Horner** Horner-Syndrom [n.]
- **de Cushing** Cushing-Syndrom [n.]
- **de Down** Down-Syndrom [n.]
- **de Fanconi** Fanconi-Syndrom [n.]
- **de Kanner** Kanner-Syndrom [n.]
- **de malabsorption** Malabsorptionssyndrom [n.]
- **de séparation maternelle** Mutterentzugssyndrom [n.]
- **de Sjögren** Sjögren-Syndrom [n.]
- **de Turner** Turner-Syndrom [n.]
- **du canal carpien** Karpaltunnelsyndrom [n.]
- **du sinus carotidien** Karotissinussyndrom [n.]
- **du tunnel carpien** Karpaltunnelsyndrom [n.]
- **du tunnel tarsien** Tarsaltunnelsyndrom [n.]
- **épaule-main** Schulter-Hand-Syndrom [n.]
- **extrapyramidal** Extrapyramidales Syndrom [n.]
- **méningé** meningitisches Syndrom [n.]
- **néphrotique** nephrotisches Syndrom [n.]
- **prémenstruel** prämenstruelles Syndrom [n.]
- **radiculaire** Wurzelsyndrom [n.]
- **transitionnel** Durchgangssyndrom [n.]
- **vaso-vagal** Vasovagal-Syndrom [n.]
- **de préexitation** Präexitationssyndrom [n.]
- **du vol de la sous-clavière** Subclavian-Steal-Syndrom [n.]
- **immuno déficitaire acquis** Aquired Immune Deficency Syndrome [n.]

synéchie [f.] Synechie [f.]
synergie [f.] Synergie [f.]
synesthésie [f.] Synästhesie [f.]
synorchidie [f.] Synorchidie [f.]
synostose [f.] Synostose [f.]
synovectomie [f.] Synovektomie [f.]
synovial, ale synovial
synovialome [m.] Synovialom [n.]
synovie [f.] Synovia [f.]

synovite [f.] Synovitis [f.]
synthèse [f.] Synthese [f.]
synthétase [f.] Synthetase [f.]
syphilide [f.] Syphilid [n.]
- **annulaire** ringförmiges Syphilid [n.]
- **pustuleuse** pustulöses Syphilid [n.]
- **nodulaire** Knötchensyphilid [n.]
syphilis [f.] Syphilis [f.]
- **herpétiforme** Syphilis [f.] herpetiformis
syphilitique syphilitisch
syringobulbie [f.] Syringobulbie [f.]
syringokystome [m.] Syringozystom [n.]
syringomyélie [f.] Syringomyelie [f.]
syringomyélite [f.] Syringomyelitis [f.]
systématisation [f.] Systematisation [f.]
système [m.] System [n.]
- **cardiovasculaire** kardiovaskuläres System [n.]
- **digestif** Magen-Darm-Trakt [m.]
- **extrapyramidal** extrapyramidales System [n.]
- **génital** Genitaltrakt [m.]
- **lymphatique** Lymphsystem [n.]
- **nerveux** Nervensystem [n.]
- **nerveux autonome** autonomes Nervensystem [n.]
- **nerveux central** Zentralnervensystem [n.]
- **nerveux parasympathique** parasympathisches Nervensystem [n.]
- **nerveux périphérique** peripheres Nervensystem [n.]
- **nerveux sympathique** sympathisches Nervensystem [n.]
- **nerveux végétatif** vegetatives Nervensystem [n.]
- **pileux** Haarwuchs [m.], Behaarung [f.]
- **rénine-angiotensine** Renin-Angiotensin-System [n.]
- **respiratoire** Respirationstrakt [m.]
- **réticulo-endothélial** retikuloendotheliales System [n.]
- **réticulo-histiocytaire** retikulohistiozytäres System [n.]
systémique systemisch
systole [f.] Systole [f.]
systolique systolisch

T

T. 1. Tumeur (Tumor T), 2. Tétanos (Tetanus T), 3. Température (Temperatur T)
T.1/2 Temps de demi-vie (Halbwertszeit T 1/2)
T 3 Triiodothyronine (Trijodthyronin T 3)
T 4 Tétra-Iodothyronine (TertrajodThyronin T 4)
T.A.A. Tumor Associated Antigen
Tab. Tablette
tabac [m.] Tabak [m.]
tabagisme [m.] Tabakvergiftung [f.]
tabatière [f.] Tabatière [f.]
tabès [m.] dorsal Tabes [m.] dorsalis
tabique tabisch
table [f.] externe Tabula [f.] externa
table [f.] interne Tabula [f.] interna
table [f.] opératoire Operationstisch [m.]
tableau [m.] clinique klinisches Bild [n.]
tablette [f.] Tablette [f.]
tache [f.] Fleck [m.]
- **aveugle** blinde Fleck [m.]
- **café au lait** Café-au-lait-Fleck [m.]
- **jaune** Macula [f.] lutea
- **mongolique** Mongolenfleck [m.]
- **rouge cerise de la rétine** kirschrote Fleck [m.]
- **hépatique** Leberfleck [m.]

taches [pl./f.] bleues Maculae [f.] caeruleae
taches [pl./f.] de Koplik Koplik'sche Flecken [pl./m.]
taches [pl./f.] de Tardieu Tardieusche Flecken [pl./m.]
tachyarythmie [f.] Tachyarrhythmie [f.]
tachycardie [f.] Tachykardie [f.]
- **auriculaire** Vorhoftachykardie [f.]
- **auriculaire paroxystique** paroxysmale Vorhoftachykardie [f.]
- **paroxystique** paroxysmale Tachykardie [f.]
- **sinusale** Sinustachykardie [f.]
- **ventriculaire** Kammertachykardie [f.]

tachycinésie [f.] Tachykinese [f.]
tachylalie [f.] Tachylalie [f.]
tachyphagie [f.] Tachyphagie [f.]
tachyphasie [f.] Tachyphasie [f.]
tachyphrasie [f.] Tachyphrasie [f.]
tachyphylaxie [f.] Tachyphylaxie [f.]
tachypnée [f.] Tachypnoe [f.]
tachypsychie [f.] Tachypsychie [f.]
tachysystolie [f.] Tachysystolie [f.]
T.A.C.R. Tension de l'Artère Centrale de la Rétine (Druck in der Arteria centralis retinae)
tact [m.] Tastsinn [m.]
tactile taktil
T.A.D. Tension Artérielle Diastolique (Diastolischer Blutdruck RR diast.)
taeniase [f.] Taeniasis [f.]
taille [f.] Körpergröße [f.], Größe [f.]
talalgie [f.] Talalgie [f.]
talon [m.] Ferse [f.]
talon-genou (épreuve) [m.] Knie-Hacke-Versuch [m.]
tampon [m.] Tampon [m.], Tupfer [m.]
tamponnade [f.] Tamponade [f.]
tamponnement [m.] Tamponierung [f.]
tamponner (une plaie) betupfen (eine Wunde), tamponieren
T.A.P. Tachycardie Auriculaire Paroxystique (Paroxysmale Vorhoftachykardie)
tapétorétinien, ienne tapeto-retinal
T.A.R. Tension Artérielle Rétinienne
tarantisme [m.] Tarantismus [m.]
tardif, ive Spät-
tare [f.] angeborenes Gebrechen [n.]
tarsalgie [f.] Tarsalgie [f.]
tarse [m.] Tarsus [m.]
tarsectomie [f.] Tarsektomie [f.]
tarsien, ienne tarsal
tarsite [f.] Tarsitis [f.]
tarsoplastie [f.] Tarsoplastik [f.]
tarsotomie [f.] Tarsotomie [f.]
tartre [m.] dentaire Zahnstein [m.]
T.A.S. Tension Artérielle Systolique (Systolischer Blutdruck RR syst.)
T.A.T. Tetanus Anti Toxin
TATA Tumor Associated Transplantation Antigen
taux [m.] de prothrombine Thromboplastinzeit [f.]
T.B. Tumeur Bénigne
Tb Tuberculose
T.B.A. Thyroxin Binding Albumin
Tb.C. Tuberculose Cutanée
T.B.G. 1. Thyroxin Binding Globulin, 2. Thyrotropin Binding Globulin, 3. Test Biologique de Grossesse (Schwangerschaftstest)
T.B.S. Tumeur Bénigne du Sein (Gutartiger Brusttumor)
Tc Technétium (Technetium Tc)
T.C. 1. Temps de Coagulation (Gerinnungszeit GZ), 2. Traumatisme Crânien (Schädelhirntrauma SHT), 3. Test Cutané (Hauttest), 4. Tomodensitométrie (Computertomographie CT)
T.C.C. Traumatisme Crânio-Cérébral (Schädelhirntrauma SHT)
T.C.E. Traumatisme Crânio-Encéphalique (Schädelhirntrauma)
T.C.G.V. Transposition Complète des Gros Vaisseaux (Transposition der großen Gefäße TGA)

T.C.L. Taches Café au Lait (Café-au-lait Flecken)
T.C.M.H. Teneur Corpusculaire moyenne en Hémoglobine (Mittlerer Korpuskulärer Hämoglogingehalt MCHC)
T.C.P. Temps de Coagulation Plasmatique (Plasma-Thrombin-Gerinnungszeit TZ)
T.C.P.M. Temps de Circulation Pulmonaire Maximum (Maximale Lungendurchblutungszeit)
T.C.T. 1. Télé Cobalt Thérapie, 2. Thyrocalcitonine (Thyreokalzitonin)
T.D. Toxine Diphtérique (Diphtherietoxin)
T.D.M. TomoDensitoMétrie (Computertomographie CT)
Te.B.G. Testosterone oestradiol Binding Globulin
technétium [m.] Technetium [n.]
technique [f.] du double contraste Doppelkontrastverfahren [n.]
T.E.G. ThromboElastoGramme (Thrombelastogramm TEG)
tégument [m.] Tegmen [n.]
teigne [f.] Flechte [f.], Tinea [f.]
- **faveuse** Dermatomycosis [f.] favosa
- **favique** Grindflechte [f.]
- **trichophytique** Trichophytie [f.]
- **du cuir chevelu** Kopfflechte [f.]

teinture [f.] Tinktur [f.]
- **d'iode** Jodtinktur [f.]

télangiectasie [f.] Teleangiektasie [f.]
télécobaltothérapie [f.] Telekobalttherapie [f.]
télédiastolique enddiastolisch
télencéphale [m.] Telenzephalon [n.]
téléradiothérapie [f.] Tele-(Strahlen-)Therapie [f.]
télésystolique endsystolisch
télophase [f.] Telophase [f.]
tempe [f.] Schläfe [f.]
température [f.] Temperatur [f.]
- **basale** Basaltemperatur [f.]
- **corporelle** Körpertemperatur [f.]
- **rectale** Rektaltemperatur [f.]

temporal, ale temporal
temporo-facial, ale temporofaszial
temporo-mandibulaire temporomandibulär
temporo-maxillaire temporomaxillär
temporo-pariétal, ale temporoparietal
temps [m.] Zeit [f.]
- **de coagulation** Blutgerinnungszeit [f.], Koagulationszeit [f.]
- **de latence** Latenzzeit [f.]
- **de prothrombine** Prothrombinzeit [f.]
- **de Quick** Quick-Zeit [f.]
- **de réaction** Reaktionszeit [f.]
- **de recalcification** Rekalzifizierungszeit [f.]
- **de saignement** Blutungszeit [f.]

ténalgie [f.] Sehnenschmerz [m.], Tenalgie [f.]
tendineux, euse Sehnen-
tendinite [f.] Tendinitis [f.]
tendon [m.] Sehne [f.], Tendo [m.]
- **d'Achille** Achillessehne [f.]
- **rotulien** Patellarsehne [f.]

ténectomie [f.] Tendektomie [f.]
ténesme [m.] Tenesmus [m.]
teneur [f.] (en) Gehalt [m.] (an)
- **en protides** Eiweißgehalt [m.]
- **globulaire moyenne en hémoglobine** Mittlerer korpuskulärer Hämoglobingehalt [m.]

ténia [m.], taenia [m.] Taenia [f.]
ténifuge [m.] Taenifuga [n.]
téno-synovite [f.] Tenosynovitis [f.]
ténodèse [f.] Tenodese [f.]
ténolyse [f.] Tendolyse [f.]
ténonite [f.] Tenonitis [f.]
ténopexie [f.] Tenopexie [f.]
ténoplastie [f.] Sehnenplastik [f.], Tendoplastik [f.]
ténorraphie [f.] Tenorraphie [f.]
ténosite [f.] Sehnenentzündung [f.]
ténosynovite [f.] Sehnenscheidenentzündung [f.]
ténotomie [f.] Tenotomie [f.]
ténovaginite [f.] Tendovaginitis [f.]
tenseur [m.] Tensor [m.]
tensiomètre [m.] Tensiometer [n.]
tension [f.] Druck [m.]
- **artérielle** Blutdruck [m.]
- **intracrânienne** Schädelinnendruck [m.]

tensionnel, elle Druck-
tentative [f.] de suicide Selbstmordversuch [m.]
tente [f.] à oxygène Sauerstoffzelt [n.]
tente [f.] de l'hypophyse Hypophysendach [n.]
tente [f.] du cervelet Tentorium [n.] cerebelli, Kleinhirnzelt [n.]
tératisme [m.] Terata [n.]
tératogène teratogen
tératogenèse [f.] Teratogenese [f.]
tératologie [f.] Teratologie [f.]
tératologique teratologisch
tératome [m.] Teratom [n.]
tératospermie [f.] Teratospermie [f.]
tératozoospermie [f.] Teratozoospermie [f.]
térébrant, ante (douleur) bohrend (Schmerz), terebrans (Ulcus)
terminal, ale terminal
terminologie [f.] Terminologie [f.]
tertiaire tertiär
test [m.] Test [m.]
- **APGAR** APGAR-Index [m.]
- **au xylose** Xylose-Belastungstest [m.]

- **biologique de grossesse** Schwangerschaftstest [m.]
- **cutané** Hauttest [m.]
- **de mémoire** Gedächtnisprüfung [f.]
- **de Nelson** Nelson-Test [m.]
- **de posture** Lagerungstest [m.]
- **de provocation** Provokationstest [m.]
- **de Rorschach** Rorschach-Test [m.]
- **de Sabin-Feldman** Sabin-Feldman-Test [m.]
- **de tolérance au glucose** Glukose-Belastungstest [m.]
- **épicutané** Epikutantest [m.]
- **post-coïtal** Postkoitaltest [m.]
- **psychologique** psychologischer Test [m.]
- **de MacLagan** Thymoltest [m.]
- **d'immobilisation des tréponèmes [m.]** Treponema-Immobilisationstest
- **de transformation lymphoblastique[m.]** Lymphozytentransformationstest

tester testen
testiculaire Hoden-
testicule [m.] Hoden [m.], Testis [m.]
- **ectopique** Bauchhoden [m.]

testostérone [f.] Testosteron [n.]
tétanie [f.] Tetanie [f.]
- **hyperpnéique** Hyperventilationstetanie [f.]
- **parathyréoprive** Tetania [f.] parathyreopriva

tétanique tetanisch
tétanisation [f.] Tetanisierung [f.]
tétanos [m.] Tetanus [m.]
tête [f.] Kopf [m.]
- **du femur** Oberschenkelkopf [m.]
- **du pancréas** Pankreaskopf [m.]
- **du radius** Radiuskopf [m.]

tétin [m.] Brustwarze [f.]
tétracycline [f.] Tetracyclin [n.]
tétrade [f.] de Fallot Fallotsche Tetralogie [f.]
tétraiodothyronine [f.] Tetrajodthyronin [n.]
tétranopsie [f.] Quadrantenanopsie [f.]
tétraplégie [f.] Tetraplegie [f.]
tétraplégique tetraplegisch
tétraploïdie [f.] Tetrapoidie [f.]
T.F.M. Transfusion Foeto-Maternelle (Feto-Maternelle Transfusion)
T.G. Toxémie Gravidique (Schwangerschaftsgestose)
T.G.D. Transit Gastro-Duodénal (MagenDarm-Passage MDP)
T.G.I. Troubles Gastro-Intestinaux (Magen-Darm-Beschwerden)
T.G.M.H. Teneur Globulaire Moyenne en Hémoglobine (Mittlere Hämoglobinkonzentration der Einzelerythrozyten MCHC)
T.G.O. Transaminase Glutamique-Oxaloacétique (Glutamat-Oxalacetat-Transaminase GOT)
T.G.P. Transaminase Glutamique Pyruvique (Glutamat-Pyruvat-Transaminase GPT)
T.G.V. Transposition des Gros Vaisseaux (Transposition der großen Gefäße TGA)
T.H. Temps de Howell
thalamique thalamisch
thalamus [m.] Thalamus [m.]
thalassémie [f.] Thalassämie [f.]
thalassothérapie [f.] Thalassotherapie [f.]
thallium [m.] Thallium [n.]
thanatologie [f.] Thanatologie [f.]
thanatophobie [f.] Thanatophobie [f.]
T.H.E. TétraHydrocortisone
thécome [m.] Thekom [n.]
thélalgie [f.] Thelalgie [f.]
thélite [f.] Thelitis [f.]
thélorragie [f.] Thelorrhagie [f.]
théophylline [f.] Theophyllin [n.]
thèque [f.] Theca [f.]
thérapeute [m.] Therapeut [m.]
thérapeutique therapeutisch
thérapeutique [m.] Therapie [f.]
thérapie [f.] Therapie [f.]
- **de choc** Schocktherapie [f.]
- **martiale** Eisentherapie [f.]

thermal, ale thermal
thermanalgésie [f.] Thermanästhesie [f.]
thermique thermisch
thermoanesthésie [f.] Thermanästhesie [f.]
thermocautère [m.] Thermokauter [m.]
thermocautérisation [f.] Thermokauterisation [f.]
thermocoagulation [f.] Thermokoagulation [f.]
thermogène thermogen
thermographie [f.] Thermographie [f.]
thermolabile thermolabil
thermomètre [m.] Thermometer [n.]
thermophile thermophil
thermorécepteur [m.] Thermorezeptor [m.]
thermorégulation [f.] Thermoregulation [f.]
thermorésistant, ante thermoresistent
thermothérapie [f.] Thermotherapie [f.]
thésaurismose [f.] Thesaurismose [f.]
thèse [f.] de doctorat Doktorarbeit [f.]
T.H.F. TétraHydrocortisol
Th.G. ThyroGlobuline
thiamine [f.] Thiamin [n.]
thoracique thorakal
thoracocentèse [f.] Thorakozentese [f.]
thoracoplastie [f.] Thorakoplastik [f.]
thoracotomie [f.] Thorakotomie [f.]

thorax [m.] Brustkorb [m.], Thorax [m.]
- en carène Hühnerbrust [f.], Kielbrust [f.]
- en entonnoir Fassthorax [m.]
thrombangéite [f.] oblitérante Thrombangiitis [f.] obliterans
thrombasthénie [f.] Thrombasthenie [f.]
thrombectomie [f.] Thrombektomie [f.]
thrombine [f.] Thrombin [n.]
thrombocytaire thrombozytär
thrombocyte [m.] Thrombozyt [m.]
thrombocytémie [f.] Thrombozytämie [f.]
thrombocytopénie [f.] idiopathique idiopathische Thrombozytopenie [f.]
thrombocytose [f.] Thrombozytose [f.]
thromboélastogramme [m.] Thromboelastogramm [n.]
thromboélastographie [f.] Thromboelastographie [f.]
thrombo-embolie [f.] Thromboembolie [f.]
thrombo-embolique thromboembolisch
thrombogenèse [f.] Thrombenbildung [f.]
thrombokinase [f.] Thrombokinase [f.]
thrombolyse [f.] Thrombolyse [f.]
thrombolytique thrombolytisch
thrombopathie [f.] Thrombopathie [f.]
thrombopénie Thrombopenie [f.]
thrombophilie [f.] Thrombophilie [f.]
thromboplastine [f.] Thromboplastin [n.]
thromboplébite [f.] Thrombophlebitis [f.]
thrombopoïèse [f.] Thrombopoese [f.]
thrombose [f.] Thrombose [f.]
- veineuse rénale Nierenvenenthrombose [f.]
thrombotest [m.] Thrombotest [m.]
thrombotique thrombotisch
thrombus [m.] Thrombus [m.]
thymectomie [f.] Thymektomie [f.]
thymine [f.] Thymin [n.]
thymoanaleptique Thymoanaleptikum [n.]
thymoanaleptique thymoanaleptisch
thymol-test [m.] Thymoltest [m.]
thymoleptique thymoleptisch
thymoleptique [m.] Thymoleptikum [n.]
thymome [m.] Thymom [n.]
thymopathie [f.] Thymopathie [f.]
thymus [m.] Thymus [m.]
thyphoïde typhoid
thyréoglobuline [f.] Thyreoglobulin [n.]
thyréostatique thyreostatisch
thyréostatique [m.] Thyreostatikum [n.]
thyréotoxicose [f.] Thyreotoxikose [f.]
thyréotoxique thyreotoxisch
thyréotrope thyreotrop
thyrocalcitonine [f.] Thyreokalzitonin [n.]
thyroïde [f.] Schilddrüse [f.], Thyreoidea [f.]
thyroïdectomie [f.] Thyreoidektomie [f.]
thyroïdite [f.] Thyreoiditis [f.]
thyronine [f.] Thyronin [n.]
thyrotomie [f.] Thyreotomie [f.]
thyrotrophine [f.] Thyreotropin [n.]
thyroxine [f.] Thyroxin [n.]
tibia [m.] Tibia [f.]
tibio-tarsien, ienne tibiotarsal
tic [m.] Tic [m.]
- de Salaam Blitznickkrampf [m.]
T.I.I. Toxi Infection Intestinale
tique [f.] Zecke [f.]
tirage [m.] (dans les membres) Ziehen [n.] (in den Gliedern)
tirage [m.] respiratoire respiratorische Einziehung [f.]
tirage [m.] sous-sternal substernale Einziehung [f.]
tirage [m.] sus-sternal suprasternale Einziehung [f.]
tiraillement [m.] (dans les membres) Reißen [n.] (in den Gliedern)
tiroir [m.] antérieur vordere Schublade [f.]
tiroir [m.] postérieur hintere Schublade [f.]
tissu [m.] Gewebe [n.]
- adipeux Fettgewebe [n.]
- cellulaire Zellgewebe [n.]
- cicatriciel Narbengewebe [n.]
- conjonctif Bindegwebe [n.]
- de granulation Granulationsgewebe [n.]
- de soutien Stützgewebe [f.]
- mou Weichteil [n.]
- nerveux Nervengewebe [n.]
- osseux Knochengewebe [n.]
- réticulo-endothélial retikuloendotheliale Gewebe [n.]
- sous-cutané Subkutangewebe [n.]
T.I.T. Test d'Immobilisation des Tréponèmes (Treponema pallidum-Immobilisations-Test TPI)
titillation [f.] Kitzelgefühl [n.]
titillement [m.] Kitzeln [n.]
titiller kitzeln
titillomanie [f.] Titillomanie [f.]
titrage [m.] Titration [f.]
titre [m.] Titer [m.]
titubation [f.] Schwanken [n.]
tituber schwanken, taumeln
T.M. Tumeur Maligne
T.M.A. Test de Mémoire Antérograde

T.M.L Test de Migration Leucocytaire (Makrophagen-Elektrophorese-Mobilitäts-Test MEM)
T.M.R. Test de Mémoire Rétrograde
T.M.S. Tumeur Maligne du Sein (Bösartiger Brusttumor)
T.N. Taux Normal (Normalwert)
T.N.A. Tubulo-Néphrite Aiguë (Akute Tubulonephritis)
T.N.C. Tubulo-Néphrite Chronique (Chronische Tubulonephritis)
T.N.M. Tumor Nodes Metastases
tococardiographie [f.] Kardiotokographie [f.]
tocographie [f.] Tokographie [f.]
tocolyse [f.] Tokolyse [f.]
tocophérol [m.] Tocopherol [n.]
tolérance [f.] Toleranz [f.]
- à un remède Arzneimitteltoleranz [f.]
tolérer tolerieren
tomber fallen, stürzen
tomodensiométrie [f.] Tomodensiometrie [f.]
tomodensitométrie [f.] Computertomographie [f.]
tomographie [f.] Tomographie [f.]
tomométrie [f.] Tomometrie [f.]
tonicardiaque tonotrop
tonicité [f.] Spannkraft [f.], Tonizität [f.]
tonico-clonique tonisch-klonisch
tonique tonisch
tonographie [f.] Tonographie [f.]
tonomètre [m.] Tonometer [n.]
tonométrie Druckmessung [f.], Tonometrie [f.]
tonus [m.] Tonus [m.]
- musculaire Muskeltonus [m.]
tophus [m.] Tophus [m.]
topique topisch
topographie [f.] Topographie [f.]
topographique topographisch
torpeur [f.] Erstarrung [f.] (Körperhaltung), Stumpfheit [f.], Torpor [m.]
torsion [f.] Torsion [f.], Verdrehung [f.]
- de la trompe Tubentorsion [f.]
- testiculaire Hodentorsion [f.]
torticolis [m.] Torticollis [m.]
- spasmodique Torticollis [m.] spasticus
tortiller winden
tortueux, se (ex.: vaisseau) geschlängelt (z.B. Gefäß)
totémisme [m.] Totemismus [m.]
totipotent, ente omnipotent
toucher anfassen
toucher [m.] rectal Rektaluntersuchung [f.]
toucher [m.] vaginal Vaginaluntersuchung [f.]
tourner drehen
tourniole [f.] périungéale Nagelumlauf [m.]
tourniquet [m.] Stauschlauch [m.]
tousser husten
toussotement [m.] Hüsteln [n.]
toussoter hüsteln
toux [f.] Husten [m.]
- d'irritation Reizhusten [m.]
- spasmodique spastischer Husten [m.]
Tox Toxoplasmose
toxémie [f.] Toxämie [f.]
toxicité [f.] Giftigkeit [f.], Toxizität [f.]
toxicodermie [f.] Toxikodermie [f.]
toxicologie [f.] Toxikologie [f.]
toxicologique toxikologisch
toxicologue [m.] Toxikologe [m.]
toxicomane [m.] Toxikomane [m.]
toxicomanie [f.] Sucht [f.], Toxikomanie [f.]
toxicose [f.] Toxikose [f.]
- gravidique Schwangerschaftstoxikose [f.]
toxidermie [f.] Toxidermie [f.]
toxine [f.] Gift [n.], Toxin [n.]
toxique toxisch
toxoïde [m.] Toxoid [n.]
toxoplasma [m.] Toxoplasma [n.]
toxoplasmose [f.] Toxoplasmose [f.]
T.P. 1. Taux de Prothrombine (Prothrombingehalt), 2. Tachycardie Paroxystique (Paroxysmale Tachykardie), 3. Tuberculose Pulmonaire (Lungentuberkulose)
T.P.C. 1. Treponema Pallidum Complement Test, 2. Transposition Porto-Cave
T.P.C.F. Treponema Pallidum Complement Fixation
T.P.F.A. Treponema Pallidum Fluorescent Antibody
T.P.H. Treponema Pallidum Hemagglutination
T.P.H.A. Treponema Pallidum Hemagglutination Assay
T.P.I. Treponema Pallidum Immobilization
T.P.I.A. Treponema Pallidum Immune Adherence
T.P.T.X. Thyro Para Thyroïdectomie
T.Q. Temps de Quick (Quick-Zeit Quick)
T.R. 1. Température Rectale (Rektaltemperatur), 2. Toucher Rectal (Rektale Palpation)
trabéculaire trabekulär
trabécule [f.] Trabekel [m.]
trachéal, ale tracheal
trachée [f.] Luftröhre [f.], Trachea [f.]
trachéite [f.] Tracheitis [f.]
trachéo-bronchite [f.] Tracheobronchitis [f.]
trachéomalacie [f.] Tracheomalazie [f.]
trachéoplastie [f.] Tracheoplastik [f.]
trachéoscopie [f.] Tracheoskopie [f.]
trachéosténose [f.] Tracheostenose [f.]

trachéotomie [f.] Tracheotomie [f.]
trachome [m.] Trachom [n.]
traction [f.] Traktion [f.], Zug [m.]
tractotomie [f.] Traktotomie [f.]
tragus [m.] Tragus [m.]
trait [m.] de fracture Frakturspalt [m.]
traitement [m.] Behandlung [f.]
- **à long terme** Dauerbehandlung [f.]
- **conservateur** konservative Behandlung [f.]
- **de choc** Schockbehandlung [f.]
- **de la racine** Wurzelbehandlung [f.]
- **par ultrasons** Ultraschallbehandlung [f.]

traiter behandeln
tranchées [pl./f.] utérines Nachwehen [pl./f.]
tranquillisant [m.] Tranquilizer [m.]
transaminase [f.] Transaminase [f.]
transamination [f.] Transaminierung [f.]
transcription [f.] Transkription [f.]
transfert [m.] Transfer [m.], Übertragung [f.]
transférase [f.] Transferase [f.]
transferrine [f.] Transferrin [n.]
transfusion [f.] Transfusion [f.]
- **de sang** Bluttransfusion [f.]

transilluminable durchleuchtbar
transillumination [f.] Durchleuchtung [f.], Transillumination [f.]
transit [m.] baryté Bariumbreischluck [m.]
transit [m.] gastro-duodénal Magen-Darm-Passage [f.]
transitoire Übergangs-, vorübergehend, transitorisch
translation [f.] Translation [f.]
translocation [f.] Translokation [f.]
transmural, ale transmural
transorbitaire transorbital
transparence [f.] Durchsichtigkeit [f.], Transparenz [f.]
transparent, ente durchsichtig, transparent
transpiration [f.] Schwitzen [n.], Transpiration [f.]
- **nocturne** Nachtschweiß [m.]

transpirer schwitzen, transpirieren
transplacentaire transplazentär
transplant [m.] Transplantat [n.]
transplantation [f.] Transplantation [f.]
transplanter transplantieren
transposition [f.] Verlagerung [f.], Transposition
- **complète des gros vaisseaux** Transposition [f.] der großen Gefäße

transsexualisme [m.] Transsexualismus [m.]
transsudat [m.] Transsudat [n.]
transsudation [f.] Transsudation [f.]
transurétral, ale transurethral
transvaginal, ale transvaginal
transversectomie [f.] Transversektomie [f.]
transvestisme [m.] Transvestismus [m.]
trauma [m.] Trauma [n.]
- **psychique** psychisches Trauma [n.]

traumatique traumatisch
traumatisant, ante traumatisierend
traumatisme [m.] Trauma [n.]
- **crânien** Schädeltrauma [n.]
- **fermé** stumpfes Trauma [n.]
- **obstétrical** Geburtstrauma [n.]

traumatologie [f.] Traumatologie [f.]
traumatologique traumatologisch
traumatologiste [m.] Traumatologe [m.]
travées [pl./f.] osseuses Knochenbälkchen [pl./n.]
travers de doigt fingerbreit
trébucher hinken
tremblement [m.] Zittern [n.], Tremor [m.]
- **continu** Dauertremor [m.]
- **d'attitude** Haltetremor [m.]
- **de posture** Haltungstremor [m.]
- **de repos** Ruhetremor [m.]
- **intentionnel** Intentionstremor [m.]
- **parkinsonien** Parkinsontremor [m.]
- **psychogène** psychogener Tremor [m.]
- **en battements d'aile** Flapping-Tremor [m.]

trembler zittern
trémor [m.] Tremor [m.]
- **intentionnel** Intentionstremor [f.]

trémulation [f.] Zittern [n.], Zuckung [f.]
- **fasciculaire** faszikuläre Zuckung [f.]

trépan [m.] Trepan [m.]
trépanation [f.] Trepanation [f.]
tréponématose [f.] Treponematose [f.]
tréponème [m.] pâle Treponema [n.] pallidum
tressailler zucken
T.R.F. Thyrotropin Releasing Factor
T.R.H. 1. ThyroReleasing Hormone, 2. Test de Résistance à l'Héparine
triade [f.] Trias [f.]
triangle [m.] lumineux Trommelfellreflex [m.]
tribadisme [m.] Tribadie [f.]
tricéphale [m.] Trizephalus [m.]
triceps [m.] Triceps [m.]

trichiasis [m.] Trichiasis [f.]
trichine [f.] Trichine [f.]
trichinose [f.] Trichinose [f.]
trichocéphalose [f.] Trichozephalose [f.]
trichoclasie [f.] Trichoklasie [f.]
trichoépithéliome [m.] Trichoepitheliom [n.]
trichogramme [m.] Trichogramm [n.]
trichome [m.] Trichom [n.]
trichomonas [m.] Trichomonas [f.]
trichomycose [f.] Trichomykose [f.]
- noueuse Trichomykosis [f.] nodosa
trichophagie [f.] Trichophagie [f.]
trichorrhexie [f.] noueuse Trichonodosis [f.]
trichose [f.] Trichosis [f.]
trichotillomanie [f.] Trichotillomanie [f.]
tricote trikrot
trigéminisme [m.] Trigeminie [f.]
triglycéride [m.] Triglyzerid [n.]
triglycéridémie [f.] Triglyzeridämie [f.]
trigone [m.] Trigonum [n.]
triiodothyronine [f.] Trijodthyronin [n.]
trijumeau [m.] (nerf) Trigeminus [m.] (Nerv)
triplégie [f.] Triplegie [f.]
triplet [m.] Drilling [m.]
triploïde triploid
triploïdie [f.] Triploidie [f.]
trismus [m.] Kieferklemme [f.], Trismus [m.]
trisomie [f.] Trisomie [f.]
trocart [m.] Trokar [m.]
trochanter [m.] Trochanter [m.]
grand/petit - Trochanter [m.] major/minor
trochlée [f.] Trochlea [f.]
trochléen, éenne Trochlea-
trompe [f.] Eileiter [m.], Tube [f.], Salpinx [f.]
tronc [m.] Stamm [m.], Truncus [m.]
- cérébral Hirnstamm [m.]
- coeliaque Truncus [m.] coeliacus
- du grand sympathique Grenzstrang [m.] (Sympathicus)
trophique trophisch
trophisme [m.] Trophik [f.]
trophoblaste [m.] Trophoblast [m.]
trophoedème [m.] Trophödem [n.]
tropisme [m.] Tropismus [m.]
trou [m.] Loch [n.], Foramen [n.]
- de conjugaison Foramen [n.] intervertebrale
- déchiré Foramen [n.] jugulare
- occipital Foramen [n.] magnum
- optique Foramen [n.] opticum
- oval Foramen [n.] ovale
- vertébral Foramen [n.] vertebrale
trouble trüb
trouble [m.] Störung [f.], Beschwerden [pl./f.]
- circulatoire Durchblutungsstörung [f.]
- de comportement Verhaltensstörung [f.]
- de conduction Erregungsleitungsstörung [f.], Überleitungsstörung [f.]
- de fréquence Frequenzstörung [f.]
- de l'éjaculation Ejakulationsstörung [f.]
- de l'érection Erektionsstörung [f.]
- de la coordination Koordinationsstörung [f.]
- de la digestion Verdauungsstörung [f.]
- de la personalité Persönlichkeitsstörung [f.]
- de l'équilibre Gleichgewichtsstörung [f.]
- de mémoire Gedächtnisstörung [f.]
- de nutrition Ernährungsstörung [f.]
- de puissance Potenzstörung [f.]
- de sommeil Schlafstörung [f.]
- du caractère Charakterstörung [f.]
- du rythme Rhythmusstörung [f.]
- métabolique Stoffwechselstörung [f.]
- ventilatoire obstructive obstruktive Ventilationsstörung [f.]
- ventilatoire restrictive restriktive Ventilationsstörung [f.]
- visuel Sehstörung [f.]
- de la conduction nerveuse Nervenleitungsstörung [f.]
troubles [pl./m.] Beschwerden [pl./f.]
- respiratoires Atembeschwerden [pl./f.]
T.R.P. 1. Temps de Recalcification Plasmatique (Rekalzifizierungszeit), 2. Tumeur Rétro-Péritonéale (Retroperitonealer Tumor)
trypanosome [m.] Trypanosoma [n.]
trypanosomiase [f.] Trypanosomiasis [f.]
trypsine [f.] Trypsin [n.]
trypsinogène [m.] Trypsinogen [n.]
tryptamine [f.] Tryptamin [n.]
tryptophane [m.] Tryptophan [n.]
T.S. 1. Temps de Saignement (Blutungszeit BZ), 2. Tumeur du Sein (Brusttumor), 3. Transfusion Sanguine (Bluttransfusion)
T.S.H. Thyroid Stimulating Hormone
T.T. Taux de Thrombine (ThrombinGehalt)
T.T.C. Temps de Thrombine Concentrée
T.T.D. 1. Temps de Thrombine Diluée (Thrombinzeit TZ), TéléThermographie Dynamique (Tele-Thermographie)
T.T.G. Test de Tolérance au Glucose (Glucose Toleranz Test GTT)

T.T.H. ThyreoTropic Hormone (Thyreotropes Hormon)
T.T.L. Test de Transformation Lymphoblastique (Lymphozytentransformationstest)
T.T.S. Thyroxine Totale Sérique (Gesamtthyroxin im Serum)
tubage [m.] Intubierung [f.]
tubaire Tuben-
tube [m.] Tubus [m.]
- **digestif** Verdauungstrakt [m.]
- **intestinal** Darmrohr [n.]
- **neural** Neuralrohr [n.]
tubercule [m.] Tuberkel [n.], Tuberkulum [n.]
- **miliaire** Miliartuberkel [m.]
tubercules [pl./m.] quadrijumeaux Vierhügelplatte [f.]
tuberculeux, euse tuberkulös
tuberculide [f.] Tuberkulid [n.]
tuberculine [f.] Tuberkulin [n.]
tuberculinodiagnostic [m.] Tuberkulintest [m.]
tuberculome [m.] Tuberkulom [n.]
tuberculose [f.] Tuberkulose [f.]
- **articulaire** Gelenktuberkulose [f.]
- **cutanée** Hauttuberkulose [f.]
- **génitale** Genitaltuberkulose [f.]
- **intestinale** Darmtuberkulose [f.]
- **miliaire** Miliartuberkulose [f.]
- **pulmonaire** Lungentuberkulose [f.]
- **rénale** Nierentuberkulose [f.]
tubéreux, euse tuberös
tubérosité [f.] Tuberositas [f.], Knochenhöcker [m.]
tubulaire tubulär
tubule [m.] Tubulus [m.]
tubuleux, euse tubulös
tubulonéphrite [f.] Tubulonephritis [f.]
tularémie [f.] Tularämie [f.]
tuméfaction [f.] Schwellung [f.]
tumescence [f.] Tumeszenz [f.]
tumeur [f.] Geschwulst [f.], Tumor [m.]
- **abdominale** Bauchtumor [m.]
- **capillaire** Kapillargeschwulst [f.]
- **de Krunkenberg** Krunkenberg-Tumor [m.]
- **glomique** Glomustumor [m.]
- **labiale** Lippentumor [m.]
- **médiastinale** Mediastinaltumor [m.]
- **papillaire** Zottengeschwulst [f.]
- **vésicale** Blasentumor [m.]
tumoral, ale tumorös
tumorectomie [f.] Tumorektomie [f.]
tunique [f.] Tunica [f.]
tunnel [m.] tarsien Tarsaltunnel [m.]
turgescence [f.] Turgeszenz [f.], Turgor [m.]
tuteur [m.] Tutor [m.]
T.V. 1. Toucher Vaginal (Vaginale Palpation), 2. Tachycardie Ventriculaire (Ventrikuläre Tachykardie)
T.V.B. Tronc Vertébro-Basilaire (Truncus vertebrobasilaris)
T.V.O. Trouble Ventilatoire Obstructif (Obstruktive Ventilationsstörung)
T.V.R. 1. Thrombose Veineuse Rénale (Nierenvenenthrombose), 2. Trouble Ventilatoire Restrictif (Restriktive Ventilationsstörung)
T.X. Thyroïdectomie
T.X.T. Thyroïdectomie Totale
tylose [f.] Tylosis [f.]
tympan [m.] Tympanum [n.]
tympanectomie [f.] Tympanektomie [f.]
tympanique tympanitisch
tympanisme [m.] Tympanismus [m.]
tympanométrie [f.] Tympanometrie [f.]
tympanoplastie [f.] Tympanoplastik [f.]
tympanosclérose [f.] Tympanosklerose [f.]
tympanotomie [f.] Tympanotomie [f.]
type [m.] Typus [m.]
- **constitutionnel** Konstitutionstyp [m.]
typhique Typhus-
typhlotomie [f.] Typhlotomie [f.]
typhus [m.] Typhus [m.]
- **abdominal** Darmtyphus [m.], abdominaler Typhus [m.]
- **exanthémique** Typhus [m.] exanthemicus
Tyr. Tyrosine (Tyrosin)
tyrosine [f.] Tyrosin [n.]
tyrosinémie [f.] Tyrosinämie [f.]
tysonite [f.] Tysonitis [f.]

U

U. Uranium
U.A. Urticaire Aigu (Akute Uticaria)
U.C.G. Urine Chorionic Gonadotrophin
U.C.H. Ulcération Colique Hémorragique (Hämorrhagische Kolonulzeration)
U.G. Urticaire Géant (Riesenurticaria)
U.G.D. Ulcère Gastro-Duodénal (MagenDarm-Ulkus)
U.G.K. Ulcère Gastrique Cancérisé (Karzinomatöses Magenulkus)
U.I. Unité Internationale
U.I.V. Urographie Intra-Veineuse (Intravenöse Urographie)
ulcération [f.] Ulzeration [f.], Geschwür [n.]
- **de l'ombilic** Nabelgeschwür [n.]
- **oculaire** Augengeschwür [n.]

ulcère [m.] Geschür [n.], Ulkus [n.]
- **de la cornée** Hornhautgeschwür [n.]
- **duodenal** Zwölffingerdarmgeschwür [n.]
- **gastrique** Magengeschwür [n.]
- **gastro-duodénal** Magen-Darmulkus [n.]
- **peptique** peptisches Ulkus [n.]
- **serpigineux** Ulcus [n.] serpens
- **térébrant** Ulcus [n.] terebrans

ulcérer ulzerieren
ulcéreux, euse ulzerös
ulérythème [m.] Ulerythem [n.]
ultrafiltration [f.] Ultrafiltration [f.]
ultramicroscopie [f.] Ultramikroskopie [f.]
ultrason [m.] Ultraschall [m.]
ultrasonographie [f.] Doppler Dopplersonographie [f.]
uncovertébral, ale unkovertebral
unilatéral, ale unilateral, einseitig
unipolaire unipolar
unité [f.] Einheit [f.] (Maßeinheit)
U.P.G. Uréthrite Post-Gonococcique
U.P.R. Urétéro-Pyélographie Rétrograde (Retrograde Urographie)
uranoplastie [f.] Uranoplastik [f.]
uranoschisis [f.] Uranoschisis [f.]
urate [m.] Urat [n.]
uréase [f.] Urease [f.]
urée [f.] Harnstoff [m.]
urémie [f.] Urämie [f.]
urémique urämisch
urétéral, ale Ureter-
uretère [m.] Harnleiter [m.], Ureter [m.]
urétérectasie [f.] Ureterektasie [f.]
urétérectomie [f.] Ureterektomie [f.]
urétérite [f.] Ureteritis [f.]
urétérocèle [f.] Ureterozele [f.]
urétero-colostomie [f.] Ureterokolostomie [f.]
urétérocystonéostomie [f.] Ureterozystoneostomie [f.]
urétéro-cystostomie [f.] Ureterozystostomie [f.]
urétéro-entérostomie [f.] Ureteroenterostomie [f.]
urétérographie [f.] Ureterographie [f.]
urétérolithiase [f.] Ureterolithiasis [f.]
urétérolithotomie [f.] Ureterolithotomie [f.]
urétérolyse [f.] Ureterolyse [f.]
urétéro-néphrectomie [f.] Ureteronephrektomie [f.]
urétéroplastie [f.] Harnleiterplastik [f.], Ureterplastik [f.]
urétéro-pyélographie [f.] Ureteropyelographie [f.]
urétéro-pyélonéostomie [f.] Ureteropyeloneostomie [f.]
urétéro-pyélostomie [f.] Ureteropyelostomie [f.]
urétérosténose [f.] Ureterstenose [f.]
urétérostomie [f.] Ureterostomie [f.]
urétérotomie Harnleitereröffnung [f.], Ureterotomie [f.]
urétéro-urétérostomie [f.] Ureteroureterostomie [f.]
urètre [m.] Harnröhre [f.], Urethra [f.]
urétrectomie [f.] Urethrektomie [f.]
urétrite [f.] Harnröhrenentzündung [f.], Urethritis [f.]
urétrocèle [f.] Urethrozele [f.]
urétro-cystographie [f.] Urethrozystographie [f.]
urétrographie [f.] Urethrographie [f.]
-mictionnelle Miktionsurethrographie [f.]
urétroplastie [f.] Harnröhrenplastik [f.], Urethroplastik [f.]
urétroscope [m.] Urethroskop [n.]
urétroscopie [f.] Urethroskopie [f.]
urétrospasme [m.] Urethrospasmus [m.]
urétrosténose [f.] Urethrastenose [f.]
urétrostomie [f.] Urethrostomie [f.]
urétrotomie [f.] Urethrotomie [f.]
urgence [f.] Notfall [m.]
uricémie [f.] Urikämie [f.]
uriculture [f.] Urikult [m.]
uridine [f.] Uridin [n.]
uridrose [f.] Urhidrose [f.]
urinaire Urin-
urine [f.] Urin [m.]
- **du mi-jet** Mittelstrahlurin [m.]
- **du milieu** Mittelstrahlurin [m.]
- **résiduelle** Restharn [m.]

uriner Wasser [n.] lassen
uro-génital, ale urogenital
urobiline [f.] Urobilin [n.]
urobilinogène [m.] Urobilinogen [n.]
urobilinogénémie [f.] Urobilinogenämie [f.]
urobilinogénurie [f.] Urobilinogenurie [f.]
urobilinurie [f.] Urobilinurie [f.]
urochrome [m.] Urochrom [n.]
urographie [f.] Urographie [f.]
- **d'élimination** Ausscheidungsurographie [f.]
- **intraveineuse** intravenöse Urographie [f.]
- **rétrograde** retrograde Urographie [f.]

urokinase [f.] Urokinase [f.]
urolithiase [f.] Harnsteinleiden [n.], Urolithiasis [f.]
urologie [f.] Urologie [f.]
urologue [m.] Urologe [m.]
uromètre [m.] Urometer [n.]
uropoïèse [f.] Uropoese [f.]
uroporphyrine [f.] Uroporphyrin [n.]
uroporphyrinurie [f.] Uroporphyrinurie [f.]
urothélium [m.] Urothel [n.]

urticaire [f.] Urtikaria [f.]
U.S. Ultra-Son (Ultraschall)
utérin, e uterin, Uterus-
utéro-placentaire uteroplazentar
utéro-vaginal, ale uterovaginal
utérographie [f.] Uterographie [f.]
utéroplastie [f.] Uterusplastik [f.]
utérus [m.] Gebärmutter [f.], Uterus [m.]
- **bicorne** Uterus [m.] bicornis
- **biloculaire** Uterus [m.] septus
- **didelphe** Uterus [m.] didelphys
utricule [m.] Utriculus [m.]
U.V. Ultra Violet (Ultraviolett)
uvée [f.] Uvea [f.]
uvéite [f.] Uveitis [f.]
uvula [f.] Uvula [f.]
uvulaire uvulär
uvulectomie [f.] Uvulektomie [f.]
uvulotomie [f.] Uvulotomie [f.]

V

V.A. 1. Ventilation Artificielle (Künstliche Beatmung), 2. Végétations Adénoïdienne (Nasenrachenpolypen), 3. Ventilation Alvéolaire (Alveoläre Ventilation)
vaccin [m.] Impfstoff [m.], Vakzine [f.]
- **atténué** attenuierter Impfstoff [m.]
- **inactivé** inaktivierter Impfstoff [m.]
vaccination [f.] Impfung [f.], Vakzination [f.]
- **antimyélitique** Poliomyelitisschutzimpfung [f.]
- **antirubéoleuse** Rötelnschutzimpfung [f.]
- **antivariolique** Pockenschutzimpfung [f.]
- **contre le tétanos** Tetanus-Schutzimpfung [f.]
- **par voie buccale** Schluckimpfung [f.]
- **préventive** Schutzimpfung [f.]
vacciner impfen
vaccinothérapie Vakzine-Therapie [f.]
vacuole [f.] Vakuole [f.]
V.A.D. Vaccin Anti-Diphtérique (Diphtherie-Impfstoff)
V.A.G. Vaccin Anti-Grippal (GrippeImpfstoff)
vagal, ale vagal
vagin [m.] Scheide [f.], Vagina [f.]
vaginal, ale vaginal
vaginisme [m.] Vaginismus [m.]
vaginite [f.] Vaginitis [f.]
- **granuleuse contagieuse** Vaginitis [f.] verrucosa
vagolytique vagolytisch
vagolytique [m.] Vagolytikum [n.]
vagotomie [f.] Vagotomie [f.]
- **sélective** selektive Vagotomie [f.]
- **tronculaire** trunkuläre Vagotomie [f.]
vagotonie [f.] Vagotonie [f.]
vagotonique vagotonisch
vagotrope vagotrop
vaisseau [m.] Gefäß [n.]
- **sanguin** Blutgefäß [n.]
valence [f.] Valenz [f.]
valeur [f.] Wert [m.]
- **limite** Grenzwert [m.]
- **maximale** Höchstwert [m.]
valgus valgus
valve [f.] du coeur Herzklappe [f.]
valvulaire valvulär
valvule [f.] Klappe [f.], Valvula [f.]
- **aortique** Aortenklappe [f.]
- **auriculo-ventriculaire** Atrioventrikularklappe [f.]
- **bicuspide** Bikuspidalklappe [f.]
- **cardiaque** Herzklappe [f.]
- **iléo-caecale** Ileozökalklappe [f.]
- **mitrale** Mitralklappe [f.]
- **sigmoide de l'artère pul monaire** Pulmonalklappe [f.]
- **tricuspide** Trikuspidalklappe [f.]
valvule [f.] uréthrale Urethralklappe [f.]
valvulectomie [f.] Valvulektomie [f.]
valvulopathie [f.] Klappenkrankheit [f.]
valvuloplastie [f.] Klappenplastik [f.], Valvuloplastik [f.]
valvulotomie [f.] Valvulotomie [f.]
variabilité [f.] Variabilität [f.]
varice [f.] Krampfader [f.], Varize [f.]
- **oesophagienne** Ösophagusvarize [f.]
varicectomie [f.] Varizenentfernung [f.]
varicelle [f.] Varizellen [pl./f.], Windpocken [pl./f.]
varicocèle [f.] Varikozele [f.]
varicosité [f.] Varikosität [f.]
- **capillaire** Besenreiservarize [f.]
variole [f.] Pocken [pl./f.], Variola [f.]
- **confluente** Variola [f.] confluens
- **noire** Variola [f.] nigra
- **verruqueuse** Variola [f.] verrucosa
variqueux, euse varikös
varus varus
V.A.S. Voies Aériennes Supérieures (Obere Luftwege)
vasculaire vaskulär
vascularisation [f.] Durchblutung [f.], Vaskularisation [f.]
vascularisé, ée vaskularisiert
vasculite [f.] Vaskulitis [f.]
vasectomie [f.] Vasektomie [f.]
vaseline [f.] Vaselin [n.]

vasoconstricteur [m.] Vasokonstriktor [m.]
vasoconstriction [f.] Gefäßkontraktion [f.], Vasokonstriktion [f.]
vasodilatateur [m.] Vasodilatator [m.]
vasodilatation [f.] Gefäßerweiterung [f.], Vasodilatation [f.]
vasographie [f.] Vasographie [f.]
vasomoteur, trice vasomotorisch
vasomotricité [f.] Vasomotorik [f.]
vasoplégie [f.] Vasoplegie [f.]
vasopresseur vasopressorisch
vasopresseur [m.] Vasopressor [m.]
vasopressine [f.] Vasopressin [n.]
vasospasme [m.] Vasospasmus [m.]
vasotomie [f.] Samenleiterdurchtrennung [f.], Vasotomie [f.]
vasotonie [f.] Vasotonie [f.]
vasotonique vasotonisch
vaso-vésiculographie [f.] Vaso-Vesikulographie [f.]
V.A.V. 1. Vaccin Antivariolique (Pockenimpfstoff), 2. Valve Auriculo-Ventriculaire (Atrioventrikularklappe AV-Klappe)
V.C. 1. Volume Courant, 2. Volume du Coeur (Herzvolumen HV)
V.C.G. VectroCardioGramme (Vektrokardiogramm VKG)
V.C.I. Veine Cave Inférieure (Vena cava inferior VCI)
V.C.N. Vitesse de Conduction Nerveuse (Nervenleitgeschwindigkeit NLG)
V.C.N.M. Vitesse de Conduction Nerveuse Motrice (Motorische Nervenleitgeschwindigkeit)
V.C.S. Veine Cave Supérieure (Vena cava superior VCS)
V.D. Ventricule Droit (Rechter Ventrikel RV)
V.D.R.L. Veneral Disease Research Laboratory
V.D.S. Veneral Disease Syphilis
V.E.B. Virus Epstein Barr (Epstein-BarrVirus EBV)
vecteur [m.] 1. Überträger [m.], 2. Vektor
- **cardiaque** Herzvektor [m.]
vectocardiogramme [m.] Vektorkardiogramm [n.]
vectocardiographie [f.] Vektorkardiographie [f.]
végétarien, ienne vegetarisch
végétarien, ienne [m., f.] Vegetarier, in [m., f.]
végétarisme [m.] Vegetarismus [m.]
végétatif, ive vegetativ
végétation [f.] Wucherung [f.]
- **adénoïde** Rachenmandelwucherung [f.]
veillard [m.] Greis [m.]
veine [f.] Vene [f.]
- **brachiale** Armvene [f.]
- **cave inférieure** Vena [f.] cava inferior
- **cave supérieure** Vena [f.] cava superior
- **centrale de la rétine** Vena [f.] centralis retina
- **de la jambe** Beinvene [f.]
- **fémorale** Vena [f.] femoralis
- **iliaque externe** Vena [f.] iliaca externa
- **iliaque interne** Vena [f.] iliaca interna
- **iliaque primitive** Vena [f.] iliaca communis
- **jugulaire** Jugularis(vene) [f.]
- **jugulaire externe** Vena [f.] jugularis externa
- **jugulaire interne** Vena [f.] jugularis interna
- **ombilicale** Nabelvene [f.]
- **ophtalmique** Vena [f.] ophtalmica
- **porte** Portalvene [f.], Vena [f.] portae
- **pulmonaire** Pulmonalvene [f.]
- **sousclavière** Vena [f.] subclavia
- **splénique** Milzvene [f.], Vena [f.] lienalis
veinectasie [f.] Venektasie [f.]
veinule [f.] Venole [f.]
veineux, euse venös
vélocimétrie [f.] Geschwindigkeitsmessung [f.]
V.E.M.S. Volume Expiratoire Maximum Sesonde (Maximales expiratorisches Sekundenvolumen)
vénéréologie [f.] Venerologie [f.]
vénérien, ienne venerisch
ventilation [f.] Ventilation [f.]
- **alvéolaire** alveoläre Ventilation [f.]
ventiler belüften, beatmen
- **artificiellement** künstlich beatmen
ventouse [f.] obstétricale Vakuumextraktion [f.]
ventral, ale ventral
ventre [m.] Bauch [m.]
- **en besace** Hängebauch [m.]
- **en bois** brettharter Bauch [m.]
- **en carène** Kahnbauch [m.]
ventriculaire ventrikulär
ventricule [m.] Ventrikel [m.]
- **cardiaque** Herzventrikel [m.], Herzkammer [f.]
- **cérébral** Hirnventrikel [m.]
- **latéral** Seitenventrikel [m.]
ventriculo-cisternostomie [f.] Ventrikulozisternostomie [f.]
ventriculogramme [m.] Ventrikulogramm [n.]
ventriculographie [f.] Ventrikulographie [f.]
V.E.R. Volume Expiratoire de Réserve (Expiratorisches Reservevolumen RV)
ver [m.] Wurm [m.]
- **solitaire** Bandwurm [m.]
verbal, ale verbal

verge [f.] Glied [n.] (männliches ...)
vergeture [f.] Striemen [m.]
- **de la grossesse** Schwangerschaftsstreifen [m.]
vermicide [m.] Vermicidum [n.], Wurmmittel [n.]
vermiculaire wurmförmig
vermiforme vermiform, wurmartig
vermifuge [m.] Vermifugum [n.], Wurmmittel [n.]
vernix [f.] caseosa Vernix [f.] caseosa
verrouillage [m.] Verriegelung [f.]
verrucosité [f.] Verrukosität [f.]
verrue [f.] Warze [f.]
- **charnue** Fleischwarze [f.]
- **filiforme** Fadenwarze [f.]
- **plane** Flachwarze [f.]
- **plantaire** Fußsohlenwarze [f.], Verruca [f.] plantaris
- **sénile** Alterswarze [f.]
verruqeux, euse warzig, verrukös
versatile wankelmütig
vertébral, ale vertebral
vertèbre [f.] Wirbel [m.]
- **cervicale** Halswirbel [m.]
- **dorsale** Brustwirbel [m.]
- **lombaire** Lendenwirbel [m.]
- **sacrée** Sakralwirbel [m.]
vertex [m.] Vertex [m.]
- **du coeur** Herzspitze [f.]
vertical, ale vertikal
vertige [m.] Schwindel [m.]
- **d'élongation** Lagerungsschwindel [m.]
- **giratoire** Drehschwindel [m.]
- **rotatoire** Drehschwindel [m.]
vertigineux, euse Schwindel-
vertigo [m.] Vertigo [f.]
vertu [f.] Wirksamkeit [f.]
vésico-urétéral, ale vesikoureteral
vésico-vaginal, ale vesikovaginal
vésiculaire bläschenartig, vesikulär
vésicule [f.] Bläschen [n.], Vesikula [f.]
- **biliaire** Gallenblase [f.]
- **de stase** Stauungsgallenblase [f.]
- **porcelaire** Porzelangallenblase [f.]
- **séminale** Samenblase [f.]
vésiculectomie [f.] Vesikulektomie [f.]
vésiculeux, euse vesikulös
vésiculite [f.] Spermatozystitis [f.], Vesikulitis [f.]
vésiculographie [f.] Vesikulographie [f.]
vésiculotomie [f.] Vesikulotomie [f.]
vessie [f.] Harnblase [f.]
- **de lutte** Balkenblase [f.]
- **en colonne** Balkenblase [f.]
- **irritable** Reizblase [f.]
vestibulaire vestibulär
vestibule [m.] Vestibulum [n.]
vestibulotomie [f.] Vestibulotomie [f.]
veuf/veuve verwitwet
V.G. 1. Ventriculographie Gazeuse (Ventrikulographie), 2. Ventricule Gauche (Linker Ventrikel LV)
V.G.M. Volume Globulaire Moyen (Mittleres korpuskuläres Volumen MCV)
V.G.T. Volume Globulaire Total
V.H.D.L. Very High Density Lipoproteins
V.I.A. Voie Intra-Artérielle
viabilité [f.] Lebensfähigkeit [f.]
viable lebensfähig
vibices [pl./f.] Vibices [pl./f.]
vibrion [m.] Vibrio [f.]
vidanger (ex.: un abcès) entleeren (z.B. einen Abszeß)
vie [f.] Leben [n.]
- **sexuelle** Geschlechtsleben [n.]
vif, vive lebhaft
vigilance [f.] Vigilanz [f.], Wachsamkeit [f.]
vigile vigil
V.I.H. Virus de l'Immunodéficience Humaine (Human immunodeficiency virus HIV)
villeux, euse villös
villosité [f.] Villosität [f.]
- **intestinale** Darmzotte [f.]
V.I.M. Voie Intra-Musculaire
VImn Volume Inspiratoire par minute (Inspiratorisches Minutenvolumen)
V.I.M.S. Volume Inspiratoire Maximum Seconde (Maximales inspiratorisches Sekundenvolumen)
V.I.P. Vasoactive Intestinal Peptide
V.I.R. Volume Inspiratoire de Réserve (Inspiratorisches Reservevolumen)
viral, ale viral
virémie [f.] Virämie [f.]
viril, ile viril
virilisant, ante virilisierend
virilisation [f.] Virilisierung [m.]
virilisme [m.] Virilismus [m.]
virilité [f.] Männlichkeit [f.], Virilität [f.]
virion [m.] Virion [n.]
virologie [f.] Virologie [f.]
virologiste [m.] Virologe [m.]
virologue [m.] Virologe [m.]
virose [f.] Virose [f.]
virostatique virostatisch
virostatique [m.] Virostatikum [n.]
virulence [f.] Virulenz [f.]
virulent, ente virulent
virus [m.] Virus [n.]
- **attenué** abgeschwächtes Virus [n.]
- **Coxsackie** Coxsackie-Virus [n.]
viscéral, ale viszeral
viscère [m.] Organ [n.]
- **creux** Hohlorgan [n.]
viscères [pl./m.] Eingeweide [pl./n.]
viscéro-cutané, ée viszerokutan
viscéromégalie [f.] Viszeromegalie [f.]

viscosimètre [m.] Viskosimeter [n.]
viscosité [f.] Viskosität [f.]
vision [f.] Sehen [n.], Visus [m.]
- **binoculaire** binokulare Sehen [n.]
- **colorée** Farbensehen [n.]
- **des reliefs** Tiefenschärfe [f.]
- **monoculaire** monokulare Sehen [n.]
- **nocturne** Nachtsichtigkeit [f.]
- **photopique** photopische Sehen [n.]
- **stéréoscopique** stereoskopische Sehen [n.]
- **trouble** Nebelsehen [n.]

visqueux, euse viskös
vissage [m.] Verschraubung [f.]
visualisation [f.] Darstellung [f.]
visuel, elle visuell
vital, ale vital
vitalité [f.] Vitalität [f.]
vitamine [f.] Vitamin [n.]
vitaminique Vitamin-
vitaminothérapie [f.] Vitamintherapie [f.]
vitesse [f.] Geschwindigkeit [f.]
- **d'élimination** Ausscheidungsgeschwindigkeit [f.]
- **de conduction nerveuse** Nervenleitungsgeschwindigkeit [f.]
- **de sédimentation** Blutsenkungsgeschwindigkeit [f.]

vitiligo [m.] Vitiligo [f.]
vitrectomie [f.] Vitrektomie [f.]
V.I.V. Voie Intra-Veineuse
vivant, ante lebendig
vivisection [f.] Vivisektion [f.]
vivre leben
V.L.D.L Very Low Density Lipoproteins
V.L.P.P. Valorisation de l'oesophage au laser CO_2
V.M.C. Volume Moyen Cellulaire (Mittleres korpuskuläres Volumen MCV)
V.M.I. Varices des Membres Inférieurs (Varikosis der unteren Extremität)
V.M.M. Ventilation Maximum par Minute (Maximale Belüftung pro Minute)
V.M.M.V. Vitesse Maximale des Mouvements Volontaires
V.M.T. Virus de la Mosaïque du Tabac (Tabakmosaikvirus TMV)
V.M.V. Ventilation Maximale Volontaire
V.M.V.M. Ventilation Maximale Volontaire par Minute
V.O. Voie Orale
vocalisation [f.] Vokalisation [f.]
vocaliser vokalisieren
V.O.D. Vision Oeil Droit (Visus des rechten Auges)
V.O.G. Vision Oeil Gauche (Visus des linken Auges)
voie [f.] d'abord Operationszugang [m.]
voie [f.] respiratoire Atemweg [m.], Luftweg [m.]
voie [f.] sanguine Blutbahn [f.]
voies [pl./f.) urinaires Harnwege [pl./m.)
voies [pl./f.] biliaires Gallengänge [pl./m.]
voies [pl./f.] biliaires extrahépatiques extrahepatische Gallengänge [pl./m.]
voies [pl./f.] biliaires intrahépatiques intrahepatische Gallengänge [pl./m.]
voile [m.] du palais Gaumensegel [n.]
voir des mouches volantes Fliegensehen [n.] (Augenheil.)
voix [f.] Stimme [f.]
- **blanche** matte Stimme [f.]

volémie [f.] Volämie [f.]
volume [m.] Volumen [n.]
- **corpusculaire moyen** Mittleres Corpuskuläres Volumen [n.]
- **courant de respiration** Atemvolumen [n.]
- **d'éjection systolique** systolisches Auswurfvolumen [n.]
- **de réserve** Reservevolumen [n.]
- **de réserve expiratoire** expiratorisches Reservevolumen [n.]
- **de réserve inspiratoire** inspiratorisches Reservevolumen [n.]
- **du coeur** Herzvolumen [n.]
- **expiratoire maximum par minute** Atemstoß-Sekunde [f.], Ein-Sekunden-Kapazität [f.]
- **globulaire moyen** mittleres korpuskuläres Volumen [n.]
- **plasmatique** Plasmavolumen [n.]
- **résiduel** Residualvolumen [n.]
- **respiratoire** Atemvolumen [n.]
- **sanguin** Blutvolumen [n.]
- **sanguin minute** Herzminutenvolumen [n.]
- **systolique** Schlagvolumen [n.]
- **télédiastolique** enddiastolisches Volumen [n.]
- **télésystolique** endsystolisches Volumen [n.]

volumique Volumen-
volvulus [m.] Volvulus [m.]
vomer [m.] Vomer [m.]
vomir erbrechen
vomissement [m.] Erbrechen [n.], Vomitus [m.]
- **à sec** Würgen [n.]
- **de la grossesse** Schangerschaftserbrechen [n.]
- **en mare de café** Kaffeesatzerbrechen [n.]
- **fécaloïde** Koterbrechen [n.]

vomissure [f.] Erbrochene [n.]
vortex [m.] Vortex [m.]
voussure [f.] Herzbuckel [m.], Voussure [f.]
voûte [f.] crânienne Schädelkalotte [f.]
voûte [f.] plantaire Fußgewölbe [n.]

voyeurisme [m.] Voyeurismus [m.]
V.P. Volume Plasmatique (Plasmavolumen PV)
V.P.H. Virus des Papillomes Humains (Human Papilloma Virus HPV)
V.P.T. 1. Volume Plasmatique Total (Gesamtplasmavolumen), 2. Vertige Post Traumatique (Posttraumatischer Schwindel)
V.R. 1. Volume Résiduel (Residualvolumen RV), 2. Vertige Rotatoire (Drehschwindel)
V.R.E. Volume de Réserve Expiratoire (Expiratorisches Reservevolumen RV)
V.R.I. 1. Voies Respiratoires Inférieures (Untere Atemwege), 2. Volume de Réserve Inspiratoire (Inspiratorisches Reservevolumen RV)
V.R.S. Voies Respiratoires Supérieures (Obere Atemwege)
V.S. 1. Vitesse de Sédimentation (Blutsenkungsgeschwindigkeit BSG, BKS), 2. Vagotomie Sélective (Selektive Vagotomie SV)
V.S.C. Volume Sanguin Cérébral (Hirnblutvolumen)
V.S.I.H. Voies Biliaires Intra-Hépatique (Intrahepatische Gallengänge)
V.S.S. Vagotomie Supra-Sélective (Supraselektive Vagotomie SSV)
V.S.T. Volume Sanguin Total (Gesamtblutvolumen BV)
V.T. 1.Débit Ventilatoire (Atemvolumen), 2. Vagotomie Tronculaire (Trunkuläre Vagotomie TV)
V.U. Volume d'Urine (Urinvolumen)
vulnérabilité [f.] Verwundbarkeit [f.], Vulnerabilität [f.]
vulnérable vulnerabel, verletzlich
vulvaire Vulva-
vulve [f.] Vulva [f.]
vulvite [f.] Vulvitis [f.]
vulvo-vaginite [f.] Vulvovaginitis [f.]
V.U.S. Vagotomie Ultra-Sélective
V.V. 1. Verrues Vulgaires, 2. Vulvovaginite, 3. Vibrations Vocales
V.V.G. Vulvo-Vaginite Gonococcique
V.V.M. 1. Verrues Vulgaires des Mains 2. Vulvo-Vaginite Mycosique (Mykotische Vulvovaginitis)
V.V.P.F. Vulvo-Vaginite des Petites Filles
V.V.Z. Virus Varicelle Zoster (Varizellen-Zoster-Virus)
V.Z. Varicelle Zona (VarizellenZoster)

W

W. Watt
W.E.E. Western Equine Encephalitis
wirsungographie [f.] Wirsungographie [f.]
W.H.O. World Health Organisation
W.I.S.A. Wechsler Intelligence Scale for Adult
W.I.S.C. Echelle d'Intelligence de Wechsler pour Enfants
W.K. Wilson Kimmelstiel
W.M.S. Echelle de Mémoire de Wechsler
W.P.P.P.P. Wechsler Pour la Période Préscolaire et Primaire
W.P.P.S.I. Wechsler Preschool and Primary Scale of Intelligence
W.R. 1. Wassermann Reaction, 2. WaalerRose

X

X. Chromosome X (X-Chromosom)
xanthélasma [m.] Xanthelasma [n.]
xanthochrome xanthochrom
xanthochromie [f.] Xanthochromie [f.]
xanthodermie [f.] Xanthodermie [f.]
xanthogranulome [m.] juvénile juveniles Xanthogranulom [n.]
xanthomateux, euse xanthomatös
xanthomatose [f.] Xanthomatose [f.]
xanthome [m.] Xanthom [n.]
xanthopsie [f.] Xanthopsie [f.]
xanthose [f.] Xanthosis [f.]
xantine [f.] Xantin [n.]
Xe Xenon
xénogène xenogen
xénon [m.] Xenon [n.]
xérodermie [f.] Xerodermie [f.]
xérographie [f.] Xerographie [f.]
xéromammographie [f.] Xeromammographie [f.]
xérophtalmie [f.] Xerophthalmie [f.]
xérosis [m.] Xerosis [f.]
xérostomie [f.] Xerostomie [f.]
xiphoïde [m.] Xiphoid [n.]
X.P. Xanthoderma Pigmentosum
X.P.E. Xanthome Papuleux Eruptif

Y

Y. Chromosome Y (Y-Chromosom)
yersinose [f.] Yersinose [f.]
yeux [pl./m.] Augen [pl./n.]

Z

Z. Zona (Herpes zoster)
Z.E. Syndrome de Zollinger-Ellison (Zollinger-Ellison-Syndrom)
zinc [m.] Zink [n.]
zincopénie [f.] Zinkmangel-Syndrom [n.]
zn zinc (Zink Zn)
zona [m.] Gürtelrose [f.], Zoster [m.]

zone [f.] Zone [f.]
- **de Looser** Looser-Umbauzone [f.]
- **de reconstitution** Umbauzone [f.]
- **marginale** Randzone [f.]
- **réflexogène** Reflexzone [f.]
- **tropicale** Tropen [pl./f.]

zones [pl./f.] de Head Head'sche Zonen [pl./f.]
zonulaire zonulär
zoonose [f.] Zoonose [f.]
zoopsie [f.] Zoopsie [f.]
zostérien, ienne Zoster-
zozoter lispeln
zygote [m.] Zygote [f.]
zymogramme [m.] Zymogramm [n.]

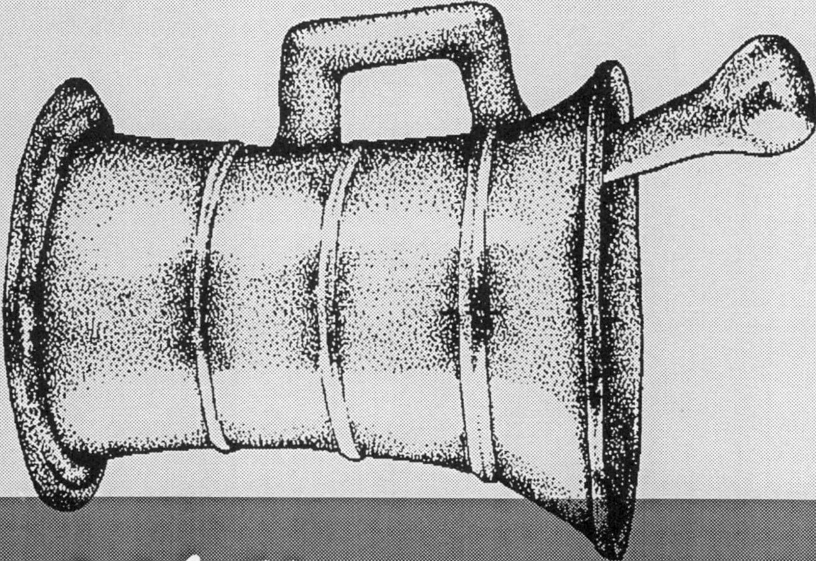

Médicaments Français

Médicament	Substance	Substanz	Famille pharmaceutique	Pharmakologische Substanzklasse
A				
Abboticine	érythromycine	Erythromycin	antibiotique	*Antibiotikum*
Aberel	trétinoïne	Tretinoin	antiacnéique	*Aknemittel*
Abiosan	tétracycline + aminobezoate	Tetrazyklin + Aminobenzolsäure	antibiotique	*Antibiotikum*
Abufene	bêta-alanine	Beta-Alanin	acide aminé	*Aminosäure*
Acadione	tiopronine	Tiopronin	antirhumatismal	*Antirheumatikum*
Acdril	acétylasparginate	Acetylaspargin-säure	acide aminé	*Aminosäure*
Acerbine	acide benzoïque + acide salicylique	Benzolsäure + Salicylsäure	détergent	*Detergentium*
Aclaclinomycine	aclarubicine	Aclarubicin	cytostatique	*Zytostatikum*
Aclosone	alclométasone	Alclometason	corticoïde	*Kortikoid*
Acnestrol	broparestol + pyridoxine + hexachlorophène	Broparestol + Pyridoxin + Hexachlorophen	antiacnéique	*Aknemittel*
Actebral	cyprodénate	Cyprodenat	psychostimulant	*Psychostimulan-tium*
Acticarbine	papavérine + charbon	Papaverin + Kohle	antispasmodique	*Spasmolytikum*
Actilidon	triprolidine chlorhydrate	Triprolidinchlorhy-drat	antihistaminique	*Antihistaminikum*
Actifed	triprolidine + pseudoéphédrine + paracétamol	Triprolidin + Pseudoephedrin + Paracetamol	sympathicomi-métique + antihistaminique	*Sympathomime-tikum + Antihistaminikum*
Actilyse	activateur tissulaire du plasminogène	Plasminogenakti-vator	thrombolytique	*Thrombolytikum*
Actispirine	acide acétylsalicylique	Acetylsalicylsäure	analgésique	*Analgetikum*
Actosolv Urokinase	urokinase	Urokinase	thrombolytique	*Thrombolytikum*
Actrapid	insuline humaine	Humaninsulin	insuline	*Insulin*
Actraphane	insuline humaine	Humaninsulin	insuline	*Insulin*
Actron	acide acétylsalicylique + paracétamol + caféine	Acetylsalicylsäure + Paracetamol + Koffein	analgésique	*Analgetikum*
Acupan	néfopam	Nefopam	analgésique	*Analgetikum*
Acylanide	acétyldigitoxine	Acetyldigitoxin	glucoside	*Glykosid*
Adalate	nifédipine	Nifedipin	inhibiteur calcique	*Kalziumantagonist*
Adalgur	glafénine + thiocolchicoside + méprobamate	Glafenin + Thiocolchicosid + Meprobamat	antalgique + myorelaxant + anxiolytique	*Analgetikum + Muskelrelaxantium + Anxiolytikum*
Adenyl	adénosine phosphate	Adenosinphos-phat	veinotonique	*Venenmittel*
Adepal	lévonorgestrel + éthinylestradiol	Levonorgestrel + Ethinylestradiol	contraceptif	*Kontrazeptivum*
Adiazine	sulfadiazine	Sulfadiazin	sulfamide	*Sulfonamid*

Médicament	Substance	Substanz	Famille pharmaceutique	Pharmakologische Substanzklasse
Adrenaline	adrénaline	Adrenalin	sympathicomimétique	*Sympathomimetikum*
Adrenoxyl	carbazochrome	Carbazochrom	hémostatique	*Hämostasemittel*
Adriblastine	doxorubicine	Doxorubicin	cytostatique	*Zytostatikum*
Advil	ibuprofène	Ibuprofen	anti-inflammatoire non-stéroïdien	*nicht-steroidales Antiphlogistikum*
Aeine	phénobarbital	Phenobarbital	sédatif	*Sedativum*
Aetoxisclerol	polidacanol	Polidacanol	agent sclérosant	*Sklerosierendes Mittel*
Aferadol	paracétamol	Paracetamol	antalgique/antipyrétique	*Analgetikum/Antipyretikum*
A-gram	amoxicilline	Amoxicillin	antibiotique	*Antibiotikum*
Agreal	véralipride	Veraliprid	neuroleptique	*Neuroleptikum*
Agyrax	buphénine + méclozine + hydroxyzine	Buphenin + Meclozin + Hydroxyzin	vasodilatateur + antihistaminique + sédatif	*Vasodilatator + Antihistaminikum + Sedativum*
Aiglonyl	sulpiride	Sulpirid	neuroleptique	*Neuroleptikum*
Ainscrid	indométacin	Indometacin	anti-inflammatoire non-stéroïdien	*nichtsteroidales Antiphlogistikum*
Akindex	dextrométhorphane	Dextromethrophan	antitussif	*Antitussivum*
Akindol	paracétamol	Paracetamol	analgésique/antipyrétique	*Analgetikum/Antipyretikum*
Akineton	bipéridène	Biperiden	antiparkinsonien	*Parkinsonmittel*
Albumine Humaine	albumine	Albumin	albumine	*Albumin*
Alcaphor	trométamol	Trometamol	substance alcalisante des urines	*Alkalisierendes Harntherapeutikum*
Alcolene collyre	antazoline + naphazoline + sulfate de zinc	Antazolin + Naphazolin + Zinksulfat	antihistaminique + vasoconstricteur + astringent	*Antihistaminikum + Vasokonstriktor + Astringentium*
Alcopar	béphénium hydroxynaphtoate	Bephenium Hydroxynaphtoat	anthelmintique	*Anthelmintikum*
Aldactazine	altizide + spironolactone	Altizid + Spironolacton	diurétique	*Diuretikum*
Aldactone	spironolactone	Spironolacton	diurétique	*Diuretikum*
Aldecine	béclométasone	Beclometason	glucocorticoïde	*Glukokortikoid*
Aldomet	méthyldopa	Methyldopa	antihypertenseur	*Antihypertonikum*
Alepsal	phénobarbital + caféine	Phenobarbital + Koffein	anticonvulsivant	*Antikonvulsivum*
Alfatil	céfaclor	Cefaclor	céphalosporine	*Cephalosporin*
Algesal suractivé	salicylate de diéthylamine + myrtécaïne	Diäthylaminesalicylsäure + Myrtecain	antalgique	*Analgetikum*

Médicament	Substance	Substanz	Famille pharmaceutique	Pharmakologische Substanzklasse
Algicon	hydroxyde d'aluminium + carbonate de magnésium + carbonate de calcium	Aluminiumhydroxid + Magnesiumkarbonat + Kalziumkarbonat	antiacide	*Antazidum*
Algisedal	paracétamol + codéine	Paracetamol + Codein	antalgique	*Analgetikum*
Algobaz	mécobalamine	Mecobalamin	antalgique	*Analgetikum*
Algo-buscopan	bromure de butylhyoscine + noramidopyrine	Butylscopalaminiumbromid + Noramidopyrin	antispasmodique + antalgique	*Spasmolytikum + Analgetikum*
Algocratine	acide acétylsalicylique + codéine + acide ascorbique	Acetylsalicylsäure + Codein + Ascorbinsäure	antalgique	*Analgetikum*
Algo-nevriton	acide acétylsalicylique + acétiamin	Acetylsalicylsäure + Acetiamin	antalgique	*Analgetikum*
Algopriv	diproqualone + éthenzamide	Diproqualon + Ethenzamid	antalgique	*Analgetikum*
Algotropyl Promethazine	paracétamol + prométhazine	Paracetamol + Promethazin	analgésique/ sédatif	*Analgetikum/Sedativum*
Alinam	chlormézanone	Chlormezanon	myorelaxant	*Muskelrelaxantium*
Alipase	pancréalipase	Pankreaslipase	enzymes pancréatiques	*Pankreasenzym*
Alka-seltzer	acide acétylsalicylique	Acetylsalicylsäure	antalgique	*Analgetikum*
Alkenide	poloxamère	Poloxamer	antiseptique	*Antiseptikum*
Alkeran	melphalan	Melphalan	cytostatique	*Zytostatikum*
Allerga	méfénidramium	Mefenidramium	antihistaminique	*Antihistaminikum*
Allergamma	immunoglobulines humaines antiallergènes	Antiallergene Humanimmunglobuline	immunoglobulines	*Immunglobuline*
Allergefon	carbinoxamine	Carbinoxamin	antihistaminique	*Antihistaminikum*
Allerglobuline	immunoglobulines humaines	Humanimmunglobuline	immunoglobulines	*Immunglobuline*
Allochrysine	aurothiopropanolsulfonate	Aurothiopropanolsulfat	antirhumatismal	*Antirheumatikum*
Alloferine	alcuronium	Alcuronium	Curare non-dépolarisant	*nicht-depolarisierendes Muskelrelaxantium*
Aloplastine	oxyde de zinc + glycérine	Zinkoxyd + Glyzerin	thérapeutique dermatologique	*matikum*
Alpagelle	chlorure de miristalkonium	Miristalkoniumchlorid	crème contraceptive	*Kontrazeptionscreme*
Alphacaine	articaïne + épinéphrine	Articain + Epinephrin	anesthésiant local	*Lokalanästhetikum*
Alphachymotrypsine	chymotrypsine	Chymotrypsin	anti-inflammatoire	*Antiphlogistikum*
Alpha-kaldol	chymotrypsine + phénylbutazone	Chemotrypsin + Phenylbutazon	anti-inflammatoire	*Antiphlogistikum*

Médicament	Substance	Substanz	Famille pharmaceutique	Pharmakologische Substanzklasse
Altim	cortivazol	Cortivazol	corticoïde	*Kortikoid*
Alucalm	carbonate de sodium + hydroxyaluminium	Natriumkarbonat + Hydroxyaluminium	antiacide	*Antazidum*
Alupent	orciprénaline	Orciprenalin	bronchodilatateur	*Bronchodilatator*
Alvityl	vitamines	Vitamine	vitamines	*Vitamine*
Ambatrol	nifuroxazide	Nifuroxazid	antiseptique intestinal	*Magen-Darm-Mittel*
Ametycine	mitomycine	Mitomycin	cytostatique	*Zytostatikum*
Amikline	amikacine	Amikacin	aminoglycoside/ antibiotique	*Aminoglykosid/ Antibiotikum*
Amodex	amoxicilline	Amoxicillin	antibiotique	*Antibiotikum*
Amoxine	amoxicilline	Amoxicillin	antibiotique	*Antibiotikum*
Amphocycline	tétracycline + amphotéricine B	Tetracyclin + Amphotericin B	antibiotique	*Antibiotikum*
Ampicilline Panpharma	ampicilline	Ampicillin	antibiotique	*Antibiotikum*
Amsidine	amsacrine	Amsacrin	cytostatique	*Zytostatikum*
Amycor	bifonazole	Bifonazol	antimycotique	*Antimykotikum*
Amycycline	tétracycline + alphaamylase	Tetracyclin + Alpha-Amylase	antibiotique/anti-inflammatoire	*Antibiotikum/Antiphlogistikum*
Anador	nandrolone	Nandrolon	anabolisant	*Anabolikum*
Anafranil	clomipramine	Clomipramin	antidépresseur	*Antidepressivum*
Anahelp	épinéphrine	Epinephrin	sympathomimétique	*Sympathomimetikum*
Analgyl	ibuprofène	Ibuprofen	anti-inflammatoire non-stéroidien	*nicht-steroidales Antiphlogistikum*
Anandron	nilutamide	Nilutamid	anti-androgène	*Antiandrogen*
Anausin Metoclopramide	métoclopramide	Metoclopramid	antiémétique	*Antiemetikum*
Ancotil	flucytosine	Flucytosin	antifongique	*Antimykotikum*
Andantol	isothipendyl	Isothipendyl	antihistaminique	*Antihistaminikum*
Andractim	androstanolone	Androstanolon	androgène	*Androgen*
Androcur	cyprotérone acétate	Cyproteronacetat	antiandrogène	*Antiandrogen*
Androtardyl	testostérone	Testosteron	androgène	*Androgen*
Anexate	flumazénil	Flumazenil	antagoniste des benzodiazépines	*Benzodiazepin-Antagonist*
Angitrine	trinitrine	Trinitrin	anti-angoreux	*Angina pectorisMittel*
Antagosan	aprotinine	Aprotinin	inhibiteur des protéinases	*Proteinase-hemmer*
Antalby	théophylline + aminobenzoate de pipérazine	Theophyllin + Piperazinaminobenzoat	antiasthmatique	*Antiasthmatikum*
Antalvic	dextropropoxyphène	Dextropropoxyphen	antalgique	*Analgetikum*
Antibio-Aberel	trétinoïne + érythromycine	Tretinoin + Erythromycin	antiacnéique	*Aknemittel*

Médicament	Substance	Substanz	Famille pharmaceutique	Pharmakologische Substanzklasse
Antibio-Synalar	fluocinolone + polymyxine + néomycine	Fluocinolon + Polymyxin + Neomycin	antibiotique/anti-inflammatoire	*Antibiotikum/Antiphlogistikum*
Antibiotulle Lumiere	néomycine + polymyxine	Neomycin + Polymyxin	antibiotique	*Antibiotikum*
Antinal	nifuroxazide	Nifuroxazid	antiseptique intestinal	*Magen-Darm-Mittel*
Antiphlogistine	kaolin + acide salicylique	Kaolin + Salicylsäure	anti-inflammatoire	*Antiphlogistikum*
Antrima	sulfadiazine + triméthoprime	Sulfadiazin + Trimethoprim	antibiotique	*Antibiotikum*
Anturan	sulfinpyrazone	Sulfinpyrazon	antiagrégant plaquettaire	*Aggregations-hemmer*
Anurate	allopurinol + benzbromarone	Allopurinol + Benzbromaron	inhibiteur de l'uricosynthèse + uricosurique	*Urikostatikum + Urikosurikum*
Apacef	céfotétan	Cefotetan	céphalosporine	*Cephalosporin*
Aparoxal	phénobarbital	Phenobarbital	anticonvulsivant	*Antikonvulsivum*
Apegmone	tioclomarol	Tioclomarol	anticoagulant	*Antikoagulans*
Aphilan R	buclizine dichlorhydrate	Buclizindichlor-hydrat	antihistaminique	*Antihistaminikum*
Aphlomycine	tétracycline + chymotrypsine	Tetracyclin + Chymotrypsin	antibiotique	*Antibiotikum*
Aphlozyme	chymotrypsine	Chymotrypsin	anti-inflammatoire	*Antiphlogistikum*
Apomorphine	apomorphine	Apomorphin	émétique	*Emetikum*
Apranax	naproxène	Naproxen	anti-inflammatoire non-stéroïdien	*nicht-steroidales Antiphlogistikum*
Aptine	alprénolol	Alprenolol	bêta-bloquant	*Beta-Blocker*
Aracytine	cytarabine	Cytarabin	cytostatique	*Zytostatikum*
Arhumyl	paracétamol + phényléphrine + caféine	Paracetamol + Phenylephrin + Koffein	antalgique/antipyrétique/vasoconstricteur	*Analgetikum/Antipyretikum/Vasokonstriktor*
Armocyclar	tétracycline + protéases + nystatine	Tetracyclin + Proteasen + Nystatin	antibiotique/antifongique	*Antibiotikum/Antimykotikum*
Armophylline	théophylline	Theophillin	antiasthmatique	*Antiasthmatikum*
Arsacol	acide ursodésoxycholique	Ursodesoxychol-säure	thérapeutique pour dissolution des calculs biliaires	*Gallensteinauf-löser*
Arsiquinoforme	quinine	Chinin	antipaludéen	*Malariamittel*
Artane	trihexyphénidyle	Trihexyphenidyl	antiparkinsonien	*Parkinsonmittel*
Artex	tertatolol	Tertatolol	bêta-bloquant	*Beta-Blocker*
Arthrocine	sulindac	Sulindac	anti-inflammatoire non-stéroïdien	*nicht-steroidales Antiphlogistikum*
Arthrodont	énoxolone + formaldéhyde	Enoxolon + Formaldehyd	anti-inflammatoire dentaire	*Dentales Antiphlogistikum*
Arthryl	N-acétylglucos-amine	N-Acetylglucos-amin	anti-arthrosique	*Arthrosemittel*

Médicament	Substance	Substanz	Famille pharmaceutique	Pharmakologische Substanzklasse
Ascabiol	benzoate de benzyle + sulfirame	Benzylbenzoat + Sulfiram	traitment de la gale	*Krätzemittel*
Ascofer	ascorbate ferreux	Eisen + Ascorbinsäure	thérapeutique martiale	*Eisenpräparat*
Ascortonyl	acide ascorbique	Ascorbinsäure	antiasthénique	*Antasthenikum*
Ascriptine	acide acétylsalicylique + hydroxyde d'aluminium + hydroxyde de magnésium	Acetylsalicylsäure + Aluminiumhydroxid + Magnesiumhydroxid	anti-inflammatoire	*Antiphlogistikum*
Aspam	aspartam	Aspartam	dipeptide	*Dipeptid*
Aspegic	acide acétylsalicylique	Acetylsalicylsäure	antalgique/anti-inflammatoire	*Analgetikum/Antiphlogistikum*
Aspirine	acide acétylsalicylique	Acetylsalicylsäure	antalgique/anti-inflammatoire/antipyrétique	*Analgetikum/Antiphlogistikum/Antipyretikum*
Assur	moroxydine + acide acétylsalicylique	Moroxydin + Acetylsalicylsäure	antiviral + antalgique	*Virostatikum + Analgetikum*
Asthmasedine	théophylline + benzoate de sodium + phénobarbital + chlorhydrate d'éphédrine + caféine	Theophyllin + Natriumbenzoat + Phenobarbital + Ephedrinchlorhydrat + Koffein	antiasthmatique	*Antiasthmatikum*
Atepadene	adénosine triphosphate + acide désoxyribonucléique	Adenosintriphosphat + Desoxyribonukleinsäure	antiasthénique	*Antiasthenikum*
Athymil	miansérine	Mianserin	antidépresseur	*Antidepressivum*
Atrican	ténonitrozole	Tenonitrozol	antifongique	*Antimykotikum*
Atrium	fébarbamate + difébarbamate + phénobarbitale	Febarbamat + Difebarbamat + Phenobarbital	tranquillisant	*Tranquilizer*
Atropine	atropine	Atropin	parasymatholytique + antispasmodique	*Parasympatholytikum + Spasmolytikum*
Atrovent	ipratropium bromure	Ipratropium-bromid	bronchodilatateur	*Bronchodilatator*
Aturgyl	fénoxazoline	Fenoxazolin	sympathicomimétique	*Sympathomimetikum*
Atussil	pentoxyvérin	Pentoxyverin	antitussif	*Antitussivum*
Augmentin	amoxicilline + acide clavulanique	Amoxicillin + Clavulansäure	antibiotique	*Antibiotikum*
Auricularum	oxytétracycline + Polymyxine B + dexaméthasone + nystatine	Oxytetracyclin + Polymyxin B + Demamethason + Nystatin	antibiotique + corticoïde + antifongique	*Antibiotikum + Kortikoid + Antimykotikum*

Médicament	Substance	Substanz	Famille pharmaceutique	Pharmakologische Substanzklasse
Auristan	chlorhexidine + phényléphrine	Chlorhexidin + Phenylephrin	antiseptique	*Antiseptikum*
Auriswell	polymyxine B + néomycine + hydrocortisone	Polymyxin B + Neomycin + Hydrokortison	antibiotique + corticoïde	*Antibiotikum + Kortikoid*
Auxergyl	rétinol + colécalciférol	Retinol + Colecalciferol	vitamine	*Vitamin*
Auxisone	dexaméthasone	Dexamethason	corticoïde	*Kortikoid*
Avafortan	camylofine + noramidopyrine	Camylofin + Noramidopyrin	antispasmodique + antalgique	*Spasmolytikum + Analgetikum*
Avibon	rétinol	Retinol	vitamine A	*Vitamin A*
Avlocardyl	propanol	Propanol	bêta-bloquant	*Beta-Blocker*
Azactam	aztréonam	Aztreonam	antibiotique	*Antibiotikum*
Azantac	ranitidine	Ranitidin	inhibiteur des récepteurs H2	*H2-Blocker*
Azonutril	acides aminés	Aminosäuren	acides aminés	*Aminosäuren*
Azym	hydroxyde de magnésium + hydrocarbonate de magnésium + sulfate de sodium + carbonate de calcium	Magnesiumhydroxyd + Magnesiumhydrokarbonat + Natriumsulfat + Kalziumkarbonat	antiacide	*Antazidum*
B				
Bacampicine	bacampicilline	Bacampicillin	antibiotique	*Antibiotikum*
Bacicoline	bacitracine + hydrocortisone + colistine	Bacitracin + Hydrokortison + Colistin	antibiotique + corticoïde	*Antibiotikum + Kortikoid*
Bacitracine	bacitracine + néomycine	Bacitracin + Neomycin	antibiotique	*Antibiotikum*
Bactekod	sulfaméthoxazole + triméthoprime	Sulfamethoxazol + Trimethroprim	antibiotique	*Antibiotikum*
Bactrim	sulfaméthoxazole + triméthoprime	Sulfamethoxazol + Trimethroprim	antibiotique	*Antibiotikum*
Baralgine	noramidopyrine + pitofénone + fenpiverinium	Noramidopyrin + Pitofenon + Fenpiverinium-bromid	antalgique + anti-inflammatoire + antispasmodique	*Analgetikum + Antiphlogistikum + Spasmolytikum*
Barnetil	sultopride	Sultoprid	neuroleptique	*Neuroleptikum*
Baypen	mezlocilline	Mezlocillin	antibiotique	*Antibiotikum*
Baypress	nitrendipine	Nitrendipin	inhibiteur calcique	*Kalziumantagonist*
Becilan	pyridoxine	Pyridoxin	viamine B6	*Vitamin B6*
Becotide	béclométhasone	Beclomethason	corticoïde	*Kortikoid*
Becozyme	vitamines B	Vitamine B	vitamine	*Vitamin*
Beflavine	riboflavine	Riboflavin	vitamine B2	*Vitamin B2*
Bellergal	alcaloïdes de la belladonna + ergotamine + phénobarbital	Belladonna-Alkaloide + Ergotamin + Phenobarbital	antiémétique + alpha-bloquant + barbiturique	*Antiemetikum + Alphablocker + Barbiturat*
Bilustine	lomustine	Lomustin	cytostatique	*Zytostatikum*

Médicament	Substance	Substanz	Famille pharmaceutique	Pharmakologische Substanzklasse
Benerva	thiamine	Thiamin	vitamine B1	*Vitamin B1*
Benzo-Gynoestryl	estradiol	Östradiol	oestrogène	*Östrogen*
Bepanthene	dexpanthénol	Dexpanthenol	thérapetique dermatologique	*Dermatikum*
Berodual	fénotérol + ipratropium bromure	Fenoterol + Ipratropiumbromid	bronchodilateur	*Bronchospasmo-lytikum*
Berotec	fénotérol	Fenoterol	bêta-2-sympathomimé-tique	*Beta-2-Sympathomime-tikum*
Betadine	polyvidone iode	Polyvidon-Jod	antiseptique	*Antiseptikum*
Betapressine	lévo-penbutolol	Penbutolol	bêta-bloquant	*Beta-Blocker*
Betnesol	bétaméthasone	Betamethason	glucocorticoïde	*Glukokortikoid*
Betneval	bétaméthasone	Betamethason	glucocorticoïde	*Glukokortikoid*
Betneval-Neomycine	bétaméthasone + néomycine	Betamethason + Neomycin	glucocoticoïde + antibiotique	*Glukokortikoid + Antibiotikum*
Betrimax	hydroxocobal-amine + thiamine + pyridoxine	Hydroxycobalamin + Thiamin + Pyridoxin	vitamines	*Vitamine*
Bevitine	thiamine	Thiamin	vitamine B1	*Vitamin B1*
Bicarnesine	carnitine	Carnitin	antiasthénique	*Antiasthenikum*
Bicnu	carmustine	Carmustin	cytostatique	*Zytostatikum*
Biltricide	praziquantel	Praziquantel	anthelmintique	*Anthelmintikum*
Binoctal	amobarbital + sécobarbital	Amobarbital + Secobarbital	barbiturique	*Barbiturat*
Biocidan	céthexonium	Cethexonium	antiseptique	*Antiseptikum*
Biostim	glycoprotéines extraites de klebsiella pneu-moniae	Extrahierte Glykoproteine von Klebsiella-pneumoniae	immunostimulant	*Immunstimulan-tium*
Biotine	biotine	Biotin	vitamine H	*Vitamin H*
Bipenicilline Diamant	pénicilline	Penicillin	antibiotique	*Antibiotikum*
Bi-profenid	kétoprofène	Ketoprofen	antirhumatismal non-stéroïdien	*nicht-steroidales Antirheumatikum*
Bisolvomycine	bromhexine + tétracycline	Bromhexin + Tetracyclin	sécrétolytique + antibiotique	*Sekretolytikum + Antibiotikum*
Bisolvon	bromhexine	Bromhexin	sécrétolytique	*Sekretolytikum*
Bleomycine	bléomycine	Bleomycin	cytostatique	*Zytostatikum*
Bolinan	polyvinylpolypyr-rolidone	Polyvinylpolypyr-rolidon	thérapeutique intestinale	*Darmtherapeu-tikum*
Borostyrol	thymol + salol + menthol	Thymol + Salol + Menthol	antiseptique	*Antiseptikum*
Bradyl	nadoxolol	Nadoxolol	antiarythmique	*Antiarrhythmikum*
Bretylate	brétylium tosilate	Bretyliumtosilat	antiarythmique	*Antiarrhythmikum*
Bricanyl	terbutaline	Terbutalin	bêta-sympathomimé-tique	*Beta-Sympathomime-tikum*

Médicament	Substance	Substanz	Famille pharmaceutique	Pharmakologische Substanzklasse
Brietal	méthohexital	Methohexital	barbiturique/anesthésiant	*Barbiturat/Anästhetikum*
Bristamox	amoxicilline	Amoxicillin	antibiotique	*Antibiotikum*
Bristopen	oxacilline	Oxacillin	antibiotique	*Antibiotikum*
Bronchokod	carbocistéine	Carbocystein	sécrétolytique	*Sekretolytikum*
Brufen	ibuprofène	Ibuprofen	anti-inflammatoire non-stéroïdien	*nicht-steroidales Antiphlogistikum*
Buscopan	bromure de N-butylhyoscine	N-Butyl-Scopolamin	antispasmodique	*Spasmolytikum*
Butazolidine	phénylbutazone	Phenylbutazon	anti-inflammatoire non-stéroïdien	*nicht-steroidales Antiphlogistikum*
Butix	diphenhydramine	Diphenhydramin	antihistaminique	*Antihistaminkum*
C				
Caditar	huile de cade	Wacholderöl	agent kératolytique	*Keratolytikum*
Cafeine	caféine	Koffein	stimulant cardiaque	*Herzanregendes Mittel*
Calcidia	carbonate de calcium	Kalziumkarbonat	calcium	*Kalzium*
Calciparine	héparine	Heparin	anticoagulant	*Antikoagulantium*
Calcitar	calcitonine	Calcitonin	hormone	*Hormon*
Calcium Gluconate	gluconate de calcium	Kalziumglukonat	calcium	*Kalzium*
Calcium Sandoz	gluconate de calcium	Kalziumglukonat	calcium	*Kalzium*
Calmixene	pimétixène	Pimetixen	antitussif	*Antitussivum*
Calsyn	calcitonine	Calcitonin	hormone	*Hormon*
Cantabiline	hymécromone	Hymecromon	antispasmodique	*Spasmolytikum*
Cantor	minaprine	Minaprin	psychothérapeutique	*Psychotherapeutikum*
Capramol	acide aminocaproïque	Aminocapronsäure	inhibiteur de la plasmine	*Plasmininhibitor*
Captagon	fénétyllin	Fenetyllin	psychanaleptique	*Psychoanaleptikum*
Captolane	captopril	Captopril	inhibiteur de l'enzyme de conversion	*ACE-Hemmer*
Cardioquine	quinidin	Chinidin	antiarythmique	*Antiarrhythmikum*
Carteol	cartéolol	Carteolol	bêta-bloqant/sympathomimétique	*Betablocker/Sympathomimetikum*
Caryolysine	chlorméthine	Chlormethin	cytostatique	*Zytostatikum*
Catalgine	acide acétylsalicylique	Acetylsalicylsäure	antalgique	*Analgetikum*
Catapressan	clonidine	Clonidin	antihypertenseur	*Antihypertonikum*
Cebemyxine	néomycine + polymyxine B	Neomycin + Polymyxin B	antibiotique	*Antibiotikum*
Cebesine	oxybuprocaïne	Oxybuprocain	anesthésique	*Anästhetikum*

Médicament	Substance	Substanz	Famille pharmaceutique	Pharmakologische Substanzklasse
Cebevir	iododésoxycyti-dine	Joddesoxycytidin	antiviral	*Virostatikum*
Cedilandine	deslanoside	Deslanosid	glucoside cardiotonique	*Herzglykosid*
Cefacidal	céfazoline	Cefazolin	cépalosporine	*Cephalosporin*
Cefalotine Glaxo	céfalotine	Cefalotin	céphalosporine	*Cephalosporin*
Cefalotine Panpharma	céfalotine	Cefalotin	céphalosporine	*Cephalosporin*
Cefizox	ceftizoxime	Ceftizoxim	céphalosporine	*Cephalosporin*
Cefobis	céfopérazone	Cefoperazon	céphalosporine	*Cephalosporin*
Celestene	bétaméthasone	Betamethason	glucocorticoïde	*Glukokortikoid*
Celestoderm	bétaméthasone	Betamethason	glucocorticoïde	*Glukokortikoid*
Celestoderm Neomycine	bétaméthasone + néomycine	Betamethason + Neomycin	glucocorticoïde + antibiotique	*Glukokortikoid + Antibiotikum*
Celiptium	elliptinium acétate	Elliptiniumacetat	cytostatique	*Zytostatikum*
Celocurine	suxaméthonium	Suxamethonium	Curare dépolarisant	*depolarisierendes Muskelrelaxantium*
Cemix	cefmenoxime	Cefmenoxim	céphalosporine	*Cephalosporin*
Ceporexine	céfalexine	Cefalexin	céphalosporine	*Cephalosporin*
Cerubidine	daunorubicine	Daunorubicin	cytostatique	*Zytostatikum*
Cervageme	géméprost	Gemeprost	analogue de la prostaglandine E1	*Prostaglandin E1 Analogum*
Cetavlon	cétrimide	Cetrimid	antiseptique	*Antiseptikum*
Chibro-cadron	dexaméthasone + néomycine	Dexamethason + Neomycin	glucocorticoïde + antibiotique	*Glukokortikoid + Antibiotikum*
Chibro-pilocarpine	Pilocarpine	Pilocarpin	myotique	*Miotikum*
Chloraminophene	chlorambucil	Chlorambucil	cytostatique	*Zytostatikum*
Chloramphenicol	chloramphénicol	Chloramphenicol	antibiotique	*Antibiotikum*
Chrono-Indocid	indométacin	Indometacin	anti-inflammatoire non-stéroïdien	*nicht-steroidales Antiphlogistikum*
Chymodiactine	chymopapaïne	Chymopapain	enzyme	*Enzym*
Chymoral	trypsine + chymotrypsine	Trypsin + Chymotrypsin	anti-inflammatoire	*Antiphlogistikum*
Cidermex	triamcinolone + néomycine	Triamcinolon + Neomycin	corticoïde + antibiotique	*Kortikoid + Antibiotikum*
Ciflox	ciprofloxacine	Ciprofloxacin	antibiotique/inhi-biteur de la gyrase	*Antibiotikum/Gy-rasehemmer*
Cinopal	fenbufène	Fenbufen	anti-inflammatoire non-stéroidien	*nicht-steroidales Antiphlogistikum*
Cipralan	cibenzoline	Cibenzolin	antiarythmique	*Antiarrhythmikum*
Cisplatine	cisplatine	Cisplatin	cytostatique	*Zytostatikum*
Cisplatyl	cisplatine	Cisplatin	cytostatique	*Zytostatikum*
Claforan	céfotaxime	Cefotaxim	céphalosporine	*Cephalosporin*
Clamoxyl	amoxicilline	Amoxicillin	antibiotique	*Antibiotikum*
Cleridium	dipyridamole	Dipyridamol	vasodilatateur	*Vasodilatator*

Médicament	Substance	Substanz	Famille pharmaceutique	Pharmakologische Substanzklasse
Clofibral	clofibrate	Clofibrat	hypolipémiant	*Lipidsenker*
Clomid	clomifène	Clomifen	inducteur de l'ovulation	*Ovulationsauslöser*
Coalgan	alginate de calcium	Kalziumalginat	hémostatique	*Hämostatikum*
Colchicine Houde	colchicine	Colchicin	antigoutteux	*Gichtmittel*
Colimycine	colistine	Colistin	antibiotique	*Antibiotikum*
Collu-Hextril	hexétidine	Hexetidin	antiseptique	*Antiseptikum*
Colofoam	hydrocortisone	Hydrokortison	glucocorticoïde	*Glukokortikoid*
Colpotrophine	promestriène	Promestrien	oestrogène	*Östrogen*
Coltramyl	thiocolchicoside	Thiocolchicosid	myorelaxant	*Muskelrelaxantium*
Combantrin	pyrantel	Pyrantel	anthelmintique	*Anthelmintikum*
Constrilia	tétryzoline	Tetryzolin	vasoconstricteur	*Vasokonstriktor*
Contrathion	pralidoxime	Pralidoxim	antidote des inhibiteurs de la cholinestérase	*Antidot der Cholinesterasehemmer*
Coramine	nicéthamide	Nicethamid	analeptique	*Analeptikum*
Corbionax	amiodarone	Amiodaron	antiarythmique	*Antiarrhythmikum*
Cordarone	amiodarone	Amiodaron	antiarythmique	*Antiarrhythmikum*
Corditrine	trinitrine	Trinitrin	vasodilatateur	*Vasodilatator*
Cordium	bépridil	Bepridil	anti-angoreux	*Angina pectoris-Mittel*
Corgard	nadolol	Nadolol	bêta-bloquant	*Beta-Blocker*
Coronarine	dipyridamole	Dipyridamol	vasodilatateur	*Vasodilatator*
Cortancyl	prednisone	Prednison	glucocorticoïde	*Glukokortikoid*
Cortisone Roussel	cortisone	Kortison	glucocorticoïde	*Glukokortikoid*
Cortneo	néomycine + hydrocortisone	Neomycin + Hydrokortison	antibiotique + glucocoticoïde	*Antibiotikum + Glukokortikoid*
Corvasal	molsidomine	Molsidomin	antiangineux	*Koronartherapeutikum*
Coumadine	warfarine	Warfarin	anticoagulant	*Antikoagulantium*
Creon	enzymes pancréatique	Pankreasenzyme	enzymes	*Enzyme*
Cristanyl	raubasine + dihydroergocristine	Raubasin + Dihydroergocristin	psychothérapeutique	*Psychotherapeutikum*
Cryofluorane	cryofluorane	Cryofluoran	anesthésique	*Anästhetikum*
Curethyl	éthanol + extrait hépatique + glucose	Äthanol + Leberextrat + Glukose	inducteur enzymatique	*Enzyminduktor*
Curoxime	céfuroxime	Cefuroxim	céphalosporine	*Cephalosporin*
Cuterpes	iododésoxycytidine	Joddesoxycytidin	antiviral	*Virostatikum*
Cutisan	triclocarban	Triclocarban	antiseptique	*Antiseptikum*
Cycloteriam	triamtérène + cyclothiazide	Triamteren + Cyclothiazid	diurétique	*Diuretikum*

Médicament	Substance	Substanz	Famille pharmaceutique	Pharmakologische Substanzklasse
Cynomel	liothyronine	Liothyronine	dérive de l'hormone thyroïdienne	*Schilddrüsenhormonderivat*
Cytarbel	cytarabine	Cytarabin	antimétabolite	*Antimetabolit*
Cytochrome C	cytochrome C	Cytochrom C	enzyme	*Enzym*
Cytotec	misoprostol	Misoprostol	anti-ulcéreux	*Ulkusmittel*
D				
Dafalgan	paracétamol	Paracetamol	antalgique	*Analgetikum*
Daflon	flavonoïdes extraits	Flavonoidextrate	veinotonique	*Venenmittel*
Daktarin	miconazole	Miconazol	antifongique	*Antimykotikum*
Dalacine	clindamycine	Clindamycin	antibiotique	*Antibiotikum*
Danatrol	danazol	Danazol	substance antigonadotrope	*antigonadotrope Substanz*
Dantrium	dantrolène	Dantrolen	myorelaxant	*Muskelrelaxantium*
Daonil	glibenclamide	Glibenclamid	sulfonylurée	*Sulfonylharnstoff*
Debekacyl	dibékacine	Dibekacin	aminoglycoside/ antibiotique	*Aminoglykosid/ Antibiotikum*
Debridat	trimébutine	Trimebutin	antispasmodique	*Spasmolytikum*
Debrisan	dextranomère	Dextranomer	détergent	*Detergentium*
Debrumyl	déanol + heptaminol	Deanol + Heptaminol	psychostimulant	*Psychoanaleptikum*
Decapeptyl	triptoréline	Triptorelin	LHRH-analogue	*LHRH-Analogum*
Decontractyl	méphénésine	Mephenesin	myorelaxant	*Muskelrelaxantium*
Dectancyl	dexaméthasone	Dexamethason	glucocorticoïde	*Glukokortikoid*
Dedrogyl	calcifédiol	Calcifediol	métabolite de la vitamine D3	*Vitamin D3-Metabolit*
Dehydroemetine	déhydroémétine	Dehydroemetin	amoebicide	*Amöbenmittel*
Deliproct	prednisolone + cinchocaïne + clémizole	Prednisolon + Cinchocain + Clemizol	anti-inflammatoire	*Antiphlogistikum*
Delursan	acide ursodésoxycholique	Ursodesoxycholsäure	thérapeutique pour dissolution des calculs biliaires	*Gallensteinauflöser*
Denoral	buzépide + clocinizine + noréphédrine	Buzepid + Clocinizin + Norephedrin	parasympatholytique/antihistaminique/sympathomimétique	*Parasympatholytikum/Antihistaminikum/Sympathomimetikum*
Depakine	acide valproïque	Valproinsäure	anticonvulsivant	*Antikonvulsivum*
Depamide	valpromide	Valpromid	anticonvulsivant	*Antikonvulsivum*
Depomedrol	méthylprednisolone	Methylprednisolon	glucocorticoïde	*Glukokortikoid*
Depo-Prodasone	médroxyprogestérone	Medroxyprogesteron	progestatif	*Progesteron*
Dergotamine	dihydroergotamine	Dihydroergotamin	antimigraineux/ antihypotenseur	*Migränemittel/ Antihypotonikum*
Desferal	déféroxamine	Deferoxamin	chélateur	*Chelatbildner*

Médicament	Substance	Substanz	Famille pharmaceutique	Pharmakologische Substanzklasse
Desomidine	hexamidine	Hexamidin	antibactérien	*Antibakterielles Mittel*
Destolit	acide ursodésoxycholique	Ursodesoxycholsäure	thérapeutique pour dissolution des calculs biliaires	*Gallensteinauflöser*
Detensiel	bisoprolol	Bisoprolol	antihypertenseur	*Antihypertonikum*
Deticene	dacarbazine	Dacarbazin	cytostatique	*Zytostatikum*
Deturgylone	prednazoline	Prednazolin	anti-inflammatoire stéroïdien	*steroidales Antiphlogistikum*
Dexambutol	éthambutol	Ethambutol	antituberculeux	*Tuberkulostatikum*
Dextran	dextran	Dextran	substitut du plasma sanguin	*Plasmaexpander*
Dextrarine Phenyl-	dextran + phenylbutazone	Dextran + Phenylbutazon	Antiphlogistikum	
Diabinese	chlorpropamide	Chlorpropamid	sulfonylurée	*Sulfonylharnstoff*
Di-actane	naftidrofuryl oxalate	Naftidrofuryloxalat	antispasmodique/ vasodilatateur	*Spasmolytikum/ Vasodilatator*
Diamicron	glicazide	Glicazid	sulfonylurée	*Sulfonylharnstoff*
Diamox	acétazolamide	Acetazolamid	inhibiteur de l'anhydrase carbonique	*Carboanhydrasehemmer*
Diane	cyprotérone acétate + éthinylestradiol	Cyproteronacetat + Ethinylestradiol	antiandrogène	*Antiandrogen*
Di-antalvic	dextropropoxyphène + paracétamol	Dextropropoxyphen + Paracetamol	antalgique	*Analgetikum*
Diapid	lypressine	Lypressin	analogue de l'HAD	*ADH-Analogum*
Diarsed	diphénoxylate + atropine	Diphenoxylat + Atropin	antidiarrhéique	*Antidiarrhöikum*
Dibencozan	dibencozide	Dibencozid	coenzyme	*Coenzym*
Dibromure D'Atropine	atropine + bromure de calcium	Atropin + Kalziumbromid	antispasmodique	*Spasmolytikum*
Diclocil	dicloxacilline	Dicloxacillin	antibiotique	*Antibiotikum*
Dicynone	étamsylate	Etamsylat	antihémorragique	*Antihämorrhagikum*
Didronel	acide étidronique	Etidronsäure	antipagétique	*M. Paget-Mittel*
Diflurex	acide tiénilique	Tienilsäure	antihypertenseur/ diurétique/uricosurique	*Antihypertonikum/ Diuretikum/Urikosurikum*
Digitaline	digitoxine	Digitoxin	glucoside cardiotonique	*Herzglykosid*
Digoxine	digoxine	Digoxin	glucoside cardiotonique	*Herzglykosid*
Dihydan	phénytoïne	Phenytoin	anticonvulsivant	*Antikonvulsivum*
Dihydroergotamine	dihydroergotamine	Dihydroergotamin	antimigraineux/ antihypotenseur	*Migränemittel/ Antihypotonikum*

Médicament	Substance	Substanz	Famille pharmaceutique	Pharmakologische Substanzklasse
Dilar	paraméthasone	Paramethason	glucocorticoïde	*Glukokortikoid*
Dilatrane	théophylline	Theophyllin	antiasthmatique	*Antiasthmatikum*
Dimalan	hydroxyde d'aluminium + hydroxyde de magnésium + diméticone	Aluminiumhydroxid + Magnesiumhydroxid + Dimeticon	antiacide	*Antazidum*
Dinulcid	oxamétacine	Oxametacin	anti-inflammatoire non-stéroïdien	*nicht-steroidales Antiphlogistikum*
Dipiperon	pipampérone	Pipamperon	neuroleptique	*Neuroleptikum*
Diprivan	propofol	Propofol	anesthésique	*Anästhetikum*
Diprosalic	bétaméthasone + acide salicylique	Betamethason + Salicylsäure	glucocorticoïde + kératolytique	*Glukokortikoid + Keratolytikum*
Diprosone	bétaméthasone	Betamethason	glucocorticoïde	*Glukokortikoid*
Diprosone Neo-	bétaméthasone + néomycine	Betamethason + Neomycin	glucocorticoïde + antibiotique	*Glukokortikoid + Antibiotikum*
Diprostene	bétaméthasone	Betamethason	glucocorticoïde	*Glukokortikoid*
Disipal	orphénadrine	Orphenadrin	antiparkinsonien	*Parkinsonmittel*
Disorlon	isosorbide dinitrate	Isosorbiddinitrat	vasodilatateur	*Vasodilatator*
Distilbene	diéthylstilbestrol	Diethylstilbestrol	oestrogène	*Östrogen*
Disulone	dapsone	Dapsone	antilépreux	*Lepratherapeutikum*
Ditropan	oxybutynine	Oxybutynin	antispasmodique	*Spasmolytikum*
Dobutrex	dobutamine	Dobutamin	antihypotenseur	*Antihypotonikum*
Dogmatil	sulpiride	Sulpirid	neuroleptique	*Neuroleptikum*
Dolipol	tolbutamide	Tolbutamid	sulfonylurée	*Sulfonylharnstoff*
Doliprane	paracétamol	Paracetamol	analgésique	*Analgetikum*
Dolosal	péthidine	Pethidin	analgésique	*Analgetikum*
Dopamine 200 Lucien	dopamine	Dopamin	antihypotenseur	*Antihypotonikum*
Dopamine 50 Pierre Fabre	dopamine	Dopamin	antihypotenseur	*Antihypotonikum*
Dopamine Nativelle	dopamine	Dopamin	antihypotenseur	*Antihypotonikum*
Dopram	doxapram	Doxapram	analeptique	*Analeptikum*
Doxergan	oxomémazine	Oxomemazin	antihistaminique	*Antihistaminikum*
Doxium	calcium dobélisate	Calciumdobelisat	vasculoprotecteur	*Gefäßaktive Substanz*
Doxy 100	doxycycline	Doxycyclin	tétracycline/antibiotique	*Tetracyclin/Antibiotikum*
Doxycline	doxycycline	Doxycyclin	tétracycline/antibiotique	*Tetracyclin/Antibiotikum*
Doxygram	doxycycline	Doxycyclin	tétracycline/antibiotique	*Tetracyclin/Antibiotikum*
Droleptan	dropéridol	Droperidol	neuroleptique	*Neuroleptikum*
Dulcicortine	néomycine + hydrocortisone	Neomycin + Hydrokortison	antibiotique + glucocorticoïde	*Antibiotikum + Glikokortikoid*

Médicament	Substance	Substanz	Famille pharmaceutique	Pharmakologische Substanzklasse
Dulcidrine	synéphrine + chlorhexidin	Synephrin + Chlorhexidin	antiseptique/vasoconstricteur	*Antiseptikum/Vasokonstriktor*
Dulcimycine	framycétine + polymyxine B	Framycetin + Polymyxin B	antibiotique	*Antibiotikum*
Dulcion	dihydroergotoxine	Dihydroergotoxin	vasodilatateur	*Vasodilatator*
Dulcolax	bisacodyl	Bisacodyl	laxatif	*Laxantium*
Duperan	clométacin	Clometacin	antalgique	*Analgetikum*
Duphalac	lactulose	Laktulose	laxatif	*Laxantium*
Duspatalin	mébévérine	Mebeverin	antispasmodique	*Spasmolytikum*
Dynabolon	nandrolone	Nandrolon	anabolisant	*Anabolikum*
E				
Edalene	cimétidine	Cimetidin	antagoniste des récepteurs H2	*H2-Blocker*
Eductyl	bitartrate de potassium + bicarbonate de sodium	Kaliumbitartrat + Natriumbikarbonat	laxatif	*Laxantium*
Effederm	trétinoïne	Tretinoin	antiacnéique	*Aknemittel*
Efferalgan	paracétamol	Paracetamol	analgésique	*Analgetikum*
Effortil	étiléfrine	Etilefrin	antihypotenseur	*Antihypotonikum*
Elavil	amitriptyline	Amitriptylin	antidépresseur	*Antidepressivum*
Eldisine	vindésine	Vindesin	cytostatique	*Zytostatikum*
Eludril	chlorhexidine + tétracaïne + acide ascorbique	Chlorhexidin + Tetracain + Ascorbinsäure	antiseptique/antifongique/antalgique	*Antiseptikum/Antimykotikum/Analgetikum*
Emestid	érythromycine	Erythromycin	antibiotique	*Antibiotikum*
Epanal	phénobarbital	Phenobarbital	anticonvulsivant	*Antikonvulsivum*
Ephynal	tocophérol	Tocopherol	vitamine E	*Vitamin E*
Epitopic	difluprednate	Difluprednat	corticoïde	*Kortikoid*
Epontol	propanidide	Propanidid	anesthésique	*Anästhetikum*
Eppy	épinéphrine	Epinephrin	sympathomimétique	*Sympathomimetikum*
Equanil	méprobamate	Meprobamat	anxiolytique	*Anxiolytikum*
Equibar	méthyldopa	Methyldopa	antihypertenseur	*Antihypertonikum*
Equilium	tiapride	Tiaprid	neuroleptique	*Neuroleptikum*
Ercefuryl	nifuroxazide	Nifuroxazid	antiseptique intestinal	*Magen-Darm-Mittel*
Ery 500	érythromycine	Erythromycin	antibiotique	*Antibiotikum*
Erycocci	érythromycine	Erythromycin	antibiotique	*Antibiotikum*
Eryfluid	érythromycine	Erythromycin	antibiotique	*Antibiotikum*
Erythrocine	érythromycine	Erythromycin	antibiotique	*Antibiotikum*
Erythrogram	érythromycine	Erythromycin	antibiotique	*Antibiotikum*
Esidrix	hydrochlorothiazide	Hydrochlorothiazid	salurétique	*Saluretikum*
Eskacef	céfradine	Cefradin	céphalosporine	*Cephalosporin*
Esperal	disulfirame	Disulfiram	thérapeutique contre l'alcoolisme chronique	*Alkoholentwöhnungsmittel*

Médicament	Substance	Substanz	Famille pharmaceutique	Pharmakologische Substanzklasse
Estracyt	estramustine	Estramustin	cytostatique	*Zytostatikum*
Etaphylline Phenobarbital	acéfylline pipérazine + phénobarbital	Acefyllin-piperazin Phenobarbital	analeptique + sédatif	*Analeptikum + Sedativum*
Ethinyl-Oestradiol	éthinylestradiol	Ethinylestradiol	oestrogène	*Östrogen*
Eucalyptine	eucalyptol + camphre + codéine	Eukalyptus + Kampfer + Codein	antitussif	*Antitussivum*
Eucol	arginine	Arginin	acide aminé	*Aminosäure*
Euglucan	glibenclamide	Glibenclamid	sulfonylurée	*Sulfonylharnstoff*
Eulexine	flutamide	Flutamid	antiandrogène	*Antiandrogen*
Euphylline	théophylline	Theophyllin	antiasthmatique	*Antiasthmatikum*
Eupneron	éprozinol	Eprozinol	antihistaminique/ antispasmodique	*Antihistaminikum/ Spasmolytikum*
Eurax	crotamiton	Crotamiton	antiprurigineux	*Juckreizstillendes Mittel*
Eurobiol	enzymes pancréatiques	Pankreasenzyme	enzymes	*Enzyme*
Eusaprim	triméthoprime + sulfaméthoxazole	Trimethoprim + Sulfamethoxazol	antibiotique	*Antibiotikum*
Euthyral	thyronine + thyroxine	Thyronin + Thyroxin	hormones thyroïdiennes	*Schilddrüsenhormone*
Exacyl	acide tranexamique	Tranexamsäure	antifibrinolytique	*Antifibrinolytikum*
Exomuc	acétylcystéine	Acetylcystein	fluidifiant	*Mukolytikum*
Extencilline	benzathine-benzylpénicilline	Benzathin-Benzylpenicillin	antibiotique	*Antibiotikum*
Extranase	broméláïnes	Bromelaine	enzymes protéolytique	*proteolytische Enzyme*
F				
Fansidar	sulfadoxine + pyriméthamine	Sulfadoxin + Pyrimethamin	antipaludéen	*Malariamittel*
Farlutal	médroxyprogestérone	Medroxyprogesteron	progestatif	*Progesteron*
Farmorubicine	épirubicine	Epirubicin	cytostatique	*Zytostatikum*
Fazol	isoconazole	Isoconazol	antifongique	*Antimykotikum*
Feldene	piroxicam	Piroxicam	anti-inflammatoire non-stéroïdien	*nicht-steroidales Antiphlogistikum*
Fenalgic	ibuprofène	Ibuprofen	anti-inflammatoire non-stéroïdien	*nicht-steroidales Antiphlogistikum*
Fentanyl	fentanyl	Fentanyl	analgésique	*Analgetikum*
Fer Lucien	hydroxyde ferrique	Eisenhydroxid	thérapeutique martiale	*Eisenpräparat*
Fiboran	aprindine	Aprindin	antiarythmique	*Antiarrhythmikum*

Médicament	Substance	Substanz	Famille pharmaceutique	Pharmakologische Substanzklasse
Fibrogammine	facteur XIII	Faktor XIII	stabilisant de la fibrine	*Fibrinstabilisator*
Flagyl	métronidazole	Metronidazol	antibiotique	*Antibiotikum*
Flammazine	sulfadiazine	Sulfadiazin	sulfamide	*Sulfonamid*
Flecaine	flécaïnide	Flecainid	antiarythmique	*Antiarrhythmikum*
Floxyfral	fluvoxamine	Fluvoxamin	antidépresseur	*Antidepressivum*
Fluanxol	flupentixol	Flupentixol	neuroleptique	*Neuroleptikum*
Fludex	indapamide	Indapamid	antihypertenseur	*Antihypertonikum*
Fludrocortisone	fludrocortisone	Fludrokortison	glucocorticoïde	*Glukokortikoid*
Fluimucil	acétylcystéine	Acetylcystein	mucolytique	*Mukolytikum*
Fluocalcic	monofluorophosphate + carbonate de calcium	Monofluorphosphat + Kalziumkarbonat	thérapeutique de l'ostéoporose	*Osteoporosemittel*
Fluoro-Uracile	fluoruracil	Fluoruracil	cytostatique	*Zytostatikum*
Fluvermal	flubendazole	Flubendazol	anthelmintique	*Anthelmintikum*
Folinate De	folinate de calcium	Folsäure	antianémique	*Antianämikum*
Fonzylane	buflomédil	Buflomedil	vasodilatateur	*Vasodilatator*
Fortal	pentazocine	Pentazocin	analgésique	*Analgetikum*
Fortum	ceftazidime	Ceftazidim	céphalosporine	*Cephalosporin*
Fosfocine	fosfomycine	Fosfomycin	antibiotique	*Antibiotikum*
Fraxiparine	dérivée de l'héparine	Heparinderivat	anticoagulant	*Antikoagulantium*
Frenactil	benpéridol	Benperidol	neuroleptique	*Neuroleptikum*
Frenolyse	acide tranexamique	Tranexamsäure	antifibrinolytique	*Antifibrinolytikum*
Fucidine	acide fusidique	Fusidinsäure	antibiotique stéroïdien	*steroidales Antibiotikum*
Fumafer	fumarate ferreux	Eisenfumarat	thérapeutique martiale	*Eisenpräparat*
Fungizone	amphotéricine B	Amphotericin B	antifongique	*Antimykotikum*
Furadantine	nitrofurantoïne	Nitrofurantoin	antibiotique	*Antibiotikum*

G

Gabacet	piracétam	Piracetam	psychoanaleptique	*Psychoanaleptikum*
Gamma 16	immunoglobulines humaines	Humanimmunglobuline	immunoglobulines	*Immunglobuline*
Gammaphenicol	gammaglobuline + chloramphénicol	Gammaglobulin + Chloramphenicol	anticorps + antibiotique	*Antikörper + Antibiotikum*
Gardenal	phénobarbital	Phenobarbital	anticonvulsivant	*Antikonvulsivum*
Gastralugel	hydroxyde d'aluminium	Aluminiumhydroxid	antiacide	*Antazidum*
Gastrozepine	pirenzépine	Pirenzepin	antiulcéreux	*Ulkusmittel*
Gaviscon	alginate de sodium	Alginsäure	antiulcéreux	*Ulkusmittel*
Gel De Polysilane	diméticone	Dimeticon	pansement intestinal	*Magen-Darm-Mittel*

Médicament	Substance	Substanz	Famille pharmaceutique	Pharmakologische Substanzklasse
Genatropine	atropine	Atropin	antispasmodique	*Spasmolytikum*
Gentalline	gentamicine	Gentamicin	aminoglycoside/ antibiotique	*Aminoglykosid/ Antibiotikum*
Gentamicine	gentamicine	Gentamicin	aminoglycoside/ antibiotique	*Aminoglykosid/ Antibiotikum*
Gentogram	gentamicine	Gentamicin	aminoglycoside/ antibiotique	*Aminoglykosid/ Antibiotikum*
Gentoptine	gentamicine	Gentamicin	aminoglycoside/ antibiotique	*Aminoglykosid/ Antibiotikum*
Gevatran	naftidrofuryl	Naftidrofuryl	thérapeutique pour amélioration de la microperfusion	*Durchblutungs-förderndes Mittel*
Glaucadrine	acéclidine + épinéphrine	Aceclidin + Epinephrin	cholinergique	*Cholinergikum*
Glaucostat	acéclidine	Aceclidin	cholinergique	*Cholinergikum*
Glauposine	épinéphrine	Epinephrin	mydriatique	*Mydriatikum*
Glibenese	glipizide	Glipizid	sulfonylurée	*Sulfonylharnstoff*
Glifanan	glafénine	Glafenin	antalgique	*Analgetikum*
Glucagon	glucagon	Glukagon	hormone	*Hormon*
Glucantime	antimoniate de méglumine	Meglumin-Salz	thérapeutique de la leishmaniose	*Leishmaniose-Mittel*
Glucidoral	carbutamide	Carbutamid	sulfonylurée	*Sulfonylharnstoff*
Glucophage	metformine	Metformin	biguanide	*Biguanid*
Glucosulfa	metformine + tolbutamide	Metformin + Tolbutamid	biguanide + sulfonylurée	*Biguanid + Sulfonylharnstoff*
Glutril	glibornuride	Glibornurid	sulfonylurée	*Sulfonylharnstoff*
Glycerotone	glycérol	Glycerol	hypotonisant osmotique	*Augeninnen-drucksenker*
Glypressine	terlipressine	Terlipressin	vasoconstricteur	*Vasokonstriktor*
Glyvenol	tribénoside	Tribenosid	veinotonique	*Venenmittel*
Gomenol	essence végétal	Pflanzenessenz	antiseptique	*Antiseptikum*
Gramidil	amoxicilline	Amoxicillin	antibiotique	*Antibiotikum*
Granudoxy	doxycycline	Doxycyclin	antibiotique	*Antibiotikum*
Griseofuline	griséofulvine	Griseofulvin	antifongique	*Antimykotikum*
Gynergine Cafeine	ergotamine + caféine	Ergotamin + Koffein	antimigraineux	*Migränemittel*
Gyno-Daktarin	miconazole	Miconazol	antifongique	*Antimykotikum*
Gyno-Pevaryl	éconazole	Econazol	antifongique	*Antimykotikum*
H				
Haemaccel	polygéline	Gelatine-Polymer	substituant plasmatique	*Plasmaersatzmittel*
Halcion	triazolam	Triazolam	benzodiazépine	*Benzodiazepin*
Haldol	halopéridol	Haloperidol	neuroleptique	*Neuroleptikum*
Halfan	halofantrine	Halofantrin	antipaludéen	*Malariamittel*
Halperidol Theraplix	halopéridol	Haloperidol	neuroleptique	*Neuroleptikum*
Halotestin	fluoxymestérone	Fluoxymesteron	androgène	*Androgen*

Médicament	Substance	Substanz	Famille pharmaceutique	Pharmakologische Substanzklasse
Healonid	hyaluronate de sodium	Natriumhyaluronat	thérapeutique ophtalmique	*Ophthalmikum*
Helmintox	pyrantel	Pyrantel	antihelmintique	*Anthelmintikum*
Heni-Daonil	glibenglamide	Glibenglamid	sulfonylurée	*Sulfonylharnstoff*
Hemineurine	clométhiazole	Clomethiazol	sédatif	*Sedativum*
Hemocaprol	acide aminocaproïque	Aminocapron-säure	antifibrinolytique	*Antifibrinolytikum*
Hemoclar	pentosane polysulfate	Pentosan-Polysulfat	anticoagulant	*Antikoagulantium*
Hemostatique Erce	cytozyme	Cytozym	hémostatique	*Hämostatikum*
Hepargitol	arginine chlorhydrate	Argininchlorhydrat	cholalogue	*Cholalogum*
Heparine	héparine	Heparin	anticoagulant	*Antikoagulantium*
Hept-A-Myl	heptaminol	Heptaminol	antihypotenseur	*Antihypotonikum*
Heptan	fer + cuivre + zinc + manganèse + fluor + iode + cobalt	Eisen + Kupfer + Zink + Mangan + Fluor + Jod + Kobalt	oligo-éléments	*Spurenelemente*
Hexacycline	tétracycline	Tetracyclin	antibiotique	*Antibiotikum*
Hexapneumine	pholcodine + biclotymol + guaifénésine + chlorphénamine + paracetamol	Pholcodin + Biclotymol + Guaifenesin + Chlorphenamin + Paracetamol	antitussif	*Antitussivum*
Hexastat	altrétamine	Altretamin	cytostatique	*Zytostatikum*
Hexomedine	hexamidine	Hexamidin	antiseptique	*Antiseptikum*
Hextril	hexétidine	Hexetidin	antiseptique	*Antiseptikum*
Hibidil	chlorhexidine	Chlorhexidin	antiseptique	*Antiseptikum*
Hibiscrub	chlorhexidine	Chlorhexidin	antiseptique	*Antiseptikum*
Hibitane	chlorhexidine	Chlorhexidin	antiseptique	*Antiseptikum*
Hiconcil	amoxicilline	Amoxicillin	antibiotique	*Antibiotikum*
Hismanal	astémizole	Astemizol	antihistaminique	*Antihistaminikum*
Humagel	paromomycine	Paromomycin	antibiotique	*Antibiotikum*
Humatin	paromomycine	Paromomycin	antibiotique	*Antibiotikum*
Humegon	gonadotrophine ménopausique humaine	Humanes menopausales Gonadotropin	hormone sexuelle	*Sexualhormon*
Humoryl	toloxatone	Toloxaton	antidépresseur	*Antidepressivum*
Hyaluronidase	hyaluronidase	Hyaluronidase	enzyme antioedémateux	*antiödematöses Enzym*
Hydergine	dihydroergotoxine	Dihydroergotoxin	médicament pour augmentation de la perfusion	*Durchblutungs-förderndes Mittel*
Hydrea	hydroxycarbamide	Hydroxycarbamid	cytostatique	*Zytostatikum*
Hydrocortanyl	prednisolone	Prednisolon	glucocorticoïde	*Glukokortikoid*
Hydrocortisone	hydrocortisone	Hydrokortison	glucocorticoïde	*Glukokortikoid*
Hydroquinidine Houde	hydroquinidine	Hydrochinidin	antiarythmique	*Antiarrhythmikum*

Médicament	Substance	Substanz	Famille pharmaceutique	Pharmakologische Substanzklasse
Hydrosol Polyvizamine Roche	vitamine A, B1, B2, B5, B6, PP, C, D2, E	Vitamin A, B1, B2, B5, B6, PP, C, D2, E	vitamines	*Vitamine*
Hydroxo 5000	hydroxocobalamine	Hydroxocobalamin	vitamine	*Vitamin*
Hydroxyprogesterone	hydroxyprogestérone	Hydroxyprogesteron	hormone sexuelle	*Sexualhormon*
Hygroton	chlortalidone	Chlortalidon	salurétique	*Saluretikum*
Hyperstat	diazoxide	Diazoxid	antihypertenseur	*Antihypertonikum*
Hypnasmine	caféine + théophylline	Koffein + Theophyllin	antiasthmatique	*Antiasthmatikum*
Hypnomidate	étomidate	Etomidat	narcotique	*Narkotikum*
Hypostamine	tritoqualine	Tritoqualin	antiallergique	*Antiallergikum*
I				
Icacine	dibékacine	Dibekacin	aminoglycoside/ antibiotique	*Aminoglykosid/ Antibiotikum*
Idarac	floctafénine	Floctafenin	antalgique	*Analgetikum*
Idulian	azatadine	Azatadin	antihistaminique	*Antihistaminikum*
Iduviran	idoxuridine	Idoxuridin	antiviral	*Virostatikum*
Ikaran	dihydroergotamine	Dihydroergotamin	antimigraineux/ antihypotenseur	*Migränemittel/ Antihypotonikum*
Immenoctal	sécobarbital	Secobarbital	sédatif	*Sedativum*
Imodium	lopéramide	Loperamid	antidiarrhéique	*Antidiarrhöikum*
Imovane	zoplicone	Zoplicon	hypnotique	*Hypnotikum*
Imurel	azathioprine	Azathioprin	immuno-dépresseur	*Immunsuppressivum*
Indocid	indométacine	Indometacin	anti-inflammatoire non-stéroïdien	*nicht-steroidales Antiphlogistikum*
Indocollyre	indométacine	Indometacin	anti-inflammatoire non-stéroïdien	*nicht-steroidales Antiphlogistikum*
Inductor	gonadotrophine ménopausique humaine	Humanes menopausales Gonadotropin	hormone sexuelle	*Sexualhormon*
Indusil	dibencozide	Dibenzozid	antiasthénique	*Antiasthenikum*
Iniprol	aprotinine	Aprotinin	inhibiteur de protéases	*Proteasehemmer*
Inocor	amrinone	Amrinon	cardiotonique	*Herzstärkendes Mittel*
Inophyline	aminophylline	Aminophyllin	antiasthmatique	*Antiasthmatikum*
Insidon	opipramol	Opipramol	antidépresseur	*Antidepressivum*
Insulatard	insuline humaine	Humaninsulin	insuline	*Insulin*
Intetrix	tiliquinol + tilbroquinol	Tiliquinol + Tilbroquinol	antiseptique intestinal	*Magen-Darm-Mittel*
Intralipide	huile des soja + lécithine	Sojaöl + Lezithin	lipides	*Lipide*
Introna	interféron alpha-2b	Interferon alpha-2b	immunostimulant	*Immunstimulantium*

Médicament	Substance	Substanz	Famille pharmaceutique	Pharmakologische Substanzklasse
Ionitan	électrolytes	Elektrolyte	électrolytes	*Elektrolyte*
Irrigor	imolamine	Imolamin	vasodilatateur	*Vasodilatator*
Iskedyl	raubasine + dihydroergo-cristine	Raubasin + Dihydroergocristin	médicament pour augmentation de la perfusion cérébrale	*Hirndurchblu-tungsförderndes Mittel*
Ismeline	guanéthidine	Guanethidin	antihypertenseur	*Antihypertonikum*
Isoprinosine	inosine + dimépranol	Inosin + Dimepranol	immunostimulant	*Immunstimulan-tium*
Isoptine	vérapamil	Verapamil	antagoniste calcique	*Kalziumantagonist*
Isopto-Carbachol	carbachol	Carbachol	parasympathico-mimétique	*Parasympatho-mimetikum*
Isuprel	isoprénaline	Isoprenalin	bêta-sympathicomi-métique	*Beta-Sympathomi metikum*
Ivelip	huile de soja + glycérol	Sojaöl + Glycerol	lipides	*Lipide*
J				
Jonctum	oxacéprol	Oxaceprol	trophique cutané	*Dermatikum*
Josacine	josamycine	Josamycin	antibiotique	*Antibiotikum*
Juvepirine	acide acétylsalicylique	Acetylsalicylsäure	analgésique	*Analgetikum*
K				
Kaleorid	chlorure de potassium	Kaliumchlorid	potassium	*Kalium*
Kamycine	kanamycine	Kanamycin	aminoglycoside/ antibiotique	*Aminoglykosid/ Antibiotikum*
Keal	sucralfate	Sucralfat	antiulcéreux	*Ulkusmittel*
Kefandol	céfamandol	Cefamandol	céphalosporine	*Cephalosporin*
Keflin	céfalotine	Cefalotin	cephalosporin	*Cephalosporin*
Keforal	céfalexine	Cefalexin	céphalosporine	*Cephalosporin*
Kefzol	céfazoline	Cefazoline	céphalosporine	*Cephalosporin*
Kemadrine	procyclidine	Procyclidin	antiparkinsonien	*Parkinsonmittel*
Kenacort	triamcinolone	Triamcinolon	corticoïde	*Kortikoid*
Keratyl	nandrolone	Nandrolon	cicatrisant	*Wundheilungs-mittel*
Kerlone	bétaxolol	Betaxolol	bêta-bloquant	*Beta-Blocker*
Kessar	tamoxifène	Tamoxifen	antiestrogène	*Antiöstrogen*
Ketalar	kétamine	Ketamin	anesthésique	*Anästhetikum*
Ketoderm	kétoconazol	Ketokonazol	antifongique	*Antimykotikum*
Kidrolase	asparginase	Asparginase	cytostatique	*Zytostatikum*
Kinupril	quinupramine	Quinupramin	antidépresseur	*Antidepressivum*
Kinurea	quinine-urée	Chinin-Harnstoff	agent sclérosant	*Sklerosierungs-mittel*

Médicament	Substance	Substanz	Famille pharmaceutique	Pharmakologische Substanzklasse
L				
Lactulose	lactulose	Laktulose	laxatif	*Laxantium*
Langoran	isosorbide dinitrate	Isosorbiddinitrat	vasodilatateur	*Vasodilatator*
Lansoyl	huile de paraffine	Paraffinöl	laxatif	*Laxantium*
Largactil	chlorpromazine	Chlorpromazin	neuroleptique	*Neuroleptikum*
Lariam	méfloquine	Mefloquin	antipaludéen	*Malariamittel*
Larodopa	lévodopa	Levodopa	antiparkinsonien	*Parkinsonmittel*
Laroscorbine	acide ascorbïque	Ascorbinsäure	vitamine C	*Vitamin C*
Laroxyl	amitriptyline	Amitriptylin	antidépresseur	*Antidepressivum*
Lasilix	furosémide	Furosemid	diurétique	*Diuretikum*
Lasonil	héparinoïde + hyaluronidase	Heparin + Hyaluronidase	anti-inflammatoire	*Antiphlogistikum*
Lederfoline	folinate de calcium	Kalziumfolinat	antianémique	*Antianämikum*
Ledertrexate	méthotrexate	Methotrexat	cytostatique	*Zytostatikum*
Lenitral	trinitrine	Trinitrin	vasodilatateur	*Vasodilatator*
Lepticur	tropatépine	Tropatepin	antiparkinsonien	*Parkinsonmittel*
Levothyrox	lévothyroxine	Levothyroxin	hormone thyroïdienne	*Schilddrüsen-hormon*
Lexomil	bromazépam	Bromazepam	anxiolytique	*Anxiolytikum*
Librax	chlordiazépoxide + clidinium bromure	Chlordiazepoxid + Clidiniumbromid	spmasmolytique + anxiolytique	*Spasmolytikum + Anxiolytikum*
Librium	chlordiazépoxide	Chlordiazepoxid	anxiolytique	*Anxiolytikum*
Lincocine	lincomycine	Lincomycin	antibiotique	*Antibiotikum*
Lioresal	baclofène	Baclofen	antispastique	*Spastiklösendes Mittel*
Lipanthyl	fénofibrate	Fenofibrat	hypolipémiant	*Lipidsenker*
Lipavlon	clofibrate	Clofibrat	hypolipémiant	*Lipidsenker*
Lipenan	clofibride	Clofibrid	hypolipémiant	*Lipidsenker*
Lipsin	fénofibrate	Fenofibrat	hypolipémiant	*Lipidsenker*
Liquemine	héparine	Heparin	anticoagulant	*Antikoagulantium*
Lithiagel	aluminium carbonate	Aluminiumkar-bonat	chélateur	*Chelatbildner*
Lodine	étodolac	Etodolac	anti-inflammatoire non-stéroïdien	*nicht-steroidales Antiphlogistikum*
Logroton	chlortalidone + métoprolol	Chlortalidon + MetoMetoprolol	diurétique + bêta-bloquant	*Diuretikum + BetaBlocker*
Lomudal	acide cromoglicique	Cromoglicinsäure	antiallergique	*Antiallergikum*
Longacor	quinidine	Chinidin	antiarythmique	*Antiarrhythmikum*
Lonoten	minoxidil	Minoxidil	antihypertenseur	*Antihypertonikum*
Lontanyl	testostérone	Testosteron	hormone sexuelle	*Sexualhormon*
Lopressor	métoprolol	Metoprolol	bêta-bloquant	*Beta-Blocker*

Médicament	Substance	Substanz	Famille pharmaceutique	Pharmakologische Substanzklasse
Lopril	captopril	Captopril	inhibiteur de l'enzyme de conversion	*ACE-Hemmer*
Lovenox	enoxaparine	Enoxaparine	anticoagulant	*Antikoagulantium*
Loxen	nicardipine	Nicardipin	inhibiteur calcique	*Kalziumantagonist*
Lucidril	méclofénoxate	Meclofenoxat	médicament pour amélioration de la circulation cérébrale	*Durchblutungs-förderndes Mittel*
Ludiomil	maprotiline	Maprotilin	antidépresseur	*Antidepressivum*
Lumirelax	méthocarbamol	Methocarbamol	myorelaxant	*Muskelrelaxantium*
Lutenyl	nomégestrol	Nomegestrol	progestatif	*Progesteronderi-vat*
Luteran	chlormadinone	Chlormadinon	progestatif	*Progesteronderi-vat*
Lutionex	démégestone	Demegeston	progestatif	*Progesteronderi-vat*
Lutometrodiol	éthynodiol	Ethynodiol	progestatif	*Progesteronderi-vat*
Lysanxia	parazépam	Parazepam	benzodiazépine	*Benzodiazepin*
M				
Maalox	hydroxyde d'aluminium + hydroxyde de magnésium	Aluminiumhydro-xid + Magnesiumhy-droxid	antiacide	*Antazidum*
Madecassol	centella asiatica	centella asiatica	cicatrisant	*Wundheilungs-mittel*
Mag 2	magnésium	Magnesium	magnésium	*Magnesium*
Magnespasmyl	lactate de magnesium	Magnesiumlaktat	magnésium	*Magnesium*
Magnipen	métampicilline	Metampicillin	antibiotique	*Antibiotikum*
Malgis	paracétamol	Paracetamol	antalgique	*Analgetikum*
Mandrax	méthaqualone + diphénhydramine	Methaqualon + Diphenhydramin	hypnotique	*Hypnotikum*
Mannitol	mannitol	Mannitol	diurétique	*Diuretikum*
Mantadix	amantadine	Amantadin	antiparkinsonien	*Parkinsonmittel*
Marcaine	bupivacaïne	Bupivacain	anesthésique	*Anästhetikum*
Marsilid	iproniazide	Iproniazid	antidépresseur	*Antidepressivum*
Martigenta	gentamicine	Gentamicin	antibiotique	*Antibiotikum*
Marzine	cyclizine	Cyclizin	antihistaminique	*Antihistaminikum*
Maxicaine	paréthoxycaïne	Parethoxycain	anesthésique local	*Lokalänestheti-kum*
Maxidex	dexaméthasone	Dexamethason	corticoïde	*Kortikoid*
Maxidrol	dexaméthasone + néomycine + polymyxine B	Dexamethason + Neomycin + Polymyxin B	corticoïde + antibiotique	*Kortikoid + Antibiotikum*

Médicament	Substance	Substanz	Famille pharmaceutique	Pharmakologische Substanzklasse
Maxilase 3000	alpha-amylase	Alpha-Amylase	enzyme	*Enzym*
Maxomat	somatropine	Somatropin	hormone de croissance	*Wachstumshormon*
Mectizan	ivermectine	Ivermectin	antihelmintique	*Anthelmintikum*
Medrol	méthylpredisolone	Methylprednisolon	glucocorticoïde	*Glukokortikoid*
Medrysone	médrysone	Medryson	anti-inflammatoire	*Antiphlogistikum*
Mefoxin	céfoxitine	Cefoxitin	céphalosporine	*Cephalosporin*
Megazone	phénylbutazone	Phenylbutazon	anti-inflammatoire non-stéroïdien	*nicht-steroidales Antiphlogistikum*
Melleril	thioridazine	Thioridazin	neuroleptique	*Neuroleptikum*
Meprobamate	méprobamate	Meprobamat	sédatif	*Sedativum*
Mepronizine	méprobamate + acéprométazine	Meprobamat + Aceprometazin	anxiolytique + antihistaminique	*Anxiolytikum + Antihistaminikum*
Mercryl Lauryle	mercurobutol	Mercurobutol	antiseptique	*Antiseptikum*
Merfene	phénylmercure borate	Phenylmercuriborat	antiseptique	*Antiseptikum*
Mestacine	minocycline	Minocyclin	antibiotique	*Antibiotikum*
Mestinon	pyridostigmine bromure	Pyridostigmin	inhibiteur des cholinesterases	*Cholinesterasehemmer*
Methergin	méthylergométrine	Methylergometrin	utérotonique	*Uterotonikum*
Methotrexate	méthotrexate	Methotrexat	cytostatique	*Zytostatikum*
Methyl-Gag	mitoguazone	Mitoguazon	cytostatique	*Zytostatikum*
Metrodine	hormone folliculostimulante	Follikelstimulierendes Hormon	hormone sexuelle	*Sexualhormon*
Metronidazole	métronidazole	Metronidazol	antibiotique	*Antibiotikum*
Mexitil	mexilétine	Mexiletin	antiarythmique	*Antiarrhythmikum*
Miacalcic	calcitonine	Kalzitonin	hormone	*Hormon*
Micorene	cropropamide + crotétamide	Cropropamid + Crotetamid	analeptique	*Analeptikum*
Microdoine	nitrofurantoïne	Nitrofurantoin	antibiotique	*Antibiotikum*
Microval	lévonorgestrel	Levonorgestrel	contraceptif	*Kontrazeptivum*
Midecacine	midécamycine	Midecamycin	antibiotique	*Antibiotikum*
Miglucan	glibenclamide	Glibenclamid	sulfonylurée	*Sulfonylharnstoff*
Migristene	dimétotiazine	Dimetotiazin	antimigraineux	*Migränemittel*
Milide	proglumide	Proglumid	anti-ulcéreux	*Ulkusmittel*
Milli Anovlar	noréthistérone + éthinylestradiol	Norethisteron + Ethinylestradiol	contraceptif	*Kontrazeptivum*
Milligynon	noréthistérone	Norethisteron	contraceptif	*Kontrazeptivum*
Minidiab	glipizide	Glipizid	sulfonylurée	*Sulfonylharnstoff*
Minidril	lévonorgestrel + éthinylestradiol	Levonorgestrel + Ethinylestradiol	contraceptif	*Kontrazeptivum*
Miniphase	noréthistérone + éthinylestradiol	Norethisteron + Ethinylestradiol	contraceptif	*Kontrazeptivum*
Minipress	prazosine	Prazosin	alpha-bloquant/antihypertenseur	*Alpha-Blocker/Antihypertonikum*
Minirin	desmopressine	Desmopressin	analogue de l'HAD	*ADH-Analogum*

Médicament	Substance	Substanz	Famille pharmaceutique	Pharmakologische Substanzklasse
Misulban	busulfan	Busulfan	cytostatique	*Zytostatikum*
Mithracine	plicamycine	Plicamycin	antibiotique	*Antibiotikum*
Mitosyl	huile de foie de poisson + oxyde de zinc	Fischlebertran + Zinkoxid	topique cutané	*Dermatikum*
Mixtard	insuline humaine	Humaninsulin	insuline	*Insulin*
Modamide	amiloride	Amilorid	diurétique d'épargne potassique	*Kaliumsparendes Diuretikum*
Modecate	fluphénazine	Fluphenazin	neuroleptique	*Neuroleptikum*
Moditen	fluphénazine	Fluphenazin	neuroleptique	*Neuroleptikum*
Modopar	lévodopa + bensérazide	Levodopa + Benserazid	antiparkinsonien	*Parkinsonmittel*
Moducren	hydrochlorothia-zide + amiloride	Hydrochlorothia-zid + Amilorid	diurétique	*Diuretikum*
Moduretic	hydrochlorothia-zide + amiloride	Hydrochlorothia-zid + Amilorid	diurétique	*Diuretikum*
Modustatine	somatostatine	Somatostatin	hormone	*Hormon*
Mogadon	nitrazépam	Nitrazepam	benzodiazépine	*Benzodiazepin*
Monocline	doxycycline	Doxycyclin	antibiotique	*Antibiotikum*
Mopral	oméprazole	Omeprazol	anti-ulcéreux	*Ulkusmittel*
Moscontin	sulfate de morphine	Morphinsulfat	analgésique	*Analgetikum*
Motilium	dompéridone	Domperidon	dopamino-bloquant	*Dopaminantago-nist*
Moxalactam	latamoxef	Latamoxef	céphalosporine	*Cephalosporin*
Muciclar	carbocistéine	Carbocistein	expectorant	*Expektorantium*
Mucofluid	mesna	Mesna	mucolytique	*Mukolytikum*
Mucomyst	acétylcystéine	Acetylcystein	mucolytique	*Mukolytikum*
Multene	acides aminés	Aminosäuren	acides aminés	*Aminosäuren*
Mutesa	aluminium oxyde + magnésium oxyde + oxétacaïne	Aluminiumoxid + Magnesiumoxid + Oxetacain	antiacide	*Antazidum*
Myambutol	éthambutol	Ethambutol	antibiotique	*Antibiotikum*
Mycolog	triamcinolone + néomycine + nystatine	Triamcinolon + Neomycin + Nystatin	corticoïde + antibiotique +antifongique	*Kortikoid + Anti-Antibiotikum + Antimykotikum*
Mycostatine	nystatine	Nystatin	antifongique	*Antimykotikum*
Mydriaticum	tropicamide	Tropicamid	parasympathico-lytique	*Parasympatho-lytikum*
Mynocine	minocycline	Minocyclin	antibiotique	*Antibiotikum*
Myolastan	tétrazépam	Tetrazepam	myorelaxant	*Muskelrelaxan-tium*
Mysoline	primidone	Primidon	anticonvulsivant	*Antikonvulsivum*
Mytelase	ambénonium chlorure	Ambenonium-chlorid	inhibiteur de la cholinestérase	*Cholinesterase-hemmer*
N				
Naftilux	naftidrofuryl	Naftidrofuryl	neuroanaleptique	*Neuroanaleptikum*

Médicament	Substance	Substanz	Famille pharmaceutique	Pharmakologische Substanzklasse
Nalador	sulprostone	Sulproston	dérivé de la prostaglandine E2	*Prostaglandin E2 Derivat*
Nalcron	acide cromoglicique	Cromoglicinsäure	antiallergique	*Antiallergikum*
Nalgesic	fénoprofène	Fenoprofen	antalgique	*Analgetikum*
Nalorex	naltrexone	Naltrexon	antagoniste des opiacés	*Opiatantagonist*
Nalorphine	nalorphine	Narlophin	antagoniste morphinique	*Morphinantagonist*
Nanbacine	xibornol	Xibornol	antibiotique	*Antibiotikum*
Naprosyne	naproxène	Naproxen	anti-inflammatoire non-stéroïdien	*nicht-steroidales Antiphlogistikum*
Narcan	naloxone	Naloxon	antagoniste morphinique	*Morphinantagonist*
Narcozep	flunitrazépam	Flunitrazepam	anesthésique	*Anästhetikum*
Natisedine	phényléthylbarbiturate de quinidine	Chinidinphenylethylbarbiturat	antiarythmique	*Antiarrhythmikum*
Natispray	trinitrine	Trinitrin	vasodilatateur	*Vasodilatator*
Natulan	procarbazine	Procarbazin	cytostatique	*Zytostatikum*
Nebcine	tobramycine	Tobramycin	antibiotique	*Antibiotikum*
Negmapen	ampicilline	Ampicillin	antibiotique	*Antibiotikum*
Negram	acide nalidixique	Nalidixinsäure	antibiotique	*Antibiotikum*
Neo-Codion	codéine + sulfogaïcol	Codein + Sulfogaicol	antitussif	*Antitussivum*
Neo-Mercazole	carbimazole	Carbimazol	antithyroïdien	*Thyreostatikum*
Neomycine	néomycine	Neomycin	antibiotique	*Antibiotikum*
Neoparyl	héparinate de phényléphrine	Phenylephrinheparinat	vasoconstricteur	*Vasokonstriktor*
Neo-Pergonal	gonadotrophine ménopausique humaine	Humanes menopausales Gonadotropin	hormone sexuelle	*Sexualhormon*
Neosynephrine	phényléphrine	Phenylephrin	antihypertenseur	*Antihypertonikum*
Nepressol	dihydralazine	Dihydralazin	antihypertenseur	*Antihypertonikum*
Nerisone	diflucortolone	Diflucortolon	corticoïde	*Kortikoid*
Netromicine	nétilmicine	Netilmicin	antibiotique	*Antibiotikum*
Neuleptil	propériciazine	Propericiazin	neuroleptique	*Neuroleptikum*
Neuriplege	chlorproéthazine	Chlorproethazin	myorelaxant	*Muskelrelaxantium*
Neurocalcium	calcium + phénobarbital	Kalzium + Phenobarbital	sédatif	*Sedativum*
Neutraphylline	diprophylline	Diprophyllin	spasmolytique	*Spasmolytikum*
Niamide	nialamide	Nialamid	antidépresseur	*Antidepressivum*
Nibiol	nitroxoline	Nitroxolin	antibiotique	*Antibiotikum*
Nican	codéine + aconit + belladone	Codein + Aconit + Belladona	antitussif	*Antitussivum*
Nicene	nitroxoline + sulfaméthizol + pyridoxine	Nitroxolin + Sulfamethizol + Pyridoxin	antibiotique	*Antibiotikum*
Nicobion	nicotinamide	Nicotinamid	vitamine PP	*Vitamin PP*

Médicament	Substance	Substanz	Famille pharmaceutique	Pharmakologische Substanzklasse
Nidrel	nitrendipine	Nitrendipin	inhibiteur calcique	*Kalziumantagonist*
Nifluril	acide niflumique + hexétidine	Nifluminsäure + Hexetidin	anti-inflammatoire + antiseptique	*Antiphlogistikum + Antiseptikum*
Nimotop	nimodipine	Nimodipin	antagoniste du calcium	*Kalziumantagonist*
Nipride	nitroprussiate de sodium	Nitroprussid-Natrium	antihypertenseur	*Antihypertonikum*
Nivaquine	chloroquine	Chloroquin	antipaludéen	*Malariamittel*
Nizaxid	nizatidine	Nizatidin	antagoniste des récepteurs H2	*H2-Blocker*
Nizoral	kétoconazole	Ketoconazol	antifongique	*Antimykotikum*
Nocertone	oxétorone	Oxoteron	antimigraineux	*Migränemittel*
Noctran	clorazépate dipotassique + acépromazine + acéprométazine	Dikaliumcloraze-pat + Azeproma-zin + Azeprometazin	hypnotique	*Hypnotikum*
Nolvadex	tamoxifène	Tamoxifen	antiestrogène	*Antiöstrogen*
Nootropyl	piracétam	Piracetam	médicament neurotrope	*Neurotropikum*
Norbiline	prozapine + sorbitol	Prozapin + Sorbitol	laxatif	*Laxantium*
Norcuron	vécuronium bromure	Vecuroniumbro-mid	curarisant non dépolarisant	*nicht-depolarisierendes Muskelrelaxantium*
Nordaz	nordazépam	Nordazepam	benzodiazépine	*Benzodiazepin*
Norfor	noréthistérone	Norethisteron	progestatif	*Progesteron-Derivat*
Noriel	flunitrazépam	Flunitrazepam	benzodiazépine	*Benzodiazepin*
Noristerat	noréthistérone	Norethisteron	contraceptif	*Kontrazeptivum*
Norluten	noréthistérone	Norethisteron	progestatif	*Progesteron-Derivat*
Normison	témazépam	Temazepam	benzodiazépine	*Benzodiazepin*
Noroxine	norfloxacine	Norfloxacin	antibiotique	*Antibiotikum*
Notezine	diéthylcarbama-zine	Diethylcarbamazin	anthelmintique	*Anthelmintikum*
Novalgine	noramidopyrine	Noramidopyrin	analgésique	*Analgetikum*
Novantrone	mitoxantrone	Mitoxantron	cytostatique	*Zytostatikum*
Novazam	diazépam	Diazepam	benzodiazépine	*Benzodiazepin*
Novesine	oxybuprocaïne	Oxybuprocain	anesthésique local	*Lokalanästhetikum*
Novobedouze	hydroxocobal-amine	Hydroxocobal-amin	vitamine B12	*Vitamin B12*
Noxyflex	noxytioline	Noxytiolin	antiseptique	*Antiseptikum*
Nozinan	lévomépromazine	Levomepromazin	neuroleptique	*Neuroleptikum*
Nubain	nalbuphine	Nalbuphin	anlagésique	*Analgetikum*
Nuctalon	estazolam	Estazolam	hypnotique	*Hypnotikum*
O				
Oflocet	ofloxacine	Ofloxacin	antibiotique	*Antibiotikum*

Médicament	Substance	Substanz	Famille pharmaceutique	Pharmakologische Substanzklasse
Ogyline	norgestriénone	Norgestrienon	contraceptif	*Kontrazeptivum*
Oncovin	vincristine	Vincristin	cytostatique	*Zytostatikum*
Ophtaglobuline	gammaglobuline	Gammaglobulin	antiviral	*Virostatikum*
Ophtagram	gentamicine	Gentamicin	antibiotique	*Antibiotikum*
Ophtaphenicol	chloramphénicol	Chloramphenicol	antibiotique	*Antibiotikum*
Opiran	pimozide	Pimozid	neuroleptique	*Neuroleptikum*
Optalidon	noramidopyrine + butalbital + caféine	Noramidopyrin + Butalbital + Koffein	antalgique + sédatif	*Analgetikum + Sedativum*
Optamine	dihydroergotoxine	Dihydroergotoxin	psychoanaleptique	*Psychoanaleptikum*
Optidex	néomycine + polymyxine B + dexaméthasone	Neomycin + Polymyxin B + Dexamethason	antibiotique + glucocorticoïde	*Antibiotikum + Glukokortikoid*
Oracefal	céfadroxil	Cefadroxil	céphalosporine	*Cephalosporin*
Oracilline	phénoxyméthylpénicilline	Phenoxymethylpenicillin	antibiotique	*Antibiotikum*
Oralgan	paracétamol	Paracetamol	antalgique	*Analgetikum*
Orap 1	pimozide	Pimozid	neuroleptique	*Neuroleptikum*
Orbenine	cloxacilline	Cloxacillin	antibiotique	*Antibiotikum*
Orgametril	lynestrénol	Lynestrenol	progestatif	*Progesteron*
Orimetene	aminoglutéthimide	Aminoglutethimid	antiestrogène	*Antiöstrogen*
Ortenal	phénobarbital + amphétamine	Phenobarbital + Amphetamin	anticonvulsivant	*Antikonvulsivum*
Orthoclone	anticorps monoclonal	Monoklonaler Antikörper	immunodépresseur	*Immunsuppressivum*
Ortho-Novum	noréthistérone + éthinylestradiol	Norethisteron + Ethinylestradiol	contraceptif	*Kontrazeptivum*
Osfolate	acide folinique	Folsäure	vitamine	*Vitamin*
Ospen	phénoxyméthylpénicilline	Phenoxymethylpenicillin	antibiotique	*Antibiotikum*
Osteofluor	fluorure de sodium	Natriumfluorid	anti-ostéoporotique	*Osteoporosemittel*
Otipax	phénazone + lidocaïne	Phenazon + Lidocain	anesthétique + antiseptique	*Anästhetikum + Antiseptikum*
Otofa	rifamycine	Rifamycin	antibiotique	*Antibiotikum*
Ovamezzo	éthinylestradiol + lynestrenol	Ethinylestradiol + Lynestrenol	contraceptif	*Kontrazeptivum*
Ovanon	éthinylestradiol + lynestrenol	Ethinylestradiol + Lynestrenol	contraceptif	*Kontrazeptivum*
Ovariostat	éthinylestradiol + lynestrenol	Ethinylestradiol + Lynestrenol	contraceptif	*Kontrazeptivum*
Oxovinca	vincamine	Vincamin	médicament pour amélioration de la circulation cérébrale	*Hirndurchblutungsförderndes Mittel*
Oxyphylline	étofylline	Etofyllin	antiasthmatique	*Antiasthmatikum*
Oxyplastine	oxyde de zinc	Zinkoxyd	topique cutané	*Dermatikum*
Ozotine	essence de térébenthine	Therebenthinessenz	antiseptique	*Antiseptikum*

Médicament	Substance	Substanz	Famille pharmaceutique	Pharmakologische Substanzklasse
P				
Palfium	detromoramide	Dextromoramid	analgésique	*Analgetikum*
Panadol Codeine	paracétamol + codéine	Paracetamol + Codein	antalgique	*Analgetikum*
Panfurex	nifuroxazide	Nifuroxazid	antibiotique	*Antibiotikum*
Pansporine	cefotiam	Cefotiam	céphalosporine	*Cephalosporin*
Pantestone	testostérone	Testosteron	hormone sexuelle	*Sexualhormon*
Paracetamol Lucien	paracétamol	Paracetamol	antalgique	*Analgetikum*
Paralyoc	paracétamol	Paracetamol	antalgique	*Analgetikum*
Paraplatine	carboplatine	Carboplatin	cytostatique	*Zytostatikum*
Parfenac	bufexamac	Bufexamac	anti-inflammatoire non-stéroïdien	*nicht-steroidales Antiphlogistikum*
Parkinane	trihexyphénidyle	Trihexyphenidyl	antiparkinsonien	*Parkinsonmittel*
Parlodel	bromocriptine	Bromocriptin	agonist dopaminergique	*Dopaminagonist*
Pavulon	pancuronium bromure	Pancuronium-bromid	curarisant non dépolarisant	*nicht-depolarisierendes Muskelrelaxantium*
Paxeladine	oxéladine	Oxeladin	antitussif	*Antitussivum*
Pectine	pholcodine + sulfogaïacol	Pholcodine + Sulfogaiacol	antitussif	*Antitussivum*
Pediazole	érythromycine + sulfisoxazole	Erythromycin + Sulfisoxazol	antibiotique	*Antibiotikum*
Peflacine	péfloxacine	Pefloxacin	antibiotique	*Antibiotikum*
Penextilline	pénicilline G + benzathine-benzylpénicilline	Penicillin G + Benzathin-benzylpenicillin	antibiotique	*Antibiotikum*
Penglobe	bacampicilline	Bacampicilline	antibiotique	*Antibiotikum*
Penicilline Diamant	benzylpénicilline	Benzylpenicillin	antibiotique	*Antibiotikum*
Penicline	ampicilline	Ampicillin	antibiotique	*Antibiotikum*
Pentasa	mésalazine	Mesalazin	anti-inflammatoire	*Antiphlogistikum*
Pepdine	famotidine	Famotidin	antagoniste des récepteurs H2	*H2-Blocker*
Perclusone	clofézone + clofexamide	Clofezon + Clofexamid	anti-inflammatoire	*Antiphlogistikum*
Percutalgine	dexaméthasone + salicylamide	Dexamethason + Salicylamid	corticoïde	*Kortikoid*
Pergotime	clomifène	Clomifen	inducteur de l'ovulation	*Ovulationsaus-löser*
Periactine	cyproheptadine	Cyproheptadin	antihistaminique	*Antihistaminikum*
Peridys	dompéridone	Domperidon	dopamino-bloquant	*Dopaminanta-gonist*
Peritrate	pentaérythrityle tétranitrate	Pentaerythrityl-tetranitrat	vasodilatateur	*Vasodilatator*
Perkod 75	dipyridamole	Dipyridamol	vasodilatateur	*Vasodilatator*
Permastril	drostanolone	Drostanolone	androgène	*Androgen*

Médicament	Substance	Substanz	Famille pharmaceutique	Pharmakologische Substanzklasse
Permixon	serenoa repens	Serenoa repens	thérapeutique de l'adénome prostatique	*Prostatamittel*
Persantine	dipyridamole	Dipyridamol	vasodilatateur	*Vasodilatator*
Pertofran	désipramine	Desipramin	antidépresseur	*Antidepressivum*
Pervincamine	vincamine	Vincamin	médicament psychotrope	*Psychopharmakon*
Pevaryl	éconazole	Econazol	antifongique	*Antimykotikum*
Pevisone	éconazole + triamcinolone	Econazol + Triamcinolon	antigongique + corticoïde	*Antimykotikum + Kortikoid*
Pexid	perhexiline	Perhexilin	inhibiteur calcique	*Kalziumantagonist*
Phanurane	canrénone	Canrenon	diurétique	*Diuretikum*
Phenergan	prométhazine	Promethazin	antihistaminique	*Antihistaminikum*
Phenylbutazone	phénylbutazone	Phenylbutazon	anti-inflammatoire non-stéroïdien	*nicht-steroidales Antiphlogistikum*
Phlebogel	aescine + buphénine	Aescin + Buphenin	veinotonique	*Venenmittel*
Phosphalugel	phosphate d'aluminium	Aluminiumphos-phat	antiacide	*Antazidum*
Physiomycine	métacycline	Metacyclin	antibiotique	*Antibiotikum*
Physiostat	éthinylestradiol + lynestrénol	Ethinylestradiol + Lynestrenol	contraceptif	*Kontrazeptivum*
Pilocarpine	pilocarpine	Pilocarpin	parasympatho-mimétique	*Parasympatho-mimetikum*
Pimafucort	natamycine + néomycine + bacitracine + dexaméthasone	Natamycin + Neomycin + Bacitracin + Dexamethason	antibiotique + corticoïde	*Antibiotikum + Kortikoid*
Pindione	phénindione	Phenindion	anticoagulant	*Antikoagulantium*
Piperazine	pipérazine	Piperazin	anthelmintique	*Anthelmintikum*
Piperilline	pipéracilline	Piperacillin	antibiotique	*Antibiotikum*
Piportil	pipothiazine	Pipothiazin	neuroleptique	*Neuroleptikum*
Pipram	acide pipémidique	Pipemidsäure	antibiotique	*Antibiotikum*
Piptal	pipenzolate bromure	Pipenzolatbromid	antispasmodique	*Spasmolytikum*
Pivalone	tixocortol	Tixocortol	corticoïde	*Kortikoid*
Pivalone Neomycine	tixocortol + néomycine	Tixocortol + Neomycin	corticostéroïde + antibiotique	*Kortikosteroid + Antibiotikum*
Planor	norgestriénone + éthinylestradiol	Norgestrienon + Ethinylestradiol	contraceptif	*Kontrazeptivum*
Planphylline	aminophylline	Aminophyllin	antiasthmatique	*Antiasthmatikum*
Plaquenil	hydroxychloro-quine	Hydroxychloro-quin	anti-rhumatismal	*Antirheumatikum*
Plasmodex	dextran	Dextran	substitut du plasma sanguin	*Plasmaersatz-mittel*
Plastenan	acide acéxamique	Acexamsäure	cicatrisant	*Wundheilungs-mittel*
Plegicil	acépromazine	Acepromazin	neuroleptique	*Neuroleptikum*
Plitican	alizapride	Alizaprid	antiémétique	*Antiemetikum*

Médicament	Substance	Substanz	Famille pharmaceutique	Pharmakologische Substanzklasse
Plurexid	chlorhexidine	Chlorhexidin	antiseptique	*Antiseptikum*
Pneumorel	fenspiride	Fenspirid	anti-inflammatoire	*Antiphlogistikum*
Polaramine	dexochlorphén-iramine	Dexochlorphen-iramin	antihistaminique	*Antihistaminikum*
Polydexa	néomycine + polymyxine B + dexaméthasone	Neomycin + Polymyxin B + Dexamethason	antibiotique + corticoïde	*Antibiotikum + Kortikoid*
Polyfra	polymyxine B + framycétine + lysozyme	Polymyxin B + Framycetin + Lysozym	antibiotique	*Antibiotikum*
Polygynax	néomycine + polymyxine B + nystatine	Neomycin + Polymyxin B + Nystatin	antibiotique + antifongique	*Antibiotikum + Antimykotikum*
Polymyxine B	polymyxine B	Polymyxin B	antibiotique	*Antibiotikum*
Polysilane	diméticone	Dimeticon	antiacide	*Antazidum*
Pondocil	pivampicilline	Pivampicillin	antibiotique	*Antibiotikum*
Ponstyl	acide méfénamique	Mefenaminsäure	anti-inflammatoire non-stéroïdien	*nicht-steroidales Antiphlogistikum*
Posicycline	oxytétracycline	Oxytetracyclin	antibiotique	*Antibiotikum*
Posine	synéphrine + acide borique	Synephrin + Borsäure	antiseptique	*Antiseptikum*
Practazin	spironolactone + altizide	Spironolacton + Altizid	diurétique	*Diuretikum*
Practon 50	spironolactone	Spironolactone	diurétique d'epargne potassique	*Kaliumsparendes Diuretikum*
Pragmarel	trazodone	Trazodon	antidépresseur	*Antidepressivum*
Prandiol	dipyridamole	Dipyridamol	vasodilatateur	*Vasodilatator*
Prantal	métilsulfate de diphémanil	Diphemanilmetil-sulfat	antispasmodique	*Spasmolytikum*
Praxilene	naftidrofuryl	Naftidrofuryl	vasodilatateur	*Vasodilatator*
Praxinor	théodrénaline + cafédrine	Theodrenalin + Cafedrin	antihypotenseur	*Antihypotonikum*
Prazinil	carpipramine	Carpipramin	neuroleptique	*Neuroleptikum*
Premarin	estrogènes conjugués	Östrogene	hormone sexuelle	*Sexualhormon*
Prenoxan	phénobarbital + acide acétylsalicylique	Phenobarbital + Acetylsalicylsäure	analgésique + sédatif	*Analgetikum + Sedativum*
Pre-Par	ritodrine	Ritodrin	utérorelaxant	*Uterorelaxantium*
Prepidil	dinoprostone	Dinoproston	prostaglandine	*Prostaglandin*
Pretonine	5-hydroxytrypto-phane	5-Hydroxytrypto-phan	antidépresseur	*Antidepressivum*
Previscan	fluindione	Fluindion	anticoagulant	*Antikoagulantium*
Primalan	méquitazine	Mequitazin	antihistaminique	*Antihistaminikum*
Primene	acides aminés	Aminosäuren	acides aminés	*Aminosäuren*
Primobolan	méténolone	Metenolon	anabolisant	*Anabolikum*
Primolut-Nor	noréthistérone	Norethisteron	hormones sexuelle	*Sexualhormon*
Primperan	métoclopramide	Metoclopramid	antiémétique	*Antiemetikum*

Médicament	Substance	Substanz	Famille pharmaceutique	Pharmakologische Substanzklasse
Primyxine	oxytétracycline + polymyxine B	Oxytetracyclin + Polymyxin B	antibiotique	*Antibiotikum*
Prinactizide	altizide + spironolactone	Altizid + Spironolacton	diurétique	*Diuretikum*
Princi-B Fort Midy	thiamine + pyridoxine + cyancobalamine	Thiamin + Pyridoxin + Cyancobalamin	vitamines	*Vitamine*
Prinivil	lisinopril	Lisinopril	inhibiteur de l'enzyme de conversion	*ACE-Hemmer*
Privadol	glafénine	Glafenin	antalgique	*Analgetikum*
Probanthine	propanthéline bromure	Propanthelinbromid	antispasmodique	*Spasmolytikum*
Procaine	procaïne	Procain	anesthésique local	*Lokalanästhetikum*
Procalmadiol	méprobamate	Meprobamat	sédatif	*Sedativum*
Proctolog	trimébutine	Trimebutin	spasmolytique	*Spasmolytikum*
Pro-Dafalgan	propacétamol	Propacetamol	antalgique	*Analgetikum*
Prodasone	médroxyprogestérone	Medroxyprogesteron	dérivé de la progesterone	*Progesteronderivat*
Profenid	kétoprofène	Ketoprofen	anti-inflammatoire non-stéroïdien	*nicht-steroidales Antiphlogistikum*
Progesteron-Retard	hydroxyprogestérone	Hydroxyprogesteron	hormone sexuelle	*Sexualhormon*
Progestogel	progestérone	Progesteron	hormone sexuelle	*Sexualhormon*
Proglicem	diazoxide	Diazoxid	hyperglycémiant	*Antihypoglykämikum*
Progynova	estradiol	Estradiol	oestrogène	*Östrogen*
Propiocine	érythromycine	Erythromycin	antibiotique	*Antibiotikum*
Propofan	dextropropoxyphène + carbasalate calcique + paracétamol + chlorphénamine	Dextropropoxyphen + Calciumcarbasalat + Paracetamol + Chlorphenamin	antalgique	*Analgetikum*
Prostigmine	néostigmine	Neostigmin	inhibiteur des cholinestérases	*Cholinesterasehemmer*
Prostine E2	dinoprostone	Dinoproston	prostaglandine	*Prostaglandin*
Prostine F2 Alpha	dinoprost	Dinoprost	prostaglandine	*Prostaglandin*
Prostine Vr	alprostadil	Alprostadil	prostaglandine	*Prostaglandin*
Protamine Choay	protamine	Protamin	antidote de l'héparine	*Heparin-Antidot*
Protamine Fournier	protamine	Protamin	antidote de l'héparine	*Heparin-Antidot*
Protamine Roche	protamine	Protamin	antidote de l'héparine	*Heparin-Antidot*
Protangix	dipyridamole	Dipyridamol	vasodilatateur	*Vasodilatator*
Prothiaden	dosulépine	Dosulepin	antidépresseur	*Antidepressivum*
Protinutril	acides aminés	Aminosäuren	acides aminés	*Aminosäuren*

Médicament	Substance	Substanz	Famille pharmaceutique	Pharmakologische Substanzklasse
Protireline	protiréline	Protirelin	analogue de la TRH	*TRH-Analogum*
Pulmofluide	eucalyptol + guaifénésine + codéine	Eukalyptus + Guaifenesin + Codein	antitussif	*Antitussivum*
Purganol	phénolphtaléine	Phenolphtalein	laxatif	*Laxantium*
Purinethol	mercaptopurine	Mercaptopurin	cytostatique	*Zytostatikum*
Pyocefal	cefsulodine	Cefsulodin	céphalosporin	*Cephalosporin*
Pyopen	carbénicilline	Carbenicillin	antibiotique	*Antibiotikum*
Pyorex	éthacridine + acétarsol	Ethacridin + Acetarsol	antiseptique	*Antiseptikum*
Pyostacine	pristinamycine	Pristinamycin	antibiotique	*Antibiotikum*
Pyralvex	extrait de rhubarbe + acide salicylique	Rhabarberextrat + Salicylsäure	anti-inflammatoire	*Antiphlogistikum*
Pyridium	phénazopyridine	Phenazopyridin	thérapeutique des infections urinaires	*Harnweginfektions therapeutikum*
Pyridoxine Labaz	pyridoxine	Pyridoxin	vitamine B6	*Vitamin B6*
Q				
Questran	colestyramine	Colestyramin	hypolipémiant	*Lipidsenker*
Quinimax	quinine	Chinin	antipaludéen	*Malariamittel*
Quinine	quinine	Chinin	antipaludéen	*Malariamittel*
Quitaxon	doxépine	Doxepin	antidépresseur	*Antidepressivum*
Quotane	quinisocaïne	Quinisocain	anesthésique	*Anästhetikum*
R				
R 1406	phénopéridine	Phenoperidin	analgésique	*Analgetikum*
Rangasil	pirprofène	Pirprofen	anti-inflammatoire non-stéroïdien	*nicht-steroidales Antiphlogistikum*
Raniplex	ranitidine	Ranitidin	antihistaminique H2	*H2-Blocker*
Rapifen	alfentanil	Alfentanil	analgésique	*Analgetikum*
Rectovalone	tixocortol	Tixocortol	corticoïde	*Kortikoid*
Relvene	hydroxyéthylrutoside	Hydroxyethylrutosid	veinotonique	*Venenmittel*
Renese	polythiazide	Polythiazid	diurétique	*Diuretikum*
Renitec	énalapril	Enalapril	inhibiteur de l'enzyme de conversion	*ACE-Hemmer*
Reparil	aescine	Aescine	veinotonique	*Venenmittel*
Reptilase	hémocoagulase	Hämokoagulase	hémostatique	*Hämostatikum*
Respilene	zipéprol	Zipeprol	antitussif	*Antitussivum*
Retrovir	zidovudine	Zidovudin	antiviral	*Virostatikum*
Rexort	citicoline	Citicolin	anti-oedémateux cérébral	*Zerebrales Ödemtherapeutikum*

Médicament	Substance	Substanz	Famille pharmaceutique	Pharmakologische Substanzklasse
Rheomacrodex	dextran	Dextran	substitut du plasma sanguin	*Plasmaersatz-mittel*
Rhinathiol	carbocistéine	Carbocistein	mucolytique	*Mukolytikum*
Rhonal	acide acétylsalicylique	Acetylsalicylsäure	antalgique	*Analgetikum*
Ricridene	nifurzide	Nifurzid	antiseptique intestinal	*Magen-Darm-Mittel*
Ridauran	auranofine	Auranofin	antirhumatismal	*Antirheumatikum*
Rifadine	rifampicine	Rifampicin	antibiotique	*Antibiotikum*
Rifamycine	rifamycine	Rifamycin	antibiotique	*Antibiotikum*
Rifocine	rifamycine	Rifamycin	antibiotique	*Antibiotikum*
Rimactan	rifampicine	Rifampicin	antibiotique	*Antibiotikum*
Rimifon	isoniazide	Isoniazid	antibiotique	*Antibiotikum*
Risordan	isosorbide dinitrate	Isosorbiddinitrat	vasodilatateur	*Vasodilatator*
Rivotril	clonazépam	Clonazepam	anticonvulsivant	*Antikonvulsivum*
Rocaltrol	calcitriol	Calcitriol	vitamine	*Vitamin*
Rocephine	ceftriaxone	Ceftriaxon	céphalosporine	*Cephalosporin*
Rocmaline	arginine + acide malique	Arginin + Maleinsäure	acide aminé	*Aminosäure*
Roferon-A	interféron alpha-2a	Interferon alpha-2a	immunostimulant	*Immunstimu-lantium*
Rohypnol	flunitrazépam	Flunitrazepam	benzodiazépine	*Benzodiazepin*
Rosampline	ampicilline	Ampicillin	antibiotique	*Antibiotikum*
Rovamycine	spiramycine	Spiramycin	antibiotique	*Antibiotikum*
Rubidazone	zorubicine	Zorubicin	cytostatique	*Zytostatikum*
Rubitracine	tétracycline + érythromycine + lysozyme	Tetracyclin + Erythromycin + Lysozym	antibiotique	*Antibiotikum*
Rufol	sulfaméthizol	Sulfamethizol	sulfamide	*Sulfonamid*
Rumafluor	fluorure de sodium	Natriumfluorid	fluor	*Fluor*
Rumalon	cartilage + moelle osseuse	Knorpel + Knochenmark	antiarthrosique	*Arthrosethera-peutikum*
Rythmarone	amiodarone	Amiodaron	antiarythmique	*Antiarrhythmikum*
Rythmodan	disopyramide	Disopyramid	antiarythmique	*Antiarrhythmikum*
Rythmol	propafénone	Propafenon	antiarythmique	*Antiarrhythmikum*
S				
Salazopyrine	sulfasalazine	Sulfasalazin	sulfamide	*Sulfonamid*
Salbutol	salbutamol	Salbutamol	bêta-sympathomimé-tique	*Beta-Sympathomime-tikum*
Salipran	bénorilate	Benorilat	analgésique	*Analgetikum*
Sandimmun	ciclosporine	Cyclosporin	immunodépres-seur	*Immunsuppres-sivum*
Sanmigran	pizotifène	Pizotifen	antimigraineux	*Migränemittel*
Sargenor	aspartate d'arginine	Argininaspartat	antiasthénique	*Antiasthenikum*

Médicament	Substance	Substanz	Famille pharmaceutique	Pharmakologische Substanzklasse
Sargepirine	acide acétylsalicylique	Acetylsalicysäure	analgésique	*Analgetikum*
Scopos	scopolamine	Scopolamin	antispasmodique	*Spasmolytikum*
Sectral	acébutolol	Acebutolol	bêta-bloquant	*Beta-Blocker*
Securopen	azlocilline	Azlocillin	antibiotique	*Antibiotikum*
Sedalande	fluanisone	Fluanison	neuroleptique	*Neuroleptikum*
Sedol	morphine + scopolamine + spartéine	Morphin + Scopolamin + Spartein	antalgique	*Analgetikum*
Seglor	dihydroergo-tamine	Dihydroergotamin	antimigraineux	*Migränemittel*
Segolan	dihydroergotoxine	Dihydroergotoxin	médicament psychotrope	*Psychopharmakon*
Selexid	pivmecillinam	Pivmecillinam	antibiotique	*Antibiotikum*
Seloken	métoprolol	Metoprolol	bêta-bloquant	*Beta-Blocker*
Selsun	sélénium	Selenium	antifongique	*Antimykotikum*
Semap	penfluridol	Penfluridol	neuroleptique	*Neuroleptikum*
Septeal	chlorhexidine	Chlorhexidin	antiseptique	*Antiseptikum*
Serc	bétahistine	Betahistin	analogue de l'histamine	*Histamin-Analogum*
Serecor	hydroquinidin	Hydorchinidin	antiarythmique	*Antiarrhythmikum*
Seresta	oxazépam	Oxazepam	benzodiazépine	*Benzodiazepin*
Sermion	nicergoline	Nicergolin	alpha-bloquant	*Alpha-Blocker*
Serpasil	réserpine	Reserpin	antihypertenseur	*Antihypertonikum*
Sibelium	flunarizine	Flunarizin	vasodilatateur	*Vasodilatator*
Silomat	clobutinol	Clobutinol	antitussif	*Antitussivum*
Sinemet	carbidopa + lévodopa	Carbidopa + Levodopa	antiparkinsonien	*Parkinsonmittel*
Sinequan	doxépine	Doxepin	antidépresseur	*Antidepressivum*
Sintrom	acénocoumarol	Acenocoumarol	anticoagulant	*Antikoagulantium*
Skiacol	cyclopentolate	Cyclopentolat	mydriatique	*Mydriatikum*
Soframycine	framycétine	Framycetin	antibiotique	*Antibiotikum*
Soframycine Hydrocortisone	framycétine + hydrocortisone	Framycetin + Hydrokortison	antibiotique + corticoïde	*Antibiotikum + Kortikoid*
Soframycine Naphazoline	framycétine + naphazoline	Framycetin + Naphazolin	antibiotique + sympathomimé-tique	*Antibiotikum + Sympathomime-tikum*
Solaskil	lévamisole	Levamisol	anthelmintique	*Anthelmintikum*
Solian	amisulpride	Amisulprid	neuroleptique	*Neuroleptikum*
Solpredone	méthylpredniso-lone	Methylprednisolon	glucocorticoïde	*Glukokortikoid*
Solubacter	triclocarban	Triclocarban	antiseptique	*Antiseptikum*
Soluchrom	mebromine sodique	Natriummebromin	antiseptique	*Antiseptikum*
Solucort	prednisolone	Prednisolon	glucocorticoïde	*Glukokortikoid*
Soludactone	canrénoate de potassium	Kaliumcanrenoat	antagoniste de l'aldostérone	*Aldosteron-Antagonist*
Soludecadron	dexaméthasone	Dexamethason	glucocorticoïde	*Glukokortikoid*

Médicament	Substance	Substanz	Famille pharmaceutique	Pharmakologische Substanzklasse
Solu-Medrol	méthylpredniso-lone	Methylprednisolon	glucocorticoïde	*Glukokortikoid*
Solupred	prednisolone	Prednisolon	glucocorticoïde	*Glukokortikoid*
Solupsan	carbasalate calcique	Kalziumcarbasalat	antalgique	*Analgetikum*
Solurutine Papaverine F.retard	éthoxazorutoside + acide ascorbique + papavérine	Ethoxazorutosid + Ascorbinsäurte + Papaverin	vasodilatateur	*Vasodilatator*
Soprol	bisoprolol	Bisoprolol	bêta-bloquant	*Beta-Blocker*
Sorbacel	gaze résorbable stérile	sterile resorbierbare Gaze	hémostatique	*Hämostatikum*
Sorbitrate	dinitrate d'isosorbide	Isosorbiddinitrat	vasodilatateur	*Vasodilatator*
Sorbostyl	sorbitol	Sorbitol	laxatif	*Laxantium*
Sotalex	sotalol	Sotalol	bêta-bloquant	*Beta-Blocker*
Spacine	parabenzolate bromure	Parabenzolat-bromid	antispasmodique	*Spasmolytikum*
Spanor	doxycycline	Doxycyclin	antibiotique	*Antibiotikum*
Spasfon	phloroglucinol	Phloroglucinol	antispasmodique	*Spasmolytikum*
Spasmag	magnésium sulfate	Magnesiumsulfat	magnésium	*Magnesium*
Spasmaverine	alvérine	Alverin	antispasmodique	*Spasmolytikum*
Spasmodex	dihexyvérine	Dihexyverin	antispasmodique	*Spasmolytikum*
Spasmopriv	fénovérine	Fenoverin	antispasmodique	*Spasmolytikum*
Speciafoldine	acide folique	Folsäure	vitamine	*Vitamin*
Specilline G	pénicilline G	Penicillin G	antibiotique	*Antibiotikum*
Spiramycine	spiramycine	Spiramycin	antibiotique	*Antibiotikum*
Spiroctan	spironolactone	Spironolacton	diurétique épargneur de potassium	*Kaliumsparendes Diuretikum*
Spiroctazine	spironolactone + altizide	Spironolacton + Altizid	diurétique	*Diuretikum*
Spironone Microfine	spironolactone	Spironolacton	diurétique épargneur de potassium	*Kaliumsparendes Diuretikum*
Sporiline	tolnaftate	Tolnaftat	antifongique	*Antimykotikum*
Srilane	idrocilamide	Idrocilamid	myorelaxant	*Muskelrelaxantium*
Stablon	tianeptine	Tianeptin	antidépresseur	*Antidepressivum*
Stagid	metformine	Metformin	biguanide	*Biguanid*
Staphylomycine	virginiamycine	Virginiamycin	antibiotique	*Antibiotikum*
Staporos	calcitonine	Calcitonin	hormone	*Hormon*
Stediril	norgestrel + éthinylestradiol	Norgestrel + Ethinylestradiol	contraceptif	*Kontrazeptivum*
Ster-Dex	oxytétracycline + dexaméthasone	Oxytetracyclin + Dexamethason	antibiotique + corticoïde	*Antibiotikum + Kortikoid*
Stereocyt	prednimustine	Prednimustin	cytostatique	*Zytostatikum*
Sterimycine	kanamycine + polymyxine B	Kanamycin + Polymyxin B	antibiotique	*Antibiotikum*

Médicament	Substance	Substanz	Famille pharmaceutique	Pharmakologische Substanzklasse
Sterogyl	ergocalciférol	Ergocalciferol	vitamine D2	*Vitamin D2*
Stilnox	zolpidem	Zolpidem	hypnotique	*Hypnotikum*
Stimu-LH 50	gonadoréline	Gonadorelin	hormone de libération de la LH	*Stimulator der LH-Sekretion*
Stimu-T.S.H.	protiréline	Protirelin	T.R.H. analogue	*T.R.H.-Analogum*
Stimycine	érythromycine	Erythromycin	antibiotique	*Antibiotikum*
Stivane	pirisudanol	Pirisudanol	psychostimulant	*Psychostimulantium*
Stopasthme	éphédrine	Ephedrin	antiasthmatique	*Antiasthmatikum*
Stratene	cétiédil	Cetiedil	vasodilatateur	*Vasodilatator*
Streptase	streptokinase	Streptokinase	thrombolytique	*Thrombolytikum*
Streptomycine	streptomycine	Streptomycin	antibiotique	*Antibiotikum*
Stresam	étifoxine	Etifoxin	anxiolytique	*Anxiolytikum*
Striadyne	triphosadénin	Triphosphoadenin	antiasthénique	*Anmtiasthenikum*
Sulfa-bleu	sulfacétamide + méthylthioninium	Sulfacetamid + Methylthioninium	sulfamide	*Sulfonamid*
Sulfarlem	trithioparaméthoxyphénylpropène	Trithioparamethoxyphenylpropan	cholérétique	*Choleretikum*
Supadol	paracétamol + papavérine + codéine + homatropine	Paracetamol + Papaverin + Codein + Homatropin	antalgique + antispasmodique	*Analgetikum + Spasmolytikum*
Supponeryl	butobarbital + camphre	Butobarbital + Campher	sédatif	*Sedativum*
Supponizine	méprobamate + acéprométazine	Meprobamat + Aceprometazin	neuroleptique	*Neuroleptikum*
Suppoptanox	vinylbital	Vinylbital	sédatif	*Sedativum*
Suprefact	buséréline acétate	Buserelinacetat	analogue de la LH-RH	*LH-RH Analogum*
Surbronc	ambroxol	Ambroxol	mucolytique	*Mukolytikum*
Sureptil	cinnarizine + acéfylline heptaminol	Cinnarizin + Acefyllinheptaminol	vasodilatateur	*Vasodilatator*
Surgam	acide tiaprofénique	Tiaprofensäure	anti-inflammatoire non-stéroïdien	*nicht-steroidales Antiphlogistikum*
Surmontil	trimipramine	Trimipramin	antidépresseur	*Antidepressivum*
Survector	amineptine	Amineptin	antidépresseur	*Antidepressivum*
Suvipen	métampicilline	Metampicillin	antibiotique	*Antibiotikum*
Synacthene	tétracosactide	Tetracosactid	stimulant de la sécrétion des hormones cortico-surrénales	*Stimulator der NNR-Hormonsekretion*
Synalar	fluocinolone acétonide	Fluocinolonacetonid	corticoïde	*Kortikoid*
Syncortyl	désoxycortone	Desoxycorton	corticoïde	*Kortikoid*
Synedil	sulpiride	Sulpirid	neuroleptique	*Neuroleptikum*
Syntocinon	oxytocine	Oxytocin	hormone posthypophysaire	*Hypophysenhinterlappenhormon*

Médicament	Substance	Substanz	Famille pharmaceutique	Pharmakologische Substanzklasse
T				
Tadenan	pygeum africanum	Pygeum africanum	thérapeutique de l'adénome prostatique	*Prostatatherapeutikum*
Tagamet	cimétidine	Cimetidin	antagoniste des récepteurs H2	*H2-Blocker*
Talusin	proscillaridine	Proscillaridin	tonicardiaque	*Herzstärkendes Mittel*
Tamik	dihydroergotamine	Dihydroergotamin	antimigraineux	*Migränemittel*
Tamofene	tamoxifène	Tamoxifen	antiestrogène	*Antiöstrogen*
Tanganil	acétyl-leucine	Acetylleuzin	antivertigineux	*Antivertiginosum*
T.a.o.	troléandomycine	Troleandomycin	antibiotique	*Antibiotikum*
Targocid	teicoplanine	Teicoplanin	antibiotique	*Antibiotikum*
Tavegyl	clémastine	Clemastin	antihistaminique	*Antihistaminikum*
Tedarol	triamcinolone	Triamcinolon	corticoïde	*Kortikoid*
Tegretol	carbamazépine	Carbamazepin	anticonvulsivant	*Antikonvulsivum*
Teldane	terfénadine	Terfenadin	antihistaminique	*Antihistaminikum*
Tementil	prochlorpérazine	Prochloperazin	neuroleptique	*Neuroleptikum*
Temesta	lorazépam	Lorazepam	benzodiazépine	*Benzodiazepin*
Temgesic	buprénorphine	Buprenorphin	analgésique	*Analgetikum*
Tenormine	aténolol	Atenolol	bêta-bloquant	*Beta-Blocker*
Tensionorme	bendroflumethiazide + réserpine	Bendroflumethiazid + Reserpin	antihypertenseur	*Antihypertonikum*
Tenstaten	ciclétanine	Cicletanin	antihypertenseur	*Antihypertonikum*
Tenuate Dospan	amfépramone	Amfepramon	amphétamine	*Amphetamin*
Teralithe	lithium	Lithium	antidépresseur	*Antidepressivum*
Tercian	cyamémazine	Cyamemazin	neuroleptique	*Neuroleptikum*
Terfluzine	trifluopérazine	Trifluoperazin	neuroleptique	*Neuroleptikum*
Teriam	triamtérène	Triamteren	diurétique	*Diuretikum*
Terramycine	oxytétracycline	Oxytetracyclin	antibiotique	*Antibiotikum*
Terramycine Hydrocortisone	oxytétracycline + hydrocortisone	Oxytetracyclin + Hydrokortison	antibiotique + corticoïde	*Antibiotikum + Kortikoid*
Tetracycline Diamant	tétracycline	Tetracyclin	antibiotique	*Antibiotikum*
Tetramig	tétracycline	Tetracyclin	antibiotique	*Antibiotikum*
Thamacetat	trométamol	Trometamol	thérapeutique des acidoses	*Azidosethera peutikum*
Theolair	théophylline	Theophyllin	antiasthmatique	*Antiasthmatikum*
Theophylline	théophylline	Theophyllin	antiasthmatique	*Antiasthmatikum*
Theostat	théophylline	Theophyllin	antiasthmatique	*Antiasthmatikum*
Theralene	alimémazine	Alimemazin	antihistaminique	*Antihistaminikum*
Thiazidil	méthyclothiazide	Methyclothiazid	salidiurétique	*Saluretikum*
Thiomucase	mucopolysaccharidases	Mukopolysaccharidasen	enzymes	*Enzyme*
Thiophenicol	thiamphénicol	Thiamphenicol	antibiotique	*Antibiotikum*
Thiotepa	thiotépa	Thiotepa	cytostatique	*Zytostatikum*

Médicament	Substance	Substanz	Famille pharmaceutique	Pharmakologische Substanzklasse
Thyrostimuline	thyrotrophine	Thyreotropin	hormone	*Hormon*
L-Thyroxine	lévothyroxine	Levothyroxin	hormone thyroïdienne	*Schilddrüsenhormon*
Tiapridal	tiapride	Tiaprid	neuroleptique	*Neuroleptikum*
Tiberal	ornidazole	Ornidazol	antibiotique	*Antibiotikum*
Ticarpen	ticarcilline	Ticarcillin	antibiotique	*Antibiotikum*
Ticlid	ticlopidine	Ticlopidin	antiagrégant plaquettaire	*Thrombozytenaggregationshemmer*
Tienam	imipénème	Imipenem	antibiotique	*Antibiotikum*
Tifomycine	chloramphénicol	Chloramphenicol	antibiotique	*Antibiotikum*
Tigason	étrétinate	Etretinat	thérapeutique psoriatique	*Psoriasismittel*
Tilcotil	ténoxicam	Tenoxicam	anti-inflammatoire non-stéroïdien	*nicht-steroidales Antiphlogistikum*
Tildiem	diltiazem	Diltiazem	antagoniste calcique	*Kalziumantagonist*
Timacor	timolol	Timolol	bêta-bloquant	*Beta-Blocker*
Timaxel	métapramine	Metapramin	antidépresseur	*Antidepressivum*
Timoptol	timolol	Timolol	bêta-bloquant	*Beta-Blocker*
Tixair	acétylcystéine	Acetylcystein	mucolytique	*Mukolytikum*
Toco 500	alpha-tocophérol	alpha-Tocopherol	vitamine E	*Vitamin E*
Tofranil	imipramine	Imipramin	antidépresseur	*Antidepressivum*
Tolexine	doxycycline	Doxycyclin	antibiotique	*Antibiotikum*
Topicorte	désoximétasone	Desoximetason	corticoïde	*Kortikoid*
Topifram	désoximétasone + framycétine + gramicidine	Desoximetason + framycetin + Gramicidin	corticoïde + antibiotque	*Kortikoid + Antibiotikum*
Toplexil	oxomémazine + guaïfénésine + Paracetamol	Oxomemazin + Guaïfenesin + Paracetamol	antihistaminique + antiseptique + antalgique	*Antihistaminikum + Antiseptikum + Analgetikum*
Torental	pentoxifylline	Pentoxifyllin	thérapeutique pour amélioration de la circulation cérébrale	*Hirndurchblutungsförderndes Mittel*
Totamine	acides aminés	Aminosäuren	acides aminés	*Aminosäuren*
Totapen	ampicilline	Ampicillin	antibiotique	*Antibiotikum*
Tracrium	atracurium	Atracurium	myorelaxant non dépolarisant	*nicht depolarisierendes Muskelrelaxantium*
Trancopal	chlormézanone	Chlormezanon	myorelaxant	*Muskelrelaxantium*
Trandate	labétalol	Labetalol	bêta-bloquant	*Beta-Blocker*
Transcycline	rolitétracycline	Rolitetracyclin	antibiotique	*Antibiotikum*
Tranxene	clorazépate dipotassique	Dikaliumclorazepat	benzodiazépine	*Benzodiazepin*
Trasicor	oxprénolol	Oxprenolol	bêta-bloquant	*Beta-Blocker*
Trasipressol	oxprénolol + dihydralazine	Oxprenolol + Dihydralazin	bêta-bloquant + vasodilatateur	*Beta-Blocker + Vasodilatator*

Médicament	Substance	Substanz	Famille pharmaceutique	Pharmakologische Substanzklasse
Trasitensine	chlortalidone + oxprénolol	Chlortalidon + Oxprenolol	salidiurétique + bêta-bloquant	*Saluretikum + Beta-Blocker*
Trecator	éthionamide	Ethionamid	antituberculeux	*Tuberkulostatikum*
Tredemine	niclosamide	Niclosamid	anthelmintique	*Anthelmintikum*
Trentadil	bamifylline	Bamifyllin	antiasthmatique	*Antiasthmatikum*
Tretinoine	trétinoïne	Tretinoin	antiacnéique	*Aknemittel*
Triaminic	noréphédrine + mépyramine + phéniramine	Norephedrin + Mepyramin + Pheniramin	vasoconstricteur	*Vasokonstriktor*
Triella	noréthistérone + éthinylestradiol	Norethisteron + Ethinylestradiol	contraceptif	*Kontrazeptivum*
Triflucan	fluconazole	Fluconazol	antifongique	*Antimykotikum*
Trilifan	perphénazine	Perphenazin	neuroleptique	*Neuroleptikum*
Tri-Minulet	gestodène + éthinylestradiol	Gestoden + Ethinylestradiol	contraceptif	*Kontrazeptivum*
Trimysten	clotrimazole	Clotrimazol	antifongique	*Antimykotikum*
Trinitran	trinitrine	Trinitrin	vasodilatateur	*Vasodilatator*
Trinitrine	trinitrine	Trinitrin	vasodilatateur	*Vasodilatator*
Triperidol	triflupéridol	Trifluperidol	neuroleptique	*Neuroleptikum*
Trivastal	piribédil	Piribedil	agoniste dopaminergique	*Dopamin-Agonist*
Trive 1000	acides aminés	Aminosäuren	acides aminés	*Aminosäuren*
Trobicine	spectinomycine	Spectinomycin	antibiotique	*Antibiotikum*
Trofoseptine	clostébol + néomycine	Clostebol + Neomycin	cicatrisant	*Wundheilungs-mittel*
Trolovol	pénicillamine	Penicillamin	antibiotique	*Antibiotikum*
Tronothane	pramocaïne	Pramocain	anesthésique	*Anästhetikum*
Trosyd	tioconazole	Tioconazol	antifongique	*Antimykotikum*
Tussifed	triprolidine + pseudoéphédrine + dextrométhor-phane	Triprolidin + Pseudoephedrin + Dextromethorphan	antitussif	*Antitussivum*
Tylenol	paracétamol	Paracetamol	antalgique	*Analgetikum*
Tyrothricine Laf-	tyrothricine + butoforme	Tyrothricin + Butoform	antibiotique	*Antibiotikum*
U				
Ukapen	ampicilline	Ampicillin	antibiotique	*Antibiotikum*
Ulcar	sucralfate	Sucralfat	anti-ulcéreux	*Ulkusmittel*
Ultraproct	fluocortolone + cincho- Fluocortolon + Cincaïne + clémizole	corticoïde + antichocain + Clemizol	Kortikoid + Antiallergique	*allergikum*
Ultratard	insuline humaine	Humaninsulin	insuline	*Insulin*
Umuline	insuline humaine	Humaninsulin	insuline	*Insulin*
Un-Alfa	alfacalcidol	Alfacalcidol	vitamine	*Vitamin*
Urbanyl	clobazam	Clobazam	benzodiazépine	*Benzodiazepin*
Urfadyn	nifurtoïnol	Nifurtoinol	antibiotique	*Antibiotikum*

Médicament	Substance	Substanz	Famille pharmaceutique	Pharmakologische Substanzklasse
Uricozyme	urate-oxydase	Uratoxydase	uricolytique	*Urikolytikum*
Urokinase Choay	urokinase	Urokinase	thrombolytique	*Thrombolytikum*
Urotrate	acide oxolinique	Oxolinsäure	antibiotique	*Antibiotikum*
Ursolvan	acide ursodésoxycholique	Ursodesoxycholsäure	thérapeutique dissolvante de la lithiase biliaire	*Gallensteinauflöser*
Utrogestan	progestérone	Progesteron	hormone sexuelle	*Sexualhormon*
Uvesterol	vitamine A, D, E, C	Vitamin A, D, E, C	vitamines	*Vitamine*
V				
Vadilex	ifenprodil	Ifenprodil	antagoniste des récepteurs alpha	*Alpha-Rezeptorenblocker*
Vagran	propizépine	Propizepin	antidépresseur	*Antidepressivum*
Valium	diazépam	Diazepam	benzodiazépine	*Benzodiazepin*
Valproate De Sodium	acide valproïque	Valproinsäure	anticonvulsivant	*Antikonvulsivum*
Vancocine	vancomycine	Vancomycin	antibiotique	*Antibiotikum*
Vanilone	cyclovalone	Cyclovalon	cholérétique	*Choleretikum*
Varnoline	désogestrel + éthinylestradiol	Desogestrel + Ethinylestradiol	contraceptif	*Kontrazeptivum*
Vasculogene	vincamine	Vincamin	alcaloïde	*Alkaloid*
Vasocet	cétiédil	Cetiedil	vasodilatateur	*Vasodilatator*
Vasodistal	cinépazide	Cinepazid	vasodilatateur	*Vasodilatator*
Vehem	téniposide	Teniposid	cytostatique	*Zytostatikum*
Veinamitol	troxérutine	Troxerutin	veinotonique	*Venenmittel*
Veinoglobuline	immunoglobulines humaines	Humanimmunglobuline	immunoglobulines	*Immunglobuline*
Velbe	vinblastine	Vinblastin	cytostatique	*Zytostatikum*
Veliten	chymotrypsine + acide ascorbique + rutoside	Chymotrypsin + Ascorbinsäure + Rutosid	anti-inflammatoire + veinotonique	*Antiphlogistikum + Venenmittel*
Velosef	céfradine	Cefradin	céphalosporine	*Cephalosporin*
Ventoline	salbutamol	Salbutamol	bronchodilatateur	*Bronchodilatator*
Vepeside	étoposide	Etoposid	cytostatique	*Zytostatikum*
Veratran	clotiazépam	Clotiazepam	anxiolytique	*Anxiolytikum*
Vesadol	halopéridol + buzépide métiodure	Haloperidol + Buzepidmetiodur	neuroleptique + antispasmodique	*Neuroleptikum + Spasmolytikum*
Vibramycine	doxycycline	Doxycyclin	antibiotique	*Antibiotikum*
Vibraveineuse	doxycycline	Doxycyclin	antibiotique	*Antibiotikum*
Vigilor	fipexide	Fipexid	psychostimulant	*Psychostimulantium*
Vinblastine	vinblastine	Vinblastin	cytostatique	*Zytostatikum*
Vinca	vincamine	Vincamin	alcaloïde	*Alkaloid*
Vincabrain	vincamine	Vincamin	alcaloïde	*Alkaloid*

Médicament	Substance	Substanz	Famille pharmaceutique	Pharmakologische Substanzklasse
Vincafort	vincamine	Vincamin	alcaloïde	*Alkaloid*
Vincimax	vincamine	Vincamin	alcaloïde	*Alkaloid*
Vincristine	vincristine	Vincristin	cytostatique	*Zytostatikum*
Vira-A	vidarabine	Vidarabin	antiviral	*Virostatikum*
Virlix	cétirizine	Cetirizin	antihistaminique	*Antihistaminikum*
Virustat	moroxydine	Moroxydin	antiviral	*Virostatikum*
Visceralgine	tiémonium + noramidopyrine	Tiemonium + Noramidopyrin	analgésique + antispasmodique	*Analgetikum + Spasmolytikum*
Visken	pindolol	Pindolol	bêta-bloquant	*Beta-Blocker*
Vita 3	phényléphrine	Phenylephrin	sympathicomimétique	*Sympathomimetikum*
Vitabact	picloxydine	Picloxydin	antiseptique	*Antiseptikum*
Vitableu	méthylthioninium	Methylthioninium	antiseptique	*Antiseptikum*
Vitacarpine	pilocarpine	Pilocarpin	parasympathomimétique	*Parasympathomimetikum*
Vitacortisol	prednisolone + rétinol	Prednisolon + Retinol	corticoïde + vitamine	*Kortikoid + Vitamin*
Vita-Dermacide	nicotinamide + acide glutamique	Nicotinamid + Glutaminsäure	topique cutané	*Dermatikum*
Vitadone	ergocalciférol	Ergocalciferol	vitamine D2	*Vitamin D2*
Vitascorbol	acide ascorbique	Ascorbinsäure	vitamine C	*Vitamin C*
Vitaseptol	mercurothiolate sodique	Natriummercurothiolat	antiseptique	*Antiseptikum*
Vitatropine	atropine	Atropin	anticholinergique	*Anticholinergikum*
Vivalan	viloxazine	Viloxazin	antidépresseur	*Antidepressivum*
Vogalene	métopimazine	Metopimazin	antiémétique	*Antiemetikum*
Voldac	diclofenac	Diclofenac	anti-inflammatoire non-stéroïdien	*nichtsteroidales Antiphlogistikum*
Voltarene	diclofenac	Diclofenac	anti-inflammatoire non-stéroïdien	*nichtsteroidales Antiphlogistikum*
W				
Wellcover	succinate ferreux	Eisensuccinat	thérapeutique martiale	*Eisenpräparat*
Wellcoprim	trimétoprime	Trimethoprim	antibiotique	*Antibiotikum*
X				
Xanax	alprazolam	Alprazolam	anxiolytique	*Anxiolytikum*
Xanturic	allopurinol	Allopurinol	inhibiteur de l'uricosynthèse	*Urikostatikum*
Xenid	diclofénac	Diclofenac	anti-inflammatoire non-stéroïdien	*nicht-steroidales Antiphlogistikum*
Xylocaine	lidocaïne	Lidocain	anesthésique local	*Lokalanästhetikum*
Xylocard	lidocaïne	Lidocain	antiarythmique	*Antiarrhythmikum*
Z				

Médicament	Substance	Substanz	Famille pharmaceutique	Pharmakologische Substanzklasse
Zaditen	kétotifène	Ketotifen	antiasthmatique	*Antiasthmatikum*
Zamocilline	amoxicilline	Amoxicillin	antibiotique	*Antibiotikum*
Zanosar	streptozocine	Streptozocin	antibiotique	*Antibiotikum*
Zantrene	bisantrène	Bisantren	cytostatique	*Zytostatikum*
Zarontin	éthosuximide	Ethosuximid	anticonvulsivant	*Antikonvulsivum*
Zovirax	aciclovir	Aciclovir	antiviral	*Virostatikum*
Zyloric	allopurinol	Allopurinol	inhibiteur de l'uricosynthèse	*Urikostatikum*
Zymafluor	fluorure de sodium	Natriumfluorid	fluor	*Fluor*
Zyrtec	cétirizine	Cetirizin	antagoniste des récepteurs H1	*H1-Blocker*

Pharmakologische Substanzen

Substanz	Substance	Pharmakologische Substanzklasse	Famille pharmaceutique	Médicament
A				
Acebutolol	acébutolol	Beta-Blocker	bêta-bloquant	*Sectral*
Aceclidin	acéclidine	Cholinergikum	cholinergique	*Glaucostat*
Aceclidin + Epinephrin	acéclidine + épinéphrine	Cholinergikum	cholinergique	*Glaucadrine*
Acefyllinheptaminol + Cinnarizin	acéfylline heptaminol + cinnarizine	Vasodilatator	vasodilatateur	*Sureptil*
Acefyllin-piperazin + Phenobarbital	acéfylline pipérazine + phénobarbital	Analeptikum + Sedativum	analeptique + sédatif	*Etaphylline Phenobarbital*
Acenocoumarol	acénocoumarol	Antikoagulantium	anticoagulant	*Sintrom*
Acepromazin	acépromazine	Neuroleptikum	neuroleptique	*Plegicil*
Aceprometazin + Meprobamat	acéprométazine + méprobamate	Neuroleptikum	neuroleptique	*Supponizine*
Acetazolamid	acétazolamide	Carboanhydrase-hemmer	inhibiteur de l'anhydrase carbonique	*Diamox*
Acetylaspargin-säure	acétylasparginate	Aminosäure	acide aminé	*Acdril*
Acetylcystein	acétylcystéine	Mukolytikum	mucolytique	*Exomuc, Fluimucil, Mucomyst, Tixair*
Acetyldigitoxin	acétyldigitoxine	Glykosid	glucoside	*Acylanide*
N-Acetyl-glucosamin	N-acétylglucosa-mine	Arthrosemittel	anti-arthrosique	*Arthryl*
Acetylleuzin	acétyl-leucine	Antivertiginosum	antivertigineux	*Tanganil*
Acetylsalicyl-säure	acide acétylsalicylique	Analgetikum/Anti-phlogistikum/Anti-pyretikum	antalgique/antiin-flammatoire/anti-pyrétique	*Actispirine, Alka-seltzer, Aspegic, Aspirine, Catalgine, Juvepirine, Rhonal, Sargepirine*
Acetylsalicylsäu-re + Acetiamin	acide acétylsalicylique + acétiamin	Analgetikum	antalgique	*Algo-nevriton*
Acetylsalicyl-säure + Aluminiumhy-droxid + Magnesiumhy-droxid	acide acétylsalicylique + hydroxyde d'aluminium + hydroxyde de magnésium	Antiphlogistikum	anti-inflammatoire	*Ascriptine*
Acetylsalicylsäu-re + Moroxydin	acide acétylsalicylique + moroxydine	Analgetikum + Virostatikum	antalgique + antiviral	*Assur*
Acetylsalicylsäu-re + Paracetamol + Koffein	acide acétylsalicylique + paracétamol + caféine	Analgetikum	analgésique	*Actron*
Acetylsalicylsäure + Phenobarbital	acide acétylsalicylique + phénobarbital	dativum + Analgetikum	sédatif + analgésique	*Prenoxan*

Substanz	Substance	Pharmakologische Substanzklasse	Famille pharmaceutique	Médicament
Acexamsäure	acide acéxamique	Wundheilungsmittel	cicatrisant	*Plastenan*
Aciclovir	aciclovir	Virostatikum	antiviral	*Zovirax*
Aclarubicin	aclarubicine	Zytostatikum	cytostatique	*Aclaclinomycine*
Adenosinphosphat	adénosine phosphate	Venenmittel	veinotonique	*Adenyl*
Adrenalin	adrénaline	Sympathomimetikum	sympathicomimétique	*Adrenaline*
Aescin	aescine	Venenmittel	veinotonique	*Reparil*
Aescin + Buphenin	aescine + buphénine	Venenmittel	veinotonique	*Phlebogel*
Albumin	albumine	Albumin	albumine	*Albumine Humaine*
Alclometason	alclométasone	Kortikoid	corticoïde	*Aclosone*
Alcuronium	alcuronium	nicht-depolarisierendes Muskelrelaxantium	Curare non-dépolarisant	*Alloferine*
Alfacalcidol	alfacalcidol	Vitamin	vitamine	*Un-alfa*
Alfentanil	alfentanil	Analgetikum	analgésique	*Rapifen*
Alginsäure	alginate de sodium	Ulkusmittel	antiulcéreux	*Gaviscon*
Alimemazin	alimémazine	Antihistaminikum	antihistaminique	*Theralene*
Alizaprid	alizapride	Antiemetikum	antiémétique	*Plitican*
Allopurinol	allopurinol	Urikostatikum	inhibiteur de l'uricosynthèse	*Xanturic, Zyloric*
Allopurinol + Benzbromaron	allopurinol + benzbromarone	Urikostatikum + Urikosurikum	inhibiteur de l'uricosynthèse + uricosurique	*Anurate*
Alpha-Amylase	alpha-amylase	Enzym	enzyme	*Maxilase 3000*
Alpha-Amylase + Tetracyclin	alpha-amylase + tétracycline	Antiphlogistikum/ Antibiotikum Antibiotikum	anti-inflammatoire/anti-biotique	*Amycycline*
Alpha-Tocopherol	alpha-tocophérol	Vitamin E	vitamine E	*Toco 500*
Alprazolam	alprazolam	Anxiolytikum	anxiolytique	*Xanax*
Alprenolol	alprénolol	Beta-Blocker	bêta-bloquant	*Aptine*
Alprostadil	alprostadil	Prostaglandin	prostaglandine	*Prostine Vr*
Altizid + Spironolacton	altizide + spironolactone	Diuretikum	diurétique	*Aldactazine, Practazin, Prinactizide, Spiroctazine*
Altretamin	altrétamine	Zytostatikum	cytostatique	*Hexastat*
Aluminiumhydroxid	hydroxyde d'aluminium	Antazidum	antiacide	*Gastralugel*
Aluminiumhydroxid + Magnesiumcarbonat + Kalziumcarbonat	hydroxyde d'aluminium + carbonate de magnésium + carbonate de calcium	Antazidum	antiacide	*Algicon*
Aluminiumhydroxid + Magnesiumhydroxid	hydroxyde d'aluminium + hydroxyde de magnésium	Antazidum	antiacide	*Maalox*

Substanz	Substance	Pharmakologische Substanzklasse	Famille pharmaceutique	Médicament
Aluminiumhydroxid + Magnesiumhydroxid + Dimeticon	hydroxyde d'aluminium + hydroxyde de magnésium + diméticone	Antazidum	antiacide	*Dimalan*
Aluminiumkarbonat	aluminium carbonate	Chelatbildner	chélateur	*Lithiagel*
Aluminiumoxid + Magnesiumoxid + Oxetacain	aluminium oxyde + magnésium oxyde + oxétacaïne	Antazidum	antiacide	*Mutesa*
Aluminiumphosphat	phosphate d'aluminium	Antazidum	antiacide	*Phosphalugel*
Alverin	alvérine	Spasmolytikum	antispasmodique	*Spasmaverine*
Amantadin	amantadine	Parkinsonmittel	antiparkinsonien	*Mantadix*
Ambenoniumchlorid	ambénonium chlorure	Cholinesterasehemmer	inhibiteur de la cholinestérase	*Mytelase*
Ambroxol	ambroxol	Mukolytikum	mucolytique	*Surbronc*
Amfepramon	amfépramone	Amphetamin	amphétamine	*Tenuate Dospan*
Amikacin	amikacine	Aminoglykosid/ Antibiotikum	aminoglycoside/ antibiotique	*Amikline*
Amilorid	amiloride	Kaliumsparendes Diuretikum	diurétique d'épargne potassique	*Modamide*
Amineptin	amineptine	Antidepressivum	antidépresseur	*Survector*
Aminocapronsäure	acide aminocaproïque	Antifibrinolytikuman tifibrinolytique	antifibrinolytique	*Capramol*
Aminoglutethimid	aminoglutéthimide	Antiöstrogen	antiestrogène	*Orimetene*
Aminophyllin	aminophylline	Antiasthmatikum	antiasthmatique	*Inophyline, Planphylline*
Aminosäuren	acides aminés	Aminosäuren	acides aminés	*Azonutril, Multene, Primene, Protinutril, Totamine, Trive 1000*
Amiodaron	amiodarone	Antiarrhythmikum	antiarythmique	*Corbionax, Cordarone, Rythmarone*
Amisulprid	amisulpride	Neuroleptikum	neuroleptique	*Solian*
Amitriptylin	amitriptyline	Antidepressivum	antidépresseur	*Elavil, Laroxyl*
Amobarbital + Secobarbital	amobarbital + sécobarbital	Barbiturat	barbiturique	*Binoctal*
Amoxicillin	amoxicilline	Antibiotikum	antibiotique	*A-gram, Amodex, Amoxine, Bristamox, Clamoxyl, Gramidil, Hiconcil, Zamocilline*
Amoxicillin + Clavulansäure	amoxicilline + acide clavulanique	Antibiotikum	antibiotique	*Augmentin*

Substanz	Substance	Pharmakologische Substanzklasse	Famille pharmaceutique	Médicament
Amphetamin + Phenobarbital	amphétamine + phénobarbital	Antikonvulsivum	anticonvulsivant	*Ortenal*
Amphotericin B	amphotéricine B	Antimykotikum	antifongique	*Fungizone*
Amphotericin B + Tetracyclin	amphotéricine B + tétracycline	Antimykotikum + Antibiotikum	antifongique + antibiotique	*Amphocycline*
Ampicillin	ampicilline	Antibiotikum	antibiotique	*Ampicilline Panpharma, Negmapen, Penicline, Rosampline, Totapen, Ukapen*
Amrinon	amrinone	Herzstärkendes Mittel	cardiotonique	*Inocor*
Amsacrin	amsacrine	Zytostatikum	cytostatique	*Amsidine*
Androstanolon	androstanolone	Androgen	androgène	*Andractim*
Apomorphin	apomorphine	Emetikum	émétique	*Apomorphine*
Aprindin	aprindine	Antiarrhythmikum	antiarythmique	*Fiboran*
Aprotinin	aprotinine	Proteasenhemmer	inhibiteur de protéases	*Antagosan, Iniprol*
Arginin	arginine	Aminosäure	acide aminé	*Eucol*
Argininaspartat	aspartate d'arginine	Antiasthenikum	antiasthénique	*Sargenor*
Argininchlorhydrat	arginine chlorhydrate	Cholalogum	cholalogue	*Hepargitol*
Articain + Epinephrin	articaïne + épinéphrine	Lokalanästhetikum	anesthésiant local	*Alphacaine*
Ascorbinsäure	acide ascorbique	Vitamin C	vitamine C	*Ascortonyl, Laroscorbine, Vitascorbol*
Asparginase	asparginase	Zytostatikum	cytostatique	*Kidrolase*
Aspartam	aspartam	Dipeptid	dipeptide	*Aspam*
Astemizol	astémizole	Antihistaminikum	antihistaminique	*Hismanal*
Atenolol	aténolol	Beta-Blocker	bêta-bloquant	*Tenormine*
Atracurium	atracurium	nicht depolarisierendes Muskelrelaxantium	myorelaxant non dépolarisant	*Tracrium*
Atropin	atropine	Parasympatholytikum + Spasmolytikum	parasymatholytique + antispasmodique	*Atropine*
Atropin + Calciumbromid	atropine + bromure de calcium	Spasmolytikum	antispasmodique	*Dibromure D'atropine*
Auranofin	auranofine	Antirheumatikum	antirhumatismal	*Ridauran*
Aurothiopropanolsulfat	aurothiopropanolsulfonate	Antirheumatikum	antirhumatismal	*Allochrysine*
Azatadin	azatadine	Antihistaminikum	antihistaminique	*Idulian*
Azathioprin	azathioprine	Immunsuppressivum	immunodépresseur	*Imurel*
Azlocillin	azlocilline	Antibiotikum	antibiotique	*Securopen*
Aztreonam	aztréonam	Antibiotikum	antibiotique	*Azactam*

Substanz	Substance	Pharmakologische Substanzklasse	Famille pharmaceutique	Médicament
B				
Bacampicillin	bacampicilline	Antibiotikum	antibiotique	*Bacampicine, Penglobe*
Bacitracin + Hydrokortison + Colistin	bacitracine + hydrocortisone + colistine	Antibiotikum + Kortikoid	antibiotique + corticoïde	*Bacicoline*
Bacitracin + Neomycin	bacitracine + néomycine	Antibiotikum	antibiotique	*Bacitracine*
Baclofen	baclofène	Spastiklösendes Mittel	antispastique	*Lioresal*
Bamifyllin	bamifylline	Antiasthmatikum	antiasthmatique	*Trentadil*
Beclometason	béclométasone	Glukokortikoid	glucocorticoïde	*Aldecine, Becotide*
Bendroflumethiazid + Reserpin	bendrofluméthiazide + réserpine	Antihypertonikum	antihypertenseur	*Tensionorme*
Benorilat	bénorilate	Analgetikum	analgésique	*Salipran*
Benperidol	benpéridol	Neuroleptikum	neuroleptique	*Frenactil*
Benzathin-Benzylpenicillin	benzathine-benzylpénicilline	Antibiotikum	antibiotique	*Extencilline*
Benzathin-benzylpenicillin + Penicillin G	benzathine-benzylpénicilline + pénicilline G	Antibiotikum	antibiotique	*Penextilline*
Benzylpenicillin	benzylpénicilline	Antibiotikum	antibiotique	*Penicilline Diamant*
Bephenium Hydroxynaphtoat	béphénium hydroxynaphtoate	Anthelmintikum	anthelmintique	*Alcopar*
Bepridil	bépridil	Angina pectoris-Mittel	anti-angoreux	*Cordium*
Beta-Alanin	bêta-alanine	Aminosäure	acide aminé	*Abufene*
Betahistin	bétahistine	Histamin-Analogum	analogue de l'histamine	*Serc*
Betamethason	bétaméthasone	Glukokortikoid	glucocorticoïde	*Betnesol, Betneval, Celestene, Celestoderm, Diprosone, Diprostene*
Betamethason + Neomycin	bétaméthasone + néomycine	Glukokortikoid + Antibiotikum	glucocorticoïde + antibiotique	*Betneval-neomycine, Celestoderm Neomycine, Diprosone Neomycine*
Betamethason + Salicylsäure	bétaméthasone + acide salicylique	Glukokortikoid + Keratolytikum	glucocorticoïde + kératolytique	*Diprosalic*
Betaxolol	bétaxolol	Beta-Blocker	bêta-bloquant	*Kerlone*
Bifonazol	bifonazole	Antimykotikum	antimycotique	*Amycor*
Biotin	biotine	Vitamin H	vitamine H	*Biotine*
Biperiden	bipéridène	Parkinsonmittel	antiparkinsonien	*Akineton*
Bisacodyl	bisacodyl	Laxantium	laxatif	*Dulcolax*
Bisantren	bisantrène	Zytostatikum	cytostatique	*Zantrene*

Substanz	Substance	Pharmakologische Substanzklasse	Famille pharmaceutique	Médicament
Bisoprolol	bisoprolol	Beta-Blocker	bêta-bloquant	*Detensiel, Soprol*
Bleomycin	bléomycine	Zytostatikum	cytostatique	*Bleomycine*
Benzbromaron + Allopurinol	benzbromarone + allopurinol	Urikosurikum + Urikostatikum	uricosurique + inhibiteur de l'uricosynthèse	*Anurate*
Bretyliumtosilat	brétylium tosilate	Antiarrhythmikum	antiarythmique	*Bretylate*
Bromazepam	bromazépam	Anxiolytikum	anxiolytique	*Lexomil*
Bromelaine	bromélaïnes	proteolytische Enzyme	enzymes protéolytique	*Extranase*
Bromhexin	bromhexine	Sekretolytikum	sécrétolytique	*Bisolvon*
Bromhexin + Tetracyclin	bromhexine + tétracycline	Sekretolytikum + Antibiotikum	sécrétolytique + antibiotique	*Bisolvomycine*
Bromocriptin	bromocriptine	Dopaminagonist	agonist dopaminergique	*Parlodel*
Broparestol + Pyridoxin + Hexachlorophen	broparestol + pyridoxine + hexachlorophène	Aknemittel	antiacnéique	*Acnestrol*
Buclizindichlor-hydrat	buclizine dichlorhydrate	Antihistaminikum	antihistaminique	*Aphilan R*
Bufexamac	bufexamac	nicht-steroidales Antiphlogistikum	anti-inflammatoire non-stéroïdien	*Parfenac*
Buflomedil	buflomédil	Vasodilatator	vasodilatateur	*Fonzylane*
Bupivacain	bupivacaïne	Anästhetikum	anesthésique	*Marcaine*
Buprenorphin	buprénorphine	Analgetikum	analgésique	*Temgesic*
Buserelinacetat	buséréline acétate	LH-RH Analogum	analogue de la LH-RH	*Suprefact*
Busulfan	busulfan	Zytostatikum	cytostatique	*Misulban*
Butobarbital + Campher	butobarbital + camphre	Sedativum	sédatif	*Supponeryl*
N-Butyl-Scopolamin	bromure de N-butylhyoscine	Spasmolytikum	antispasmodique	*Buscopan*
Butylscopalami-niumbromid + Noramidopyrin	bromure de butylhyoscine + noramidopyrine	Spasmolytikum + Analgetikum	antispasmodique + antalgique	*Algo-buscopan*
Buzepidmetiodur + Haloperidol	buzépide métiodure + halopéridol	Spasmolytikum + Neuroleptikum	antispasmodique + neuroleptique	*Vesadol*
C				
Cafedrin + Theodrenalin	cafédrine + théodrénaline	Antihypotonikum	antihypotenseur	*Praxinor*
Calcifediol	calcifédiol	Vitamin D3-Metabolit	métabolite de la vitamine D3	*Dedrogyl*
Calcitonin	calcitonine	Hormon	hormone	*Calcitar, Calsyn, Miacalcic, Staporos*
Calcitriol	calcitriol	Vitamin D3	vitamine D3	*Rocaltrol*
Calciumbromid + Atropin	bromure de calcium + atropine	Spasmolytikum	antispasmodique	*Dibromure D'atropine*

Substanz	Substance	Pharmakologische Substanzklasse	Famille pharmaceutique	Médicament
Calciumcarbonat + Monofluorphosphat	carbonate de calcium + monofluorophosphate	Osteoporosemittel	thérapeutique de l'ostéoporose	*Fluocalcic*
Calciumdobelisat	calcium dobélisate	Gefäßaktive Substanz	vasculoprotecteur	*Doxium*
Calciumfolinat	folinate de calcium	Antianämikum	Antianémique	*Lederfoline*
Camylofin-Noramidopyrin	camylofine + noramidopyrine	Spasmolytikum + Analgetikum	spasmodique + antalgique	*Avafortan*
Canrenon	canrénone	Diuretikum	diurétique	*Phanurane*
Captopril	captopril	ACE-Hemmer	inhibiteur de l'enzyme de conversion	*Captolane, Lopril*
Carbachol	carbachol	Parasympathomimetikum	parasympathicomimétique	*Isopto-carbachol*
Carbamazepin	carbamazépine	Antikonvulsivum	anticonvulsivant	*Tegretol*
Carbazochrom	carbazochrome	Hämostasemittel	hémostatique	*Adrenoxyl*
Carbenicillin	carbénicilline	Antibiotikum	antibiotique	*Pyopen*
Carbidopa + Levodopa	carbidopa + lévodopa	Parkinsonmittel	antiparkinsonien	*Sinemet*
Carbimazol	carbimazole	Thyreostatikum	antithyroïdien	*Neo-mercazole*
Carbinoxamin	carbinoxamine	Antihistaminikum	antihistaminique	*Allergefon*
Carbocistein	carbocistéine	Expektorantium	expectorant	*Muciclar, Bronchokod, Rhinathiol*
Carboplatin	carboplatine	Zytostatikum	cytostatique	*Paraplatine*
Carbutamid	carbutamide	Sulfonylharnstoff	sulfonylurée	*Glucidoral*
Carmustin	carmustine	Zytostatikum	cytostatique	*Bicnu*
Carnitin	carnitine	Antiasthenikum	antiasthénique	*Bicarnesine*
Carpipramin	carpipramine	Neuroleptikum	neuroleptique	*Prazinil*
Carteolol	cartéolol	Beta-Blocker/Sympathomimetikum	bêta-bloqant/sympathomimétique	*Carteol*
Cefaclor	céfaclor	Cephalosporin	céphalosporine	*Alfatil*
Cefadroxil	céadroxil	Cephalosporin	céphalosporine	*Oracefal*
Cefalexin	céfalexine	Cephalosporin	céphalosporine	*Ceporexine, Keforal*
Cefalotin	céfalotine	Cephalosporin	céphalosporine	*Cefalotine Panpharma, Cefalotine Glaxo, Keflin*
Cefamandol	céfamandol	Cephalosporin	céphalosporine	*Kefandol*
Cefazolin	céfazoline	Cephalosporin	céphalosporine	*Cefacidal, Kefzol*
Cefmenoxim	cefmenoxime	Cephalosporin	céphalosporine	*Cemix*
Cefoperazon	céfopérazone	Cephalosporin	céphalosporine	*Cefobis*
Cefotaxim	céfotaxime	Cephalosporin	céphalosporine	*Claforan*
Cefotetan	céfotétan	Cephalosporin/ Antibiotikum	céphalosporine/ antibiotique	*Apacef*
Cefotiam	cefotiam	Cephalosporin	céphalosporine	*Pansporine*
Cefoxitin	céfoxitine	Cephalosporin	céphalosporine	*Mefoxin*
Cefradin	céfradine	Cephalosporin	céphalosporine	*Eskacef, Velosef*

Substanz	Substance	Pharmakologische Substanzklasse	Famille pharmaceutique	Médicament
Cefsulodin	cefsulodine	Cephalosporin	céphalosporine	*Pyocefal*
Ceftazidim	ceftazidime	Cephalosporin	céphalosporine	*Fortum*
Ceftizoxim	ceftizoxime	Cephalosporin	céphalosporine	*Cefizox*
Ceftriaxon	ceftriaxone	Cephalosporin	céphalosporine	*Rocephine*
Cefuroxim	céfuroxime	Cephalosporin	céphalosporine	*Curoxime*
Centella asiatica	centella asiatica	Wundheilungsmittel	cicatrisant	*Madecassol*
Cethexonium	céthexonium	Antiseptikum	antiseptique	*Biocidan*
Cetiedil	cétiédil	Vasodilatator	vasodilatateur	*Stratene, Vasocet*
Cetirizin	cétirizine	H1-Blocker	antagoniste des récepteurs H1	*Virlix, Zyrtec*
Cetrimid	cétrimide	Antiseptikum	antiseptique	*Cetavlon*
Chinidin	quinidin	Antiarrhythmikum	antiarythmique	*Cardioquine, Longacor*
Chinidinphenylethylbarbiturat	phényléthylbarbiturate	Antiarrhythmikum	antiarythmique de quinidine	*Natisedine*
Chinin	quinine	Malariamittel	antipaludéen	*Arsiquinoforme, Quinimax, Quinine*
Chinin-Harnstoff	quinine-urée	Sklerosierungsmittel	agent sclérosant	*Kinurea*
Chlorambucil	chlorambucil	Zytostatikum	cytostatique	*Chloraminophene*
Chloramphenicol	chloramphénicol	Antibiotikum	antibiotique	*Chloramphenicol, Ophtaphenicol, Tifomycine*
Chloramphenicol + Gammaglobulin	chloramphénicol + gammaglobuline	Antibiotikum + Antikörper	antibiotique + anticorps	*Gammaphenicol*
Chlordiazepoxid + Clidiniumbromid	chlordiazépoxide + clidinium bromure	Spasmolytikum + Anxiolytikum	spmasmolytique + anxiolytique	*Librax*
Chlorhexidin	chlorhexidine	Antiseptikum	antiseptique	*Hibitane, Hibidil, Hibitane, Plurexid, Septeal*
Chlorhexidin + Phenylephrin	chlorhexidine + phényléphrine	Antiseptikum	antiseptique	*Auristan*
Chlorhexidin + Synephrin	chlorhexidine + synéphrine	Antiseptikum/Vasokonstriktor	antiseptique/vasoconstricteur	*Dulcidrine*
Chlormadinon	chlormadinone	Progesteronderivat	progestatif	*Luteran*
Chlormethin	chlorméthine	Zytostatikum	cytostatique	*Caryolysine*
Chlormezanon	chlormézanone	Muskelrelaxantium	myorelaxant	*Alinam, Trancopal*
Chloroquin	chloroquine	Malariamittel	antipaludéen	*Nivaquine*
Chlorproethazin	chlorproéthazine	Muskelrelaxantium	myorelaxant	*Neuriplege*
Chlorpromazin	chlorpromazine	Neuroleptikum	neuroleptique	*Largactil*
Chlorpropamid	chlorpropamide	Sulfonylharnstoff	sulfonylurée	*Diabinese*
Chlortalidon	chlortalidone	Saluretikum	salurétique	*Hygroton*
Chlortalidon + Metoprolol	chlortalidone + métoprolol	Diuretikum + BetaBlocker	diurétique + bêtabloquant	*Logroton*
Chlortalidon + Oxprenolol	chlortalidone + oxprénolol	Saluretikum + Beta-Blocker	salidiurétique + bêta-bloquant	*Trasitensine*
Chymopapain	chymopapaïne	Enzym	enzyme	*Chymodiactine*

Substanz	Substance	Pharmakologische Substanzklasse	Famille pharmaceutique	Médicament
Chymotrypsin	chymotrypsine	Antiphlogistikum	anti-inflammatoire	*Alphachymotrypsine, Aphlozyme*
Chymotrypsin + Phenylbutazon	chymotrypsine + phénylbutazone	Antiphlogistikum	anti-inflammatoire	*Alpha-kaldol*
Chymotrypsin + Tetracyclin	chymotrypsine + tétracycline	Antibiotikum	antibiotique	*Aphlomycine*
Chymotrypsin + Trypsin	chymotrypsine + trypsine	Antiphlogistikum	anti-inflammatoire	*Chymoral*
Cibenzolin	cibenzoline	Antiarrhythmikum	antiarythmique	*Cipralan*
Cicletanin	ciclétanine	Antihypertonikum	antihypertenseur	*Tenstaten*
Cimetidin	cimétidine	H2-Blocker	antagoniste des récepteurs H2	*Edalene, Tagamet*
Cinepazid	cinépazide	Vasodilatator	vasodilatateur	*Vasodistal*
Cinnarizin + Acefyllinheptaminol	cinnarizine + acéfylline heptaminol	Vasodilatator	vasodilatateur	*Sureptil*
Ciprofloxacin	ciprofloxacine	Antibiotikum/Gyrasehemmer	antibiotique/inhibiteur de la gyrase	*Ciflox*
Cisplatin	cisplatine	Zytostatikum	cytostatique	*Cisplatine, Cisplatyl*
Citicolin	citicoline	Zerebrales Ödemtherapeutikum	anti-oedémateux cérébral	*Rexort*
Clavulansäure + Amoxicillin	acide clavulanique + amoxicilline	Antibiotikum	antibiotique	*Augmentin*
Clemastin	clémastine	Antihistaminikum	antihistaminique	*Tavegyl*
Clemizol + Prednisolon + Cinchocain	clémizole + prednisolone + cinchocaïne	Antiphlogistikum	anti-inflammatoire	*Deliproct*
Clidiniumbromid + Chlordiazepoxid	clidinium bromure + chlordiazépoxide	Anxiolytikum + Spasmolytikum	anxiolytique + spasmolytique	*Librax*
Clindamycin	clindamycine	Antibiotikum	antibiotique	*Dalacine*
Clobazam	clobazam	Benzodiazepin	benzodiazépine	*Urbanyl*
Clobutinol	clobutinol	Antitussivum	antitussif	*Silomat*
Clofezon + Clofexamid	clofézone + cloféxamide	Antiphlogistikum	anti-inflammatoire	*Perclusone*
Clofibrat	clofibrate	Lipidsenker	hypolipémiant	*Clofibral, Lipavlon*
Clofibrid	clofibride	Lipidsenker	hypolipémiant	*Lipenan*
Clometacin	clométacin	Analgetikum	antalgique	*Duperan*
Clomethiazol	clométhiazole	Sedativum	sédatif	*Hemineurine*
Clomifen	clomifène	Ovulationsauslöser	inducteur de l'ovulation	*Clomid, Pergotime*
Clomipramin	clomipramine	Antidepressivum	antidépresseur	*Anafranil*
Clonazepam	clonazépam	Antikonvulsivum	anticonvulsivant	*Rivotril*
Clonidin	clonidine	Antihypertonikum	antihypertenseur	*Catapressan*
Clostebol + Neomycin	clostébol + néomycine	Wundheilungsmittel	cicatrisant	*Trofoseptine*
Clotiazepam	clotiazépam	Anxiolytikum	anxiolytique	*Veratran*
Clotrimazol	clotrimazole	Antimykotikum	antifongique	*Trimysten*
Cloxacillin	cloxacilline	Antibiotikum	antibiotique	*Orbenine*

Substanz	Substance	Pharmakologische Substanzklasse	Famille pharmaceutique	Médicament
Codein + Sulfogaicol	codéine + sulfogaïcol	Antitussivum	antitussif	*Neo-codion*
Colchicin	colchicine	Gichtmittel	antigoutteux	*Colchicine Houde*
Colestyramin	colestyramine	Lipidsenker	hypolipémiant	*Questran*
Colistin	colistine	Antibiotikum	antibiotique	*Colimycine*
Cortivazol	cortivazol	Kortikoid	corticoïde	*Altim*
Cromoglicinsäure	acide cromoglicique	Antiallergikum	antiallergique	*Lomudal, Nalcron*
Cropropamid + Crotetamid	cropropamide + crotétamide	Analeptikum	analeptique	*Micorene*
Crotamiton	crotamiton	Juckreizstillendes Mittel	antiprurigineux	*Eurax*
Crotetamid + Cropropamid	crotétamide + cropropamide	Analeptikum	analeptique	*Micorene*
Cryofluoran	cryofluorane	Anästhetikum	anesthésique	*Cryofluorane*
Cyamemazin	cyamémazine	Neuroleptikum	neuroleptique	*Tercian*
Cyclizin	cyclizine	Antihistaminikum	antihistaminique	*Marzine*
Cyclopentolat	cyclopentolate	Mydriatikum	mydriatique	*Skiacol*
Cyclosporin	ciclosporine	Immunsuppressivum	immunodépresseur	*Sandimmun*
Cyclothiazid + Triamteren	cyclothiazide + triamtérène	Diuretikum	diurétique	*Cycloteriam*
Cyclovalon	cyclovalone	Choleretikum	cholérétique	*Vanilone*
Cyprodenat	cyprodénate	Psychostimulantium	psychostimulant	*Actebral*
Cyproheptadin	cyproheptadine	Antihistaminikum	antihistaminique	*Periactine*
Cyproteronacetat	cyprotérone acétate	Antiandrogen	antiandrogène	*Androcur*
Cyproteronacetat + Ethinylestradiol	cyprotérone acétate + éthinylestradiol	Antiandrogen	antiandrogène	*Diane*
Cytarabin	cytarabine	Antimetabolit	antimétabolite	*Cytarbel, Aracytine*
Cytochrom C	cytochrome C	Enzym	enzyme	*Cytochrome C*
Cytozym	cytozyme	Hämostatikum	hémostatique	*Hemostatique Erce*
D				
Dacarbazin	dacarbazine	Zytostatikum	cytostatique	*Deticene*
Danazol	danazol	antigonadotrope Substanz	substance antigonadotrope	*Danatrol*
Dantrolen	dantrolène	Muskelrelaxantium	myorelaxant	*Dantrium*
Dapsone	dapsone	Lepratherapeutikum	antilépreux	*Disulone*
Daunorubicin	daunorubicine	Zytostatikum	cytostatique	*Cerubidine*
Deanol + Heptaminol	déanol + heptaminol	Psychoanaleptikum	psychostimulant	*Debrumyl*
Deferoxamin	déféroxamine	Chelatbildner	chélateur	*Desferal*
Dehydroemetin	déhydroémétine	Amöbenmittel	amoebicide	*Dehydroemetine*
Demegeston	démégestone	Progesteronderivat	progestatif	*Lutionex*
Desipramin	désipramine	Antidepressivum	antidépresseur	*Pertofran*

Substanz	Substance	Pharmakologische Substanzklasse	Famille pharmaceutique	Médicament
Deslanosid	deslanoside	Herzglykosid	glucoside cardiotonique	*Cedilandine*
Desmopressin	desmopressine	ADH-Analogum	analogue de l'HAD	*Minirin*
Desogestrel + Ethinylestradiol	désogestrel + éthinylestradiol	Kontrazeptivum	contraceptif	*Varnoline*
Desoximetason	désoximétasone	Kortikoid	corticoïde	*Topicorte*
Desoxycorton	désoxycortone	Kortikoid	corticoïde	*Syncortyl*
Dexamethason	dexaméthasone	Glukokortikoid	glucocorticoïde	*Dectancyl, Soludecadron, Auxisone, Maxidex*
Dexamethason + Neomycin	dexaméthasone + néomycine	Glukokortikoid + Antibiotikum	glucocorticoïde + antibiotique	*Chibro-cadron*
Dexamethason + Oxytetracyclin	dexaméthasone + oxytétracycline	Kortikoid + Antibiotikum	corticoïde + antibiotique	*Ster-dex*
Dexamethason + Salicylamid	dexaméthasone + salicylamide	Kortikoid	corticoïde	*Percutalgine*
Dexochlorphen-iramin	dexochlorphén-iramine	Antihistaminikum	antihistaminique	*Polaramine*
Dexpanthenol	dexpanthénol	Dermatikum	thérapeutique dermatologique	*Bepanthene*
Dextran	dextran	Plasmaersatzmittel	substitut du plasma sanguin	*Dextran, Plasmodex, Rheomacrodex*
Dextranomer	dextranomère	Detergentium	détergent	*Debrisan*
Dextromethro-phan	dextrométhor-phane	Antitussivum	antitussif	*Akindex*
Dextromoramid	detromoramide	Analgetikum	analgésique	*Palfium*
Dextropropoxy-phen	dextropropoxy-phène	Analgetikum	antalgique	*Antalvic*
Dextropropoxy-phen + Paracetamol	dextropropoxy-phène + paracétamol	Analgetikum	antalgique	*Di-antalvic*
Diazepam	diazépam	Benzodiazepin	benzodiazépine	*Novazam, Valium*
Diazoxid	diazoxide	Antihypertonikum	antihypertenseur	*Hyperstat*
Diazoxid	diazoxide	Antihypoglykämi-kum	hyperglycémiant	*Proglicem*
Dibekacin	dibékacine	Aminoglykosid/ Antibiotikum	aminoglycoside/ antibiotique	*Debekacyl, Icacine*
Dibenzozid	dibencozide	Antiasthenikum	antiasthénique	*Dibencozan, Indusil*
Diclofenac	diclofenac	nichtsteroidales Antiphlogistikum	anti-inflammatoire non-stéroïdien	*Voldac, Voltarene, Xenid*
Dicloxacillin	dicloxacilline	Antibiotikum	antibiotique	*Diclocil*
Diethylcarbama-zin	diéthylcarbama-zine	Anthelmintikum	anthelmintique	*Notezine*
Diethylstilbestrol	diéthylstilbestrol	Östrogen	oestrogène	*Distilbene*
Diflucortolon	diflucortolone	Kortikoid	corticoïde	*Nerisone*
Difluprednat	difluprednate	Kortikoid	corticoïde	*Epitopic*
Digitoxin	digitoxine	Herzglykosid	glucoside cardiotonique	*Digitaline*

Substanz	Substance	Pharmakologische Substanzklasse	Famille pharmaceutique	Médicament
Digoxin	digoxine	Herzglykosid	glucoside cardiotonique	*Digoxine*
Dihexyverin	dihexyvérine	Spasmolytikum	antispasmodique	*Spasmodex*
Dihydralazin	dihydralazine	Antihypertonikum	antihypertenseur	*Nepressol*
Dihydroergotamin	dihydroergotamine	Migränemittel/Antihypotonikum	antimigraineux/antihypotenseur	*Dergotamine, Dihydroergotamine, Ikaran, Seglor, Tamik*
Dihydroergotoxin	dihydroergotoxine	Psychopharmakon/Durchblutungsförderndes Mittel	médicament psychotrope/médicament pour augmentation de la perfusion	*Dulcion, Hydergine, Optamine, Segolan*
Dikaliumclorazepat	clorazépate dipotassique	Benzodiazepin	benzodiazépine	*Tranxene*
Diltiazem	diltiazem	Kalziumantagonist	antagoniste calcique	*Tildiem*
Dimeticon	diméticone	Antazidum	antiacide	*Gel De Polysilane, Polysilane*
Dimeticon + Aluminiumhydroxid + Magnesiumhydroxid	diméticone + hydroxyde d'aluminium + hydroxyde de magnésium	Antazidum	antiacide	*Dimalan*
Dimetotiazin	dimétotiazine	Migränemittel	antimigraineux	*Migristene*
Dinoprost	dinoprost	Prostaglandin	prostaglandine	*Prostine F2 Alpha*
Dinoproston	dinoprostone	Prostaglandin	prostaglandine	*Prepidil, Prostine E2*
Diphemanilmetilsulfat	métilsulfate de diphémanil	Spasmolytikum	antispasmodique	*Prantal*
Diphenhydramin	diphenhydramine	Antihistaminkum	antihistaminique	*Butix*
Diphenhydramin + Methaqualon	diphénhydramine + méthaqualone	Hypnotikum	hypnotique	*Mandrax*
Diphenoxylat + Atropin	diphénoxylate + atropine	Antidiarrhöikum	antidiarrhéique	*Diarsed*
Diprophyllin	diprophylline	Spasmolytikum	spasmolytique	*Neutraphylline*
Diproqualon + Ethenzamid	diproqualone + éthenzamide	Analgetikum	antalgique	*Algopriv*
Dipyridamol	dipyridamole	Vasodilatator	vasodilatateur	*Cleridium, Coronarine, Perkod 75, Persantine, Prandiol, Protangix*
Disopyramid	disopyramide	Antiarrhythmikum	antiarythmique	*Rythmodan*
Disulfiram	disulfirame	Alkoholentwöhnungsmittel	thérapeutique contre l'alcoolisme chronique	*Esperal*
Dobutamin	dobutamine	Antihypotonikum	antihypotenseur	*Dobutrex*
Domperidon	dompéridone	Dopaminantagonist	dopamino-bloquant	*Motilium, Peridys*

Substanz	Substance	Pharmakologische Substanzklasse	Famille pharmaceutique	Médicament
Dopamin	dopamine	Antihypotonikum	antihypotenseur	*Dopamine 200 Lucien, Dopamine Nativelle, Dopamine 50 Pierre Fabre*
Dosulepin	dosulépine	Antidepressivum	antidépresseur	*Prothiaden*
Doxapram	doxapram	Analeptikum	analeptique	*Dopram*
Doxepin	doxépine	Antidepressivum	antidépresseur	*Quitaxon, Sinequan*
Doxorubicin	doxorubicine	Zytostatikum	cytostatique	*Adriblastine*
Doxycyclin	doxycycline	Antibiotikum	antibiotique	*Doxy 100, Doxycline, Doxygram, Granudoxy, Monocline, Spanor, Tolexine, Vibramycine, Vibraveineuse*
Droperidol	dropéridol	Neuroleptikum	neuroleptique	*Droleptan*
Drostanolone	drostanolone	Androgen	androgène	*Permastril*
E				
Econazol	éconazole	Antimykotikum	antifongique	*Gyno-pevaryl, Pevaryl*
Econazol + Triamcinolon	éconazole + triamcinolone	Antimykotikum + Kortikoid	antigongique + corticoïde	*Pevisone*
Eisenfumarat	fumarate ferreux	Eisenpräparat	thérapeutique martiale	*Fumafer*
Eisenhydroxid	hydroxyde ferrique	Eisenpräparat	thérapeutique martiale	*Fer Lucien*
Eisensuccinat	succinate ferreux	Eisenpräparat	thérapeutique martiale	*Wellcover*
Elektrolyte	électrolytes	Elektrolyte	électrolytes	*Ionitan*
Elliptiniumacetat	elliptinium acétate	Zytostatikum	cytostatique	*Celiptium*
Enalapril	énalapril	ACE-Hemmer	inhibiteur de l'enzyme de conversion	*Renitec*
Enoxaparine	enoxaparine	Antikoagulantium	anticoagulant	*Lovenox*
Ephedrin	éphédrine	Antiasthmatikum	antiasthmatique	*Stopasthme*
Epinephrin	épinéphrine	Sympathomimetikum	sympathomimétique	*Glauposine, Anahelp, Eppy*
Epinephrin + Aceclidin	épinéphrine + acéclidine	Cholinergikum	cholinergique	*Glaucadrine*
Epirubicin	épirubicine	Zytostatikum	cytostatique	*Farmorubicine*
Eprozinol	éprozinol	Antihistaminikum/ Spasmolytikum	antihistaminique/ antispasmodique	*Eupneron*
Ergocalciferol	ergocalciférol	Vitamin D2	vitamine D2	*Sterogyl, Vitadone*
Ergotamin + Koffein	ergotamine + caféine	Migränemittel	antimigraineux	*Gynergine Cafeine*

Substanz	Substance	Pharmakologische Substanzklasse	Famille pharmaceutique	Médicament
Erythromycin	érythromycine	Antibiotikum	antibiotique	*Abboticine, Emestid, Ery 500, Erycocci, Eryfluid, Erythrocine, Erythrogram, Propiocine, Stimycine*
Erythromycin + Tretinoin	érythromycine + trétinoïne	Aknemittel	antiacnéique	*Antibio-aberel*
Erythromycin + Sulfisoxazol	érythromycine + sulfisoxazole	Antibiotikum	antibiotique	*Pediazole*
Estazolam	estazolam	Hypnotikum	hypnotique	*Nuctalon*
Estradiol	estradiol	Östrogen	oestrogène	*Progynova*
Estramustin	estramustine	Zytostatikum	cytostatique	*Estracyt*
Etamsylat	étamsylate	Antihämorrhagikum	antihémorragique	*Dicynone*
Ethacridin + Acetarsol	éthacridine + acétarsol	Antiseptikum	antiseptique	*Pyorex*
Ethambutol	éthambutol	Antibiotikum	antibiotique	*Dexambutol, Myambutol*
Ethinylestradiol	éthinylestradiol	Östrogen	estrogène	*Ethinyl-oestradiol*
Ethinylestradiol + Cyproteronacetat	éthinylestradiol + cyprotérone acétate	Antiandrogen	antiandrogène	*Diane*
Ethinylestradiol + Desogestrel	éthinylestradiol + désogestrel	Kontrazeptivum	contraceptif	*Varnoline*
Ethinylestradiol + Gestoden	éthinylestradiol + gestodène	Kontrazeptivum	contraceptif	*Tri-minulet*
Ethinylestradiol + Levonorgestrel	éthinylestradiol + lévonorgestrel	Kontrazeptivum	contraceptif	*Adepal, Minidril*
Ethinylestradiol + Lynestrenol	éthinylestradiol + lynestrenol	Kontrazeptivum	contraceptif	*Ovamezzo, Ovanon, Ovariostat, Physiostat*
Ethinylestradiol + Norethisteron	éthinylestradiol + noréthistérone	Kontrazeptivum	contraceptif	*Milli Anovlar, Miniphase, Orthonovum, Triella*
Ethionamid	éthionamide	Tuberkulostatikum	antituberculeux	*Trecator*
Ethosuximid	éthosuximide	Antikonvulsivum	anticonvulsivant	*Zarontin*
Ethynodiol	éthynodiol	Progesteronderivat	progestatif	*Lutometrodiol*
Etidronsäure	acide étidronique	M. Paget-Mittel	antipagétique	*Didronel*
Etifoxin	étifoxine	Anxiolytikum	anxiolytique	*Stresam*
Etilefrin	étiléfrine	Antihypotonikum	antihypotenseur	*Effortil*
Etodolac	étodolac	nicht-steroidales Antiphlogistikum	anti-inflammatoire non-stéroïdien	*Lodine*
Etofyllin	étofylline	Antiasthmatikum	antiasthmatique	*Oxyphylline*
Etomidat	étomidate	Narkotikum	narcotique	*Hypnomidate*
Etoposid	étoposide	Zytostatikum	cytostatique	*Vepeside*
Etretinat	étrétinate	Psoriasismittel	thérapeutique psoriatique	*Tigason*

Substanz	Substance	Pharmakologische Substanzklasse	Famille pharmaceutique	Médicament
F				
Faktor XIII	facteur XIII	Fibrinstabilisator	stabilisant de la fibrine	*Fibrogammine*
Famotidin	famotidine	H2-Blocker	antagoniste des récepteurs H2	*Pepdine*
Fenbufen	fenbufène	nicht-steroidales Antiphlogistikum	anti-inflammatoire non-stéroidien	*Cinopal*
Fenetyllin	fénétyllin	Psychoanaleptikum	psychanaleptique	*Captagon*
Fenofibrat	fénofibrate	Lipidsenker	hypolipémiant	*Lipanthyl, Lipsin*
Fenoprofen	fénoprofène	Analgetikum	antalgique	*Nalgesic*
Fenoterol	fénotérol	Beta-2-Sympathomimetikum	bêta-2 sympathomimétique	*Berotec*
Fenoterol + Ipratropiumbromid	fénotérol + ipratropium bromure	Bronchospasmolytikum	bronchodilateur	*Berodual*
Fenoverin	fénovérine	Spasmolytikum	antispasmodique	*Spasmopriv*
Fenoxazolin	fénoxazoline	Sympathomimetikum	sympathicomimétique	*Aturgyl*
Fenspirid	fenspiride	Antiphlogistikum	anti-inflammatoire	*Pneumorel*
Fentanyl	fentanyl	Analgetikum	analgésique	*Fentanyl*
Fipexid	fipexide	Psychostimulantium	psychostimulant	*Vigilor*
Flavonoidextrate	flavonoïdes extraits	Venenmittel	veinotonique	*Daflon*
Flecainid	flécaïnide	Antiarrhythmikum	antiarythmique	*Flecaine*
Floctafenin	floctafénine	Analgetikum	antalgique	*Idarac*
Fluanison	fluanisone	Neuroleptikum	neuroleptique	*Sedalande*
Flubendazol	flubendazole	Anthelmintikum	anthelmintique	*Fluvermal*
Fluconazol	fluconazole	Antimykotikum	antifongique	*Triflucan*
Flucytosin	flucytosine	Antimykotikum	antifongique	*Ancotil*
Fludrokortison	fludrocortisone	Glukokortikoid	glucocorticoïde	*Fludrocortisone*
Fluindion	fluindione	Antikoagulantium	anticoagulant	*Previscan*
Flumazenil	flumazénil	Benzodiazepin-antagonist	antagoniste des benzodiazépines	*Anexate*
Flunarizin	flunarizine	Vasodilatator	vasodilatateur	*Sibelium*
Flunitrazepam	flunitrazépam	Benzodiazepin	benzodiazépine	*Narcozep, Noriel, Rohypnol*
Fluocinolon + Polymyxin + Neomycin	fluocinolone + polymyxine + néomycine	Antibiotikum/Antiphlogistikum	antibiotique/anti-inflammatoire	*Antibio-synalar*
Fluocinolonacetonid	fluocinolone acétonide	Kortikoid	corticoïde	*Synalar*
Fluoruracil	fluoruracil	Zytostatikum	cytostatique	*Fluoro-uracile*
Fluoxymesteron	fluoxymestérone	Androgen	androgène	*Halotestin*
Flupentixol	flupentixol	Neuroleptikum	neuroleptique	*Fluanxol*
Fluphenazin	fluphénazine	Neuroleptikum	neuroleptique	*Modecate, Moditen*
Flutamid	flutamide	Antiandrogen	antiandrogène	*Eulexine*
Fluvoxamin	fluvoxamine	Antidepressivum	antidépresseur	*Floxyfral*

Substanz	Substance	Pharmakologische Substanzklasse	Famille pharmaceutique	Médicament
Follikelstimulierendes Hormon	hormone folliculostimulante	Sexualhormon	hormone sexuelle	*Metrodine*
Folsäure	acide folinique	Vitamin	vitamine	*Osfolate, Speciafoldine, Folinate de Calcium*
Fosfomycin	fosfomycine	Antibiotikum	antibiotique	*Fosfocine*
Framycetin	framycétine	Antibiotikum	antibiotique	*Soframycine*
Framycetin + Hydrokortison	framycétine + hydrocortisone	Antibiotikum + Kortikoid	antibiotique + corticoïde	*Soframycine Hydrocortisone*
Framycetin + Naphazolin	framycétine + naphazoline	Antibiotikum + Sympathomimetikum	antibiotique + sympathomimétique	*Soframycine Naphazoline*
Framycetin + Polymyxin B	framycétine + polymyxine B	Antibiotikum	antibiotique	*Dulcimycine*
Furosemid	furosémide	Diuretikum	diurétique	*Lasilix*
Fusidinsäure	acide fusidique	steroidales Antibiotikum	antibiotique stéroïdien	*Fucidine*
G				
Gelatine-Polymer	polygéline	Plasmaersatzmittel	substituant plasmatique	*Haemaccel*
Gammaglobulin	gammaglobuline	Virostatikum	antiviral	*Ophtaglobuline*
Gemeprost	géméprost	Prostaglandin E1 Analogum	analogue de la prostaglandine E1	*Cervageme*
Gentamicin	gentamicine	Aminoglykosid/ Antibiotikum	aminoglycoside/ antibiotique	*Gentalline, Gentamicine, Gentogram, Gentoptine, Martigenta, Ophtagram*
Gestoden + Ethinylestradiol	gestodène + éthinylestradiol	Kontrazeptivum	contraceptif	*Tri-minulet*
Glafenin	glafénine	Analgetikum	antalgique	*Glifanan, Privadol*
Glibenclamid	glibenclamide	Sulfonylharnstoff	sulfonylurée	*Daonil, Euglucan, Miglucan, Hemi-daonil*
Glibornurid	glibornuride	Sulfonylharnstoff	sulfonylurée	*Glutril*
Glicazid	glicazide	Sulfonylharnstoff	sulfonylurée	*Diamicron*
Glipizid	glipizide	Sulfonylharnstoff	sulfonylurée	*Glibenese, Minidiab*
Glukagon	glucagon	Hormon	hormone	*Glucagon*
Glutaminsäure + Nicotinamid	acide glutamique + nicotinamide	Dermatikum	topique cutané	*Vita-dermacide*
Glycerol	glycérol	Augeninnendrucksenker	hypotonisant osmotique	*Glycerotone*
Gonadorelin	gonadoréline	Stimulator der LH-Sekretion	hormone de libération de la LH	*Stimu-lh 50*
Griseofulvin	griséofulvine	Antimykotikum	antifongique	*Griseofuline*
Guanethidin	guanéthidine	Antihypertonikum	antihypertenseur	*Ismeline*

Substanz	Substance	Pharmakologische Substanzklasse	Famille pharmaceutique	Médicament
H				
Halofantrin	halofantrine	Malariamittel	antipaludéen	*Halfan*
Haloperidol	halopéridol	Neuroleptikum	neuroleptique	*Haldol, Halperidol Theraplix*
Haloperidol + Buzepidmetiodur	halopéridol + buzépide métiodure	Neuroleptikum + Spasmolytikum	neuroleptique + antispasmodique	*Vesadol*
Hämokoagulase	hémocoagulase	Hämostatikum	hémostatique	*Reptilase*
Heparin	héparine	Antikoagulantium	anticoagulant	*Calciparine, Heparine, Liquemine*
Heparinderivat	dérivée de l'héparine	Antikoagulantium	anticoagulant	*Fraxiparine*
Heptaminol	heptaminol	Antihypotonikum	antihypotenseur	*Hept-a-myl*
Hexamidin	hexamidine	Antiseptikum	antiseptique	*Collu-hextril, Desomidine, Hexomedine, Hextril*
Hexetidin + Nifluminsäure	hexétidine + niflumique	Antiseptikum + Antiphlogistikum	antiseptique + anti-inflammatoire	*Nifluril*
Humanes menopausales Gonadotropin	gonadotrophine ménopausique humaine	Sexualhormon	hormone sexuelle	*Humegon, Inductor, Neo-pergonal*
Humanimmun-globuline	immunoglobu-lines humaines	Immunglobuline	immuno-globulines	*Allerglobuline, Gamma 16, Veinoglobuline*
Humaninsulin	insuline humaine	Insulin	insuline	*Actraphane, Actrapid, Insulatard, Mixtard, Ultratard, Umuline*
Hyaluronidase	hyaluronidase	antiödematöses Enzym	enzyme antioedémateux	*Hyaluronidase*
Hyaluronidase + Heparin	hyaluronidase + héparinoïde	Antiphlogistikum	anti-inflammatoire	*Lasonil*
Hydrochinidin	hydroquinidine	Antiarrhythmikum	antiarythmique	*Hydroquinidine Houde, Serecor*
Hydrochlorothia-zid	hydrochlorothia-zide	Saluretikum	salurétique	*Esidrix*
Hydrochlorothia-zid + Amilorid	hydrochlorothia-zide + amiloride	Diuretikum	diurétique	*Moducren, Moduretic*
Hydrokortison	hydrocortisone	Glukokortikoid	glucocorticoïde	*Colofoam, Hydrocortisone*
Hydrokortison + Bacitracin + Colistin	hydrocortisone + bacitracine + colistine	Kortikoid + Antibiotikum	corticoïde + antibiotique	*Bacicoline*
Hydrokortison + Framycetin	hydrocortisone + framycétine	Kortikoid + Antibiotikum	corticoïde + antibiotique	*Soframycine Hydrocortisone*
Hydrokortison + Neomycin	hydrocortisone + néomycine	Glukokortikoid + Antibiotikum	glucocoticoïde + antibiotique	*Cortneo, Dulcicortine*
Hydrokortison + Oxytetracyclin	hydrocortisone + oxytétracycline	Kortikoid + Antibiotikum	corticoïde + antibiotique	*Terramycine Hydrocortisone*

Substanz	Substance	Pharmakologische Substanzklasse	Famille pharmaceutique	Médicament
Hydrocortison + Polymyxin B + Neomycin	hydrocortisone + polymyxine B + néomycine	Kortikoid + Antibiotikum	corticoïde + antibiotique	*Auriswell*
Hydroxocobalamin	hydroxocobalamine	Vitamin B12	vitamine B12	*Hydroxo 5000, Novobedouze*
Hydroxycarbamid	hydroxycarbamide	Zytostatikum	cytostatique	*Hydrea*
Hydroxychloroquin	hydroxychloroquine	Antirheumatikum	anti-rhumatismal	*Plaquenil*
Hydroxyethylrutosid	hydroxyéthylrutoside	Venenmittel	veinotonique	*Relvene*
Hydroxyprogesteron	hydroxyprogestérone	Sexualhormon	hormone sexuelle	*Hydroxyprogesterone, Progesteronretard*
5-Hydroxytryptophan	5-hydroxytryptophane	Antidepressivum	antidépresseur	*Pretonine*
Hymecromon	hymécromone	Spasmolytikum	antispasmodique	*Cantabiline*
I				
Ibuprofen	ibuprofène	nicht-steroidales Antiphlogistikum	anti-inflammatoire non-stéroïdien	*Advil, Analgyl, Brufen, Fenalgic*
Idoxuridin	idoxuridine	Virostatikum	antiviral	*Iduviran*
Idrocilamid	idrocilamide	Muskelrelaxantium	myorelaxant	*Srilane*
Ifenprodil	ifenprodil	Alpha-Rezeptorenblocker	antagoniste des récepteurs alpha	*Vadilex*
Imipenem	imipénème	Antibiotikum	antibiotique	*Tienam*
Imipramin	imipramine	Antidepressivum	antidépresseur	*Tofranil*
Imolamin	imolamine	Vasodilatator	vasodilatateur	*Irrigor*
Indapamid	indapamide	Antihypertonikum	antihypertenseur	*Fludex*
Indometacin	indométacin	nichtsteroidales Antiphlogistikum	anti-inflammatoire non-stéroïdien	*Ainscrid, Chronoindocid, Indocid, Indocollyre*
Inosin + Dimepranol	inosine + dimépranol	Immunstimulantium	immunostimulant	*Isoprinosine*
Interferon alpha-2a	interféron alpha-2a	Immunstimulantium	immunostimulant	*Roferon-a*
Interferon alpha-2b	interféron alpha-2b	Immunstimulantium	immunostimulant	*Introna*
Ipratropiumbromid	ipratropium bromure	Bronchodilatator	bronchodilatateur	*Atrovent*
Ipratropiumbromid + Fenoterol	ipratropium bromure + fénotérol	Bronchospasmolytikum	bronchodilatateur	*Berodual*
Iproniazid	iproniazide	Antidepressivum	antidépresseur	*Marsilid*
Isoconazol	isoconazole	Antimykotikum	antifongique	*Fazol*
Isoniazid	isoniazide	Antibiotikum	antibiotique	*Rimifon*
Isoprenalin	isoprénaline	Beta-Sympathomimetikum	bêta-sympathicomimétique	*Isuprel*

Substanz	Substance	Pharmakologische Substanzklasse	Famille pharmaceutique	Médicament
Isosorbiddinitrat	dinitrate d'isosorbide	Vasodilatator	vasodilatateur	*Disorlon, Langoran, Risordan, Sorbitrate*
Isothipendyl	isothipendyl	Antihistaminikum	antihistaminique	*Andantol*
Ivermectin	ivermectine	Anthelmintikum	anthelmintique	*Mectizan*
J				
Joddesoxycytidin	iododésoxycytidine	Virostatikum	antiviral	*Cebevir, Cuterpes*
Josamycin	josamycine	Antibiotikum	antibiotique	*Josacine*
K				
Kaliumbitartrat + Natriumbikarbonat	bitartrate de potassium + bicarbonate de sodium	Laxantium	laxatif	*Eductyl*
Kaliumcanrenoat	canrénoate de potassium	Aldosteron-Antagonist	antagoniste de l'aldostérone	*Soludactone*
Kaliumchlorid	chlorure de potassium	Kalium	potassium	*Kaleorid*
Kalziumalginat	alginate de calcium	Hämostatikum	hémostatique	*Coalgan*
Kalziumcarbasalat	carbasalate calcique	Analgetikum	antalgique	*Solupsan*
Kalziumglukonat	gluconate de calcium	Kalzium	calcium	*Calcium Gluconate, Calcium Sandoz*
Kalziumkarbonat	carbonate de calcium	Kalzium	calcium	*Calcidia*
Kanamycin	kanamycine	Aminoglykosid/ Antibiotikum	aminoglycoside/ antibiotique	*Kamycine*
Kanamycin + Polymyxin B	kanamycine + polymyxine B	Antibiotikum	antibiotique	*Sterimycine*
Kaolin + Salicylsäure	kaolin + acide salicylique	Antiphlogistikum	anti-inflammatoire	*Antiphlogistine*
Ketamin	kétamine	Anästhetikum	anesthésique	*Ketalar*
Ketoconazol	kétoconazole	Antimykotikum	antifongique	*Ketoderm, Nizoral*
Ketoprofen	kétoprofène	nicht-steroidales Antirheumatikum	antirhumatismal non-stéroïdien	*Bi-profenid, Profenid*
Ketotifen	kétotifène	Antiasthmatikum	antiasthmatique	*Zaditen*
Koffein	caféine	Herzanregendes Mittel	stimulant cardiaque	*Cafeine*
Koffein + Theophyllin	caféine + théophylline	Antiasthmatikum	antiasthmatique	*Hypnasmine*
Kortison	cortisone	Glukokortikoid	glucocorticoïde	*Cortisone Roussel*
L				
Labetalol	labétalol	Beta-Blocker	bêta-bloquant	*Trandate*
Laktulose	lactulose	Laxantium	laxatif	*Duphalac, Lactulose*
Latamoxef	latamoxef	Cephalosporin	céphalosporine	*Moxalactam*

Substanz	Substance	Pharmakologische Substanzklasse	Famille pharmaceutique	Médicament
Levamisol	lévamisole	Anthelmintikum	anthelmintique	*Solaskil*
Levodopa	lévodopa	Parkinsonmittel	antiparkinsonien	*Larodopa*
Levodopa + Benserazid	lévodopa + bensérazide	Parkinsonmittel	antiparkinsonien	*Modopar*
Levomepromazin	lévomépromazine	Neuroleptikum	neuroleptique	*Nozinan*
Levonorgestrel	lévonorgestrel	Kontrazeptivum	contraceptif	*Microval*
Levonorgestrel + Ethinylestradiol	lévonorgestrel + éthinylestradiol	Kontrazeptivum	contraceptif	*Adepal, Minidril*
Levothyroxin	lévothyroxine	Schilddrüsenhormon	hormone thyroïdienne	*Levothyrox, L-thyroxine*
Lidocain	lidocaïne	Antiarrhythmikum/ Lokalanästhetikum	antiarythmique/anesthésique local	*Xylocaine, Xylocard*
Liothyronine	liothyronine	Schilddrüsenhormonderivat	dérivé de l'hormone thyroïdienne	*Cynomel*
Lisinopril	lisinopril	ACE-Hemmer	inhibiteur de l'enzyme de conversion	*Prinivil*
Lithium	lithium	Antidepressivum	antidépresseur	*Teralithe*
Lomustin	lomustine	Zytostatikum	cytostatique	*Bilustine*
Loperamid	lopéramide	Antidiarrhöikum	antidiarrhéique	*Imodium*
Lorazepam	lorazépam	Benzodiazepin	benzodiazépine	*Temesta*
Lynestrenol	lynestrénol	Progesteron	progestatif	*Orgametril*
Lynestrenol + Ethinylestradiol	lynestrenol + éthinylestradiol	Kontrazeptivum	contraceptif	*Ovamezzo, Ovanon, Ovariostat, Physiostat*
Lypressin	lypressine	ADH-Analogum	analogue de l'HAD	*Diapid*
M				
Magnesium	magnésium	Magnesium	magnésium	*Mag 2*
Magnesiumhydroxid + Aluminiumhydroxid	hydroxyde de magnésium + hydroxyde d'aluminium	Antazidum	antiacide	*Maalox*
Magnesiumhydroxyd + Magnesiumhydrokarbonat + Natriumsulfat + Kalziumkarbonat	hydroxyde de magnésium + hydrocarbonate de magnésium + sulfate de sodium + carbonate de calcium	Antacidum	antiacide	*Azym*
Magnesiumkarbonat + Aluminiumhydroxid + Kalziumkarbonat	carbonate de magnésium + hydroxyde d'aluminium + carbonate de calcium	Antacidum	antiacide	*Algicon*
Magnesiumlaktat	lactate de magnésium	Magnesium	magnésium	*Magnespasmyl*

Substanz	Substance	Pharmakologische Substanzklasse	Famille pharmaceutique	Médicament
Magnesiumoxid + Aluminiumoxid + Oxetacain	magnésium oxyde + aluminium oxyde + oxétacaïne	Antazidum	antiacide	*Mutesa*
Magnesiumsulfat	magnésium sulfate	Magnesium	magnésium	*Spasmag*
Maleinsäure + Arginin	acide malique + arginine	Aminosäure	acide aminé	*Rocmaline*
Mannitol	mannitol	Diuretikum	diurétique	*Mannitol*
Maprotilin	maprotiline	Antidepressivum	antidépresseur	*Ludiomil*
Mebeverin	mébévérine	Spasmolytikum	antispasmodique	*Duspatalin*
Meclofenoxat	méclofénoxate	Durchblutungsförderndes Mittel	médicament pour amélioration de la circulation cérébrale	*Lucidril*
Mecobalamin	mécobalamine	Analgetikum	antalgique	*Algobaz*
Medroxyprogesteron	médroxyprogestérone	Progesteronderivat	dérivé de la progesterone	*Farlutal, Prodasone*
Medryson	médrysone	Antiphlogistikum	anti-inflammatoire	*Medrysone*
Mefenaminsäure	acide méfénamique	nicht-steroidales Antiphlogistikum	anti-inflammatoire non-stéroïdien	*Ponstyl*
Mefenidramium	méfénidramium	Antihistaminikum	antihistaminique	*Allerga*
Mefloquin	méfloquine	Malariamittel	antipaludéen	*Lariam*
Meglumin-Salz	antimoniate de méglumine	Leishmaniose-Mittel	thérapeutique de la leishmaniose	*Glucantime*
Melphalan	melphalan	Zytostatikum	cytostatique	*Alkeran*
Mephenesin	méphénésine	Muskelrelaxantium	myorelaxant	*Decontractyl*
Meprobamat	méprobamate	Anxiolytikum	anxiolytique	*Equanil, Meprobamate, Procalmadiol*
Meprobamat + Aceprometazin	méprobamate + acéprométazine	Neuroleptikum	neuroleptique	*Mepronizine, Supponizine*
Mequitazin	méquitazine	Antihistaminikum	antihistaminique	*Primalan*
Mercaptopurin	mercaptopurine	Zytostatikum	cytostatique	*Purinethol*
Mercurobutol	mercurobutol	Antiseptikum	antiseptique	*Mercryl Lauryle*
Mesalazin	mésalazine	Antiphlogistikum	anti-inflammatoire	*Pentasa*
Mesna	mesna	Mukolytikum	mucolytique	*Mucofluid*
Metacyclin	métacycline	Antibiotikum	antibiotique	*Physiomycine*
Metampicillin	métampicilline	Antibiotikum	antibiotique	*Magnipen, Suvipen*
Metapramin	métapramine	Antidepressivum	antidépresseur	*Timaxel*
Metenolon	méténolone	Anabolikum	anabolisant	*Primobolan*
Metformin	metformine	Biguanid	biguanide	*Glucophage, Stagid*
Metformin + Tolbutamid	metformine + tolbutamide	Biguanid + Sulfonylharnstoff	biguanide + sulfonylurée	*Glucosulfa*
Methaqualon + Diphenhydramin	méthaqualone + diphénhydramine	Hypnotikum	hypnotique	*Mandrax*
Methocarbamol	méthocarbamol	Muskelrelaxantium	myorelaxant	*Lumirelax*

Substanz	Substance	Pharmakologische Substanzklasse	Famille pharmaceutique	Médicament
Methohexital	méthohexital	Barbiturat/Anästhetikum	barbiturique/ anesthésiant	*Brietal*
Methotrexat	méthotrexate	Zytostatikum	cytostatique	*Ledertrexate, Methotrexate*
Methyclothiazid	méthyclothiazide	Saluretikum	salidiurétique	*Thiazidil*
Methyldopa	méthyldopa	Antihypertonikum	antihypertenseur	*Aldomet, Equibar*
Methylergometrin	méthylergométrine	Uterotonikum	utérotonique	*Methergin*
Methylprednisolon	méthylprédisolone	Glukokortikoid	glucocorticoïde	*Medrol, Solpredone, Solumedrol*
Methylthioninium	méthylthioninium	Antiseptikum	antiseptique	*Vitableu*
Metoclopramid	métoclopramide	Antiemetikum	antiémétique	*Anausin Metoclopramide, Primperan*
Metopimazin	métopimazine	Antiemetikum	antiémétique	*Vogalene*
Metoprolol	métoprolol	Beta-Blocker	bêta-bloquant	*Lopressor, Seloken*
Metronidazol	métronidazole	Antibiotikum	antibiotique	*Flagyl, Metronidazole*
Mexiletin	mexilétine	Antiarrhythmikum	antiarythmique	*Mexitil*
Mezlocillin	mezlocilline	Antibiotikum	antibiotique	*Baypen*
Mianserin	miansérine	Antidepressivum	antidépresseur	*Athymil*
Miconazol	miconazole	Antimykotikum	antifongique	*Daktarin, Gynodaktarin*
Midecamycin	midécamycine	Antibiotikum	antibiotique	*Midecacine*
Minaprin	minaprine	Psychotherapeutikum	psychothérapeutique	*Cantor*
Minocyclin	minocycline	Antibiotikum	antibiotique	*Mestacine, Mynocine*
Minoxidil	minoxidil	Antihypertonikum	antihypertenseur	*Lonoten*
Miristalkoniumchlorid	chlorure de miristalkonium	Kontrazeptionscreme	crème contraceptive	*Alpagelle*
Misoprostol	misoprostol	Ulkusmittel	anti-ulcéreux	*Cytotec*
Mitoguazon	mitoguazone	Zytostatikum	cytostatique	*Methyl-gag*
Mitomycin	mitomycine	Zytostatikum	cytostatique	*Ametycine*
Mitoxantron	mitoxantrone	Zytostatikum	cytostatique	*Novantrone*
Molsidomin	molsidomine	Koronartherapeutikum	antiangineux	*Corvasal*
Monoklonaler Antikörper	anticorps monoclonal	Immunsuppressivum	immunodépresseur	*Orthoclone*
Monofluorphosphat + Kalziumkarbonat	monofluorophosphate + carbonate de calcium	Osteoporosemittel	thérapeutique de l'ostéoporose	*Fluocalcic*
Moroxydin	moroxydine	Virostatikum	antiviral	*Virustat*
Moroxydin + Acetylsalicylsäure	moroxydine + acide acétylsalicylique	Virostatikum + Analgetikum	antiviral + antalgique	*Assur*
Morphin + Scopolamin + Spartein	morphine + scopolamine + spartéine	Analgetikum	antalgique	*Sedol*

Substanz	Substance	Pharmakologische Substanzklasse	Famille pharmaceutique	Médicament
Morphinsulfat	sulfate de morphine	Analgetikum	analgésique	*Moscontin*
Mukopolysaccharidasen	mucopolysaccharidases	Enzyme	enzymes	*Thiomucase*
N				
Nadolol	nadolol	Beta-Blocker	bêta-bloquant	*Corgard*
Nadoxolol	nadoxolol	Antiarrhythmikum	antiarythmique	*Bradyl*
Naftidrofuryl	naftidrofuryl	Neuroanaleptikum	neuroanaleptique	*Gevatran, Naftilux, Praxilene*
Naftidrofuryloxalat	naftidrofuryl oxalate	Spasmolytikum/ Vasodilatator	antispasmodique/ vasodilatateur	*Di-actane*
Nalbuphin	nalbuphine	Analgetikum	anlagésique	*Nubain*
Nalidixinsäure	acide nalidixique	Antibiotikum	antibiotique	*Negram*
Naloxon	naloxone	Morphinantagonist	antagoniste morphinique	*Narcan*
Naltrexon	naltrexone	Opiatantagonist	antagoniste des opiacés	*Nalorex*
Nandrolon	nandrolone	Anabolikum	anabolisant	*Anador, Dynabolon, Keratyl*
Naphazolin + Framycetin	naphazoline + framycétine	Sympathomimetikum +Antibiotikum	sympathomimétique + antibiotique	*Soframycine Naphazoline*
Naproxen	naproxène	nicht-steroidales Antiphlogistikum	anti-inflammatoire non-stéroïdien	*Apranax, Naprosyne*
Narlophin	nalorphine	Morphinantagonist	antagoniste morphinique	*Nalorphine*
Natriumfluorid	fluorure de sodium	Fluor	fluor	*Osteofluor, Rumafluor, Zymafluor*
Natriumhyaluronat	hyaluronate de sodium	Ophthalmikum	thérapeutique ophtalmique	*Healonid*
Natriumkarbonat + Hydroxyaluminium	carbonate de sodium + hydroxyaluminium	Antazidum	antiacide	*Alucalm*
Natriummebromin	mebromine sodique	Antiseptikum	antiseptique	*Soluchrom*
Natriummercurothiolat	mercurothiolate sodique	Antiseptikum	antiseptique	*Vitaseptol*
Nefopam	néfopam	Analgetikum	analgésique	*Acupan*
Neomycin	néomycine	Antibiotikum	antibiotique	*Neomycine*
Neomycin + Bacitracin	néomycine + bacitracine	Antibiotikum	antibiotique	*Bacitracine*
Neomycin + Hydrokortison	néomycine + hydrocortisone	Antibiotikum + Glukokortikoid	antibiotique + glucocorticoïde	*Cortneo, Dulcicortine*
Neomycin + Polymyxin B	néomycine + polymyxine B	Antibiotikum	antibiotique	*Antibiotulle Lumiere, Cebemyxine*
Neomycin + Polymyxin B + Dexamethason	néomycine + polymyxine B+ dexaméthasone	Antibiotikum + Kortikoid	antibiotique + corticoïde	*Maxidrol, Optidrex, Polydexa*

Substanz	Substance	Pharmakologische Substanzklasse	Famille pharmaceutique	Médicament
Neomycin + Polymyxin B + Hydrocortison	néomycine + polymyxine B + hydrocortisone	Antibiotikum + Kortikoid	antibiotique + corticoïde	*Auriswell*
Neomycin + Polymyxin B + Nystatin	néomycine + polymyxine B + nystatine	Antibiotikum + Antimykotikum	antibiotique + antifongique	*Polygynax*
Neomycin + Triamcinolon	néomycine + triamcinolone	Antibiotikum + Kortikoid	antibiotique + corticoïde	*Cidermex*
Neomycin + Triamcinolon + Nystatin	néomycine + triamcinolone + nystatine	Antibiotikum + Kortikoid + Antimykotikum	antibiotique + corticoïde + antifongique	*Mycolog*
Neostigmin	néostigmine	Cholinesterasehemmer	inhibiteur des cholinestérases	*Prostigmine*
Netilmicin	nétilmicine	Antibiotikum	antibiotique	*Netromicine*
Nialamid	nialamide	Antidepressivum	antidépresseur	*Niamide*
Nicardipin	nicardipine	Kalziumantagonist	inhibiteur calcique	*Loxen*
Nicergolin	nicergoline	Alpha-Blocker	alpha-bloquant	*Sermion*
Nicethamid	nicéthamide	Analeptikum	analeptique	*Coramine*
Niclosamid	niclosamide	Anthelmintikum	anthelmintique	*Tredemine*
Nicotinamid	nicotinamide	Vitamin PP	vitamine PP	*Nicobion*
Nicotinamid + Glutaminsäure	nicotinamide + acide glutamique	Dermatikum	topique cutané	*Vita-dermacide*
Nifedipin	nifédipine	Kalziumantagonist	inhibiteur calcique	*Adalate*
Nifluminsäure + Hexetidin	acide niflumique + hexétidine	Antiphlogistikum + Antiseptikum	anti-inflammatoire + antiseptique	*Nifluril*
Nifuroxazid	nifuroxazide	Magen-Darm-Mittel	antiseptique intestinal	*Ambatrol, Antinal, Ercefuryl, Panfurex*
Nifurtoinol	nifurtoïnol	Antibiotikum	antibiotique	*Urfadyn*
Nifurzid	nifurzide	Magen-Darm-Mittel	antiseptique intestinal	*Ricridene*
Nilutamid	nilutamide	Antiandrogen	anti-androgène	*Anandron*
Nimodipin	nimodipine	Kalziumantagonist	antagoniste du calcium	*Nimotop*
Nitrazepam	nitrazépam	Benzodiazepin	benzodiazépine	*Mogadon*
Nitrendipin	nitrendipine	Kalziumantagonist	inhibiteur calcique	*Baypress, Nidrel*
Nitrofurantoin	nitrofurantoïne	Antibiotikum	antibiotique	*Furadantine, Microdoine*
Nitroprussid-Natrium	nitroprussiate de sodium	Antihypertonikum	antihypertenseur	*Nipride*
Nitroxolin	nitroxoline	Antibiotikum	antibiotique	*Nibiol*
Nizatidin	nizatidine	H2-Blocker	antagoniste des récepteurs H2	*Nizaxid*
Nomegestrol	nomégestrol	Progesteronderivat	progestatif	*Lutenyl*
Noramidopyrin	noramidopyrine	Analgetikum	analgésique	*Novalgine*
Noramidopyrin + Butylscopalaminiumbromid	noramidopyrine + bromure de butylhyoscine	Analgetikum + Spasmolytikum	antalgique + antispasmodique	*Algo-buscopan*
Noramidopyrin + Tiemonium	noramidopyrine + tiémonium	Analgetikum + Spasmolytikum	analgésique + antispasmodique	*Visceralgine*
Nordazepam	nordazépam	Benzodiazepin	benzodiazépine	*Nordaz*

Substanz	Substance	Pharmakologische Substanzklasse	Famille pharmaceutique	Médicament
Norethisteron	noréthistérone	Kontrazeptivum	contraceptif	*Milligynon, Noristerat*
Norethisteron	noréthistérone	Sexualhormon	hormones sexuelle	*Norfor, Norluten, Primolut-nor*
Norethisteron + Ethinylestradiol	noréthistérone + éthinylestradiol	Kontrazeptivum	contraceptif	*Milli Anovlar, Miniphase, Orthonovum, Triella*
Norfloxacin	norfloxacine	Antibiotikum	antibiotique	*Noroxine*
Norgestrel + Ethinylestradiol	norgestrel + éthinylestradiol	Kontrazeptivum	contraceptif	*Stediril*
Norgestrienon	norgestriénone	Kontrazeptivum	contraceptif	*Ogyline*
Norgestrienon + Ethinylestradiol	norgestriénone + éthinylestradiol	Kontrazeptivum	contraceptif	*Planor*
Noxytiolin	noxytioline	Antiseptikum	antiseptique	*Noxyflex*
Nystatin	nystatine	Antimykotikum	antifongique	*Mycostatine*
Nystatin + Polymyxin B + Neomycin	nystatine + polymyxine B + néomycine	Antimykotikum + Antibiotikum	antifongique + antibiotique	*Polygynax*
O				
Ofloxacin	ofloxacine	Antibiotikum	antibiotique	*Oflocet*
Omeprazol	oméprazole	Ulkusmittel	anti-ulcéreux	*Mopral*
Opipramol	opipramol	Antidepressivum	antidépresseur	*Insidon*
Orciprenalin	orciprénaline	Bronchodilatator	bronchodilatateur	*Alupent*
Ornidazol	ornidazole	Antibiotikum	antibiotique	*Tiberal*
Orphenadrin	orphénadrine	Parkinsonmittel	antiparkinsonien	*Disipal*
Östradiol	estradiol	Östrogen	oestrogène	*Benzo-gynoestryl*
Östrogene	estrogènes conjugués	Sexualhormon	hormone sexuelle	*Premarin*
Oxaceprol	oxacéprol	Dermatikum	trophique cutané	*Jonctum*
Oxacillin	oxacilline	Antibiotikum	antibiotique	*Bristopen*
Oxametacin	oxamétacine	nicht-steroidales Antiphlogistikum	anti-inflammatoire non-stéroïdien	*Dinulcid*
Oxazepam	oxazépam	Benzodiazepin	benzodiazépine	*Seresta*
Oxeladin	oxéladine	Antitussivum	antitussif	*Paxeladine*
Oxolinsäure	acide oxolinique	Antibiotikum	antibiotique	*Urotrate*
Oxomemazin	oxomémazine	Antihistaminikum	antihistaminique	*Doxergan*
Oxoteron	oxétorone	Migränemittel	antimigraineux	*Nocertone*
Oxprenolol	oxprénolol	Beta-Blocker	bêta-bloquant	*Trasicor*
Oxprenolol + Chlortalidon	oxprénolol + chlortalidone	Beta-Blocker + Saluretikum	bêta-bloquant + salidiurétique	*Trasitensine*
Oxprenolol + Dihydralazin	oxprénolol + dihydralazine	Betablocker + Vasodilatator	bêta-bloquant + vasodilatateur	*Trasipressol*
Oxybuprocain	oxybuprocaïne	Anästhetikum	anesthésique	*Cebesine, Novesine*
Oxybutynin	oxybutynine	Spasmolytikum	antispasmodique	*Ditropan*
Oxytetracyclin	oxytétracycline	Antibiotikum	antibiotique	*Posicycline, Terramycine*

Substanz	Substance	Pharmakologische Substanzklasse	Famille pharmaceutique	Médicament
Oxytetracyclin + Dexamethason	oxytétracycline + dexaméthasone	Antibiotikum + Kortikoid	antibiotique + corticoïde	*Ster-dex*
Oxytetracyclin + Hydrokortison	oxytétracycline + hydrocortisone	Antibiotikum + Kortikoid	antibiotique + corticoïde	*Terramycine Hydrocortisone*
Oxytetracyclin + Polymyxin B	oxytétracycline + polymyxine B	Antibiotikum	antibiotique	*Primyxine*
Oxytocin	oxytocine	Hypophysenhinterlappen-hormon	hormone posthypophysaire	*Syntocinon*
P				
Pancuronium-bromid	pancuronium bromure	nicht-depolarisierendes Muskelrelaxantium	curarisant non dépolarisant	*Pavulon*
Pankreasenzyme	enzymes pancréatique	Enzyme	enzymes	*Creon, Eurobiol*
Pankreaslipase	pancréalipase	Pankreasenzym	enzymes pancréatiques	*Alipase*
Papaverin + Kohle	papavérine + charbon	Spasmolytikum	antispasmodique	*Acticarbine*
Parabenzolat-bromid	parabenzolate bromure	Spasmolytikum	antispasmodique	*Spacine*
Paracetamol	paracétamol	Analgetikum	analgésique	*Aferadol, Akindol, Dafalgan, Doliprane, Efferalgan, Malgis, Oralgan, Paracetamol Lucien, Paralyoc, Tylenol*
Paracetamol + Codein	paracétamol + codéine	Analgetikum	antalgique	*Algisedal, Panadol Codeine*
Paracetamol + Dextropropoxy-phen	paracétamol + dextropropoxy-phène	Analgetikum	antalgique	*Di-antalvic*
Paracetamol + Promethazin	paracétamol + prométhazine	Analgetikum/Sedativum	analgésique/sédatif	*Algotropyl Promethazine*
Paraffinöl	huile de paraffine	Laxantium	laxatif	*Lansoyl*
Paramethason	paraméthasone	Glukokortikoid	glucocorticoïde	*Dilar*
Parazepam	parazépam	Benzodiazepin	benzodiazépine	*Lysanxia*
Parethoxycain	paréthoxycaïne	Lokalänesthetikum	anesthésique local	*Maxicaine*
Paromomycin	paromomycine	Antibiotikum	antibiotique	*Humagel, Humatin*
Pefloxacin	péfloxacine	Antibiotikum	antibiotique	*Peflacine*
Penbutolol	lévo-penbutolol	Beta-Blocker	bêta-bloquant	*Betapressine*
Penfluridol	penfluridol	Neuroleptikum	neuroleptique	*Semap*
Penicillamin	pénicillamine	Antibiotikum	antibiotique	*Trolovol*
Penicillin	pénicilline	Antibiotikum	antibiotique	*Bipenicilline Diamant*
Penicillin G	pénicilline G	Antibiotikum	antibiotique	*Specilline G*

Substanz	Substance	Pharmakologische Substanzklasse	Famille pharmaceutique	Médicament
Penicillin G + Benzathin-benzylpenicillin	pénicilline G + benzathine-benzylpénicilline	Antibiotikum	antibiotique	*Penextilline*
Pentaerythrityl-tetranitrat	pentaérythrityle-tétranitrate	Vasodilatator	vasodilatateur	*Peritrate*
Pentazocin	pentazocine	Analgetikum	analgésique	*Fortal*
Pentosan-Polysulfat	pentosane polysulfate	Antikoagulantium	anticoagulant	*Hemoclar*
Pentoxifyllin	pentoxifylline	Hirndurchblutungsförderndes Mittel	thérapeutique pour amélioration de la circulation cérébrale	*Torental*
Pentoxyverin	pentoxyvérine	Antitussivum	antitussif	*Atussil*
Perhexilin	perhexiline	Kalziumantagonist	inhibiteur calcique	*Pexid*
Perphenazin	perphénazine	Neuroleptikum	neuroleptique	*Trilifan*
Pethidin	péthidine	Analgetikum	analgésique	*Dolosal*
Phenazon + Lidocain	phénazone + lidocaïne	Antiseptikum + Anästhetikum	antiseptique + anesthésique	*Otipax*
Phenazopyridin	phénazopyridine	Harnweginfektionstherapeutikum	thérapeutique des infections urinaires	*Pyridium*
Phenindion	phénindione	Antikoagulantium	anticoagulant	*Pindione*
Phenobarbital	phénobarbital	Antikonvulsivum/ Sedativum	anticonvulsivant/ sédatif	*Aeine, Aparoxal, Epanal, Gardenal*
Phenobarbital + Acefyllin-piperazin	phénobarbital + acéfylline pipérazine	Sedativum + Analeptikum	sédatif + analeptique	*Etaphylline Phenobarbital*
Phenobarbital + Acetylsalicylsäure	phénobarbital + acide acétylsalicylique	Analgetikum + Sedativum	analgésique + sédatif	*Prenoxan*
Phenobarbital + Amphetamin	phénobarbital + amphétamine	Antikonvulsivum	anticonvulsivant	*Ortenal*
Phenobarbital + Kalzium	phénobarbital + calcium	Sedativum	sédatif	*Neurocalcium*
Phenobarbital + Koffein	phénobarbital + caféine	Antikonvulsivum	anticonvulsivant	*Alepsal*
Phenolphtalein	phénolphtaléine	Laxantium	laxatif	*Purganol*
Phenoperidin	phénopéridine	Analgetikum	analgésique	*R 1406*
Phenoxymethyl-penicillin	phénoxyméthyl-pénicilline	Antibiotikum	antibiotique	*Oracilline, Ospen*
Phenylbutazon	phénylbutazone	nicht-steroidales Antiphlogistikum	anti-inflammatoire non-stéroïdien	*Butazolidine, Megazone, Phenylbutazone*
Phenylbutazon + Chymotrypsin	phénylbutazone + chymotrypsine	Antiphlogistikum	anti-inflammatoire	*Alpha-kaldol*
Phenylbutazon + Dextran	phénylbutazone + dextran	Antiphlogistikum	anti-inflammatoire	*Dextrarine Phenylbutazone*
Phenylephrin	phényléphrine	Sympathomimetikum	sympathicomimétique	*Neosynephrine, Vita 3*
Phenylephrin + Chlorhexidin	phényléphrine + chlorhexidine	Antiseptikum	antiseptique	*Auristan*
Phenylephrin-heparinat	héparinate de phényléphrine	Vasokonstriktor	vasoconstricteur	*Neoparyl*

Substanz	Substance	Pharmakologische Substanzklasse	Famille pharmaceutique	Médicament
Phenylmercuriborat	phénylmercure borate	Antiseptikum	antiseptique	*Merfene*
Phenytoin	phénytoïne	Antikonvulsivum	anticonvulsivant	*Dihydan*
Phloroglucinol	phloroglucinol	Spasmolytikum	antispasmodique	*Spasfon*
Pholcodin + Sulfogaiacol	pholcodine + sulfogaïacol	Antitussivum	antitussif	*Pectine*
Picloxydin	picloxydine	Antiseptikum	antiseptique	*Vitabact*
Pilocarpin	pilocarpine	Parasympathomimetikum	parasympathomimétique	*Chibro-pilocarpine, Pilocarpine, Vitacarpine*
Pimetixen	pimétixène	Antitussivum	antitussif	*Calmixene*
Pimozid	pimozide	Neuroleptikum	neuroleptique	*Opiran, Orap 1*
Pindolol	pindolol	Beta-Blocker	bêta-bloquant	*Visken*
Pipamperon	pipampérone	Neuroleptikum	neuroleptique	*Dipiperon*
Pipemidsäure	acide pipémidique	Antibiotikum	antibiotique	*Pipram*
Pipenzolatbromid	pipenzolate bromure	Spasmolytikum	antispasmodique	*Piptal*
Piperacillin	pipéracilline	Antibiotikum	antibiotique	*Piperilline*
Piperazin	pipérazine	Anthelmintikum	anthelmintique	*Piperazine*
Pipothiazin	pipothiazine	Neuroleptikum	neuroleptique	*Piportil*
Piracetam	piracétam	Psychoanaleptikum	psychoanaleptique	*Gabacet, Nootropyl*
Pirenzepin	pirenzépine	Ulkusmittel	antiulcéreux	*Gastrozepine*
Piribedil	piribédil	Dopamin-Agonist	agoniste dopaminergique	*Trivastal*
Pirisudanol	pirisudanol	Psychostimulantium	psychostimulant	*Stivane*
Piroxicam	piroxicam	nicht-steroidales Antiphlogistikum	anti-inflammatoire non-stéroïdien	*Feldene*
Pirprofen	pirprofène	nicht-steroidales Antiphlogistikum	anti-inflammatoire non-stéroïdien	*Rangasil*
Pivampicillin	pivampicilline	Antibiotikum	antibiotique	*Pondocil*
Pivmecillinam	pivmecillinam	Antibiotikum	antibiotique	*Selexid*
Pizotifen	pizotifène	Migränemittel	antimigraineux	*Sanmigran*
Plasminogen-aktivator	activateur tissulaire du plasminogène	Thrombolytikum	thrombolytique	*Actilyse*
Plicamycin	plicamycine	Antibiotikum	antibiotique	*Mithracine*
Polidacanol	polidacanol	Sklerosierendes Mittel	agent sclérosant	*Aetoxisclerol*
Poloxamer	poloxamère	Antiseptikum	antiseptique	*Alkenide*
Polymyxin B	polymyxine B	Antibiotikum	antibiotique	*Polymyxine B*
Polymyxin B + Framycetin	polymyxine B + framycétine	Antibiotikum	antibiotique	*Dulcimycine*
Polymyxin B + Kanamycin	polymyxine B + kanamycine	Antibiotikum	antibiotique	*Sterimycine*

Substanz	Substance	Pharmakologische Substanzklasse	Famille pharmaceutique	Médicament
Polymyxin B + Neomycin polymyxine + néomycine	Antibiotikum	antibiotique	antibiotique	*Lumiere, Cebemyxine, Antibiotulle*
Polymyxin B + Neomycin + Hydrocortison	polymyxine B + néomycine + hydrocortisone	Antibiotikum + Kortikoid	antibiotique + corticoïde	*Auriswell*
Polymyxin B + Neomycin + Nystatin	polymyxine B + néomycine + nystatine	Antibiotikum + Antimykotikum	antibiotique + antifongique	*Polygynax*
Polymyxin B + Oxytetracyclin	polymyxine B + oxytétracycline	Antibiotikum	antibiotique	*Primyxine*
Polythiazid	polythiazide	Diuretikum	diurétique	*Renese*
Polyvidon-Jod	polyvidone iode	Antiseptikum	antiseptique	*Betadine*
Polyvinylpolypyrrolidon	polyvinylpolypyrrolidone	Darmtherapeutikum	thérapeutique intestinale	*Bolinan*
Pralidoxim	pralidoxime	Antidot der Cholinesterasehemmer	antidote des inhibiteurs de la cholinestérase	*Contrathion*
Pramocain	pramocaïne	Anästhetikum	anasthésique	*Tronothane*
Praziquantel	praziquantel	Anthelmintikum	anthelmintique	*Biltricide*
Prazosin	prazosine	Alpha-Blocker/Antihypertonikum	alpha-bloquant/antihypertenseur	*Minipress*
Prednazolin	prednazoline	steroidales Antiphlogistikum	anti-inflammatoire stéroïdien	*Deturgylone*
Prednimustin	prednimustine	Zytostatikum	cytostatique	*Stereocyt*
Prednisolon	prednisolone	Glukokortikoid	glucocorticoïde	*Hydrocortanyl, Solucort, Solupred*
Prednisolon + Cinchocain + Clemizol	prednisolone + cinchocaïne + clémizole	Antiphlogistikum	anti-inflammatoire	*Deliproct*
Prednisolon + Retinol	prednisolone + rétinol	Kortikoid + Vitamin	corticoïde + vitamine	*Vitacortisol*
Prednison	prednisone	Glukokortikoid	glucocorticoïde	*Cortancyl*
Primidon	primidone	Antikonvulsivum	anticonvulsivant	*Mysoline*
Pristinamycin	pristinamycine	Antibiotikum	antibiotique	*Pyostacine*
Procain	procaïne	Lokalanästhetikum	anesthésique local	*Procaine*
Procarbazin	procarbazine	Zytostatikum	cytostatique	*Natulan*
Prochlorperazin	prochlorpérazine	Neuroleptikum	neuroleptique	*Tementil*
Procyclidin	procyclidine	Parkinsonmittel	antiparkinsonien	*Kemadrine*
Progesteron	progestérone	Sexualhormon	hormone sexuelle	*Progestogel, Utrogestan*
Proglumid	proglumide	Ulkusmittel	anti-ulcéreux	*Milide*
Promestrien	promestriène	Östrogen	oestrogène	*Colpotrophine*
Promethazin	prométhazine	Antihistaminikum	antihistaminique	*Phenergan*
Propacetamol	propacétamol	Analgetikum	antalgique	*Pro-dafalgan*
Propafenon	propafénone	Antiarrhythmikum	antiarythmique	*Rythmol*
Propanidid	propanidide	Anästhetikum	anesthésique	*Epontol*
Propanol	propanol	Beta-Blocker	bêta-bloquant	*Avlocardyl*

Substanz	Substance	Pharmakologische Substanzklasse	Famille pharmaceutique	Médicament
Propanthelinbromid	propanthéline bromure	Spasmolytikum	antispasmodique	*Probanthine*
Propericiazin	propériciazine	Neuroleptikum	neuroleptique	*Neuleptil*
Propizepin	propizépine	Antidepressivum	antidépresseur	*Vagran*
Propofol	propofol	Anästhetikum	anesthésique	*Diprivan*
Proscillaridin	proscillaridine	Herzstärkendes Mittel	tonicardiaque	*Talusin*
Protamin	protamine	Heparin-Antidot	antidote de l'héparine	*Protamine Choay, Protamine Fournier, Protamine Roche*
Protirelin	protiréline	T.R.H.-Analogum	T.R.H. analogue	*Stimu-t.s.h., Protireline*
Prozapin + Sorbitol	prozapine + sorbitol	Laxantium	laxatif	*Norbiline*
Pygeum africanum	pygeum africanum	Prostatatherapeutikum	thérapeutique de l'adénome prostatique	*Tadenan*
Pyrantel	pyrantel	Anthelmintikum	anthelmintique	*Combantrin, Helmintox*
Pyridostigmin	pyridostigmine bromure	Cholinesterase-hemmer	inhibiteur des cholinestérases	*Mestinon*
Pyridoxin	pyridoxine	Vitamin B6	vitamine B6	*Becilan, Pyridoxine Labaz*
Pyrimethamin + Sulfadoxin	pyriméthamine + sulfadoxine	Malariamittel	antipaludéen	*Fansidar*
Q				
Quinisocain	quinisocaïne	Anästhetikum	anesthésique	*Quotane*
Quinupramin	quinupramine	Antidepressivum	antidépresseur	*Kinupril*
R				
Ranitidin	ranitidine	H2-Blocker	antihistaminique H2	*Azantac, Raniplex*
Raubasin + Dihydroergocristin	raubasine + dihydroergocristine	Hirndurchblutungsförderndes Mittel	médicament pour augmentation de la perfusion cérébrale	*Iskedyl*
Reserpin	réserpine	Antihypertonikum	antihypertenseur	*Serpasil*
Reserpin +Bendroflumethiazid	réserpine + bendroflumé-thiazide	Antihypertonikum	antihypertenseur	*Tensionorme*
Retinol	rétinol	Vitamin A	vitamine A	*Avibon*
Riboflavin	riboflavine	Vitamin B2	vitamine B2	*Beflavine*
Rifampicin	rifampicine	Antibiotikum	antibiotique	*Rifadine, Rimactan*
Rifamycin	rifamycine	Antibiotikum	antibiotique	*Otofa, Rifamycine, Rifocine*
Ritodrin	ritodrine	Uterorelaxantium	utérorelaxant	*Pre-par*
Rolitetracyclin	rolitétracycline	Antibiotikum	antibiotique	*Transcycline*

Substanz	Substance	Pharmakologische Substanzklasse	Famille pharmaceutique	Médicament
S				
Salbutamol	salbutamol	Beta-Sympathomimetikum	bêta-sympathomimétique	*Salbutol, Ventoline*
Salicylamid + Dexamethason	salicylamide + dexaméthasone	Kortikoid	corticoïde	*Percutalgine*
Salicylsäure + Betamethason	acide salicylique + bétaméthasone	Keratolytikum + Glukokortikoid	kératolytique + glucocorticoïde	*Diprosalic*
Salicylsäure + Kaolin	acide salicylique + kaolin	Antiphlogistikum	anti-inflammatoire	*Antiphlogistine*
Scopolamin	scopolamine	Spasmolytikum	antispasmodique	*Scopos*
Secobarbital	sécobarbital	Sedativum	sédatif	*Immenoctal*
Secobarbital + Amobarbital	sécobarbital + amobarbital	Barbiturat	barbiturique	*Binoctal*
Selenium	sélénium	Antimykotikum	antifongique	*Selsun*
Serenoa repens	serenoa repens	Prostatamittel	thérapeutique de l'adénome prostatique	*Permixon*
Somatostatin	somatostatine	Hormon	hormone	*Modustatine*
Somatropin	somatropine	Wachstumshormon	hormone de croislaxatif	*Maxomat*
Sorbitol	sorbitol	Laxantium		*Sorbostyl*
Sotalol	sotalol	Beta-Blocker	bêta-bloquant	*Sotalex*
Spectinomycin	spectinomycine	Antibiotikum	antibiotique	*Trobicine*
Spiramycin	spiramycine	Antibiotikum	antibiotique	*Rovamycine, Spiramycine*
Spironolactone	spironolactone	Kaliumsparendes Diuretikum	diurétique d'epargne potassique	*Aldactone, Practon 50, Spiroctan, Spironone Microfine*
Spironolacton + Altizid	spironolactone + altizide	Diuretikum	diurétique	*Aldactazine, Practazin, Spiroctazine*
Streptokinase	streptokinase	Thrombolytikum	thrombolytique	*Streptase*
Streptomycin	streptomycine	Antibiotikum	antibiotique	*Streptomycine*
Streptozocin	streptozocine	Antibiotikum	antibiotique	*Zanosar*
Sucralfat	sucralfate	Ulkusmittel	anti-ulcéreux	*Ulcar, Keal*
Sulfacetamid + Methylthioninium	sulfacétamide + méthylthioninium	Sulfonamid	sulfamide	*Sulfa-bleu*
Sulfadiazin	sulfadiazine	Sulfonamid	sulfamide	*Adiazine, Flammazine*
Sulfadiazin + Trimethoprim	sulfadiazine + triméthoprime	Antibiotikum	antibiotique	*Antrima*
Sulfadoxin + Pyrimethamin	sulfadoxine + pyriméthamine	Malariamittel	antipaludéen	*Fansidar*
Sulfamethizol	sulfaméthizol	Sulfonamid	sulfamide	*Rufol*
Sulfamethoxazol + Trimethroprim	sulfaméthoxazole + triméthoprime	Antibiotikum	antibiotique	*Bactekod, Bactrim, Eusaprim*
Sulfasalazin	sulfasalazine	Sulfonamid	sulfamide	*Salazopyrine*

Substanz	**Substance**	**Pharmakologische Substanzklasse**	**Famille pharmaceutique**	**Médicament**
Sulfinpyrazon	sulfinpyrazone	Aggregationshemmer	antiagrégant plaquettaire	*Anturan*
Sulfiram + Benzylbenzoat	sulfirame + benzoate de benzyle	Krätzemittel	traitment de la gale	*Ascabiol*
Sulfisoxazol + Erythromycin	sulfisoxazole + érythromycine	Antibiotikum	antibiotique	*Pediazole*
Sulindac	sulindac	nicht-steroidales Antiphlogistikum	anti-inflammatoire non-stéroïdien	*Arthrocine*
Sulpirid	sulpiride	Neuroleptikum	neuroleptique	*Aiglonyl, Dogmatil, Synedil*
Sulproston	sulprostone	Prostaglandin E2 Derivat	dérivé de la prostaglandine E2	*Nalador*
Sultoprid	sultopride	Neuroleptikum	neuroleptique	*Barnetil*
Suxamethonium	suxaméthonium	depolarisierendes Muskelrelaxantium	Curare dépolarisant	*Celocurine*
Synephrin + Borsäure	synéphrine + acide	Antiseptikum	antiseptique borique	*Posine*
Synephrin + Chlorhexidin	synéphrine + chlorhexidin	Antiseptikum/Vasokonstriktor	antiseptique/vasoconstricteur	*Dulcidrine*
T				
Tamoxifen	tamoxifène	Antiöstrogen	antiestrogène	*Kessar, Nolvadex, Tamofene*
Teicoplanin	teicoplanine	Antibiotikum	antibiotique	*Targocid*
Temazepam	témazépam	Benzodiazepin	benzodiazépine	*Normison*
Teniposid	téniposide	Zytostatikum	cytostatique	*Vehem*
Tenonitrozol	ténonitrozole	Antimykotikum	antifongique	*Atrican*
Tenoxicam	ténoxicam	nicht-steroidales Antiphlogistikum	anti-inflammatoire non-stéroïdien	*Tilcotil*
Terbutalin	terbutaline	Beta-Sympathomimetikum	bêta-sympathomimétique	*Bricanyl*
Terfenadin	terfénadine	Antihistaminikum	antihistaminique	*Teldane*
Terlipressin	terlipressine	Vasokonstriktor	vasoconstricteur	*Glypressine*
Tertatolol	tertatolol	Beta-Blocker	bêta-bloquant	*Artex*
Testosteron	testostérone	Sexualhormon	hormone sexuelle	*Androtardyl, Lontanyl, Pantestone*
Tetracosactid	tétracosactide	Stimulator der NNR-Hormonsekretion	stimulant de la sécrétion des hormones cortico-surrénales	*Synacthene*
Tetracyclin	tétracycline	Antibiotikum	antibiotique	*Hexacycline, Tetracycline Diamant, Tetramig*
Tetracyclin + AlphaAmylase	tétracycline + alphaamylase	Antibiotikum/Antiphlogistikum	antibiotique/anti-inflammatoire	*Amycycline*

Substanz	Substance	Pharmakologische Substanzklasse	Famille pharmaceutique	Médicament
Tetracyklin + Aminobenzolsäure	tétracycline + aminobenzoate	Antibiotikum	antibiotique	*Abiosan*
Tetracyclin + Amphotericin B	tétracycline + amphotéricine B	Antibiotikum	antibiotique	*Amphocycline*
Tetracyclin + Bromhexin	tétracycline + bromhexine	Antibiotikum + Sekretolytikum	antibiotique + sécrétolytique	*Bisolvomycine*
Tetracyclin + Chymotrypsin	tétracycline + chymotrypsine	Antibiotikum	antibiotique	*Aphlomycine*
Tetracyclin + Proteasen + Nystatin	tétracycline + protéases + nystatine	Antibiotikum/Antimykotikum	antibiotique/antifongique	*Armocyclar*
Tetrazepam	tétrazépam	Muskelrelaxantium	myorelaxant	*Myolastan*
Tetryzolin	tétryzoline	Vasokonstriktor	vasoconstricteur	*Constrilia*
Theodrenalin + Cafedrin	théodrénaline + cafédrine	Antihypotonikum	antihypotenseur	*Praxinor*
Theophillin	théophylline	Antiasthmatikum	antiasthmatique	*Armophylline, Dilatrane, Euphylline, Theolair, Theophylline, Theostat*
Theophyllin + Piperazinaminobenzoat	théophylline + aminobenzoate de pipérazine	Antiasthmatikum	antiasthmatique	*Antalby*
Therebenthinessenz	essence de térébenthine	Antiseptikum	antiseptique	*Ozotine*
Thiamin	thiamine	Vitamin B1	vitamine B1	*Benerva, Bevitine*
Thiamphenicol	thiamphénicol	Antibiotikum	antibiotique	*Thiophenicol*
Thiocolchicosid	thiocolchicoside	Muskelrelaxantium	myorelaxant	*Coltramyl*
Thioridazin	thioridazine	Neuroleptikum	neuroleptique	*Melleril*
Thiotepa	thiotépa	Zytostatikum	cytostatique	*Thiotepa*
Thyronin + Thyroxin	thyronine + thyroxine	Schilddrüsenhormone	hormones thyroïdiennes	*Euthyral*
Thyreotropin	thyrotrophine	Hormon	hormone	*Thyrostimuline*
Tianeptin	tianeptine	Antidepressivum	antidépresseur	*Stablon*
Tiaprid	tiapride	Neuroleptikum	neuroleptique	*Equilium, Tiapridal*
Tiaprofensäure	acide tiaprofénique	nicht-steroidales Antiphlogistikum	anti-inflammatoire non-stéroïdien	*Surgam*
Ticarcillin	ticarcilline	Antibiotikum	antibiotique	*Ticarpen*
Ticlopidin	ticlopidine	Thrombozytenaggregationshemmer	antiagrégant plaquettaire	*Ticlid*
Tienilsäure	acide tiénilique	Antihypertonikum/Diuretikum/Urikosurikum	antihypertenseur/diurétique/uricosurique	*Diflurex*
Tiliquinol + Tilbroquinol	tiliquinol + tilbroquinol	Magen-Darm-Mittel	antiseptique intestinal	*Intetrix*
Timolol	timolol	Beta-Blocker	bêta-bloquant	*Timacor, Timoptol*
Tioclomarol	tioclomarol	Antikoagulantium	anticoagulant	*Apegmone*
Tioconazol	tioconazole	Antimykotikum	antifongique	*Trosyd*
Tiopronin	tiopronine	Antirheumatikum	antirhumatismal	*Acadione*

Substanz	Substance	Pharmakologische Substanzklasse	Famille pharmaceutique	Médicament
Tixocortol	tixocortol	Kortikoid	corticoïde	*Pivalone, Rectovalone*
Tixocortol + Neomycin	tixocortol + néomycine	Kortikosteroid + Antibiotikum	corticostéroïde + antibiotique	*Pivalone Neomycine*
Tobramycin	tobramycine	Antibiotikum	antibiotique	*Nebcine*
Tocopherol	tocophérol	Vitamin E	vitamine E	*Ephynal*
Tolbutamid	tolbutamide	Sulfonylharnstoff	sulfonylurée	*Dolipol*
Tolbutamid + Metformin	tolbutamide + metformine	Sulfonylharnstoff + Biguanid	sulfonylurée + biguanide	*Glucosulfa*
Tolnaftat	tolnaftate	Antimykotikum	antifongique	*Sporiline*
Toloxaton	toloxatone	Antidepressivum	antidépresseur	*Humoryl*
Tranexamsäure	acide tranexamique	Antifibrinolytikum	antifibrinolytique	*Exacyl, Frenolyse*
Trazodon	trazodone	Antidepressivum	antidépresseur	*Pragmarel*
Tretinoin	trétinoïne	Aknemittel	antiacnéique	*Aberel, Effederm, Tretinoine*
Tretinoin + Erythromycin	trétinoïne + érythromycine	Aknemittel	antiacnéique	*Antibio-aberel*
Triamcinolon	triamcinolone	Kortikoid	corticoïde	*Kenacort, Tedarol*
Triamcinolon + Econazol	triamcinolone + éconazole	Kortikoid + Antimykotikum	corticoïde + antifongique	*Pevisone*
Triamcinolon + Neomycin	triamcinolone + néomycine	Kortikoid + Antibiotikum	corticoïde + antibiotique	*Cidermex*
Triamcinolon + Neomycin + Nystatin	triamcinolone + néomycine + nystatine	Kortikoid + Antibiotikum + Antimykotikum	corticoïde + antibiotique + antifongique	*Mycolog*
Triamteren	triamtérène	Diuretikum	diurétique	*Teriam*
Triamteren + Cyclothiazid	triamtérène + cyclothiazide	Diuretikum	diurétique	*Cycloteriam*
Triazolam	triazolam	Benzodiazepin	benzodiazépine	*Halcion*
Tribenosid	tribénoside	Venenmittel	veinotonique	*Glyvenol*
Triclocarban	triclocarban	Antiseptikum	antiseptique	*Cutisan, Solubacter*
Trifluoperazin	trifluopérazine	Neuroleptikum	neuroleptique	*Terfluzine*
Trifluperidol	triflupéridol	Neuroleptikum	neuroleptique	*Triperidol*
Trihexyphenidyl	trihexyphénidyle	Parkinsonmittel	antiparkinsonien	*Artane, Parkinane*
Trimebutin	trimébutine	Spasmolytikum	antispasmodique	*Debridat, Proctolog*
Trimethoprim	triméthoprime	Antibiotikum	antibiotique	*Wellcoprim*
Trimethoprim + Sulfadiazin	triméthoprime + sulfadiazine	Antibiotikum	antibiotique	*Antrima*
Trimipramin	trimipramine	Antidepressivum	antidépresseur	*Surmontil*
Trinitrin	trinitrine	Vasodilatator	vasodilatateur	*Angitrine, Corditrine, Lenitral, Natispray, Trinitran, Trinitrine*
Triphosphoadenin	triphosadénine	Anmtiasthenikum	antiasthénique	*Striadyne*
Triprolidinchlorhydrat	triprolidine chlorhydrate	Antihistaminikum	antihistaminique	*Actilidon*
Triptorelin	triptoréline	LHRH-Analogum	LHRH-analogue	*Decapeptyl*

Substanz	Substance	Pharmakologische Substanzklasse	Famille pharmaceutique	Médicament
Trithioparamethoxyphenylpropan	trithioparaméthoxyphénylpropène	Choleretikum	cholérétique	*Sulfarlem*
Tritoqualin	tritoqualine	Antiallergikum	antiallergique	*Hypostamine*
Troleandomycin	troléandomycine	Antibiotikum	antibiotique	*T.a.o.*
Trometamol	trométamol	Alkalisierendes Harntherapeutikum	substance alcalisante des urines	*Alcaphor, Thamacetat*
Tropatepin	tropatépine	Parkinsonmittel	antiparkinsonien	*Lepticur*
Tropicamid	tropicamide	Parasympatholytikum	parasympathicolytique	*Mydriaticum*
Troxerutin	troxérutine	Venenmittel	veinotonique	*Veinamitol*
Trypsin + Chymotrypsin	trypsine + chymotrypsine	Antiphlogistikum	anti-inflammatoire	*Chymoral*
Tyrothricin + Butoform	tyrothricine + butoforme	Antibiotikum	antibiotique	*Tyrothricine Lafuricozyme*
U				
Uratoxydase	urate-oxydase	Urikolytikum	uricolytique	*Uricozyme*
Urokinase	urokinase	Thrombolytikum	thrombolytique	*Actosolv Urokinase, Urokinase Choay*
Ursodesoxycholsäure	acide ursodésoxycholique	Gallensteinauflöser	thérapeutique pour dissolution des calculs biliaires	*Arsacol, Delursan, Destolit, Ursolvan*
V				
Valproinsäure	acide valproïque	Antikonvulsivum	anticonvulsivant	*Depakine, Valproate De Sodium*
Vancomycin	vancomycine	Antibiotikum	antibiotique	*Vancocine*
Vecuroniumbromid	vécuronium bromure	nicht-depolarisierendes Muskelrelaxantium	curarisant non dépolarisant	*Norcuron*
Veraliprid	véralipride	Neuroleptikum	neuroleptique	*Agreal*
Verapamil	vérapamil	Kalziumantagonist	antagoniste calcique	*Isoptine*
Vidarabin	vidarabine	Virostatikum	antiviral	*Vira-a*
Viloxazin	viloxazine	Antidepressivum	antidépresseur	*Vivalan*
Vinblastin	vinblastine	Zytostatikum	cytostatique	*Velbe, Vinblastine*
Vincamin	vincamine	Alkaloid	alcaloïde	*Oxovinca, Pervincamine, Vasculogene, Vinca, Vincabrain, Vincafort, Vincimax*
Vincristin	vincristine	Zytostatikum	cytostatique	*Oncovin, Vincristine*
Vindesin	vindésine	Zytostatikum	cytostatique	*Eldisine*
Vinylbital	vinylbital	Sedativum	sédatif	*Suppoptanox*
Virginiamycin	virginiamycine	Antibiotikum	antibiotique	*Staphylomycine*

Substanz	Substance	Pharmakologische Substanzklasse	Famille pharmaceutique	Médicament
Vitamin A, D, E, C	vitamine A, D, E, C	Vitamine	vitamines	*Uvesterol*
Vitamine	vitamines	Vitamine	vitamines	*Alvityl*
Vitamine B	vitamines B	Vitamin	vitamine	*Becozyme*
Vitamin A, B1, B2, B5, B6, PP, C, D2, E	vitamine A, B1, B2, B5, B6, PP, C, D2, E	Vitamine	vitamines	*Hydrosol Polyvitamine Roche*
W				
Wacholderöl	huile de cade	Keratolytikum	agent kératolytique	*Caditar*
Warfarin	warfarine	Antikoagulantium	anticoagulant	*Coumadine*
X				
Xibornol	xibornol	Antibiotikum	antibiotique	*Nanbacine*
Z				
Zidovudin	zidovudine	Virostatikum	antiviral	*Retrovir*
Zinkoxyd	oxyde de zinc	Dermatikum	topique cutané	*Oxyplastine*
Zinkoxyd + Glyzerin	oxyde de zinc + glycérine	Dermatikum	thérapeutique dermatologique	*Aloplastine*
Zipeprol	zipéprol	Antitussivum	antitussif	*Respilene*
Zolpidem	zolpidem	Hypnotikum	hypnotique	*Stilnox*
Zoplicon	zoplicone	Hypnotikum	hypnotique	*Imovane*
Zorubicin	zorubicine	Zytostatikum	cytostatique	*Rubidazone*

Notizen

Notizen

Notizen